道教典籍選刊

太平經合校

上

王明 編

中華書局

圖書在版編目(CIP)數據

太平經合校/王明編. —2 版. —北京:中華書局,2014.10
(2025.4 重印)
(道教典籍選刊)
ISBN 978-7-101-10430-1

Ⅰ.太…　Ⅱ.王…　Ⅲ.《太平經》-校勘　Ⅳ.B956.1

中國版本圖書館 CIP 數據核字(2014)第 211029 號

責任編輯:朱立峰
封面設計:周　玉
責任印製:管　斌

道教典籍選刊
太平經合校
(全二册)
王　明　編
*
中華書局出版發行
(北京市豐臺區太平橋西里 38 號　100073)
http://www.zhbc.com.cn
E-mail:zhbc@zhbc.com.cn
三河市宏盛印務有限公司印刷
*
850×1168 毫米 1/32・28 印張・4 插頁・410 千字
1960 年 3 月第 1 版　2014 年 10 月第 2 版
2025 年 4 月第 10 次印刷
印數:32901-33700 册　定價:120.00 元

ISBN 978-7-101-10430-1

道教典籍選刊緣起

道教是我國土生土長的宗教，歷史悠久，可以溯源到戰國時期的方術，甚至更古的巫術，而正式形成於東漢時期。它是我國傳統文化的重要組成部分，對我國人民的思維方式、生活方式，對古代科學、技術的發展，都産生過重大影響，並波及社會政治、經濟等各方面。

道教典籍極爲豐富，就道藏而言，多達五千餘卷，是有待進一步發掘、清理和利用的文化遺産之一。爲便於國内外學術界對道教及其影響的研究，便於廣大讀者瞭解道教的概貌，我們初步擬訂了道教典籍選刊的整理出版計劃。其中既有道教最基本的典籍，也包括各種流派的代表作，有不少書與哲學、思想史關係密切。所有項目，都選用較好的版本作爲底本，進行校勘標點。

由於我們缺乏經驗，工作中難免有失誤之處，亟盼關心此項工作的專家和廣大讀者給以指導與幫助。

中華書局編輯部

一九八八年二月

再版說明

太平經合校最早付梓於一九六〇年，一九七八年以後又多次重印。本次改型再版，除了根據學界意見，糾正了一些文字和標點錯誤外，我們還選錄了王明先生的太平經目錄考及論太平經的成書時代和作者兩篇文章附於書後，方便讀者瞭解王明先生在合校一書成書後有關太平經研究的新成果和新認識。不當之處，敬請指正。

中華書局編輯部

二〇一四年八月

太平經合校目録

前言

後漢太平經，現存的只有明朝道藏的一個本子。原書一百七十卷，今本殘存僅五十七卷。編者根據太平經鈔及其它二十七種引書加以校（在凡例和本文裏標寫〔并〕字）、補、附、存，基本上恢復一百七十卷的面貌，並將和此經有關的幾個問題，略加考訂和說明。全書的大義代表中國道教初期的經典。值得注意的，其中有樸素唯物主義觀點和辯證法因素，又有反對剝削階級聚斂財貨等思想。它是中國哲學史和道教思想史上有價值的資料。

一　太平經這部書的來歷及其重要思想

范曄後漢書襄楷傳裏襄楷疏稱于吉（于一作干）所得神書，號太平清領書，這就是道教相傳的太平經。此經分甲乙丙丁戊己庚辛壬癸十部，每部一十七卷，全書共一百七十卷。明英宗正統九年（公元一四四四年）修的道藏所收的太平經，是現存的唯一的本子。可是它殘缺不全，僅存五十七卷。甲乙辛壬癸五部完全遺失了，其它幾部各亡佚若干卷。道藏裏有太平經鈔，是唐人節錄太平經而成甲乙丙丁等十部，每部一卷，共十卷。這是現今可以校補太平經的卷帙較多的唯一別本。其它道經類書及古書注間有徵引太平經文，現經搜集起來，約計二十七種。有的可爲部分校勘經文之用，有的無法對勘的，就附存於合校本適當的位置裏。

各家著錄的書，大概都稱太平經書一百七十卷。太平經卷九十八男女反形訣說：「天師前所賜予愚生本文。」太平經複文序說，干吉初受太平本文，因易爲百七十卷。仙苑編珠說，帛和授以素書二卷，于吉受之，乃太平經也，後演此經成一百七十卷。所謂「素書」、「本文」，雖則含有神書傳受的玄談，然而這的確透露了太平經一百七十卷不是一時一人所作。東西兩漢的著述，一書多至一百七十卷的，實在太少見了。所以我相信太平經先有「本文」若干卷，後來崇道的人繼續擴增，逐漸成爲一百七十卷。不能簡單地說這書就是于吉、宮崇或帛和個人所著作。現存的經書裏，固然不免有後人改寫增竄，可是大體說來，它還保存着東漢中晚期的著作的本來面目。

太平經的基本內容，後漢書裏襄楷疏說它專以奉天地順五行爲本。范曄說：「其言以陰陽五行爲家，而多巫覡雜語。」遠的說，上承老子的遺教；近的說，受當代圖讖、神仙方術的影響。它的進步的思想部分，下對張角、張魯輩也有所啓發。這部書的大部分篇幅是宣揚有神論、宗教唯心論和封建社會統治階級的思想的，但其中一些篇章裏也反映了當时的進步思想和正確的觀點。它的全部思想內容是很龐雜的，這裏不能逐項做詳細的敍述，只能選擇幾個重點做粗略的介紹，特別着重那些有價值的方面。

太平經裏有樸素唯物主義的觀點。它認爲天地萬物是由元氣組成的，元氣是原初的極細微的物質。如太平經卷六十七六罪十治訣說：「夫物始於元氣。」由元氣而後生天、生地、生人、生萬物。太平經鈔戊部第十葉說：「元氣怳惚自然，共凝成一，名爲天也（按上下文義，本句「一」與「天」字當互換）；分而生陰而成地，名爲二也；因爲上天下地，陰陽相合施生人，名爲三也。」

或者有人要問：既然太平經書承認元氣是世界萬物生成的根源，那末它的思想體系該是唯物主義的吧？這還要具體分析。因爲太平經宣揚道教教義，主張有神論和因果報應，就這一點說，不能說是。至於就精神與物質的關係而論，在某些論點上，可以說是唯物主義的。如經卷四十二四行本末訣說：「人有氣則有神，有神則有氣，神去則氣絶，氣亡則神去。故無神亦死，無氣亦死。」這首先承認了精神和氣（卽物質）是不可分離的。至于到底先有氣而後有神，還是先有神而後有氣呢？如果就「人有氣則有神」說，那應該承認物質是第一性的；如果就「有神則有氣」說，那應該承認精神是第一性的。所以這幾句話還沒有明白地表達出哪是第一性，哪是第二性。可是到太平經鈔丙部第八葉裏說：「故人有氣卽有神，氣絶卽神亡。」這就表述物質是第一性的了。再看太平經鈔癸部第九葉說：「神精有氣，如魚有水。氣絶神精散，水絶魚亡。」用「水絶魚亡」譬喻「氣絶神精散」，說精神不能離開物質而存在，猶如魚不能離開水而生存，把精神依附于物質的關係形象鮮明地説出來了。又有太平經聖君祕旨也是從太平經輯錄來的，它説：「夫人本生混沌之氣，氣生精，精生神，神生明。本於陰陽之氣，氣轉爲精，精轉爲神，神轉爲明。」氣和精是物質，神明就是精神。從氣生精、精生神、神生明的説法，邏輯上也就説明了先有物質而後有精神的基本理論。這樣的基本觀點，不能不説是唯物主義的。不過就太平經的全部理論體系説，有宗教唯心論，也有樸素唯物論。它的內容是雜糅而不純粹的。

太平經裏有自發的辯證法思想因素。它認爲宇宙萬物的生成和變化是由于對立物的統一。經卷一百十九三者爲一家陽火數五訣説：「夫生者皆反其本，陰陽相與合乃能生。」「天地未分，初起之時，乃無有上下日月三光，上下洞冥，洞冥無有分理。雖無分理，其中內自有上下左右表裏陰陽，具俱相持而不分別。」陰與陽是代表兩個對立物，這兩個對立物一面互相排斥，一面互相聯結。經卷一百十七天樂得善人文付火君訣也説：「天地之生凡物也，兩爲一合。今是上天與是下地爲合。」「天雖上行無極，亦自有陰陽，兩兩爲合。」「地亦自下行何極，亦自有陰陽，兩兩爲合。」所謂「合」，所謂「俱相持而不分別」，都是指互相聯結互相依存而言。太平經鈔丁部第十四葉説：「天下凡事，皆一陰一陽，乃能相生，乃能相養。一陽不施生，一陰並虛空，無可養也；一陰不受化，一陽無可施生，統也。」凡百事物的相生相養都由于對立物的相依存而發生變化。鈔癸部第九葉更進一步說：「陰氣陽氣更相摩礪，乃能相生。」「摩礪」就是事物的矛盾運動的一種狀態。凡百事物都是由于對立物自身運動而變生其它的東西。

對立物的互相聯結或互相依存，這是統一物內部的一種情形。又一種情形是對立物不是一成不變的，而是依據一定的條件，就會向其相反的方面轉化。太平經卷一百十八燒下田草訣說：「陰極反生陽。」陰變爲陽，或陽變爲陰，這就是轉化。所以能够轉到自己相反的一面去，是需要一定的條件的。經中所說的「極」，就是指達到了轉化的條件。如果達不到「極」，就不能轉化，正如揚雄所謂「陽不極則陰不萌，陰不極則陽不牙。」（太玄玄攡篇）太平經卷三十六守三實法說：「夫陽極者能生陰，陰極者能生陽。此兩者相傳，比若寒盡反熱，熱盡反寒，自然之術也。故能長相生也。」又經卷四十二四行本末訣說：「極上者當反下，極外者當反內。故陽極當反陰，極於下者當反上；故陰極反陽，極於末者當反本。」無論陽極反陰，陰極反陽，上極反下，下極反上，都是說明對立物依照一定的條件（所謂「極」）向它的相反一面轉化。

依以上所述，太平經的說法大致符合這樣一個矛盾同一性的原理的，就是：兩個對立的東西，在一定條件下，能够統一起來，又能够互相轉化。可是「有條件的相對的同一性和無條件的絕對的鬥爭性相結合，構成了一切事物的矛盾運動」。（毛澤東選集第二卷，八〇〇頁）太平經的理論，只承認對立物的互相依存的同一性，却沒有理會到對立物的相互排斥的鬥爭性。這個無條件的、絕對的鬥爭性是被忽略了。這是重要的一點。再一點，太平經主張循環變化論。如經卷六十五斷金兵法說：「天道比若循環，周者復反始。」鈔戊部第十一葉：「周者反始環無端。」經卷一百十七天樂得善人文付火君訣：「無極之政，周者反始，無有窮已也。」事物的變化，只是像春夏秋冬一樣不斷地重複着過去的階段，這是沒有發展觀念的循環變化論。以上兩點，必須加以分析批判。

在社會思想方面，太平經裏有一些篇章表示反對剝削，反對統治階級的聚斂財物，主張自食其力和救窮周急；反對有強力的人欺凌弱者，主張扶養弱者；反對後生的人欺凌老者，主張敬養老人；反對智識多的人欺侮智識少的人，主張有智識、道德的人應該相教。這些，反映了當時受壓迫、受剝削的人民的痛苦以及對於一般貧苦人民和弱者的深厚同情。

太平經卷六十七六罪十治訣說：「積財億萬，不肯救窮周急，使人飢寒而死，罪不除也。」積財億萬，是由于少數富豪採用各種苛刻的手段剝奪來的，使得廣大的人們不能普遍得到人人必需的財物，所以要反對。它又說：「或有遇得善富地，並得天地中和之財，積之乃億億萬種，珍物金銀億萬，反封藏逃匿於幽室，令皆腐塗。見人窮困往求，罵詈不予；既予不卽許，必求取增倍也。而或但一增，或四五乃止。賜予富人，絕去貧子。令使其飢寒而死，不以道理，反就笑之。與天爲怨，與地爲咎，與人爲大仇，百神憎之。所以然者，此財物乃天地中和所有，以共養人也。此家但遇得其聚處，比若倉中之鼠，常獨足食，此大倉之粟，本非獨鼠有也。少內（按少當作小）之錢財，本非獨以給一人也。其有不足者，悉當從其取也。愚人無知，以爲終古獨當有之，不知乃萬戶之委輸，皆當得衣食於是也。」這段話，表示反對剝削者聚斂大量的財貨，反對他們放高利借貸，在樸素的文辭裏，刻畫出富人一副惡詐貪狠的臉嘴。它又表示反對他們獨佔那天地中和所有的用以共養人的財物，把這些富人比做倉中的老鼠獨佔大倉的米粟。同時認爲封建皇帝庫藏的私財，也不應歸皇帝一人所有。這些言論，遺留的雖則不多，就現有的材料看，對於封建剝削殘酷情形的揭發是動人的、大膽的。正面的主張：「天生人，幸使其人人自有筋力，可以衣食者。」經卷三十五分別貧富法也說：「夫人各自衣食其力。」這就是說，人應該靠自己的勞動來維持生活。如果已經積累了錢財億萬，那應該多方面救窮周急。所謂「見人窮厄，假貸與之，不責費息。」（經卷一百十四爲父母不易訣）認爲「人有財相通」（鈔戊部第十二葉）是人們正當的道理。這些都反映了對于廣大貧苦人們的同情，和對于少數家財億萬富翁的仇恨。上述思想，對于後漢末黃巾農民大起義是發生相當影響的。後漢書襄楷傳載「張角頗有其書」，可證。

太平經鈔辛部第十四葉說：「或多智反欺不足者，或力強反欺弱者，或後生反欺老者，皆爲逆。」因爲「智者當苞養愚者，反欺之，一逆也。力強當養力弱者，反欺之，二逆也。後生者當養老者，反欺之，三逆也」。慢說智者欺侮愚者是犯了罪逆，即使那些人「積道無極，不肯教人開矇求生」和「積德無極，不肯力教人守德養性爲謹」，他們的罪也是不能免除的啊。（見六罪十治訣）總的說來，人們應該在物質上和精神上彼此互相幫助和互相親愛。經卷一百十大功益年書出歲月戒說：「諸神相愛，有知相教，有奇文異策相與見，空缺相薦相保，有小有異言相諫正，有珍奇相遺。」互助相愛，可以說是被壓迫人民的道德本色。

在太平經的另一些篇章裏，還表現着如下的思想。在重男輕女的封建社會裏，反對用各種殘忍手段殺傷被壓迫的女子。認爲男人繼承天統，女人繼承地統，現今殺傷女子，就是「斷絕地統」、「滅人類」（經卷三十五分別貧富法），因而提出嚴重的儆誡。漢代皇帝和貴族們爲了顯示生前和死後的豪華，大興土木，營造奢麗的殿宇和陵墓，「竭資財爲送終之具」，（參見經卷三十六事死不得過生法、經卷四十五起土出書訣）大大地勞民傷財，它也表示反對。

以上所介紹的只是幾項我們認爲有價值的思想（有價值的當然不止這些），遠不是太平經的全部內容。如前所述，它的全部內容多而且雜，雜而不純，就有許多自相矛盾的言論。略舉幾個重要方面來說吧。

在宇宙觀方面，與樸素唯物主義觀點相對立的，有宗教唯心論和有神論，前面已經提到過了。

在認識論方面，既然主張人們生來原是無知的，太平經卷六十七第十五葉：「此諸賢異士，本皆無知，但由力學而致也。」因而肯定說：「學輒日賢，耕輒有收。」（經卷四十九第十葉）這個論點，與王充論衡實知篇所謂「智能之士，不學不成，不問不知」的說法同樣是光輝的。但是在太平經卷八十八第六葉却說：「夫人天性自知之，其上也；不能自知之，力問，亦其次也。」這就承認有生而知之了，顯然是兩種矛盾的論點。

在社會思想方面，既然反對殘酷的封建剝削，同情一般貧苦的人民，如上所述；但又承認農民是「爲王者主脩田野治生」，（經卷六十五第五葉）又說「小人無道多自輕，共作反逆，犯天文地理，起爲盜賊相賊傷，犯王法，爲君子重憂」，（經卷六十七第四葉）堅決地維護封建統治階級的利益。此其一。既然主張人們應該各自食其力，如前所述，那末凡民、奴婢辛辛苦苦從事耕種勞作，都是自食其力的，應該受相當的尊重；但是太平經卷四十二九天消先王災法裏把他們列在最下等，經卷六十九天讖支干相配法更說：「病氣之後囚氣者，百姓萬民之象也；囚氣之後死氣者，奴婢之象也。」把囚氣當作百姓萬民的象徵，把死氣當作奴婢的象徵，這樣站在統治階級立場賤視萬民奴婢，當然就是鄙視自食其力的人了。此其二。既然主張人間的財物是天地所有，用以共養人的，不能像倉中的老鼠把大倉的粟獨佔爲己有，如前所述;但是太平經卷五十五知盛衰還年壽法說:「凡事不得其人,不可強行;非其有,不可強取;非其土地,不可強種,種之不生。」前者譴責富人霸佔財富,後者却告誡人民不可「強取」、「強種」了。此其三。

這些自相矛盾的言論,表現在好幾個主要方面,當然不是偶然發生的現象。爲什麼有這許多雜糅不純、自相矛盾的言論呢?我認爲太平經書卷帙繁巨,本來不是一時一人所作,它的內容雜糅、思想矛盾是不足爲怪的。假使說這部書只成於一時一人之手,而在好些主要問題上會有這樣自相矛盾,那倒是令人難以理解了。

如果把太平經裏全部內容當做整體來考察,這些進步的合理的思想與落後的反動的思想雜糅起來,自相矛盾,是否可以說二水均流、平分秋色呢?原來的太平經書缺佚太多了,依現存的殘本看來,其中社會思想大多數是維護封建統治階級利益的;哲學觀點方面,基本上還是宗教唯心論佔主導地位。儘管如此,我認爲把太平經整理出版,還是有意義的。我們除了可以批判其糟粕吸取其精華以外,太平經一書對于我們研究東漢中葉以後的社會情況和道教的歷史也是重要的。而且,這部書只有道藏一個本子,流傳極少,整理出來,可以爲有關研究工作者提供一個比較方便的資料。

太平經的文章特點之一,是不多引用前人的陳言。間有遺詞造句,採摘古人的成語(例如經卷一〇二第三葉、經卷一〇三第二葉、鈔丁部第十葉都有引道德經的話），也不明白指陳出處，這樣更顯出它自成一家的體裁了。

二　關于太平經鈔

與太平經有密切關係的兩種道書是太平經鈔和太平經聖君祕旨。對這兩種書的應用，應該跟太平經文同樣看待。這裏先介紹太平經鈔，其中有些問題還需要考證才搞得明白。

道藏中太平經鈔分甲乙丙丁戊己庚辛壬癸十部，每部一卷，係節錄太平經文而成。太平經甲部已經亡失了。現存的太平經鈔，以甲部的字數爲最少，疑鈔甲部是後人所僞補。鈔甲部的文字來源，以靈書紫文爲主，上清後聖道君列紀並爲其採取的材料。案太平經援引古經舊義，都不著明出處。只有鈔甲部乃説：「青童匍匐而前，請受靈書紫文口口傳訣在經者二十有四。」現存靈書紫文上經卷首所説，與太平經鈔甲部所載，其文字也是大同小異。從此可以證明太平經鈔甲部是從靈書紫文來的。再者，太平經裏並無外丹的説法，鈔甲部「服華丹」、「食鐶剛」云云，跟全書的内容不相協調，也是從靈書紫文抄來的。此外，鈔甲部所用道教、佛教的術語，也與太平經其它各部不相類似。道教的名辭如「種民」，佛教的名辭如「本起」、「三

界」、「受記」等，都是僅見于鈔甲部；就時代說，這些名辭也是比較太平經爲晚出的。〔一〕

太平經鈔編纂的人，據今所考，是唐末的閭丘方遠。可是一些道書紀載，多稱閭丘方遠銓（或作詮）太平經。南唐沈汾續仙傳說：閭丘方遠，舒州宿松人，幼而辯慧，年十六，通經史，學易於廬山陳元晤；二十九，問大丹於香林左元澤；「三十四歲，受法籙於天台山玉霄宮葉藏質，眞文祕訣，盡蒙付授。而方遠守一行氣之暇，篤好子史羣書。每披卷，必一覽之，不遺於心。常自言葛稚川、陶貞白，吾之師友也。銓太平經爲三十篇，備盡樞要。其聲名愈播於江、淮間。唐昭宗景福二年，錢塘彭城王錢鏐深慕方遠道德，訪於餘杭大滌洞，築室宇以安之」。至「天復二年二月十四沐浴焚香，端拱而坐，俟停午而化」。這裏所謂「銓太平經爲三十篇」，雲笈七籤卷一百十三下續仙傳也作「銓」。按「銓」字當有選擇而編次的意思。

宋賈善翔猶龍傳卷四授干吉太平經條說，今於正經外，「又有太平鈔十卷（鈔上疑脫「經」字——明），不著撰人名氏，大略發明本經篇目」，下文又說：

「至大唐之季，有閭丘方遠者，宿松人，通經史，頗辯慧，嘗師香林左元澤。……食炁錬形之外，尤精此太平經。因詮爲三十篇，而盡樞要也。」

〔一〕參見拙撰論太平經鈔甲部之僞，載歷史語言研究所集刊第十八本。

這裏的「詮」是和「銓」通用，也就是詮次的意思。

查載閭丘方遠與太平經的關係，最早莫如南唐沈汾續仙傳。據明代道藏本的續仙傳，僅載閭丘氏「銓太平經爲三十篇」一事。宋賈善翔作猶龍傳，忽分太平鈔十卷與詮太平經三十篇爲二事。以爲太平鈔十卷，不著撰人姓名。另有閭丘方遠，詮太平經爲三十篇。這把一事分爲兩事了。從此道俗經傳，紛紛沿稱閭丘方遠詮太平經。如元代張天雨的玄品錄卷五閭丘方遠詮太平經爲三十篇；清代陳鱣的續唐書也載，太平經三十篇，吳道士閭丘方遠詮。到底閭丘方遠與太平經鈔的關係怎樣，還是曖昧不清。

宋鄧牧洞霄圖志卷五閭丘元同先生條却說：

「閭丘方遠，字大方，舒州人，生州之天柱山下。二十九歲，師香林左元澤。既得道已，乃徧尋名山，至餘杭天柱，異而止焉。……先是太平青領書，自漢于眞人傳授，卷帙浩繁，複文隱祕。先生鈔爲二十卷，文約旨博，學者便之。」

這是鄧牧明明白白說閭丘方遠鈔太平經了。爲什麼要鈔呢？因爲太平青領書一百七十卷，卷帙浩繁，複文隱晦而奧祕。學道的人，每苦不知樞要。一經選鈔，文約旨博，所以學者就感到方便了。

鈔太平經何以稱爲銓或詮太平經呢？因爲太平經鈔事實上是「鈔」的體裁，不過這裏的

「鈔」不是依樣葫蘆的照鈔，而是有選擇和編次的意義。閭丘方遠不但鈔了太平經，道藏衣字號下（第一八五册）還有他的太上洞玄靈寶大綱鈔，也是屬于「鈔」的體裁。説閭丘方遠鈔太平經也罷，銓或詮太平經也罷，總之，太平經鈔是閭丘方遠編纂的。

至於太平經鈔的卷數或篇數，各書記載不一。續仙傳、玄品録都稱三十篇；猶龍傳稱三十篇外，又稱鈔十卷；洞霄圖志稱二十卷。原來經文分甲乙丙丁等十部，每部一十七卷。閭丘方遠鈔太平經，蓋按部節鈔，大概不是按卷分的，每部節鈔上中下三篇，十部故得三十篇。或者三十篇是三十卷之誤，而「二」爲「三」之譌，這就是洞霄圖志所謂二十卷了。所謂十卷的，大概指每部爲一卷。所謂二十卷的，或因每部鈔文字數繁多，又分爲上下二卷，所以説二十卷。或「二」爲「一」之訛，也未可知。古書著録的卷數，往往錯亂不一，不只太平經鈔是這樣，所以未足深怪了。

太平經鈔的成書，它的精確的年月不得而知。續仙傳説：「銓太平經爲三十篇，備盡樞要。其聲名愈播於江、淮間。唐昭宗景福二年，錢塘彭城王錢鏐深慕方遠道德，訪於餘杭大滌洞，築室宇以安之。」探索傳中文義，閭丘方遠未鈔太平經以前，已稍稍知名當地。及鈔太平經以後，他的聲名更傳播於江、淮流域。彭城王錢鏐在昭宗景福二年（公元八九三年），還親自去拜訪他。那末，太平經鈔的成書，當在景福二年以前，下距天復二年（公元九〇二年）

閭丘方遠的死，至少已經有十多年了。

三　關于太平經聖君祕旨

太平經聖君祕旨在正統道藏入字號下册，計七葉。題「傳上相青童君」，不説誰撰誰傳。它的內容，大致分爲三類：一類論述精、神、氣的關係，其文略見於太平經鈔癸部第十葉令人壽治平法；一類述説眞道九首，從第一元氣無爲至第九家先，統見于太平經卷七十一眞道九首得失文訣中；一類縷述守一之法，如在太平經鈔乙部第五葉守一明法及太平經卷九十六守一入室知神戒裏可以見到。其它不能查明落處的，都是太平經的佚文。據以上所述，可以知道太平經聖君祕旨原出於太平經，有重點地選輯了這三部分的東西。

我們自然要問：誰選輯了太平經聖君祕旨呢？我懷疑還是閭丘方遠。續仙傳説：「方遠守一行氣之暇，篤好子史羣書。」閭丘方遠是治守一行氣之術的，現存太平經聖君祕旨裏輯存守一之法甚多，這是可注意的一點。又宋史藝文志四著錄閭丘方遠太上經祕旨一卷，疑此就是太平經聖君祕旨。猶龍傳卷四也稱太平祕旨一卷。同一古書，它的名稱往往歧出。如果這個揣測不錯的話，那末閭丘方遠眞是唐代一位出色的太平經傳師了。

四　最後幾句說明和聲明

現在我簡單地說明爲什麼用校、補、附、存四種體例來整理這部書的理由。首先注意到這樣一個特殊的情形：太平經書由于文字譌脱、篇章殘缺過多，而太平經鈔又只是一個節鈔的本子，加上一些從各書輯得的太平經引文，要想恢復它的全貌，事實上是不可能的了。正是由于這個情形，要想把它整理成爲一部比較可讀的書，就得採用多種的辦法。

首先是校勘，它的必要性，這裏不用多說。其次是補，經文殘缺的地方，鈔文可以補的就儘量有多少補多少。如果不加補苴，閲讀起來，便不知上下文的來龍去脈。例如經卷三十九有解師策書訣，但是缺佚師策書本文，幸而在鈔丙部二十二葉保存了師策文一篇，只有把它補在適當的位置裏，才能了解上下文整個的意義。又如經卷一百九四吉四凶訣裏，原來脱漏了四大吉二大凶及續命符一大段，讀起來不知所云，也賴鈔庚部第七葉至第八葉把它補上。想把太平經書補得齊全是不可能的了，如果因此說，反正補不齊全，不如經與鈔各自獨立，保存原來樣子。我想那樣的編校工作固然省事些，可是讀者就增加困難了。又其次是附，由于本書的校勘，不是一個完整的甲本對另一個完整的乙本來讎校，而是不得已以鈔校經。鈔文從經文選録，並非都是按整章整節整句的選鈔，所以遇有文字出入較多的地方，合校本只得以經文爲母，鈔文爲子，寫附于相對的經文之後。這在凡例裏已有說明，這部分工作也是必要的。第四是存，凡是無法校訂的太平經的佚文，本書把它們分別存于三種地方：知道卷數的，存於卷末；僅知道帙數的（每部十七卷爲一帙），存于帙末；如果卷和帙都不清楚的，就存于全書之末。以上校、補、附、存四種體例，乍看起來，似乎覺得繁雜，但針對着太平經這部書的特殊情形來說，這樣的編纂工作，我們認爲是不可少的。

最後要聲明的，這書是舊稿重編。前蒙北京大學教授湯用彤先生幫助最多，近承中國科學院考古研究所技術室陸式薰同志等代繪東壁圖、西壁圖、乘雲駕龍圖三幅，在這裏謹向他們表示衷心的感謝。

這書原來卷帙繁巨，現存本的篇章殘缺和文字訛脫之處太多，文辭又是俚俗支蔓，有的不可卒讀。編者個人限于水平，在編校、標點等工作中難免有缺點和錯誤的地方，敬希讀者隨時指正。

一九五九年二月王明識於中國科學院哲學研究所

太平經合校凡例

（一）合校本以明正統道藏太平經爲主，太平經鈔及他書所載經文爲輔。

（二）太平經合校因諸書文字參差不齊，分四例編訂之：

一曰并　凡經及鈔文字出入少者，以經文爲主，鈔之異文則作爲校勘記，並隨文起訖，加起止以記之。

二曰附　凡經及鈔文字出入多者，以經文爲母，以鈔文爲子，低三格寫附於經文之後。並於相對之經文起訖處，加〔起〕〔止〕以標明之。

三曰補　凡經所無而鈔有者，則補入相當之地位。

四曰存　按太平經聖君祕旨及他書中往往引有太平經之佚文，凡知其在經卷之地位者，則分別依上三例校訂之。其地位失考而知其卷數者，則附存卷末。僅知其帙數者（每部十七卷爲一帙），則附存帙末。若卷帙均不知者，則附存全書之末。

（三）合校本隨文於書眉上標明經及鈔上海商務印書館涵芬樓影印本葉數行數，並依校例，分別標出「并」「附」「補」「存」四字。

（四）凡經文有脱誤，而鈔或他書所載經文，確可補正者，合校本用鈔或他書引文，而以經之異文列入校勘記中。但經中文字,雖知有錯落而無文證者,悉依其舊,不加改竄;間或於校勘記中指明錯文。

(五)原書間有分段,以及文字脱落空白處而無他書引文可補者,悉仍其舊。

(六)爲編校上便利起見,於書中所加標之字,均加括弧以區别之。

(七)合校時,凡遇正俗或古今通用之字無關於文義者,校勘記中不予註明。例如:

氣炁　乃迺　珍玠　總揔　災灾　憐怜　殺殺　矦侯　汚汙

無无　蓋盖　裏裹　效効　冢塚　筭算　廢癈　歡懽　并併

(八)合校本所用書名之簡稱,舉例如下:

「經」……太平經(正統道藏受、傳、訓、入四字號)

「鈔」……太平經鈔(道藏外字號)

「祕」……太平經聖君祕旨(道藏入字號)

「囊」……三洞珠囊(道藏懷字號)

「雲」……雲笈七籤(道藏學、優、登、仕、攝、職、從、政、存、以、甘、棠十二字號)

「列紀」……上清後聖道君列紀(道藏有字號)

「仙鑑」……歷世眞仙體道通鑑(道藏鹹、河、淡、鱗、潛五字號)

「紫文」……皇天上清金闕帝君靈書紫文上經（道藏傷字號）

「襄傳注」……後漢書襄楷傳章懷太子賢注（據百衲本校）

（九）讀合校本時，如欲知經之原狀，只需依書眉所標經文卷、葉、行、字數，順次尋之卽得。如欲知鈔之原狀，只需依書眉所標鈔文（并、附、補、存等）卷、葉、行、字數，順次讀之卽得。在相當於書眉所標經文或補存的鈔文之卷數葉數行數字數的合校本上的位置處，特於其字旁加「*」符號，以便稽對。惟因經、鈔錯簡，或爲編訂便利而略加改動諸處，則讀時須於校勘記中尋得之。

（十）合校本書眉上所標的卷、葉、行、字數目，悉據上海商務印書館涵芬樓影印道藏本。每葉分上下二面。凡列舉卷葉幾行幾字時，依序用點號間隔，卷葉等字從略。如經三五·一上·二·四卽謂太平經卷三十五第一葉之第一面第二行第四字。又鈔每部只一卷，故不標明卷數。如鈔丙一上·二·一卽謂太平經鈔丙部第一葉之第一面第二行第一字。

太平經合校引用書目

太平經鈔　明正統道藏外字號　上海商務印書館涵芬樓影印本（以下同）第七四六——七四七册。
太平經聖君祕旨　道藏入字號　第七五五册
范曄後漢書襄楷傳李賢注　百衲本
三洞珠囊　唐王懸河　道藏懷字號　第七八〇——七八二册
上清道類事相　唐王懸河　道藏姑字號　第七六五册
一切道經音義妙門由起　唐史崇等　道藏儀字號　第七六〇册
道德眞經廣聖義唐杜光庭　道藏羔字號至行字號第四四〇——四四八册
初學記
白帖
三洞神符記　道藏張字號　第三六册
黃庭內景玉經梁丘子注　道藏推字號　第一九〇册

上清後聖道君列紀　道藏有字號　第一九八册

皇天上清金闕帝君靈書紫文上經　道藏傷字號　第三四二册

雲笈七籤　宋張君房編　道藏學字號至棠字號　第六七七—七〇二册

道樞　宋曾慥　道藏篤字號至美字號　第六四一—六四八册

道教義樞　梁孟安排　道藏諸字號　第七六二—七六三册

道典論　道藏姑字號　第七六四號

道要靈祇神鬼品經　道藏滿字號　第八七五册

要修科儀戒律鈔　道藏唐字號至弔字號　第二〇四—二〇七册

正一法文太上外籙儀　道藏肆字號　第九九一册

歷世眞仙體道通鑑　道藏鹹字號至潛字號　第一三九—一四八册

大道論　周固樸　道藏去字號　第七〇四册

三論元旨　道藏去字號　第七〇四册

存神固氣論　道藏大字號　第三二一册

金鎖流珠引　道藏思字號至辭字號　第六三一—六三六册

太上說玄天大聖眞武本傳神咒妙經　道藏孝字號　第五五六册

太平御覽

敦煌經卷

太平經合校卷一至十七甲部不分卷〔一〕

太平經鈔甲部〔二〕

*太平金闕帝晨後聖帝君師輔歷紀歲次平氣去來兆候賢聖功行種民定法本起〔三〕

問曰：「三統轉輪，有去有來，民必有主，姓字可得知乎？」「善哉！子何爲復問此乎？」「明師難遭，良時易過，不勝喁喁，願欲請聞，愚闇冒昧，過厚懼深。」「噫！非過也，天使子問，以開後人，今〔四〕悟者識正，去僞得真。吾欲不言，恐天悒悒，亂不時平。行安坐，當爲子道之。自當了然，無有疑也。昔之天地與今天地，有始有終，同無異矣。初善後惡，中間興衰，一成一敗。陽九百六，六九乃周，周則大壞。天地混韲，人物糜潰。唯積善者免之，長爲種民。種民智識，尚有差降，未

〔一〕本部經文全缺，今以鈔補，鈔未分卷。〔二〕原文下有「卷之一」三字，今删。〔三〕疑係題目，因低四格。〔四〕「今」疑當作「令」。

〔補〕鈔甲一上·二·一

〔補〕鈔甲二上·一·一

〔并〕上清後聖道君列紀

同浹一，猶須師君。君聖師明，教化不死，積鍊成聖，故號種民。種民，聖賢長生之類也。長生大主號太平真正太一妙氣皇天上清金闕後聖九玄帝君，姓李，是高上太之胄，玉皇虛無之胤，玄元帝君時太皇十五年，太歲丙子兆氣，皇平元年甲申成形，上和七年庚寅九月三日甲子卯時，刑德相制，直合之辰，育於北玄*玉國天岡靈境人鳥閣蓬萊山中李谷之間，有上玄虛生之母，九玄之房，處在谷陰。玄虛母之始孕，夢玄雲日月纏其形，六氣之電動其神，乃冥感陽道，遂懷胎真人。既誕之旦，有三日出東方。既育之後，有九龍吐神水。故因「靈谷」而氏族，用「曜景」爲名字。厥年三歲，體道凝真，言成金華。【起】五〔一〕歲〔二〕，常仰日欣初〔三〕，對月歎終〔四〕。上〔五〕觀陽氣之煥赫，下〔六〕覩陰道以虧殘。於是斂魂和〔七〕魄，守胎寶神，錄精塡〔八〕血，固液凝筋。七歲〔九〕，乃學〔一〇〕吞光服〔一一〕霞，咀嚼日〔一二〕根。行年二七〔一三〕，而有金姿玉顏，棄俗離情〔一四〕，【止】擁化救世，精感太素，受教三元，習以三洞，業以九方。三七之歲，以孤棲挫銳。四七之歲，以伉會和光。五七之歲，流布玄津，功德遐暢。六七之歲，受書爲後聖帝君，與前天得道爲帝君者，同無異也。受記在今，故號後聖。前聖後聖，其道一焉。上昇上清之殿，中遊太極之宮，下治十

〔補〕鈔甲三上・一・二

方之天，封掌億萬兆庶，鑒察諸天河海、地源山林，無不仰從，總領九重十疊，故號九玄也。七十之歲，定無極之壽，適隱顯之宜，删不死之術，撰長生之方*。寶經符圖，三古妙法，祕之玉函，侍以神吏，傳受有科，行藏有候，垂謩立典，施之種民。不能行者，非種民也。今天地開闢，淳風稍遠，皇平氣隱，災厲横流。上皇之後，三五以來，兵疫水火，更互競興，皆由億兆，心邪形僞，破壞五德，爭任六情，肆兇逞暴，更相侵淩，尊卑長少，貴賤亂離。致二儀失序，七曜違經，三才變異，妖訛紛綸。神鬼交傷，人物凋喪，眚禍荐至，不悟不悛，萬毒恣行，不可勝數。大惡有四：兵、病、水、火。陽九一周，陰孤盛則水溢。百六一帀，陽偏興則火起。自堯以前，不復須述。從唐以後，今略陳之。宜諦憶識，急營防避。堯水之後，湯火爲災，此後偏地小小水火，罪重隨招，非大陽九大百六也。大九六中，必有大小甲申。甲

〔一〕「五」上列紀有「年」字。　〔二〕「歲」下列紀有「仍好道樂真言頌成章」九字。　〔三〕列紀「初」作「笑」。　〔四〕「歎終」列紀作「吟歎」。　〔五〕列紀無「上」字。　〔六〕列紀無「下」字。　〔七〕列紀「和」作「研」。　〔八〕列紀「塡」作「鎭」，「塡」讀同「鎭」。　〔九〕列紀無「七歲」二字。　〔一〇〕列紀「學」下有「於」字。　〔一一〕列紀「服」作「飲」。　〔一二〕列紀「日」作「飛」。　〔一三〕列紀七譌作「十」。　〔一四〕「棄俗離情」列紀作「遂棄家離親」。

〔補〕鈔甲四上・一・一

申爲期，鬼對人也。災有重輕，罪福厚薄，年地既異，推移不同。中人之中，依期自至。中之上下，可上可下，上下進退，升降無定。爲惡則促，爲善則延。未能精進，不能得道。正可申期，隨功多少。是以百六陽九，或先或後，常數大曆，准擬淺深。計唐時丁亥後，又四十有六。前後中*間，甲申之歲，是小甲申，兵病及火，更互爲災，未大水也。小水偏衝，年地稍甚。又五十五，丁亥，前後中間，有甲申之年。是大甲申三災俱行，又大水蕩之也。凡大小甲申之至也，除凶民，度善人。善人爲種民，凶民爲混韲。未至少時，衆妖縱横互起，疫毒衝其上，兵火繞其下，洪水出無定方，凶惡以次沉沒。此時十五年中，遠至三十年内，歲災劇，賢聖隱淪。大道神人更遣真仙上士出經行化，委曲導之。勸上勵下，從者爲種民，不從者沉沒，沉沒成混韲。凶惡皆蕩盡。種民上善，十分餘一。中下善者，天滅半餘，餘半滋長日興，須聖君明師，大臣於是降現。小甲申之後，壬申之前，小甲申之君聖賢，嚴明仁慈，無害理亂，延年長壽，精學可得神仙，不能深學太平之經，不能久行太平之事。太平少時姓名，不可定也。行之司命注青錄，不可司錄記黑文。黑文者死，青錄者生。生死名簿，在天明堂。天道無親，唯善是與。善者修行太平，成太平也。成小太平，與大太平君合德。

〔補〕鈔甲五上・一・一

〔并〕上清後聖道君列紀

大太平君定姓名者，李君也。以壬辰之年三月六日，顯然出世，乘三素景輿，從飛軿萬龍。舉善者爲種民，學者爲仙官。設科立典，獎善杜惡，防遏罪根，督進福業之人，不怠而精進，得成神真，與帝合德；懈退陷惡，惡相日籍，充後鼃混也。至士高士，智慧明達，了然無疑，勤加精進，存習帝訓，憶識大神君之輔相，皆無敢忘。聖君明輔，靈官祐人，自得不死，永爲種民。升爲仙真之官，遂登後聖之位矣。

[起]後聖李〔一〕君太師姓彭，君〔二〕學道在李君前，位〔三〕爲太微左真，人皇時〔四〕保皇道〔五〕君並常〔六〕命封授〔七〕兆民，爲李君太師，治在太微北塘〔八〕宮靈上光臺〔九〕二千五百年轉〔一〇〕易名字，展轉太虛，周旋〔一一〕八冥。上至無上，下至無下，真官希有得見其光顏者矣〔一二〕。

後聖李君上相方諸宮青童君。

〔一〕列紀無「李」下六字，但有「彭君諱廣淵一名玄虛字大椿一字正陽，彭亦爲李，或名彭」二十三字。〔二〕「君」下七字列紀「作先李君學道」。〔三〕「位」上列紀有「人皇時生」四字。〔四〕列紀無「人皇時」三字。〔五〕列紀無「道」字。〔六〕列紀無「常」字，但有「當受」二字，按以列紀爲是。〔七〕列紀「授」誤作「校」。〔八〕「塘」列紀作「墉」，疑當作「墉」。〔九〕「臺」下列紀有「彭君」二字。〔一〇〕列紀「轉」作「輒」，疑應作「輒」。〔一一〕列紀「旋」作「遊」。〔一二〕「矣」下列紀有「然起學所履姓字真定具列方諸宮白簡青錄之篇」二十字。

〔并〕雲笈七籤卷六
道教義樞卷二
〔補〕鈔甲六上·一·一

後聖李君上保太丹宮南極元君。後聖李君上傅白山宮太素真君。後聖李君上宰西城宮總真王君。止

右五人，一師四輔。起輔者，父也，扶也〔一〕。止尊之如父，*持之得行，總號爲輔。分而別之，左輔右弼，前疑後承。承者，發言舉事，拾遺充足，制斷宣揚，即是宰也。疑者，向思未得，啓發成明，即是傅也。弼者，必定猶預，即是保也。扶君順師，周帀入道，即是相也。四五占候，俱詳可否，贊弘正化，總曰輔師。閑居之時，前向有疑，問之傅。後顧慮遺，問之承。右有所昧，問之弼。左有未明，問之輔。諮詢四輔，相保傅宰，成功在師，不可闕也。聖帝垂範，使後遵行。入有保，保用事也。陰屬右，靜寶真也。出有師，師用事也。陽屬左，動歸寂也。至此最難，故略輔相而言師也。望有傅，傅在前，敷説議趣也。顧有宰，宰在後，決斷是非也。其餘公卿有司仙真聖品大夫官等三百六十一，從屬三萬六千人，部領三十六萬，人民則十百千萬億倍也。常使二十四真人密教有心之子，皆隸方諸上相，不可具説。但諦存其大，自究其小也。」「善哉！今日問疑，更聞命矣。」

〔補〕鈔甲七上・一・一
〔并〕靈書紫文上經
〔并〕御覽卷六七七

問曰：「李君何所常行，而得此高真，太師四輔學業可聞乎？」「善哉！子爲愚者，迷不信道，學不堅*固，進退失常，墮卑賤苦，故勤勤問之乎？今爲子説之。夫無始中來，積行久久，一善一惡，不可具言，言之無益。今取近所行得成高貴者，靈書紫文爲要。起東〔二〕華玉保高晨師青童大君，大君〔三〕清齋寒〔四〕靈〔五〕丹殿黄房之内，三年〔六〕，上詣上清金闕〔七〕。金闕〔八〕有四天帝〔九〕，太平道君〔一〇〕處其左右〔一一〕。居起太〔一二〕空瓊臺洞真〔一三〕之殿，平〔一四〕玉之房，金華之内，侍女衆真〔一五〕止五〔一六〕萬人，毒龍電〔一七〕虎，玃天之狩〔一八〕，羅〔一九〕毒作態，備門抱關，巨蚪〔二〇〕千尋，衞

〔一〕雲無「扶也」二字。〔二〕紫文無「東」下七字，但有「方諸東宮東海」六字。〔三〕紫文無「大君」二字。〔四〕紫文無「寒」字，但有「於」字。〔五〕「靈」下三字紫文作「靈榭丹闕」。〔六〕「年」下紫文有「時乘碧霞三靈流景雲輿建帶飛青翠羽龍帔從桑林千真」二十三字。〔七〕「闕」下紫文有「請受靈書紫文上經」八字。〔八〕「闕」下紫文有「中」字。〔九〕「天帝」紫文作「帝君」。〔一〇〕「太平道君」紫文作「其後聖君」四字。〔一一〕紫文無「右」字。〔一二〕御覽「太」作大，大、太通用。〔一三〕紫文「洞真」二字作「丹玕」。〔一四〕紫文無「平」下八字，御覽無「平」下四字。〔一五〕御覽「真」下有「之所處」三字。御覽校文止此。〔一六〕紫文「五」作「三」。〔一七〕紫文「電」作「雷」。〔一八〕紫文「狩」作「獸」。〔一九〕紫文無「羅」下四字。〔二〇〕「巨蚪」紫文作「蛟蛇」。疑「蚪」爲「虯」字之譌。

〔并〕囊三・五下・七・二

〔補〕鈔甲八上・一・一

於墻垾〔一〕。飛龍〔二〕奔雀，溟鵬異鳥〔三〕，叩啄奮爪，陳于廣庭。天威煥赫，流光八朗，風鼓玄旌〔四〕，回〔五〕舞旄蓋；玉樹激音，琳枝自〔六〕籟；衆吹靈〔七〕歌，鳳鳴玄〔八〕泰；神妃合唱，麟儛〔九〕鸞邁；天〔一〇〕鈞八響，九和百會。青童〔一一〕匍匐而前，止請受靈書紫文、口口傳訣在經者二十有四：一者真記諦，冥諳憶；二者仙忌詳存無忘；三者起採〔一二〕飛根，吞日精〔一三〕；四者〔一四〕服開明靈符；五者〔一五〕服月華〔一六〕；六者〔一七〕服陰生〔一八〕符；七者〔一九〕拘三魂；八者〔二〇〕制七魄；九者〔二一〕佩皇〔二二〕象符；十者〔二三〕服華丹；十一者〔二四〕服黃水；十二者〔二五〕服廻水；十三者〔二六〕食鐶剛；十四者〔二七〕食鳳腦；十五者〔二八〕食松梨；十六者〔二九〕食李棗；十〔三〇〕七者服*水湯；十八者鎮白〔三一〕銀紫金；十九者〔三二〕服雲腴；二〔三三〕十者作白銀紫金；二十一者作鎮；二十二者食竹筍；二〔三四〕十三者食鴻脯；二十四者佩五神符。備此二十四〔三五〕變化無窮，超淩三界之外，遊浪六合之中。止災害不能傷，魔邪不敢難。皆自降伏，位極道宗，恩流一切，幽顯荷賴。不信不從，不知不見，自是任闇，永與道乖。塗炭凶毒，煩惱混韲。大慈悲念，不可奈何。哀哉，有志之士，早計早計，無負今言。」曰：「善哉，善哉！今日問疑，更聞命矣。」

〔存〕道教義樞卷二、雲笈七籤卷六

〔存〕雲笈七籤卷六

〔存〕甲部第一云：「學士習用其書，尋得其根，根之本宗，三一爲主。」道教義樞卷二七部義及雲笈七籤卷六四輔引。

〔存〕甲部第一又云：「誦吾書，災害不起，此古賢聖所以候得失之文也。」又云：「書有三等，一曰神道書，二曰覈事文，三曰浮華記。神道書者，精一不離，實守本根，與陰陽合，與神同門。覈事文者，覈事異同，疑誤不失。浮華記者，離本已遠，錯亂不可常用，時時可記，故名浮華記也。」又云：「澄清大亂，功高德正，故號太

〔一〕「堓」紫文誤作「析」。〔二〕紫文「龍」作「馬」。〔三〕「溟鵬異鳥」紫文作「大翅之鳥」。〔四〕紫文「旌」作「旍」。〔五〕紫文「回」作「迴」。〔六〕「枝自」紫文作「草作」。〔七〕紫文「靈」作「雲」。〔八〕紫文「玄」作「青」。〔九〕紫文「麟儛」作「鵬舞」。〔一〇〕紫文無「天」下八字。〔一一〕「童」下紫文有「既到」二字。〔一二〕「採」原作「探」，疑誤，今依囊改。「採」上囊有「青童君」三字，御覽六七一引太平經曰：「青童君採飛根，吞月景」。〔一三〕囊「精」作「景」。〔一四〕囊無「四者」二字。〔一五〕囊無「五者」二字。〔一六〕「華」下囊有「符」字。〔一七〕囊無「六者」二字。〔一八〕「陰生」囊譌作「除二」。〔一九〕囊無「七者」二字。〔二〇〕囊無「八者」二字。〔二一〕囊無「九者」二字。〔二二〕「皇」囊作「星」。〔二三〕囊無「十者」二字。〔二四〕囊無「十一者」三字。〔二五〕囊無「十二者」三字。〔二六〕囊無「十三者三」字。〔二七〕囊無「十四者」三字。〔二八〕囊無「十五者」三字。〔二九〕囊無「十六者」三字。〔三〇〕囊無「十」下十字。〔三一〕白囊譌作「曰」。〔三二〕囊無「十九者」三字。〔三三〕囊無「二」下十八字。〔三四〕囊無「二」下十一字。〔三五〕囊無「二十四」三字。

平。若此法流行，即是太平之時。故此經云，應感而現，事已即藏。」又云：「聖主爲治，謹用茲文；凡君在位，輕忽斯典。」雲笈七籤卷六四輔引。書有三等，並見太平經鈔癸部，據敦煌目録，應作甲部。

〔存〕太平部卷第八老子傳授經戒儀注訣云：「老子者，得道之大聖，幽顯所共師者也。應感則變化隨方，功成則隱淪常住。住无所住，常无不在。不在之在，在乎无極。无極之極，極乎太玄。太玄者，太宗極主之所都也。老子都此，化應十方。敷有无之妙，應接无窮，不可稱述。近出世化，生乎周初，降迹和光，誕於庶類，示明胎育，可以學真，雖居下賤，无累得道。周流六虚，教化三界，出世間法，在世間法，有爲无爲，莫不畢究。文王之時，仕爲守藏史。或云，處世二百餘載。至平王四十三年，太歲癸丑，十二月二十八日，爲關令尹喜説五千文也。」三洞珠囊卷九老子爲帝師品引。按此敘老子事迹或出於太平經卷八，然雲笈七籤卷四十説戒引太玄部卷第八老君傳授經戒儀注訣云云，二經所引卷數書名相同，則太平、太玄，必有一誤，姑存俟考。

〔存〕三洞珠囊卷九

太平經合校卷十八至三十四 乙部不分卷〔一〕

太平經鈔乙部〔二〕

合陰陽順道法〔三〕

〔補〕鈔乙一上·二·一

還年不老，大道將還，人年皆將候驗。瞑目還自視，正白彬彬。若且向旦時，身爲安著席。若居溫蒸中，於此時筋骨不欲見動，口不欲言語。每屈伸者益快意，心中忻忻，有混潤之意，鼻中通風，口中生甘，是其候也。故順天地者，其治長久。順四時者，其王日興。道無奇辭，一陰一陽，爲其用也。得其治者昌，失其治者亂；得其治者神且明，失其治者道不可行。詳思此意，與道合同。

録身正神法〔四〕

天之使道生人也，且受一法一身，七縱横陰陽，半陰半陽，迺能相成。故上者象

〔一〕本部經文全闕，今以鈔補。鈔未分卷。〔二〕原文下有「卷之二」三字，今删。〔三〕鈔連下文，疑係題目，今移置。敦煌目録作「順道遂年法」。〔四〕依敦煌目録加。

陽，下者法陰，左法陽，右法陰。陽者好生，陰者好殺。陽者爲道，陰者爲刑。陽者爲善，陽神助之；陰者爲惡，陰神助之。積善不止，道福起，令人日吉。陽處首，陰處足。故君貴道德，下刑罰，取法於此。小人反下道德，上刑罰，亦取法於此。故人乃道之根柄，神之長也。當知其意，善自持養之，可得壽老。不善養身，爲諸神所咎。神叛人去，身安得善乎？爲善不敢失繩纏〔一〕，不敢*自欺。爲善亦神自知之，惡亦神自知之。非爲他神，乃身中神也。夫言語自從心腹中出，傍人反得知之，是身中神告也。故端神靖身，乃治之本也，壽之徵也。無爲之事，從是興也。先學其身，以知吉凶。是故賢聖明者，但學其身，不學他人，深思道意，故能太平也。君子得之以興，小人行之以傾。

〔補〕鈔乙二上・一・一

脩一却邪法〔二〕

天地開闢貴本根，乃氣之元也。欲致太平，念本根也。不思其根，名大煩，舉事不得，災並來也。此非人過也，失根基也。離本求末，禍不治，故當深思之。夫一者，乃道之根也，氣之始也，命之所繫屬，衆心之主也。當欲知其實，在中央爲根，命之

〔補〕鈔乙三上·一·一

府也。故當深知之，歸仁歸賢使之行。人之根處内，枝葉在外，令守一皆使還其外，急使治其内，追其遠，治其近。守一者，天神助之。守二者，地神助之。守三者，人鬼助之。四五者，物祐助之。故守一者延命，二者與凶爲期。三者爲亂治，守四五者禍日來。深思其意，謂之知道。故頭之一者，頂也。七正之一者，目也。腹之一者，臍也。脈之一者，氣也。五藏之一者，心也。*四肢之一者，手足心也。骨之一者，脊也。肉之一者，腸胃也。能堅守，知其道意，得道者令人仁，失道者令人貪。

以樂卻災法

以樂治身守形順念致思却災〔三〕。夫樂於道何爲者也？樂乃可和合陰陽，凡〔四〕事默作也，使人得道本也。故元氣樂即生大昌，自然樂則物強，天樂即三光明，地樂則成有常，五行樂則不相傷，四時樂則所生王，王者樂則天下無病，蚑行樂則

〔一〕「纏」疑係「墨」字之誤。〔二〕鈔連下文，疑係題目，今移置。「邪」下原無「法」字，疑脱，今加。〔三〕「災」上十二字疑係下文之篇旨，常在篇後。本篇題目，依敦煌目録加。〔四〕「凡」通作「萬」，本書「凡」、「萬」多通用。

〔補〕鈔乙四上·一·一

不相害傷，萬物樂則守其常，人樂則不愁易心腸，鬼神樂即利帝王。故樂者，天地之善氣精爲之，以致神明，故靜以生光明，光明所以候神也。能通神明，有以道爲隣，且得長生久存。夫求道常苦，不能還其心念，今移風易俗，趨其心指，誰復與之爭者？太平樂乃從宮中出邪？固以清靖國，安身入道，夷狄却，神瑞應來。懸象還，凶神往。夫人神乃生内，反遊於外，遊不以時，還爲身害，即能追之以還，自治不敗也。追之如何，使空室内傍無人，畫象隨其藏色，與四時氣相應，懸之窗光之中而思之。上有藏象，下有十鄉，臥即念以*近懸象，思之不止，五藏神能報二十四時氣，五行神且來救助之，萬疾皆愈。男思男，女思女，皆以一尺爲法，隨四時轉移。春，青童子十，夏，赤童子十，秋，白童子十，冬，黑童子十，四季，黃童子十二。二十五神人真人共是道德，正行法，陽變於陰，陰變於陽，陰陽相得，道乃可行。天須地乃有所生，地須天乃有所成。春夏須秋冬，晝須夜，君須臣，乃能成治。臣須君，乃能行其事。故甲須乙，子須丑，皆相成。作道治正當如天行，不與人相應，皆爲逆天道。比若東海居下而好水，百川皆歸之。因得其道，鯨魚出其中，明月珠生焉，是其得道之効也。道人聚者，必得延年奇方出，大瑞應之。衆賢

〔補〕鈔乙五上・一・二

〔并〕道要靈祇神鬼品經

聚致治平，衆文聚則治小亂，五兵聚其治大敗。君宜守道，臣宜守德，道之與德，若衣之表裏。天不廣，不能包含萬物。萬物皆半好半惡，皆令忍之，人君象之，次皇后後宮之象也。此二者，慈愛父母之法也。故父母養子，善者愛之，惡者憐之，然後能和調家道。日象人君，月象大臣，星象百官，衆賢共照，萬物和生。故清者著*天，濁者著地，中和著人。

調神靈法〔一〕

吾欲使天下萬神和親，不復妄行害人，天地長悦，百神皆喜，令人無所苦。帝王得天之力，舉事有福，豈可問哉？〔起〕故〔二〕聖人〔三〕能守道，清靜之時旦食，諸神皆呼〔四〕與〔五〕語言，比若今人呼客耳〔六〕。〔止〕百神自言爲天吏爲天使，羣精爲地吏爲地使，百鬼爲中和使。此三者，陰陽中和之使也。助天地爲理，共興利帝王。

〔一〕鈔連下文，疑係題目，今移置。　〔二〕道要靈祇神鬼品經（以下簡稱神鬼經）無「故」字，但有「古者」二字。　〔三〕「聖人」二字神鬼經作「神聖真人」。　〔四〕「呼」下神鬼經有「而」字。　〔五〕「與」下神鬼經有「其」字。　〔六〕「耳」神鬼經作「矣」。

守一明法〔一〕

[起]守一明之〔二〕法，長壽之根也〔三〕。萬神可祖〔四〕，出光明之門。守〔五〕一精明之時，若火始生時，急〔六〕守之〔七〕勿失。始正〔八〕赤，終〔九〕正白，久久正〔一〇〕青。洞明絶遠復遠〔一一〕，還以治〔一二〕一，内無不明也〔一三〕。百病〔一四〕除去〔一五〕，守之無〔一六〕懈，可謂萬歲之術也〔一七〕。守一明之〔一八〕法，明有〔一九〕日出之光〔二〇〕，日中之明，[止]此第一善得天之壽也。安居閑處，萬世無失。守一時〔二一〕之法，行道優劣。夫道何等也？萬物之元首，不可得名者。六極之中，無道不能變化。元氣行道，以生萬物，天地大小，無不由道而生者也。故元氣無形，以制有形，以舒元氣，不緣道而生。自然者，乃萬物之自然也。不行道，不能包裹天地，各得其所，能使高者*不知危。天行道，晝夜不懈，疾於風雨，尚恐失道意，況王者乎？三光行道不懈，故著於天而照八極，失道光滅矣。王者百官萬物相應，衆生同居，五星察其過失。王者復德，德星往守之。行武，武星往守之。行柔，柔星往守之。行強，強星往守之。行信，信星往守之。相去遠，應之近。天人一體，可不慎哉？

〔并〕秘一·九下·一

〔補〕鈔乙六上·一·一

行道有優劣法〔二二〕

春王當溫，夏王當暑，秋王當涼，冬王當寒，是王德也。夫王氣與帝王氣〔二三〕相通，相氣與宰輔相應，微氣與小吏相應，休氣與後宫相同，廢氣與民相應，刑死囚氣與獄罪人相應，以類遙相感動。其道也，王氣不來，王恩不得施也。古者聖王以是思道，故得失之象，詳察其意。王者行道，天地喜悅；失道，天地爲災異。夫王者靜思道德，行道安身，求長生自養。和合夫婦之道，陰陽俱得其所，天地爲安。天與帝王相去萬萬餘里，反與道相應，豈不神哉？

〔一〕下文疑係另一篇，因加題目。〔二〕秘無「之」字。〔三〕秘無「也」字。〔四〕「祖」秘作「御」。〔五〕鈔無「守」字，今依秘補。〔六〕「急」秘作「謹」。〔七〕秘無「之」字。〔八〕秘無「正」字。〔九〕「終」秘作「久久」二字。〔一〇〕「正」秘作「復」。〔一一〕秘無「復遠」二字。〔一二〕「治」秘作「理」，唐人寫書避高宗諱。〔一三〕秘無「也」字。〔一四〕「病」秘作疾。〔一五〕秘無「去」字。〔一六〕「無」秘作「不」。〔一七〕「可謂萬歲之術也」秘作「度世超騰矣」。〔一八〕秘無「之」字。〔一九〕「明有」二字秘作「若」。〔二〇〕「光」秘作「明」。〔二一〕「時」疑係「明」字之誤。〔二二〕題目依敦煌目録加。〔二三〕「氣」字疑衍。

名爲神訣書〔一〕

元氣自然，共爲天地之性也。六合八方悦喜，則善應矣；不悦喜，則惡應矣。狀類景象其形，響和其聲也。太陰、太陽、中和三*氣共爲理，更相感動，人爲樞機，故當深知之。皆知重其命，養其軀，即知尊其上，愛其下，樂生惡死，三氣以悦喜，共爲太和，乃應並出也。但聚衆賢，唯思長壽之道，乃安其上，爲國寶器。能養其性，即能養其民。夫天無私祐，祐之有信。夫神無私親，善人爲效。一身之中，能爲賢，能爲神，能爲不肖，其何故也？誤也，神靈露也。故守一之道，養其性，在學之也。衆中多瑞應者，信人也。無瑞應者，行誤人也。占而是非即可知矣。夫斤兩所察，人情也。天之照人，與鏡無異。審詳此意，與天同願，與真神爲其安得不吉哉？成事□□，不失銖分，欲得天地中和意。故天地調則萬物安，縣官平則萬民治。故純行陽，則地不肯盡成；純行陰，則天不肯盡生。當合三統，陰陽相得，乃和在中也。古者聖人治致太平，皆求天地中和之心，一氣不通，百事乖錯。

〔補〕鈔乙七上・一・一

〔并〕後漢書襄傳注
〔補〕鈔乙八上・一・三

和三氣興帝王法〔二〕

通天地中和譚，順大業，和三氣游，王者使無事，賢人悉出，輔興帝王，天大喜。真〔三〕人問神人曰：「吾欲使帝王立致太平，豈可聞邪？」神人言：「〔起〕但大〔四〕順天地〔五〕，不失銖分，立〔六〕致太平，瑞應並興〔七〕。*元氣有三名，太〔八〕陽、太陰、中和。形體有三名，天〔九〕、地、人。天有三名，日〔一〇〕、月、星，北極爲中也。地有三名，爲山、川〔一一〕、平土。人有三名，父〔一二〕、母、子。治〔一三〕有三名，君〔一四〕臣、民〔一五〕，欲太平也〔一六〕。此三者常當〔一七〕腹心，不失銖分，使同〔一八〕一憂，合成一家，立致太平，延年不疑矣〔一九〕。〔止〕

〔一〕鈔連下文，疑係題目，今移置。〔二〕鈔連下文，疑係篇題，今移置。又普通本後漢書注引「興」譌作「典」。〔三〕自「真人」至「神人言」廿二字鈔無，今據襄傳注補。〔四〕襄傳注無「大」字。〔五〕「地」字下襄傳注有「之道」二字。〔六〕「立」上襄傳注有「則」字。〔七〕襄傳注無「瑞應並興」句。〔八〕「太」上襄傳注有「爲」字。〔九〕「天」上襄傳注有「爲」字。〔一〇〕「日」上襄傳注有「爲」字。〔一一〕「川」下襄傳注有「與」字。〔一二〕「父」上襄傳注有「爲」字。〔一三〕「治」襄傳注作「政」，避唐高宗諱。〔一四〕襄傳注「君」上有「爲」字。〔一五〕「民」襄傳注作「人」，避唐太宗諱。〔一六〕襄傳注無「欲太平也」四字。〔一七〕「當」襄傳注作「相得」二字。〔一八〕「同」上襄傳注有「其」字。〔一九〕「矣」襄傳注作「也」。

故男者象天，故心念在女也，是天使人之明效也。臣者爲地通譚，地者常欲上行，與天合心。故萬物生出地，即上向而不止，雲氣靡天而成雨。故忠臣憂常在上，汲汲不忘其君，此地使之明效也。民者主爲中和譚，中和者，主調和萬物者也。中和爲赤子，子者乃因父母而生，其命屬父，其統在上，託生於母，故寃則想君父也。此三乃夫婦父子之象也。宜當相通辭語，并力共憂，則三氣合并爲太和也。太和即出太平之氣。斷絶此三氣，一氣絶不達，太和不至，太平不出。陰陽者，要在中和。中和氣得，萬物滋生，人民和調，王治太平。人君，天也，其恩施不下，至物無由生，人不得延年。人君之心不暢達，天心不得通於下，妻子不得君父之敕，爲逆家也。臣氣不得達，地氣*不得成，忠臣何從得助明王爲治哉？傷地之心，寡婦在室，常苦悲傷，良臣無從得前也。民氣不上達，和氣何從得興？中和乃當和帝王治，調萬物者各當得治。今三氣不善相通，太平安得成哉？」

〔補〕鈔乙九上・一・一

安樂王者法〔一〕

君者當以道德化萬物，令各得其所也。不能變化萬物，不得稱君也。比若一夫一

〔補〕鈔乙一〇上·一·一

婦，共生一子，則稱爲人父母。亦一家之象，無可生子，何名爲父母乎？故不能化生萬物者，不得稱爲人父母也。故火能化四行自與五，故得稱君象也。本〔二〕性和而專，得火而散成灰。金性堅剛，得火而柔。土性大柔，得火而堅成瓦。水性寒，得火而溫。火自與五行同，又能變化無常，其性動而上行。陰順於陽，臣順於君，又得照察明徹，分別是非，故得稱君，其餘不能也。土者不即化，久久即化，故稱后土。三者佐職，臣象也。道無所不能化，故元氣守道，乃行其氣，乃生天地，無柱而立，萬物無動類而生，遂及其後世相傳，言有類也。比若地上生草木，豈有類也。是元氣守道而生如此矣*。自然守道而行，萬物皆得其所矣。天守道而行，即稱神而無方。上象人君父，無所不能制化，實得道意。地守道而行，五方合中央，萬物歸焉。三光守道而行，即無所不照察。雷電守道而行，故能感動天下，乘氣而往來。四時五行守道而行，故能變化萬物，使其有常也。陰陽雌雄守道而行，故能世相傳。凡事無大無小，皆守道而行，故無凶。今日失道，即致大亂。故陽安即萬物自生，陰安即萬物自成。陰陽治道，教及其臣，化流其民，受命

〔一〕鈔連下文，疑係題目，今移置。〔二〕「本」疑係「木」字之譌。

於天，受體於地，受教於師，乃聞天下要道，守根者王，守莖者相，守浮華者善則亂而無常。帝王，天之子也。皇后，地之子也，是天地第一神氣也。天地常欲使樂，不得愁苦，憐之如此，天地之心意氣第一者也。故王者愁苦，四時五行氣乖錯，殺生無常也。

懸象還神法〔一〕

夫神生於内，春，青童子十。夏，赤童子十。秋，白童子十。冬，黑童子十。四季，黄童子十二。此男子藏神也，女神亦如此數。男思男，女思女，皆以一尺爲法。畫使好，令人愛之。*不能樂禁，即魂神速還。

〔補〕鈔乙二上・一・二

解承負訣〔二〕

天地開闢已來，凶氣不絶，絶者而後復起，何也？夫壽命，天之重寶也。所以私有德，不可僞致。欲知其實，乃天地六合八遠萬物，都得無所冤結，悉大喜，乃得增壽也。一事不悦，輒有傷死亡者。凡人之行，或有力行善，反常得惡，或有力行

〔補〕鈔乙二三上・一・一

惡，反得善，因自言爲賢者非也。力行善反得惡者，是承負先人之過，流災前後積來害此人也。其行惡反得善者，是先人深有積畜大功，來流及此人也。能行大功萬萬倍之，先人雖有餘殃，不能及此人也。因復過去，流其後世，成承五祖。一小周十世，而一反初。或有小行善不能厭，囹圄其先人流惡承負之災，中世滅絶無後，誠冤哉。承負者，天有三部，帝王三萬歲相流，臣承負三千歲，民三百歲。皆承負相及，一伏一起，隨人政衰盛不絶。今能法此，以天上皇治而斷絶，深思之而勿忘。凡人有三壽，應三氣，太陽太陰中和之命也。上壽一百二十，中壽八十，下壽六十。百二十者應天，大歷一歲竟終天地界*也。八十者應陰陽，分別八偶〔三〕等應地，分別應地，分別萬物，死者去，生者留。六十者應中和氣，得六月遁卦。遁者，逃亡也，故主死生之會也。如行善不止，過此壽謂之度世。行惡不止，不及三壽，皆夭也。胞胎及未成人而死者，謂之無辜承負先人之過。多頭疾者，天氣不悦也。多足疾者，地氣不悦也。多五内疾者，是五行氣戰也。多病四肢者，四時

〔一〕鈔連下文，疑係題目，今移置。　〔二〕鈔連下文，疑係題目，今移置。　〔三〕「偶」疑當作「隅」。

〔補〕鈔乙一三上·一·一

氣不和也。多病聾盲者，三光失度也。多病寒熱者，陰陽氣忿爭也。多病憒亂者，萬物失所也。多病鬼物者，天地神靈怒也。多病溫而死者，太陽氣殺也。多病寒死者，太陰氣害也。多病卒死者，刑氣太急也。多病氣脹或少氣者，八節乖錯也。今天地陰陽，內獨盡失其所，故病害萬物。帝王其治不和，水旱無常，盜賊數起，反更急其刑罰，或增之重益紛紛，連結不解，民皆上呼天，縣官治乖亂，失節無常，萬物失傷，上感動蒼天，三光勃亂多變，列星亂行；故與至道可以救之者也。吾知天意不欺子也。天威一發，不可禁也。獲罪于天，令人夭死。初天地開闢，*自太聖人各通達于一面，誠真知之，不復有疑也。

故能各作一大業，令後世修之，無有過誤也。故聖人尚各長于一大業，不能必知天道，故各異其德。比若天，而況及人乎？天地各長于一，故天長于高而清明，地長于下而重濁，中和長養萬物也。猶不能兼，而況凡人乎？亥爲天地西北極也，巳爲天地東南極也，亥寒不以時收閉，來年巳反傷。子乃天地之北極也，午爲天地之南極也，子今冬不善順藏，午反承負而亡也。丑乃天地東北極也，未乃天地西南極也，丑不以時且生，六月反被其刑。天地性運，皆如此矣。今帝王居百重之内，其用道德，仁善萬里，百姓蒙其恩。父爲慈，子爲孝，家足人給，不爲邪惡。帝王居内，失其道德，萬里之外，民臣失其職，是皆相去遠萬萬里，其由一也。習善言，不若習行于身也。

〔補〕鈔乙一四上·一·一

闕題〔一〕

真人問神人：「吾生不知可謂何等而常喜乎？」神人言：「子猶觀昔者博大真人邪？所以先生而後老者，以其廢邪？人而獨好真道，真道常保而邪者消。凡人盡困窮，而我獨長存，即是常*喜也。」「昭昭獨樂，何忿之哉？卒爲不能長生，當奈何？」神人言：「積習近成，思善近生。夫道者，乃無極之經也。前古神人治之，以真人爲臣，以治其民，故民不知上之有天子也，而以道自然無爲自治。其次真人爲治，以仙人爲臣，不見其民時將知有天子也，聞其教勅而尊其主也。其次仙人爲治，以道人爲臣，其治學微有刑被法令彰也，而民心動而有畏懼，巧詐將生也。

〔一〕下文疑係另一篇，但佚題目。

其次霸治，不詳擇其臣，民多冤而亂生焉，去治漸遠，去亂漸近，不可復制也。是故思神致神，思真致真，思仙致仙，思道致道，思智致智。聖人之精思賢人，致賢人之神來祐之；思邪，致愚人之鬼來惑之。人可思念，皆有可致，在可思者優劣而已。故上士爲君，乃思神真；中士爲君，乃心通而多智；下士爲君，無可能思，隨命可爲。」

〔補〕鈔乙一五上・一・一

闕題〔一〕

真人問：「何以知帝王思善思惡邪？」神人言：「易言邪？帝王思仁善者，瑞應獨爲其出，圖書獨爲其生。帝王仁明生于木火，武智生于金水，柔和生土。天之垂象，無誤者也。」真人問：「古者特*生之圖奇方，誰當得者乎？」「其吏民得之獻王者。帝王者時氣即爲和良，政治益明，道術賢哲出爲輔弼之，帝王之道，日強盛矣。夷狄滅息，垂拱而治，刑罰自絕，民無兵革，帝王思善之證，可不知哉？不覩其人，已知之矣。」真人問：「神人何以能知此乎？」神人言：「以無聲致之。君欲仁好生，象天道也；臣欲柔而順好養，法地道也，即善應出矣。故天地不語而長

〔補〕鈔乙一六上・一・一

存，其治獨神，神靈不語而長仙，皆以内明而外闇，故爲萬道之端。夫神靈出入，無有穴竇，清靜而無聲，安枕而臥，神光自生；安得不吉樂之哉？夫用口多者竭其精，用力多者苦其形，用武多者賊其身，此〔二〕者凶禍所生也。子慎吾之言，不可妄思。思之善或有德，思之惡還自賊，安危之間，相錯若髮髻，子戒之無雜思也。夫人失道命即絶，審知道意命可活，勉養子精，無自煎也。學得明師事之，禍亂不得發也。」真人不敢失神人之辭也。神人言：「夫學者各爲其身，不爲他人也。故當各自愛而自親，學道積久，成神真也，與衆絶殊，是其言也。」真人問：「何*以知道效乎？」神人曰：「決之於明師，行之於身；身變形易，與神道同門，與真爲鄰，與神人同户。求之子身，何不覩患，其失道意，反求之四野，索之不得，便至窮老矣。遂離其根，言天下無道也，常獨愁苦，離其根，是爲大災。大人失之不能平其治，中士失之亂其君，仁人失之無從爲賢，小人失之滅其身。古之賢聖所行，與今同耳。古之小人所窮，亦與今同耳，明證若此。」真人問：「何以知人將興將衰

〔一〕下文疑係另一篇，但佚題目。　〔二〕「此」下疑脱「三」字。

〔存〕三洞珠囊卷一救導品

乎？」神人言：「大人將興，奇文出，賢者助之爲治；家人將興，求者得生，其子善可知矣。」真人問：「何以致是賢者？」神人言：「皆以思也，精思不止，其事皆來。」「神哉，道之爲治，可不力行哉？」神人言：「三綱六紀所以能長吉者，以其守道也，不失其治故常吉。天之壽命，不奪人之願。木性仁，思仁故致東方，東方主仁。五方皆如斯也。天下之事，各從其類。故帝王思靖，其治亦靜，以類召也。古之學者，效之於身；今之學者，反效之於人。古之學者以安身，今之學者浮華文。不積精於身，反積精於文，是爲不知其根矣。」

〔存〕三洞珠囊卷一救導品引太平經第三十三云，真人問曰：「凡人何故數有病乎？」神人答曰：「故肝神去，出遊不時還，目無明也；心神去不在，其脣青白也；肺神去不在，其鼻不通也；腎神去不在，其耳聾也；脾神去不在，令人口不知甘也；頭神去不在，令人眴冥也；腹神去不在，令人腹中央甚不調，無所能化也；四肢神去，令人不能自移也。夫神精，其性常居空閑之處，不居污濁之處也；欲思還神，皆當齋戒，懸象香室中，百病消亡；不齋不戒，精神不肯還反人也。皆上天共訴人也。所以人病積多，死者不絕。」

〔存〕御覽卷六六七

〔存〕太平經曰，真人云：「人之精神，常居空閑之處，不居汙濁之間也；欲思還精，皆當齋戒香室中，百病自除；不齋戒，則精神不肯返人也；皆上天共訴人，所以人病積多，死者不絶。」太平御覽卷六百六十七

經三五·一上·二·四

〔并〕鈔丙一上·三·一五

〔并〕鈔丙一上·六·九

太平經合校卷三十五 丙部之一

太平經卷之三十五〔一〕

分*別貧富法第四十一

「真人前，子連時來學道，實已畢足未邪？」「今天師不復爲其説也，以爲已足，復見天師言，迺知其有不足也。今意極，訖不知所當復問，唯天師更開示其所不及也。」「行，真人來。【起】天下何者稱富足〔二〕，何者稱貧也〔三〕？」「然，多所〔四〕有者爲富，少所〔五〕有者爲貧。」「然，子言是也，又實非也。」「何謂也〔六〕？」「今若多〔七〕邪僞佞〔八〕盜賊，豈可以〔九〕爲富邪〔一〇〕？今若〔一一〕凡人多也〔一二〕，君〔一三〕王少，豈可稱〔一四〕貧邪？【止】」「愚暗生見天師有教，不敢不言，不及有過。」「子尚自言不及，俗人安知貧富之處哉？」「今唯天師令弟子之無知，比若嬰兒之無知也，須父母教授之乃後有知也。」「善哉，子之言也。太謙，亦不失之也。諾。真人自精，爲子具言之。【起】富之爲言者，迺〔一五〕畢備足也〔一六〕。天以凡〔一七〕物悉生出〔一八〕爲富足，故上皇氣

經三五・二上・一・一

〔并〕鈔丙一上・一〇・一一

〔并〕鈔丙一下・一・一四

出，萬二千物具〔一九〕生出〔二〇〕，名爲富足。中皇物小減〔二一〕，不能備足萬二千物，故爲〔二二〕小貧。下皇物復少〔二三〕於中皇，爲大貧。無瑞應，善物不生，爲〔二四〕極下貧。【止】子欲知其大效，實比若田家，無有奇物珍寶，爲貧*家也。萬物不能備足爲下極貧家，此天地之貧也。【起】萬二千〔二五〕物俱出，地養之不中傷，爲地富；不而〔二六〕善養令小傷，爲地小貧；大傷，爲地大貧；【止】善物畏見傷於地形而不生至，爲下極貧；無珍寶物，萬物半傷，爲大因〔二七〕貧也；悉傷，爲虛空貧家。此以【起】天爲父，以〔二八〕地爲母，此父母貧極，則子〔二九〕愁〔三〇〕貧矣。與〔三一〕王治相應。是故古者聖〔三二〕

〔一〕原注「原缺十一卷至三十四卷」，今删。　〔二〕鈔無「足」字。　〔三〕鈔無「也」字。　〔四〕鈔無「所」字。　〔五〕鈔無「所」字。　〔六〕鈔無「何謂也」三字。　〔七〕鈔無「若多」二字。　〔八〕鈔無「佞」字。　〔九〕鈔無「以」字。　〔一〇〕「邪」鈔作「也」。　〔一一〕鈔無「若」字。　〔一二〕鈔無「也」字。　〔一三〕「君」鈔作「帝」。　〔一四〕「稱」鈔作「謂」。　〔一五〕鈔無「者迺」二字。　〔一六〕「也」鈔作「矣」。　〔一七〕「凡」通作「萬」，本書「凡」、「萬」多通用。　〔一八〕鈔無「出」字。　〔一九〕「具」鈔誤作「異」。　〔二〇〕鈔無「出」字。　〔二一〕「小減」鈔作「減少」。　〔二二〕「爲」鈔作「稱」。　〔二三〕「少」原作「小」，疑譌，今依鈔改。　〔二四〕鈔無「爲」字。　〔二五〕鈔無「二千」兩字。　〔二六〕「不」下十七字鈔無，但有「不能養物爲大貧」七字，「而」讀如「能」，本書「而」與「能」往往通用。　〔二七〕「因」疑係「困」字之譌。　〔二八〕鈔無「以」字。　〔二九〕子上鈔有「其」字。　〔三〇〕「愁」鈔作「日」。　〔三一〕「與」下七字鈔無。　〔三二〕「聖」鈔作「帝」。

〔并〕鈔丙一下·六·一七

經三五·三上·一·一

〔并〕鈔丙一下·九·一六

王治〔一〕，能致萬二千物，爲上富君也〔二〕。善物不足三分之二，爲中富之〔三〕君也〔四〕。不足〔五〕三分之一，爲下富之〔六〕君也〔七〕。無有珍奇善物〔八〕，爲〔九〕下貧〔一〇〕君也。萬〔一一〕物半傷，爲衰家也。悉傷爲下貧人。古者聖賢〔一二〕迺〔一三〕深居幽室，而自〔一四〕思道德〔一五〕，止所及貧富，何須問之，坐自知之矣。」「善哉善哉！今唯天師幸哀帝王久愁苦，不得行意，以何能致此貧富乎？」「善哉善哉！子之難問也，已入微言要矣。然所行得失致之也。起力行真道〔一六〕者，迺〔一七〕天生〔一八〕神助其化，故〔一九〕天神善物備足也。行德者，地之陽養〔二〇〕神出〔二一〕，輔〔二二〕助其治，故半富也〔二三〕。行仁者，中和〔二四〕仁〔二五〕神出〔二六〕助其治，故小富也〔二七〕。行文者，隱欺之階也，故欺神出〔二八〕助之，故〔二九〕其治小亂也。行武者，得盜賊神出助之，*故其治逆於天心，而傷害〔三〇〕善人也〔三一〕。止道者，乃天所案行也。天者最神，故真神出助其化也。地者養，故德神出助其化也。人者仁，故仁神出助其化也。文者主相文欺，失其本根，故欺神出助之也；上下相文，其事亂也。起武者〔三二〕以刑殺傷〔三三〕服人，盜賊亦以〔三四〕刑殺傷〔三五〕服人；止夫以怒喜猛威服人者，盜賊也。故盜賊多出，其治凶也。盜賊多以財物爲害，故其治失於財貨也。故古者上君以道服人，大得天

〔并〕鈔丙一下・一〇・一五

心，其治若神，而不愁者，以真道服人也；中君以德服人；下君以仁服人；亂君以文服人；凶敗之君將以刑殺傷服人。是以古者上君以道德仁治服人也，不以文刑殺傷服人也。所以然者，乃鄙用之也。上君子乃與天地相似，故天〔三六〕[起]迺〔三七〕好生不傷也〔三八〕，故稱君稱〔三九〕父也。地以〔四〇〕好養萬〔四一〕物，故稱良臣〔四二〕稱母也。人者當〔四三〕

〔一〕「治」上鈔有「以道」二字，「王」下鈔有「天下」二字。〔二〕鈔無「也」字。〔三〕鈔無「之」字。〔四〕鈔無「也」字。〔五〕鈔無「不足」二字。〔六〕鈔無「之」字。〔七〕鈔無「也」字。〔八〕「無有珍奇善物」鈔作「琦物不生」。〔九〕鈔無「爲」字。〔一〇〕「貧」下鈔有「之」字。〔一一〕「萬」下十四字鈔無。〔一二〕「聖賢」鈔作「有道帝王」。〔一三〕鈔無「迺」字。〔一四〕鈔無「自」字。〔一五〕「道德」下鈔有「而萬物自足，豈不樂哉」兩句。〔一六〕「力行真道」鈔作「帝王行道」。〔一七〕鈔無「迺」字。〔一八〕鈔無「生」字。〔一九〕鈔無「故」下八字。〔二〇〕鈔無「之陽養」三字。〔二一〕鈔無「出」字。〔二二〕鈔無「輔」字。〔二三〕鈔無「故半富也」四字。〔二四〕「行仁者中和」鈔作「行中和者」。〔二五〕「仁」鈔作「人」。〔二六〕鈔無「出」字。〔二七〕鈔無「故小富也」四字。〔二八〕鈔無「出」字。〔二九〕鈔無「故」下十七字。〔三〇〕鈔無「害」字。〔三一〕鈔無「也」字。〔三二〕「武者」鈔作「武治天下」。〔三三〕鈔無「傷」字。〔三四〕「亦以」二字鈔作「市」。疑鈔脱「以」，「亦」譌「市」。〔三五〕「傷」鈔作「害」，「傷」下鈔無「服人」二字，但有「也」字。〔三六〕「天」上鈔有「爲帝王法之本意以類相報」十一字。〔三七〕「迺」鈔作「以」。〔三八〕鈔無「不傷也」三字。〔三九〕鈔無「稱」字。〔四〇〕「以」字下「好」字上，鈔有「寧靜」二字。〔四一〕「萬」原作「凡」，今依鈔改。〔四二〕鈔無「稱良臣」三字。〔四三〕鈔無「人者當」三字。

經三五・四上・一・二

用心仁〔一〕，而愛育似於天地，故稱仁也。此三〔二〕者善也〔三〕，故得共治萬物〔四〕，爲〔五〕其〔六〕師長[止]也。夫欺刑者，不可以治，日致凶矣，不能爲帝王致太平也，故當斷之也。今真人以吾書付有道德之君，力行之令効，立與天相應，而致*太平，可名爲富家，不疑也，可無使帝王愁苦，反名爲貧家也。今民間時相謂爲富家，何等也？是者但俗人妄語耳，富之爲言者，迺悉備足也。一事不具，輒爲不具足也。故古者聖賢不責備於一人者，言其不能備之也，故不具責之也。今八十一域國，物各少不備足也，不能常足也，故從他國取之也。今一家有何等富哉？真人其好隨俗人妄言邪？」「不敢不敢。」「子既學慎言，無妄談也。夫妄談，乃亂天地之正文，不可爲人法，慎之。」「唯唯。今天師既加恩愛，乃憐帝王在位，用心愁苦，不得天意，爲其每具開說，可以致上皇太平之路。愚生受書衆多，大眩童蒙，不知當復問何等哉？唯天明師，悉具陳列其誠。」「善哉善哉！然天法，陽數一，陰數二。故陽者奇，陰者偶。是故君少而臣多。陽者尊，陰者卑，故二陰當共事一陽，故天數一而地數二也，故當二女共事一男也。何必二人共養一人乎？尊者之傍不可空，爲一人行，一人當立坐其傍，給侍其不足。故一者，迺象天也。二者，迺

經三五・五上・一・一

象地也。人者，乃是天地之子，*故當象其父母。今天下失道以來，多賤女子，而反賊殺之，令使女子少於男，故使陰氣絶，不與天地法相應。天道法，孤陽無雙，致枯，令天不時雨。女者應地，獨見賤，天下共賤其真母，共賊害殺地氣，令使地氣絶也不生，地大怒不悦，災害益多，使王治不得平。何也？夫男者，乃天之精神也。女者，乃地之精神也。物以類相感動，王治不平，本非獨王者之過也。迺凡人失道輕事，共爲非，其得過非一也，乃萬端，故使治難平乖錯也。天地之性，萬二千物，人命最重，此賊殺女，深亂王者之治，大咎在此也。」「今天師爲王者開闢太平之階路，太平之真經出，爲王者但當游而無事，今是傷女爲其致大災，當奈何之乎？」「善哉，子之問也，得天心矣。然天下所以賤惡女者，本惡過在其行。」「何謂也？願聞之，試得記於竹帛，萬萬世不敢去也。」「善哉，子今能記之，天下無復殺女者也。」「唯唯。願記之，以除帝王之災，吾所樂也，以救冤女之命。」「善哉，子已

經三五・六上・一・一

得益天筭矣。」「何謂也？」「然活人名爲自活，殺人名爲自殺。天愛子可爲，*已得增

〔一〕「仁」下八字鈔作「仁愛萬物」。〔二〕「三」鈔譌「二」。〔三〕鈔無「也」字。〔四〕鈔無「得共治萬物」五字。〔五〕「爲」上鈔有「稱」字。〔六〕鈔無「其」字。

筭於天，司命易子籍矣。」「不敢也，不敢也。」「無可復讓，此迺天自然之法也。然天下所以殺女者，凡人少小之時，父母自愁苦，絶其衣食共養之。非獨人也，跂行亦皆然。至於老長巨細，各當隨其力而求衣食，故萬物尚皆去其父母而自衣食也。賢者得樂，不肖得苦。又子者年少，力日強有餘。父母者日衰老，力日少不足也。夫子何男何女，智賢力有餘者，尚乃當還報復其父母功恩而供養之也。故父母不當隨衣食之也。是者名爲弱養強，不足筋力養有餘也，名爲逆政。少者還愁苦老者，無益其父母，父母故多殺之也。今但爲乏衣食而殺傷之，孰若養活之者，而使各自衣食乎？真人！是誠冤絶地統，民之愚甚劇也。」「今小生聞是，心大悲而恐㤥，知冤者誠多，當奈何哉？」「然，夫好學而不得衣食之者，其學必懈而道止也，而得衣食焉，則賢者學而不止也。當使各有所利，不當使其還反相愁窮也。」「何謂也？」「夫女者無宮，女之就夫，比若男子之就官也，當得衣食焉。女之就夫家，迺當相與併*力同心治生，乃共傳天地統，到死尚復骨肉同處，當相與併力，而因得衣食之。令使賢且樂，令使不肖者且苦。比若土地，良土其物善，天亦付歸之；薄土其物惡，天亦付歸之，不奪其材力所生長也。天地尚不奪汝功，何況

經三五・七上・一・一

經三五・八上・一・一

人乎哉？ 如是則凡人無復殺其女者也。」「善哉善哉，一大深害除矣，帝王太平已至矣。」「真人何以知之乎？」「然，夫父母與子，極天下之厚也，不得困愁焉，不宜殺之也。 母乃殺其子，是應寇賊之氣，大逆甚無道也。 故其亂帝王治最深。 夫女，今得生不見賊殺傷，故大樂到矣。」「然，子說是也，可謂知之矣。 今天下一家殺一女，天下幾億家哉？ 或有一家乃殺十數女者，或有姙之未生出，反就傷之者，其氣寃結上動天，奈何無道理乎？ 故吾誡□□重知之也。 夫人各自衣食其力，則令婦人無兩心，則其意專作事，不復狐疑也。 苦而無功，則令使人意常不和調。 此者，乃天性自然之術也。 真人慎之，無去此書，以付仁賢之君，可以除一大寃結災害也。 慎吾書言，以示凡人，無肯復去女者也*，是則且應天地之法也，一男者得二女也。 故天制法，陽數者奇，陰數者偶。 大中古以來，人失天道意，多賊殺之，迺反使男多而女少不足也。 大反天道，令使更相承負，以爲常俗。 後世者劇天下惡過，甚痛無道也。 夫男者迺承天統，女者承地統；今迺斷絕地統，令使不得復相傳生，其後多出絕滅無後世，其罪何重也！ 此皆當相生傳類，今乃絕地統，滅人類，故天久久絕其世類也。 又人生皆含懷天氣具迺出，頭圓，天也；足方，地

經三五・九上・一・一

〔并〕鈔丙一上・二・一

〔并〕鈔丙二上・五・一四

也；四支，四時也；五藏，五行也；耳目口鼻，七政三光也；此不可勝紀，獨聖人知之耳。人生皆具陰陽，日月滿乃開胞而出户，視天地當復長，共傳其先人統，助天生物也，助地養形也。今天地神信此家，故天地神統來寄生於此人，人反害之，天大咎之，而人不相禁止，故天使吾出此書以示後世也。事已發覺，而復故爲者，名爲故犯天法，其罪增倍，滅世不疑。真人慎之，自勵自勵！」「唯唯。」「子今既已發覺此事，而逃亡其書，子代人得罪坐之矣。」「不敢不敢。」「行去，各爲身計。」「*唯唯。」

右【起】分別説〔一〕貧富君王行之，立吉禁人斷絶地統，以興男女，平復王政。【止】

一男二女法第四十二

「真人前。今天太和平氣方至，王治且太平，人當貞邪不當貞？何以當貞？」「夫貞者，少情欲不妄爲也。」「噫，真人之説純大中古以來俗人之失也，其師内妒，反教民妄爲也。」真人曰：「何謂也？」【起】「夫貞男乃〔二〕不施，貞女乃〔三〕不化也〔四〕。陰陽不交，乃出〔五〕絶滅無〔六〕世類也〔七〕。二人共斷〔八〕天地之統，貪小〔九〕虚僞之

〔并〕鈔丙二上・八・七

經三五・一〇上・一・一

名，反無後世，失其實核，此天下之〔一〇〕大害也。止汝嚮不得父母傳生，汝於何得有汝乎？而反斷絶之，此乃天地共惡之，名爲絶理大逆之人也。其應乃使天地隔絶，天不肯雨，地不肯化生，何也乎？」起夫〔一一〕天不雨，即其貞不施也；夫〔一二〕地不生萬物，即其貞不化也。夫〔一三〕天乃不雨，地乃無所生物，天下之大凶咎也。止何以爲善哉？」「觀真人之説也，不順天地之教，令逆天道，不樂助天地生化，反欲斷絶之，子之吐口出辭，曾無負於皇天后土乎？」「無壯不及，有過，*見天師説，自知罪重。」「不也，爲子言事，無當反天道，而以俗人之言，不順天意，陰陽所以多隔絶者，本由男女不和。男女者，乃陰陽之本也。夫治事乃失其本，安得吉哉？」「今唯天師。當云何乎？」「然，太皇天上平氣將到，當純法天。故令一男者當得二女，以象陰陽。陽數奇，陰數偶也。迺太和之氣到也。如大多女，則陰氣興；如

〔一〕鈔無「説」字。〔二〕鈔無「乃」字。〔三〕鈔無「乃」字。〔四〕鈔無「也」字。〔五〕鈔無「乃出」二字。〔六〕鈔無「無」字。〔七〕鈔無「也」字。〔八〕「斷」鈔作「絶」。〔九〕鈔無「小」字。〔一〇〕鈔無「之」字。〔一一〕「夫」下十字鈔作「天若守貞即時雨不降」。〔一二〕「夫」下十二字鈔作「地若守貞即萬物不生」。〔一三〕「夫」下十八字鈔作「不施不生其害大矣」。

大多男，則陽氣無雙無法，亦致凶，何也？ 人之數當與天地相應，不相應力而不及，故得凶害也。」「夫帝王后宮迺應土地，意云何哉？」「今真人所言，即助吾語也。夫女，即土地之精神也。王者，天之精神也。主恐土地不得陽之精神，王氣不合也。令使土地有不化生者，故州取其一女，以通其氣也。樂其化生者，恐其施恩不及，王施不洽，故應土地而取之也。偏施焉，乃天氣通，得時雨也，地得化生萬物。令太平氣至，不可貴貞人也，內獨爲過甚深，使王治不和良，凡人亦不可過節度也，故使一男二女也。」「善哉善哉！」

〔并〕鈔丙二上·三·一五

[起]右〔一〕順天地，法〔二〕合陰陽，使〔三〕男女無冤〔四〕者，致時雨〔五〕令〔六〕地化〔七〕生〔八〕，王治和平〔九〕。[止]

興善止惡法第四十三

經三五·一一上·三·一

「真*人前，今太平氣臨到，欲使謹善者日益興，惡者日衰却也。爲其有傷殺人，盜賊發，爲作政當云何乎？」「何謂也？」「謂臨發所知也。如人君坐有所疑，而欲使善者大興，惡者立衰也。盜賊起，使即時得也。」「其爲政當奈何乎？」「今真人宜

經三五・一二上・一・一

善記之。」「今天師使之，敢不言？ 每言不中天師法。」「何謙？ 爲言之，自古大聖人不責備於一人也。 今子言不中，何謙乎？」「唯唯。 但當賞善罰惡，令使其分明□□，即善者日興，惡者日衰矣。」「子言是也，其賞罰獨無名字邪？」「不及勤能壹言，不敢復重。 今唯天師大開示之。」「然，子主記之，爲子具言之。 長吏到其發所，悉召其部里人民，故大臣故吏使其東向坐，明經及道德人使北向坐，孝悌人使西向坐，佃家謹子使居東南角中西北向坐，惡子少年使居西南角中東北向坐，君自南向坐，何必正如此坐乎？ 各從其類，迺天道順人立善也。 盜賊易得，何謂也？ 大臣故吏投義處，此人去不仕，欲樂*使以義相助也。 明經道德投明處，欲使明其經道相助察惡也。 孝悌投木鄉，至孝者用心，故使歸木鄉也；孝悌者欲使常謹敬如朝時也。 物生於東，樂其日進也。 謹力之子投東南角者，東南長養之鄉，欲樂其修治萬物而不懈怠也。 惡子少年投西南，西南者，陽衰陰起之鄉，惡欲相

〔一〕鈔無「右」字，但有「大」字。 〔二〕鈔無「法」字。 〔三〕鈔無「使」字。 〔四〕「寃」下鈔有「結」字。 〔五〕「雨」下鈔有「降二兂和」四字。 〔六〕鈔無「令」字。 〔七〕鈔無「化」字。 〔八〕「生」下鈔有「萬物」二字。 〔九〕「王治和平」鈔作「帝王之道治立致太平」。

巧弄，刑罰罪起焉，故猴猿便巧，處向衰之地置焉。東向西向北向悉居前，不謹子與惡子居其後。有酒者賜其各一器，無酒者賜其善言者，使相助爲聰明。已畢也，君坐間處，居户内自閉也，一一而呼此衆人，以尊卑始，教其各言，一各記主名也。所言所記，後當相應，後不相應者坐之。言而不相應者，大佞僞人也，後即知佞僞人處矣。言而相應者，久久乃賜之，進其人，毋即時也何乎？將致怨。爲人君父，而使其臣子致怨，非慈父賢君也。故已畢悉遣諸善人去。惡子少年與吏俱逐捕不得賊者，不得止也。真人用此書，以付上德之君，以示凡人，各知有此教，善者日興，惡者日衰矣，盜賊邪姦得矣。」「善哉善哉，何*故先示之乎？」起「夫〔一〕天將興雨，必先〔二〕有風雲，使人知之。所以然者，欲樂其〔三〕收藏也〔四〕，所〔五〕以先示者，樂其爲善者日興，爲惡者日止也。今太平氣當〔六〕至，恐人爲惡亂其治〔七〕，故先覺之也〔八〕。爲政〔九〕當象〔一〇〕天〔一一〕。止夫天不掩人之短，太古聖人不爲也，名爲暗昧政，反復致凶，不得天地心意，故先示之也。」「善哉善哉，君何故必居户内自閉，而使言者居户外乎哉？」「然夫人將聞密言者，必心不自知前也。頭面相近，傍人知之，令爲言者得害矣。夫爲人君長，受人聰明，後使其人得害，名爲中傷忠信，賢良股肱，後無肯復

經三五・一三上・一・一
〔并〕鈔丙二上・九・一六

言者也。聰明閉絶，其政亂危者矣。又君者，陽也，居陰中；臣者，陰也，處陽中也。陰陽相得者，使人悦所言，進必盡信也，此天自然之法也。真人寧知之邪？」「唯唯。」「行去，勿妄言。此致太平之書也。」「唯唯。」

右興善止惡聰明達立得盜賊忠信者得訣法。

〔一〕鈔無「夫」字。〔二〕「必先」鈔作「先必」。〔三〕「樂其」二字鈔作「令」。〔四〕鈔無「也」字。〔五〕「所」下十八字鈔無。〔六〕「當」下鈔有「欲」字。〔七〕「亂其治」鈔作「不止」二字。〔八〕鈔無「也」字。〔九〕「爲政」二字鈔作「令帝王」。〔一〇〕「象」上鈔有「法」字。〔一一〕「天」下鈔有「地先視善道」五字。

太平經合校卷三十六 丙部之二

太平經卷之三十六

守三實法第四十四*

起「真人前〔一〕。」「唯唯〔二〕。」「天下凡〔三〕人行，有幾何者〔四〕大急？有幾何者〔五〕小急？有幾何者日〔六〕益禍凶而不急乎？真〔七〕人宜自精〔八〕具言之。」「唯〔九〕唯。誠言心所及，不敢有可匿。」「行言之。」「凡天下之事，用者〔一〇〕爲急，不〔一一〕用者爲不急〔一二〕。」「子〔一三〕言是也，雖然非也。欲得其〔一四〕常急而不可廢者〔一五〕，廢之天下絶滅無人。天文〔一六〕并合，無名字者，故爲大急。止今子所言，但當前小合於人意，反長候致諸禍凶所從起也。真人前，吾今所問於子，迺問其常急而不可廢置者誰也？」「今唯天師爲其陳列，分别解示之。愚生自強過，壹言不中，不敢復言。」「然，子言是也，知之迺可說，不知而強說之，會自窮矣。」「凡人所不及也，事無大小，不可強知也，及之無難，不及無易也。是故唯天師既開示淺闇不達之

經三六・一上・二・四

〔并〕鈔丙一八下・一〇・一

〔并〕鈔丙一九上・五・一

經三六・二上・一・一

生，願爲開闢其端首。」「諾，聽之。起天〔一七〕下大急有二，小急有一，其餘悉不急，反厭人耳目，當〔一八〕前善而長爲人召禍。凡〔一九〕人皆得窮敗焉。」「何謂也？愚哉，然〔二〇〕天下人本生受命之時，與天地分身，抱元*氣於自然，不飲不食，嘘〔二一〕吸陰陽氣而活，不知飢渴，久久離神道遠，小〔二二〕小失其指意，後生者不得復知〔二三〕，真道空虛〔二四〕，日流就僞，更〔二五〕生飢渴，不飲〔二六〕不食便死，是一〔二七〕大急也。天地憐哀〔二八〕之〔二九〕，共爲生可飲食〔三〇〕，既飲既食〔三一〕。天統陰陽，當見傳，不得中斷〔三二〕天地之統也，傳之當象天地，一陰一陽，故〔三三〕天使其有一男一女，色相

〔一〕「前」鈔誤作「問」。〔二〕鈔無「唯唯」二字。〔三〕鈔無「凡」下三字。〔四〕鈔無「者」下二字。〔五〕鈔無「者」下二字。〔六〕鈔無「者日」二字。〔七〕「真」鈔作「其」，「真」上鈔有「神人言」三字。〔八〕「精」下鈔有「而」字。〔九〕鈔無「唯」下十五字。〔一〇〕鈔無「者」字。〔一一〕「不」下鈔有「事」字，疑衍。〔一二〕「急」下鈔有「神人言」三字。〔一三〕「子」下八字鈔作「似是而非也」。〔一四〕鈔無「其」字。〔一五〕鈔無「者」字。〔一六〕「天文」二字鈔作「理」。〔一七〕「天」上鈔有「夫」字。〔一八〕鈔無「當」下五字。〔一九〕「凡」下十二字鈔無，但有「亡家喪國若身絶後坐不急之務而致此禍患若此」二十字。〔二〇〕「然」下五字鈔作「夫人」二字。〔二一〕「嘘」鈔作「呼」。〔二二〕「小」下六字鈔作「漸失根本」。〔二三〕「不得復知」鈔作「復不知」。〔二四〕鈔無「空虛」二字。〔二五〕「更」鈔作「便」。〔二六〕「飲」原作「飢」，疑譌，今依鈔改。〔二七〕鈔無「一」字。〔二八〕「哀」鈔作「愍」。〔二九〕鈔無「之」字。〔三〇〕「食」下鈔有「之物」二字。〔三一〕「既飲既食」鈔作「既食且飲」。〔三二〕「斷」鈔誤作「統」。〔三三〕鈔無「故」下五字。

〔并〕鈔丙一九下・七・一五

經三六・三上・一・一
〔并〕鈔丙一九下・一九・六

好〔一〕，然後能生〔二〕也。何〔三〕迺正使一陰一陽，夫〔四〕陽極者能生陰，陰極者能生陽，此〔五〕兩者相傳，比若寒〔六〕盡反熱，熱盡反寒，自然之術也。故能長〔七〕相生也〔八〕，世世不絶天地〔九〕統也。如〔一〇〕男女不相得，便絶無後世。天下無人，何有夫婦父子君臣師弟子乎？[止]以何相生而相治哉？天地之間無牝牡，以何相傳，寂然便空，二大急也。故陰陽者，傳天地統，使無窮極也。君臣者，治其亂，聖人師弟子[起]主通天教，助帝王化〔一一〕天下，故此〔一二〕飲食〔一三〕與男女相須，二者大急。[止]天道有寒熱，不自障隱，半傷殺人。故天爲生萬物，可以衣之；不衣，但穴處隱同活耳，愁半傷不盡滅死也，此名爲半急也。所謂天道大急者，迺謂絶滅死亡也，急無過此也*。夫人不衣，固不能飲食，合陰陽，不爲其善。[起]衣〔一四〕則〔一五〕生賢，無衣則生不肖也。故衣者〔一六〕，有以禦害而已〔一七〕，故古者聖賢〔一八〕不效玄黃〔一九〕也。飲食陰陽不可絶，絶之天下無〔二〇〕人，不可治也。守此三者，足〔二一〕以竟其〔二二〕天年，傳其天統，終者復始，無有窮已。故〔二三〕古者聖人以此爲治〔二四〕也〔二五〕，其餘〔二六〕不急，召〔二七〕凶禍物〔二八〕者悉已去矣。何謂也？此三者應天行。男〔二九〕者，天也。女者，地也。衣〔三〇〕者依也。天地父母所以依養人形身也。過此三者，其餘奇〔三一〕僞之物不〔三二〕必須之而活，傳類相生也。反多以〔三三〕致僞〔三四〕姦，使治〔三五〕不平，皇〔三六〕氣不得〔三七〕至，天道乖錯，爲君子重憂，六情所好，人人〔三八〕嬉之，而不自〔三九〕禁止，意〔四〇〕轉樂之，因以致禍，君子失其政令，小人盜劫〔四一〕刺，皆由此〔四二〕不急之物爲〔四三〕召之也〔四四〕。天下貧困愁苦，災變連起〔四五〕，下極欺其〔四六〕上，止皆以此爲大

〔一〕鈔無「色相好」三字。〔二〕「生」下鈔又有「生」字。〔三〕鈔無「何」下八字。〔四〕「夫」下十三字鈔作「夫陰極則生陽陽極則生陰」。〔五〕「此」下三字鈔作「陰陽」。〔六〕「寒」下十三字鈔作「寒暑自然之理」。〔七〕鈔無「長」字。〔八〕鈔無「也」字。〔九〕「地」原作「神」，疑誤，今依鈔改。「地」下鈔有之「字」。〔一〇〕「如」下十五字鈔作「夫絶天地之統」。〔一一〕「化」上鈔有「而」字，「化」下鈔有「成」字。〔一二〕鈔無「此」字。〔一三〕「飲食」鈔倒爲「食飲」。〔一四〕「衣」上鈔有「夫衣者依也有」六字。〔一五〕「則」鈔作「即」。〔一六〕鈔無「者」下二字。〔一七〕鈔無「而已」二字。〔一八〕「聖賢」鈔作「聖帝明王」。〔一九〕「黄」下鈔無「也」字，但有「之色但禦寒暑而已」八字。〔二〇〕「無」下六字鈔作「無復君臣父子之道」。〔二一〕鈔無「足」字。〔二二〕鈔無「其」字。〔二三〕鈔無「故」字。〔二四〕「治」鈔作「理」，避唐高宗諱。〔二五〕鈔無「也」字。〔二六〕「餘」下鈔有「皆」字。〔二七〕「召」上鈔有「但」字。〔二八〕鈔無「物」下十五字。〔二九〕「男」上鈔有「夫」字。〔三〇〕鈔無「衣」下十六字，但有「衣食者中和」五字。〔三一〕「奇」鈔作「皆」。〔三二〕「不」下十一字鈔作「非可須爲活」。〔三三〕鈔無「以」字。〔三四〕「僞」鈔作「禍」。〔三五〕「使治」鈔作「致理」。〔三六〕「皇」鈔作「和」。〔三七〕鈔無「得」字。〔三八〕鈔無「人」下四字。〔三九〕「自」鈔作「能」。〔四〇〕鈔無「意」下四字。〔四一〕「劫」下鈔無「刺」字，但有「心生家亡國敗」六字。〔四二〕「皆由此」鈔作「未嘗不因」。〔四三〕鈔無「爲」字。〔四四〕鈔無「也」字。〔四五〕鈔無「連起」二字。〔四六〕鈔無「其」字。

害。所從來者久，亦非獨今下古後世之人過也，傳相承負，失其本真實。〔起〕悉就浮華，因還自愁自害，不得竟其天年也。後生多事紛紛，但以其爲不急之事，以致凶事，故常趨走不得止也。〔止〕

〔附〕日就浮華，因而愁苦，不竟天年。復使後生趨走不止，山川爲空竭，元氣斷絶，地氣衰弱，生養萬物不成，天災變改，生民稍耗，姦僞復生。不急之物，爲害若此。而欲悦耳目之娱，而不悟深深巨害矣。

上古所以無爲而治，得道意，得天心意者，以*其守本不失三急。中古小多事者，以其小多端也。下古大多憂者，以其大多端而生邪僞；更以相高上而相愁也，因生邪姦出其中也。内失其真實，離其本根，轉而相害，使人眩亂，君子雖愁心，欲樂正之。所爲億萬端，不可勝理，以亂其治。真人深思此意。」「善哉善哉！」

右守三實平氣來邪僞去奸猾絶。

三急吉凶法第四十五

「真人前，蚑行之屬有幾何大急？幾何小急？幾何不急乎？」「然，各有所急，千

〔附〕鈔丙二〇下・一・一

經三六・四上・一・一

條萬端。」「皆名爲何等急？」蚑行各有所志也，不可名字也。」「眞人已愁矣昏矣，子其故爲愚，何壹劇也？」「實不及。」「子尚自言不及，何言俗夫之人失計哉？其不及乎是也。」「唯天師願爲其愚暗解之。」「然！蚑行俱受天地陰陽統而生，亦同有二大急、一小急耳，何謂乎哉？蚑行始受陰陽統之時，同髣髴噓吸，含自然之氣，未知食飲也，久久亦離其本遠。大道消竭，天氣不能常隨護視之，因而飢渴。天爲生飲食，亦當傳陰陽統。故有雄雌，世世相生不絶。絶其食飲，與陰陽不相傳，天下*無蚑行之屬，此二大急者也。其一小急者，有毛羽鱗亦活，但倮蟲亦生活。但有毛羽者，恆善可愛，禦寒暑；有鱗者，恆禦害；非必須而生也，故爲小急也。其餘凡行，悉禍處也。不守此三本，無故妄行，悉得死焉。此自然懸於天地法也。眞人宜思其意，守此三行者，與天地中和相得，失此三而多端者，悉被凶害也。」「善哉善哉！天師既開示，願乞問一事」「平行。」「今布根垂枝之屬，不食不飲不衣，當奈何乎？」「噫！子學不日進，反日無知，何哉？」「亦有二大急一小急。」「何謂也？」「明聽。」「唯唯。」「萬物須雨而生，是其飲食也。須得晝夜，壹暴壹陰，晝則陽氣爲暖，夜則陰氣爲潤，迺得生長，居其處，是其合陰陽也。垂枝布葉，是其衣服也。其物多葉亦生，少葉亦生，是其質文也。故無時雨，則天下萬物不生也。天下無一物，則大凶也，是一大急也。不得晝夜，合陰陽氣，物無以得成也。天下無成實物，則大凶，是二大急也。物疎葉亦實，數葉亦實，俱實，不必當數葉也，是其小急也。實者，是其核也。是故古者聖人守三實，治致太平*，得天心而長吉，竟天年，質而已，非必當多端玄黃也。故迷於末者當還反中，迷於中者當還反本，迷於文者當還反質，迷於質者當還反根。根者，迺與天地同其元也，故治。眩亂於下古者，思反中古；中古亂者，思反上古；上古亂者，思反天地格法；天地格法疑者，思反自然之形；自然而惑者，思反上元靈氣。故古者聖賢飲食氣而治者，深居幽室思道，念得失之象，不敢離天法誅〔一〕分之間也。居清靜處，已得其意，其治立平，與天地相似哉！真人深惟思吾道言，豈知之邪？」「善哉善哉！」「行，子已覺矣。而象吾書以治亂者，立可試不移時也。無匿此文，使凡人當自知質文所失處，深念其意，宜還反三真，無自愁苦以邪僞也。真人慎之！」

「唯唯。」

右解萬物守本，得三急而吉，失三急而有害。

事死不得過生法第四十六

〔起〕「真人前。」「唯唯。」「孝子事親，親終，然後復事之，當與生時等邪？」「不也，事之當過其生時也。」「何也哉*？」「人由親而生，得長巨焉。見親死去，迺無復還期，其心不能須臾忘。生時日相見，受教勑，出入有可反報；到死不復得相覩，訾念其悒悒，故事之當過其生時也。」「真人言是也，固大已失天道真實，遠復遠矣。今真人說尚如此，俗人冥冥是也，失天法明矣。」「何謂也？唯天師。」「然，人生，象天屬天也。人死，象地屬地也，天，父也。地，母也，事母不得過父。生人，陽也。死人，陰也。事陰不得過陽。陽，君也。陰，臣也。事臣不得過君。事陰反過陽，則致逆氣；事小過則致小逆，大過則致大逆，名爲逆氣，名爲逆政。其害使陰氣勝陽，下欺其上，鬼神邪物大興，共乘人道，多晝行不避人也。今使疾病不得絶，列鬼行不止也。其大咎在此，子知之邪，子知之耶？」「愚生大不及有過不也。今見

〔一〕「誅」疑「銖」字之誤。

經三六・八上・一・一

天師已言，迺惻然大覺。師幸原其勉勉慎事，開示其不達，今是過小微，何故迺致此乎哉？」「事陰過陽，事下過上，此過之大者也。極於此，何等迺言微乎？真人復重不及矣。又生人，乃陽也。鬼神，迺陰也。生人屬晝，死人屬夜，子欲知其大深放此*。若晝大興長則致夜短，夜興長則致晝短，陽興則勝其陰，陰伏不敢妄見，則鬼神藏矣。陰興則勝其陽，陽伏，故鬼神得晝見也。夫生人，與日俱也；奸鬼物，與星俱也。日者，陽也。星者，陰也。是故日見則星逃，星見則日入。故陰勝則鬼物共爲害甚深，不可名字也。迺名爲興陰，反衰陽也。使治失政，反傷生人。此其爲過甚重，子深計之。」「唯唯。」〔止〕

〔附〕鈔丙二〇下・五・七

〔附〕真人復問神人：「孝子事親，親終後復事之，當與生時等邪？復有異乎？事之復過於生時，復不及也。人由親而生，得長大，見親終去，復無還期，不得受其教勅，出入有可反報，念念想象，不能已矣，欲事之過生，殆其可乎？」神人言：「子之言，但世俗人孝之言耳，非大道意也。人生象天屬天，人卒象地屬地。天，父也。地，母也。事母不得過父。生，陽也。卒，陰也。事陰不得過陽。陽，君道也。陰，臣道也。事臣不得過於君。

經三六・九上・一一・一

事陰過陽，即致陰陽氣逆而生災。事小過大，即致政逆而禍大。陰氣勝陽，下欺上，鬼神邪物大興，而晝行人道，疾疫不絕，而陽氣不通。君道衰，臣道強盛。是以古之有道帝王，興陽爲至，降陰爲事。夫日，陽也。夜，陰也。日長即夜短，夜長即日短。日盛即生人盛，夜盛即鬼神盛。夫人以日俱，鬼以星俱。日，陽也。星，陰也。故日見即星逃，星見即日入。故陰勝即鬼神爲害，與陰所致，爲害如此也。」

「故天道制法也，陰職常當弱於陽。比若臣當弱於其君也，迺後臣事君順之；子弱於其父母，迺子事父母致孝也。如強不可動移者，爲害甚深劇。故孝子雖恩愛，不能忘其親者，事之不得過生時也。真人亦寧曉不耶？」「唯唯。」「慎之慎之！凡事不可但恣意而妄爲也。」「唯唯。」「子欲事死過於生，迺得過於天，是何乎？迺爲不敬其陽，反敬其陰，名爲背上向下，故有過於天也。」「愚生大負，唯天師原之耳！」「不也，但自詳計之，言事皆當應法。」「唯唯。天師開示之，願悉聞其不得過其生時意。」「其葬送，其衣物，所齎持治喪，不當過生時。皆爲逆政，尚爲死者得謫也。送死不應本地下*簿，考問之失實，反爲詐僞行，故得謫又深。敬其興凶事

經三六・一〇上・一・一

大過，反生凶殃，尸鬼大興，行病害人，爲怪變紛紛。」「以何明之耶？」「善哉，子難也！〔起〕以上古聖人治喪，心至而已，不敢大興之也。夫死喪者，天下大凶惡之事也。興凶事者爲害，故但心至而已，其飲食象生時不負焉。故其時人多吉而無病也，皆得竟其天年。中古送死治喪，小失法度，不能專其心至，而已失其意，反小敬之，流就浮華，以厭生人，心財半至其死者耳。死人鬼半來食，治喪微違實，興其祭祀，即時致邪，不知何鬼神物來共食其祭，因留止祟人，故人小小多病也。下古復承負中古小失，增劇大失之，不心至其親而已，反欲大厭生人，爲觀古者作榮，行失法，反合爲僞，不能感動天，致其死者，鬼不得常來食也。反多張興其祭祀，以過法度，陰興反傷衰其陽。不知何鬼神物悉來集食，因反放縱，行爲害賊，殺人不止，共殺一人者。見興事不見罪責，何故不力爲之乎？是故邪氣日多，還攻害其主也，習得食隨生人行不置也。陰強陽弱*，厭生人，臣下欺上，子欺父，王治爲其不平，而民不覺悟，故邪日甚劇，不復拘制也。是故古者聖賢事死，不敢過生，迺覩禁明也。真人亦豈已解耶？」「可恗哉，可恗哉！嚮天師不示，愚生心無由得知此也。」「真人前，子與吾合心，必天使子主問事，不可自易也。是以吾悉告

〔附〕鈔丙二二下·三·一

子也。所以然者，今良平氣且臨至，凡事當順，一氣逆，轉不至。何謂也？夫天道，當興陽也而衰陰，則致順，令〔一〕反興陰而厭衰陽，故爲逆也。反爲敬凶事，致凶氣，令使治亂失其政位，此非小過也。〔止〕

〔附〕上古之人理喪，但心至而已，送終不過生時，人心純朴，少疾病。中古理漸失法度，流就浮華，竭資財爲送終之具，而盛於祭祀，而鬼神益盛，民多疾疫，鬼物爲祟，不可止。下古更熾祀他鬼而興陰，事鬼神而害生民，臣秉君權，女子專家，兵革暴起，奸邪成黨，諂諛日興，政令日廢，君道不行，此皆興陰過陽，天道所惡，致此災咎，可不慎哉？

真人無匿此書，出之，使凡人自知得失之處。夫治不調，非獨天地人君之過也，咎在百姓人人自有過，更相承負，相益爲多，皆悉坐不守實所致也。以離去其實，遠本反就僞行，而不自知。何謂乎？生者，其本也。死者，其僞也。何故名爲僞乎？實不見覩其人可欲，而生人爲作，知妄圖畫形容過其生時也。守虛不實核

〔一〕「令」疑當作「令」。

經三六・二上・一・一

事。夫人死，魂神以歸天，骨肉以付地腐塗，精神者可不思而致，尚可得而食之。骨肉者無復存也，付歸於地。地者，人之真母。人生*於天地之間，其本與生時異事，不知其所職者何等也？故孝子事之宜以本，乃後得其實也。生時所不樂，皆不可見於死者，故不得過生，必爲怪變甚深。真人曉不？慎之慎之。」「唯唯。」「善哉善哉，實已出矣！」「子可謂知之矣。行去。」「唯唯。」

右事生到終本末當相應訣。

經三七・一上・二・四

〔并〕鈔丙二下・二・一五

太平經合校卷三十七 丙部之三

太平經卷之三十七

試*文書大信法第四十七

「大頑頓曰〔一〕益暗昧之生再拜，今更有疑，乞問天師上皇神人。」「所問何等事也？」「請問此書文，其凡大要，都爲何等事生？爲何職出哉？」「善哉善哉！子之問事，可謂已得皇天之心矣，此其大要之爲解[起]天〔二〕地開闢已〔三〕來帝王〔四〕人民承負，生〔五〕爲此事出〔六〕也。」[止]「今迺爲此事出，何反皆先道養性乎哉？」「然，真人自若真真愚昧，蒙蔽不解，嚮者見子陳辭，以爲引謙，反真真冥冥昧昧

〔一〕「曰」疑當作「日」。　〔二〕「天」上鈔有「王事解承負訣」六字，疑即下篇之題目，誤入此處而「五」譌「王」，「法」譌「訣」。　〔三〕「已」鈔作「以」，「已」、「以」古通。　〔四〕「帝王」下鈔有「大臣」二字。　〔五〕鈔無「生」字。　〔六〕「出」下鈔有「教」字。

〔并〕鈔丙二下・四・七
〔并〕道典論卷三承負
經三七・二上・一・一

何哉？」「諾。」「真人更明開耳聽。[起]然〔一〕，凡〔二〕人所以有過責者，皆由不能善自〔三〕養，悉〔四〕失其綱紀〔五〕，故有承負之責也。比若父母失至〔六〕道德，有過於隣〔七〕里，後生其〔八〕子孫反爲隣〔九〕里所害，是即〔一〇〕明〔一一〕承負之責〔一二〕也。今先王爲治，不得天地心意〔一三〕，非一人共〔一四〕亂天〔一五〕也。天大怒不悦喜，故病災萬端，後在位者復承負之，是〔一六〕不究乎哉？故此書直爲是出也。是故〔一七〕古者大〔一八〕賢〔一九〕人〔二〇〕本〔二一〕皆〔二二〕知自養之道，故〔二三〕得治意，少承負之失也。其後世學人之師，皆多絶〔二四〕匿其〔二五〕真要〔二六〕道之文，以浮華傳學，違失天道*之要意〔二七〕。令後世日浮淺，不能善自養自〔二八〕愛，爲此積久，因離道遠，謂天下無自安〔二九〕全之術，更〔三〇〕生忽事反鬬祿，故生承負之災〔三一〕。[止]子解意豈知之耶？」「善哉善哉！見天師言，昭若開雲見日，無異也。」「行，子可謂已得道意矣。」「愚生蒙恩，已大解，今問無足時，唯天師丁寧重戒之。」「然，夫人能深自養，迺能養人。夫人能深自愛，迺能愛人。有身且自忽，不能自養，安能厚養人乎哉？有身且不能自愛重而全形，謹守先人之祖統，安能愛人全人？愚哉！子寧深解不耶？」「唯唯。善哉善哉！」「行，子以爲吾書不可信也。試取上古人所案行得天心而長吉者書文，復

〔并〕鈔丙二下・九・三

經三七・三上・一・一

取中古人所案行得天心者書策文，復取下古人所思務行得天意而長自全者文書，宜皆上下流視考之，必與重規合矩無殊也。迺子蒙且大解，迺後且大信吾書言也。今天疾人，後生者日益輕易，鬭命試才。下愚迺言天無知道，天不効也。起夫〔三二〕地〔三三〕尚〔三四〕不欺人，種禾得禾，種麥得麥，其〔三五〕用功力多者，其稼善。止何況天哉？今故天積怨下愚無知者，更相教輕事爲愚，後生者*日益劇，故生災異

〔一〕鈔之校文分兩節，一節自此至「即明承負之責也」止，又一節自「是故古者」至「少承負之失也」止。鈔無「然」下九字，但有「凡自帝王大臣人民有承負過責流及後世」十七字。道典論無「然」字。〔二〕道典論所校之文，自此至「故生承負之災」止。〔三〕鈔無「自」字。〔四〕鈔無「悉」字。〔五〕「綱紀」鈔作「紀綱」。〔六〕鈔及道典論皆無「至」字。〔七〕「隣」鈔作「鄉」。〔八〕鈔無「生其」二字。〔九〕「反爲隣」鈔作「必被鄉」，道典論無「反」字。〔一〇〕「是即」鈔作「此乃」。〔一一〕鈔無「明」字。〔一二〕「責」鈔作「驗」。〔一三〕道典論無「意」字。〔一四〕「共」道典論作「失」。〔一五〕道典論「天」下有「文」字。〔一六〕道典論無「是」下十三字。〔一七〕鈔無「是故」二字。〔一八〕「大賢人」鈔作「帝王大臣人民」。〔一九〕「賢」道典論作「聖」。〔二〇〕道典論無「人本」二字。〔二一〕鈔無「本」字。〔二二〕「皆」鈔作「各」。〔二三〕「故」下十字鈔作「安有承負哉」。〔二四〕道典論無絶字。〔二五〕道典論無「其」字。〔二六〕道典論無「要」字。〔二七〕道典論無「之要意」三字。〔二八〕「道典論」無「自」字。〔二九〕「道典論」無「安」字。〔三〇〕「更」下七字「道典論」無。〔三一〕道典論引文止此。〔三二〕鈔無「夫」字。〔三三〕「地」鈔誤作「天」。〔三四〕鈔無「尚」字。〔三五〕「其」下九字鈔作「在用力多少其稼善惡」。

變怪非一也。是天與人君獨深厚，比若父子之恩，則相教，愚者見是，不以時報其君，反復蔽匿，斷絶天路，天復益忿忿，後復承負之，增劇不可移。帝王雖有萬人之善，猶復無故被其害也。故使爲善者不明，若無益也。令使下愚言天無知，固有以乎哉？」「今見天師言，心解與更生無異也。善哉善哉！弟子雖多愁天師，冒死問事，始若有過，已問得解，意大喜，不悔之也。夫無知而不問，無由得通達。」「子言是其意也。行，書多悉備，頭足腹背，表裏悉具，自與衆賢共案之，勿復問。」「唯唯。」

右問天師文書衆多從上到下所爲出斷訣。

五事解承負法第四十八

蔽暗弟子再拜言：「夫大賢見師説一面，知四面之説；小賢見師説一負，知四負之説，故易爲説也。其愚暗蔽頓之人，不事見爲説之，猶復心懷疑，故敢具問天師。〔起〕師既〔一〕爲皇天解承負之仇，爲后土解承負之殃，爲帝王解承負*之戹，爲百姓〔二〕解承負之過，爲萬二千物解承負之責。」〔止〕又言：「下愚弟子迺爲天問事，不敢不冒

〔并〕鈔丙二下・一〇・七
經三七・四上・一一・一

經三七・五上・一・一

過悉道之。願具聞其意何等也?」「平言。」「今帝王人民有承負,凡事亦皆自有承負耶?」「善哉,子爲天問事,誠詳且謹。」「今每與天師對會,常言弟子迺爲天問疑事,故敢不詳也。」「善哉,子有謹良之意,且可屬事行。今子樂欲令吾悉具説之耶? 不惜難之也。但恐太文,難爲才用,具説天下承負,迺千萬字尚少也。難勝既爲子舉其凡綱,令使衆賢可共意,而盡得其意,與券書無異也。」「唯天師語。」「明開兩耳,安坐定心聽。」「唯唯。」「然,天地生凡物,無德而傷之,天下雲亂,家貧不足,老弱飢寒,縣官無收,倉庫更空。此過迺本在地傷物,而人反承負之。一大凡事解未? 復更明聽。今一師説,教十弟子,其師説邪不實,十弟子復行各爲十人説,已百人僞説矣,百人復行各爲十人説,已千人邪説矣;千人各教十人,萬人邪説矣;萬人四面俱言,天下邪説。又言者大衆,多傳相徵,不可反也,因以爲常説。此本由一人失説實,迺反都*使此凡人失説實核,以亂天正文,因而移風易俗,天下以爲大病,而不能相禁止,其後者劇,此即承負之厄也,非後人之過明矣。

〔一〕鈔無「師既」二字。〔二〕「百姓」鈔作「萬民」。

〔并〕道典論卷三承負

經三七・六上・一・一

〔并〕道典論卷三承負

後世不知其所由來者遠，反以責時人，故重相冤也；復爲結氣不除，日益劇甚，故凡二事解，真人復更明聽。令一人爲大欺於都市中，四面行於市中，大言地且陷成涵水，垂泣且言；一市中人歸道之，萬家知之，老弱大小四面行言，天下俱得知之，迺使天下欺，後者增益之，其遠者尤劇。是本由一人言，是即承負空虛言之責也，後人何過乎？反以過時人。三事解，然真人復更明聽。〔起〕夫南山有大木，廣〔一〕縱覆地數百步，其本莖一〔二〕也。上有無訾〔三〕之〔四〕枝葉〔五〕實，其下〔六〕根不堅持地，而〔七〕爲大風雨〔八〕所傷，其上億億〔九〕枝葉〔一〇〕實悉傷死亡，此即萬物草木之〔一一〕承負大過也。其過在本不在〔一二〕末，而反罪未曾不冤結耶？今是末〔一三〕無過，無故〔一四〕被流〔一五〕災得〔一六〕死亡。夫承負之責如此〔一七〕矣，寧可罪後生耶？〔止〕四事解，然責〔一八〕人復更明聽。南山有毒氣，其山不善閉藏，春南風與風氣俱行，迺蔽日月，天下彼其咎，*傷死者積衆多。此本獨南山發泄氣，何故反使天下人承負得病死焉？時人反言猶惡，故天則殺汝，以過其人，曾不冤乎哉？此人無過，反承負得此災，魂神自冤，生人復就過責之，其氣冤結上動天，其咎本在山有惡氣風，〔起〕持〔一九〕來承負之責如此矣〔二〇〕。〔止〕五事解，然真人復更危坐，詳聽吾言。本道

〔并〕道典論卷三承負
經三七・七上・一・一

常正，不邪僞欺人。人但座先人君王人師父教化小小失正，失正言，失自養之正道，遂相效學，後生者日益劇，其故爲此。積久傳相教，俱不得其實，天下悉邪，不能相禁止。故災變萬種興起，不可勝紀，此所由來者積久復久。愚人無知，反以過時君，以責時人，曾不重被冤結耶？天下悉邪，不能自知。帝王一人，雖有萬人之德，獨能如是何？然今人行，豈有解耶？若食盡欲得之，而病人獨不能食，迺到於死亡，豈有解耶？今交陰陽，相得盡樂。有子孫祭神求吉，而自若不能生子，豈有解耶？〔起〕夫人生盡樂好善而巨壯，而固反不肖且惡，豈有解耶？此盡承負之大效也。反以責時人，故不能平其治也，時人傳受邪〔二一〕僞久〔二二〕，*安能

〔一〕「廣」道典論訛作「枝」。〔二〕道典論無「一」字。〔三〕「訾」道典論作「貲」，「訾」同「貲」。〔四〕道典論無「之」字。〔五〕「葉」下道典論有「華」字。〔六〕道典論無「下」字。〔七〕「道典論」無「持地而」三字。〔八〕道典論無「雨」字。〔九〕道典論無「億億」二字。〔一〇〕「葉」下道典論有「華」字。〔一一〕道典論無「之」字。〔一二〕「在」下道典論有「於」字。〔一三〕道典論無「是末」二字。〔一四〕道典論無「無故」二字。〔一五〕道典論無「流」字。〔一六〕道典論無「得」下四字。〔一七〕道典論無「如此」二字。〔一八〕「責」疑「真」字之誤。〔一九〕「持」道典論作「時」。〔二〇〕「矣」道典論譌作「天」。〔二一〕「邪」原作「耶」，今依道典論改。〔二二〕「久」上道典論有「已」字。

〔并〕白帖
〔并〕御覽六六八
〔并〕雲笈七籤四九祕要訣法

〔附〕鈔丙三上・二・一五

〔并〕鈔丙三上・四・一六

卒〔一〕自改正乎哉？遂〔二〕從是常冤，因爲是連久，天憐之。故上皇道應元氣而下〔三〕也，[止]子勿怪之也。〔起〕[起]以〔四〕何爲初，以思守一，何也？一者，數之始也〔五〕；一者〔六〕，生之道〔七〕也；一者〔八〕，元氣所起也〔九〕；一者〔一〇〕，天之綱紀〔一一〕也〔一二〕。故使守思一〔一三〕，從〔一四〕上更下也。夫萬物凡事過於大，末不反本者，殊迷不解，故更反本也[止]〔止〕。

〔附〕欲解承負之責，莫如守一。守一久，天將憐之。一者，天之紀綱，萬物之本也。思其本，流及其末。

[起]是以〔一五〕古者聖人將有可爲作〔一六〕，皆〔一七〕仰占天文，俯視〔一八〕地理，明〔一九〕其反本之明效也。[止]真人解未？」「唯唯。」「今嘗子悒悒，已舉承負端首，天下之事相承負皆如此，豈知之耶？」「唯唯。今天師都舉端首，愚生心結已解。」「行，語真人一大要言，上古得道，能平其治者，但工自養，守其本也。中古小失之者，但小忽自養，失其本。下古計不詳，輕其身，謂可再得，故大失之而亂其治。雖然，非下古人過也，由承負之厄會也。行文已復重，吾不復言，百言百同，無益也。可毋增書爲文，今天辭已通囑於真人。」「唯唯。」「行，歸思其要，以付有德君，書要爲解承負

出。」「唯唯。」

右問凡事承負結氣訣。

〔一〕道典論無「卒」字。〔二〕「遂」下十字道典論無。〔三〕「下」道典論譌「不」。〔四〕「以」下十字，雲笈七籤作「何以爲初思守一也」。白帖、御覽均無此十字。〔五〕白帖無「也」字。〔六〕白帖、御覽均無「一者」二字。〔七〕「生之道」雲笈七籤作「道之生」。〔八〕白帖、御覽、雲笈七籤皆無「一者」二字。〔九〕白帖無「也」字。〔一〇〕白帖、御覽雲笈七籤皆無「一者」二字。〔一一〕「綱紀」白帖、御覽並作「大綱」。〔一二〕白帖無「也」字。雲笈七籤引文止。〔一三〕「使守思一」白帖作「守而思之一也」，御覽作「守而思一也」。〔一四〕「從」下二十七字白帖、御覽皆無，但有「子欲養生（「生」御覽作「老」）守一最壽平氣徐臥與一相守氣若泉源其身何咎是謂真寶老衰自去」三十二字。〔一五〕鈔無「是以」二字。〔一六〕「作」上鈔無「可爲」二字，「作」下鈔有「也」字。〔一七〕鈔無「皆」字。〔一八〕「視」鈔作「察」。〔一九〕「明」下八字鈔作「明其本末覩其明效」。

太平經合校卷三十八 丙部之四〔一〕

〔補〕鈔丙三上・一・二
〔并〕仙鑑干吉傳

師策文*〔二〕

師曰：起「吾字十一明爲止〔三〕，丙午丁巳〔四〕爲祖始。四口治事萬物理，子巾用角治〔五〕其右，潛龍勿用坎爲紀〔六〕。人得見之壽長久，居天地間活而已〔七〕。治百萬人仙可待，善治〔八〕病者勿欺紿〔九〕。樂莫〔一〇〕樂乎〔一一〕長安市，使人壽若西王母，比若四時周反始，九十字策傳方士。」止

〔一〕經原缺三十八卷，今據鈔補。　〔二〕鈔連下文，疑係題目，今移置。　〔三〕鈔無「明爲止」三字，今依本書卷三十九解師策書訣補，仙鑑干吉傳作「名爲士」。　〔四〕「巳」混元聖紀作「未」。　〔五〕「治」鈔作「活」，疑譌，今依仙鑑干吉傳改。　〔六〕「紀」仙鑑干吉傳作「已」。　〔七〕「居天地間活而已」鈔脱誤作「居治而已」四字。今依仙鑑干吉傳及解師策書訣校補。　〔八〕「治」仙鑑干吉傳作「理」。　〔九〕「欺紿」鈔作「欺殆」，仙鑑干吉傳作輕紿，「紿」字從仙鑑干吉傳改。　〔一〇〕鈔無「樂莫」二字，今依仙鑑干吉傳增補。　〔一一〕「乎」仙鑑干吉傳作「於」。

太平經合校卷三十九 丙部之五

太平經卷三十九〔一〕

解*師策書訣第五十

經三九·一上·二·四

〔起〕真人稽首再拜唯唯，「請問一疑事解。」「平言何等也？」「天師前所與愚昧不達之生策書凡九十字。謹歸思於幽室閒處，連日時，質性頑頓，晝夜念之，不敢懈怠，精極心竭，周徧不得其意；今唯天師幸哀不達之生，願爲其具解説之，使可萬萬世貫結而不忘。」「善哉，子之難問乎，可謂天人也。諾。真人詳聆聽，爲子悉解其要意。」〔止〕

〔附〕鈔丙二三上·七·一

〔附〕真人請問神人：「前所賜不達之生策書九十字，未知趨向，義理所歸，願爲一一解，以遺後世，貫結而不忘。」神人言：「爲子直解之。」

〔一〕「九」下原有「之四十」三字，並有小注「原缺三十八卷」六字，今皆删去。

〔并〕鈔丙二二上・九・一五

經三九・二上・一・一

[起]師曰：「吾字十一明爲止〔一〕：師者，正謂皇天神人師也；曰者，辭也，吾迺上〔二〕辭於天，親見遣，而下爲帝王萬民具陳，解億萬世諸承負之謫〔三〕也；吾者，我也，我者〔四〕，即天所急使神人也，今天以是承負之災四流，始有本根〔五〕，後治〔六〕者悉皆隨之失其政，無從得中斷止之，更相賊傷，爲害甚深，今天以爲重憂；字者，言吾〔七〕今陳列天書累積之字也；十者，書與天真誠信洞相應，十十不誤，無一欺者也，得而衆賢〔八〕各〔九〕自深計其先人皆有承負也，誦〔一〇〕之不止，承負之厄小大，悉且已〔一一〕除矣；一者，其道要正當以守一*始起也，守一不置，其人日明乎〔一二〕，大〔一三〕迷解矣。明爲止，止者，足也，夫足者爲行生，行〔一四〕此道者，但有日〔一五〕益昭昭〔一六〕，不復愚暗〔一七〕冥冥也。十一者〔一八〕，士也。明爲止者，赤也，言赤氣得〔一九〕此，當復更盛王〔二〇〕大明也。止者，萬物之足也，萬物始萌，直布根以本足生也，行此道，其法迺更本元氣，得天地心〔二一〕，第一最善，故〔二二〕稱上皇之道也。丙〔二三〕午丁巳爲祖始：丙午丁巳，火也，赤也；丙午者，純陽也，丁巳者，純陰也；陰陽主和，凡〔二四〕事言陰陽氣，當〔二五〕復和合天下而〔二六〕興〔二七〕之〔二八〕也；爲者，爲利帝王，除〔二九〕凶害出〔三〇〕也；祖者，先也，象三皇德也；始者，反本初也，故〔三一〕行是〔三二〕道，當得〔三三〕反上

經三九・三上・一・一

皇〔三四〕也。四口治事萬物理：四而得口者，言也，能〔三五〕日習言吾書者，即得天正經字也，令得其至〔三六〕意，迺上與天心合，使萬物各得其所，而不復亂，故言萬物理也。子巾用角治其右者：誦字也，言〔三七〕誦讀此書而不止，凡事悉且一旦而正，上得天意〔三八〕，歡然而常喜，無復留〔三九〕倍也。潛龍勿用欿〔四〇〕爲紀：潛龍者，天〔四一〕氣還復初九，甲子歲也〔四二〕；冬至之日也〔四三〕，天地正始起於是也；龍者，迺東方少陽，木之精神也，故天*道因木而出〔四四〕，以興火行；夫物將盛者，必當開通

〔一〕「止」鈔誤作「正」。〔二〕「上」鈔誤作「正」。〔三〕「謫」鈔作「譴」。〔四〕鈔無「我者」二字。〔五〕「本根」鈔作「根本」。〔六〕「治」鈔作「理」，蓋唐人寫書避唐高宗諱。〔七〕鈔無「吾」字。〔八〕「賢」下鈔有「者」字。〔九〕鈔無「各」字。〔一〇〕「誦」鈔譌「謂」。〔一一〕鈔無「已」字。〔一二〕鈔無「乎」字〔一三〕「大」鈔譌「天」。〔一四〕鈔無「生行」二字。〔一五〕「有日」鈔作「日有」。〔一六〕「昭」下鈔有「然」字。〔一七〕「暗」鈔作「闇」。〔一八〕鈔無「者」字。〔一九〕「得」鈔作「謂」。〔二〇〕鈔無「王」字。〔二一〕「心」上鈔有「之」字。〔二二〕「故」鈔誤作「政」。〔二三〕「丙」下七字鈔無。〔二四〕鈔無「凡」下四字。〔二五〕鈔無「當」字。〔二六〕鈔無「而」字。〔二七〕「興」鈔譌「與」。〔二八〕鈔無「之」字。〔二九〕「除」鈔譌「陰」。〔三〇〕鈔無「出」字。〔三一〕「故」鈔作「當」。〔三二〕「是」鈔作「此」。〔三三〕鈔無「當得」二字。〔三四〕鈔「皇」上有三字，「皇」下有化字。〔三五〕「能」鈔作「皆」。〔三六〕「至」鈔作「志」。〔三七〕鈔無「言」字。〔三八〕「意」鈔作「心」。〔三九〕鈔無「留」字。〔四〇〕「欿」鈔作「坎」，「欿」同「坎」，下同。〔四一〕「天」下鈔有「陽」字。〔四二〕鈔無「也」字。〔四三〕鈔無「也」字。〔四四〕鈔無「出以」二字。

經三九・四上・一・一

其門户也。真人到期月滿〔一〕，出此書宜投之〔二〕開明之地。開者，闢也，通也〔三〕，達也，開其南，更調〔四〕暢陽氣，消去其承負之戹會也〔五〕。潛者〔六〕，藏也，道已往到，反隱藏也；勿者〔七〕，敢也，未也，先見文者，未知行也；用者，治也，事也，今天當用此書除災害也〔八〕；玄甲歲出〔九〕之，其時君未能深原〔一〇〕書意，得能用之也；故言勿用者，見天文〔一一〕未敢專信而即效案用之也〔一二〕；信〔一三〕用之者，事立〔一四〕效見〔一五〕響應，是〔一六〕其明證也，迺與天〔一七〕合，故〔一八〕響應也。欱爲紀者，子稱欱〔一九〕；甲，天〔二〇〕也，綱也，陽也；欱者，子也〔二一〕，水也〔二二〕，陰也，紀也；故天與地常合，其綱紀於玄甲子初出，此〔二三〕可爲有德上〔二四〕君治〔二五〕綱〔二六〕紀也，故言欱爲紀也。迺謂上皇天書，下爲德君出真經，書以繩〔二七〕斷邪，以玄甲爲〔二八〕微初也。凡物生者，皆以甲爲首，子爲本，故以上甲子序出之也〔二九〕。人得見之壽長久：人者〔三〇〕，正謂〔三一〕帝王一人也，上德易覺知行道書之人也，據瑞應文〔三二〕，不疑天道也，深得其〔三三〕意則壽矣；壽者〔三四〕，竟其天年〔三五〕也；長者，得無窮也；久者，久〔三六〕存也。居天地間活〔三七〕而已：居者，〔三八〕處也*；處天地間活〔三九〕而已者，當學真道〔四〇〕也，浮華之文不能久活人也；諸承負之厄會，咎皆在〔四一〕無實核〔四二〕之道故也，今天斷去之也〔四三〕。治百萬〔四四〕人仙可待〔四五〕：

治〔四六〕者〔四七〕，正也；天以此書正衆賢之心，各自治〔四八〕病，守真去邪；仙可待者，言天下聞之，真道翕然悉出〔四九〕，往〔五〇〕輔佐有德之君；治〔五一〕真道者〔五二〕，活人法也，故言〔五三〕仙可待也〔五四〕。善治病者勿欺殆〔五五〕；凡人悉愚，不爲身計〔五六〕，皆以〔五七〕邪僞之文，

〔一〕鈔無「滿」字。〔二〕鈔無「之」字。〔三〕鈔無「也」字。〔四〕「調」鈔作「滌」。〔五〕鈔無「也」字。〔六〕鈔無「者」字。〔七〕「者」鈔作「用」。〔八〕鈔無「也」字。〔九〕「出」鈔作「除」。〔一〇〕「原」鈔作「源」，古通。〔一一〕「文」鈔誤作「又」。〔一二〕鈔無「也」字。〔一三〕「信」下鈔有「而」字。〔一四〕「立」鈔譌「主」。〔一五〕「見」鈔作「若」。〔一六〕「是」鈔作「爲」。〔一七〕鈔「天」下有「道」字。〔一八〕鈔無「故」字。〔一九〕「歆」原作「欿」，疑形近而譌，今依鈔改。〔二〇〕「天」下六字鈔作「天之綱綱陽也」。〔二一〕鈔無「子也」二字。〔二二〕鈔無「也」字。〔二三〕「此」下鈔無「可」字，但有「書」字。〔二四〕鈔無「上」字。〔二五〕「治」鈔作「理化」。〔二六〕「綱」上鈔有「作」字。〔二七〕鈔無「繩」字。〔二八〕鈔無「爲」下十一字。〔二九〕鈔無「也」字。〔三〇〕鈔無「者」字。〔三一〕「謂」下鈔有「人君」二字。〔三二〕「文」鈔譌「又」。〔三三〕鈔無「其」字。〔三四〕鈔無「者」字。〔三五〕「年」鈔作「壽」。〔三六〕鈔無「久」字。〔三七〕「活而已」鈔作「有活也」。〔三八〕鈔無「者」字。〔三九〕鈔「活」上有「存」字，「活」下無「而已者」三字。〔四〇〕「真道」鈔作「道真」。〔四一〕「在」鈔作「謂」。〔四二〕「實核」鈔作「核實」。〔四三〕鈔無「也」字。〔四四〕「萬」鈔作「方」，疑「萬」俗寫作「万」，又「万」譌「方」。〔四五〕鈔「待」下有「其」字。〔四六〕「治」鈔作「理」。〔四七〕鈔無「者」字。〔四八〕「治」鈔作理。〔四九〕「出」鈔作「除」。〔五〇〕鈔無「往」字。〔五一〕「治」鈔作「理」。〔五二〕鈔無「者」字。〔五三〕「言」鈔作「曰」。〔五四〕鈔無「也」字。〔五五〕「殆」應從仙鑑作「紿」，下凡「欺殆」二字連文者，皆應作「欺紿」。〔五六〕「計」鈔誤作「神」。〔五七〕「以」鈔作「爲」。

經三九・五上・一一・一

無故自欺殆〔一〕，冤哉〔二〕！ 反得天重謫，而生承負之大責，故天使其〔三〕棄浮華文，各守真實，保其一〔四〕旦夕力行之，令人人〔五〕各〔六〕有益其身〔七〕，無肯復自〔八〕欺殆者也〔九〕。 樂乎長安市：樂者，莫樂於天〔一〇〕上皇太平氣至也；乎者〔一一〕，嗟嘆其德大優無雙〔一二〕也；長者，行此道者〔一三〕，其德善長無窮已也；安者，不復危亡也；得行此道者，承負天地之謫悉去，迺長安曠曠恢恢〔一四〕，無復憂也；市者，天下〔一五〕所以〔一六〕共致〔一七〕聚人處也；行此書者，言國民大興云云〔一八〕，比〔一九〕若都市中人也。使人〔二〇〕壽若西王母〔二一〕：使人者〔二二〕，使帝王有天〔二三〕德好行正文之人也；若者〔二四〕，順也，能大順行吾書，即天道也〔二五〕，得之者大吉，無有咎也；西者，人人棲*存真道於胸心也；王者，謂帝王得案〔二六〕行天道者〔二七〕大興而王也，其治〔二八〕善，迺無上也；母〔二九〕者，老壽之證也〔三〇〕，神之長也。 比若四時周反始〔三一〕：比者，比也〔三二〕，比〔三三〕若四時傳相生、傳〔三四〕相成，不復相賊傷也，其治〔三五〕無有刑也。 九十字策傳方士：九者，究也〔三六〕，竟也〔三七〕，得行此者〔三八〕，德〔三九〕迺究洽〔四〇〕天地陰陽萬物之心也；十者，十十相應，無爲文也；字者，言天文上下字，周流徧道足也；傳者，信也，故爲作委〔四一〕字符信以〔四二〕傳之也〔四三〕； 方者，大方〔四四〕正也，持此道急往付歸有道德之君，可以消去承負之凶，其治〔四五〕即方且〔四六〕大正也；士者，有可〔四七〕剋志一介之人也，一介之人者端心，可教化屬事，使往通此道也〔四八〕。吾策之説〔四九〕將可覩矣。止真人豈曉解未乎？」「唯唯。善哉善哉！見天師言，大樂已至矣。」「子可謂已知之矣。」「愚生每有所問，自知積愁天師，嚮不問，何從得知之。」「然子言是也，賢聖有疑，皆問之，故賢聖悉有師也。不可苟空強説也，夫強説適可一言，不能再轉也。」「唯唯，

〔一〕「欺殆」原作「欺治」，鈔脱「欺」字，「殆」字依鈔改。〔二〕鈔無「寃哉」二字。〔三〕鈔無「其」字。〔四〕鈔無「一」字。〔五〕「人人」鈔譌「久久」。〔六〕鈔無「各」字。〔七〕鈔無「其身」二字。〔八〕鈔無「自」字。〔九〕鈔無「也」字。〔一〇〕鈔無「於天」二字。〔一一〕「乎者」鈔作「呼」字。〔一二〕「雙」上鈔有「比」字。〔一三〕鈔無「者」字。〔一四〕「曠曠恢恢」鈔作「曠恢瞚恢」，「瞚」疑係「曠」之譌。〔一五〕「下」鈔作「之」。〔一六〕鈔無「以」字。〔一七〕鈔無「致」字。〔一八〕鈔無「云云」二字。〔一九〕「比」鈔誤作「皆」。〔二〇〕鈔無「人」字。〔二一〕「母」下鈔有「者」字。〔二二〕鈔無「者」字，但有「謂」字。〔二三〕「天」鈔作「大」。〔二四〕鈔無「者」字。〔二五〕鈔無「也」字。〔二六〕鈔無「案」字。〔二七〕鈔無「者」字。〔二八〕「治」鈔作「理」。〔二九〕「母」誤作「毋」，今依鈔改。〔三〇〕「老」鈔作考。鈔無「也」字。〔三一〕「始」下鈔有「者」字。〔三二〕鈔無「比也」二字。〔三三〕鈔無「比」字。〔三四〕鈔無「傳」字。〔三五〕「治」鈔作「理」。〔三六〕鈔無「也」字。〔三七〕鈔無「也」字。〔三八〕「者」鈔作「道」。〔三九〕鈔「德」上有「其」字，「德」下無「迺」字。〔四〇〕「洽」鈔誤作「合」。〔四一〕「委」字鈔作「文守」。〔四二〕鈔無「以」字。〔四三〕鈔無「也」字。〔四四〕鈔無「方」字。〔四五〕「治」鈔作「理」。〔四六〕「方且」鈔作「可」字。〔四七〕鈔無「可」字。〔四八〕鈔無「也」字。〔四九〕鈔脱「説」字。

經三九・六上・一・一

經三九・七上・一・一

是以愚生不敢強説也。」「子言是也，大儒謙，亦不失之也。」「今天師事事假其路，爲剝解凡疑，遂得前*問所不及，今欲有可乞問，甚不謙，不知當言邪不邪？」「疑者平言勿諱。」「唯唯。古今賢聖皆有師，今天師道滿溢，復當師誰乎？」「善哉善哉！子之問也，可謂覩微意矣。然吾始學之時，同問於師，非一人也，久久道成德就，迺得上與天合意，迺後知天所欲言，天使太陽之精神來告吾，使吾語；故吾者迺以天爲師。雖喻真人，嚮天不欲言，吾不敢妄出此説，天必誅吾，真人亦知此誡重耶？子誡慎之。」「唯唯。愚生問疑於天師，無不解者，心喜常不能自禁言，願復乞問一事。」「行道之。」「唯唯，今天師比爲暗蒙淺生具説承負説，不知承與負，同邪異邪？」「然，承者爲前，負者爲後；承者，迺謂先人本承天心而行，小小失之，不自知，用日積久，相聚爲多，今後生人反無辜蒙其過謫，連傳被其災，故前爲承，後爲負也。負者，流災亦不由一人之治，比連不平，前後更相負，故名之爲負。負者，迺先人負於後生者也；病更相承負也，言災害未當能善絶也。絶者復起，吾敬受此書於天，此道能都絶之也，故爲誡重貴而無平*也。真人知之邪？」「唯唯。可恔哉，可恔哉！」「行去，勿復問。」「唯唯。」

右解師策書九十字訣。

真券訣第五十一

「真人前，凡天下事何者是也？ 何者非也？」「試而即應，事有成功，其有結疾病者解除，悉是也。 試其事而不應，行之無成功，其有結疾者不解除，悉非，非一人也。」「善哉，子之言真是也。 言雖少，斯可解億萬事，吾無以加子之言也。 夫欲效是非，悉皆案此爲法，可勿懷狐疑，此即召信之符也。」「何謂也？」「夫凡事信不信，何須必當考問之也？ 古者聖賢，但觀人所行證驗也，知之矣，明於日月。 子説積善，不可變易也。 欲知吾書，悉取信效於是。 真人知邪？」「唯唯。」「行去，名此爲真券，慎勿遺，無投於下方，以爲訣策書章。」

右召信符效書證真券。

太平經合校卷四十 丙部之六

太平經卷之四十

努力爲善法第五十二*

「真人前，天下之人凡有幾窮乎？」「何謂也？」「謂平平無變，人有幾迫窮乎？所窮衆多，其所窮獨無有名字邪？」「不可名字也。」「子未知也。起天下之人有四窮。」「何謂也？」「謂子本得〔一〕生於父母也，既生〔二〕，年少〔三〕之時，思其父母不能去，是一窮也。適長巨〔四〕大自勝，女欲嫁，男欲娶，不能勝其情欲，因相愛不能相離，是二窮也。既相愛，即生子，夫婦老長，顔色適〔五〕不可愛，其子少可愛，又當見養，是三窮也。其子適巨〔六〕，可毋〔七〕養身，便自老長不能〔八〕行，是四窮也。四窮之後，能得明師，思慮守道尚〔九〕可。高才有天命者或得度〔一〇〕，其次或得壽，其次可得須臾樂其身，魂魄居地下，爲其復見〔一一〕樂。」「何謂也？」「地下得〔一二〕新死之人，悉問其生時所作爲〔一三〕，所更，以〔一四〕是生時可爲定名〔一五〕籍，因其事〔一六〕而責

經四〇・一上・二・四
〔并〕鈔丙三上・六・六

之。故事〔一七〕不可不豫防，安危止皆其身自得之也。真人慎之。見此誠耶？」「唯唯。天師迺勑以不見之言。」「然，所以勑教子者，見子常有善意，恐真人懈倦，故明示勑之耳。」「唯唯。」「真人今*學，以何自期乎？」「以年窮盡爲期。」「善哉子志，可謂得道意矣。然，凡人行，皆以壽盡爲期，顧有善惡盡耳。」「何謂也？願聞之。」「然，守善學，遊樂而盡者，爲樂遊鬼，法復不見愁苦，其自愁苦而盡者爲愁苦鬼，惡而盡者爲惡鬼也。此皆露見之事，凡人可知也。而人不肯爲善，樂其魂神，其過誠重。」「何謂也？」「人生迺受天地正氣，四時五行，來合爲人，此先人之統體也。此身體或居天地四時五行。先人之身，常樂善無憂，反復傳生。後世不肖反久苦天地四時五行之身，令使更自冤死，尚愁其魂魄。是故愚士不深計，不足久居也。故令欲使其疾死亡，於其死不復恨之也。精神但自冤憐，無故得愁恚於此

〔一〕鈔無「得」字。〔二〕鈔無「也既生」三字。〔三〕「年少」鈔作「少年」。〔四〕鈔無「適長巨」三字，但有「及其」二字。〔五〕鈔無「適」字。〔六〕「適巨」鈔作「只大」。〔七〕「毋」鈔作「無」。〔八〕「能」鈔作「解」。〔九〕「尚」鈔作「上」。〔一〇〕「度」下鈔有「世」字。〔一一〕鈔無「見」字。〔一二〕「得」上鈔有「悉」字。〔一三〕鈔無「爲」字。〔一四〕鈔無「以」下六字，但有「因」字。〔一五〕「名」鈔誤作「明」。〔一六〕「事」鈔作「所作」。〔一七〕「事」鈔誤作「子」。

〔并〕鈔丙三下・七・一三
經四〇・三上・一・一
〔并〕鈔丙四上・二・一七

下士。是故古者大賢聖深計遠慮知如此，故學而不止也。〖起〗其爲〔一〕人君者〔二〕樂〔三〕思太平，得天之心，其功倍也〔四〕。魂〔五〕神得〔六〕常遊樂〔七〕，與天善〔八〕氣合。其不能平其治者，治〔九〕不合天心，不得天意，爲〔一〇〕無功於天上。已到〔一一〕終，其魂〔一二〕神獨見〔一三〕責於地下，與〔一四〕惡氣合處〔一五〕。是故太〔一六〕古上聖之君迺〔一七〕知此，故努力也〔一八〕。愚人不深計，故生亦有謫〔一九〕於天*，死亦有謫〔二〇〕於地，可〔二一〕駭哉！」〖止〗「弟子愚暗，不欲聞也。」「善哉！子既來學，不欲聞此，即且努力爲善矣。」「唯唯。天師處地，使得知天命，受教勑深厚，以何得免於此哉？」「善乎！子〖起〗但〔二二〕急〔二三〕傳吾書道〔二四〕，使天下人〔二五〕得行之，俱思其身，定精念合於大道，且自知過失〔二六〕所從來也〔二七〕，即承負之責除矣。天地大喜，年〔二八〕復得〔二九〕反上古而倍矣。」〖止〗「善哉善哉！」「行，辭小竟，真人努力勉之，異日復來。」「唯唯。」「得書詳思上下，學而不精，名爲惚恍，求事不得無形象，思念不致，精神無從得往。」「善哉善哉！」

右天師誡人，生時不努力，卒死尚爲魂神得承負之謫。

分解本末法第五十三

「真人前，子既來學，當廣知道意，少者可案行耶？多者可案行耶？」「然，備足衆多者，可案行也。」「噫！子内未廣知道要意也。」[起]「今〔三〇〕天，一也，反行地二，其意何也？今地，二也〔三一〕，反行人三，何也？愚〔三二〕生願聞其相行意。」「然，夫地爲天使，人爲地使，故天悦喜，則〔三三〕使今年〔三四〕地上萬物大善〔三五〕。天不喜悦，地雖欲養〔三六〕也，使〔三七〕其物惡。地善，則居地上者人民*好善，此其相使明效也。故〔三八〕治亂者由〔三九〕

〔一〕鈔無「其爲」二字。〔二〕鈔無「者」字。〔三〕「樂」鈔作「當」。〔四〕鈔無「其功倍也」四字。〔五〕「魂」下鈔有「魄」字。〔六〕鈔無「得」字。〔七〕鈔無「遊樂」二字。〔八〕鈔無「天善」二字。〔九〕鈔無「治」字。〔一〇〕「爲」鈔作「謂」。〔一一〕鈔無「上已到」三字。〔一二〕「魂」上「其」字鈔作「即」，「魂」下鈔有「魄」字。〔一三〕鈔無「見」字。〔一四〕「與」鈔作「以」。〔一五〕鈔無「處」字。〔一六〕鈔無「故太」二字。〔一七〕「迺」鈔作「預」。〔一八〕鈔無「也」字，但有「爲善」二字。〔一九〕「譎」上鈔有「譴」字。〔二〇〕「譎」上鈔有「譴」字。〔二一〕「可」下鈔有「不」字。〔二二〕鈔無「但」字。〔二三〕「急」鈔作「速」。〔二四〕鈔無「道」字。〔二五〕「人」上鈔有「之」字。〔二六〕鈔無「失」字。〔二七〕鈔無「也」字。〔二八〕鈔無「年」字。〔二九〕鈔無「得」字。〔三〇〕鈔無「今」字。〔三一〕鈔無「也」字。〔三二〕鈔無「愚」下九字。〔三三〕「則」鈔作「即」。〔三四〕鈔無「年」字。〔三五〕鈔無「善」下三字。〔三六〕鈔「養」上無「欲」字，「養」下有「物」字。〔三七〕「使」下十五字鈔作「善即民居善」。〔三八〕「故」鈔作「夫」。〔三九〕「由」鈔作「猶」。

〔并〕鈔丙五上・三・一七

經四〇・五上・一・一

太多端，不得天之心，當還反〔一〕其本根〔二〕。夫人言太多而〔三〕不見是者，當還反其本要也，迺其言事可立也。故一言而成者，其本〔四〕文也；再轉〔五〕言而止者，迺〔六〕成章句也；故〔七〕三言而止，反成解難也，將遠真，故有解難也；四言而止，反成文辭也；五言而止，反成僞也；六言而止，反成欺〔八〕也；七言而止，反成破也；八言而止，反成離散遠道，遠復遠也；九言而止，反成大亂也〔九〕；十言而止，反成滅毀也〔一〇〕。故經〔一一〕至十而改，更相傳而敗毀〔一二〕也。夫凡事毀者當反本，故反守一以爲元初〔一三〕。是故天〔一四〕數起於一，十而終也〔一五〕，是天道〔一六〕自然之性〔一七〕也。是故古者聖人問事，初一卜〔一八〕占者，其吉凶是也，守其本也〔一九〕，迺天神下告之〔二〇〕也。再卜占者，地神出告之〔二一〕也。三卜占者，人神出告之也。過此而下者，皆欺人不可占。故卦數則〔二二〕不中也，人辭〔二三〕文多則不珍。」「善哉[止]善哉！今緣天師常哀憐其不及，願復更乞一言！」「平行！」「數何故止十而終？」「善哉！子深執知問此事法。然〔二四〕[起]天數迺〔二五〕起於〔二六〕一，終於十，何也？天初〔二七〕一也，下與地相得爲二〔二八〕，陰陽具而共生*。萬物始萌於〔二九〕北〔三〇〕，元氣起於子，轉而〔三一〕東北，布根於角，轉在東方，生出達，轉在東南，而悉生枝葉，轉在南方而茂盛，轉在西南而向盛〔三二〕，轉在西方而成熟，轉在西北而終。物終當〔三三〕更反〔三四〕始，故爲亥，二人共抱一爲三皇初。是故亥者，核也，洒始凝核也，故水始凝於十月也〔三五〕。壬者，任也，已任必滋日益巨。故子者，滋也，三而得陰陽中和氣，都具成而更反初起，故反〔三六〕本名爲甲子。夫〔三七〕天道生物，當周流俱具，覩天地〔三八〕四時〔三九〕五行之氣，洒而〔四〇〕成也。一〔四一〕氣不足，即輒有不足也。故本之〔四二〕於天地周流八方也〔四三〕，凡數適十也〔四四〕。止真

〔一〕「還反」鈔作「反還」。〔二〕「本根」鈔作「根本」。〔三〕鈔無「而」下十九字，但有「亦致亂若本根何患哉」九字。〔四〕「本」上鈔無「其」字，「本」下鈔無「文」字。〔五〕鈔無「轉」字。〔六〕鈔無「洒」字。〔七〕鈔無「故」字。〔八〕「欺」鈔作「敗」。〔九〕鈔無「也」字。〔一〇〕鈔無「也」字。〔一一〕「經」鈔作「終」。〔一二〕鈔無「毁」字。〔一三〕「初」鈔作「首」。〔一四〕鈔無「天」字。〔一五〕「十而終也」鈔作「終於十」。〔一六〕鈔無「是天道」三字。〔一七〕「自然之性」鈔作「自然治亂之數」。〔一八〕鈔無「卜」字。〔一九〕鈔無「也」字。〔二〇〕鈔無「之」字。〔二一〕鈔無「之」字。〔二二〕「則」鈔作「即」。〔二三〕「辭」上鈔有「間」字，「辭」下鈔無「文」字。〔二四〕鈔無「然」字。〔二五〕鈔無「洒」字。〔二六〕「於」下原無「一終於十何也」六字，疑經脱闕，今據鈔補。〔二七〕鈔無「初」字。〔二八〕「相得爲二」鈔作「二也」。〔二九〕鈔無「於」字。〔三〇〕「北」鈔誤作「兆」。〔三一〕鈔無「而」字。〔三二〕鈔無「轉在西南而向盛」句。〔三三〕「當」上鈔有「故」字。〔三四〕鈔無「反」字。〔三五〕鈔無「也」字。〔三六〕「反」鈔作「復」。〔三七〕鈔無「夫」字。〔三八〕鈔無「覩天地」三字。〔三九〕「時」原作「明」，疑誤，今依鈔改。〔四〇〕「而」鈔作「能」。〔四一〕鈔無「一」下十字。〔四二〕鈔無「之」字。〔四三〕鈔無「也」字。〔四四〕「凡數適十也」鈔作「故數終於十」。

〔并〕道典論卷二弟子

〔并〕道典論卷二弟子

經四〇・六上・一・一

〔并〕御覽卷六五九

人寧解知之不乎？」「唯唯。善哉善哉！誠受厚恩。」「子勿謝也，何乎？起夫師弟子功〔一〕大重，比〔二〕若父母生子，不可謝而解也。」止「何謂也？」「父母未生子之時，愚者或但投其施於野，便著土而生草木，亦不自知當爲人也；洞洞之施，亦安能言哉？遂成草木，及迺得陰陽相合，生得成人，何於成草木乎哉？起夫人既〔三〕得生，自易〔四〕不事善師，反事惡下〔五〕愚之〔六〕師，迺教人以惡，學〔七〕入邪中，或使人死滅，身尚有餘罪過〔八〕，并盡其家也。人或*生而不知學問，遂成愚人。夫無知之人，但獨愁苦而死〔九〕，尚〔一〇〕有過〔一一〕於地下。魂魄見事〔一二〕不得遊樂，身死尚〔一三〕不得成〔一四〕善鬼。起今〔一五〕善師學人也，迺使下愚〔一六〕賤之〔一七〕人成〔一八〕善人，善善〔一九〕而〔二〇〕不止，更賢〔二一〕；賢而〔二二〕不止，迺得〔二三〕次聖；聖而〔二四〕不止，迺得深〔二五〕知真道；守道而〔二六〕不止，迺得〔二七〕仙不死〔二八〕；仙而〔二九〕不止，迺得〔三〇〕成真；真而不止，迺得成神；神而〔三一〕不止，迺〔三二〕得與天比其德〔三三〕；天比不止〔三四〕，迺得與元氣比其德〔三五〕。元氣迺包裹〔三六〕天地〔三七〕八方，莫不受其氣而生〔三八〕。止德迺復覆蓋天地八方，精神迺從天地飲食，天下莫不共祭食之，尚常〔三九〕恐懈〔四〇〕，不能致之也。是至〔四一〕善師生善弟子之功也〔四二〕，止寧可謝不乎？」「可駭哉！愚生觸忌諱過言耳。」「何謙不置，真人也。行覺子使知可謝不耳。」「唯唯。」

右分解本末終始數父子師弟子功要文。

〔一〕道典論「功」上有「其」字。〔二〕「比」道典論譌作「此」。〔三〕道典論無「既」字。〔四〕道典論無「自易」二字。〔五〕道典論無「惡下」二字。〔六〕道典論無「之」字。〔七〕道典論無「學」字。〔八〕道典論無「過」字。〔九〕道典論無「而死」二字。〔一〇〕道典論無「尚」字。〔一一〕「過」道典論譌「遇」。〔一二〕道典論無「見事」二字。〔一三〕道典論無「尚」字。〔一四〕「成」下道典論有「於」字。〔一五〕御覽無「今」下六字，但有「人得善師」四字。〔一六〕「下愚」二字御覽作「凡」字。〔一七〕道典論無「賤之」二字。〔一八〕「成」下道典論有「於」字。〔一九〕道典論、御覽均無「善」字。〔二〇〕御覽無「而」字。〔二一〕「更賢」道典論作「更得成賢」。〔二二〕御覽無「而」字。〔二三〕御覽無「迺得」二字。〔二四〕御覽無「而」字。〔二五〕道典論無「得深」二字。〔二六〕道典論、御覽均無「而」字。〔二七〕道典論無「得」字。〔二八〕御覽無「不死」二字。〔二九〕御覽無「而」字。〔三〇〕「得」下十一字御覽作「與天比其神」。〔三一〕御覽無「而」字。〔三二〕御覽無「迺」下十一字，道典論「迺」下無「得」字。〔三三〕道典論無「其德」二字。〔三四〕「天比不止」原作「神神而不止」，與上文重複，今依道典論改。〔三五〕「德」道典論、御覽均作「得」，「得」下道典論又有「比」字。〔三六〕御覽無「裏」字。〔三七〕「地」下「八」上道典論誤衍「八地」二字。〔三八〕「生」下道典論有「其」字。御覽可校之文止於「生」字。「生」下御覽又有「是善師之功也不得其善師失路矣故師師相傳迺堅於金石不以師傳之名爲妄作則致邪矣叛去其師是去其真道自窮之術也道有宗師祖師」五十七字。〔三九〕道典論無「常」字。〔四〇〕「懈」道典論作「駭」。〔四一〕「至」原作「主」，疑形近而譌，今依道典論改。〔四二〕道典論校止。

樂生得天心法第五十四

〔起〕「真人前，凡人之行，君王之治，何者最善哉？」「廣哀不傷，如天之行最善。」「子言可謂得道意矣，然治莫大於象天也；雖然，當有次第也。」「何謂也？ 愚生勤能一言，不復再言也，唯天師陳之耳*。」「然，凡人之行，君王之治也。 人最善者，莫若常欲樂生，汲汲若渴，迺後可也。 其次莫若善於樂成，常悒悒欲成之，比若自憂身，迺可也。 其次莫若善於仁施，與見人貧乏，爲其愁心，比若自憂饑寒，迺可也。 其次莫若善爲設法，不欲樂害，但懼而置之，迺可也。 其次人有過莫善於治，而不陷於罪，迺可也。 其次人既陷罪也，心不欲深害之，迺可也。 其次人有過觸死，事不可奈何，能不使及其家與比伍，迺可也。 其次罪過及家比伍也，願指有罪者，愼毋盡滅煞人種類，迺可也。 夫人者，迺天地之神統也。 滅者，名爲斷絕天地神統，有可傷敗於天地之體，其爲害甚深，後亦天滅煞人世類也。 爲人先生祖父母不容易也，當爲後生者計，可毋使子孫有承負之厄。 是以聖人治，常思太平，令刑格而不用也。 所以然者，迺爲後生計也。 今真人見此微言耶？」「唯唯。」〔止〕

經四〇・七上・一・一

〔附〕鈔丙五下・五・一

〔附〕問：「帝王諸侯之爲治，何者最善哉？」曰：「廣哀不傷，如天之行最善。」「夫治，莫若大象天也；雖然，當有次第。」「何謂也？」「夫人最善莫如樂生，急急若渴，乃後可也。其次樂成他人善如己之善。其次莫若人施，見人貧乏，謂其愁心，比若憂飢寒，乃可也。其次莫若設法，但懼而置之可也。其次人有大罪，莫若於治，不陷於罪過，乃可也。其次人有過觸犯，事不可奈何，能不使及其家與比伍，乃可也。其次罪及比伍，願指有罪者，慎無絶嗣也。人者，天地神明之統；傷敗天地之體，其爲禍深矣。無爲子孫承負之厄，常思太平，以消刑格也。」

經四〇・八上・一・一

「真人前。」「唯唯。」「真人真人，不及說乎？但引謙耶？一言之。」「然吾統迺繫於地，命屬崑崙。今天師命迺在天，北極紫宮。今地當虛空，謹受天之施*，爲弟子當順承，象地虛心，敬受天師之教。然後至道要言，可得〔一〕□□□□□□□無有師弟子之義。但名爲交〔二〕□□□□□□其才是名爲亂學不純也〔三〕。□□□□□□□□勑教使道不明，一是一非，其說不可傳於爲帝王法，故不敢有言。」「不也。何

〔一〕「得」下七字原書空白。　〔二〕「交」下六字原書空白。　〔三〕「也」下八字原書空白。

謙！吾願與真人共集議之爲善，亦無傷於説也〔一〕。□□□□也何乎？」「生有先後，知有多少，行有尊卑，居有高下。今吾可説，不若天師所云也。小人之言，不若耆老之覩道，端首之明也。天師既過覺愚不及之生，使得開通，知善惡，難之，何一卒致也？願毋中棄，但爲皇天后土。」「然，今既爲天語，不與子讓也。但些子悒悒常不言，故問之耳。」「不敢悒悒也。今見天師説，積喜且駭，何也？喜者，喜得逢見師也；駭者，恐頑頓學不徧，而師去也。今欲問汲汲，常若大渴欲得飲，何乎？願得天師道傳弟子，付歸有德之君能用者。今陰陽各得其所，天下諸承負之大病，莫不悉愈者也。」「善哉，子之言也，詳案吾文，道將畢矣；次其上下，明於日月，自轉相使；今日思行之，凡*病且自都除愈莫不解，甚皆稱歎喜。」「唯唯。」

右治所先後復天心訣師弟子讓説。

經四〇・九上・一一・一

〔一〕「也」下四字原書空白。

太平經合校卷四十一 丙部之七

太平經卷之四十一〔一〕

件*古文名書訣第五十五

「日益愚闇矇不闓生謹再拜，請問一事。」「平言。」真人迺曰：「自新力學不懈，爲天問事。」「吾職當主授真人義，無敢有所惜也，疾言之。」「唯唯。今小之道書，以爲天經也。拘校上古中古下古聖人之辭以爲聖經也，拘校上古中古下古大德之辭以爲德經也，拘校上古中古下古賢明之辭以爲賢經也。今念天師言，不能深知其拘校之意，願天師闓示其門户所當先後，令使德君得之以爲嚴教也，勑衆賢令使各得生校善意於其中也。」「然，精哉真人問事，常當若此矣。善哉善哉！諾，吾將具言之，真人自隨而記之，慎毋失吾辭也。〔起〕吾迺〔二〕爲天地談，爲上德君制〔三〕

經四一・一上・二・四

〔并〕鈔丙六上・六・一

〔一〕原有小注「四十一同卷」五字，今刪。 〔二〕鈔無「迺」字。 〔三〕「制」鈔作「製」，古通。

經四一・二上・一・一

〔并〕鈔丙六下・四・一

作，可以除天地開闢以〔一〕來承負之厄會，義〔二〕不敢妄〔三〕語，必得怨於皇天后土，又且〔四〕負於上賢明道德之君，其爲罪責〔五〕深大也〔六〕，真〔七〕人知之耶？」「唯唯。」「然，所言拘校上古中古下古道書者〔八〕，假令〔九〕衆賢共讀視古今諸道文也〔一〇〕。如卷〔一一〕得一善字〔一二〕，如得一善訣事〔一三〕，便記書出之。*一卷得〔一四〕一善，十卷得十善，百卷得百善，千卷得千善，萬卷得萬善，億卷得億善，〖止〗善字善訣事，卷得十善也，此十億善字；如卷得百善也，此百億善字矣。〖起〗書〔一五〕而記之，聚於一間處，衆賢共視古今文章，竟都錄出之，以類聚之，各從其家，去中〔一六〕復重，因次〔一七〕其〔一八〕要文字〔一九〕而〔二〇〕編之，即已〔二一〕究竟〔二二〕深知古今天地人萬物之精意〔二三〕矣〔二四〕。〖止〗因以爲文，成天經矣。子知之乎？」「善哉善哉！」「子已知之矣。拘校上古中古下古聖經中善字訣事，卷得一善也，十卷得十，百卷得百，千卷得千，萬卷得萬，億卷得億；如卷得十善字也，已得十億矣；卷得百善字也，已百億矣。賢明共記書，聚一間善處，已都合校之，以類相從，使賢明共安而次之，去其復重，即成聖經矣。真人知之乎？」「唯唯。」「子已知之矣。拘校上古中古下古之賢明辭，其中大善者卷記一，十卷得十，百卷得百，千卷得千，萬卷得萬，億卷得億；卷得十，十億矣；卷得百，百億矣。已畢竟，復以類次之，使相從，賢明共安之，去其復重，編而置之，即成賢經矣。真人知之耶？」「唯唯。」「子已知之矣*。如都拘校道文經書，及衆賢書文、及衆人口中善辭訣事，盡記善者，都合聚之，致一間處，都畢竟，迺與衆賢明大德共訣之，以類更相微明，去其復重，次其辭文而記置之，是名爲得天地書文及人情辭，究竟畢定，其善訣事，無有遺失，若絲髮之間。此道道者，名爲洞極天地陰陽之經，萬萬世不可復易也。」「善哉善哉！」「行諸！真人可謂已覺矣。」「愚生不及，今願復問一疑。」「行言。」「今天地開闢以來久遠，河、雒出文出圖，或有神文書出，或有神鳥狩持來，吐文積衆多，本非一也。聖賢所作，亦

〔一〕「以」鈔作「已」，古通。〔二〕「義」鈔誤作「議」。〔三〕「妄」鈔誤作「忘」。〔四〕「且」鈔誤作「承」。〔五〕鈔無「責」字。〔六〕「也」鈔作「矣」。〔七〕鈔無「真」下十字。〔八〕鈔無「者」字。〔九〕鈔無「假令」二字，但有「集」字。〔一〇〕鈔無「也」字。〔一一〕「卷」上鈔有「一」字，疑經脱。〔一二〕「字」鈔譌作「守」。〔一三〕「事」下六字，鈔作「便隨事書記之」。〔一四〕鈔脱「得」字。〔一五〕鈔無「書」下三十字，但有「隨而書之出衆賢共議」九字。〔一六〕鈔無「中」字。〔一七〕「次」鈔誤作「此」。〔一八〕鈔無「其」字。〔一九〕鈔無「字」字。〔二〇〕鈔無「而」字。〔二一〕「即已」鈔作「以」。〔二二〕「竟」鈔作「意」。〔二三〕「意」原作「竟」，疑誤，今依鈔改。〔二四〕鈔無「矣」字。

經四一・四上・一・一

復積多，畢竟各自有事。天師何疑、何睹、何見，而一時示教下古衆賢明，共拘校古今之文人辭哉？」「然，有所睹見，不敢空妄愁下古賢德也。今吾迺見遣於天，下爲大道德之君解其承負天地開闢以來流災委毒之謫。古今天文聖書賢人辭已備足，但愁其集居，各長於一事耳。今案用一家法也，不能悉除天地之災變，故使流災不絕，更相承負後生者，曰得災病增劇。故天怜德君，復承負之。天和爲後生者，不*能獨生，比積災諸咎也。實過在先生賢聖，各長於一，而俱有不達，俱有所失。天知其不具足，故時出河、雒文圖及他神書，亦復不同辭也。夫大賢聖異世而出，各作一事，亦復不同辭，是故各有不及，各有短長也。是也明其俱不能盡悉知究洞極之意，故使天地之間，常有餘災，前後訖不絕，但有劇與不耳。是故天上算計之，今爲文書，上下極畢備足，迺復生聖人，無可復作，無可復益，無可復容言，無可復益於天地大德之君。若天復生聖人，其言會復長於一業，猶且復有餘流災毒常不盡，與先聖賢無異也。是故天使吾深告敕真人，付文道德之君，以示諸賢明，都并拘校，合天下之文人口訣辭，以上下相足，去其復重，置其要言要文訣事，記之以爲經書，如是迺后天地真文正字善辭，悉得出也。邪僞畢去，天地大

經四一・五上・一・一

病悉除，流災都滅亡，人民萬物迺各得居其所矣，無復殃苦也。故天教吾拘校之也，吾之爲書，不效言也，迺效徵驗也。案吾文而爲之，天地災變怪疾病姦猾詿臣不詳邪僞，*悉且都除去，此與陰日而除雲無異也。以此效吾言與吾文，□□萬不失一也；如不力用吾文也，吾雖敬受天辭下語，見文不用，天安能空除災哉？自若文書内亂，人亦内亂，災猶無從得去也，真人知之耶？」「唯唯。」「行，子已知之矣。」「願請問一疑事。」「平言之。」「今天地開闢以來，神聖賢人皆爲天所生，前後主爲天地語，悉爲王者制法，可以除災害而安天下者。今帝王案用之，不失天心陰陽規矩，其所作文書，各有名號。今當名天師所作道德書字爲〔一〕等哉？」「善哉，真人之問事也。」「然，名爲大洞極天之政事，何故正名爲大洞極天之政事乎？」「然，大者，大也；行此者，其治最優大無上。洞者，其道德善惡，洞洽天地陰陽，表裏六方，莫不響應也。皆爲慎善，凡物莫不各得其所者。其爲道迺拘校天地開闢以來天文地文人文神文，皆撰簡得其善者，以爲洞極之經，帝王案用之，使衆賢共迺力行之，四海四境之内，災害都埽地除去，其治洞清明，狀與天地神靈相

〔一〕「爲」下疑脱一「何」字。

經四一·六上·一·一

似，故名爲大洞極天之政事也。真人知之耶？」「唯*唯。可駭哉！可駭哉！」

「行，子已覺知之矣。」

右拘校上古中古下古文書人辭訣。

太平經合校卷四十二 丙部之八

經四二・一上・二・四

〔并〕鈔丙六下・七・一三

太平經卷之四十二

九天消先王災法第五十六*

「凡天理九人而陰陽得何乎哉？」起「夫〔一〕人者〔二〕，迺理萬物之長也。其無形委氣之神人，職在理〔三〕元氣；大神人職在理〔四〕天；真人職在理〔五〕地；仙人職在理〔六〕四時；大道人職在理〔七〕五行；聖人職在理〔八〕陰陽；賢人職在理〔九〕文書，皆授〔一〇〕語；凡民〔一一〕職在理〔一二〕草木五穀；奴婢職在理〔一三〕財貨。止何乎？凡事各以類相理。無形委氣之神人與元氣相似，故理元氣。大神人有形，而大神與天相似，故理天。真人專又信，與地相似，故理地。仙人變化與四時相似，故理四時

〔一〕「夫」上鈔有「簡說九人意其無冤者乎王治因喜解其先王之承負」二十一字，係本篇篇末篇旨。〔二〕鈔無「者」下三字。〔三〕、〔四〕、〔五〕、〔六〕、〔七〕、〔八〕、〔九〕「理」鈔皆作「治」，蓋唐人寫經，避高宗諱，鈔又改回原字。〔一〇〕「授」鈔作「受」。〔一一〕「民」鈔作「人」，避唐太宗諱。〔一二〕、〔一三〕「理」鈔皆作「治」。

也。大道人長於占知吉凶，與五行相似，故理五行。聖人主和氣，與陰陽相似，故理陰陽。賢人治文便言，與文相似，故理文書。凡民亂憒無知，與萬物相似，故理萬物。奴婢致財，與財貨相似，富則有，貧則無，可通往來，故理財貨也。[起]夫皇天署職，不奪其心，各從其類，不誤也；反之，爲大害也〔一〕。故署置〔二〕天之凡民皆當順此，古者聖人深承知此，故〔三〕不失天意，得天心也。[止]真人今寧曉此不？」「善哉善*哉！」「吾是所言，以戒真人，不失之也。」「唯唯。」「行努力。」「愚生今心結不解，言是九人各異事，何益於王治乎？」[起]「不也，治〔四〕得天心意〔五〕，使此〔六〕九氣合和，九人共心〔七〕，故能致上皇〔八〕太平也。如〔九〕此九事不合乖忤，不能致太平也。此九事迺更〔一〇〕迭相生成〔一一〕也〔一二〕，[止]但人不得深知之耳，先聖賢未及陳之也，故久閉絶乎！」「然今一事不得治，不可平，何也？」「太上皇氣太至，此九人皆來助王者治也。一氣不和，輒有不是者，故不能悉和陰陽而平其治也。其來云何哉？無形神人來告王者，其心日明。大神人時見教其治意；真人仙人大道人悉來爲師，助其教化；聖人賢者出，其隱士來爲臣；凡民奴婢皆順善不爲邪惡，是迺天地大喜之徵也。[起]其〔一三〕一氣不和，即〔一四〕輒有不至者，云何乎〔一五〕？元氣不和，

〔并〕鈔丙七上・二・七

經四二・二上・一・一

〔并〕鈔丙七上・五・四

〔并〕鈔丙七上・六・一四

無形神人不來至；天氣不和，大神人不來至；地氣不和，真人不來至；四時不和，仙人不來至；五行不和，大道人不來至；陰陽不和，聖人不來至；文〔一六〕字言不真，大賢人不來至；萬物不和得〔一七〕，凡民亂，財貨少，奴婢逃亡，凡事失其〔一八〕職。此正其害也〔一九〕。此今真*人既欲救天亂氣，宜努力平之，勿倦懈，慎之。」「唯唯。」〔起〕「氣得，則此九人俱守道，承負萬世先王之災悉消去矣。此人俱失其所，承負之害日增。此九人上極無形，下極奴婢，各調一氣，而九氣陰陽調。夫人，天且使其和調氣，必先食氣；故上士將入道，先不食有形而食氣，是且與元氣合。故當養置茅室中，使其齋戒，不睹邪惡，日練其形，毋奪其欲，能出無間去，上助仙真元氣天治也。是爲神士，天之吏也。毋禁毋止，誠能就之，名爲天士，簡閱善人，天大喜之，

〔一〕鈔無「也」字。〔二〕「署置」鈔作「置署」。〔三〕鈔無「故」字。〔四〕「治」上鈔有「言九人各易」五字，「治」下鈔有「而」字。〔五〕鈔無「意」字。〔六〕鈔無「使此」二字。〔七〕鈔無「九人共心」句。〔八〕鈔無「上皇」二字。〔九〕鈔無「如」下十四字。〔一〇〕鈔無「迺更」二字。〔一一〕「生成」鈔作「成生」。〔一二〕鈔無「也」字。〔一三〕鈔無「其」字。〔一四〕鈔無「即」字，疑係下「輒」字之旁注，誤入正文。〔一五〕鈔無「云何乎」三字。〔一六〕鈔無「文」下十一字。〔一七〕鈔無「得」字。〔一八〕鈔無「其」字。〔一九〕「此正其害也」鈔作「爲害若此」。

還爲人利也，何謂乎哉？ 然此得道去者，雖不爲人目下之用，皆共調和陰陽氣也。 古者帝王祭天，上神下食，此之謂也。〔止〕

〔附〕得此九人，能消萬世帝王承負之災。 此九人上極無形，下極奴婢，各調一炁。 故上士修道，先當食炁，是欲與元炁和合，當茅室齋戒，不覩邪惡，日錬其形，無奪其欲，能出入無間，上助仙真元炁天治也。 是爲神士，爲天之吏也。 無禁無止，誠能就之，名天士，簡閱善人，天大喜，還爲人利也。 夫得道去世，雖不時目下之用，而能和調陰陽炁，以利萬物。 古者帝王祭天上諸神，爲此神吏也。

曾但天精神自下食耶？」「善哉，子言是也。 然，此人上爲天吏，天精神爲其君長，君與吏相爲使，吏者職在主行。 凡事，吏道人善有功。 故君與其下，既下則説喜。故除人承負。 吏不説，則道人有過於天。 君吏俱不肯下臨人食，故過責日增倍，身尚自得重過，何能除先王之流災哉？ 真人亦曉知此不耶？」「可駭哉！ 吾大怖惶，恍若失氣。* 今且過問天師，不意迺見是説也。」「行，子努力，所説竟，當去矣。」「唯唯。」

〔并〕鈔丙七下・二・一

經四二・四上・一・一

〔并〕鈔丙六下・五・一七

右〔起〕簡閲〔一〕九人竟其志〔二〕無冤者平〔三〕王治天〔四〕因喜解其先王〔五〕承負。〔止〕

驗道真僞訣第五十七

行事亦且畢不久。「真人前，詳受教勑。」「唯唯。」「自行此道之後，承負久故彌遠，積厄結氣，并災委毒誠多，不可須臾而盡也。知力行是之後，承負之厄日少，月消歲除愈。」「何以知之乎？」「善哉，子之難也，可謂得道意矣。然，明聽，行此之後，天下文書且悉盡正，人亦且盡正，皆入真道，無復邪僞文絶去，人人自謹。其後生者尤甚，更相倣學，皆知道内，有睹其身，各自重愛。其後生者孝且壽，悉工自養老，顔色不與無道時等。後生者日知其至意以爲家也。學復過其先，日益就相厚相親，愛重有道人，兵革姦猾悉無復爲者也。故承負之厄會日消去，此自然之術也。□□萬不失一，是吾之文大效也，不可但苟空設善言也，親以徵驗起，迺與天地響相應，何可妄語乎？故文書前後出，*非一人稸積難知情，是故吾道以誠也。

經四二・五上・一・一

〔一〕「閲」鈔作「説」。

〔二〕「竟其志」三字不可解，當依鈔作「意其」。

〔三〕「平」鈔譌作「乎」。

〔四〕鈔無「天」字。

〔五〕「王」下鈔有「之」字。

子連時□□問，必樂欲知其大效；其效相反，猶寒與暑，暑多則寒少，寒多則暑少。夫天地開闢以來，先師學人者，皆多絶匿其真道，反以浮華學之，小小益耶，且薄後生者，日增益復劇，其故使成僞學相傳，雖天道積遠，先爲文者，所以相欺殆〔一〕之大階也。壹欺不知，後遂利用之也。令上無復所取信，下無所付歸命，因兩相意疑，便爲亂治。後生者後連相承負，先人之厄會聚并，故曰劇也。天今冤是，故吾語子□□也，真人努力自愛勉之。子迺爲天除病，爲帝王除厄，天上知子有重功。」「不敢不敢。」

右效行徵驗道知真僞訣。

四行本末訣第五十八

「真人前。」「唯唯。」「人行有幾何乎？」「有百行萬端。」「不然也。真人語幾與俗人語相類似哉！人有四行。」「其一者，或何謂也？」「然，人行不善則惡，不善亦不惡爲浮平行，壹善壹惡，爲不純無常之行，兩不可據，吉凶無處也。」「善哉，行吉凶有幾何乎？有千條億端？」「真人之言幾與俗人同。吉凶*之行有四。」「一者，

經四二·六上·一·一

經四二·七上·一·一

惑〔二〕何謂也？」「然，凡事爲行，不大吉當大凶，不吉亦不凶爲浮平命，一吉一凶爲雜不純無常之〔三〕，吉凶不占。」「善哉，行天地之性，歲月日善惡有幾何乎？不可勝紀？」「子已熟醉，甚言眩霧矣。 天地歲月日有四行。 一者不純，主爲變怪。」「何謂也？」「然，真人明聽，今天地歲不大樂當大惡，不樂亦不惡爲浮平歲，壹善壹惡爲天變惑歲。 令今日不大善當大惡，不善亦不惡爲浮平日月，壹善壹惡爲惑行，主行爲怪異災，吾是但舉綱見始，天下之事皆然矣。」「何謂也？」「然，天下之萬物人民，不入於善，必陷於惡，不善亦不惡爲平平之行，壹善壹惡爲詐僞行，無可立也，平平之行無可勸，大善與大惡有成名。」「何故正有此四行乎？」「善哉，子之難問，可謂得道意矣。 然，大善者，太陽純行也；大惡者，得太陰煞行也；善惡并合者，中和之行也；無常之行者，天地中和君臣人民萬物失其道路也。 故行欲正，從陽者多得善，從陰者多得惡，從和者這浮平也，其吉凶無常者，行無復法度。是故古聖賢深觀天地歲*月日人民萬物，視所興衰浮平進退，以自知行得與不得，

〔一〕「殆」當作「詒」或作「給」。 〔二〕「惑」疑係「或」字之誤。 〔三〕「之」下疑有脱文。

經四二·八上·一·一

與用洞明之鏡自照形容可異?」「善哉善哉! 今當奈何乎?」「然,行守本,法天者,是其始也;法地者,其多賊也;法和者,其次也;無常者,其行未也。」「今人何故迺得至無常之行乎哉?」「然,先人小小佚失之,其次即小耶,其次大耶,其次大失。道路根本更迷亂,無可倚著其意,因反爲無常之行,便易其辭,爲無常之年也。是明道弊未極也,當反本。夫古者聖人睹此知爲末流,極即還反,故不失政也,而保其天命。故大賢聖見事明,是以常獨吉也。真人樂重知其信效耶?」「唯天師開示之耳。」「行歲本興而末惡者,陰陽之極也。人後生者惡且薄,世之極也。萬物本興末無收者,物之極也。後生語多空欺無核實者,言之極也。文書多稽委積而無真者,文之極也。是皆失本就末,失實就華。故使天地生萬物,皆多本無末,實其咎在失本流就末,失真就僞,失厚就薄,因以爲常。故習俗不知復相惡,獨與天法相違積久。後生者日輕事,更作欺僞,積習成神,*不能復相禁,反言曉事,故致更相承負,成天咎地殃,四面横行,不可禁防。君王雖仁賢,安能中絶此萬萬世之流過。始失小小,各失若粟。天道失之若毫氂,其失千里,粟粟相從從聚,迺到滿太倉數萬億斛。夫雨一一相隨而下流不止,爲百川,積成四海,水多不

經四二·九上·一·二

可。本去故當繩之以真道，反其末極還就本，反其華還就實，反其僞還就真。夫末窮者宜反本，行極者當還歸，天之道也。夫失正道者，非小病也。迺到命盡後，復相承負其過，後生復迷復失，正道日闇，冥復失道，天氣乖忤，治安得平哉？人人被其毒害，人安得壽，萬物傷多夭死。故比比勑真人傳吾書，使人人自思失道意，身爲病，各自憂勞，則天地帝王人民萬物悉安矣。真人樂合天心，宜勿懈忽也。」「唯唯。願復問一疑天師，今是吉凶，曾但其時運然耶？」「善哉，真人之難，得道意矣。極上者當反下，極外者當反内；故陽極當反陰，極於下者當反上；故陰極反陽，極於末者當反本。今天地開闢以來，小小連失道意，更相承負，便成邪僞極矣*。何以知之乎？以萬物人民皆多前善後惡，少成事，言前□□哉？前有實，後空虛。古者聖人常觀視萬民之動静以知之，故常不失也。」「善哉善哉！〔起〕願復乞問一事。」「行言。」「今若天師言，物有下極上極。今若九人，上極爲委氣神人，下極奴婢。下學得上行，上極亦得復下行，不耶？」「善哉，子之問也。今真人自若愚罔，未洞於太極之道也。今是委氣神人，迺與元氣合形并力，與四時五行共生。凡事人神者，皆受之於天氣，天氣者受之於元氣。神者乘氣而行，故人有

氣則有神，有神則有氣，神去則氣絶，氣亡則神去。故無神亦死，無氣亦死，委氣神人寧入人腹中不邪？」「唯唯。」〔止〕

〔附〕鈔丙七下・一〇・一〇

〔附〕凡聖皆有極，爲〔一〕無形神人，下極爲奴婢。神人者，乘炁而行，故人有炁即有神，炁絶即神亡。

「又五行迺得興生於元氣，神迺與元氣并同身并行。今五行迺入爲人藏，是寧九人，上極復下，反人身不？」「善哉善哉！初學雖久，一睹此説耳。」「然子學當精之，不精無益也。」「唯唯。見天師言，夫天道固如循環耶？」「然。子可謂已知之矣。行去，有疑勿難問。」「唯唯。」

右簡天四行實本末太極以反政。

〔一〕「爲」上疑脱「上極」二字。

太平經合校卷四十三 丙部之九

經四三・一上・二・四

〔并〕鈔丙二六上・八・一

太平經卷之四十三〔一〕

大*小諫正法第五十九

真人稽首言：「愚生暗昧，實不曉道，今既爲天視安危吉凶，乃敢具問道之訣。今世神祇法，豈亦有諫正邪？ 唯天師教勑，示以至道意。」「子之所問，何其妙要深遠也！」「吾伏見人有相諫正，故問天亦有相諫正不？」「善哉，子之所問，已得天道實核矣。天精已出，神祇悦喜矣。今且爲子具説其大要意，今使可萬萬世不可忘也。」「唯唯。」「然，[起]天〔二〕者小諫變色，大諫天動裂其身〔三〕，諫而不從，因而消亡矣。三光小諫小事星變色，大諫三光失度無〔四〕明，諫而不從，因而消亡矣。地也〔五〕小諫動搖，大諫山〔六〕土崩地裂，諫而不從，因而消亡矣。五行小諫災生，大

〔一〕原有小注「四十四同卷」五字，今删。　〔二〕「天」上鈔有「天諫正書」四字，係本篇篇末篇旨。

〔三〕鈔脱「身」字。　〔四〕「無」鈔作「不」。　〔五〕鈔無「也」字。　〔六〕鈔無「山」字。

經四三・二上・一・一

諫生〔一〕東〔二〕行蟲殺人，南〔三〕行毒殺人，西〔四〕行虎狼殺人，北〔五〕行水蟲殺人，中央〔六〕行吏民尅毒相賊殺人，諫而不從，因而消亡矣。四時小諫寒暑小〔七〕不調，大諫寒暑易位，時氣〔八〕無復節度，諫而不從，因而消亡矣。六方〔九〕精氣共小諫亂覆數〔一〇〕起，中有〔一一〕生蟲災，或飛或步，多雲風而不雨，空虚無實，大諫*水旱無常節〔一二〕，賊〔一三〕殺傷萬物〔一四〕人民，諫而不從，因而消亡矣。飛步鳥獸小諫災人，大諫禽〔一五〕獸食人，蝗蟲大興起，諫而不從，因而消亡矣。鬼神精〔一六〕小諫微數〔一七〕賊病吏〔一八〕民，大諫裂〔一九〕死滅門，諫而不從，因而消亡矣。六方小諫風雨亂發狂與〔二〇〕惡毒俱行傷人〔二一〕，大諫横加絶理，瓦〔二二〕石飛起，地土〔二三〕上柱皇天，破室屋，動山阜，諫而不從，因而消亡矣。天地音聲之〔二四〕小諫，雷電小急聲〔二五〕，大諫人〔二六〕多相與汙惡，使霹靂數作，諫而不從，因而消亡矣。吏民小諫更變色，大諫多相〔二七〕賊傷〔二八〕，諫而不從，因而消亡矣。天〔二九〕地六方八極大諫俱欲正河、雒〔三〇〕文出〔三一〕，天明證，天〔三二〕下瑞應書見，以諫正君王，天下莫不響應，諫而不從，因而消〔三三〕亡矣。天道經會當用，復以次行。是故古者聖賢見〔三四〕事，輒惟論思其意，不敢懈忽〔三五〕，失毛髮之間，以〔三六〕見微知著。故〔三七〕不失皇天心，故能存其身，安其

〔并〕道典論卷四怪祆篇

經四三・三上・一・一

居〔三八〕，無憂患，無〔三九〕危亡，凶〔四〇〕不得來者〔四一〕，計事校竿〔四二〕，實〔四三〕迺天心意同也。」止「善哉善哉！愚生已解。今唯明天師既陳法，願聞其因而消亡意，黨開之。」「善哉善哉，子之心也。〔起〕然，起天道迺祐易教，祐至誠，祐謹*順，祐易曉，祐易勑，將要〔四四〕人君厚，故教之，不要〔四五〕其厚者，不肯教之也。其〔四六〕象效，猶若〔四七〕人相與

〔一〕鈔無「生」字。〔二〕「東」鈔作「木」，淮南子天文篇：「東方木也」。〔三〕「南」鈔作「火」，淮南子天文篇：「南方火也」。〔四〕「西」鈔作「金」，淮南子天文篇：「西方金也」。〔五〕「北」鈔作「水」，淮南子天文篇：「北方水也」。〔六〕「中央」鈔作「土」，淮南子天文篇：「中央土也。」〔七〕鈔無「小」字。〔八〕「氣」鈔改作「候」。〔九〕「方」鈔譌作「六」。〔一〇〕鈔無「覆數」二字。〔一一〕鈔無「有」字。〔一二〕「常節」鈔作「節度」。〔一三〕鈔無「賊」字。〔一四〕「物」下鈔有「及」字。〔一五〕」「禽」鈔作「鳥」。〔一六〕「精」下鈔有「物」字，疑經脱。〔一七〕「微數」鈔誤作「崩起」。〔一八〕「吏」鈔誤作「使」。〔一九〕「裂」鈔作「刑」。〔二〇〕鈔無「與」字。〔二一〕「人」下鈔有「民」字。〔二二〕「瓦」鈔誤作「風」。〔二三〕「地土」鈔作「土地」。〔二四〕鈔無「之」字。〔二五〕鈔無「聲」字。〔二六〕鈔無「人」下七字。〔二七〕鈔無「相」字。〔二八〕「賊傷」鈔作「傷賊」。〔二九〕「天」上鈔有「夫」字。〔三〇〕「雒」鈔作「洛」。〔三一〕「出」下鈔有「矣」字。〔三二〕「天」原作「大」，疑誤，今依鈔改。〔三三〕「消」上原無「因而」二字，疑脱，今據鈔補。〔三四〕「見」下八字，鈔作「終日思唯」。〔三五〕「忽」鈔作「怠」。〔三六〕鈔無「以」字。〔三七〕鈔無「故」字。〔三八〕「居」鈔誤作「民」，「民」下有「養萬物」三字。〔三九〕鈔無「無」字。〔四〇〕「凶」下鈔有「禍」字。〔四一〕鈔無「者」字。〔四二〕「校竿」鈔作「投算」。〔四三〕「實」下七字，鈔作「與天意同矣」。〔四四〕「要」道典論作「與」。〔四五〕「要」道典論作「與」。〔四六〕道典論無「其」下三字。〔四七〕「若」下道典論有「世」字。

親厚則相〔一〕教示以事，不相與至厚，不肯教示之也。教而不聽，忿〔二〕其不以時用其言，故廢而置之，不復重教示之也〔三〕。於是災變〔四〕怪便止〔五〕，不復示勑人也。如是則雖賢聖，聾闇無知也；聰明閉塞，天地神祇不肯復諫正〔六〕者也。止災異日增不除，人日衰亡，失其職矣〔止〕

〔附〕天之所祐者，祐易教，祐至誠，祐謹順，祐易曉，祐敕，天之於帝王最厚矣，故萬般誤變以致之。不聽其教，故廢而致之，天地神明不肯復諫正也，災異日增，人民日衰耗，亡失其職。

起故〔七〕古者聖賢〔八〕旦夕垂拱，能深思慮〔九〕，未嘗〔一〇〕敢失天心也。故能〔一一〕父事皇天，母事皇地，兄事日，姊事月，正天文〔一二〕，保五行，順四時，觀其進退，以自照正行〔一三〕，以深知〔一四〕天〔一五〕得失也〔一六〕。止唯天地自守要道，以天保應圖書爲大命，故所行者悉得應若神，是迺獨深得天意也。比若重現〔一七〕合矩，相對而語也。故神靈爲其動搖也，如逆不肯用其諫正也，迺要天反與地錯，五行四時爲其亂逆，不得其理。故所爲者不中，因而大凶矣，此之謂也。子寧曉未？」「唯唯。」「故天地之性，下亦革諫其上，上亦革諫其下，各有所長短，因以相補，然后天道凡萬事，各

〔附〕鈔丙二七下·五·三

〔并〕鈔丙二七下·九·二

經四三・四上・一・一

得其所。是故皇天雖神聖，有所短，不若*地之所長，故萬物受命於天，反養體於地。三光所短，不若火所長；三光雖神且明，不能照幽寢之内，火反照其中。大聖所短，不若賢者所長。人之所短，不若萬物之所長。故相諫及下，極小微，則不失道，得天心。故天生凡事，使其時有變革，悉皆以諫正人君，以明至德之符，不可不大慎也。夫天地萬物變革，是其語也。」「唯唯。」皇天師既示曉，願效於人。」「諾。子詳聆吾言而深思念之，臣有忠善誠信而諫正其上也，君不聽用，反欲害之，臣駭因結舌爲瘖，六方閉不通。賢儒又畏事，因而蔽藏，忠信伏匿，真道不得見。君雖聖賢，無所得聞，因而聾盲，無可見奇異也。日以暗昧，君聾臣瘖，其禍不禁；臣昧君盲，姦邪横行；臣瘖君聾，天下不通，善與惡不分别，天災合同，六極

〔一〕道典論無「相」字。〔二〕「忿」原作「忽」，疑形近而譌，今依道典論改。〔三〕道典論無「也」字。〔四〕道典論無「變」字。〔五〕「止」原作「心」，疑「止」草書作「心」，轉譌爲「心」，今依道典論改。〔六〕「正」道典論誤作「止」。〔七〕鈔無「故」字。〔八〕「聖賢」鈔作「聖帝明王」。〔九〕「慮」鈔作「察」。〔一〇〕「未嘗敢失天心也」，鈔改作「天心不敢失之」。〔一一〕鈔無「能」字。〔一二〕「文」原作「父」，疑誤，今依鈔改。〔一三〕「行」上鈔有「其」字。〔一四〕「以深知」鈔作「自知」。〔一五〕鈔無「天」字。〔一六〕「也」鈔作「矣」。〔一七〕「現」疑「規」字之譌。

戰亂，天下並凶，可不慎乎哉？」「唯唯。」「故[起]古者聖賢重災變怪，因自以〔一〕繩正，故萬不失一者〔二〕[止]實乃與要文大道同，舉事悉盡忠，無復凶，子重誡之，謹慎吾言。」「唯唯。」「然，夫天高且明，本非一精之功德也。帝王治得天心，非一賢臣之功。今吾之言*，但舉其綱見始，凡事不可盡書説也，子自深計其意。」「唯唯。」「行去矣，説何極乎？勿復有可問也。」「唯唯。」

右天諫正書訣。

〔并〕道典論卷四怪祆篇

經四三・五上・一・一

〔一〕道典論無「以」字。　〔二〕「者」道典論作「也」。

太平經合校卷四十四 丙部之十

太平經卷之四十四

案書明刑德法第六十*

真人純謹敬拜，「純今所問，必且爲過責甚深，吾歸思師書言，悉是也，無以易之也。但小子愚且蒙，悃悒不知明師皇天神人於何取是法象？今怪師言積大□□，願師既哀憐，示其天證陰陽之訣、神祇之卜要效。今且不思，心中大煩亂，所言必觸師之忌諱。又欲言不能自禁絶，唯天師雖非之，願以天之明證法示教，使可萬萬世傳，昭然無疑，比若日中之明也，終始不可易而去也。」「然，子固固不信吾言邪？子自若未善開通，知天心意也。子自若愚乎，愈於俗人無幾耳。以爲吾言可犯也，犯者亂矣，逆者敗矣。吾且與子語，皆已案考於天文，合於陰陽之大訣乃後言也。子來者爲天問事，吾者爲天傳言制法，非敢苟空僞言佞語也。子生積歲月日幸不少，獨不見擾擾萬物之屬，悉盡隨德而居，而反避刑氣邪？起此

經四四・一上・二・四

〔并〕鈔丙八上・二・一〇

者，純〔一〕皇天之明要證也。所以嚴〔二〕勑人君之治，得失之效也〔三〕。」「唯〔四〕唯。
經四四・二上・一・一
今若且覺而未覺，願重問其教*戒。」「然，夫刑德者，天地陰陽神治之明效也〔五〕爲萬物人民之〔六〕法度。故十一月大德在初九，居地下，德時在室中，故內有氣，萬物歸之也〔七〕。時刑〔八〕在上六，在四遠〔九〕野，故外無氣而清〔一〇〕也，外空萬物，士衆皆歸，王德隨之入黃泉之下。十二月德在九二之時，在丑，居土之中，而未出達，時德在明堂，萬物隨德而上，未敢出見，上有刑也。正月寅，德在九三，萬物莫不隨盛德樂闚〔一一〕於天〔一二〕地而生，時德居庭。二月德在九四，在卯，巳去地，未及天，適〔一三〕在界上，德在門，故萬物悉樂出闚於門也。三月盛德在九五，辰上及天之中，盛德時在外道巷，故萬物皆〔一四〕出居外也。四月巳，德在上九，到於六遠八境，盛德八方，善氣陽氣莫不響應相〔一五〕生，擾擾〔一六〕之屬，去內〔一七〕室之野處，時刑在萬物之根，居內室，故〔一八〕下空〔一九〕無物，而上茂盛也，莫不樂從德而〔二〇〕爲治也，是治以德之〔二一〕大明效也〔二二〕。」「今謹已聞用德，願〔二三〕聞用刑。」「然，五月刑在初六，在午，地下，下內清〔二四〕無氣，地下空，時刑在室〔二五〕中，內無物，皆居外。六月
經四四・三上・一・一
刑居六二，在未，居土之中，未出達也，時刑在堂*〔二六〕，時刑氣在內，德氣在外，擾擾

之屬莫不樂露其身，歸盛德者〔二七〕也。七月刑在〔二八〕六三，申之時，刑在庭，萬物未敢入，固固樂居外。八月刑在六四，酉時，上〔二九〕未及天界，時德在門，萬物俱樂闚於門，樂入隨德而還反也。九月刑在六五，在戌，上及天〔三〇〕中，時刑在道巷，萬物莫不且〔三一〕死困〔三二〕，隨德入藏，故内日興，外者空亡。十月刑在上六，亥，時刑及六遠八境，四野萬物擾擾之屬莫不入藏逃，隨德行到于明堂，跂行〔三三〕自〔三四〕懷居内，野外空無士衆，是非好用刑罰者見從〔三五〕去〔三六〕邪哉？但心意欲〔三七〕内懷以刑，治其士衆，輒日爲其〔三八〕衰少也。故〔三九〕五月内懷一刑，一羣衆叛。六月内懷

〔一〕鈔無「此者純」三字。　〔二〕「嚴」鈔作「明」。　〔三〕鈔無「也」字。　〔四〕鈔無「唯」下十六字。　〔五〕鈔無「也」字。　〔六〕鈔無「之」字。　〔七〕鈔無「也」字。　〔八〕「刑」鈔譌「形」。　〔九〕鈔無「遠」字。　〔一〇〕「清」鈔譌「消」。　〔一一〕「闚」鈔作「閱」。　〔一二〕鈔無「天」字。　〔一三〕「讁」鈔作「適」。　〔一四〕「皆」鈔作「悉」。　〔一五〕「相」鈔在上文「應」字之上，疑係傳寫失次。　〔一六〕「擾擾」鈔在「生」字之前。　〔一七〕「内」鈔譌「四」。　〔一八〕鈔無「故」字。　〔一九〕「空」鈔誤作「室」。　〔二〇〕鈔無「而」字。　〔二一〕鈔無「之」字。　〔二二〕鈔無「也」字。　〔二三〕「願」鈔作「未」。　〔二四〕鈔無「清」字。　〔二五〕「室」鈔譌「空」。　〔二六〕「堂」上鈔有「明」字。　〔二七〕鈔無「者」字。　〔二八〕鈔脱「在」字。　〔二九〕「上」鈔作「尚」，「上」、「尚」古通。　〔三〇〕鈔無「天」字。　〔三一〕「且」鈔譌作「旦」。　〔三二〕「困」鈔譌作「因」。　〔三三〕「行」下鈔有「之類」二字。　〔三四〕「自」原作「目」，疑形近而譌，今依鈔改。　〔三五〕「從」鈔作「徒」。　〔三六〕鈔無「去」字。　〔三七〕鈔無「欲」字。　〔三八〕鈔無「其」字。　〔三九〕鈔無「故」字。

經四四・四上・一一・一

二刑，二羣衆叛。七月內懷三刑，三羣衆叛。八月內懷四刑，四羣衆叛。九月內懷五刑，五羣衆叛。十月內懷六刑，六〔一〕羣衆叛。故外悉無物，皆逃於內，是明證效也。故以〔二〕刑治者，外恭謹而內叛，故士衆日少也。是故十一月內懷一德，一羣衆入從〔三〕。十二月內懷二德，二羣衆入從〔四〕。正月內懷三德，三羣衆入從〔五〕。二月內懷四德，四方〔六〕羣衆入從〔七〕。三月內懷五陽盛德*，五羣衆〔八〕賢者入從。四月內懷〔九〕六德，萬物並出見，莫不擾擾，中外歸之。此天明〔一〇〕法效也。〔止〕〔起〕二月八月，德與刑相半，故二月物半傷於寒，八月物亦半傷於寒；二月之時，德欲出其士衆於門，刑欲內其士衆於門，俱在界上；故二月八月萬物刑德適相逢，生死相半，故半傷也。子今樂知天地之常法，陰陽之明證，此即是也。夫刑乃日傷殺，厭畏之，而不得衆力，反曰〔一一〕無人；德乃舒緩日生，無刑罰而不畏萬物，反曰〔一二〕降服，悉歸王之助其爲治，即是天之明證，昭然不疑也。今人不威畏不可治，奈何乎哉？然古者聖人君子威人以道與德，不以筋力刑罰也。不樂爲善，德劣者反欲以刑罰威驚以助治，猶見去也。夫刑但可以遺窮解卸，不足以生萬物，明擾擾之屬爲其長也。今使人不內附，反欺詐，其大咎在此。〔止〕

〔附〕鈔丙一〇上・四・一一

經四四・五上・一・一

〔附〕二月八月，德與刑相半，故萬物半傷於寒。夫刑日傷殺厭畏之，而不得衆力。古者聖人威人以道德、不以筋力刑罰也。

今子比連時來學，問事雖衆，多畜積文，則未能純信吾書言也，得此寧解未哉？」純稽首敬拜，「有過甚大，負於明師神人之言，内慙流汗；但愚小德薄至賤，學日雖多，心頓不能究達明師之言，故敢不*反復問之，甚大不謙，久爲師憂。」「不也，但爲子學未精耳，可慎之。〔起〕天乃爲人垂象作法，爲帝王立教令，可儀以治，萬不失一也。子欲知其意，正此也。治不惟此法，常使天悒悒，忿忿不解，故多凶災。子戒之。天將興之者，取象於德；將衰敗者，取法於刑，此之謂也。吾之言，謹與天地陰陽合其規矩，順天地之理，爲天明言紀用教令，以示子也。吾之言，正若鋒矢無異也，順之則日興，反之則令自窮也。天法神哉神哉！是故夫古者神人真人大聖所以能深制法度，爲帝王作規矩者，皆見天文之要，乃獨内明於陰陽之意，乃

〔一〕「六」下鈔有「方」字。　〔二〕鈔無「以」字。　〔三〕、〔四〕、〔五〕鈔皆無「從」字。　〔六〕鈔無「方」字。　〔七〕鈔無「從」字。　〔八〕鈔無「衆」字。　〔九〕鈔無「懷」字。　〔一〇〕「明」下鈔有「堂」字。　〔一一〕、〔一二〕「曰」疑當作「日」。

〔附〕鈔丙一〇上・七・五

經四四・六上・一・一

後隨天地可爲以治，與神明合其心，觀視其可爲也，故其治萬不失一也。〔止〕

〔附〕爲垂象作法，爲帝王立教令，可儀以治。王道將興，取象於德；王道將衰，取象於刑。夫爲帝王制法度，先明天意，内明陰陽之道，即太平至矣。

今愚吏人民以爲天法可妄犯也，自恣不以法度，故多亂其君治也，大咎在此也。今子得書，何不詳結心意，丁寧思之幽室閑處？念天之行，乃可以傳天之教，以示勑愚人，以助帝王爲法度也。將舉刑用之，當深念刑罰之所居，皆見從去，寂然無士衆獨處。故冬刑在四野無人，萬物悉叛之内藏，避之甚。*夏刑在内，萬物悉出歸德，地下室内中空，刑寂然獨居，皆隨德到野處。德在外，則萬物歸外；德在幽空則物歸内。天刑其威極盛，幸能厭服人民萬物，何故反不能拘制其士衆，獨不怪斯耶？明刑不可輕妄用，傷一正氣，天氣亂；傷一順氣，地氣逆；傷一儒，衆儒亡；傷一賢，衆賢藏。凡事皆有所動搖。故古者聖人聖王帝主乃深見是天戒書，故畏之不敢妄爲也；恐不得天心，不能安其身也。上皇天德之人，乃獨深見道德之明效也，不厭固，不畏駭，而士衆歸之附之，故守道以自全，守德不敢失之也。子德〔一〕吾書誦讀之，而心有疑者，常以此書一卷自近，旦夕常案視之，以爲明戒

經四四·七上·一·一

證效，乃且得天心意也。違此者，已與天反矣。是猶易之乾坤，不可反也；猶六甲之運，不可易也；猶五行固法，不可失也；猶日月之明，不可掩蓋也；猶若君居上，臣在下，故不可亂也。此所以明天地陰陽之治，有好行德者。或有愚人反好刑，宜常觀視此書，以解迷惑，務教人爲善儒，守道與德，思退刑罰，吾書□□正天法度*也。夫爲道德易乎？爲刑罰難乎？愛之則日多，威之反日無也。子疾去矣，爲天傳吾書，毋疑也。吾書言不負於天地六合之擾擾也。」「唯唯。誠歸思過，惟論上下，不敢失一也。」「行，戒之慎之。子不能分別詳思吾書意，但觀天地陰陽之大部也。從春分到秋分，德居外，萬物莫不出歸王外，蟄蟲出穴，人民出室。從秋分至春分，德在內，萬物莫不歸王內，蟄藏之物悉入穴，人民入室；是以德治之明效也。從春分至秋分，刑在內治，萬物皆從出至外，內空，寂然獨居。從秋分至春分，刑居外治外，無物無氣，空無士衆，悉入從德；是者明刑不可以治之證也。故德者與天并心同力，故陽出亦出，陽入亦入；刑與地并力同心，故陰出亦出，陰入

〔一〕「德」疑當作「得」。

亦入。德者與生氣同力，故生氣出亦出，入亦入；刑與殺氣同力，故殺氣出亦出，入亦入。德與天上行同列，刑與地下行同列。德常與實者同處，刑與空無物同處。德常與興同處，故外興則出，内興則入，故冬入夏出。刑與衰死氣同處，故冬出而夏入。死氣者清，故所居*而清也。故德與帝王同氣，故外王則出陰，内王則入刑；刑與小人同位，故所居而無士衆也。物所歸者，積帝王德，常見歸，故稱帝王也；刑未嘗與物同處，無士衆，故不得稱君子。是故古者聖人獨深思慮，觀天地陰陽所爲，以爲師法，知其大□□萬不失一，故不敢犯之也，是正天地之明證也，可不詳計乎？可不慎哉？自然法也，不以故人也，是天地之常行也，今悉以告子矣。子宜反復深思其意，動作毋自易。」「唯唯，不敢負。」「行，吾已悉傳付真法語於子，吾憂解矣；爲天除咎，以勑至德，以興王者。子毋敢絶，且蒙其害。」「唯唯。」

右案天法以明古今前後治者所好得失訣。

太平經合校卷四十五 丙部之十一

太平經卷之四十五〔一〕

起*土出書訣第六十一

「下愚賤生，不勝心所欲問，犯天師忌諱，爲過甚劇。意所欲言，不能自止，小人不忍情願，五内發煩懣悃悒。請問一大疑，唯天師既待以赤子之分，必衰〔二〕原其飢渴汲汲乎！」「行道之。何謙哉？」「唯唯。」〔起〕今天師乃與〔三〕皇天后土常合精念，其心與天地意深相得，比若重規合矩，不失毛髮之間也。知天地常所憂□□，是故下愚不及生冒慚，乃敢前具問，願得知天地神靈其常所大忌諱者何等也？」「善乎，生精益進哉！子今且可問正入天地之心意，人得知之，著賢人之心，萬世不復去也。吾常樂欲言，無可與語。今得真人問之，心中訣喜，且爲子具分別道

〔一〕原有小注「四十六同卷」五字，今删。〔二〕「衰」疑「哀」字之誤。〔三〕「與」原作「興」，疑誤，今依鈔改。

經四五・二上・一・一

之，不敢有可隱匿也。所以然者，乃恐天地神靈深惡吾，則爲身大災也。真人但安坐明聽。」「天地所大疾苦惡人不順與不孝，何謂也？願聞之。」「善乎，子之難也。夫天地中和凡三氣，内相與共爲一家，反共治生，共養萬物。天者主生，稱父；地者主養，稱母；人者主治理之，*稱子。父當主教化以時節，母主隨父所爲養之，子者生受命於父，見養食於母。爲子乃當敬事其父而愛其母。」「何謂也？」「然父教有度數時節，故天因四時而教生養成，終始自有時也。夫惡人逆之，是爲子不順其父，天氣失其政令，不得其心。天因大惡人生災異，以病害其子，比若家人，父怒治其子也，其變即生，父子不和。恨子不順從嚴父之教令，則生陰勝其陽，下欺其上，多出逆子也。臣失其職，鬼物大興，共病人，姦猾居道傍，諸陰伏不順之屬，咎在逆天地也。真人是又可不順乎？此乃自然之術，比若影之應形，與之隨馬不脱也，誠之。」「唯唯。」〔止〕

〔附〕鈔丙一〇下・一・一

〔附〕天師乃與皇天后土常合精念，其心與天地意深相得，比若重規合矩，不失毛髮之間也。知天地常所憂預，得知天地之大忌諱者何等也？天地神靈深大疾苦惡人不順不孝，何謂也？夫天地中和三炁，内共相與爲一家，共養萬物。天者主生，稱父；地者主養，稱母；人者爲治，稱子。子者，受命於父，恩養於母。爲子乃敬事父而愛其母，何謂也？然父教有度數時節，故因四時而教生成，惡人逆父之意，天炁失其政令。比若家人，父怒其子。父子不和，陰勝陽，下欺上，臣失其職，鬼物大興。

「今謹已敬受師説天之教勑，願聞犯地之禁。」「諾，真人明聽。」「唯唯。」〔起〕「天者，乃父也；地者，乃母也；父與母俱人也，何異乎？天亦天也，地亦天也，父與母但以陰陽男女別耳，其好惡者同等也。天者養人命，地者養人形，人則大愚蔽且暗，不知重尊其父母，常使天地生凡人，有悔悒悒不解也。」「何謂也？」「善哉，子之言也，深得天地意，大災害將斷，人必吉善矣。」「何謂也*？唯天師分別之。」「然今天下之人皆共賊害，寃其父母。」「何謂也？」「四時天氣，天所案行也，而逆之，則賊害其父。」「何謂也？」「今人以地爲母，得衣食焉，不共愛利之，反共賊害之。」「何謂也？」「然，真人明聽。人乃甚無狀，共穿鑿地，大興起土功，不用道理，其深者下著黄泉，淺者數丈。母内獨愁恚諸子大不謹孝，常苦忿忿，悃悒而無從得通其言。古者聖人時運未得及其道之，遂使人民妄爲，謂地不疾痛也，地内獨疾痛無訾，乃上感天，而人不得知之，愁困其子不能制，上愬人於父，愬之積久，復久積數，故父怒不止，災變怪萬端並起，母復不説，常怒不肯力養人民萬物。父母俱不喜，萬物人民死，不用道理，咎在此。後生所爲日劇，不得天地意，反惡天地，言不調，又共疾其帝王，言不能平其治内，反人人自得過於天地而不自知，反推其過以責其上，故天地不復愛人也。視其死亡忽然，人雖有疾，臨死啼呼，罪名明白，天地父母不復救之也，乃其罪大深過，委頓咎責，反在此也。其後生動之尤劇乃過前，*更相倣效，以爲常法，不復拘制，不知復相禁止，故災日多，誠共冤天地。天地，人之父母也，子反共害其父母而賊傷病之，非小罪也。故天地最以不孝不順爲怨，不復赦之也；人雖命短死無數者，無可冤也，真人豈曉知之邪？」「唯唯。」〔止〕

〔附〕天地之位，如人男女之別，其好惡皆同。天者養人命，地者養人形。今凡共賊害其父母。四時之炁，天之按行也，而人逆之，則賊害其父；以地爲母，得衣食養育，不共愛利之，反賊害之。人甚無狀，不用道理，穿鑿地，大興土功，其深者下及黄泉，淺者數丈。獨母愁患諸子大不謹孝，常苦忿悃悒，而無從得道其言。古者聖人時運，未得通其天地之意。凡人爲地

經四五・四上・一・一

〔附〕鈔丙一一上・一・一四

〔并〕鈔丙一二下・三・四
囊一・二三下・四・三

〔并〕囊一・二三下・一・八

無知，獨不疾痛而上感天，而人不得知之，故父災變復起，母復怒，不養萬物。父母俱怒，其子安得無災乎？夫天地至慈，唯不孝大逆，天地不赦，可不㤥哉？

「今天使子來具問，是知吾能言，真人不可自易，不可不慎也。」「唯唯。」「今人共害其父母，逆其政令，於真人意，寧可久養不邪？故天不大矜之也。」「今天師哀愚生，爲其具説。以何知天地常忿忿悒悒，而怨惡人數起土乎？」「善哉，天使子屈折問之，足知爲天地使子問此也。諾，吾甚畏天，不敢有可隱，恐身得災，今且使子昭然知之，終古著之胸心，不可復忘也。今有一家有興功起土，數家被其疾，或得死亡，或致盜賊縣官，或致兵革鬭訟，或致蛇蜂虎狼惡禽害人。[起]大起土有大凶惡〔一〕，小起土有小凶惡〔二〕，是即〔三〕地忿忿〔四〕，使神靈生此災也〔五〕。[止]故天地多病人，此明證也，子知之邪？」「唯唯。」〔起〕[起]今或〔六〕有起土反吉無〔七〕害者，何也？」

〔一〕「有大凶惡」鈔作「大災起」。　〔二〕「有小凶惡」鈔作「小災起」。　〔三〕鈔無「即」字。

〔四〕鈔、囊皆無「忿」字。　〔五〕「生此災也」囊作「以此之災多病人也」。自「大起土」至此一段，囊入下文「即害之也」之後。　〔六〕囊無「或」字。　〔七〕「無」下囊有「病」字。

經四五・五上・一・一

「善〔一〕哉，子之問也，皆有害，但得良善土〔二〕者，不即病害人耳〔三〕；反〔四〕多四方得*其凶，久久會且害人耳〔五〕；得〔六〕惡地者〔七〕不〔八〕忍人可爲，即害之也。〔止〕復并害遠方，何也？是比若良善腸之人也，雖見寃，能強忍須臾，心不忘也，後會害之；惡人不能忍，須臾交行。」「善哉善哉！今地身體積巨，人比於地，積小小，所爲復小不足道，何乃能疾地乎哉？」「善哉，子之難也！天使子分別不明，此以何知之，以其言大惓惓。子今欲云，何心中悃悒，欲言乃快。天地神精居子腹中，敬子趣言，子固不自知也。凡人所欲爲，皆天使之。」「諾。不敢有可匿也。」「子明德〔九〕。」「唯唯。」〔止〕

〔附〕鈔丙一一下・四・九

〔附〕或起土不便爲災者，得良善地也，即災者，得凶惡地也。主能害人，并害遠方，何謂也？比若良善之人，雖見寃害，強忍須臾，心終不忘也；惡人不能忍須臾，便見災害也。地體巨大，人比於地積小，所穿鑿安能爲害也？

〔起〕「今子言，人小小，所動爲不能疾地。今大人軀長一丈，大十圍，其齒有齲蟲，小小不足道，合〔一〇〕人齒。大疾當作之時，其人啼呼交，且齒久久爲墮落悉盡。夫人

〔附〕鈔丙一二下・九・五

經四五・六上・一・一

比於天地大小，如此蟲害人也。齒尚善金石骨之堅者也。夫蟲但肉耳，何故反能疾是子，人之疾地如此矣。子知之邪？行，真人復更明開耳。」「唯唯。」〔止〕

〔附〕然比夫人軀長一丈，大十圍，其齒齵間蟲，小小不足道，食人齒。大疾當作之時，其人啼呼，久久齒爲之墜落悉盡。人比於天地大小，如此蟲與人矣。齒若金石之堅者，小蟲但肉耳，而害物若此。

「夫人或有長出丈，身大出十圍，疽蟲長不過一寸，其身小小，積小不足道也，居此人皮中，旦夕鑿之，其人病之，乃到死亡，夫人與地大小，比若此矣。此蟲*積小，何故反賊殺此人乎？真人其爲愚暗，何故大劇也，將與俗人相似哉？」「實不及。」「子尚不及，何言凡人乎？」「有過有愚，唯天師願聞不及業，幸爲愚生竟説其意。」「諾，不匿也。吾知天地病之劇，故□□語子也。行復爲子説一事，使子察察重明知之。」「唯唯。」〔起〕「今大丈夫力士無不能拘制疥蟲，小小不足見也。有一斗所共

〔一〕「善」下六字囊作「答曰」。　〔二〕「土」囊作「地」。　〔三〕「耳」囊作「也」。　〔四〕囊無「反」下七字。　〔五〕「耳」囊作「也」。　〔六〕「得」上囊有「若」字。　〔七〕囊無「者」字。　〔八〕囊無「不」下九字，但有「即病害人也」五字。　〔九〕「德」疑「聽」字之誤。　〔一〇〕「合」疑當作「食」。

食此人，病之疾痛不得臥，劇者著牀。今疥蟲蚤蝨小小，積衆多，共食人，蠱蟲者殺人，疥蟲蚤同使人煩懣，不得安坐，皆生瘡瘍。夫人大小比於地如此矣，寧曉解不？」「唯唯。」〔止〕

〔附〕今有大丈夫巨力之士無不能制蚧蟲者，一升蚧蟲共蝕此人，乃病痛不得臥，劇者著牀。今蛄〔一〕蟲蚤蝨小小，積衆多，共食人，蠱蟲者能殺人，蚤蝨同使人煩懣，不得安生，皆生瘡耳。人之害天地，亦若是耳。

「行，今子或見吾所説，如不足以爲法也，今爲子言之。人雖小，其冤愁地形狀，使人昭然自知，深有過責，立可見也。今一大里有百户，有百井；一鄉有千户，有千井；一縣有萬户，有萬井；一郡有十萬户，有十萬井；一州有億户，有億井。大井一丈，中井數尺，小井三尺，今穿地下著黄泉。天下有幾何哉？或一家有數井也。今但以小井計之，十井長三丈，百井長三十丈，千井三百丈，萬井三千丈，十萬井三萬丈。天下有如此者*凡幾井乎？穿地皆下得水，水乃地之血脈也。今穿子身，得其血脈，寧疾不邪？今是一億井者，廣從凡幾何里？子自詳計之。天下有幾何億井乎哉？故人爲冤天地已明矣。子賊病其母，爲疾甚劇，地氣漏泄，

〔附〕鈔丙一二上・三・一〇

經四五・七上・一・一

其病人大深，而人不愛不憐之，反自言常冤天地，何不純調也，此不反邪，是尚但記道諸井耳。今天下大屋丘陵冢，及穿鑿山阜，采取金石，陶瓦豎柱，妄掘鑿溝瀆，或閉塞壅閼，當通而不得通有幾何乎？今是水泉，或當流，或當通，又言閉塞穿鑿之幾何也？今水泉當通，利之乃宣，因天地之利瀆，以高就下。今或有不然，妄鑿地形，皆爲瘡瘍；或有塞絶，當通不通。王治不和，地大病之，無肯言其爲病疾痛者。地之精神，上天告愬不通，日無止也。天地因而俱不說喜，是以太和純氣難致也，真人寧解不邪？」「唯唯。」〔起〕今人生天地之間，會當得室廬以自蓋，得井飲之，云何乎？」「善哉，子之言也。今天不惡人有室廬也，乃其穿鑿地大深，皆爲瘡瘍，或得地骨，或得地血，何謂也？泉者，地之血；石者，地之骨也*；良土，地之肉也。洞泉爲得血，破石爲破骨，良土深鑿之，投瓦石堅木於中爲地壯，地内獨病之，非一人甚劇，今當云何乎？地者，萬物之母也，樂愛養之，不知其重也，比若人有胞中之子，守道不妄穿鑿其母，母無病也；妄穿鑿其母而往求生，其

〔一〕「蛄」疑當作「蚧」。

母病之矣。人不妄深鑿地，但居其上，足以自彰隱而已，而地不病之也，大愛人，使人吉利。」「今願聞自彰隱多少而可。」凡動土入地，不過三尺，提其上，何止以三尺爲法？然一尺者，陽所照，氣屬天；二尺者，物所生，氣屬中和；三尺者，屬及地身，氣爲陰。過此而下者，傷地形，皆爲凶。古者穴居云何乎？同賊地形耳。多就依山谷，作其巖穴，因地中又少木梁柱於地中，地中少柱，又多倚流水，其病地少微，故其人少病也。後世不知其過，多深賊地，故多不壽，何也，此劇病也。」〔止〕

〔附〕鈔丙二三上・八・二

〔附〕囊一・二二下四・一一

〔附〕穿地見泉，地之血也；見石，地之骨也；土，地之肉也。取血、破骨、穿肉，復投瓦石堅木於地中，爲瘡。地者，萬物之母也，而患省若此，豈得安乎？凡人居母身上，亦有障隱多少。穿地一尺，爲陽所照，炁屬天；二尺者，物之所生，炁屬中和；三尺者及地身，陰。過此已往，皆傷地形也。

〔附〕今天不惡人有廬室也，乃惡人穿鑿地太深，皆爲創傷，或得地骨，或得地血者，泉是地之血也，石爲地之骨也。地是人之母，妄鑿其母，母既病愁苦，所以人固多病不壽也。凡鑿地動土，入地不過三尺爲法：一尺者，陽所照，氣屬天也；二尺者，物所生，氣屬中和也；三尺者及地身，氣屬陰。過此而下者，傷地形，皆爲凶也。古者依山谷巖穴，不興梁柱，所以其人少病也，後世賊土過多，故多病也。

〔起〕「今時時有近流水而居，不鑿井，固多病不壽者，何也？」「此天地既怒，及其比伍，更相承負，比若一家有過，及其兄弟也。」「今人或有不動土，有所立，但便時就故舍，自若有凶，何也？」「是者行不利，*犯神。」「何神也？」「神非一，不可豫名也。真人曉邪？」「唯唯。」〔止〕

〔附〕「今時有近流水而居，不鑿井，何故多病不壽，何也？」答曰：「如此者，是明天地既怒，及其比伍，更相承負，比如一家有過，及其兄弟也。是知穿地皆下得水，水乃地之血脈，寧不病乎？」又云，有問者曰：「今人或有不動土，有所立，便旦時有就故舍，自若有凶，何也？」答曰：「如是者行動不利，犯神凶也。」問曰：「犯何神也？」答曰：「神者非一，不可務名也。」

是故人居地上，不力相教爲善，故動作過反相及也。是者冤。今人或大遠流水，會當得井水飲之乃活，當云何乎？」「善哉，子之言也。然有故井者，宜使因故相與共飲之，慎無數易之；既易，宜填其故，塞地氣，無使發泄；飲地形，令地衰，不

經四五・九上・一・一

〔附〕囊一・二二上・三・一二

能養物也。填塞故，去中壯，何謂也？謂井中瓦石材木也，此本無今有，比若人身中有奇壯以爲病也。」「可㤥哉！可㤥哉！卿〔一〕不及天師詳問之，不但知是。」「真人來前。」「唯唯。」「子問事，恆常何一究詳也？」「所以詳者，比與天師會見，言人命在天地，天地常悦喜，乃理致太平，壽爲後，是以吾居天地之間，常駭忿天地，故勉勉也。天地不和，不得竟吾年。」「善哉，子之言也。吾所以常恐駭者，見天地毒氣積衆多，賊殺不絶，帝王愁苦，其治不平，常助其憂之，子何豫助王者憂是乎？」「吾聞積功於人，來報於天，是以吾常樂稱天心也。」「善哉子意。」「今天師既開通愚生，示以天忌，願復乞問一疑事。起今河海下田作室廬，或無柱梁，入地法〔二〕三尺*輒得水，當〔三〕云何哉〔四〕？」「善乎，子之問也〔五〕。此同爲害耳〔六〕，宜復淺之。此〔七〕者，地之薄皮也，近地經脈〔八〕。子〔九〕欲知其效，比若人，有厚皮難得血，血出亦爲傷矣〔一〇〕；薄皮者易得血，血出亦爲傷，俱害〔一一〕也。故〔一二〕夫血者，天地之重信效也；夫傷人者，不復道其皮厚與薄也，見血爲罪〔一三〕名明白。夫人〔一四〕象天地，不欲見傷，傷之則怒，地何獨欲樂見傷〔一五〕哉？夫天地，乃人之真本，陰陽之父母也。子〔一六〕何從當得傷其父母乎？止真人宜深念是於赤心，愚人

〔并〕囊一·二二下·六·四
經四五·一〇上·一·一

〔并〕囊一·二三上·四·八

或輕易，忽然不知，是爲大過也。【起】今子當得飲食於母，故人穿井而飲之，有何劇〔一七〕過哉〔一八〕？子〔一九〕已失天心明矣。今人飲其母，乃就其出泉之處〔二〇〕。故人乳〔二一〕，人之泉坼〔二二〕也。所〔二三〕以飲子處，比若地有水泉〔二四〕可飲人也。今豈可無故穿鑿其〔二五〕皮膚而飲其血汁邪？【止】真人難問甚無意。」「愚生有過，觸天師忌諱。」「不謙也。然難問不極，亦不得道至訣也。不惡子言也，此必皇天大疾，乃使子來，□□問是，此故子言屈折不止也。」「今唯天師原之，除其過。愚生欲言，不能自禁止。」「平行，何所謙。子既勞爲天地遠來問，愼無閉絶吾*書文也。」「唯唯。凡人不見覩此書，不自知罪過重，反獨常共過罪天地，何不和也？治何一惡不平

〔一〕「卿」疑「鄉」字之譌，鄉，向也。〔二〕「法」囊作「未」。〔三〕「當」上囊有「復」字。〔四〕「哉」囊作「也」。〔五〕「善乎子之問也」鈔作「答曰」。〔六〕「耳」囊作「也」。〔七〕囊無「此」字。〔八〕「脈」下囊有「也」字。〔九〕鈔無「子」下六字。〔一〇〕囊「矣」作「也」。〔一一〕囊無「俱害」二字。〔一二〕囊無「故」下十一字。〔一三〕囊無「罪」下「名明白」三字，但有「也」字。〔一四〕囊無「人」上「夫」字，又無「人」下「象天地」三字。〔一五〕「傷」下囊有「之」字。〔一六〕「子」上囊有「而」字。〔一七〕囊無「劇」字。〔一八〕「哉」囊作「乎」。〔一九〕鈔無「子」下八字，但有「答曰不爾」四字。〔二〇〕「處」下囊有「也」字。〔二一〕「乳」下囊有「者」字。〔二二〕囊無「坼」字。〔二三〕囊無「所」下六字。〔二四〕「泉」下囊有「也」字。〔二五〕「其」囊作「母」。

經四五・一二上・一一・一

也？」「不知人人有過於天地，前後相承負，後生者得并災到，無復天命，死生無期度也。真人努力，無滅去此文，天地且非怒人。」「唯唯。」「真人被其謫罰，則凶矣。」「唯唯。」「書以付歸有德之君，宜以示凡人，人乃天地之子，萬物之長也。今爲子道，當奈何乎？俱各自深思，從今以往，欲樂富壽而無有病者，思此書言，著之胸心，各爲身計，真人無匿也，傳以相告語。今天地之神，乃隨其書而行，察視人言，何也？真人知之邪？今以何知其隨人而行，以吾言不信也。子誠絶匿此書，即有病；有敢絶者，即不吉，是即天地神隨視人之明證也，可畏哉！」「唯唯。」「行去，自勵自勵！夫人命乃在天地，欲安者，乃當先安其天地，然後可得長安也；今乃反愁天地共賊害其父母，以何爲而得安吉乎哉？前後爲是積久，故災變不絶也，吾語不誤也。吾常見地神上自訟，未嘗絶也。是故誠知其□□見真人，比如丁寧問之，即知爲天使。*真人來問，是天欲一發覺此事，令使人自知，百姓適知責天，不知深自責也。」「今天何故一時使吾問是乎？」「所以使子問是者，天上皇太平氣且至，治當太平，恐愚民人犯天地忌諱不止，共亂正氣，使爲凶害，如是則太平氣不得時和，故使子問之也。欲樂民不復犯之，則天地無病而愛人，使五

經四五·一三上·一·一

穀萬物善以養之也；如忽之忿不愛人，不肯養之也。故將凶歲者，無善物；將興歲，其物善，此之謂也。真人知之邪？」「善哉善哉！古者同當太平，何不禁人民動土地哉？」「善乎，子之問事也。天地初起，未嘗有今也。」「以何明之？」「今者天都舉，故乃錄委氣之人神人真人仙人道人聖人賢人，皆當出輔德君治，故爲未嘗有也。初陰陽開闢以來，錄天民仕之，未嘗有此也，故爲最大也。」「可駭哉，可駭哉！是故都出第一之道，教天下人爲善之法也，人善即其治安，君王樂遊無憂。」「善哉善哉！樂乎樂乎！是故教真人急出此書，慎無藏匿，以示凡民，百姓見禁且自息，如不止，禍及後世，不復救。得罪於天地，無可禱也。真人寧*知之邪？」「唯唯。」「行去，書中有所疑乎，來問之。」「唯唯。」

右解天地冤結。

太平經合校卷四十六 丙部之十二

太平經卷之四十六

道*無價却夷狄法第六十二

經四六・一上・二・四

〔并〕鈔丙一二下・五・一

「天師將去，無有還期，願復乞問一兩結疑。」「行，今疾言之，吾發已有日矣，所問何等事也？」「願乞問明師前所賜弟子道書，欲言甚不謙大不事，今不問入，猶終古不知之乎？」「行勿諱。」「今唯明師開示下愚弟子。」「諾。」「今師前後所與弟子道書，其價直多少？」「噫！子愚亦大甚哉！ 迺謂吾道有平耶？」「諾。」「爲子具說之，使子覺悟，深知天道輕重，價直多少。 然〔起〕今〔一〕且〔二〕賜子千斤之金，使子以〔三〕與國家，亦〔四〕寧能〔五〕得天地之歡心，以調陰陽，使災異盡除，人君〔六〕帝王考〔七〕壽，治致上〔八〕平耶？ 今齎萬雙之璧玉〔九〕以歸國家，實而藏之，此天下之〔一〇〕珍物也，亦〔一一〕寧能〔一二〕使六方太和之氣盡見，瑞應悉出，夷狄却去萬里，不爲害耶〔一三〕？ 今〔一四〕吾所〔一五〕與〔一六〕子道畢具，迺能使帝王深〔一七〕得天地之歡心，天下

經四六・二上・一・一子

之〔一八〕羣臣〔一九〕偏説，跂〔二〇〕行動搖之屬莫不忻〔二一〕喜，夷狄却降，瑞應悉出，災害畢〔二二〕除，國家延命，人民老壽。審能好善，案〔二三〕行吾書，唯思得〔二四〕其要意，莫不響應，比若重規合矩，無有脱者也。止成事*大□□，吾爲天談，不欺子也。今以此天法奉助有德帝王，使其無憂，但日遊，其價直多少哉？子之愚心，解未乎哉？」「諾。」「復爲子陳一事也。天下之人好善而悦人者，莫善於好女也，得之迺與其共生子，合爲一心，誠好善可愛，無復雙也。今以萬人賜國家，莫不悦且喜，見之者使人身不知其老也，亦寧能安天地，得萬國之歡心，令使八遠響應，天下太平耶哉？吾道乃能上安無極之天，下能順理無極之地，八方莫不悦樂來降服，擾擾之屬者，莫不被其德化，得其所者也。是價直多少，子自深計其意。子欲樂報天重

〔一〕「今」上鈔有「平道德價數貴賤解通愚人心」十二字，係本經篇末篇旨。〔二〕「且」鈔誤作「一且」。〔三〕鈔無「以」字。〔四〕鈔無「亦」字。〔五〕鈔無「能」字。〔六〕鈔無「人君」二字。〔七〕「考」鈔作「老」。〔八〕「上」鈔作「太」。〔九〕鈔無「玉」字。〔一〇〕鈔無「之」字。〔一一〕鈔無「亦」字。〔一二〕鈔無「能」字。〔一三〕鈔無「耶」字。〔一四〕鈔無「今」字。〔一五〕「所」下鈔有「以」字。〔一六〕「與」鈔作「告」。〔一七〕「深」鈔誤作「保」。〔一八〕鈔無「之」字。〔一九〕「臣」鈔誤作「神」。〔二〇〕「跂」鈔作「蚑」。〔二一〕「忻」鈔作「悦」。〔二二〕「畢」鈔作「悉」。〔二三〕鈔無「案」字。〔二四〕鈔無「得」字。

經四六・三上・一・一

〔附〕鈔丙・一三上・五・八

功，得天心者，疾以吾書報之。如以奇僞珍物累積之上柱天，天不爲其説喜也，不得天之至心也。欲得天心，乃宜旦夕思吾書言，已得其意，即亦得天心矣，其價直多少乎？〔起〕故賜國家千金，不若與其一要言可以治者也；與國家萬雙璧玉，不若進二大賢也。夫要言大賢珍道，乃能使帝王安枕而治，大樂而致太平，除去災變，安天下，此致大賢要言奇道，價直多少乎哉？故古者聖賢*帝王，未嘗貧於財貨也，乃常苦貧於士，愁大賢不〔一〕至，人民不聚，皆欲外附，日以疎少，以是不稱皇天心，而常愁苦。若但欲樂富於奇僞之物，好善之，不能得天地之心，而安四海也；積金玉璧奇僞物，横縱千里，上至天，不能致大賢聖人仙士使來輔治也。子詳思吾書，大賢自來，共輔助帝王之治。一旦而同計，比若都市人一旦而會，萬物積聚，各資所有，往可求者；得行吾書，天地更明，日月列星皆重光，光照絃遠八方，四夷見之，莫不樂來服降，賢儒悉出，不復蔽藏，其兵革皆絶去，天下垂拱而行，不復相傷，同心爲善，俱樂帝王。吾書乃能致此，其價直多少，子亦知之耶？〔止〕

〔附〕欲與國千斤金，不若與一要言，以致治太平，除災安天下。古者帝王未嘗〔二〕患財貨，乃患貧於士〔三〕，愁大賢不至，人民不〔四〕聚，皆欲外附，日

經四六・四上・一・一
〔并〕鈔丙一三上・一〇・一二

以疎少，以是不稱皇天之心。若積金玉奇物，縱橫千里，直上至天，終不致大賢聖人仙士來，賴〔五〕助帝王之治。

故古者聖賢獨深知道重氣平也，故不以和土，但付歸有德。有德知天地心意，故尊道重德。愚人實奇僞之物，故天書不下，賢聖不授，此之謂也。子其慎之矣，吾言不誤也，子慎吾道矣。夫人持珍物璧玉金錢行，冥尚坐守之，不能寐也。是尚但珍物耳，何言當傳天寶祕圖書，乃可以安天地六極八遠乎？出，子復重慎之。」「唯唯*。」「吾書乃天神吏常坐其傍守之也，子復戒之。」「唯唯。」起「吾書乃三光之〔六〕神吏常隨而照視〔七〕之止也。」「唯唯。」「吾書即天心也〔八〕、意也，子復深精念之。」「唯唯。」「子能聽吾言者，復爲子陳數不見之事。」「唯唯。」「出口入耳，不可衆傳也。帝王得之天下服，神靈助其行治，人自爲善，不日令而自均也。」「唯唯。弟子六人悉愚暗，無可能言，必觸忌諱。今俱唯師自爲皇天陳列道德，爲帝

〔一〕「不」原作「大」，疑誤，今依附錄鈔文改。〔二〕「嘗」原作「常」，今據經改。〔三〕原缺「士」字，今據「經」補。〔四〕原缺「不」字，今據經補。〔五〕「賴」疑有誤，據經當作「輔」。〔六〕鈔無「之」字。〔七〕鈔無「視」字。〔八〕「也」疑「地」字之誤。

王制作萬萬歲寶器，必師且悉出内事無隱匿，誠得伏受嚴教密勑，不敢漏泄。」「諾。今且為子考思於皇天，如當悉出，不敢有可藏；如不可出，亦不敢妄行。天地之運，各自有歷，今且案其時運而出之，使可常行，而家國大吉，不危亡。所以不付小人，而付帝王者，帝王其歷，常與天地同心，乃能行此；小人不能行，故屬君子，今付其人也。」

右平道德價數貴賤解通愚人心。

經四七・一上・二・四

太平經合校卷四十七 丙部之十三

太平經卷之四十七

上*善臣子弟子爲君父師得仙方訣第六十三

「真人前，凡爲人臣子民之屬，何者應爲上善之人也？ 真人雖苦，宜加精爲吾善說之。」「唯唯。 但恐反爲過耳。」「何謙？」「諾。 誠言今爲國君臣子及民之屬，能常謹信，未嘗敢犯王法，從生到死，訖未嘗有重過，生無罪名也，此應爲最上善之人也。」「噫！ 子說似類之哉，若是而非也；子之所說，可謂中善之人耳，不屬上善之人也。 行，真人復爲吾說最上善孝子之行當云何乎？ 宜加精具言之。」「今所言已不中天師意，不敢復言也。」「何謙？ 真人取所知而言之，不及者，吾且爲子達之。」「唯唯。 然上善孝子之爲行也，常守道不敢爲父母致憂，居常善養，旦夕存其親，從已生之後，有可知以來，未嘗有重過罪名也，此爲上孝子也。」「噫！ 真人所說，類似之又非也，此所說謂爲中善之人也，不中上孝也，不及爲過，非過也。

經四七・二上・一・一

〔并〕道典論卷二弟子

〔并〕鈔丙一三下・一・七
經四七・三上・一・一

今乃以真人爲師弟子行作法，真人視其且言何耳。今子言財如是，*俗人愚闇無知，難教是也。積愚日久，見上善孝之人，或反怪之，子不及，爲子說之。」「唯唯。」「行雖苦，復爲吾具說上善之弟子。」「今已有二過於天師，不敢復言也。」「行，子宜自力加意言之。爲人弟子見教而不信，反爲過甚深也；但不及者，是天下從古到今所共有也。平說之。」「唯唯。然【起】爲人弟子，旦夕常〔一〕順謹，隨師之教勑，所言〔二〕不失銖分，不敢妄說亂師之文〔三〕，出入不敢爲師致憂。從見教於師之後，不敢犯非歷〔四〕邪，愉愉日嚮爲善，無有惡意〔五〕，不逆師心，是爲上善弟子也。」「噫〔六〕！真人言，幾類似之，是非上善之弟子也，財〔七〕應中善之弟子耳。」【止】「實不及。愚生見師嚴勑，自力強說三事，三事不中明天師意，爲過責甚重，恐復有罪不除也。」「凡人行有不及耳，子無惡意，無罪也。今天下人俱大愚冥冥，無一知是也。極於真人，說事常如此，今何望於俗夫愚人哉？」「其常不達，信其愚心，固是也。天師幸事事哀之，既闓示之，願復見爲達其所不及，恩惟明師師行。」「吾將爲真人具陳說之，子宜自力，隨而記之。」「唯唯，諾。」「然，【起】夫上善〔八〕*之臣子民之屬也〔九〕，其爲行也，常旦夕憂念其君王也。念欲安之心，正爲其疾痛，常樂帝王垂

〔附〕一二鈔丙一三下・五・

拱而自治也，其民臣莫不象之而孝慈也。其〔一〇〕爲政治，但樂使王者安坐而長游，其治乃上得天心，下得地意，中央則〔一一〕使萬民莫不懽喜〔一二〕，無有冤結失〔一三〕職者也。〔止〕〔起〕跂行之屬，莫不嚮風而化爲之，無有疫死者，萬物莫不盡得其所。天地和合，三氣俱悅，人君爲之增壽益算，百姓尚當復爲帝王求奇方殊術，閉藏隱之文莫不爲其出，天下嚮應，皆言咄咄。善哉，未嘗有也。上老到於嬰兒，不知復爲惡，皆持其奇殊之方，奉爲帝王；帝王得之，可以延年。皆惜其君且老，治乃得天心，天地或使神持負藥而告，子之得而服之，終世不知窮時也。是所謂爲上善之臣子民臣之行所致也。真人寧曉知之不邪？」「唯唯。」〔止〕

〔附〕跂行之屬，莫不嚮風而化，萬物各得其所。天地和悅，人君爲增壽，上老至于嬰兒，不知復爲惡。天下且惜其君恐老，天地必使神人持負靈藥告之，帝王服之，壽無窮矣。

〔一〕道典論無「常」字。〔二〕道典論無「勑所言」三字。〔三〕道典論無「文」字。〔四〕「歷」下八字，道典論無。〔五〕「意」道典論誤作「音」。〔六〕「噫」道典論誤作「意」。〔七〕「財」道典論作「方」。〔八〕鈔脱「善」字。〔九〕鈔無「也」字。〔一〇〕鈔無「其」下十七字。〔一一〕鈔無「則」字。〔一二〕「喜」鈔作「心」。〔一三〕鈔無「失下」四字。

經四七・四上・一・一

〔并〕鈔丙三下・一〇・一

「子可謂已覺矣。是故太古上皇帝第一之善臣民，其行如此矣。以何能求之，致此治正也；以此道吾道，正上古之第一之文也。真人深思其意，即得天心矣，吾敬受是於天心矣，而下爲德君解災除諸害，吾畏*天威，敢不悉其言。天曰〔一〕怒吾屬書於真人，疾往付歸之，上德君得之以治，與天相似，與天何異哉？」「善乎善乎！見天師言，承知天太平之平氣真真已到矣。其所以致之者，文已出矣。樂哉復何憂？今民非子事，何故見善即喜，見惡則憂之乎？所以然者，善氣至，即邪惡氣藏；吾且常安，可無疾傷。夫惡氣至，則善氣藏；使吾畏災不敢行，天下皆然。故吾見善則喜也。」「善哉，子之言也。」「天師幸哀，已爲説上善臣子民之法，願復聞上孝之術。」「善哉，子難問也。【起】然，〔二〕上〔三〕善第一孝子〔四〕者，念其父母且老去也〔五〕，獨居閒〔六〕處念思之，常〔七〕疾下也，於何得不死之術，嚮〔八〕可與親往居之，賤財貴道活而已。思弦歌哀曲〔九〕，以樂其親，風化其意，使入道也，樂得〔一〇〕終古與其〔一一〕居，而〔一二〕不知老也，常爲求索殊方，周流遠所也〔一三〕。至誠乃感天，力盡〔一四〕乃已也。其〔一五〕衣食財〔一六〕自足，不復爲後世置珍寶也〔一七〕。反悉〔一八〕愁苦父母，使其〔一九〕守之〔二〇〕，【止】家中先死者，魂神尚不樂愁苦也。食而不求吉福，但言努力自愛於地下，可毋自苦念主者也。是名爲太古上皇最善孝子之*行，四方聞其善，莫不遙爲其悅喜，皆樂思象之也。因相倣效，爲帝王生出慈孝之臣也。夫孝子之憂父母也，善臣之憂君也，乃當如此矣。真人今旦所說，但財應乎之行，各欲保全其身耳，上何益於君父師，而反言爲上善之人乎？此財名爲自祐利之人耳。真人尚乃以此爲善，何況俗人哉？自見行謹信，不犯王法，而無罪名者，啼呼自言，不負天，不負君父師也。汝行適財自保全其身耳，反深自言有功於上，而啼呼天地，此悉屬下愚之人也，不能爲上善之人也。今所以爲真人分別具說此者，欲使真人以文付上德之君，以深示勑衆賢，使一覺悟，自知行是與非，亦當上有益於君父師不邪？太上中古以來，人益愚，日多財，爲其邪行，反自言有功於天地君父

〔一〕「旦」疑當作「且」。〔二〕鈔無「然」字。〔三〕「上」字上鈔有「何爲上善臣子之行也」句。〔四〕「子」下鈔有「之行」二字。〔五〕鈔無「也」字。〔六〕「閒」鈔作「閑」，「閒」、「閑」通用。〔七〕鈔無「常」下四字。〔八〕鈔無「嚮」下七字，但有「以奉親」三字。〔九〕鈔無「哀曲」二字。〔一〇〕鈔無「得」字。〔一一〕鈔無「其」字。〔一二〕鈔無「而」字。〔一三〕鈔無「也」字。〔一四〕「盡」鈔譌作「書」。〔一五〕鈔無「其」字。〔一六〕「財」鈔作「纔」，「財」通「纔」。〔一七〕鈔無「也」字。〔一八〕鈔無「悉」字。〔一九〕鈔無「其」字。〔二〇〕「之」下鈔有「此爲上善第一孝子也」句。

經四七・六上・一・一
〔并〕鈔丙一四上・八・二
〔并〕道典論卷二弟子

師，此即大逆不達理之人也。真人亦豈知之耶？」「唯唯。」「子可謂已覺矣。今爲行善，實大難也，子慎之。子不力通吾文，以解天地之大病，使帝王游而無憂無事，天下莫不懽喜，下及草木，子未能應上善之人也，財名爲保全子身之人耳*，又何以置天地乎？夫人欲樂全其身者，小人尤劇，子亦知之乎？」「唯唯。」「子可謂爲已覺矣，慎之！」「唯唯。今天師幸哀愚賤不達道之生，願復聞上善之弟子行也。」起「然〔一〕，上善之〔二〕弟子也〔三〕，受師道德〔四〕之後，念緣師恩，遂得成人。乃得長與賢者〔五〕相隨，不失行伍，或得官〔六〕位，以報父母，或得深入道〔七〕知自養之術也。夫人〔八〕乃得生〔九〕於〔一〇〕父母，得成道德於師，得榮尊於君，每〔一一〕獨居一處，念君父師〔一二〕將老，無有〔一三〕可以〔一四〕復〔一五〕之者〔一六〕，常思行〔一七〕爲師得〔一八〕殊方異文，可以報功者〔一九〕。惟〔二〇〕念之正心痛也，不〔二一〕得奇異也。念之故行，更〔二二〕學〔二三〕事賢者，屬託其師，爲其言語，或使師〔二四〕上得國家之良輔，今復上長〔二五〕有益帝王之治。若此〔二六〕乃應〔二七〕太〔二八〕古上善之弟子〔二九〕也。止及後生者明君賢者，名爲上善之人。若真人，今且可言易教謹信，從今不達師心，此者，財應順弟子耳，但務成其身也。又何益於上，而言爲善弟子乎哉？真人説尚言，而民俗夫愚人常自言有功於師，固是也。夫爲人臣子及弟子爲人子，而不從君父師教令，皆應大逆罪，不可復名也。真人所説善子民臣*善弟子，其行財不合於罪名耳。愚哉子也，何謂爲善乎？是故俗夫之人愚，獨已洞達久矣。今以真人説繩之，已知其實，失正路，入邪僞，迷惑久哉！是故天獨深知之，故怒不悦，災委積，更相承負是也。皆若真人言行，財保其身不犯非者，自言有功於天地旁人也，是其大愚之劇者也，子復慎之。子言未盡合於天心也，吾所以使真人言者，不以故子也。但欲觀俗人之得失，以何爲大過乎？故使子言之，視其枉直非耳。子赤〔三〇〕知之耶？」

〔一〕鈔無「然」字。〔二〕鈔無「之」字。〔三〕鈔無「也」字。〔四〕「德」道典論誤作「教」。〔五〕「者」鈔作「柔」，道典論誤作「仙」。〔六〕「官」鈔作「名」。〔七〕「道」下鈔有「昧」字，係衍文。〔八〕道典論脱「人」字。〔九〕鈔脱「生」字。〔一〇〕「於」原作「爲」，今依道典論改。鈔並無。〔一一〕鈔無「每」字。〔一二〕「父師」二字鈔倒作「師父」。「師」下道典論衍「之」字。〔一三〕鈔脱「有」字。〔一四〕「可以」鈔倒作「以可」。道典論「以」下有「報」字。〔一五〕「復」鈔作「報」。〔一六〕鈔脱「者」字。〔一七〕道典論無「行」字。〔一八〕「得」鈔作「求」。〔一九〕道典論脱「者」字。〔二〇〕鈔無「惟」下十六字，「惟」道典論作「每悔」二字。〔二一〕道典論無「不」下七字。〔二二〕「更」上鈔有「或」字。〔二三〕「學」下道典論有「奉」字。〔二四〕鈔無「師」字，疑涉上文而衍。〔二五〕鈔與道典論皆無「今復上是長」四字，但道典論有「又」字。〔二六〕「此」下鈔有「者」字。〔二七〕「乃應」二字鈔作「爲」。〔二八〕「太」道典論作「上」。〔二九〕「上善之弟子」鈔作「善弟子」，道典論作「之善弟子」。〔三〇〕「赤」疑「亦」字之譌。

經四七・八上・一・一

「唯唯。」「行，子已覺矣。本覺真人之時，不欲與真人語言也。見子惓惓，日致善也，故與子深語，道天地之意，解帝王之所愁苦，百姓之冤結，萬物之失理耳。今既爲子陳法言義，無所復惜也，子但努力記之。」「唯唯。」「吾向睹幾何弟子，但不可與語，故不與研究竟語也；故吾之道未嘗傳出也，子知之耶？」「唯唯。」「行去，子曉矣。」「然，天師既哀弟子，得真言不諱。君賢則臣多忠，師明則弟子多得不諱而言。」「善哉，子之言也，得覺意，行言之。」「今天地實當有仙不死之法，不老之方，亦豈可*得耶？」「善哉，真人問事也。然，可得也。天上積仙不死之藥多少，比若太倉之積粟也；仙衣多少，比若太官之積布白〔一〕也；衆仙人之第舍多少，比若縣官之室宅也。常當大道而居，故得入天。大道者，得居神靈之傳舍室宅也。若人有道德，居縣官傳舍室宅也。天上不惜仙衣不死之方，難予人也。人無大功於天地，不能治理天地之大病，通陰陽之氣，無益於三光四時五行天地神靈，故天不予其不死之方仙衣也。此者，乃以殊異有功之人也。子欲知其大效乎？比若帝王有太倉之穀，太官之布帛也。夫太倉之穀幾何斗斛，而無功無道德之人不能得其一升也；而人有過者，反入其獄中，而正尚見治，上其罪之狀，此明效也。今人實惡，不合天心，故天不具出其良藥方也。反日使鬼神精物行考，笞擊其無狀之人，故病者不絕，死者衆多也。比若縣官治亂，則獄多罪人，多暴死者，此之謂。如有大功於帝王，宮宇積多官穀有布帛，可得常衣食也。夫人命帝王，但常思與善人爲治，何惜愛哉？人*君職會，當與衆賢柔共平治天下也。夫君無賢臣，父無孝子，師無順善弟子，其爲愁不可勝言也。是故上古三皇垂拱，無事無憂也。其臣謹良，憂其君，正常心痛，乃敢助君平天下也，尚復爲其索得天上仙方以予其君也，故其君得壽也。或有大功，功大尚得俱仙去，共治天上之事，天復衣食之，此明效也，不虛言也。夫中古以來，多妬真道，閉絕之，更相欺以僞道，使人愚，令少賢者；故多君臣俱愁苦，反不能平天下也，又多不壽。非獨今下古人過也，所由來久矣，或大咎在此，子亦豈知之耶？」「唯唯。」「故今天上積奇方仙衣，乃無億數也，但人無大功，不可而得之耳。比若人有縣官室宅，錢穀布帛，常當大道而居，爲家不逃匿也。而無功德者，不能得穀一斗，錢一枚，布帛一寸，此明效也。故太

〔一〕「白」疑當作「帛」。

古中古以來，真道日衰少，故真壽仙方不可得也。　而人過得獨壽者，極是其天下之大壽人也，何也？　真道德多則正氣多，故人少病而多壽也；邪僞文多，則邪惡
經四七·一〇上·一·二
炁多，故人多病而不得壽也，此天自然之法也*。　故古者三皇之臣多真道也，故其君多壽；五帝之臣少真道，故其君不若三皇之壽也；三王之臣復少真道，不能若五帝也；五霸之臣最上功僞文禍，無有一真道，故多夭死，是明效也。　其中時時得壽者，極天下之壽人也，子重知之耶？」「唯唯。」「是故占〔一〕者聖賢，但觀所得瑞應善惡，即自知安危吉凶矣；其得上善文應者，其治已最無上矣；其得中文應者，已象中人矣；其得下文應者，已象下人矣。」「何謂也？」「謂得文如得三皇之文者，即其上也；若得五帝之文者，即其中也；若得三王之文者，即其大中下也；如得五霸之文者，即其最下也。」「何以明如斯文乎？」「善哉，子之言也。　教其無刑而自治者，即其上也；其出教令，其懼之小畏之者，即其中也；教其小刑治之者，即其大中下也。　多教功僞，以虛爲實，失其法，浮華投書，治事暴用刑罰，多邪文，無真道可守者，即是其下霸道之效也。　古有聖賢，但觀可得天教勑，即自知優劣矣。
經四七·一一上·一·二
願聞教者，使誰持往乎？　然或爲其生賢，輔助其治，此若人家將與，必生賢*子也。

或河、洛爲其出應文圖，以爲券書，即是也。子知之耶？」「唯唯。」「復爲真人更明之。家人且衰，生子凶惡；人君且衰，天不爲生賢良輔也。人家且衰，子孫不好爲真正道德，反好佞僞浮華，功邪淫法，即成凶亂家矣。且人家興盛，必求真道德，奇文殊方，可以自救者。君子且興，天必子〔二〕其真文真道真德善人，與其俱共爲治也。河、洛尚復時或勑之，災害日少，瑞應日來，善應日多，此即其效也。」「善哉善哉！」「行去，真人勉之力之。當有功於天，當助德君爲聰明。」「何謂也？」「欲有大功於天者，子今又去世之人也。不得譽於治，以何得有功於天乎？」「今當奈何哉？」「但以文書付歸德君。德君，天之子也，應天心。當以此治報天重功，而以安天下，興其身，即子亦得吉，保子壽矣。」「善哉！唯唯。」「行去，三行之説已竟矣。以是示衆賢凡人，後世爲善，當若此也。」「勿敢。但財利其身者，自言爲善，上以置天君父師也。」「真人所説人行也，尚可折中以上，及其大下愚爲惡性惡行者積多，訖不可勝名，以書付下古之人，各深自實校爲*行，以何上有益於天君父

經四七・二上・一・一

〔一〕「占」疑當作「古」。　〔二〕「子」疑當作「予」。

師，其爲行增，但各自祐利而已邪？ 天深知人心□□哉，故病者衆多也。」「善乎！ 愚生得覩天心師言，已大覺矣。」「子可謂易覺之人也，今世多下愚之人，自信愚心，不復信人言也，過在此毀敗天道，使帝王愁苦者，正起此下愚之士，反多妬真道善德，言其不肖而信其不仁之心，天病苦之，故使吾爲上德之君出此文，可以自致，能安其身而平其治；得天心者，太古上皇之君深與天厚者，正以此也。 真人寧曉不邪？」「唯唯。」「行，子已知之，去矣，行思之。」「唯唯。 願復請問一事。」「行言。」「天師陳此法教文，何一衆多也？」「善哉，子之難也，可謂得道意矣。 然天下所好善惡義等，而用意各異。 故道者，大同而小異，一事分爲萬一千五百二十字，然后天道小耳，而王道小備。 若令都道天地上下八方六合表裏所有，謂此書未能記其力也。 真人寧知之耶？」「唯唯。」「行，子已知之矣。 以此書付道德之君，令出之，使凡人自思行得失，以解天地之疾，以安帝王，其治立平。 真人曉邪？」「唯唯。」「行去，自厲*勿忽也。」「唯唯。」

右分別君臣父子師弟子知其善惡行得失占。

經四七・一三上・一・一

〔并〕鈔丙一四下・六・一

服人以道不以威訣第六十四

「真人前，凡人當以嚴畏智詐常威勝服人邪？不宜邪？子自精言之。」「然，人致當以嚴威智詐勝服人。」「何也？」「夫人以此乃能治正人。」「噫！真人內但俗夫之人知耳，未得稱上真人也，其投辭皆類俗人，不入天心也。夫上真人投說，乃當與天心同也。今以嚴畏智詐勝服人，乃鬼神非惡之也，非獨鬼神非惡之也，乃陰陽神非惡之也，非獨陰陽神非惡之也。是故從天地開闢以來，天下所共病苦，而所共治者，皆以此勝服人者，不治其服者。故其中服而冤者，乃鬼神助之，天地助之，天地助之。故人者，亦治其勝人者，而助服其服者也。〔起〕是故〔一〕古者三皇上聖人〔二〕勝人，乃以〔三〕至道與德治人〔四〕；勝人者〔五〕，不以嚴畏〔六〕智詐也；夫以嚴畏〔七〕智詐刑罰勝人者，是〔八〕正乃寇盜賊也；夫寇〔九〕盜賊亦〔一〇〕專以此勝服人，君

〔一〕鈔無「是故」二字。　〔二〕鈔無「人」字。　〔三〕「以」鈔作「與」。　〔四〕鈔無「人」字。
〔五〕鈔無「者」字。　〔六〕「嚴畏」鈔作「威嚴」。　〔七〕「嚴畏」鈔作「威嚴」　〔八〕鈔無「是」字。
〔九〕鈔無「寇」字。　〔一〇〕鈔無「亦」字。

經四七・一四上・一・一

子以何自〔一〕分別，自明殊異乎〔二〕止而真*人言當以此，曾不愚哉？ 是正從中古以來，亂天地者也，子知之耶？ 是故上古有道德之君，不用嚴畏智詐治民也；中古設象，而不敢用也；下古小用嚴畏智詐刑罰治民，而小亂也。 夫下愚之將，霸道大興，以威嚴與刑罰畏其士衆，故吏民數反也。 是故以道治者，清白而生也；以德治者，進退兩度也；故下古之人進退難治，多智詐也。 天以道治，故其形清，三光白；地以德治，故忍辱；人以和治，故進退多便，其辭變易無常故也。 天正爲其初，地正爲其中，人正最居下，下極故反上也。 以何知其下極也，以其言進退無常，出入異辭也。 此三氣下極也，下極當反上，就道，乃后得太平也，與天相似；就德乃中平也，與地相似；就和乃得小亂也，與人相似；就嚴畏智詐刑罰乃日亂，故與霸君相似，刑罰大起也。 今真人反言當以嚴畏智詐，此乃亂天義者也。」「今天師言，不當以嚴畏刑罰也。 天何故時遣雷電辟歷取人乎？」「善哉！ 子之難也，

經四七・一五上・一・一

得其意。 然所以取之者，人主由所敬重，事欲施惡，以易冤人。 人乃至尊*重，反使與人六畜同食，故天治之也。 而助其服人食，此人惡之也。 是故天下無大無小，輕易冤人者也，悉共見治也，而怜助服者也。 故君子勝服人者，但當以道與德，不

經四七・一六上・一・一

可以寇害勝人冤人也。夫嚴畏智詐，但可以伏無狀之人，不可以道德降服，而欲爲無道者，當下此也。比若雷公以取無狀之人，不可常行也。與天心逆治，欲得天地心者，乃行道與德也。故古者聖賢，乃貴用道與德，仁愛利勝人也，不貴以嚴畏刑罰，驚駭而勝服人也。以此邪枉安威駭服人者，上皇太平氣不得來助人治也。所以然者，其治理人不知，或有大冤結，而畏之不敢言者，比若寇盜賊奪人衣物也，人明知其非而不敢言，反善名字爲將軍上君，此之謂也。或有力弱而不能自理，亦不敢言，皆名爲閉絶不通，使陰陽天氣不和。天之命人君也，本以治強助劣弱爲職，而寇吏反以此嚴畏之威之也，乃以智詐驚駭之，使平氣到，德君治，恐以是亂其正氣，故以此示真人也。以付上德君，以示諸賢及凡人，使吏民*自思治，當有益於上，慎毋亂之也。真人覺曉知之邪？」「唯唯。」「行，子已覺矣；去，常慎言，毋妄語也，天非人。」「唯唯。」「凡人不及，不若好問也。」「唯唯。」

右分別勝服天地人鬼神所非惡所助法。

〔一〕鈔無「自」字。　〔二〕「乎」下鈔有「故道德之君常將嚴威智詐爲盜賊之行矣」十七字。

太平經合校卷四十八 丙部之十四

太平經卷之四十八

三合相通訣第六十五*

純謹再拜，「請問一事。」「真人所疑者，何等也哉？」「朝學暮歸，常居靜處，思其要意，不敢有懈也。今天師書辭，常有上皇太平氣且至，今是何謂爲上？何謂爲皇？何謂爲太？何謂爲平？何謂爲氣？」「真人今且何睹何疑，一時欲難問微言意哉？」「所以及天師徧具問書文意者，書上多道上皇氣且至，而不得其大要意。今不及天明師訣問之，恐後遂無從得知之，故敢不具問之也。」「善哉子之言，萬世不可易也。夫天至道大德盛仁時已到，皇靈樂人急行之，故天氣諷子之心，使子旦夕問天法察察，吾甚怪之。」「諾。」「真人安坐，爲子具分解其字意，使可傳而無極時。然上爲字者，一畫也，中央復畫一直，上行復抱一，一而上得三一，上行而不止，不復下行也，故名爲上者，迺其字無復上也。反上爲下，下者，一畫也，

經四八・二上・一・二

〔并〕鈔丙一五上・一・一

〔附〕鈔丙一五上・六・五

亦中央復畫直，下行復抱一，其行遂下，不得復上，故名爲下也。夫志常欲下行者，久久最下，無復下也；比若濁*者，樂下爲地，故地最下，無復下也。上爲字者，常上行，不得復下；比若清者，樂上行爲天，天乃無上也。是故天之爲法，名各各自字各自定，凡天下事皆如此矣。〔起〕故〔一〕聖人制法，皆象天〔二〕之心〔三〕、意也。守一而樂上卜，卜者，問也，常樂上行而卜問不止者，大吉〔四〕最上之路也。故上字一畫，直上而卜。下爲字者〔五〕，一下而卜，卜、問也，常思念問，下行者極無下，故樂下益者不復得上也。〔止〕故上常無上字者，迺言其治當日上行，合天心，復無上也。」「善哉善哉！明師幸哀爲其解上字，〔起〕願復聞皇爲字者。」「一日而王，日上一者，天也；天者數一，天得日，昭然大明則王，故爲字一與日王并合成皇字也。一爲天，天亦君長也，日亦君長也，王亦君長也，三君長相得成字名爲皇。皇者，乃言其神盛煌煌，故名爲皇也；皇天下第一，無復能上者也。」。〔止〕

〔附〕皇字者，一日而王。上一者天數，得一得日照，然後大明則爲王；一與

〔一〕「故」鈔作「夫」，「夫」上鈔有「天師書辭常有上皇太平炁且至何謂也」十六字，略見本篇首葉第六行。　〔二〕鈔脱「天」字。　〔三〕鈔無「心」字。　〔四〕鈔無「者大吉」三字。　〔五〕鈔無「者」字。

經四八・三上・一・一

日王合，而成皇字也。一爲天，天亦君也，日，君德也，王亦君長也，三君長共成皇。言盛德煌煌，天下第一，無復能上者也。

「善哉善哉！師幸哀開以皇字，〔起〕願聞其太平氣之字。」「太者，大也，迺言其積大行如天，凡事大也，無復大於天者也。平者，乃言其治太平均，凡事悉理，無復姦私也；平者，比若地居下，主執平也*，地之執平也。比若人種善得善，種惡得惡，人與之善用力，多其物。子好善，人與之鮮，鮮其物惡也。氣者，乃言天氣悅喜下生，地氣順喜上養；氣之法行於天下地上，陰陽相得，交而爲和，與中和氣三合，共養凡物，三氣相愛相通，無復有害者。太者，大也；平者，正也；氣者，主養以通和也；得此以治，太平而和，且大正也，故言太平氣至也。」「善哉善哉！此者乃獨言天地中和氣，當合相通共治耶？凡事皆當三合共事耶？」「善哉善哉！子之言也，已得天法，帝王象之以治，比若神矣。然爲真人具説之，自隨而記之。」「唯唯。」「元氣與自然太和之氣相通，并力同心，時恍恍未有形也，三氣凝，共生天地。天地與中和相通，并力同心，共生凡物。凡物與三光相通，并力同心，共照明天地。凡物五行剛柔與中和相通，并力同心，共成共萬物。四時氣陰陽與天地中和

經四八・四上・一・一

〔附〕鈔丙一五上・一〇・八

相通，并力同心，共興生天地之物利。孟仲季相通，并力同心，各共成一面。地高下平相通，并力同心，共出養天地之物。蠕動之屬雄雌合，迺共生和相通*，并力同心，以傳其類。男女相通，并力同心共生子。三人相通，并力同心，共治一家。君臣民相通，并力同心，共成一國。此皆本之元氣自然天地授命。凡事悉皆三相通，迺道可成也。〔止〕

〔附〕太者，大也，言其積大如天，無有大於天者。平者，言治太平均，凡事悉治，無復不平，比若地居下執平。比若人種刈，種善得善，種惡得惡。耕用力，分別報之厚。天氣悦下，地氣悦上，二氣相通，而爲中和之氣，相受共養萬物，無復有害，故曰太平。天地中和同心，共生萬物。男女同心而生子，父母子三人同心，共成一家，君臣民三人共成一國。

共生和，三事常相通，并力同心，共治一職，共成一事，如不足一事便凶。故有陽無陰，不能獨生，治亦絶滅；有陰無陽，亦不能獨生，治亦絶滅；有陰有陽而無和，不能傳其類，亦絶滅。故有天而無地，凡物無於止；有地而無天，凡物無於生；有天地相連而無和，物無於相容自養也。故男不能獨生，女不能獨養，男女無可生

經四八・五上・一・一

子，以何而成一家，而名爲父與母乎？ 故天法皆使三合迺成。 故古者聖人深知天情，象之以相治。 故君爲父，象天；臣爲母，象地；民爲子，象和。 天之命法，凡擾擾之屬，悉當三合相通，并力同心，迺共治成一事，共成一家，共成一體也，迺天使相須而行，不可無一也。 一事有冤結，不得其處，便三毀三凶矣。 故君者須臣，臣須民，民須臣，臣須君，迺後成一事，不足一，使三不成也。 故君而無民臣，無以名爲*君；有臣民而無君，亦不成臣民；臣民無君，亦亂，不能自治理，亦不能成善臣民也；此三相須而立，相得迺成，故君臣民當應天法，三合相通，并力同心，共爲一家也。 比若夫婦子共爲一家也，不可以相無，是天要道也。 此猶若人有頭足腹，迺成一身，無可去者也；去之即不足，不成人也。 是天地自然之數也。 故古者聖人取法於天，故男子須得順善女與爲治，然且有善子。 男者，君也；女者，臣也；子者，民也。 故天命治國之道，以賢明臣爲友，善女然後能和其子也，善臣然後能和其民也。 善女然後能生善子，善臣然後能生善民，民臣俱好善，然後能長安其上也。 真人欲樂知其效，天者，君也；地者，臣也；天雨周流，雨之善地，生物善；雨之惡地，生物惡，此之謂也。 今父母君臣，尚但共持其大綱紀耳。 大要實仰

經四八·六上·一·二

經四八·七上·一·二

衣食於子，人無子，絕無後世；君少民，迺衣食不足，令常用心愁苦。故治國之道，迺以民爲本也。無民，君與臣無可治，無可理也。是故古者大聖賢共治事，但旦夕專以民爲大急，憂其民也。*若家人父母憂無子，無子以何自名爲父母，無民以何自名爲君也。故天之法，常使君臣民都同，命同，吉凶同；一職一事失正，即爲大凶矣。中古以來，多失治之綱紀，遂相承負，後生者遂得其流災尤劇，實由君臣民失計，不知深思念，善相愛相通，并力同心，反更相愁苦。夫君乃一人耳，又可處深隱，四遠冤結，實閉不通，治不得天心，災變怪異，委積而不除。天地所欲言，人君不得知之，大咎在此，不三并力，聰明絕，邪氣結不理。上爲皇天大仇，下爲地大咎，爲帝王大憂，災紛紛不解，爲民大害，爲凡物大疾病，爲是獨積久矣，非獨今下古人過所致也。真人亦知之乎？」「知如此久矣，實不知其所由致，故問之誠冤，今當奈何之乎？」「然天太平氣方到，治當得天心，乃此惡悉自除去，故天使吾具言之。欲使吾救其失，爲出正文，故使真人來悉問之也，此所由生凶也。不象天地元氣自然法，不三相通，并力同心，故致此也。若三相通，并力同心，今立平大樂，立無災。」「願聞治之當云何乎哉？」「急象天法，*如此上爲也。天法，凡事三

經四八・八上・一・二

并力同心。故天以三光爲文，三光常相通共照，無復絶時也。天券出以來，人以書爲文以治，象天三光，故天時時使河、洛書出，重勑之文書人文也。欲樂象天洞極神治之法度，使善日興，惡日絶滅。書者，但通文書三道行書也。君宜善開導其下，爲作明令示勑，教使民各居其處而上書，悉道其所聞善惡。因卻行，亦可但寄便足，亦可寄商車載來，亦可善自明姓字到，爲法如此，則天下善惡畢見矣。君導天氣而下通，臣導地氣而上通，民導中和氣而上通。真人傳書，付有德之君，審而聆吾文言，立平立樂，災異除，不失銖分也。吾書敬受於天法，不但空陳僞言也。天誅殺吾子，亦知是讁重耶？」「唯唯。」「欲得吾書，信得即效司之，與天地立響相應，是吾文信也。以此大明效證，可毋懷狐疑。夫治國之道，樂得天心自安者，但行此效，與天響相應，即天與人談之明券也。吾但見真人常樂助有德之君，欲報天重功，故一一言之耳。吾知其失在此，閉不通□□得書，君爲制作*明教善令。言從今以往，吏民宜各居其處，力上書，悉道善惡，以明帝王治，以通天氣，勿得相止，止者坐其事三年。獨上書盡信，無欺文者，言且召而仕之。其仕之云何，各問其才能所長，以筋力所及署其職。何必署其筋力所能及乎？天之事人，各

經四八・九上・一・一

因其能，不因其才能，名爲故冤人，則復爲結氣增災。所以然者，人所不及，雖生之死，猶不能爲也。今人所樂，極樂得善物金玉也。今使明君有教，言人有能撫手盡得天下縣官金銀奇僞之物，不以過汝，盡以與汝，其人極樂得之也，力而不及物，繫其兩手斃盡之，猶不能致也。今爲人父母君，將署臣子之職，不以其所長，正交殺之，猶不能理其職事，但空亂其官職，愁苦其民耳；官職亂，民臣愁，則復仰呼天，自言冤，上動天，復增災怪。故古聖賢欲得天心，重慎署置，皆得人心，故能稱天心也。其稱天心云何？行之得應其民，吏日善且信忠，是其效也；則遷之以時，是助國得天心之人也。或但有樂，一旦貪名得官，其行無效，不稱天心無應者。夫帝王*迺承天心而治，一當稱天心，不稱天心爲過。故其治無善放應，當退使思過，如此則天已喜，而天下莫不盡忠信，盡其能力者也。幽隱遠方聞之，無藏其能者也。其上書急者，人命至重，不可須臾。人且復啼呼冤，今復結增怪變，疾解報之。其事可忍者須秋冬，何必須秋冬乎？然秋者物畢成，冬者物畢藏，天氣定也。物以仲秋八月成熟，其實核可分別，故當順天地之法，始以八月分別視之。九月者，天氣之究竟也，物到九月盡欲死，故當九月究竟讀視之，觀其善惡多少。

經四八・一〇上・一・一

十者，數之終也，故物至十月而反初。天正以八月爲十月，故物畢成；地正以九月爲十月，故物畢老；人正以亥爲十月，故物畢死。三正竟也，物當復生。故乾在西北，凡物始核於亥，天法以八月而分別之，九月而究竟之，十月實核之，故天地人三統俱終，實核於亥。故十月而實核，下付歸之。所以然者，此八月九月十月三月也，天地人正俱畢竟，當復反始。不實不核，不得其意，天地且不悅喜，其災不除，復害來年。故八月而*分別視之，九月而究竟之，十月而實核，下付歸之。令使吏民悉得更思過失，不敢復爲也。來年吏民更謹，凡物悉善矣，不歸使思過，固固民臣居下失政令，不自知有過，其心不易。天道固固惡不易矣，故當付歸之也。真人欲知其效，今年所付歸，因書一通自置之，亦教吏民自記一通置之，視善惡多少，名爲天券；來年付歸，復置一通，視善惡多少；來年復付歸，置一通，視善惡多少；下疎與上所記置，當繇相應，名爲天徵合符。令吏民更易心爲善，得天意，所上當多善，若令大易當大善。若令固固無變不易，所上固固如令爲惡不止，所上當益惡，吏民大欺忿天，所上當大惡增劇，故是天洞明照心之鏡也。不失銖分，以明吏民治行。夫天地比若影響，隨人可爲不脫也。真人幸有善意，努力卒之慎之。子雖來問此，若無事無益，天内默視，子口可言，以何明之以言也？夫人言事，辭詳善，人即報之以善，響亦應之以善；其言凶惡不祥，人亦報之以惡，響亦應之以惡也。凡事相應和者，悉天使之也*。子寧解耶？」「唯唯。」「夫天迺高且遠尊嚴，安可事事自下與人言語乎？故其法皆以自然應和之也。子心今開不？」「唯唯。已解，願及天師復假一言。」「行道之。」「中古皇無文，不三相通，以何能安之乎？」「善哉，子之言也。天運使其時人直質樸，其人皆懷道，而信又專一；但流言相通，人人各欲至誠信，思稱天心，迺無一相欺者也。故君臣民三并力，同心相通，故能相治也。如使不同心爲一家，即亂矣。今者承負，而文書衆多，更文相欺，尚爲浮華，賢儒俱迷，共失天心，天既生文，不可復流言也。但當實核得其實，三相通即天氣平矣。天法者，或億或萬，時時不同，治各自異，術各不同也。今者太平氣且至，當實文本元正字，迺且得天心意也。子不能分別，天地立事以來，其治億端，行其事，悉得天應者是也；不得天應者，非也；是即其大明天券徵驗效也。寧解耶？」「唯唯。」「行去，勿得復問。今非不能爲子悉記，天地事立以來，事事分别解天下文字也，但益文，難勝記，不可爲才用，無益於王治，故但悉指授要道而言[*]。夫治不理，本由天文耳，是天地大病所疾也，古時賢聖所共憎惡也。故道爲有德君出，不敢作文，皆使還守實，求其根，保其元，迺天道可理，國自安。真人雖好問，勿復令益文也，去思之。」「唯唯。」

右包裹元氣自然天地凡事三合相通并力同心天明券和皇平治法。

經四八・一二上・一・一

太平經合校卷四十九 丙部之十五

經四九·一上·二·四

太平經卷之四十九

急學真法第六十六*

「真人前，今良和氣且俱至，人但當游而無職事，當以何明其心而正其意，常使其忽然忘爲邪惡，而日好爲善，不知置。令帝王垂拱而無可治，上善之人滿其朝，忠信孝子皆畢備，當以何致之乎？真人有天性好善之心，常汲汲憂天道，宜自精，具陳説之。」「然，但當急學之以真道真德真仁耳。」「何以當學以真道哉？」「然，道乃能導化無前，好生無輩量。夫有真道，乃上善之名字；夫無道者，乃最惡衰凋凶犯死喪之名稱也。」「真人此今但説真善哉，吾無以加之。何以當學之以真德？」「夫人有真德，乃能包養無極之名字。夫無德者，乃最劣弱困窮小人之名字也。」「善哉，真人之言，吾復無以加之也，真真是也。何以當學之以仁道也？」「仁者，乃能恩愛，無不包及，但樂施與無窮極之名字。夫不仁之人，乃好德反惡典與，是

經四九・二上・一・一

〔并〕道典論卷四凶徵

經四九・三上・一・一

乃大貪鄙之名稱，與禽獸同志，無可以自别異也。」「善哉！真人之言，吾復無以加此也。今真人説三事*，吾無以加此也。今人當學爲善邪？不當邪？」「當力學爲善。」「夫爲善，亦豈有名稱字不邪？」「小子不及，唯師開示之。」「然，夫爲善者，乃事合天心，不逆人意，名爲善。善者，乃絶洞無上，與道同稱；天之所愛，地之所養，帝王所當急仕，人君所當與同心并力也。夫惡者，事逆天心，常傷人意；好反天道，不順四時，令神祇所憎，人所不欲見；父母之大害，君子所得愁苦也，最天下絶凋凶敗之名字也。故人之行，失吉輒入凶，離凶則入吉；一吉一凶，一善一惡，爲不純謹之徒，子寧知之？」「唯唯。」「今〔一〕於真人意，凡人之行當云何哉？」「然人今不力學道，輒爲無可知道，輒名無道之人。夫無道之人人，最爲惡凶人也。今不力學德，輒爲無可知德，夫無德而好害傷之人，乃凶敗之符也。今人不力學仁，已不仁矣；夫不仁之人，乃與禽獸同路，人與禽獸同心，愈於死少耳。今人不旦夕力學善，失善即入惡。〔起〕夫惡乃死凶之處，故凡人不力學吉，輒乃〔二〕入凶，夫凶迺天下惡名稱。」〔止〕「善哉，子已長入真道，不復還反惡矣。今真人久懷智*而作愚，何哉？」「不敢行。」「子幸有能，極陳子所言，吾甚喜之。今能極於此，子曾但

經四九・四上・一・一

見吾言説，反中棄而止耶？」「不敢也。見師比勑使説，適意有所不及，不敢悉言之。」「善哉子之言，常大謙。」「今能極意真門，唯天師錄示所不及。」「然，子向所言悉是也。是故古者大聖三皇，常自旦夕力學真道，見不好學真道者，名爲無道之人。夫無道之人，其行無數，天之大重怨。夫無道之人，本天不欲覆蓋，地不欲載也，神靈精鬼所不欲祐，天下所共苦也。聖人賢者君子乃大疾無道之人。故古者上皇之時，人皆學清靜，深知天地之至情，故悉學真道，乃後得天心地意，人不力學德，名爲無德之人。夫無德之人，天不愛，地不喜，人不欲親近之，其行常行事不爲德；乃爲王者致害，爲君子致災，鬼神承天教，不久與爲治。是故古者賢聖大儒，見無德之人，不與其通言語也；不力旦夕學仁，即且忽事爲不仁。夫不仁之人，言即逆於凡事，傷人心，不合天意，反與禽獸相似，故古者聖賢不與其同路也。今人不事師，力學善，*即且愚闇，不知爲善也，反且恣其無知之心，輕爲惡。夫惡人下愚蔽闇之人，其行乃不順天地之道，尚爲君子得事，戮其父母，愁其宗親，爲

〔一〕「令」疑「今」字之譌。

〔二〕「乃」道典論作「且」。

經四九・五上・一・一

行無法，鬼神承天心爲使不喜之，爲害甚處，三法所當誅。古者聖賢以爲大怨，故古者悉自實核其學問也，合於天心，事入道德仁善而已，行要當合天地之心，不以浮華言事。所以然者，且失天法，失之即入凶絶短命矣，或害後世。天道不誤，有格法。夫不力學大吉之道，反事者輕忽自易，必且入凶。夫凶者〔一〕乃天地人萬物所疾惡，不可久存，是大患之本，禍之門户，過而陷其中便死，不得還悔過反故也。天下莫不共知之，而下士大愚，常共笑道，不知守道，早避凶害，傳傳爲愚，更相承負。後生愚闇，復劇於前。故真道閉而不通，令人各自輕忽，不能窮竟其天年，其大咎過，乃由此也。真人見吾書，宜深計之，慎無閉藏，以付賢柔明，使其覺悟。是故古道乃承天之心，順地之意。有上古大真道法，故常教其學道、學德、學壽、學善、學謹、學吉、學古、學平、學長生。*所以盡陳善者，天之爲法，乃常開道門；地之爲法，常開德户。古之聖賢爲法，常開仁路。故古者聖賢，與天同心，與地合意，共長生養萬二千物，常以道德仁意傳之，萬物可興也；如以凶惡意傳之，凡物日衰少。故有道德仁之處，其人日多而好善；無道德仁之處，其人日衰少，其治日貧苦，此天地之格懸法。夫有至道明德仁善之心，乃上與天星曆相應，神靈

經四九・六上・一一・一

以明其行。故古者聖賢常思爲善無極，力盡乃以不敢有惡念凶路也。夫下愚之人，其心常閉塞，實無知，不可復妄假之以凶衰之惡路也，不自知大失天道，相隨爲惡以爲常，習俗不能自退還也。是以吾上敬受天書教勑，承順天心開闢之，大開上古太平之路，令使人樂爲善者，不復知爲惡之術。天下之人其志也常高，而其所成者反常下，不能應其本所志念也。故夫上士忿然惡死樂生，往學仙，勤能得壽耳，此上士是尚第一有志者也。中士有志，疾其先人夭死，忿然往求道學壽，勤而竟其天年耳，是其第一堅志士也。其次疾病*多而不得常平平，忿然往學，可以止之者，勤能得復其故，已小困於病，病乃學，想能禁止之，已大病矣。其次大病劇，乃求索道術，可以自救者已死矣。是故吾書教學人，乃以天長壽之法，旦夕自力爲之，纔得且平平耳；如以平平之法學，凡人已入凶矣。愚者不知天下凡人，其本志所爲，常念善高己者，不能應其所志，故爲其高舉之，上極於仙，即纔得保其天年耳。夫大賢者志十得十，必與吾道書相應；中賢者志十，或中止更懈，纔

〔一〕「夫凶者」以下至「禍之門户」，道典論卷四「凶徵」條引全同。

經四九・七上・一一

得五，小人朝志之，暮忘其所言。故大高舉者，樂使其上中下各得其心所志念。今下古人大愚，去真道遠，力學以天正文法，纔不陷於僞欺耳；學以平平之文，已大欺矣；學以習文好言，大僞姦猾已起矣。天以帝王爲子，惡下欺上。夫人行下多邪僞，即上道德仁君無所信，下民人無所附歸其命。夫力旦夕教學以真道耳，力學以善道，纔得平平之道也；力學以平平之道，已入浮華矣；入浮華，凡人大迷惑窮困矣，便成大凶惡之路。帝王爲愁苦，人不可治。*真人欲知是信，比若人家慈父母，日教其子爲善，自苦絶衣食養之老，尚固固爲惡，何況凡人乃相示教以浮華之文哉？以吾書不信也，使凡人見吾書者，各自思所失。中古以來，有善道者皆相教閉藏，不肯傳與其弟子，反以浮華僞文教之；爲是積久，故天道今獨以大亂矣，天地災怪萬類，不空也。賢儒宜各深思□□。然吾今雖不旦夕與俗人同處，昭然已知之矣。天下大疾苦之，故使吾出此文以告屬之，吾不空也。真人實宜重慎之，且有天讁。」「唯唯。不敢也。每見天師言，常駭慄。」「子之言是也，即天且大悦大喜，不害子也。」「唯唯。」「凡人雖力旦夕學，勑教以真德，尚纔得平平之德耳；學以平平之德，已入邪僞德矣；學以邪僞德，愚人已無復數矣。無有真德，恣心而行，此純君子之賊。力學以上仁，纔得成中仁耳；力學以中仁，其行纔平平，無有仁也；學以不仁，愚人已成盜賊矣。不自知殺傷無復數。恣意而行，不用道理，是正天怨地咎，人之大賊。力旦夕學以大吉之道，纔得中吉耳；學以中吉，纔*得小吉耳；學以小吉，此已入凶道矣；學以凶道，已不復救矣。俱大闇昧無一知，見天道言其不真，但欺誷純信，其愚心妄言，上千〔一〕天文，下亂地理，爲百姓害災。是故吾道書學凡人也，乃大學之，使其上列真仙，如不能及真仙，可得平安，不爲有德之君憂，真人宜深思惟吾言，勿復反怪之。」「唯唯。」「今吾乃爲天談，當悉解天地開闢以來承負之責。不能大張之以上大道大德之法，上壽之術，上善之路，人失諸闇昧，誠久信其愚蔽之心，人會爲惡，不可禁止，猶復不能解其承負天地之讁過。真人寧曉吾言耶？」「唯唯。」「夫聖賢高士，見文書而學，必與吾書本相應，不失絲髮之間；中士意半達，必得其半；下士自力，勤能不失法，所以大舉天民。凡人者樂其上下中無失法者，皆得正道，各自愛，不敢輕事爲大憂。上士

〔一〕「千」疑「干」字之譌。

得吾道，學之不止，可爲國之良臣，久久得其要意，可以度世，不復爭訟事視權也；
中士學吾道，可以爲良善小臣，可以竟其天年；小人學吾道，可以長謹，父慈母愛，
經四九·九上·一·一
子孝兄良，弟順，夫婦同計*，不相賊傷，至死無怨，魂神居地下，尚復長，不復見作
事，不見名爲惡子，無夭年戮死者也。　夫古者本元氣天生之時，人盡樂學欲仙，尚
不能壽；纔使人各畏死，不犯刑法耳。　夫下古人大愚，反誦浮華相教，共學不壽之
業，生時忽然，自言若且無死，反相教，無可愛惜，共興凶事，治死喪過生，生乃屬
天也，死乃屬地，事地反過其天，是大害也。　吾以是行占之，知其俱愚積久，無一
知也。　凶事興，即鬼大盛，共疾殺人，人不得竟其天命。　夫力學真道，纔得僞道；
力學真德，尚纔得僞德耳。　何況下古之人，反相學以浮華之文，其去道遠哉！　困
窮不得復相拘制，反相教爲章奏法律，辯慧相持長短。　夫教其爲仁，尚愁其不仁，
及〔二〕教其學爲不仁之路。　天乃爲人垂法，天自名爲大道，地自名爲德。　所以然
者，夫天地，乃萬物之父母，凡事君長；故常導之以善，不敢開昌導教之以凶惡之
路，而況人乎？　人者，天之子也，當象天爲行。　今乃失法，故人難治。　教導之以
經四九·一〇上·一·一
道與德，乃當使有知自重自惜自愛自治。　今反開*之以刑法，使其視死忽然，尚勇

力自輕，令使傳相治，因而相困，反更相剋賊，迭相愁苦，故天下人無相愛者，大咎在此。真人知之耶？愼之。」「唯唯。」「夫力勑教其仁，尚苦不仁，下古之人反相教數書，已大薄矣，其相憎怨不得絶。力教其爲吉，尚苦不吉，下古之人反相勑力學死喪之具，豫與凶事以待之日，死不以其壽，幾滅門矣；而不自知過誤，臨時呼天號地，自言冤，王治不平，使我失年，内行自得之。愚人不防其本，罪定乃悔，不爲謹以無益也，雖號死其口，猶不復救矣。故吾今力勑教以大仙經道，纔開其壽階耳；學人以德，纔使其仁；學人以仁，纔使其平平，保其故不敢相欺奪人財物也；學人以平平，已失法矣；學人以法，已失相剋賊矣；學人相剋賊，已入大武矣；入大武，即民已無罪而欺矣，困窮也成盜賊。故吾承天道法，開大吉之門，閉其凶惡之路，開天太平之階，人人誦之，且各自謹，無可復治也；致令天時運轉，樂王者乃長游而無事。是故吾書悉考凡事之本元，纔得其中也；考其中，*已得其下矣；學愚人以下，已大亂矣。今下古，所以帝王雖有萬萬人之道德，仁思稱天心，

〔一〕「及」疑「反」字之譌。

經四九・一二上・一一・一

而凶不絶者，乃承負洊災亂以來獨積久，雖愁自苦念之，欲樂其一理，變怪盜賊萬類，夷狄猾夏，乃先王之失，非一人所獨致，當深知其本。是以天使吾出書，爲帝王解承負之過。真人以吾道不與天相應，今但案吾文行之，不失銖分，立相應矣。是吾文大信，不力行以解冤結，天道安能默空相應乎？夫愚不學，安能賢乎？夫貧而不耕，安能收耶？學輒日賢，耕輒有收。行吾書，其□□如是矣。吾保之，不學無求賢，不耕無求收，子知之乎？」「唯唯。」「真道以正也，大德興盛仁，各得其所矣。治平而言，莫不失一。真人解未？幸欲報天地之功而得壽者。努力信道勿懈。」「唯唯。今愚生欲復有所問，不敢卒言。」「平行。」「今天師以何知人大無道德仁也？」「善哉子之言，觀其人行言云何。」「願聞之。」「然，覩道人而忿然反非之，以知其洞無道之人；覩德而非惡之，以知爲大無德之人；覩仁而非之，以知爲大惡不仁之人；覩善謹而非之*，以知爲不謹不善之人。天性：凡同志者相愛，異志者相憎，善人亦疾苦惡人，惡人亦疾苦善人。真人寧解不？」「唯唯。」「夫古者聖賢見人，不即與其語，但精觀占視其所好惡以知之矣。正以此鏡其行，萬不失一。」「善哉！」「故夫道者，乃與皇天同骨法血脈，故天道疾惡好殺，故與天爲重

經四九・一三上・一・一

怨；地者與德同骨法血脈，故惡人傷害，與地爲大咎；夫仁與聖賢同骨法血脈，故聖賢好施仁而惡奪，故與聖人仁爲大仇。是故昔者聖賢，深知此爲三統所案行，故其制法，不敢違離真道與德仁也。故天行者與四時并力，天行氣，四時亦行氣，相與同心，故逆四時者，與天爲怨；地者與五行同心并力，共養凡物，未當終死，而見傷害，與地爲大咎；聖賢與仁同心并力，故游居常尊道而貴德，倚附仁而處，如人好奪而不仁，與聖賢爲怨仇。故火爲心，心爲聖。故火常倚木而居，木者仁而有心。火者有光，能察是非，心者聖而明。故古者大聖賢，常倚仁明而處，歸有道德仁之君，故吾重戒。真人以吾書付歸有道德仁明*之君，必且樂好吾道，深知其意，案而效之，與神無異，吾不自譽於真人也；行之得應，必如重規合矩，乃後下古之人且念吾言。」「唯唯。」「行去，力之勉之，力學道德與仁，餘者無可爲者，出此書，無令藏。」「唯唯。」

右重明賢人心以解愚闇書疑者宜取訣於此。

太平經合校卷五十 丙部之十六

太平經卷之五十

去邪文飛明古訣第六十七*

六端真人純稽首再拜謹具，敢問：「上皇神人求真，吾欲使天地平安，陰陽不亂，常順行，災害不得妄生，王者但日游冶，爲大樂之經，雖所問上下衆多，豈可重聞乎？」「善哉深乎！　子之所問也，何其密達也！　正問此要會，子其欲進至道而退去邪文邪？」「諾。」「今且悉説之。子積善於天，吾何敢匿之。今爲子眷眷其善究於神明之心，吾不言不行，恐逆天意。若天故使子求問之也，爲子具分別言，自隨而記之，慎無遺也。帝王能力用吾書，災害悉已一旦除矣，天下咸樂，皆欲爲道德之士，後生遂象先世，老稚相隨而起，盡更知求真文校事，浮華去矣；心究洽於神靈，君無一憂，何故不日游乎哉？　如是天地凡事，各得其所，百神因而歡樂，王者深得天意，至道往祐之，但有日吉，無有一凶事也。吾言誠誠□□，萬不失一也。

經五〇・一上・二・四

經五〇・二上・一・一
〔并〕鈔丙一五下・七・一七

但恐得之不行，衆邪結也，災異浮華，天地陰陽之大病也；大病而不治，以何得解愈哉？子既來問*事，爲天語言，子詳思吾書上下之辭，幸有至意，慎無亂之。」「唯唯。」「誠得歸便處，日夜惟思，得傳而記之，反覆重疏，冀其萬世無有去時也。天地開闢，言語書文，前後相因事，同氣者以類相明，求其類而聚之，其道日以彰明，無有衰時也。故自古到今，衆聖共爲天談，衆賢者同其辭，共爲聖謀。【起】帝〔一〕王者，天之貴子也〔二〕。子承父教，當順行之，以除〔三〕天地之〔四〕憂，因得其祐，故常思力行之〔五〕。【止】吾道□□哉？見事當覺，不覺天地神明，當更求億億萬萬、千千百百、十十一一事皆當相應，然後乃審可用也。爲不相應，急復求索，其兄弟比類，且有相應，不失一者，是也。凡事皆當如斯，以何審知其相應乎哉？相應者，乃當內究於心，外應於神祇，遠近相動，以占事覆下，則應者是也；不相應者，說皆非也。慎之無妄言，令使人無後世也。所以然者，其說妄語無後，不可久用，故使人無後也。治道日衰，乖逆皆異言，此實非也，皆應亂天文地理，不應聖

〔一〕「帝」上鈔有「夫」字。　〔二〕鈔無「也」字。　〔三〕「除」鈔誤作「降」。　〔四〕鈔無「之」字。
〔五〕「常思力行之」原作「言思之力之」，疑文有脫誤，今依鈔改。

經五〇・三上・一・一 人心者，神不可使也。故言者，當内究於人情心，乃後且外洽，究於神祇*也。是者，即拱得失，天文之戒也。積文以類相從，使衆賢聚之，撰其中十十相應，應於人心神祇者以爲文，共安其意，試之以覆下，如此乃萬世不可易也。覆者，乃謂占事則應，行之則應至是也。然後可以困成天經法，是正所謂以調定陰陽，安王者之大術也。此乃可以轉凶禍以爲福，使人民更壽。何故乎？天文地理正，則陰陽各得其所；陰陽各得其所，則神靈俱大喜；神靈喜，則祐人民，故帝王長安而民壽也，可不力勉乎哉矣？飛明者，三光之小者也，皆連於地下，乃上懸繫於天，其動與地人民萬物相應和，是要文之證也。其書文占事，百百十十相應者是也，不相應和者非也。以是升量平之，其邪文邪書悉盡絶去矣。取過事以效今事，隨天可爲，視天可興，無亂天文，與天同力，可謂長吉。夫天但可順不可逆也，因其可利而利之，令人興矣；逆之者令人衰，失天心意亡矣。」

移行試驗類相應占訣第六十八

經五〇・四上・一・二 凡移徙轉行之文，天行書也，陰陽交合天文成*。帝王人民萬物，皆以其理中行，

經五〇・五上・一・一

得其意者吉，失其意者悉凶。事有逆順，不可不謹善詳也。欲知其審，以五五二十五事試之，取故事二十五，行事二十五家，詳記其歲日月時所從來，其五音屬誰手，以占吉凶，驗百百十十相應者是也。此審得天地之分理安，王者不疑也。民臣不失其職，萬物各得其所，不若此書言，亂邪之文不可用也。以升量之，誤人之文，有敢用者，後世無子。所以然者，賊傷人民，失天地之分部。天地主生，人反亂其陰陽，故令使人無後也。古者無文，天反原之，已出天行書之後，皆已知天道意，而故爲之犯者死，多不壽而凶，正此也。

施有兄弟，以類相應和，五嶽萬里相應，以精詳念思，其中事善善相應，賤賤相和，其多少高卑，萬不失一也。常效以五五二十五氣，應爲二十五家，二十五丘陵，書十百相應，地讖也。比其氣相加，兄弟地也。其人民好惡同。又諸色禽獸草木相類，此即同氣地也。以此分明，地審相應，不水氣兄弟者，其魚鼈相類，以*是爲占，分別其所出，萬物凡事，其可知矣。其象同者，其形同也；其象異者，其形異，是非正此也。

丹明耀禦邪訣第六十九

丹明耀者，天刻之文字也，可以救非禦邪。十十相應愈者，天上文書，與真神吏相應，故事效也；十九愈者地文書，與陰神相和；十八相應愈者，中和人文也。以此效之，其餘皆邪文也，不可用也，所以拱邪之文也，乃當與神相應，不愈者皆誤人，不能救死也。或有鬼神所使書文，不可知而治愈者，是人自命祿爲邪之長也，他人不能用其書文也，以此效聚衆刻書文也邪，乃可刻而盡使之無人之野處也。是文宜一一而求之，不可卒得也。

經五〇・六上・一・一

草木方訣第七十

草木有德有道而有官位者，乃能驅使也，名之爲草木方，此謂神草木也。治事立愈者，天上神草木也，下居地而生也。立延年者，天上仙草木也，下居地而生也。治事立訣愈者，名爲立愈之方；一日而愈，名爲一日而愈方；百百*十十相應愈者是也。此草木有精神，能相驅使，有官位之草木也；十十相應愈者，帝王草也；十九相應者，大臣草也；十八相應者，人民草也；過此而下者，不可用也，誤人之草也。是乃救死生之術，不可不審詳。方和合而立愈者，記其草木，名爲立愈方；一日而愈者，名爲一日愈方；二日而治愈者，名爲二日方；三日而治愈者，名爲三日方。一日而治愈者方，使天神治之；二日而治愈者方，使地神治之；三日而治愈者方，使人鬼治之。不若此者，非天神方，但自草滋治之，或愈或不愈，名爲待死方。慎之慎之。此救死命之術，不可易，事不可不詳審也。

經五〇・七上・一・一

生物方訣第七十一

生物行精，謂飛步禽獸跂行之屬，能立治病。禽者，天上神藥在其身中，天使其圓方而行。十十治愈者，天神方在其身中；十九治愈者，地精方在其身中；十八治愈者，人精中和神藥在其身中。此三者，爲天地中和陰陽行方，名爲治疾使者。比若人有道而稱使者，神人神*師也。是者天地人精鬼使之，得而十十百百而治愈者，帝王上皇神方也；十九治愈者，王侯之神方也；十八治愈者，大臣白衣至德處士之神方也；各有所爲出，以此候之，萬不失一也。此三子皆爲天地人行神藥以治病，天使其各受先祖之命，著自然之術，其中不得去也。比若鳳凰麒麟，著德其身；比若蜂蠆，著毒其身，此之謂也。當深知天道至要意，乃能明天道性，有益於帝王治，使人不惑也。如不知要文，但言天下文書悉可用也，故十七中以下皆爲邪。不與三瑞相應，爲害其〔一〕深。故治十傷一者，不得天心意；十傷二者，不得地意；十傷三者，不得人意；十傷六七以下，皆爲亂治。陰陽爲其乖逆，神靈爲其戰鬬。是故古者聖王帝主，雖居幽室，深惟思天心意，令以自全，自得長壽命。吾書辭上下相集廁以爲文，賢明讀之以相足，此乃救迷惑，使人長吉而遠凶害，各當旦夕思其至要意，以全其身。夫古今百姓行兒歌詩者，天變動，使其有言；神書時出者，天傳其談，以付至德，救世失也。*夫天道惡殺而好生，蠕動之屬皆有知，無輕殺傷用之也；有可賊傷方化，須以成事，不得已乃後用之也。故萬物芸芸，命繫天，根在地，用而安之者在人；得天意者壽，失天意者亡。凡物與天地爲常，人爲其王，爲人王長者，不可不審且詳也。

經五〇·八上·一一·一

經五〇・九上・一・二

去浮華訣第七十二

欲得知凡道文書經意，正取一字如一竟〔二〕。比若甲子者何等也？投於前，使一人主言其本，衆賢共違而説之，且有專長於天文意者，説而上行，究竟於天道；或有長於地理者，説而下行，洽究於地道；或復有長於外傍行，究竟四方；或有坐説，究於中央；或有原事，長於萬物之精，究於萬物；或有究於内，或有究於外，本末根基華葉皆已見，悉以類象名之。書凡事之至意，天地陰陽之文，略可見矣。其頭足皆具，上繫下連，物類有自然，因共安其意，各書其辭，善者集成一説。是以聖人欲得天道之心意，以調定陰陽，而安王者，使天下平，羣神遍悦喜；故取衆賢榮貫中而制以爲常法，*萬世不可易也。今所以失天道意者，夫賢者一人之言，知適達一面，明不盡覩，不能用〔三〕流六方，洽究達内外七處，未能源萬物之精，故各異説，令使天書失本文，亂迷惑者，正此也。凡事欲正之者，各自有本可窮，陰

〔一〕「其」疑「甚」字之譌。 〔二〕「竟」疑「意」字之譌。 〔三〕「用」疑「周」字之誤。

經五〇・一〇上・一・一

陽不復易，皆當如此矣。不者，名爲孤說獨言，不得經意，遂從一人之言，名爲偏言。天地之性，非聖人不能獨談通天意也。故使說，內則不能究於天心，出則不能解天文明地理，以占覆則不中，神靈不爲其使，失其正路，遂從惑亂，故曰就浮華，不得共根基至意，過在此，令使樸者失其本也。令天道失正，陰陽內獨爲其病，乖亂害氣數超，帝王愁苦，其心不能禁止，變氣連作，人民不壽，以此爲大咎。賢明共失天心，又去聖人流久，遂不能得其分理，此名爲亂道。所以然者，經道凡書記，前後參錯，爲天地談。凡事之頭首，神靈之本也，故得其本意者，神靈不復戰怒而行害人也：則惡氣閉藏，盜則〔一〕斷絕；盜賊止，則夷狄却降，風雨爲其時節，是天悅喜之明效也。喜則愛其子。是故帝王延*命也，澤流其人民，則及其六畜禽獸，究達草木，和氣俱見，則邪惡氣消亡，則正氣更明，是陰陽自然之術法。猶比若晝日用事，則夜藏；小人逃亡，則君子行。詐〔二〕思此言，此言所以益命，分明陰陽而說神也。以爲吾書不然也，道以試成，欲知其得失。今試書一本，字投於前，使衆賢共違而說之，及其投意不同，事解各異，足以知一人之說，其非明矣，安能理陰陽，使王者游而無事樂乎哉？是故執本者少，而說者衆，則無不窮矣；

執本者衆而説者少，日使道浮且淺，淺而不止，因而亂矣；亂而不止，陰陽不喜，邪氣便起。故聖王乃宜重本，君子正始也，則無不理矣。不重尊其本，不正其始，則凡事失紀，萬物雲亂，不可復理，精之明之，惑道邪書去矣。

天文記訣第七十三

天地有常法，不失銖分也。遠近悉以同象，氣類相應，萬不失一。名爲天文記，名曰天書。億億萬萬千千百百十十，若十二日一周子亦是也，十二歲一周子亦是也，六十歲一周子亦*是也，百二十歲一周子亦是也。或億子而同，或萬子而同，或千子而同，或百子而同，或十子而同，俱如甲子也。其氣異，其事異，其辭異，其歌詩異，雖俱甲子，氣實未周，故異也。以類象而呼之，善惡同氣同辭同事爲一周也。精考合此，所以明古，復知今也；所以知今，反復更明古也。是所以知天常行也，分明洞達，陰陽之理也。書辭誤與不前後宜，當以相足，歌音聲事事同，所謂

〔一〕「則」疑「賊」字之誤。〔二〕「詐」疑當作「詳」。

經五〇・一二上・一・一

〔附〕鈔丙一五下・九・一三

大周中周小周法也。得其意，理其事，以調和陰陽，以安王者，是可以效天常法書也。比猶若春秋冬夏，不復誤也。今後生皆用命少，未覩一周，何知大小中有三周哉？古常神道乎？故遂失正路。覩須臾之間，又未通洞古今神文，遂從偏辭，自言是也，正猶春兒生而死，不覩秋事；夏生而終，不覩冬事。說者當時各見其目前可覩者□□，故雖十辯之，猶不知也，內不然此也。〔起〕使天文不效者，正是也。故事不空見，時有理亂之文，道不空出，時運然也。故古詩人之作，皆天流氣，使其言不空也。是故古者聖賢帝王，見微知著，*因任行其事，順其氣，遂得天心意，故長吉也。逆之則水旱氣乖迕，流災積成，變怪不可止，名爲災異。衆賢迷惑，不知但逆氣，不順時務所爲也，不可不重慎哉。〔止〕

〔附〕使天文不效者，時有理亂，道不空出。古者帝王見微知著，因任行其事，順其炁，遂得天心意，如長吉。逆之則水旱炁乖忤，流災積成，變怪不可止，名爲災異。衆賢迷惑，不知逆順之道。

天所以使後世有書記者，先生之人知且壽，知自然，入虛靜之道，故知天道周終意，若春秋冬夏有常也。後生氣流久，其學淺，與要道文相遠，忘前令之道，非神

〔幷〕鈔丙一六上・三・一五

〔幷〕鈔丙一六上・九・六 經五〇・一三上・一・一

聖之人，不能豫知周竟，故天更生文書，使記之相傳，前後可相因，樂欲使[起]其知之以〔一〕自安也。逢其〔二〕太平，則可〔三〕安枕而治〔四〕；逢其〔五〕中平，則可力而行之；逢其〔六〕不平，則可〔七〕以道自輔而備之。猶若夏至則爲其〔八〕備暑，冬至則爲其〔九〕備寒，此之謂也。天道有常運，不〔一〇〕以故人也，故順之則吉昌，逆之則危亡。天道戰鬬其命傷，日月失度，則〔一一〕列星亂行；知〔一二〕順時氣，日月得度，列星順行，是天之明證也。能用者自力，無敢閉藏，慎〔一三〕無賊傷；天之祕書，以歸仁賢，原〔一四〕明上下，令以〔一五〕自安。[止]

灸刺訣第七十四

[起]灸刺者，所以調〔一六〕安三百六十脈，通陰陽之氣*而除害者也〔一七〕。三百六十脈者，

〔一〕鈔無「以」下四字。　〔二〕鈔無「其」字。　〔三〕鈔無「可」字。　〔四〕「治」鈔作「理」。　〔五〕鈔無「逢其」二字。　〔六〕鈔無「其」字。　〔七〕鈔無「則可」二字。　〔八〕鈔無「爲其」二字。　〔九〕鈔無「爲其」二字。　〔一〇〕鈔無「不」下五字。　〔一一〕鈔無「則」字。　〔一二〕鈔無「知」下十八字。　〔一三〕鈔無「慎」下十一字。　〔一四〕鈔無「原」字。　〔一五〕鈔無「以」字。　〔一六〕「調」下鈔有「和」字。　〔一七〕鈔無「也」字。

經五〇・一四上・一・一

應一歲三百六十日，日一脈持事，應四時五行而動，出外周旋身上，總於頭〔一〕頂，内繫於藏。衰盛〔二〕應四時而動移，有疾則不應，度數往來失常，或結或傷，或順或逆，故當治之。灸〔三〕者，太陽之精，公正之明也，所以察姦除害惡也。針〔四〕者，少陰之精也，太白之光〔五〕，所以用義斬伐也〔六〕。治百中百，治十中十，此得天經脈讖書也，實與脈相應，則神爲其〔七〕驅使；治十中九失一，與陰〔八〕脈相應，精爲其驅使；治十中八，人道書也，人意爲其使；過此而下，不可以治疾也，反或傷神〔九〕。甲脈有病反治乙，名爲恍惚，不知脈獨傷絶。故欲〔一〇〕樂知天道神不、神相應與不也，直置一病人〔一一〕前，名爲脈本文，比若書經道本文也〔一二〕，令衆賢圍〔一三〕而議〔一四〕其病，或有長於上，或有長於下，三百六十脈，各有可覩，取其行事，常所長而治訣者以記之，十十中者是也，不中者皆非也，集衆行事，愈者以爲經書，則所治無不解訣者矣〔一五〕。止天道制脈，或外或内，不可盡得而知之也，所治處十十治訣，即是其脈會處也；人有小有大，*尺寸不同，度數同等，常以窞穴分理乃應也。道書古今積衆，所言各異，名爲亂脈也；陽脈不調，反治陰脈，使人被咎，賊傷良民，使人不壽。脈乃與天地萬物相應，隨氣而起，周者反始。故得其數者，因以養性，以知時氣

〔廾〕襄傳注

至與不也，本有不調者安之。古者聖賢，坐居清靜處，自相持脈，視其往來度數，至不便以知四時五行得失，因反知其身衰盛，此所以安國養身全形者也，可不慎乎哉！人惑隨其無數灸刺，傷正脈，皆傷正氣，逆四時五行，使有災異；大人傷大，小人傷小，盡有可動遙不居其處者，此自然之事也。是故古聖賢重之，聖帝王居其處，候脈行度，以占知六方吉凶，此所調，以近知遠，以內知外也，故爲神要道也。

神祝文訣第七十五

[起]天上有常神聖，要語時下授人以言，用使神吏應氣而往來也。人民〔一六〕得之，謂爲〔一七〕神祝〔一八〕也。祝也〔一九〕祝百中百，祝〔二〇〕十中十，祝〔二一〕是天上神本文傳經辭也。

〔一〕鈔無「頭」字。〔二〕「衰盛」鈔誤作「裹咸」。〔三〕「灸」鈔作「火」。〔四〕「針」鈔作「剌」，疑當作「刺」。〔五〕「光」鈔作「質」。〔六〕鈔無「也」字。〔七〕鈔無「其」字。〔八〕「陰」鈔譌作「除」。〔九〕鈔脱「神」字。〔一〇〕鈔無「欲」字。〔一一〕「人」下鈔有「於」字。〔一二〕鈔無「也」字。〔一三〕鈔脱「圍」字。〔一四〕「議」鈔作「識」。〔一五〕「矣」鈔作「也」。〔一六〕「民」襄傳注作「衆」。〔一七〕襄傳注無「爲」字。〔一八〕「祝」襄傳注作「咒」，「祝」、「呪」通用，下同。〔一九〕襄傳注無「祝也」二字。〔二〇〕襄傳注無「祝」字。〔二一〕「祝」下十一字襄傳注無。

其祝有可使神佐〔一〕爲除疾〔二〕，皆〔三〕聚十十中者，用之所向無不愈者〔四〕也。[但]以言愈病，此天*上神讖語也。良師帝王所宜用也，集以爲卷，因名爲祝讖書也。十八是乃所以召羣神使之，故十愈也。十九中者，真神不到，中神到，大臣有也。十八中者，人神至，治民有也。此者，天上神語也，本以召呼神也，相名字時時下漏地，道人得知之，傳以相語，故能以治病，如使行人之言，不能治愈病也。夫變事者，不假人須臾，天重人命，恐奇方難卒成，大醫失經脈，不通死生重事，故使要道在人口中，此救急之術也。欲得此要言，直置一病人於前，以爲祝本文，又各以其口中密祕辭前言，能即愈者，是真事也；不者，盡非也，應邪妄言也，不可以爲法也。或有用祝獨愈，而他傍人用之不決效者，是言不可記也；是者鬼神之長，人自然使也，名爲孤言，非召神真道也。人雖〔五〕天遥遠，欲知其道真不、是與非，相應和若合符者是也，不者非也。

葬宅訣第七十六

葬者，本先人之丘陵居處也，名爲初置根種。宅，地也，魂神復當得還，養其子孫，善地則魂神*還養也，惡地則魂神還爲害也。五祖氣終，復反爲人。天道法氣，周復反其始也。欲知地效，投小微賤種於地，而後生日興大善者，大生地也；置大善種於地，而後生日惡者，是逆地也；日衰少者，是消地也。以五五二十五家冢丘陵效之，十十百百相應者，地陰寶書文也；十九相應者，地陰寶記也；十八相應者，地亂書也，不可常用也；過此而下者，邪文也，百姓害書也。欲知其審，記過定事，以效來事，乃後真僞分別。可知吾書，猶天之有甲，地之有乙，萬世不可易也。本根重事效，生人處也，不可苟易，而已成事，□□邪文爲害也，令使災變數起，衆賢人民苦之甚甚。故大人小人，欲知子子孫孫相傳者，審知其丘陵當正，明其故，以占來事。置五五二十五丘陵以爲本文，案成事而考之，錄過以效今，去事之證以爲來事。真師宜詳惟念書上下，以解醉迷，名爲占陰覆文，以知祖先，利後子孫，萬世相傳，慎無閉焉。

〔一〕襄傳注無「伭」字。〔二〕「疾」上襄傳注有「災」字。〔三〕「皆」下六字襄傳注無。〔四〕襄傳注無「者」字。〔五〕「雖」疑「離」字之譌。

諸樂古文是非訣第七十七

諸*樂者，所以通聲音，化動六方八極之氣，其面和則來應順善，不和則其來應戰逆。夫音聲各有所屬，東西南北，甲乙丙丁，二十五氣各有家。或時有集聲，相得成文辭，故知聲。聆聲音以知微言，占吉凶，舉音與吹毛律相應，乃知音絃聲，宫商角徵羽，分別六方遠近，以名字善惡云何哉？精者，乃能見其精神來對事也。故古者聖賢調樂，所以感物類，和陰陽，定四時五行。陰陽調則其聲易聽，陰陽不和，乖逆錯亂，則音聲難聽。絃又當調，宜以九九，次其絲絃，大小聲相得，思之不傷人藏精神也。不調則舞亂，無正聲音，不可聽，傷人藏精神也。故神祇瑞應奇物不來也。故得其人能任長於聲音者，然後能和合，陰陽化也。以何知之也？爲之神明來應，瑞應物來會，此其人也；不者，皆亂音，不能感動，故不來也。故凡事者，當得其人，若神；不得其人，若妄言，得其人，事無難易，皆可行矣；不得其人，事無大小，皆不可爲也。是故古聖賢重舉措求賢，無幽隱，得爲古。得其人則理，不得其人則亂矣。古文衆*多，不可勝書。以一

經五〇・一七上・一・二

經五〇・一八上・一・二

經五〇・一九上・一・二
〔並〕鈔丙一七上・七・
一六

事況十，十況百，百況千，千況萬，萬況億，億況無極事，各自有家類屬，皆置其事本文於前，使曉知者執其本，使長能用者就説之，視其相應和，中者皆是也，不應又不中者，悉非也。欲知古聖人文書道審不也，此比若呼人，得其姓字者皆應。鬼神亦然，不得姓字不應，雖欲相應和，無緣得達，故不應也。故古者名學爲往精，精者，乃精念其事象，可宜復思其言也；極思惟此書策，凡事畢矣。書卷上下衆多，各有事，宜詳讀之，更以相足，都得其意已畢備，不深得其要意，言道無效，事故見變不能解陰陽戰鬬。吾書乃爲仁賢生，往付有德，有德得之，以爲重寶，得而不能善讀，言其非道，故不能樂其身，除患咎也。夫大道將見，其如無味乎？用之不可既乎？衆賢原之，可以和剛柔，窮陰陽位乎？諸文書畢定，各得其所，不復憒憒乎？惡悉去矣，上帝大樂，民無祟乎？澤及小微，萬物擾擾，不失氣乎？復反於太初，天地位乎？邪文已消，守元炁乎？一者，道之綱；二者，道之横行；三者已亂，不*可明也。[起]吾道即甲子乙丑，六甲相承受，五行轉相從，四時周反始。書卷雖衆多，各各有可紀。比若人一身，頭足轉相使。一字適〔一〕遺一字起，賢者〔二〕次之以相補〔三〕。合其〔四〕陰陽以言語，表裏相應如規矩。始誦無味有久久，念之不解〔五〕驗至矣。災害去身神還聚，人自謹良無惡子，名之〔六〕爲無刑罰〔七〕，道化美極也。明案吾文以却咎，姦〔八〕禍自止民自壽，原未得本無終始。十十相應，太陽文也；十九相應，太陰文也；十八相應，中和文〔九〕也；十七相應，破亂文也；十六相應者〔一〇〕，遇〔一一〕中書也；十五相應，無知書也，可言半吉半凶文也〔一二〕；十四中者，邪文也；十三中者，大亂文也；十二中者，棄文也；十一中者，迭〔一三〕中文也；十十〔一四〕中者，以〔一五〕下不可用，誤人文也。隨傷多少，還爲人傷，久久用之不止，法絶後滅門〔一六〕，此〔一七〕十十文也。止

右却邪而致正文法。

〔一〕「適」鈔作「只」。　〔二〕「者」鈔作「之」。　〔三〕「補」鈔作「輔」。　〔四〕鈔無「其」字。
〔五〕「解」鈔作「懈」，「解」古通「懈」。　〔六〕鈔無「名之」二字。　〔七〕「罰」下鈔有「而」字。
〔八〕「姦」鈔作「禍」，「禍」上有「扞」字。　〔九〕「文」鈔作「書」。　〔一〇〕鈔無「者」字。　〔一一〕「遇」鈔作「過」。　〔一二〕鈔無「也」字。　〔一三〕「迭」鈔作「佚」，「迭」通「佚」。　〔一四〕「十」鈔誤作「七」。
〔一五〕「以」鈔作「已」，「以」、「已」通用。　〔一六〕「門」鈔作「嗣」。　〔一七〕「此」下鈔有「爲」字。

太平經合校卷五十一 丙部之十七

太平經卷五十一〔一〕

校文邪正法第七十八*

經五一・一上・二・四

〔幷〕鈔丙一八上・二・一三

純稽首戰慄再拜。「子復欲問何等哉？」「純今見明師正衆文諸書，迺爲天談也，吾恐㤥驚，不知可先後，當以何能正得此書實哉？」〔起〕「子欲〔二〕樂得其實者，但觀視〔三〕上古之聖辭，中古之聖辭，下古之聖辭，合其語言，視其所爲，可知矣。復視〔四〕上古道書，中古道書，下古道書，三合以同類相召呼，復令可知矣。」「今〔五〕凡書文，盡爲〔六〕天談，何故其治時〔七〕亂〔八〕時不平？願聞之。」「然能〔九〕正其言，明其書〔一〇〕

〔一〕此下原有「之五十三」及小注「原缺五十二卷」十字，今皆删去。　〔二〕鈔無「子欲」二字。

〔三〕鈔無「視」字。　〔四〕「視」鈔作「思」。　〔五〕鈔無「今」字。　〔六〕「盡爲」二字鈔作「皆」。

〔七〕「時」下鈔有「矣」字。　〔八〕鈔無「亂」下七字。　〔九〕「能」下鈔有「其言」二字。　〔一〇〕「明其書」三字鈔無。

經五一・二上・一・一

者理矣；不正不明，亂矣。正言詳辭必致善〔一〕，邪〔二〕言凶辭必致惡〔三〕。今〔四〕子難問不止，會樂欲知之，欲致善者〔五〕但正其〔六〕本，本正則應天文，與聖辭相得，再轉應地〔七〕理，三轉爲人文，四轉爲萬物；萬物則生浮華，浮華〔八〕則亂敗矣。天文聖書〔九〕時〔一〇〕出，以考元正始，除其過者置其實；明理凡書，即天之道也。得其正言者，與天心〔一一〕意相應，邪也致邪惡氣，使天地不調〔一二〕，萬物多失其所，帝王用心愁苦，得復亂焉，故當急爲其考正之。今〔一三〕念從古到今，文〔一四〕書悉已備具矣，止*俱愁其集居而不純，集廁相亂，故使賢明共疑迷惑，不知何從何信，遂失天至心，因而各從其忤是也。使與天道指意微言大相遠，皆爲邪言邪文，書此邪，致不能正陰陽，災氣比連起，內咎在此也。吾見子問之，積眷眷不忍，故反覆爲子具道其意，疾疏吾辭，自深思念之。夫凡事者，得而不能專行，亦無益也；若能行之，除大謫也。」「夫天文亂，欲樂見理，若人有劇病，欲樂見治也，何以乎哉？」「然子自若愚耳，誠無知乎？劇病不以時治也，到于死亡；天文不治正，至於大亂，四時爲其失氣，五行逆戰，三光無正明，皆失其正路，因而毀敗；人民雲亂，皆失其居處，老弱負荷，夭死者半，國家昏亂迷惑，至道善德隔絕，賢者蔽藏，不能相救，是

經五一・三上・一一

〔廾〕鈔丙一八下・六・二

不大劇病邪？故當力正之。今愚人日學遊浮文，更迭爲忤，以相高上，不深知其爲大害，以爲小事也，安知内獨爲陰陽天地之大病乎哉？天下不能相治正者，正此也。夫神祇有所疾苦，故使子來反復問之也，見書宜旦夕宿夜，深惟思其要意，不可但自易，不爲皇天重計*也。今帝王無所歸心，其咎甚大。吾今雖與子相對二人而談，以爲小事，内迺爲皇天是正語議，不敢苟空妄言，其咎在吾身罪重，不可除也。[起]神祇之謫人，不可〔一五〕若人得遠避而〔一六〕逃也。子〔一七〕敢隨吾輕辭便言，若俗人陳忤相高上也？」「唯唯，不敢也，見天師言，且恢且喜。誠得盡力冀得神祇之心，以解天下〔一八〕憂，以安帝王，令〔一九〕使萬物各得其所，是吾〔二〇〕願也。」[止]「子願何一獨善，不可復及也，然吾所以常獨有善意者，吾學本以思善得之，故人悉老終，

〔一〕「善」下鈔有「也」字。〔二〕鈔脱「邪」字。〔三〕「惡」鈔誤作「怨」，「怨」下並有「矣」字。〔四〕鈔無「令」下十一字。〔五〕鈔無「者」字。〔六〕鈔無「其」字。〔七〕「地」鈔誤作「天」。〔八〕「浮華」二字鈔無。〔九〕「聖書」二字鈔無。〔一〇〕「時」鈔誤作「將」。〔一一〕鈔無「心」字。〔一二〕「調」鈔誤作「謂」。〔一三〕「今」鈔誤作「念」。〔一四〕鈔無「文」字。〔一五〕「不可」鈔作「非同」。〔一六〕「而」鈔作「易」。〔一七〕「子」下三十五字鈔無。〔一八〕「下」下鈔有「之」字。〔一九〕鈔無「令」字。〔二〇〕「吾」下鈔無「願也」二字，但有「守三實太平氣來邪僞去奸猾絶滅」十四字，蓋係錯簡（即本經卷三十六守三實法篇末篇旨）。

經五一・四上・一・一

吾獨得在；而吾先人子孫盡已亡，而吾獨得不死，誠受厚命，慙於倉皇，無以自效，報之復之也，常思自竭盡力，不知以何効哉？ 見天地不調，風雨不節，知爲天下大病，常憐之。」「今得神人言，大覺悟，思盡死以自效於明天，以解大病，而安地理，固以興帝王，令使萬物各得其所，想以是報塞天重功，今不知其能與不哉？ 願復乞問，不及於明師。」「善哉，子之言也。今見子言，吾尚喜，何言天哉？ 吾書□□，萬不失一也。子但努力勿懈而理之，是可以復天功，不復疑也。帝王行*之，尚且立得其力，何況於子哉？ 吾連見子之言，吾不敢餘力也；吾雖先生，志不及子也。今俱與子共是天地，願與子共安之。吾欲不言，恐得重過於子，反得重謫於天。子更詳聆之，復爲子反復悉分別道之。正文者，迺本天地心，守理元氣。古者聖書時出，考元正字，道轉相因，微言解，皆元氣要也。再轉者，密辭也；三轉成章句也；四轉成浮華；五轉者，分別異意，各司其忤；六轉者，成相欺文。章句者，尚小儀其本也，過此下者，大病也。乃使天道失路，帝王久愁苦，不能深得其理，正此也。子幸欲報天恩，復天重功。天者，不樂人與其錢財奇僞之物也，但樂人共理其文，不亂之耳。今吾見覩子初來學之時，以爲子但且問一兩事而去，何意乃欲畢天道乎？吾言而不正，天道略可見覩矣。子樂欲正天地，但取微言，還以逆考，合於其元，即得天心意，可以安天下矣。拘校上古中古下古之文，以類召之，合相從，執本者一人，自各有本事，凡書文各自有家屬，令使凡人各出其材，圍而共説之，其本事字*情實，且悉自出，收聚其中要言，以爲其解，謂之爲章句，得真道心矣。可謂爲解天之憂，大病去矣，可謂除地之所苦矣，可謂使帝王遊而得天心矣，可謂使萬物各得其所矣。是者，萬不失一也。吾見子之言□□，知爲天使，吾不敢欺子也；今欺子，正名爲欺天。令使天不悦喜，反且減吾年，名爲負於吾身，又上慙於皇天，復無益於萬民，其咎甚大，子努力記之，但記吾不敢有遺力也。」「唯唯，見師言也，心中恐駭。既爲天問事，不敢道留止也，猶當竟之耳。師幸原其不及，示告其難易，故敢具問其所以。」「今文書積多，願知其真僞然故，固若子前日所問耳。十百相應者是也，不者，皆非也；治而得應者是也，不者，皆僞行也。欲得應者，須其民臣皆善忠信也。何以言之？然子賢善，則使父母常安，而得其所置；妻善則使夫無過，得其力；臣善則使國家長安；帝王民臣俱善，則使天無災變，正此也。子寧解耶？不解耶？行，吾今欲與子共議一事，今若子可

經五一·六上·二

經五一·七上·一·一

刺取吾書，寧究洽達未哉？」「小子童蒙，未得其意。」「子試*言之，吾且觀子具解不？」「今若愚生意，欲悉都合用之，上下以相足，儀其事，百以校千，千以校萬，更相考以爲且可足也；不者，恐不能盡周古文也。」「然，子今言真是也。子前所記，吾書不云乎，以一況十，十況百，百況千，千況萬，萬況億，正此也。」「唯唯。願聞其校此者，皆當使誰乎？」「各就其人而作，事之明於本者，恃其本也。長於知能用者，共圍而説之，流其語，從帝王到于庶人，俱易其故行，而相從合議。小知自相與小聚之，歸於中知，中知聚之，歸於上知，上知聚之，歸於帝王。然後衆賢共圍而平其説，更安之，是爲謀及下者，無遺算，無休言，無廢文也。小賢共校聚之，付於中賢，中賢校聚之於大賢，大賢校聚之，付於帝王。於其□□成理文，是之無誤，真得天心，得陰陽分理，帝王衆臣，共知其真，是迺後下於民間。令天下俱得誦讀正文，如此天氣得矣，太平到矣，上平氣來矣，頌聲作矣，萬物長安矣，百姓無言矣，邪文悉自去矣，天病除矣，地病亡矣，帝王遊矣，陰陽悦矣，邪氣藏矣，盜賊斷絶矣，中國*盛興矣，稱上三皇矣，夷狄卻矣，萬物茂盛矣，天下幸甚矣，皆稱萬歲矣。子無閉塞吾文！」「唯唯，不敢蔽匿也。既受師辭，誠報歸之，匿之恐爲重罪成事也。」「善哉，子之言也。已得天心，子名爲已報天重功。」「唯唯。誠得退歸閑處，思其至意，不解懈也。」「行去矣，勿復疑也。」

右考文訣。

太平經合校卷五十一丁部之一〔一〕

胞*胎陰陽規矩正行消惡圖

神人語，真人內，子已明也，損子身，其意得也。其外理自正，瞑目內視，與神通靈。不出言，與道同，陰陽相覆天所封。長生之術可開眸，子無強腸宜和弘，天地受和如暗聾。欲知其意胞中童，不食十月神相通。自然之道無有上，不視而氣宅十二重。故反嬰兒則無凶，老還反少與道通。是故畫像十二重，正者得善，不肖獨凶。天道常在，不得喪亡，狀如四時周反鄉，終老反始，故長生也。子思其意無邪，傾積德，累行道，自成才，不如力道歸其人。苟非其人，道不虛行。夫道若風，默居其傍，用之則有，不用則亡。賢者有里，不肖有鄉，死生在身，常定行。天無有過，人自求喪，詳思其意，亦無妄行。天與守道力行故長生，人不肯爲故死。傾記吾戒，子道傳其人則易行。古者聖賢傳道，飲血爲盟。天道積重，愚人反輕。道乃萬物之師也，得之者明，失之者迷。天地雖廣大，不遺失毫釐，賢知自養，比

〔補〕鈔丁一上·二·四

〔補〕鈔丁二上·一·一

與神俱語，是乃陰陽之統*，天地之樞機也。古者聖賢深知之，故以自表，殊天道之要也。内以治身，外以消災，不當爲之，乃與天地同憂。

〔一〕原缺「五十二卷」，今以鈔補。

太平經合校卷五十三 丁部之二

太平經卷之五十三

分*別四治法第七十九

真人純稽首戰慄，「吾今欲有所復問，非道事也。見明師言，事無不解訣者，故乃敢冒慙復前，有可問疑一事，何等？」「平行，吾即爲子説矣。」起「夫〔一〕帝王之仕〔二〕大〔三〕臣皆當老，少子本非治〔四〕世人也。」「何〔五〕爲問此哉？吾見天氣，間者比連不調。或過在仕臣失實，令使時氣不調，人君不明，災害並行，道人亦傷。今〔六〕天地三光，尚爲其病，故無正明，道士於何〔七〕自逃，獨得不傷。故吾雖得〔八〕獨蒙天私久存，常不敢自保。」「初少以〔九〕來，事師問事，無能悉解之者〔一〇〕。今不冒慙，重問於天師，解訣〔一一〕其要意，恐遂〔一二〕無復以〔一三〕得知之也〔一四〕。止恩唯明師既加，不得已爲弟子説其所不及。」「善哉！子之言也。今旦見子之言，吾知太平之治已到矣。然，吾且悉言之，子隨而詳記之。」起「夫治者有四法：有天治〔一五〕，有

經五三・一上・二・四

〔廾〕鈔丁二上・三・九

〔廾〕鈔丁二上・一〇・九

地治〔一六〕，有人治〔一七〕，三氣極，然後跂〔一八〕行萬物治〔一九〕也。願聞其意。」「天治〔二〇〕者，其臣老，君乃父事其臣，師事其臣〔二一〕也；夫臣迺〔二二〕卑，何故師父事之乎〔二三〕哉？ 但其〔二四〕位者〔二五〕卑下〔二六〕，道德者〔二七〕尊重，師父事*之者，乃事〔二八〕其道德，當與其〔二九〕合策而平天下也。 地治〔三〇〕者，友事其臣，若與其〔三一〕同志同心也〔三二〕；地〔三三〕者陰順，母子同列，同苞〔三四〕同憂，臣雖位卑，其德而和〔三五〕，和平其〔三六〕君之治。 人治者卑其用，臣少小小，象父生其〔三七〕子，子少〔三八〕未能爲父作策也〔三九〕，故其治小亂〔四〇〕矣。 止跂行萬物並治者，視其臣子若狗，若草木，不知復詳擇臣而仕之，

〔一〕「夫」上鈔有「分別四治」四字，疑係題目。 〔二〕「仕」鈔誤作「士」。 〔三〕「大」鈔誤作「失」。 〔四〕「治」鈔作「理」。 〔五〕鈔無「何」下五字。 〔六〕「今」鈔誤作「令」。 〔七〕鈔無「何」字。 〔八〕鈔無「得」字。 〔九〕「以」鈔作「已」，「已」通「以」。 〔一〇〕鈔無「者」下八字。 〔一一〕「訣」鈔作「決」，「訣」通「決」。 〔一二〕鈔無遂字。 〔一三〕鈔無「以」字。 〔一四〕鈔無「也」字。 〔一五〕、〔一六〕、〔一七〕「治」鈔皆作「理」。 〔一八〕「跂」鈔作「蚑」，「跂」通「蚑」。 〔一九〕、〔二〇〕「治」鈔皆作「理」。 〔二一〕鈔無「師事其臣」四字。 〔二二〕鈔無「迺」字。 〔二三〕鈔無「乎」字。 〔二四〕鈔無「其」字。 〔二五〕鈔無「者」字。 〔二六〕鈔脱「下」字。 〔二七〕鈔無「者」字。 〔二八〕「事」鈔作「師」。 〔二九〕「與其」二字鈔作「以」。 〔三〇〕「治」鈔作理。 〔三一〕「與其」二字鈔作「以」。 〔三二〕鈔無「也」字。 〔三三〕鈔脱「地」字。 〔三四〕「苞」鈔作「胞」，疑當作「胞」。 〔三五〕鈔無「而和」二字。 〔三六〕鈔無「其」字。 〔三七〕鈔無「其」字。 〔三八〕「少」下鈔有「小」字。 〔三九〕鈔無「也」字。 〔四〇〕「其治小亂」四字鈔作「亂小」。

〔卅〕鈔丁二下・八・一四

經五三・三上・一・一

但遇官壹仕，名爲象人無知也，何故乎哉？　象人者，財象人形，苟中而已，不爲君計也，故善爭之也。〔起〕象天治者〔一〕，天〔二〕下之臣，盡〔三〕國〔四〕君之師父也，故父事〔五〕之，人愛其子，何有危時？　夫〔六〕師父皆能爲其子解八方之患難，何有失時也〔七〕？　象地治〔八〕者，天下之臣，皆國〔九〕君之友也。　夫同志合策爲交，同憂患，欲共安其位；地者，順而承上，悉承天志〔一〇〕意，皆得天心，何有不安時乎？　象人治〔一一〕者，得中和之氣，和者可進可退難知，象子少，未能爲父計也，欺其父也。臣少，未能爲君深計，故欺其君也〔一二〕。　少者，生用〔一三〕日月少，人〔一四〕學又淺，未有可畏，故欺也，故其〔一五〕治小〔一六〕亂矣。　象跂〔一七〕行萬物〔一八〕治〔一九〕者，跂行者〔二〇〕無禮〔二一〕義，萬物者少知，無有道德。　夫跂〔二二〕行萬物*之性〔二三〕，無有上下，取勝而已，故使〔二四〕亂敗矣。　象天治〔二五〕者，仁〔二六〕好生不傷。　象〔二七〕地治〔二八〕者，順善而成小傷。象人治〔二九〕者，相利多欲，數相賊傷，相欺怠〔三〇〕。　象跂〔三一〕行萬〔三二〕物而治〔三三〕者，終無成功，無有大小〔三四〕，取勝而已。〔止〕觀此之治，足以知天氣上下中極未失治。　欲樂第一者宜象天，欲樂第二者宜象地，欲樂第三者宜象人，欲樂第四者宜象萬物。象天者獨老壽，得天心；象地者小不壽，得地意；象人者壽減少；象萬物者死，無

經五三・四上・一・一

時無數也。象天者，三道通文，天有三文，明爲三明，謂日月列星也；日以察陽，月以察陰，星以察中央，故當三道行書，而務取其聰明，書到爲往者，有主名而已，勿問通者爲誰。象地者，二道行書。象人者，一道行書，尚見苟留。象跂行萬物者，纔設言，復無文書也。今是者，天使如是邪？人自爲之邪？時運也。雖然，帝王治將太平，且與天使其好善而樂象天治；將中平者，象地治；將小亂者，法人治；將大亂而不理者，法跂行萬物治。此何故乎哉？今當以何救之？然天將興之，瑞應文琦書出付與之，令使其大覺*悟而授之；將衰者，天匿其文不見，又使其不好求之。賢臣者，但得老而已邪？不也；老者，乃謂耆舊老於道德也，象天獨

〔一〕「象天治者」鈔作「夫治天下者」。〔二〕「天」上鈔有「視」字。〔三〕「盡」鈔作「皆」。〔四〕鈔無「國」下三字。〔五〕鈔無「事」下三字。〔六〕鈔無「夫」字。〔七〕鈔無「也」字。〔八〕「治」鈔作「理」。〔九〕鈔無「國」字。〔一〇〕鈔無「志」字。〔一一〕「治」鈔作「理」。〔一二〕鈔無「也」字。〔一三〕鈔無「用」字。〔一四〕「人」鈔作「爲」。〔一五〕鈔無「其」字。〔一六〕「小」鈔誤作「少」。〔一七〕「跂」鈔作「蚑」。〔一八〕鈔無「萬物」二字。〔一九〕「治」鈔作「理」。〔二〇〕鈔無「跂行者」三字。〔二一〕「禮」鈔誤作「理」。〔二二〕「跂」鈔作「蚑」。〔二三〕鈔無「之性」二字。〔二四〕鈔無「使」字。〔二五〕「治」鈔作「理」。〔二六〕「仁」鈔誤作「人」。〔二七〕鈔脱「象」字。〔二八〕〔二九〕「治」鈔皆作「理」。〔三〇〕「怠」鈔作「殆」，「怠」、「殆」通用，疑係「紿」字之誤。〔三一〕「跂」鈔作「蚑」。〔三二〕鈔無「萬」下三字。〔三三〕「治」鈔作「理」。〔三四〕「大小」鈔作「上下」。

常守道而行，不失銖分也，故能安其帝王；老而無一知，亦不可仕也。其師父事之云何？友之云何？子之云何？其萬物之云何哉？父事之者，乃若子取教於嚴父也，乃若弟子受教於明師也，當得其心中密策祕言聖文，以平天下，以謝先祖，宗廟以享食之，其德以報天重功，故能得天下之心，陰陽調和，災害斷絕也。其友事者以忠信，相與合策，深計善惡難易。其子事者，必若父有伏匿之事，不敢以報其子；子有匿過，不敢以報其父母，皆應相欺，以此爲階也。其萬物者大亂無數，夫物者春夏則爭生，秋冬則爭死，不復相假須臾也。」純再拜，「所問多，過誡重，甚不宜，誠有過於師。吾又且不敢匿此文也，見而不行之，恐得過於皇天，吾今當於何置此書哉？」「子既問之，子爲力特行，逢能通者與之，使其往付歸有德之君，帝王象之，以是爲治法，必且如神矣；得而不能深思用之，天*亦不復過子也。」「唯唯，不敢逆師言。」「然，吾言亦不可大逆也。此乃天地欲平，而出至道，使子遠來具問此法，天使吾談，傳辭於子，吾亦不空言也。天不欲言，而吾言無故泄天之要道，吾當坐之。子得吾言，而往付歸，亦無傷無疑。吾告子至誠，天乃更與帝王厚重，故戒之也。天之運也，吉凶自有時，得而行之者，吉不疑也。」「謹問行

經五三・五上・一・一

者人姓字爲何誰乎？」「然，天之授萬物，無有可私也。問而先好行之者，即其人也。大道至重，不可以私任，行之者吉，不行者疑矣。」「謹更問天地何覩何見，時者欲一語言哉？」「實有可覩見，不空言也。天以安平爲懽，無疾病，以上平爲喜，故使人民皆靜而無惡聲，不戰鬭也。各居其所，則無病而説喜，則天言而不妄語也。若今使陰陽逆鬭，錯亂相干，更相賊傷，萬物不得處其所，日月無善明，列星亂行，則天有疾病，悒悒不解，不傳其言，則病不愈。故亂則談，小亂小談，大亂大談。是故古今神真聖人爲天使，受天心，主當爲天地談語。天地立事以來，前後以是爲常法。故聖人文*前後爲天談語，爲天言事也。言談皆何等事也？在其所疾苦，文失之者爲道質，若質而不通達者爲道文；疾其邪惡者，爲道正善也，使其覺悟。今天地至尊自神，神能明，位無上，何故不自除疾病，反傳言於人乎？天地者，爲萬物父母，父母雖爲善，其子作邪，居其中央，主爲其惡逆，其政治上下，逆之亂之；父母雖善，猶爲惡家也。比若子惡亂其父，臣惡亂其君，弟子惡亂其師，妻惡亂其夫，如此則更相賊傷大亂，無以見其善也。天地人民萬物，本共治一事，善則俱樂，凶則俱苦，故同憂也；嚮使不共事，不肯更迭相憂也。是故天地欲

經五三・七上・一・一

善而平者，必使神真聖人爲其傳言，出其神文，以相告語，比若帝王治欲樂善，則有善教，今此之謂也。子欲樂知天心，以報天功，以救災氣，吾書即是也，得之善思念之，夫天心可知矣。」「唯唯，不敢忽願師復重敕一兩言。」「然，夫善惡各爲其身，善者自利其身，惡者自害其軀，子既有暢善意，乃憂天地疾病，王者不安，其功極已大矣；但詳思之，子行善極無雙，勿復止*傷之也，使念善順常若此。」「唯唯，不敢懈怠也，不敢懈怠。」

右忿〔一〕別治所象安危法。

〔一〕「忿」疑「分」字之誤。

經五四・一上・二・四

〔幷〕鈔丁三下・二・三

太平經合校卷五十四 丁部之三

太平經卷之五十四〔一〕

使*能無爭訟法第八十一

「吾所問積多，見天師言，事快而無已，其問無足時，復謹乞一兩言。」「平行。」「今吾願欲得天地陰陽人民跂行萬物凡事之心意，常使其喜善無已，日遊而無職無事，其身各自正，不復轉相愁苦，更相過責，豈可得聞乎哉？」「子今且言，何一絶快殊異；可問者，何一好善無雙也。然，若子所問，猶當順事，各得其心，而因其材能所及，無敢反強其所不能爲也。如是即各得其所欲，各得其欲，則無有相愁苦者也，即各得其心意矣，可謂遊而無職事矣。起天地之間，常悉使非其能，強作其所不及，而難其所不能，時覩於其〔二〕不能爲，不能言，不憐而教之，反就責之，使

〔一〕原有小注「五十五同卷」五字，今刪。 〔二〕鈔無「其」字。

經五四・二上・一・一

〔幷〕鈔丁三下・九・一四

其〔一〕冤結，多忿爭訟，民愁苦困窮。即仰而〔二〕呼皇〔三〕天，誠冤〔四〕誠冤，氣感動六方，故致災變紛紛，畜積非一，不可卒除，爲害甚甚〔五〕，是即失〔六〕天下之人心意矣。終反無成功，變怪不絕，太平之氣，何從得來哉，故不能致太平也〔七〕，咎正在此。」止「雖欲名之爲常平，而內亂何從而得*清其治哉？」「子今問之，欲深知其審乎！天地之性，起萬〔八〕物各自有宜。當任其所長，所能爲，所不能爲者，而不可強也；萬物雖〔九〕俱受〔一〇〕陰陽之氣，比若魚〔一一〕不能無水〔一二〕，游於〔一三〕高山之上，及其有水，無有〔一四〕高下，皆能游往〔一五〕；大木不能無土〔一六〕，生於江海之中。是以古者聖人明王之授〔一七〕事也，五土各取其所〔一八〕宜，迺〔一九〕其物得好且善，而各暢茂，國家爲其〔二〇〕得富，令宗廟重味而食〔二一〕，天下安平，無所〔二二〕疾苦，惡氣休止，不行〔二三〕爲害。如人不卜〔二四〕相其土地而種〔二五〕之，則〔二六〕萬物不得成〔二七〕竟其〔二八〕天年，皆懷〔二九〕冤結不解；因而夭終，獨〔三〇〕上感動〔三一〕皇天，萬物無可收得〔三二〕，則〔三三〕國家爲其〔三四〕貧極，食不重味，宗廟飢渴，得〔三五〕天下愁苦，人民更相殘賊，君臣更相欺詒〔三六〕，外內殊辭，咎正始〔三七〕起於此。是〔三八〕者尚但萬物不得其所，何況人哉？天下不能相治正，正由此也。此者，大害之根，而〔三九〕危亡之路也止，可不慎哉？可不深思慮之胷心乎？故古者，大聖大賢將任人，必先試其所長，何所短，而後署其職事，因而任之。其人有過，因而責之，責問其所長，不過所短。是者不感天也，反爲習進此家學*，因而慎之，故能得天下之心也。令後世忽事，不深思惟古聖人言，反署非其職，責所不能及，問所不能覩，盲者不覩日，瘖者不能言，反各趣得其短，以爲重過，因而罪之，不爲欲樂相利祐，反爲巧弄上下，迭相賊害，此是天下之大敗也。自古者諸侯太平之君，無有奇神道也，皆因任心能所及，故能致其太

〔一〕鈔無「其」字。〔二〕「仰而」鈔倒作「而仰」。〔三〕鈔無「皇」字。〔四〕「冤」下鈔無「誠冤」二字，但有「結」字。〔五〕鈔無「甚」字。〔六〕「失」鈔誤作「告」。〔七〕「也」鈔誤作「氣」。〔八〕「萬」上鈔有「天下」二字。〔九〕鈔無「雖」字。〔一〇〕「受」鈔譌作「愛」。〔一一〕「魚」鈔誤作「莫」。疑「魚」初寫作「奐」，又「奐」譌「莫」。〔一二〕鈔脱「無水」二字。〔一三〕鈔脱「於」字。〔一四〕「無有」二字鈔作「不限」。〔一五〕「游往」鈔作「去矣」。〔一六〕「土」鈔譌作「上」。〔一七〕「授」鈔誤作「受」。〔一八〕鈔無「所」字。〔一九〕鈔無「迺」字。〔二〇〕鈔無「爲其」二字。〔二一〕「而食」鈔作「食之」。〔二二〕鈔無「所」字。〔二三〕「行」下鈔有「而」字。〔二四〕鈔無「卜」字。〔二五〕「種」下鈔有「植」字。〔二六〕「則」鈔作「即」。〔二七〕鈔無「得成」二字。〔二八〕鈔無「其」字。〔二九〕「懷」鈔譌作「壞」。〔三〇〕鈔無「獨」字。〔三一〕鈔無「動」字。〔三二〕「無可收得」四字鈔作「不收」。〔三三〕鈔無「則」字。〔三四〕鈔無「爲其」二字。〔三五〕鈔無「得」字。〔三六〕「詒」鈔作「殆」，「詒」通「紿」。說文：「詒，相欺詒也」。〔三七〕鈔無「始」字。〔三八〕「是」下二十七字鈔無。〔三九〕鈔無「而」字。

平之氣，而無冤結民也。禍亂之將起，皆坐任非其能，作非其事職而重責之，其刑罰雖坐之而死，猶不能理其職務也。災變連起，不可禁止，因以爲亂敗，吉凶安危，正起於此。是以古者將爲帝王選士，皆先問視，試其能當與天地陰陽瑞應相應和不？不能相應和者，皆爲僞行。其相應和奈何？大人得大應，小人得小應。風雨爲其時節，萬物爲其好茂，百姓爲其無言，鳥獸跂行，爲其安靜，是其効也。故治樂欲安國者，審其署置。夫天生萬物，各有材能，又實各有所宜，猶龍昇於天，魚遊於淵，此之謂也。夫治者，從天地立以來，迺萬端，天變易亦其時異，要當承天地得其意，得其所欲爲也*。天者，以三光爲書文記，則一興一衰，以風爲人君。地者，以山川阡陌爲文理，山者吐氣，水通經脈，衰盛動移崩合，以風異爲人臣。人者，以音言語相傳，書記文相推移。萬物者，以衰盛而談語，使人想而知之。人者，在陰陽之中央，爲萬物之師長，所能作最衆多。象神而有形，變化前却，主當疏記此變異，爲其主言。故一言不通，則有冤結；二言不通，輒有杜塞；三言不通，轉有隔絶；四言不通，和時不應，其生物無常；五言不通，行氣道戰；六言不通，六方惡生；七言不通而破敗；八言不通而難處爲數家；九言不通，更相賊傷；十言不通，更相變革。故當力通其言也。古者無文，以何通之，文迺當起，但中止；天地者幾何起，幾何止，但後世不覩之耳。中古三皇，當無文而設言。下古復有天地之氣，一絶一起，獨神人不知老所從來，經歷多故，知其分理，内當有文，後世實不覩，言其無有，何故時有文時無乎哉？天氣且弊，人且愚薄不壽，不能有可刻記。故勑之以書文，令可傳往來，以知古事無文，且相辯*訟，不能相正，各自言是，故使有文書。此但時人愚，故爲作書，天爲出券文耳。」「見師言，已知之矣。願聞今通氣當云何？」「但三道通行八方之書，民吏白衣之言，勿苛留。急者以時解之，不急者隨天地萬物，須七月物終，八月而簡視，九月而更次，十月而不歸，三年上書而盡信誠者，求其人而任之。此人迺國家之良臣，聰明善耳目，因以視聆，不失四方候也。帝王得之，曰安而明，故當任之。」「其任之云何乎？」「必各問其能所及，使各自疏記所能爲，所能分解，所能長，因其天性而任之，所治無失者也。故得天下之歡心，其治日興太平，無有刑，無窮物，無冤民。天地中和，盡得相通也。故能致壽上皇，所以壽多者，無刑不傷，多傷者迺還傷人身。故上古者聖賢不肯好爲刑也，中古半用刑，故壽半，下古多用刑，故壽獨少也。刑者其惡

經五四・六上・一・一

迺干天，逆陰陽，畜積爲惡氣，還傷人。故上古聖賢不重用之者，迺惜其身也；中古人半愚，輕小用刑故半，賊其半；下古大愚，則自忽用刑，以爲常法，故多不得壽，咎在此。讀*此書者，宜反復之，重之慎之，死生重事，不可妄也。夫子賢明者爲父計，臣賢明者爲君深計；子不賢，不肯爲父深計；臣不賢明，不肯爲君計。是少年者，即是其人身邪？其人邂逅吉凶者，流後生，此格法也。是故上古聖帝王將任臣者，謹選其有道有德，不好殺害傷者，非爲民計也，迺自爲身深計也。故得天地心意，舉措如與神俱，此之謂審舉得其人，而得人力之君也。如此迺感神祇，迺後天上真神愛之，因而獨壽也。好用刑迺與陰氣幷，陰者殺，故不得大壽；天之命，略可覩可知矣，天地人所疾惡同耳。」

右得天地人民萬物歡心國興家安天下無爭訟者。

経五五・一上・二・四

〔幷〕鈔丁四下・一・一五

太平經合校卷五十五 丁部之四

太平經卷之五十五

力行博學訣第八十二*

「今大命可知與未乎？」「雖然可知矣，見明師比言，大迷惑已解，唯加不得已，願復丁寧之。」「然，吾道可覩意矣，[起]得書讀之，常苦其〔一〕不熟，熟者自悉〔二〕知之。不善思其至意〔三〕，不精讀之，雖得吾書，亦無益也；得而不力行，與不得何異也〔四〕；見食不食，與無五穀何異；見漿不飲，渴猶不可救〔五〕，此者〔六〕非能〔七〕愁他人也〔八〕，還自害，可不詳哉？故聖人力思，君子力學，晝夜不息也，猶樂欲〔九〕象天，轉運而不止，百川流聚，迺成江海。子慎吾言[止]記，吾已重誡，子其眷眷，心可

〔一〕鈔無「其」字。〔二〕「自悉」鈔作「悉目」。疑「目」係「自」字之譌。〔三〕「至意」鈔作「志竟」，疑「至」誤「志」，「意」譌「竟」。〔四〕鈔無「也」字。〔五〕「猶不可救」鈔作「可救乎」。〔六〕鈔無「者」字。〔七〕鈔無「能」字。〔八〕鈔無「也」字。〔九〕鈔無「欲」字。

覩矣。爲善與衆賢共之，慎無專其市。夫市少人所求不得。故人不博學，所覩不明。故令使見其真道，不得其要意，不信道，則疑不篤乎，各在此人之所以自窮者也。故當深惟思其意，以令自救輔也。」

右對壽命指。

知盛衰還年壽法第八十三

[起]天之授〔一〕事，各有法律。命〔二〕有可屬，道有可爲，出*或先或後，其漸豫見。比若萬物始萌於子，生於卯，垂枝於午，成於酉，終於亥，雖事〔三〕豫見，未可得〔四〕保也。事各有可爲，至光景先見，其事未對，豫開其路。天之垂象也，常居前，未嘗〔五〕隨其後也〔六〕。得其人而開通，得見祐助者是也；不開〔七〕不通，行之無成功，即非其人也。以是〔八〕爲明證，道審而言，萬不失一也〔九〕。但是其人，明爲其開，非其人則閉，審得其人，則可以〔一〇〕除疾，災異自消，夷狄自降，不須兵革，皆自消亡。萬物之生〔一一〕，各有可爲設張，得其人自行，非其人自藏。凡事不得其人，不可強行；非其有〔一二〕，不可強取；非其土地，不可強種，種之不生。言種〔一三〕不良，

〔卅〕鈔丁四下・八・三
經五五・二上・一・一

內不得其處，安能久長；六極八方，各有所宜，其物皆見，事事不同。止若金行在西，木行在東，各得其處則昌，失其處則消亡。故萬物著於土地迺生，不能著於天，日月星曆反著於天，迺能生光明。夫道如此矣，故有其人，星在天，時有明，墮地反無光，即非其處也。故亂常道。有可爲出不妄行，是其人則明，非其人則不可行。夫道迺深遠不可測商矣，失之者敗，得之者昌*。欲自知盛衰，觀道可著，神靈可興也，內有壽證候之，以此萬不失一也。此迺神書也，還年之期，其道至重，何可不思。故傳之仁賢明，試使行之以自命。是其人應當並出，賢知並來，神書並至，奇方自出，皆令歡喜，即其人也。以此爲效，不如此言，或但先見，非可得行也，當遺後來，道不妄出也。實有可之，但問其人，令使自思。道之可歸，亦不可禁，亦不可使，聽其可之，觀其成功，道不可空。雖然，夫才不如力，力不如爲而不息也。夫天下之事，皆以試敗，天地神靈皆試人，故人亦象

〔一〕「授」鈔誤作「受」。〔二〕「命」鈔誤作「令」。〔三〕「事」鈔作「使」。〔四〕鈔無「得」字。〔五〕「嘗」原作「常」，疑誤，今依鈔改。〔六〕鈔無「也」字。〔七〕「開」鈔誤作「可」。〔八〕「以是」鈔作「是以」。〔九〕鈔無「也」字。〔一〇〕鈔無「以」字。〔一一〕鈔無「之生」二字。〔一二〕「有」鈔譌作「友」。〔一三〕鈔脱「種」字。

經五五・四上・一・一

〔廾〕鈔丁五下・二・二

天道而相試也。得見善者，其命已善矣，其見惡者，命已疑矣。自古到今，不至誠動天，名爲強求，或亦遂得之；強求不得，真非其有也，安可強取，其事以不和良，乖忤錯亂。人命有三品，歸道於野，付能用者。不能用者，付於京師，投於都市，慎無閉絶。後世無子，傳書聖賢及與道士，無主無名，付能用者。道自有可之，不可各人可附言語。猶若大木歸山，水流歸海，不可禁止也，天性使然。順之者昌，逆之者敗亡。神書欲出，*亦不可閉藏。得其人必自揚，不得其人暗聾盲，身則不悦，目中無光。精讀此策文樂也。夫央天昌延命之期，數皆在此中也。太平之氣，皆已見焉；民慈愛謹良，皆以出焉；賢聖明者，皆已悦焉；殊方奇文，皆已付焉；勉行無懈，以自輔焉；明王聖主，皆以昌焉；夷狄却降，皆以去焉。萬民幸甚，皆以無言，天壽已行，不復自冤，老以命去，少者遂全。書傳萬世無絶，子孫相傳。日以相教，名爲真文，萬世無易，令人吉焉。道以畢就，便成自然，有祿自到，無敢辭焉。[起]大人得之以平國，中士得之爲良臣，小人得之以脱身。[止]

右通道意是非之策文。

〔存〕丁部第四云：欲知吾道大効，付賢明道德之君，使其按用之，立與天地乃響應，是其大明効證驗也。雲笈七籤卷六四輔引（案此所引，頗似經第四十八卷三合相通訣第七葉中之文）。

太平經合校卷五十六至六十四　丁部五至十三〔一〕

闕題〔二〕

〔補〕鈔丁五下·三·六

*應天理上下和合天災除奸僞斷絶讖本文〔三〕。上古之人，皆心開目明耳洞，預知未然之事，深念未然，感動無情，卓然自異，未有不成之施。所言所道，莫不篤達，不失皇虚之心，思慕無極之智，無極之言。知人壽命進退長短，各有分部，常以陰陽，合得消息，上下中取其要，與衆神有約束。但各不得犯天地大忌，所奉所得，當合天意，文書相白，上至天*君，天君得書，見其自約束分明。乃後出文，使勿自怨，中直自進，不白自聞，音聲洞徹，上下法則，各不失期。恐有不及，未曾有不自責，時常恐有非見督録。神相白未曾懈，有過見退用。故重復語勑，反覆辭文，宜不違所言。是天之當所奉承，神祇所仰，皆如法，常不敢息。恐有不達，所受非一，皆當開心意，恐違期。神有尊卑，上下相事，不如所言，輒見疎記。憂心惻惻，常如飢渴欲食。天君開言，知乃出教，使得相主，文書非一，當得其意，後各有

〔補〕鈔丁六上·一·一

〔補〕鈔丁七上・一・二

信。上古之人，失得來事，表裏上下，觀望四方，四維之外，見其紀綱，歲月相推，神通更始，何有極時。星數之度，各有其理，未曾有移動，事輒相乘，無有復疑。皆知吉凶所起，故置曆紀。三百六十日，大小推算，持之不滿分數，是小月矣。春夏秋冬，各有分理，漏刻上下，水有遲快，參分新故，各令可知，不失分銖。各置其月，二十四氣前後箭各七八氣，有長日亦復七八，以用出入，祠天神地祇，使百官承漏刻期，宜不失，脱之爲不應，坐罪非一。故使晝夜有分，隨日*長短，百刻爲期，不得有差。有德之國，日爲長，水爲遲，一寸十分，應法數。今國多不用，日月小短，一刻八九，故使老人歲月，當弱反壯，其年自薄，何復持長時，如使國多臣，樞機衡舒遲，後生蒙福，小得視息，不直有惡，復見伐矣。惟天地之明，爲在南方，巳午同家，離爲正目。當明堂之事，日照明以南向北，陽氣進退，亦不失常，陰陽相薄，以至子鄉，寒温相直，照徹自然，甚可喜。生養之道，少陽太陽，木火相榮，各得其願，是復何爭。表裏相承，無有失名，上及皇耀，下至無聲，寂靜自然，萬物華榮，

〔一〕原缺「卷五十六至六十四」，今依鈔補，鈔未分卷。〔二〕鈔佚題目。〔三〕「文」上十七字，疑係本篇篇旨，當在篇後。

了然可知。不施自成，天之所仰，當受其名，機衡所指，生死有期，司命奉籍，簿數通書，不相應召。所求神簿問相實，乃上天君，天君有主領。所白之神，不離左右，其内外見敬，亦不敢私承，所上所下，各不失時。太陰司官，不敢懈止。正營門閣，恐自言事，輒相承爲善爲要道，牒其姓名，得教則行，不失銖分。上古之時，有智慮無所不照，無所不見，受神明之道，昭然可知，亦自有法度，不失其常。從太初已來，歷有長短*，甚深要妙。從古至今，出歷之要，在所止所成。輒以心思候算，下所成所作無不就，并數相應繩墨，計歲積日月，大分爲計。

〔補〕鈔丁八上・一・一

闕題〔一〕

*今天地且大樂歲，帝王當安坐而無憂，民人但遊而無事少職，五穀不復爲前無有價直。起天下興作善酒以相飲，市道尤極，名爲水令火行，爲傷於陽化。凡人一飲酒令醉，狂脈〔二〕便作，買賣失職，更相鬬死，或傷賊；或早到市，反宜乃歸；或爲奸人所得，或緣高墜，或爲車馬所剋賊。推酒之害萬端，不可勝記。念四海之内，有幾何市，一月之間，消五穀數億萬斗斛，又無故殺傷人，日日有之，或孤獨因以絶嗣，或結

〔補〕鈔丁八上・三・一四

〔補〕鈔丁九上・一・一

〔附〕要修科儀戒律鈔

怨父母置害，或流災子孫。縣官長吏，不得推理，叩胷呼天，感動皇靈，使陰陽四時五行之氣乖錯，復旱〔三〕上皇太平之君之治，令太和氣逆行。蓋無故發民令作酒，損廢五穀，復致如此之禍患。但使有德之君，有教勑明令，謂吏民言，從今已往，敢有市無故飲一斗者，笞三十，謫三日；飲二斗者，笞六十，謫六日；飲三斗者，笞九十，謫九日。各隨其酒斛爲謫。酒家亦然，皆*使修城郭道路官舍，所以謫修城郭道路官舍，爲大土功也；土乃勝水，以厭固絶滅，令水不過度傷陽也。水，太陰也，民也，反使興王，傷損陽精，爲害深矣。修道路，取興大道，以類相占，漸置太平。〔止〕

〔附〕要修科儀戒律鈔卷十四飲酒緣引太平經云，真人問曰：「天下作酒以相飲，市道元據。凡人飲酒洽醉，狂詠便作，或即鬬死，或則相傷賊害，或緣此奸淫，或緣茲高墮，被酒之害，不可勝記。念四海之内有幾何市，一日之間，消五穀數億萬斗斛，復緣此致害，連及縣官，或使子孫呼嗟，上感動皇天，禍亂陰陽，使四時五行之氣乖反。如何故作狂藥，以相飲食，可斷之

〔一〕下文疑係另一篇，但佚題目。〔二〕「脈」要修科儀戒律鈔作「詠」。〔三〕「旱」疑當作「干」。

以否？」神人曰：「善哉！ 飲食，人命也。吾言或有可從或不可從，但使有德之君教勑言，從今以往，敢有無故飲酒一斗者，笞二十，二斗杖六十，三斗杖九十，一斛杖三百。以此爲數，廣令天下，使賢人君子，知法畏辱，必不敢爲其中。愚人有犯即罰，作酒之家亦同飲者。」真人曰：「或千里之客，或家有老弱，或祠祀神靈如何？」神人曰：「若千里君子，知國有禁，小小無犯，不得聚集；家有老疾，藥酒可通。」

闕題〔一〕

〔補〕鈔丁九上・五・六

*考天地陰陽萬物，上下相愛相治，立功成名，使心治一家，使人不復相憎惡，常樂合心同志。令太和之氣日自出，而大興平，六極同心，八方同計。所治者若人意，莫不皆響應而悦者。本天地元氣，合陰陽之位，邪惡默然消去，乖逆者皆順，明大靈之至道，神祇所好愛。吾乃上爲皇天陳道德，下爲山川別度數，中爲帝王設法度，中賢得以生善意。因以爲解除天地大咎怨，使帝王不復愁苦，人民相愛，萬物各得其所，自有天法常格在不匿。古者聖帝明王，重大臣，愛處士，利人民，不害

〔補〕鈔丁一〇上・一・一

傷，臣亦忠信不欺君，故理若神。故賢父常思安其子，子常思安樂其父，二人并力同心，家無不成者；如不并力同心，家道亂矣。失其職事，空虛貧極，因爭鬭分別而去，反還相賊害，親父子分身血氣而生，肢體相屬如此，*況聚天下異姓之士爲君師父乎？故聖人見微知著，故重戒慎之。夫師，陽也，愛其弟子，導教以善道，使知重天愛地，尊上利下，弟子敬事其師，順勤忠信不欺。二人并力同心，圖畫古今舊法度，行聖人之言，明天地部界分理，萬物使各得其所，積賢不止，因爲帝王良輔，相與合策共理致太平。如不并力同計，不以要道相傳，反欲浮華外言，更相欺殆〔二〕，逆天分理，亂聖人之辭，六極不分明，爲天下大災。帝王師之，失其理法，反與天地爲大仇，不得神明意，天下大害者也。

〔補〕鈔丁一〇下・二・一

闕題〔三〕

*人生備具陰陽，動靜怒喜皆有時，時未牝牡之合也。是陰陽當主爲生生之効也。

〔一〕下文疑係另一篇，但佚題目。〔二〕「殆」當作「詒」或「紿」。〔三〕下文疑係另一篇，但佚題目。

〔補〕鈔丁一二上・一・一

天道三合而成，故子三年而行。三三爲九，而和道究竟。未知牝牡之合，其中時念之未能施也。天數五，地數五，人數五，三五十五，而内藏氣動。四五二十，與四時氣合而欲施，四時者主生，故欲施生。五五二十五，而五行氣足而任施，五六三十而强。故天使常念施，以通天地之統，以傳類，會三十年而免。老當衰，小止閉房内，*天下蚑行之屬，人象天地純耳，其餘不能也。故天地一日一夜共閏萬二千物盡使生。夜則深，晝則燥。深者，陰也。燥者，陽也。天與地日共養此萬二千物具足也。天之法，陽合精爲兩陽之施，乃下入地中相從，共生萬二千物。其二千者，嘉瑞善物也。夫萬二千物，各自存精神，自有君長，當共一大道而行，乃得通流。天道上下，往朝其君，比若人共一大道，往朝王者也。萬二千物精神，共天地生，共一大道而出，有大有中有小。何謂也？乃謂萬二千物有大小，其道亦有大小也，各自生自容而行。故上道廣萬步爲法，次廣千步爲法，其次廣百步爲法，其次廣十步爲法，其次廣一步爲法。凡五道應五方，當共下生於地，共朝於天，共一道而行。是以大道廣萬步，容中道千步，小道百步，麄道十步，毛道一步。物有大小，各自容往來。凡乃上受天之施，反下生施地，出當俱上朝天也。故大道但可張，不可妄翕也；翕之輒不相容。有不得生者，或有傷死，不得生出者，令人絶無後代；傷者傷人，死者殺人*。古者聖人不敢廢絶大道者，覩天禁明也。子以何天道得傷，道者，天也，陽也，主生；德者，地也，陰也，主養；萬物多不能生，即知天道傷矣；其有不生者，即知天克有絶者矣。一物不生一統絶，多則多絶，少則少絶，隨物多少，以知天統傷。夫道興者主生，萬物悉生，德興者主養，萬物人民悉養，無冤結。

〔補〕鈔丁二三上・一・一

闕題〔一〕

起吾〔二〕書中善者〔三〕，使青爲〔四〕下而丹字〔五〕，何〔六〕乎？吾〔七〕道乃丹青之信也，青者生〔八〕仁而有心，赤者太陽，天之正色〔九〕。止吾道太陽，仁政之道，不欲傷害也。天子者，天之心也；皇后者，地之心也。夫心者，主持正也。天乃無不覆，無

〔補〕鈔丁二三上・八・一
〔幷〕襄傳注

〔一〕下文疑係另一篇，但佚題目。〔二〕「吾」原作「五」，疑誤，今依襄傳注改，自「吾書」至「正色」，復見於鈔庚部第二十七葉。〔三〕「者」下襄傳注有「悉」字。〔四〕襄傳「注」無「爲」字。〔五〕「字」襄傳注作「目」。〔六〕「何」襄傳注作「合」。〔七〕「吾」下襄傳注有「之」字。〔八〕「生」普通刻本襄傳注作「主」。〔九〕「色」下襄傳注有「也」字。

不生，無大無小，皆受命生焉，故爲天。天者，至道之真也，不欺人也，萬物所當親愛，其用心意，當積誠且信，但常欲利不害，不負一物，故爲天也。夫帝王者，天之子，人之長，其爲行當象此。夫子者，當承父之教令嚴勑，案而行之，其事乃得父心志意，可爲良家矣。如不承父教令，其家大小不治，即爲貧家矣。財反四去，常苦不聚，其事紛紛，災變連起，大得愁苦，過在此矣。古者帝王將行*，

〔補〕鈔丁一三上・一・一

先仰視天心，中受教，乃可行也。夫皇后之行，正宜土地，地乃無不載，大小皆歸，中無善惡，悉包養之。皇后，乃地之子也，地之心也。心憂凡事，子當承象母之行若母，迺爲孝子。夫天地之與皇后相應者，比若響之與聲，於其失小亦小，失大亦大，若失毫髮之間，以母不相得志意。古者皇后將有爲，皆先念后土，無不包養也。無不可忍，無不有常，以是自安，與土心相得矣。若失之，則災變連起，刑罰不禁，多陰少陽，萬物不茂，過在此。夫是二人正行者，則神真見，真道出，賢明皆在位，善物悉歸國。

闕題〔一〕

〔補〕鈔丁一三下・三・一

*元氣，陽也，主生；自然而化，陰也，主養凡物。天陽主生也，地陰主養也。日與

〔補〕鈔丁一四上・一・一

晝，陽也，主生；月星夜，陰也，主養。春夏，陽也，主生；秋冬，陰也，主養。甲丙戊庚壬，陽也，主生；乙丁己辛癸，陰也，主養。子寅辰午申戌，陽也，主生；丑卯巳未酉亥，陰也，主養。亦諸九，陽也，主生；諸六，陰也，主養。男子，陽也，主生；女子，陰也，主養萬物。雄，陽也，主生；雌，陰也，主養。君，陽也，主生；臣，陰也，主養*。天下凡事，皆一陰一陽，乃能相生，乃能相養。一陽不施生，一陰並虛空，無可養也；一陰不受化，一陽無可施生統也。陽氣一統絶滅不通，爲天大怨也。一陰不受化，不能生出，爲大咎。天怨者，陽不好施，無所生，反好殺傷其生也。地所咎，在陰不好受化，而無所出養長，而咎人，反傷其養長也。天不以時雨，爲惡凶天也；地不以生養萬物，爲惡凶地也。男不以施生爲斷天統，女不以受化爲斷地統。陰陽之道，絶滅無後，爲大凶。比若天地一旦毀，而無復有天地也。是故聖賢好天要文也。天者，衆道之精也。賢者好道，故次聖。賢者入真道，故次仙。知能仙者必真，故次真。知真者必致神。神者，上與天同形合理，故天稱

〔一〕下文疑係另一篇，但佚題目。

〔補〕鈔丁一五上・一・一

神，能使神也。神也者，皇天之吏也。神人者，皇天第一心也。天地之性，清者治濁，濁者不得治清。精光爲萬物之心，明治者用心察事，當用清明。今神人真人仙人道人聖人賢人民人奴婢皆何象乎？然神人者象天，天者動照無不知。真人者象地，地者直至誠不欺天，但順人所種*不易也。仙人者象四時，四時者，變化凡物，無常形容，或盛或衰。道人者象五行，五行可以卜占吉凶，長於安危。聖人者象陰陽，陰陽者象天地以治事，合和萬物，聖人亦當和合萬物，成天心，順陰陽而行。賢人象山川，山川主通氣達遠方，賢者亦當爲帝王通達六方。凡民者象萬物，萬物者生處無高下，悉有民，故象萬物。奴婢者衰世所生，象草木之弱服者，常居下流，因不伸也，奴婢常居下，故不伸也，故象草木。〔起〕故奴婢賢者得爲善人，善人好學得成賢人；賢人好學不止，次聖人；聖人學不止，知天道門户，入道不止，成不死之事，更仙；仙不止入真，成真不止入神，神不止乃與皇天同形。故上神人舍於北極紫宮中也，與天上帝同象也，名天心神，神而不止，乃復踰天而上，但承委氣，有音聲教化而無形，上屬天上，憂天上事。神人已下，共憂天地間六合內，共調和無使病苦也。〔止〕〔一〕

〔附〕正一法文太上外籙儀

〔補〕鈔丁一六上·一·一

〔附〕正一法文太上外籙儀下人四夷受要籙引太平經云：奴〔二〕婢順從君主，學善能賢，免爲善人良民，良民善人學不止成賢人，賢人學不止成聖人，聖人學不止成道人，道人學不止成仙人，仙人學不止成真人，真人學不止成大神人，大神人學不止成委炁神人。

願聞絶洞彌遠六極天地之間，何者最善？三萬六千天地之間，壽最爲善。故天第一，地次*之，神人次之，真人次之，仙人次之，道人次之，聖人次之，賢人次之。此八者，皆與皇天心相得，與其同意并力，是皆天人也。天之所欲仕也，天内各以職署之，故思慮常相似也，是天所愛養人也。天者，大貪壽常生也，仙人亦貪壽，亦貪生，貪生者不敢爲非，各爲身計之。

〔一〕此係原書分段。〔二〕下文大意並見於本經一百五十四至一百七十賢不肖自知法中。

太平經合校卷六十五 丁部之十四

太平經卷之六十五〔一〕

斷*金兵法第九十九

六方真人純等謹再拜白：「欲有所問天法，不敢卒道，唯皇天師假其門户，使得容言乎？」「道之，勿有所疑也。」「唯唯。 今惟天師迺爲帝王解先人流災承負，下制作可以興人君，而悉除天下之災怪變不祥之屬。 今愚生欲助天，太陽之氣使遂明，帝王日盛，姦猾滅絕，惡人不得行，盜賊斷亡，祆孽自藏，不復發揚，豈可聞乎？」「善哉，六子之問也，天使諸真人言。 諾。 君子已遂無憂，小人祆臣不敢作矣，其勝已出，災自滅息矣。 今爲諸弟子具陳天格法，使不失銖分，自隨而記之。」「唯唯。」「然，起天法垂象，上古聖人常象之，不敢違離也。 故常〔二〕厭不祥，斷狡猾，使祆〔三〕臣不得作者，皆由案天法而爲之，欲使陽氣日興，火大明，不知衰時者，但急絕由金氣，勿使其〔四〕王也。 金氣斷，則木氣得〔五〕王，火氣大明，無衰時

* 經六五・一上・二・四

〔幷〕鈔丁一六上・六・一七

經六五・二上・一・一

也。」「何謂也？」「然〔六〕人〔七〕君當急〔八〕絶兵，兵者，金類也，故當〔九〕急絶之故也〔一〇〕。止〔起〕今反時時王者賜人臣以刀兵，兵，金類也，迺帝王賜之王者。王*之名爲金王，金王則厭木而衰火，金王則令甲乙木行無氣，木斷乙氣，則火不明。木王則土不得生，火不明則土氣日興，地氣數動，有祅祥，故當急絶滅云。兵類勿賜金物兵類，以厭絶不祥此也。」「天厭固與神無異。願聞金興厭木，何故反使火衰也？」「善哉，子之難問，可謂入道矣。真人欲樂知其大效，是故春從興金兵，則賊傷甲乙木行，令天青帝不悦，天赤帝大怒，丙丁巳午不順。欲報父母之怨，令使火行，多災怪變，生不祥祅害姦猾。其法反使火治憒憒雲亂，不可乎，大咎在此也。」「善哉善哉！願聞何故必多祅民臣狡猾盜賊乎？」「爲真人重説，使子察察知之天之格法。父母見賊者，子當報怨。夫報怨之家，必聚不祥，僞佞狡猾少年能爲無道者，迺能報怨爲反逆也。是故從賜金兵，厭傷木也，火治不可平也。此者，天常

〔一〕原有小注「六十六同卷」五字，今删。　〔二〕鈔無「常」字。　〔三〕「祅」鈔作「妖」。　〔四〕鈔無「其」字。　〔五〕鈔無「得」字。　〔六〕鈔無「然」字。　〔七〕「人」鈔誤作「天」。　〔八〕鈔無「急」字。　〔九〕鈔無「當」字。　〔一〇〕鈔無「故也」二字。

格法也，不可以故人也。六真人以吾言不信，但急斷金兵，敢有持者，悉有重罪，即時火災滅除，其治立平，天下莫不言善哉。所以然者，火迺稱人君，故其變怪最劇也。其四行不能*也。子欲重知其明效，五星熒惑，爲變最劇也，此明效也。其四星不能。子慎吾書吾文，天法不失銖分。」「唯唯。」〔止〕

〔附〕帝王戒賜兵器與諸侯，是王金氣也。金氣王則木衰，木衰則火不明，火不明則兵起之象。火者君象，能變四時，熒惑爲變最效，天法不失銖分。

「行，爲六子重明陳天之法，故金氣都滅絶斷，迺木氣得大王，下厭土位，黃氣不得起，故春木王土死也。故惟春則天激絶金氣於戊，故木得遂興火氣，則明日盛，則金氣囚，猾人斷絶。金囚則水氣休，陰不敢害陽則生下，慎無災變。木氣王無金，則得興用事，則土氣死。生民臣忠謹且信，不敢爲非也，是天之格法券書也。天地之常性常行，子知之耶？」「唯唯。」「行，子已知矣。今復爲六子重明天法，使□□。今天下從兵，金氣也。又王者或以歲始賜刀兵，或四面巡狩止居，反賜金兵。王者，王也，以金兵賜人，名爲王金。金王則水相，金王則害木，水相則害火。西北，陰也；東南，陽也；少陰得王，太陰得相也。名爲二氣，俱得勝其陽。其災

經六五・三上・一・一
〔附〕鈔丁・一六下・二・九

經六五·四上·一·一

經六五·五上·一·一

生下，狡猾爲非，陰氣動則多妄言而生盜賊，是天格法也。六子知之耶？」「唯唯。」「然六真人已知之矣，慎天法。」「唯唯。今願請問東南，陽也，何故爲地户？今西北，陰也，反爲天門*？」「然門户者，迺天地氣所以初生，凡物所出入也。是故東南，極陽也，極陽而生陰，故東南爲地户也。西北者爲極陰，陰極生陽，故爲天門。真人欲知其效，若初九起甲子，初六起於甲午，此之謂也。故天道比若循環，周者復反始，何有解已。其王者得用事，其微氣復隨而起矣。」「善哉善哉！」「復爲六真人具陳一事。王者大興兵，則使木行大驚駭無氣，則土得王起。土得王則金大相，金大相則使兵革數動，乾兑之氣作，西北夷狄猾盜賊數起，是者自然法也。天地神靈，不能禁止也。故當務由厭斷金物，無令得興行也。」「善哉善哉！見師説天法，知其可畏矣。」「子知畏之則吉矣。」「今皇天明師幸哀其愚蔽，不達於道，迺具爲明陳天法。今是獨爲一君生耶？天下之爲法，悉如此耶哉？」「然，天以是爲常格法。雖然，木行火行，無妄從興，金嶽使錢得數王盜行，以爲大害，使治難平也。反使金氣得大王，爲害甚甚，能應吾天法，斷之者立吉矣。治興，袄臣絶，天法不欺人也。」「願聞天以此爲格法意訣。」「然，詳哉，六子問事*也。然天地以東方爲少陽，君之始生也，故日出東方。以南方爲太陽，太陽，君也，故離爲日，日爲君；南方，火也，火爲君；南方爲夏，夏最四時養長，懷妊盛興處也，其爲德最大，故爲君也，以此爲格法。雖然，音爲角者，幷於東方；位爲火者，幷於南方。今太平氣盛至，天當興陽氣，故吾見六真人問事，知爲天使之，故吾爲六真人具説所以興太陽君之行法，真人慎之。」「唯唯。」

王者賜下法第一百

「今天師辛〔一〕哀爲愚生陳天法悉具，願復問一事。今帝王見群臣，下及民人。天法，爲人父母，見其臣，是王者賢子也，故助王者治理天地也。民者，是王者居家不肖子也，【起】爲〔二〕王者〔三〕主脩〔四〕田野治生。見之，會當有可以賜之者〔五〕，不賜則〔六〕恩愛不下加民臣〔七〕，令赤子無所誦道〔八〕，當奈何哉〔九〕？」「善〔一〇〕哉，真人之言也。然見賢者賜以文，見〔一一〕飢者賜〔一二〕以食，見〔一三〕寒者賜以〔一四〕衣。見〔一五〕賢者何故賜之以〔一六〕文乎？所〔一七〕以賜以文者，【起】文者生於東，明於南，故天文生〔一八〕東北，故書出〔一九〕東北，而〔二〇〕天見其象。虎*有文〔二一〕，家〔二二〕在寅；龍有文〔二三〕，家〔二四〕

〔卅〕鈔丁一六下・五・一二

〔卅〕雲笈七籤卷七

〔卅〕三洞神符記文生東經六五・六上・一・一

在辰；負〔二五〕而上天，離爲文章在南行〔二六〕。故三光爲文，日〔二七〕最大明。故文者生於東，盛於南〔二八〕，止故日出於東，盛於南方〔二九〕。天命帝王，當〔三〇〕象天〔三一〕爲法。止故當賜文以興。太陽，火之行也，日興，火能分別覩文是與非，文亦所以記天下是非也。」「善哉善哉！」「行，六真人已知天道大覺矣。」「今皇天明師爲天具道法，既無可悒，願聞賜之當以何文哉？」「詳乎，六子爲天問事也，然當如此。凡事常苦不□□，然樂象天法，而疾得太平者，但拘上古中古下古之真道文文書，取其中大

〔一〕「辛」疑「幸」字之譌。〔二〕鈔無「爲」字。〔三〕「者」下鈔有「居家」二字。〔四〕「脩」鈔作「修」，「脩」通「修」。〔五〕「可以賜之者」鈔誤作「四者」二字。〔六〕鈔無「則」字。〔七〕鈔無「臣」字。〔八〕「無所誦道」鈔誤作「無以訟盜」。〔九〕鈔無「哉」字。〔一〇〕「善」下八字鈔無。〔一一〕鈔無「見」字。〔一二〕「賜」下鈔有「之」字。〔一三〕鈔無「見」字。〔一四〕「以」鈔作「與」。〔一五〕鈔脱「見」字。〔一六〕「之以」二字鈔作「與」。〔一七〕鈔無「所」下六字。〔一八〕「生」下鈔有「于」字。〔一九〕「出」下鈔有「於」字。〔二〇〕鈔無「而」下四字。〔二一〕「文」下雲及三洞神符記有「章」字。〔二二〕鈔無「家」字。〔二三〕「文」下雲及三洞神符記有「章」字。〔二四〕鈔無「家」字。〔二五〕「負」下二十一字雲及三洞神符記無。〔二六〕鈔無「行」字。〔二七〕「日」下十四字鈔無。〔二八〕「南」下雲及三洞神符記有「是知真文初出在東北也」十字。雲及三洞神符記所校，自「文者生於東」至此止。〔二九〕鈔無「方」字。〔三〇〕鈔無「當」字。〔三一〕「天」鈔誤作「之」。

經六五・七上・一一・一

善者集之以爲天經，以賜與衆賢，使分別各去誦讀之。今思其古今要意，爲化民臣之大義當奈何，因以各養其性，安其身。如此者，大賢儒莫不悦喜也。而無惡意，各得惟念天地之法知之，則令使人上尊愛其君，還惜其軀，深知明君重難得；其中大賢仁者，常恐其君老，分別爲索殊方異方，還付其帝王，故當賜以道書文。」「善哉善哉！」「子已知之矣。今或自易，賜之以兵革金物，歸反各思利事，而上導武氣，化流小愚民，則使利*事生，而兵興金王，狡猾作，盜賊起，金用事，賊傷木行，而亂火氣，是天自然格法。子知之耶？」「唯唯。願問何不賜之以他文經書？」「然，他書非正道文，使賢儒迷迷，無益政事，非養其性。經書則浮淺，賢儒日誦之，故不可與之也。然同可拘上古聖經善者，中古聖經善者，下古聖經善者，以爲文以賜之。但恐非養性之道，使人不自重，而反爲文也。然凡文善者，皆可以賜之，使其誦習，象之化爲善也。」「善哉善哉！」「六子已覺之矣。」

興衰由人訣第一百一

「今天師幸都爲愚生言，願問賜飢者以食，寒者以衣意。然夫飢者思食，寒者思

經六五・八上・一・一

衣，得此心結，念其帝王矣，至老不忘也。思自効盡力，不敢有二心也。恩愛洽著民間，如有所得奇異殊方善道文，不敢匿也。悉思付歸其君，使其老壽，是故當以此賜之也，此名爲周窮救急。夫賢者好文，飢者好食，寒者好衣，爲人君賜其臣子，務當各得其所欲，則天下厭服矣。」「善哉善哉！是以天性上道德而下刑罰。故東方*爲道，南方爲德。道者主生，故物悉生於東方。德者主養，故物悉養於南方。天之格法，凡物悉歸道德，故萬物都出生東南而上行也，天地四方六陽氣俱與生物於辰巳也。子知之耶？」「唯唯。」天之法下刑，故西北少陰，太陰爲刑禍。刑禍者，主傷主殺。故物傷老衰於西，而死於北。天氣戰鬭，六陰無陽，物皆伏藏於内穴中，畏刑興禍，不敢出見。天道惡之下之，故其畜生，悉食惡棄也。是故古者聖人覩天法明，故尚真道善德奇文而下武也，是明效也。今刑禍武生於西北而尚之，名爲以陰乘陽，以賤乘貴，多出戰鬭。令民臣不忠，無益王治，其政難乎？真人寧知之耶？」「唯唯。」「子可謂以覺矣。是故古者聖賢常尚道德文，常投於上善處，而兵革戰備投於下處；一人獨居，則投文於牀上，而兵居牀下，如是則夷狄自降，盜賊日消滅矣。」「善哉善哉！」「行，子可謂已知之矣。六子詳思吾書意，以

經六五・九上・一・一

經六五・一〇上・一・一

付上道德之君，以示衆賢，吾之言不負天地賢明也。行去，辭小竟也，事他所疑，迺復來問之。」「唯唯。今六真人受天師嚴教*，謹歸各居閑處，思念天師言，俱有不解，唯天師示訣之。」「行言何等也？」「今天迺自有四時之氣，地自有五行之位，其王、相、休、囚、廢自有時，今但人興用之也。安能迺使其生氣，而王相更相尅賊乎？」「咄咄，噫！六子雖日學，無益也，反更大愚，略類無知之人，何哉？夫天地之爲法，萬物興衰反隨人。故凡人所共與事，所貴用其物，悉王生氣；人所休廢，悉衰而囚。故人所興事者，即成人君長師也；人所爭用物，悉貴而無平也；人所休廢物，悉賤而無賈直也。是故天下人所興用者，王自生氣，不必當須四時五行氣也。故天法，凡人興衰，迺萬物興衰，貴賤一由人。是故古者聖人知天格法，不可妄犯也。故上古時人，深知天尊道、用道、興行道，時道王。中古廢不行，即道休囚，不見貴也；中古興用德，則德王。下古廢至德，即德復休囚也。故人興用文則文王，興用武則武王，興用金錢則金錢王，興用財貨財貨王。天下人所興用，悉王自生氣，其所共廢而不用者，悉由凡物，何必迺當須天四時五行王迺王哉*？子學何不日昭昭，而反日益冥冥無知乎？真人用意尚如此，夫俗人共犯天禁，言其不然，故是也。今以子況之，人愚獨久矣。若真人言中類吾爲天陳法，爲德君解承負先王流災，將有誤人不可用者耶？如誤，何可案用乎？六子若有疑，欲知吾道大效，知其真真與不，令疾上付賢明道德之君，使其按用之，立與天地迺響相應，是其人明效證驗也。今真人尚迺不能深知，是人能使物興衰進退，俗人比於子，冥冥與盲何異哉？」「今見天師分別爲愚生説之，已解矣，有過不也。」「夫人既學也，當務思惟其要意，勿但習言也。而知其意訣，是天地與道所怨也。又學者精之愼之。」「唯唯。」「行去，記此天政事，可以厭猾祆，勿使德君失政事文也。」「唯唯。」

太平經合校卷六十六 丁部之十五

太平經卷之六十六

*三五優劣訣第一百二

「大暗愚日有不解，冥冥之生稽首再拜，問一大疑。」「何等也？」「書中比比道天上皇氣且下，今訖不知其爲上皇氣云何哉？」「子迺知深疑此，可謂已得道意矣。行明聽，爲眞人具陳之。〔起〕天有三皇，地有三皇，人有三皇；天有五帝，地有五帝，人有五帝；天有三王，地有三王，人有三王；天有五霸，地有五霸，人有五霸。」「何謂也？」「天有三皇若三光，地有三皇若高下平，人有三皇，若君臣民也〔一〕，天有五帝若五星，地有五帝若五嶽，人有五帝若五行〔二〕五藏也〔三〕。〔止〕〔起〕天有三王若三光，地有三王若高下平，人有三王若君臣民；天有五霸若五星，地有五霸若五嶽，人有五霸若五行五藏也。」「天師㚔哀憐愚生，加不得已，示以天法，願聞其優劣云何哉？」「善哉，子之難問，可謂得天意，迺入天心，可萬萬世貫結著不復去也。然

經六六・一上・二・四

〔幷〕鈔丁一七上・二・一五

經六六・二上・一・一

〔附〕鈔丁一七上・八・八

天之三皇，其優者若日，其中者若月，其下者若星也，其優劣相懸如此矣。地之三皇，其優者若五嶽，其中者若平土，*其下劣者若下田也，其優劣相懸如此矣。人之三皇，其優者若君，其中者若臣，其下者若民，其優劣相懸如此矣。〔止〕

〔附〕天有三王謂三光，五霸爲五嶽，與人地皆同。天之三皇，其優者日，中者月，下者星；地之三皇，優者五嶽，中者平土，下者田野；人之三皇，優者君，中者臣，下者民。

天之五帝，其優者，比若四分日，有其三也；其中者，比若四分月，有其三也；其下者，比若四分星，有其三也。地之五帝，其優者，比若四分五嶽，有其三也；其中者，比若四分平土，有其三也；其劣下者，比若四分下田，有其三也。人之五帝，其優者，比若四分大國，有其三也；其中者，比若四分大臣，有其三也；其劣下者，比若四分民，有其三也。天之三王，其優者，比若四分日，有其二也；其中者，比若四分月，有其二也；其劣下者，比若四分大星，有其二也。地之三王，其優者，比若四

〔一〕鈔無「也」字。　〔二〕鈔無「五行」二字。　〔三〕鈔無「也」字。

經六六・三上・一・一

分五獄，有其二也；其中者，比若四分平土，有其二也；其劣下者，比若四分下田，有其二也。人之三王，其優者，比若四分大國，有其二也；其中者，比若四分大臣，有其二也；其劣下者，比若四分民，有其二也。天之五霸，其優者，比若四分日，有其一也；其中者，比若四分月，有其一也；其下者，比若四分大星，有其一也。*地之五霸，其優者，比若四分五獄，有其一也；其中者，比若四分平土，有其一也；其下者，比若四分下田，有其一也。人之五霸，其優者，比若四分大國，有其一也；其中者，比若四分大臣，有其一也；其下者，比若四分民，有其一也。此迺天道不遠，三五各自反也。故天有三皇五帝，三王五霸，地亦自有三皇五帝，三王五霸，人亦自有三皇五帝，三王五霸也。」「其何一多也？願天師分解其訣意。」「然夫天地人本同一元氣，分爲三體，各有自祖始。故三皇者，其祖頭也；五帝者，其中興之君也；三王者，其平平之君也；五霸者，是其末窮劣衰，興刑危亂之氣也。故到五霸，迺四分有其一者，天道其統幾絶也。過此下者，微末不能復相拘制，比若大弱不能制强，柔不能制剛，少不能制衆，道且大亂，不能復相理。故更以上復起。」「何謂也？」「然九皇者，皆始萌於北，五帝者始生於東，三王者茂盛於南，五霸者殺成於西也。天生凡物者，陽氣因元氣，從太陰合萌生，生當出達，故茂生於東；既生當茂盛，故盛於南；既*茂盛當成實，故殺成於西。天地陰陽道都周。夫物不可成實，死而已，根種實當復更生，故令陰陽俱，並入天門，合氣於乾，更以上始，此天地自然之性也。」「善哉善哉！夫天地人何不共三皇五帝三王五霸乎？」「善哉，子之難得其意。夫天地人分部爲三家，各異處。夫皇道者，比若家人有父也；帝道，比若家人有母也；王道，比若家人有子也；霸道者，比若家人有婦也。今三家各異處，豈可共父母子婦耶？是若人分爲三家，寧得共父母子婦乎？真人寧曉不？」「唯唯。」「慎之，亦無妄枉難也。天道自有格常法，不可但以强抵觸之也，不敢不行弩〔一〕力。」「唯唯。雖每問事，犯天師諱，不問又無緣得知之，欲復乞一言。」「平行。」「今是有四十八部，四十八部其行云何哉？」「善乎詳哉！子之問事也。此行得天心意者，災變不得起也。失天要道者，災變不絶。故使前後萬萬世，更相承負。夫善爲君者，迺能使災咎自伏，消其所失。至要自養之道者，反使

〔一〕「弩」疑「努」字之誤。

邪氣流行，周遍天下。故生是餘災，反爲承負之厄會。」「何謂也？」「然，精聽吾
（經六六・五上・一・一）言。」「唯唯。*」「天之上君若日，中者若月，下者若星也。地之上君若五嶽，中者若平土，下者若下田也。人之上君若君，中者若臣，下者若民也。有其全者，其人民萬物，悉無病平安，無爲盜賊欺僞佞者也。天地無災變，所謂上優，有其全者也；其四分有其三者，其三分人平善忠信，其一分傷死，或爲盜賊，共爲邪惡變怪，多少隨此四分一；其四分有其二者，其半人民萬物有病，爲不信，半人有欺僞之心，其天怪變半；其四分有其一者，其三分者悉病，無實欺爲佞，皆爲盜賊，無有相利之心，一分者爲善耳。」「天怪前後不絕，不處甲處乙，會不去其部界中也。何故乎？」「善哉，子之言也。是令盡有者，其道德悉及之，德所及者能制之，故盡善萬物，都蒙其道德，故平平也。其四分有其三者，其道德不及一分，故一分凶也。其四分有其二者，其半道德不及覆蓋，故半凶也。其四分有其一者，德微，財及一分，不及其三分，故三凶也。是故古者聖人帝王欲自知優劣，以此占之，萬不失一
（經六六・六上・一・二）也。所不及，何故病乎？道德不能及*，無爲無君長，萬物無長故亂，而多病姦猾，盜賊不絕也。古者以此占治，以知德厚薄，視其氣與何者相應，以此深知治之得

經六六・七上・一・一

失衰盛，明於日月也。」「善哉善哉！以何救其失乎？」「善哉，今真人以既知天經，當止此流災承負萬物也。」「夫災以何止之？唯天師教衆賢，使得及上皇氣。」「然宜各論真道於究，各思初一以自治勞病，即其復優，盡令有之矣。」「善哉善哉！」「行，真人戒事。」「唯唯。謹已敬受四十八部戒矣。其行道長短云何哉？」「詳乎子問也。」「不敢不詳，天道致重，師敕致嚴，故敢不一二問之也。」「善哉，知爲弟子數，可以通天道意。然天道有三，道應太陽太陰中和。優者行外，其次行中，其次行內，霸者無道。但假路三王之內道最短，天皇大優者最行外，九皇共一道相次，劣者在內，其優者步行而不移，其次微移，其次微知，十五帝共一中道也。其優者行外，其次行而知，其劣者行而疾也。三王九人，共一內道騎行，其次小疾，其劣者馳也。十五霸最假內極路，其優者若飛行外，其中者若飛而疾，其劣者若*矢也。真人知之乎？」「善哉善哉！」「真人前，子問此事，何一詳也哉？」「然，吾初生以來，怪歲一長一短，日一厚，日一薄，一前一却，不及天師問，恐遂不知之，願聞其意。」「善哉，子之言也。然厚者，天之日也；其次厚者，地之日也；其次厚者，人之日也；其最薄者，萬物之日也。真人知之耶？」「唯唯。」「行去，勿復竟問。是者，子之私也，非難爲子窮説之也。天下會無以爲，亦無益於帝王承負厄會，百姓之愁苦，故不爲子分别道耳，不惜之也。」「唯唯。多犯天師諱，有大過。」「不謙也，樂欲知天上之事者，有私乃來，爲子悉説之。」「唯唯。」「行去。」

右分别九皇十五帝九王十五霸行度優劣法。

經六七・一上・二・四

〔廾〕鈔丁一七下・一・一七

〔廾〕鈔丁一七下・三・二

太平經合校卷六十七 丁部之十六

太平經卷之六十七

六*罪十治訣第一百三

「真人前，凡平平人有幾罪乎？」「平平人不犯事，何罪過哉？」「噫，真人何其暝冥也。」「愚生不開達，初生未常聞，人不犯非法而有罪也。」「子言是也，與俗同記。不睹〖起〗凡人迺有大罪六，不可除也〔一〕。或身即坐，或流後生〔二〕。〖止〗真人學，迺不見此明白罪，學獨不病憒憒耶？」「愚生忽然，不病之也。」「子尚忽然，夫俗人懷冤結而死是也。誠窮乎遂無知，然而死訖覺悟。天地開闢以來，凡人先曚後開，何訾理乎？」「願聞之。」〖起〗然人積道無極，不肯教人開曚〔三〕求生，罪不除也。或〔四〕

〔一〕鈔無「也」字。〔二〕「流後生」鈔作「流及後世」。〔三〕鈔無「開曚」二字。〔四〕「或」下二十一字鈔無。

經六七·二上·一·一

〔廾〕鈔丁一七下·六·四

〔廾〕鈔丁一七下·八·二

身即坐，或流後生。所以然者，斷天生道，與天爲怨。人積德無極，不肯力〔一〕教人守德，養性爲謹，其罪不除也〔二〕。或〔三〕身即坐，或流後生。所以然者，迺斷地養德，與地爲怨，大咎人也。或積財億萬，不肯救窮周急，使人飢寒而死，罪〔四〕不除也〔五〕。【止】或身即坐，或流後生。所以然者，乃此中和之財物也，天地所以行仁也，以相推通周足，令人不窮。今反聚而斷絶之，使不得徧也，與天地和氣*爲仇。或身即坐，或流後生，會不得久聚也，當相推移。天生人，使人有所知，好善而惡惡也。【起】幸有知〔六〕，知天〔七〕有道而反賤道，而不肯力學之〔八〕以自救。或得長生，在其天統先人之體，而反自〔九〕輕，不學視〔一〇〕死。忽然臨死〔一一〕，迺自冤，罪不除也。【止】或身即坐，或流後生，令使生遂無知，與天爲怨。所以然者，迺天自力行道，故常吉，失道則凶死。雖愛人欲樂善，著道於人身，人不肯力爲道，名爲無道之人，天無緣使得有道而壽也。迺使天道斷絶，故與天爲怨也。人生知爲德善，而不肯力學爲德，反賤德惡養，自輕爲非，罪不除也。或身即坐，或流後生。所以然者，與地相反。地者好德而養，此人忽事，不樂好德，自愛先人體，與地爲咎也。【起】天生人，幸使其〔一二〕人人自〔一三〕有筋力，可以自衣食者〔一四〕。而不肯力爲之〔一五〕，反

經六七・三上・一・一
〔廾〕鈔丁一七下・一〇・一六

致〔一六〕飢寒，負其〔一七〕先人之體。而輕休其力，不〔一八〕爲力可得衣食，反常自言愁苦飢寒。但常仰多財家，須而後生〔一九〕，罪不除也〔二〇〕。止或身即坐，或流後生。所以然者，天地乃生凡財物可以養人者，各當隨力聚之，取足而不窮。反休力而不作*之自輕，或所求索不和，皆爲起强取人物，與〔二一〕中和爲仇，其罪當死明矣〔二二〕。此有〔二三〕六大罪而〔二四〕天憎〔二五〕惡之，其罪〔二六〕不可除也。止真人知之耶？」「唯唯。願聞天師，其爲罪何一重也？」「噫！子日益愚何哉？是乃滅門之罪也。何故言其重乎？」「愚生甚怪之，不知其要意。今唯天師更開示之，令使大覺悟，深知其意，不敢復犯也。」「然，真人言善哉，吾辭將見矣，真人宜自隨而力記之。」「唯唯。」「行，今皇天有道，以行生凡物，擾擾之屬，悉仰命焉。今大涹道人，或默深知之，

〔一〕鈔無「力」字。　〔二〕鈔無「也」字。　〔三〕「或」下二十六字鈔無。　〔四〕「罪」上鈔有「其」字。　〔五〕鈔無「也」字。　〔六〕鈔無「幸有知」三字。　〔七〕鈔無「天」字。　〔八〕鈔無「之」字。　〔九〕鈔無「自」字。　〔一〇〕「視」鈔作「而」，疑當作「而」。　〔一一〕鈔無「忽然臨死」四字。　〔一二〕鈔無「其」字。　〔一三〕鈔無「自」字。　〔一四〕鈔無「者」字。　〔一五〕鈔無「之」字。　〔一六〕「致」鈔作「使」。　〔一七〕鈔無「其」字。　〔一八〕「不」下二十二字，鈔無。　〔一九〕鈔無「後生」二字。　〔二〇〕鈔無「也」字。　〔二一〕「與」鈔作「以」。　〔二二〕鈔無「當死明矣」，但有「不除」二字。　〔二三〕鈔無「有」字。　〔二四〕鈔無「而」字。　〔二五〕鈔無「憎」字。　〔二六〕鈔無「其罪」二字。

經六七·四上·一·一

著其腹中，不肯力以教人也。夫教人以道，比若以火予人矣，少人來取之，亦不傷其本也；無極人來取之，亦不傷其本。今幸可共之，以教天下之人，助天生物，助地養形，助帝王脩正。又使各懷道，求生惡死，令使治助治人，不復犯法，爲邪凶惡。其心善，則助天地帝王養萬二千物，各樂長生；人懷仁心，不復輕賊傷萬物，則天爲其大悦，地爲其大喜，帝王爲其大樂而無憂也，其功增不積大哉？夫一人教導如化百愚人，百人俱歸，各教萬人，萬人俱教，已化億人，億*人俱教，教無極矣。此之善，上洽天心，下洞無極，人民莫不樂生爲善。帝王遊無職，又何傷於人，而不力相示勑。今人幸蒙先師勑戒，得深懷至道而閉絶，不以相教示，使人無所歸命，皆令強死冤結，名爲斷天道，人多失道而妄爲。天也不得久生，地也不得久養。夫人不得不知道，小人無道多自輕，共作反逆，犯天文地理，起爲盜賊相賊傷。犯王法，爲君子重憂，紛紛不可勝理。君王旦夕念之，悒悒自愁苦，使天地失其正，災變怪不絶，爲帝王留負，吾尚未能悉言。夫斷天道，大逆罪過，不可勝記。故財舉其綱紀，示真人是非，重罪當死，明耶？死中尚得有餘過，故流後生也。可㤥哉！真人其慎之矣。唯真人迺知一㤥，可謂已得長吉，遠凶害矣。」「唯唯，

經六七・五上・一・二

不敢離勑。」「然，子已賢明，知天命矣，必生去死，不復疑也。」「今謹以聞天道之命，願得知地德之勑。」「然，夫地之有大德，專以順天之道，以好養萬物，擾擾之屬，莫不被恩德，養成其中者。是故大深大德之人，當象此爲行，幸蒙先師功力，得懷藏善道無極之德*。夫德以教人，比若臨大水而飲之也。少人往學德，亦不傷其本，無極之人往學德，亦不傷其本也。如力教教之，皆使凡人知守深抱德，各自愛養其身。其善者上可助天養且生長之物，下可助地畜養向成之物，悉并力同心，無有惡意，其中大賢明心易開示者，迺可化而上，使爲君之輔，其中賢者可爲長吏師，其下無知者，尚可爲民間之師長。凡人莫不俱好德化而爲善者也。爲教如是，迺上有益於天，下有益於地，即大化之本根，助帝王養人民，令不犯惡爲耶，君子垂拱而無憂，其功著大，天地愛之，可移於官也。今則或懷有德廣大，而反詳愚閉，絶道德之路，不助天養其且生，不助地養其且成，不助帝王和諸民人。今使愚人後生，遂暗無知，白黑不分明，互死不移，遂爲小人，不可東西，忽身自輕，相隨爲非，奸軌畜積，上下不能復相教，冥冥憒憒，無有忌諱。上犯天文，下犯地形，其行逆四時，亂五行，爲君子大憂，爲小人起害，爲賊盜，或還以自敗，僇其父母，因

經六七・六上・一・一

經六七・七上・一・一

而無世。今尚但爲真人舉*其綱紀，見其始，使衆人一覺自策之耳，不肯教久德，名爲斷絶地之養道，其罪過如此矣。是之爲無狀乃死，尚有餘罪，故流後生也，真人知之耶？」「可㤥哉！可㤥哉！」「真人知蚤㤥，可謂得且活矣。唯慎之。」「唯唯。謹已受道德之禁，願聞仁者之行。」「然，夫天地生凡財物，已屬於人，使其無根，亦不上著於天，亦不下著於地。物者，中和之有，使可推行，浮而往來，職當主周窮救急也。夫人畜金銀珍物，多財之家，或億萬種以上，畜積腐塗，如賢知以行施，予貧家樂，名仁而已。助地養形，助帝王存良謹之民。夫億萬之家，可周萬户，予陳收新，毋疾利之心，德洽天地，聞於遠方，尚可常得新物，而腐塗者除去也。其中大賢者，迺日奏上其功於帝王。其中小賢，日舉之於鄉里。其中大愚人不償報恩者，極十有兩三耳，安能使人大貧哉？爲善不止，大賢深明舉之，名聞國中，四海人道之者塞道。明王聖主聞之，見助養民大喜，因而詔取，位至鼎輔，因是得尊貴，世世無有解已，尚爲大仁，天下少有。上不負先祖，下*不負於子孫，天地愛之，百神利之，帝王待之若明〔一〕友，比鄰示之若父母。功著天地，不復去也；禄著官位，不復賤也；名著萬民，不復滅也。夫仁可不爲乎哉？或有遇得善富地，并得天地中和之財，積之迺億億萬種，珍物金銀億萬，反封藏逃匿於幽室，令皆腐塗。見人窮困往求，罵詈不予；既予不即許，必求取增倍也；而或但一增，或四五迺止。賜予富人，絶去貧子，令使其飢寒而死，不以道理，反就笑之。與天爲怨，與地爲咎，與人爲大仇，百神憎之。所以然者，此財物迺天地中和所有，以共養人也。此家但遇得其聚處，比若倉中之鼠，常獨足食，此大倉之粟，本非獨鼠有也；少〔二〕内之錢財，本非獨以給一人也；其有不足者，悉當從其取也。愚人無知，以爲終古獨當有之，不知迺萬尸〔三〕之委輸，皆當得衣食於是也。愛之反常怒喜，不肯力以周窮救急，令使萬家之〔四〕絶，春無以種，秋無以收，其冤結悉仰呼天。天爲之感，地爲之動，不助君子周窮救急，爲天地之間大不仁人。人可求以祭祀，尚不給與，*百神惡之，欲使無世；鄉里祝固，欲使其死；盜賊聞之，舉兵往趨，攻擊其門户，家困且死而盡，固固不肯施予，反深埋地中，使人不睹。無故絶天下財物，乏地上之用，反爲大壯於地下，天大惡之，地大病之，以爲大咎。中和之物隔絶日

〔一〕「明」疑「朋」字之譌。〔二〕「少」疑當作「小」。〔三〕「尸」疑「户」字之譌。〔四〕「之」疑「乏」字之譌。

經六七・九上・一一・一

少，因而坐之不足，飢寒而死者衆多，與人爲重仇。夫天但好道，地但好德，中和好仁。凡物職當居天下地上，而通行周給；凡人之不足，反迺見埋，病悒悒不得出見。夫天與地，本不樂欲得財也。天迺樂人生，地樂人養也。無知小人，反壅塞天地中和之財，使其不得周足，殺天之所生，賊地之所養。無故埋逃此財物，使國家貧，少財用，不能救全其民命；使有德之君，其治虛空。夫金銀珍物財貨作之用，人功積多，誠若〔一〕且勞，當爲國家之用，無故棄捐，去之上下，地又不樂得之，以爲大病，以爲大壯。今愚人甚不仁，罪若此，寧當死不耶？中尚有忽然不知足者，爭訟自冤，反奪少弱小家財物，殊不知止。吾尚但見真人倲倲，財舉其綱，見其始。夫大不仁之人過積多，不*可勝紀，難爲財用，真人宜熟思之。故天地中和三氣憎之，死尚有餘罪，當流後生，真人寧覺知之耶？」「唯唯。可㤥哉！吾不欲聞也。」「真人遺此語，天必奪子命，令知覺悟，惡之且活矣。自勑慎事。」「唯唯。謹已敬受道德仁戒，願聞有知不好學真道意。」「善哉，子之言也。夫天生人，幸得有賢知，可以學問而長生。天之有道，樂與人共之；地有德，樂與人同之；中和有財，樂以養人。故人生樂求真道，真人自來。爲之不止，比若與神謀；日歌爲善，

經六七・一〇上・一・一

善自歸之；力事衆賢，衆賢共示教之，不復遠也。可以全其身，不負先人之統，佗人盡夭終，獨得竟其天年；人皆名惡，獨得爲善人。爲衆人師，聞於遠方，内懷真道德仁而有之。助天生物，助地養形，助帝王化民。上師迺可化無極人，盡使愚人守道不爲非，中師可化萬人，小師可化千數百人，致有益於君王，使小人知禁，不犯非匿邪。上感得官，不負祖先，不辱後生，維學若此，寧可不爲乎？故古者聖賢，悉以勑學人爲大憂，助天地生成，助帝王理亂，此天地之間，善人之稱*也。或有愚人，生而懷愿，有知而不肯力學真道，反好爲浮華，行以欺人，爲子則欺其父母，爲臣則欺其君，爲下則欺其上，名爲欺天，罪過不除也。或有反好俗事爭鬭，相隨爲非，睹真人之人，反大笑之，笑之言無以學爲。遂令冥冥，愚無可知，又好勝而不可，苟言天地無數，賢溗無知，恣情而行，上犯天文，下犯地理，出入無復節度，歸則不事父母，羣愚相與會聚，遂爲惡子。爲長吏致事，還戮其父母，不能自惟思，因逃亡爲盜賊，行害傷殺人，殊不止。此正天所忌，地所咎，帝王所愁苦，

〔一〕「若」疑「苦」字之譌。

百神所憎，父母所窮也。此害人之大災，絶其先人之統子也。今不力學真道，爲行如此，於真人意，寧當死不？死有餘罪，流其子孫，尚名爲惡人之世，盜賊之後，惡寧流後生不耶？今尚但爲真人舉其端首，其惡不可勝記，難爲財用，真人寧覺知之耶？真人自慎。」「唯唯，吾甚恔哉！」「子知恔，已去惡矣。」「謹已具聞四事，願後〔一〕聞其次。」「然夫天生人，使其具足乃出之，常樂其爲道與德。仁人經六七・一一上・一・一幸有知，可以學德，天地以德養萬物*，樂人象之。故太古之德人忍辱，象地之養物也。人學爲之，則其心意常悦，不復好傷害也，見事而慎之，日而爲者善，不復欲爲惡也。以類相聚，日益高遠，爲之積久，因成盛德之人，莫不響應，衆人歸向之。聚謹順善不止，因成大渘師，其德迺之助天養欲生之物，助地養欲長之物，又好助明王化民，使爲謹，不復知其凶惡。小爲德，或化千數百人，大爲德，或化萬人以上。因使萬人轉成德師，所化無極。爲德不止，凡人莫不悦喜。天地愛之，增其算，鬼神好之，因而共利祐之。其有功者，迺人君官仕之德，不樂傷害衆人。樂之好之，所求者得居常獨樂，無欲害之者。此本由學順善爲德，迺到于斯，名聞遠方，功著天地，不負祖先，不辱後生。今人或幸有知，心知善惡，而反自輕易，不力學爲善德，反隨俗愚暗之人爲惡。好用氣尚武，辭語常凶，言出而逆，欲以伏人。自言便，復有便於人者；人自言勇力，復有勇力於人者。故凡天下之事，各有所伏窮，故可制也。夫大火當起之時，若將不可拘，得水便死*。人爲不善，當怒之時，若將不可制也，得獄便窮。用口若將不拘，得病使降。故夫天地治人，悉自有法尺寸。人乃有知，不肯好學，反自輕爲非，所居爲凶，無愛之者。天地憎之，百神惡之，帝王得愁苦之。此不成善人，自成盜賊，死尚成惡鬼，用力强梁，其死皆不得用。道理人莫不共知之，而自易不爲善，汙先人之統，負於後生之子，遂見字爲凶賊人之類也。人莫肯與其交語，行人不欲與同道，此子何過，承負父母之惡，尚或見謂爲盜賊之子，或遂得死亡焉。真人來，人自易，不好學於明師爲德，反隨小人，過乃如此，寧當死有餘罪不乎？」「可畏哉！天師勿須道，吾念之已苦心痛矣。見人不學，以爲小事，安知迺致此乎？」「人甚愚，與俗人相似，人不深計，死有餘罪。真人既有功於天地，慎之。」「唯唯。」「不可自易也。吾尚但舉其綱，見其

〔一〕「後」疑「復」字之譌。

始，不學之惡，不但盡於是也。子得吾書，覺悟自深計之。」「唯唯。誠得歸便閒處，精之詳之。」「然是也，學而不精，與夢何異？」「唯唯。謹已受吾事之勑，願聞

經六七・一三上・一・一

人生有力不爲之教。」「然，天地*共生蚑行，皆使有力，取氣於四時而象五行。夫力本以自動舉，當隨而衣食。是故常力之人，日夜爲之不懈，聚之不止，無大無小物，得者愛之。凡物自有精神，亦好人愛之，人愛之便來歸人。比若東海愛水，最居其下，天下之水悉往聚，因得爲海。君子力而不息，因爲委積財物之長，家遂富而無不有。先祖則得善食，子孫得肥澤，舉家共利。爲力而不止，四方貧虛，莫不來受其功，因本已大成。施予不止，衆人大譽之，名聞遠方，功著天地。常力周窮救急，助天地愛物，助人君養民。救窮乏不止，凡天地增其算，百神皆得來食，此家莫不悦喜。因爲德行，或得大官，不辱先人，不負後生。人人或有力反自易，不以爲事，可以致富，反以行鬬訟，妄輕爲不祥之事。自見力伏人，遂爲而不止，反成大惡之子。家之空極，起爲盜賊，則飢寒並至，不能自禁爲姦，其中頓不肖子即飢寒而死。勇力則行害人，求非其有，奪非其物，又數害傷人，與天爲怨，與地爲

經六七・一四上・一・二

咎，與君子爲仇，帝王得愁焉。遂爲之不止，百神憎*之，不復利祐也。天不欲蓋，

經六七・一五上・一・二

地不欲載，凶害日起，死于道旁；或窮於牢獄中，戮其父母，禍及妻子，六屬鄉里皆欲使其死，尚有餘罪，復流後生，或成乞者之後，或爲盜賊之子，爲後世大瑕。真人前，其過責如此，寧當死有餘罪不？」「吾見天師説事，吾甚驚㤥心痛，恐不能自愈。」「真人知心痛，將且生活矣。若忽然不大覺悟，子死不久也。慎之，吾言不可犯，犯者身滅矣，非吾殺之也，其行自得之，子亦知之乎？」「唯唯。」「吾爲子陳此六事，未能道其萬分之一也。賢渘得吾道，宜深思遠慮，勿反苟自易，不恕爲善也。爲力學，想得善爲惡，則反迺降人也。各自爲身計，此中有六死罪，又有六大善，俱象之爲身，爲其善必得善也，自易爲惡者，日得凶惡子矣。自策自計，莫樂於自恣，慎之思之，惟之念之，賢明之心，必當易開也。道德仁善，付有道德之士，凶惡付不深計之子。此格法，能皆象吾書文以自正，則天下無復惡人也。此乃天上太古洞極之道，可以化人，人一知之俱爲善，亦不復還反其惡也。上士樂生，*可學其真道，大渘大賢可學其德，好施之人可學其仁，有知之人可學其知，有能之人可學其能，有力之人可學其力，如能幷盡用之，思之熟之，身已遠凶惡矣。天地愛之，六方養之，帝王無復事也，迺長游而治，真人亦知之乎？」「大樂至矣，吾甚大

經六七・一六上・一・二

喜。」「子可謂樂善知之矣。是故古者賢聖，迺教而不止者，迺睹天禁明，各爲身計也。故賢聖之教，辭語滿天下也。子獨不覺乎？」「善哉善哉！」「是故古者聖賢上士皆悉學，晝夜力學而不止者，亦睹見天地教令明也。故不敢自易爲非也，不敢自輕易而不力學也。故得長吉而無害，此諸賢者異士，本皆無知，但由力學而致也。此中諸凶惡人，悉由不力學，自輕自易所致也。吾之爲道，吉凶之門户也，子亦豈知之耶？」「唯唯。故都舉迺以上及其下也，何謂也哉？」「噫！子意何不覺也！」「見天師連説，今更眩不自知，以何爲覺，以何爲不覺也。」「今使子知行之。真人前，夫天治法，化人爲善。」「從上到下，有幾何法哉？」「其法萬端，各異意。然真人尚正若此，俗人難覺，迷日久是*也。」「有過，唯天師。」「然助帝王治，大凡有十法：一爲元氣治，二爲自然治，三爲道治，四爲德治，五爲仁治，六爲義治，七爲禮治，八爲文治，九爲法治，十爲武治。十而終也，何也？夫物始於元氣，終於武，武者斬伐，故武爲下也。故物起於太玄，中於太陽，終死於白虎。故元氣於北，而白虎居西，此之謂也。故天使元氣治，使風氣養物。地以自然治，故順善得善，順惡得惡也。人者，順承天地中和，以道治，主動道。凡事通而往來，此三事

經六七・一七上・一・一

應天地人讖。過此三事而下者，德仁爲章句，過仁而下，多傷難爲意。故吾之爲道常樂，上本天之性戒，中棄末夭之性也。生凡物本者常理，到中而成，至終而亂，失亂者不可復理，故當以上始也。故天常守本，地守其中，一轉，人者守其下，三轉，故數亂道也。真人豈已曉知之耶？」「唯唯。」「子今有疑。」「夫隨師可言，不敢有疑也。」「真人前，天將祐帝王，以何爲明證哉？將利民臣，以何爲效乎？」「唯天師，今不及何也；數言而不中，多得過，故不敢復言也。」「嗛乎，行。」「唯唯。然天將祐帝王，予其琦*文，今可以治，用之絶踰，與陰陽相應，將利小臣也；予其良吏，將利民也，使其生善子。」「真人言是，豈復有奇説耶？而已極。唯天將欲興有德人君也，爲其生神聖，使其傳天地談，通天地意。故真人來爲其學也，宜以付謹良之民，覺其心，使其惟思；付上有大德之君也，以示衆賢，共曉其意已解，以歸百姓。百姓得之，十五相從，議之治之，連不平，非獨天地人君也。過乃本一在人長，長自得重過責於皇天后土，皆由一人。時有先學得真道者，不力相化教；大溗幸先知德，力不相化；畜積有財之家，不肯力施爲仁；人生有知足以學，而不肯力學，求真道以致壽。有能足以學德，以化其身，而不肯力學德以自化，有力不肯力作自易，反致困窮。此有大過六，天人爲是獨積久。天地開闢以來，更相承負，其後生者尤劇，積衆多相聚爲大害。令使天地共失其正，帝王用心意久愁苦而不治，前後不平，天大疾之。故吾急傳天語，自太古到今，天地有所疾苦，悒悒而不通，凡人不得知之，皆使神聖人傳其辭*，非獨我也，真人勿怪之也。今吾已去世，不可妄得還見於民間，故傳書付真人，真人反得，已去世俗，不可復得爲民間之師。故使真人求索良民而通者付之，令趨使往付歸有德之君也，敢不往付留難者坐之也，何其重也？今天當以解病而安帝王，令道德君明示衆賢，以化民間，各自思過，以解先人承負之讁，使凡人各自爲身計，勿令懈忽，迺後天且大喜，治立平矣。子或懷狐疑，以吾言不大誠信者，吾文但以試爲真。所以然者，古文億億卷，其治常不能太平也。令賢明深長，獨懷狐疑，謂書不然也。夫勇士不試，安知其多力；見文而不試用，安知其神哉？吾受天言，以試真人，自是之後，得凡文書，皆立試之，不得空復設僞言也。天大疾之，地大苦之，以爲大病，誠冤忿恚。因使萬物不興昌，多災夭死，不得竟其天年。帝王悁悒，吏民雲亂，不復相理，大咎在此，六罪也。有道姤道，不肯力教愚人；有德姤德，不肯力化愚人；有財畜積

經六七・一八上・一・一

經六七・一九上・一・一

經六七・二〇上・一・一

而妬財，不肯施予，天生凡人使施之。天有知，不肯力學正道*以自窮見教，反笑之；有能，不肯力學施見教，反罵詈之；有力，不肯力作，可以致富爲仁，反自易懈惰。見父母學教之，反非之。故勑真人疾見此文，使衆賢各自深惟念百姓，自思大過，真人寧曉知教勑耶？」「唯唯。今神人既爲天陳法，何不但得人而已，布於民間，必當以上下乎？」「善哉善哉！今天上極太平氣立至，凡事當順，故以上下也。不以上下，則爲逆氣，令治不平，但多由逆氣，不順故也。真人欲復增之耶？」「不敢也。」「故當以上下，勿復重問。」「唯唯。」「行去慎事，各爲身計。此有大過六，天道至嚴，不可妄爲，天居上視人。」「唯唯。願復更請問一言，凡人已得要道要德，當於何置之？」「當上以付其君。」「何必當以付之也？」「夫要道迺所以安君也，以治則得天心。夫要德所以養君，以治則得地意。實知之而不肯奏上，皆爲不敬，其罪不除。」「何其重也？」「覩子之事植辭，如無一知者。夫爲子乃不孝，爲民臣迺不忠信，其罪過不可名字也。真人乃言，何一重者等也？真人之學，何不日深，反日向淺哉？」「甚愚生實不睹。」「子*尚言不睹，夫俗人蔽隱，藏其要道德，反使其君愁而苦愚暗，咎在真道德蔽而不通也。又要道，迺所以稱天也；

要德，迺所以稱地也。愚人迺斷絶之，天憎之，地惡之，其過不除也。真人幸獨爲天所私得壽，而學反未盡，迺及天禁，宜事者慎之。」「唯唯。」

右天教合和使人常吉遠凶之經。

經六八・一上・二・四
〔幷〕鈔丁一八上・二・六

太平經合校卷六十八 丁部之十七

太平經卷之六十八〔一〕

戒*六子訣第一百四

〔起〕吾將去有期，戒六子一言。夫道迺洞，無上無下，無表無裏，守其和氣，名爲神〔二〕；子近求則〔三〕大得〔四〕，遠求則〔五〕失矣〔六〕。故古〔七〕君王善爲政者，以腹中始起，真能用〔八〕道，治〔九〕自得矣。動〔一〇〕不失其法度數，萬物自理，近在胷心，散滿四海。古者聖人名爲〔一一〕要道。〔止〕治樂欲無事，慎無失此，此以繩正賢者。今重丁寧以曉子。子六人連日問吾書，道雖分別異趣，當共一事。然舌能六極周，王道備，解説萬物，各有異意。天地得以大安，君王得以無事。吾書乃知神心，洞

〔一〕原有小注「六十九同卷」五字，今刪。 〔二〕「神」鈔誤作「臣」。 〔三〕「則」鈔作「即」。 〔四〕鈔無「得」字。 〔五〕「則」鈔作「即」。 〔六〕鈔無「矣」字。 〔七〕鈔無「古」字。 〔八〕「用」鈔作「思」。 〔九〕「治」鈔作「理」。 〔一〇〕「動」下十一字鈔無。 〔一一〕鈔無「爲」字。

〔廾〕鈔丁一八上·六·二

經六八·二上·一·一

六極八方，自降而來伏，皆懷善心，無惡意。其要結近居內，比若萬物，心在裏，枝居外。夫內興盛，則其外興，內衰則其外衰。故古者皇道帝王聖人，欲正洞極六遠八方，反先正內。以內正外，萬萬相應，億億不脱也；以外正內者，萬失之也。[起]故〔一〕古者大聖教人〔二〕深思遠慮，閉其九户，休其四肢〔三〕，使其渾沌，比若環無端，如胞中之子而無職事也〔四〕，迺能得其理。吾之〔五〕道悉以是爲大要〔六〕。[止]故*還使務各守其根也。夫天將生人，悉以真道付之物具。故在師開之導之學之，則可使無不知也；不闓其門户，雖受天真道，無一知也。比若嬰兒生，投一室中，不導學以事，無可知也。所以人異者，但八方異俗，故其知學不同也。若能一人學，周流表裏，盡知之矣。吾將遠去有所之，當復有可授，不可得常安坐，守諸弟子也。六人自詳讀吾書，從上到下爲有結，不解子意者，考源古文以明之。上行者玄真知之，下行者順真知之，東者初真知之，南者太真知之，西者少真知之，北者幽真知之。夫道迺大同小異，故能分别陰陽而無極，化爲萬一千五百二十字。中和萬物小備，未能究天地陰陽，絶洞無表裏也。故但考其無，舉其綱，見其始，使可儀而記。記古記今，其要亂自同神聖所記，猶重規合矩，雖相去億億萬年，比若

經六八・三上・一・一

相對而語也。故可爲爲天地常經，爲陰陽作神道，勿怪吾書前後甚復重也。所以復重者，恐有失之也。又天道至嚴，既言不敢不具，通不通名爲戔道，爲過劇。吾誠哀之，此雖復*重。比若上古聖人，中古聖人，下古聖人，皆異世而生，其辭相因，復重而説，更以相考明，迺天道悉可知，此之謂也。行矣，吾有急行，重慎持天寶，傳付其人。」

右戒六弟子。

〔一〕鈔無「故」字。〔二〕「大聖教人」鈔作「聖人之教帝王也」。〔三〕「肢」原作「使」，疑涉下文而誤，今依鈔改。〔四〕鈔無「也」字。〔五〕鈔無「之」字。〔六〕「要」下鈔有「天寶其傳焉」五字，略見本篇末句。

經六九・一上・二・四

〔幷〕鈔戊一上・二・一

〔幷〕鈔戊一上・四・八

太平經合校卷六十九 戊部之一

太平經卷之六十九

天*讖支干相配法第一百五

真人再拜曰：「愚賤生緣天師常待之以赤子之分，恩愛洽著，倉皇得旦夕進見，天功至大，不可謝。今欲復有質問密要天之祕道，又不敢卒言。」「平道之，子既爲天問事，當窮竟，不得中棄而止也。」「唯唯。愚生見天師所説，無有窮極時也。迺後弟子俱天覺承知，天師深洞知天地表裏陰陽之精，諸弟子恐一旦與師相去，無可復於質問疑事，故觸冒不嗛，問可以長久安國家之讖，令人君常垂拱而治，無復有憂。但常當響琴瑟，作樂而遊，安若天地也，無復有危時，豈可聞乎哉？」「然諸真人思精進乎？深眇哉，[虖]所〔一〕問迺求索洞通天地之圖〔二〕讖文，一言迺〔三〕萬世不可易也〔四〕。天公〔五〕疾多災愁苦之〔六〕，[止]迺使諸真人來問疑乎？」「諾。」「且爲真人具説天之規矩大要，祕文訣令，使其□□，真人自隨而記之。」「唯唯。」「然[虖]夫皇

經六九・二上・一・一

〔廿〕鈔戊一上・八・七

天迺〔七〕以四時爲枝〔八〕，厚〔九〕地以五行爲體，枝主衰盛〔一〇〕，體主規矩。部此九神，周〔一一〕沶〔一二〕天下，上下洞極，變化難覩。爲天地〔一三〕重寶，*爲衆神〔一四〕門户。自有固常，不可妄犯，順之者長吉，亂之者長與〔一五〕天地乖仵〔一六〕。止」「唯唯。願聞其意，豈可覩耶？」「善哉，諸真人言也。方爲子具道之，但俱自精，安坐思吾言。」「唯唯。」

起「天常識格〔一七〕法，以南方固爲君也。故〔一八〕日〔一九〕在南方爲君也，火在南方爲君，太陽在南方爲君，四時、盛夏在〔二〇〕南方爲君，五祀、竈在南方爲君，五藏、心在南方爲君。君者，法〔二一〕當衣赤〔二二〕，火之行也。是故〔二三〕君有變怪，常與陽相應，非得與他行〔二四〕相應也。陽者日〔二五〕最明，爲衆光之長〔二六〕，故天識〔二七〕常以日占君〔二八〕盛

〔一〕「所」上鈔有「以天識文支干相配長安國家以理」十四字，略見於本篇末篇旨。　〔二〕「圖」鈔誤作「因」。　〔三〕鈔無「迺」字。　〔四〕鈔無「也」字。　〔五〕「公」鈔作「君」。　〔六〕鈔無「之」字。　〔七〕鈔無「迺」字。　〔八〕「枝」鈔作「肢」。　〔九〕鈔無「厚」字。　〔一〇〕「衰盛」鈔作「盛衰」。　〔一一〕「周」鈔譌作「同」。　〔一二〕「沶」古文「流」字，鈔作「流」。　〔一三〕「地」鈔作「下」。　〔一四〕鈔無「神」字。　〔一五〕鈔無「長與」二字。　〔一六〕「仵」鈔作「忤」。　〔一七〕鈔無「格」字。　〔一八〕鈔無「故」字。　〔一九〕「日」原作「曰」，疑形近而譌，今依鈔改。　〔二〇〕鈔脱「在」字。　〔二一〕鈔無「法」字。　〔二二〕「赤」下鈔有「服」字。　〔二三〕鈔無「是故」二字。　〔二四〕「他行」二字鈔誤作「地」。　〔二五〕「陽者日」鈔作「日者」。　〔二六〕「衆光之長」，原作「衆爲長」，疑有脱誤，今依鈔改。　〔二七〕鈔無「識」字。　〔二八〕「君」下鈔有「德」字。

經六九・三上・一・一

〔幷〕鈔戊一下・九・九

〔幷〕鈔戊二上・一・七

衰也〔一〕。真人知之耶？」「唯唯，行知之矣。人君之法，常〔二〕當求與仁者同家，有心者爲治〔三〕。其可與共爲治〔四〕者，常當行道而好生。小〔五〕小幼弱，於其長臣賢成器者，君當養之，不宜傷也。故東方者好生，南方者好養。夫〔六〕不仁用心〔七〕，不可與長〔八〕共事〔九〕，不明，不可以〔一〇〕爲君長。故〔一一〕東方者〔一二〕木仁有心〔一三〕，南方者〔一四〕火明也〔一五〕。夫〔一六〕天法，帝王治者常當以道與德，故東〔一七〕方爲道，道者主生；南方爲德，德者主養，故南方主養也。治〔一八〕者，當象天以文化，故東方爲文，龍見負之也〔一九〕。南方爲章，故正*爲文章也。止章者，大明也，故文生於東，明於南。故天文者，赤也，赤者，火也。仁與君者動上行，日當高明，爲人作法式。故木與火動者，輒上行也，君之象也。故居東，依仁而上，其治者故當處南，起故〔二〇〕東方爲少陽，君〔二一〕之始生也，故日〔二二〕出於〔二三〕東方也〔二四〕。南方爲〔二五〕太陽，君之盛明〔二六〕也〔二七〕。少〔二八〕陽爲君之家及父母，太陽爲君之身，君之位也。少陽爲君之家，木爲火之父母，君以少陽爲家，火稱木之子。止真人知之耶？」「唯唯。」「子已知之矣。起少陰爲臣，臣者〔二九〕以義屈折〔三〇〕，伏於太陽。故金隨火屈折，在人〔三一〕可欲，爲臣者常以義屈折，佐君可〔三二〕欲爲也，故少陰稱〔三三〕臣也〔三四〕。止真人知之耶？」「唯唯。」

〔廾〕鈔戊二上・三・一〇

〖起〗太陰爲民，民沠〔三五〕行而〔三六〕不止。故〔三七〕水沠〔三八〕行而〔三九〕不知〔四〇〕息也〔四一〕。民者，職〔四二〕當主〔四三〕爲國家王侯治〔四四〕生。故水者〔四五〕，當隨生養木也〔四六〕。東方〔四七〕者，君之家也。〖止〗真人知之耶？」「唯唯。」「行，子已知之矣。」

〔廾〕鈔戊二上・五・一三

〖起〗天之格讖，少陽者〔四八〕畏少陰。故臣者，反主錄國家王侯官屬也。太陽畏太陰，是故〔四九〕國有道與〔五〇〕德，而君臣〔五一〕賢明，則民從也〔五二〕。國無道德，則民叛

〔一〕「也」下十二字鈔無。 〔二〕鈔無「常」字。 〔三〕「治」鈔作「理」。 〔四〕「其可與共爲治」鈔作「爲理共理」。 〔五〕「小」下二十字鈔無。 〔六〕鈔無「夫」字。 〔七〕鈔無「用心」二字。 〔八〕鈔無「與長」二字。 〔九〕「事」鈔作「理」。 〔一〇〕鈔無「以」字。 〔一一〕鈔無「故」字。 〔一二〕鈔無「者」字。 〔一三〕鈔無「有心」二字。 〔一四〕鈔無「者」字。 〔一五〕鈔無「也」字。 〔一六〕鈔無「夫」下十四字。 〔一七〕「東」下二十二字鈔作「東方主道，南方主德，道主生，德主養」。 〔一八〕鈔無「治」下九字。 〔一九〕鈔無「也」字。 〔二〇〕鈔無「故」字。 〔二一〕鈔無「君」字。 〔二二〕鈔無「日」字。 〔二三〕鈔無「於」字。 〔二四〕鈔無「也」字。 〔二五〕鈔無「爲」字。 〔二六〕「盛明」鈔作「盛德明照」。 〔二七〕鈔無「也」字。 〔二八〕鈔無「少」下四十二字，但有「少陽君之家木生火也」九字。 〔二九〕鈔無「臣者」二字。 〔三〇〕鈔無「折」字。 〔三一〕鈔無「在人」二字。 〔三二〕鈔無「可」字。 〔三三〕「稱」鈔作「爲」。 〔三四〕鈔無「也」字。 〔三五〕「沠」鈔作「流」。 〔三六〕鈔無「而」字。 〔三七〕「故」下鈔有「似」字。 〔三八〕「沠」鈔作「流」。 〔三九〕鈔無「而」字。 〔四〇〕鈔無「知」字。 〔四一〕鈔無「也」字。 〔四二〕鈔無「職」字。 〔四三〕「當主」鈔倒作「主當」。 〔四四〕「治」鈔作「理」。 〔四五〕鈔無「者」下四字。 〔四六〕鈔無「也」字。 〔四七〕「東方」二字鈔作「木」。 〔四八〕鈔無「者」字。 〔四九〕鈔無「是故」二字。 〔五〇〕鈔無「與」字。 〔五一〕原無「君臣」二字，疑有脱漏，今依鈔補。 〔五二〕鈔無「也」字。

經六九·四上·一·一
〔幷〕鈔戊二上·九·六
〔幷〕鈔戊二下·一·二
〔幷〕鈔戊二下·四·五
〔幷〕鈔戊二下·七·八

也。是故治*〔一〕國之大要〔二〕，以〔三〕多民〔四〕爲富，少民〔五〕爲大貧〔六〕困。止諸真人曉知之耶？」「唯唯。」「行，已覺矣。」

起天之〔七〕格法，分爲六部。東南上屬於〔八〕天，故〔九〕萬物生皆上行，蚑行人民皆出處〔一〇〕外也〔一一〕，屬於〔一二〕天。故天爲之色，外蒼象木，内赤象火。止真人知之耶？」「唯唯。」「行，已曉矣。」

「天地之格識，起西方北方〔一三〕，下屬於地〔一四〕。故〔一五〕萬物至〔一六〕秋冬，悉落下歸土也〔一七〕。人民蚑行至秋冬，悉入穴而居。故地之爲色也〔一八〕，外黄白象土金，内含水而〔一九〕黑〔二〇〕，象北行也。止真人知之耶？」「唯唯。」

「天之格識，起東方南方位尊，上屬天，主治〔二一〕，爲君長師父。西方〔二二〕北方位卑〔二三〕，屬地，爲〔二四〕臣，爲後宫，爲民。故己〔二五〕者，甲之後宫也。甲，天也，王者之本位也〔二六〕，故甲〔二七〕爲心星。心星，火也，爲〔二八〕王者。故東方亦爲王者之先也。心星，火也，行屬南方。止比若日出東方，而位在南方也。真人知之耶？」「唯唯。」

「行，子已知之矣。」

「天之格識，起丙爲火之長，最〔二九〕其大明者也，君之位也。辛者屬丙〔三〇〕，辛者，丙之後宮也〔三一〕。止真人知之耶？」「唯唯。」「行，子已知之矣。」「今已亦爲皇后，辛亦爲*皇后，何謂也？」「善哉，子之難也，得天讖訣意。然已配甲，起甲〔三二〕者，丙之父也，故已迺太〔三三〕皇后之宮也。辛者配丙，丙者，甲之子也〔三四〕。故辛者，小皇后之宮也；丙者，迺甲之適子，受命皇〔三五〕之君也。真〔三六〕人知之耶？」「唯唯。」「行，真人已知之矣。」「庚者屬乙，是國家諸侯王之[土咠]〔三七〕也。壬者屬丁，是帝王女弟之[土咠]〔三八〕也。癸者屬戊，是國家〔三九〕太〔四〇〕皇后之婦家也。」止「善哉，真人已知之矣。」

〔一〕「治」鈔作「理」。〔二〕「大要」二字鈔作「本」。〔三〕鈔無「以」字。〔四〕「多民」鈔倒作「民多」。〔五〕「少民」鈔倒作「民少」。〔六〕鈔「貧」上無「大」字，「貧」下無「困」字。〔七〕鈔無「之」字。〔八〕鈔無「於」字。〔九〕鈔無「故」字。〔一〇〕鈔無「處」字。〔一一〕鈔無「也」字。〔一二〕鈔無「於」字。〔一三〕「西方北方」鈔作「西北」二字。〔一四〕「下屬於地」鈔作「屬地」二字。〔一五〕鈔無「故」字。〔一六〕鈔無「至」字。〔一七〕鈔無「也」字。〔一八〕鈔無「也」字。〔一九〕鈔無「而」字。〔二〇〕「黑」原作「異」，疑誤，今依鈔改。〔二一〕「治」鈔作「理」。〔二二〕鈔無「方」字。〔二三〕鈔無「位卑」二字。〔二四〕「爲」上鈔有「卑」字。〔二五〕鈔無「故已」二字。〔二六〕鈔無「也」字。〔二七〕鈔無「甲」字。〔二八〕鈔無「爲」下十八字。〔二九〕「最」鈔作「取」。〔三〇〕「辛者屬丙」四字鈔無。〔三一〕鈔無「也」字。〔三二〕「甲」原作「申」，疑形近而譌，今依鈔改。〔三三〕「太」鈔作「大」，「大」通「太」。〔三四〕鈔無「也」字。〔三五〕鈔無「皇」字。〔三六〕「真」下十四字鈔無。〔三七〕「[土咠]」鈔作「夫」。按「[土咠]」即「壻」字。〔三八〕「[土咠]」鈔作「夫」。〔三九〕鈔無「家」字。〔四〇〕「太」鈔作「大」。

〔并〕鈔戊三上・三・二

經六九・六上・一・一

【起】「今〔一〕十干已〔二〕解，各有所屬，願聞〔三〕地〔四〕之十二支當〔五〕云何哉？」「善〔六〕耶！然天之爲法，陰陽雖行，相過事〔七〕者各自有家。天之爲法同〔八〕，不舉家悉〔九〕相隨而止耳〔一〇〕。甲者以寅爲家，乙者以卯爲家，丙者以午爲家，丁者以巳〔一一〕爲家，戊者以辰戌〔一二〕爲家，己者以丑〔一三〕未爲家，庚者以申爲家，辛者以酉爲家，壬者以子爲家，癸者以亥〔一四〕爲家。故天道者〔一五〕，反行治〔一六〕也〔一七〕。地道者〔一八〕，止也。故有分土，反無分民，蓋有國土〔一九〕而無國。故天地者〔二〇〕不移，天反一日一夜周沠〔二一〕一竟，行之以此〔二二〕爲常。故十二支各〔二三〕居〔二四〕其處，不隨十干而行〔二五〕也。【止】子知之耶？」「唯唯。」

「行，天地之道，四時五行，其道以相足，轉而異辭，周沠*幽冥，無有極時，獨古者大神聖人時時知之耳。欲盡爲子説之，難爲財用，又復太文，反令益憒憒，使土德之君見眩亂，不知所從，故止也。不惜爲諸子説也，而説無窮極，真人知之耶？」「唯唯。」

「行，子少覺矣。德君據吾天讖以治，萬不失一也。是故天道，迺有固界也。以東與南爲君王象，屬天，故名爲天子也。以西與北爲後宮民臣象也，屬地，故地爲后宮也。真人知之耶？」「唯唯。」

「天之格讖，東方者畏西方。是故天地開闢以來，王者從兵法，興金氣，武部則致君之象無氣。火者大衰，其治凶亂。真人欲樂知天讖之審實也，從上古中古到于下古，人君棄道德，興用金氣兵法，其治悉凶，多盜賊不祥也。是故上古聖人深知天固法象，故不敢從兵革武部以治也。帝王欲樂長安而吉者，宜按此天讖，急囚斷金兵武備，而急興用道與至德，以象天法，以稱皇天之心，以長厭絶諸姦猾不祥之屬也，立應不疑也。真人知之耶？」「唯唯。」

「天之讖格法，太陽雖爲君者，反大畏太陰，水之*行也。水之甘良者，酒也。〔起〕酒者，水之王也，長也，漿飲之最善者也，氣屬坎位，在夜主偷盜賊。故從酒名爲好

〔一〕鈔無「今」字。〔二〕鈔無「已解」二字。〔三〕鈔無「願聞」二字。〔四〕「地」下鈔有「主」字。〔五〕鈔無「當」字。〔六〕鈔無「善」下三字。〔七〕「過事」二字鈔作「適」。〔八〕「同」上鈔有「不」字。〔九〕鈔無「悉」字。〔一〇〕「耳」鈔作「爾」。〔一一〕「巳」原作「已」，疑形近而譌，今依鈔改。〔一二〕鈔無「戌」字。〔一三〕鈔無「丑」字。〔一四〕「亥」鈔作「丑」。〔一五〕鈔無「者」字。〔一六〕「治」鈔作「理」。〔一七〕鈔無「也」字。〔一八〕鈔無「者」字。〔一九〕鈔無「土」下四字。〔二〇〕鈔無「者」字。〔二一〕「汙」鈔作「流」。〔二二〕鈔無「以此」二字。〔二三〕「各」原書空白無字，今依鈔補。〔二四〕「居」鈔作「有」。〔二五〕「十干而行」鈔作「干轉」。

〔附〕鈔戊三下・三・一

經六九・八上・一・一

縱，水之王長也，水王則衰太陽。真人欲樂知天讖之審實也，從太古以降，中古以來，人君好縱酒者，皆不能太平，其治反亂，其官職多戰鬬，而致盜賊，是明效也。是故太平德君方治，火精當明，不宜從太陰，令使水德王，以厭害其治也，故當斷酒也。〔止〕

〔附〕酒者，水之王。水王當剋火。火者，君德也，急斷酒以全火德。

「願聞靚斷之耶，斷何所酒哉？」「但斷市酒耳。」「今天師何靚何見，而獨斷絕市酒耶？」「然夫市者，迺應水之行也。故四方人民凡物，悉汳而往聚處。是故江海，亦水之王長也。故凡百川財物，亦流往聚處也。夫水者，北方玄武之行也，故貪，數刦奪人財物。夫市亦五方流聚而相賈利，致盜賊狡猾之屬，皆起於市，以水主坎。天之法，以類遙相應，故市迺爲水行。縱其酒，大與之，復名爲水王。市人亦得酒而喜王，名爲二水重王。其咎六。厭衰太陽之火氣，使君治衰，反致訞臣。真人知之耶？」「今見天師訣之，眩亂不曉，願聞其大訣。」「善哉，子之言也。然諸真人*乃遠爲天來問事，爲德君帝王解承負之害，吾無所惜也。俱安坐，爲諸真人分別悉說，道其大要意。」「唯唯。」

「天之讖訣，金玉興用事。人大興武部者，木絶元氣，土得王。大起土者，是太皇后之宫也。氣屬西北方，太陰得大王，則生訞臣，作後宫，失路騰而起，土王則金相，復相隨騰而起，巳與辛之氣俱得興王，騰而大起。天之格法，則生後宫多訞，此非後宫之過也，此迺名爲治失天讖，失其大部界，反使災還反相覆也。是迺天地開闢以來，先師天時運未及，得分别具説天之大部界也。令帝王便失天之法治，令生此災變。真人深知之耶？」「唯唯。」「天之讖也，縱酒者，水之類也。市者水行，大聚人王處也，而縱酒於市，名爲水酒大王。水王則火少氣，火少氣則化成灰，化成灰則變成土，便名爲火，付氣於土也。土得王起地，與金水屬西北。太陰屬於民，臣反得王。後生訞臣，巳氣復得作，後宫犯事，復動而起，其災致偷，盜賊無解時。各在縱水，令傷陽德。今所以爲真人分别説*之者，見子來問事，大□□惓惓，承知爲皇天欲祐德君，故吾爲真人分明天地大分治，所當象之，勿復犯也，犯者復憒憒致亂矣。子知之耶？」「唯唯。願問一疑。」「行言。」「今京師同聚人衆財貨中類，京師反應水行耶？」「噫，諸真人學，何一時昭昭、時時闇昧哉？不及。然安可盡及耶？然夫京師者，迺應土之中，火之可安止處也。非若市，但可聚財

經六九・一〇上・一・一

處也。夫京師迺當幷聚道與德，仁與賢渘，共治理天下。何故迺言京師人君，但當聚財貨乎？子其大愚哉！子以吾言不信，爲子道之。古者京師到今，諸聚道德賢渘者，天下悉安其理，但聚珍寶財貨而無賢明者悉亂。於真人意，京師寧可若市，但可聚財處非乎？寧解耶？」「唯唯。」

「爲諸真人重明天識格法。日者生於少陽，盛於太陽；月者生於少陰，盛於太陰。日者，天之精也，陽之明也，故曰爲君，位在南方；月者，地之精也，陰之明也，故月爲臣，位在北方。南方爲晝，北方爲夜。是故日得王用事，則月與夜衰短；月得王用事，則日與晝衰短。故北方氣*王，則南方氣衰；南方氣王，則北方氣衰也。故當急止酒王，以斷衰水金也。真人重明知之耶？」「唯唯。」

「天之格分也，陽者爲天、爲男、爲君、爲父、爲長、爲師，陰者爲地、爲女、爲臣、爲子、爲民、爲母。故東南者爲陽，西北者爲陰。真人欲知天識審實，從天地開闢以來，諸縱令兵武備，使王縱酒，使王從女政，大從其言，使其王，少陰太陰與地屬西北。從是令者，後皆亂而有凶害。仁渘道德賢明聖人悉屬東南，屬於陽，屬於天。從是言者後悉理。」「願聞夫賢聖何以屬東南方也？」「火之精爲心，心爲聖，木之精爲仁，故象在東也。東南者養長諸物，賢聖柔明亦養諸物，不傷之也。故夫聖賢柔明爲性，悉仁而明，仁者象木，明者象火，故悉在東南也。」「善哉善哉！見天師之言，已大解矣。」「又天讖格法，東南爲天斗綱斗所指向，推四時，皆王受命。西北屬地，爲斗魁，所繫者死絶氣，故少陰太陰土使得王，勝其陽者，名爲反天地，

經六九・一一上・一・一

故多致亂也。真人知之耶？」「唯唯。」「愚生數人*，緣天師哀之，爲其説天讖訣。願問事，一言之。今南方爲陽，易反得巽離坤，北方爲陰，易反得乾坎艮。」「善乎！子之難也。覩天微意，然易者，迺本天地陰陽微氣，以元氣爲初。故南方極陽生陰，故記其陰；北方極陰生陽，故記其陽；微氣者，未能王持事也。故易初九子，爲潛龍勿用，未可以王持事也，故勿用也。此者，但以元氣之端首耳。」「善哉善哉！」「行，真人已解矣。今吾所記天讖，乃記天大部，能王持天政氣，爲天下綱紀者也。真人知之耶？」「唯唯。」「今吾所言，正天下人君所當按之以爲治法也。子之所問，正氣之端首也。今真人見吾言，或疑也，爲諸真人具説天地八界。」「唯唯。」「日之界者，以日出於卯，入於酉，以南爲陽，北爲陰。天門地户界者，以巽初生東南角，乾初生西北角，以東北爲陽，以西南爲陰。子初九、午初六以東爲陽，

經六九・一二上・一・一

經六九・一三上・一・一

西爲陰。立春於東北角，立秋於西北角，以東南爲陽，西北爲陰。此名爲天地八界，分別陰陽位。真人寧解耶？」「唯唯。」「行，已解矣。是故大部以東南爲天，西北爲地，地得順從。令王*得伏其天者爲天地反，故凶。天得行其事，王者得伏其地爲順，各得其所，故吉。真人得書，思之思之，以付歸上德之君，思吾文行之，與神無異，天即祐助之不宜時也。行，爲子説天讖證爲小竟，欲爲真人大説，天上地下，絶洞八極及星宿羅列，悉一二説，周流天道微妙，或人反眩，不知所之，後令真道絶不用，無以解古洂災，復令上愁焉。故但爲子説大部易知者，使其覺而已。故不言微妙難知者也，不惜之也。」「唯唯。願請問一訣事言之。今且天師爲愚生説天之十干，皆有配合，地道十二支，同有陰陽奇偶，何故獨得天配合乎？」「善哉！子之難也，可謂爲得道要乎！然地者，但比於天，爲純陰獨居，同自有陰陽耳。天與地法，上下相應：天有子，地亦有子；天有午，地亦有午；天有坎，地亦有坎；天有離，地亦有離，其相應若此矣。是故丑未者，寅之後宮也。申者屬卯，侯王之壻也。亥者配辰，卯者配戌。辰戌者，太皇后之家婦也。酉者屬午，小皇后也。子屬巳，巳，帝王女弟之壻也。真人知耶？」「唯唯。」「是故干爲*帝王，支亦爲

經六九・一四上・一・一

帝王。是故寅者，甲之支也，故丑未稱后宮。午者，丙之支也，故酉稱后宮。卯者，乙之支也，故申稱侯王之壻也。辰者，戊之支也，故稱太皇后之家也。亥者，癸之支也，故稱太皇后之家婦也。子者，壬之支也，故稱帝王女弟之壻也。巳者，丁之支也，故稱帝王女弟也。此天地相應和之法也。」「善哉善哉！願聞此辰戌君，未獨男則共聚〔一〕，女則共嫁，何也？」「微妙哉！子之難也。然天者極陽，地者極陰也。地衆，凡陰之長也。陰者常偶數，故幷也。」「今戊巳同地也，何故不幷？」「善乎！夫戊巳者，五干也，地之陽也，位屬天，故不幷也。真人知之耶？」「唯唯。」「行，子知之矣。今真人難是也。今五行字迺轉而相足，以具天下凡事。子得吾書，自以類惟思其惡意，上下六方絶洞皆已備。是故聖人見一以知萬，大賢見一以知千，愚者力示會獨亂，不得道真也。故道德者付真人，真人知之耶？」「唯唯。」「行，知之矣。願復請問一事。令此上天之四時，地之五行，悉道帝皇侯王后宮之家，天道盡往配之，中亦豈有百姓萬物相配乎？」「*善哉！子之問也。可謂覩大道要矣。然此相配者同耳。夫五行者，上頭皆帝王，其次相，其次微氣。

〔一〕「聚」疑當作「娶」。

王者，帝王之位也。相者，大臣之位。微氣者，小吏之位也。王者之後老氣者，王侯之位也。老氣之後衰氣者，宗室之位也。衰氣之後病氣者，宗室犯事失後之象也。病氣之後囚氣者，百姓萬民之象也。囚氣之後死氣者，奴婢之象也。死氣之後亡氣者，死者丘冢也。故夫天垂象，四時五行周沵，各一興一衰，人民萬物皆隨象天之法，亦一興一衰也。是故萬民百姓，皆百王之後也，興則爲人君，衰則爲民也。真人知之耶？」「唯唯。」「子已知之矣。」

右以天讖長安國家以治訞臣絶姦僞猾滅。

太平經合校卷七十 戊部之二

經七〇・一上・二・四
〔并〕鈔戊三下・四・六

太平經卷之七十〔一〕

學者得失訣第一百六*

真人謹問：「吾復欲都合正所寫師前後諸文，使學者不得妄言，豈可聞乎？」「善哉！子何一日益閑習也。起然〔二〕吾之道法，迺出以規陽，入以規陰；出以規行，入以規神；出以規衆書，入以規衆圖；出以消災，入以正身；出以規朝廷之學，其內以規入室。凡事皆使有限，努力好學者各以其材〔三〕能，反失其常法，外學則〔四〕遂入浮華，不能自禁，內學則〔五〕不應正路，返入大邪也〔六〕。夫〔七〕諸學者迺常〔八〕有大病，不能自知也。其好外學，才太〔九〕過者，多入浮華，令道大邪，而無

〔一〕原有小注「七十一同卷」五字，今删。〔二〕鈔無「然」字。〔三〕「材」鈔作「才」，「材」同「才」。〔四〕鈔無「則」字。〔五〕鈔無「則」字。〔六〕鈔無「也」字。〔七〕鈔無「夫」字。〔八〕鈔無「常」字。〔九〕「太」鈔作「大」。

正文，反名爲〔一〕真道，更以相欺詒〔二〕也。內學才太過者，多入大邪中，自以得之也；止不與傍人語，反失法度而傳妄言也。今子乃疑，故復來問之。今爲子意善惓惓，悚悚無慮，爲其規矩，令各有限度可議，以爲分界而守之也。起今古文衆多，不可勝限也〔三〕。凡學樂〔四〕得其真事者〔五〕，勿違其本也。學於師口訣者，勿違其師〔六〕言，是其大要一也〔七〕。夫學之大害也〔八〕，合於外章句者，日浮淺而致文*而妄語也，入內文合於圖讖者，實不能深得其結要意，反誤言也。止學長生而出，合於浮華者，反以相欺也；合於內不得要意，反陷於大邪也。今子來反復問之，故爲子陳其文，見其限也；合其法度者，是也，不合者，非也，明矣。可以是知之也。起凡書〔九〕爲天談，十十相應者是也，十九相應者小邪矣〔一〇〕，十八相應者小亂矣，過此而下非真〔一一〕，不可用也。名爲〔一二〕亂天文地理〔一三〕，陰陽不喜，萬物戰鬬，人民被其〔一四〕大咎也。思〔一五〕養性法，內見形容，昭〔一六〕然者是也；外見萬物衆精神〔一七〕者，非也。學〔一八〕凡事者〔一九〕，常守本文，而求衆賢說以安之者，是也；守〔二〇〕衆文章句而忘本事者，非也，止失天道意矣。使人身自化爲神者，是也；身無道而不成神，自言使神者，非也，但可因文書相驅使之術耳。說凡事本末中央相似者是也，不

〔廾〕鈔戊四上·三·四

經七〇·二上·一·一

〔廾〕鈔戊四上·七·一四

經七〇・三上・一・一

相類似者非也。入室始少食，久久食氣，便解去不見者，是也；求道，自言得之不還，反有問者，非也。凡去者悉還，有教問者是也，而無教問者，而容死也。守清靜於幽室，成者是也，自言得道行，以怒語言者，非也，失精之*人也。入學而日善，過其故者得道之，是也；入學而反爲日惡，不忠信者，非也，陷於大邪中也。讀書見其意，而守師求見訣示解者，是也；讀書不師訣，反自言深獨知之者，非也，內失大道指意也。學已得道，固事衆師衆賢不懈者，是也，此日進之數也。故古聖師已知道，自若事師，不敢止也，去師則讀文不懈也；學而獨自言得其要意，不復力讀古文聖辭，自言是，不事衆聖明者，非也，下愚之人也。凡人學，而窮竟其可求學者，是也。萬物皆然，萬物既生，皆能竟其壽而實者，是也；但能生，不而竟其壽，無有信實者，非也。爲善得其實宜者是也，不得其實宜者，但外是內非也。案

〔一〕鈔無「爲」字。〔二〕「詒」鈔作「殆」。〔三〕鈔無「也」字。〔四〕鈔無「樂」字。〔五〕鈔無「者」字。〔六〕「師」下鈔有「之」字。〔七〕鈔無「一也」二字。〔八〕鈔無「也」字。〔九〕「書」鈔誤作「事」。〔一〇〕「矣」鈔作「也」。〔一一〕鈔無「非真」二字。〔一二〕鈔無「爲」字。〔一三〕鈔無「地理」二字。〔一四〕鈔無「其」字。〔一五〕鈔無「思」字。〔一六〕「昭」鈔誤作「照」。〔一七〕鈔無「神」字。〔一八〕鈔無「學」字。〔一九〕鈔無「者」字。〔二〇〕鈔無「守」字。

經七〇・四上・一・一

讀吾書盡，不離繩墨，而得其實者，是也；讀書出其奇，多才而不得其要實者，非也。天有風雨而萬物時生者，是也；風雨而萬物反傷者，非也，有毒也。爲經道而日興盛者，是也；不日向興，反日向衰者，行内失其意者，非也。是故夫天地之性，爲善，不即見其身，則流後生，以明其行也；爲惡，亦不即止其身，必流後生，亦以謬見明*其行也。故夫爲善惡者，會當見耳。但爲善者，比若向日出，猶且彰明也；爲惡者，比若向日入，猶且冥冥。此天地陰陽自然性也。天生萬物，迺各隨其行而彰之，不隱匿也。故善者上行，命屬天，猶生人屬天也；惡者下行，命屬地，猶死者惡，故下歸黄泉，此之謂也。得吾書者，以付上德君也。吾有此書，敢障絶而傳讀之也。天道治天，不可盡知也，不可聽信一人之言。今故爲子定古聖文，今復要其合策，明書前後相因以相證也。天地開闢以來，賢聖雖異世而生，相去積遠，所疾惡者同也，共爲天談，救世得失也；其言相似，猶若重規合矩，轉以相彰明，不得不也。夫物類相聚興也，其法皆以比類象相召也，是明效也。爲其失之於前，得之於後，考合異同以成文也。拘古以明今，共議其事，以内文者，明其外文，以外文者，還考繫其内文也。使可萬世傳，無重過於天。一人之言，不可獨從也。衆人之言，深策取古賢聖之辭，内與天同也，共定而置之。帝王日明解訣，諸憒亂災惡除，天無重憂，共爲者興*，拒逆者災不除也。」

右是學者得失訣。

太平經合校卷七十一 戊部之三

太平經卷之七十一

*真道九首得失文訣第一百七

經七一・一上・二・四

〔廾〕鈔戊四下・三・一五

〔廾〕鈔戊四下・六・六

真人再拜，「請問一事。」「然，言之。」[起]「今〔一〕天師爲太平之氣出授〔二〕道德，以興無〔三〕上之〔四〕皇，上〔五〕有好道德〔六〕之君，乃下及愚賤〔七〕小民，其爲恩〔八〕迺洞於六合，洽〔九〕於八極，無不包裹。[止]今賢柔得師文學之，及其思慮爲道，上以何爲竟，下以何爲極乎？」「善哉！ 真人之問，一何微要也。其欲聞洞極，知神靈進退邪？」「實愚蔽暗，事者不及，唯天明師錄示之。」「諾。[起]道有九度，分別異〔一〇〕字也，今將爲真人具陳其意，自隨而記之，勿使有所失也。」「唯唯。」「然一事〔一一〕名爲元氣無爲，二爲凝靖虚無，三爲數度〔一二〕分別可見，四爲神游出〔一三〕去而還反，五爲大道神與四時五行相類，六爲刺喜，七爲社謀，八爲洋神，九爲家先。 一事〔一四〕者各分爲九，九九八十一首〔一五〕，殊端異文密用之，則共爲一大根，以神爲使，以人爲

經七一・二上・一・一
〔并〕鈔戊五上・一・一六
〔并〕秘二下・五・一

户門〔一六〕。止今爲子條訣之，亦不可勝豫具記，自思其意，其上三九二十七者，可以度世；其中央三九二十七者，可使真神吏；其下三九二十七者，其道多耶，其神精不*可常使也。令人惚惚恍恍，其中時有不精之人，多失妄語，若失氣者也。」「今愚生見師言，眩冥不知東西，願分別爲下愚生説之。」「然，其上起第一〔一七〕元氣無爲者，念其〔一八〕身也〔一九〕，無一爲〔二〇〕也，但思其〔二一〕身洞白，若委氣而〔二二〕無形，常〔二三〕以是爲法，已〔二四〕成則無不爲無不知也。故〔二五〕人無道之時，但人耳，得道則變易成神仙；而神上天，隨天變化，即是其無不爲也。其〔二六〕二爲虚無自然者〔二七〕，守形洞〔二八〕虚自然，無有奇也；身中照白，上下若玉〔二九〕，無〔三〇〕有〔三一〕瑕也〔三二〕；爲之積久久，

〔一〕鈔無「今」字。〔二〕「授」鈔誤作「受」。〔三〕鈔無「無」字。〔四〕鈔無「之」字。〔五〕鈔無「上」字。〔六〕「有好道德」鈔作「好有道」。〔七〕鈔無「賤」字。〔八〕「恩」鈔譌作「思」。〔九〕「洽」鈔誤作「合」。〔一〇〕「異」下二十六字鈔無。〔一一〕鈔無「事」字。〔一二〕「數度」鈔作「度數」。〔一三〕鈔無「出」字。〔一四〕鈔無「事」下三字。〔一五〕「首」鈔誤作「道」。〔一六〕「户門」鈔作「門户」。〔一七〕鈔無「第一」二字。〔一八〕鈔、秘皆無「其」字。〔一九〕鈔、秘皆無「也」字。〔二〇〕秘無「爲」字。〔二一〕秘無「其」字。〔二二〕秘無「而」字。〔二三〕秘無「常」下六字。〔二四〕鈔無「已」下四十三字。〔二五〕秘無「故」下三十二字。〔二六〕鈔無「其」字，秘「其」作「第」。〔二七〕秘無「者」字。〔二八〕秘無「洞」下八字。〔二九〕「玉」鈔譌作「王」。〔三〇〕「無」下二十三字鈔無。〔三一〕秘無「有」字。〔三二〕秘無「也」下十四字。

經七一·三上·一·一

亦度世之術也，此次元氣無爲象也。三〔一〕爲數度〔二〕者，積精〔三〕還自視也〔四〕，數〔五〕頭〔六〕髮下至足，五指分別，形容身外内〔七〕，莫不畢數〔八〕，知〔九〕其意，當〔一〇〕常以是〔一一〕爲〔一二〕念〔一三〕，不〔一四〕失銖分，此亦〔一五〕小度世〔一六〕之術也〔一七〕，次虚無也〔一八〕。四〔一九〕爲神游出去者，思念五藏〔二〇〕之神，晝〔二一〕出入，見其行游，可與〔二二〕語言也〔二三〕；念〔二四〕隨神往來，亦洞見身耳，此者知〔二五〕其吉凶，次數度〔二六〕也。五〔二七〕爲大道神者，人神出，迺與五行四時〔二八〕相類，青赤〔二九〕白〔三〇〕黄黑，俱同藏神，出入往來〔三一〕，四時〔三二〕五行神吏爲人〔三三〕使，名〔三四〕爲具道，可降諸〔三五〕邪也。六〔三六〕爲刺〔三七〕喜者，以刺擊〔三八〕地，道〔三九〕神各〔四〇〕亦自有典，以其*家法，祠神來游，半以類真，半似邪，頗使人〔四一〕好巧，不可常使〔四二〕也〔四三〕，久〔四四〕久愁人。七〔四五〕爲社謀〔四六〕者，天地四時，社稷山川，祭祀神〔四七〕下〔四八〕人也，使人恍惚，欲妄言其神，暴仇狂邪，不可妄爲也〔四九〕。八〔五〇〕爲洋神者，言〔五一〕其神洋洋，其道無可繫屬，天〔五二〕下精氣下人也〔五三〕，使人妄言，半類真，半類邪〔五四〕。九〔五五〕爲家先，家〔五六〕先者純〔五七〕見鬼，無有真道也，其〔五八〕有召呼者，純死人之鬼來也。止此最道之下極也，名爲下士也。得其上道者，能并使下，得其下道者，不能使其上也。」「今願聞何故有是上下乎哉？」「然此者，人行之所致也，

守本者得上，好身神出入游者得中也，愚人迺損其本守末，他游神者得下。守本者

〔一〕秘「三」上有「第」字，「三」下無「爲」字。〔二〕「數度」鈔作「度數」。〔三〕「精」下秘有「思」字。〔四〕鈔、秘皆無「也」字。〔五〕「數」下秘有「從」字。〔六〕秘無「頭」字。〔七〕「身外內」鈔、秘皆作「內外」二字。〔八〕「莫不畢數」秘作「莫畢備之」。〔九〕秘無「知」下四字。〔一〇〕鈔無「當」字。〔一一〕「是」秘作「此」。〔一二〕鈔無「爲」字。〔一三〕「念」秘作「思」。〔一四〕秘無「不」下十二字。〔一五〕「亦」鈔作「爲」。〔一六〕鈔無「世」字。〔一七〕鈔無「也」下五字。〔一八〕「次虛無也」秘作「名次虛無」。〔一九〕秘「四」上有「第」字，「四」下無「爲神游出去者」六字。〔二〇〕「藏」鈔作「臟」，「藏」與「臟」同，以下略註。〔二一〕「晝」原作「盡」，疑誤，今依鈔改。秘並無。〔二二〕「與」鈔、秘皆作「以」。〔二三〕鈔、秘皆無「也」字。〔二四〕鈔、秘皆無「念」下十二字。〔二五〕秘「知」上有「能」字，「知」下無「其」字。〔二六〕「數度」鈔作「度數」。〔二七〕秘「五」上有「第」字，「五」下無「爲」字。〔二八〕「五行四時」鈔作「四時五行」。〔二九〕秘無「赤」字。〔三〇〕鈔無「白」字，秘「白黃」作「黃白」。〔三一〕鈔無「往來」二字。〔三二〕鈔無「四時」二字，秘「四時五行」作「五行四時」。〔三三〕秘無「人」字。〔三四〕鈔、秘皆無「名」下四字。〔三五〕「諸」秘作「百」。〔三六〕秘「六」上有「第」字。〔三七〕「刺」秘作「次」。〔三八〕「擊」原作「繫」，疑誤，今依鈔、秘改。〔三九〕鈔無「道」下廿二字。〔四〇〕秘無「各」下廿一字。〔四一〕秘無「人」字。〔四二〕「不可常使」秘作「而入半邪」。〔四三〕鈔無「也」字。〔四四〕鈔、秘皆無「久」下四字。〔四五〕秘「七」上有「第」字。〔四六〕「謀」下鈔又有「社謀」二字。〔四七〕「神」上鈔有「之」字。〔四八〕鈔無「下」下十六字，秘無「下」下廿一字，但秘有「令人通此涉邪妄也滅而不取」十二字。〔四九〕鈔無「也」字。〔五〇〕秘「八」上有「第」字。〔五一〕鈔、秘皆無「言」字。〔五二〕秘無「天」下七字。〔五三〕鈔無「人也」二字。〔五四〕「邪」下秘有「也」字。〔五五〕秘「九」上有「第」字，「九」下無「爲家先」三字。〔五六〕鈔脫「家」字。〔五七〕秘無「純」下二十字，但有「純陰非真所應皆鬼神而已」十一字。〔五八〕鈔無「其」下十二字。

經七一·四上·一·一

能盡見之，守中者半見之，守末者不能還自鏡見之道也。故凡學者，迺須得明師，不得明師，失路矣。故師師相傳，迺堅於金石，不以師傳之，名爲妄作，則致凶邪矣。真人慎之慎之！」「唯唯。」「故古者上學聖賢，得明師名爲更生，不得明師者，名爲亂經。故賢聖皆事師迺能成，無有師，道不而獨自生也。」「善哉善哉！」「真人欲知其效，比若夫人居大賢之里，*則使人大賢；居中賢之里，則使人中賢；居不肖之里，則使人不肖，常不及，此之謂也。學此道者，審之詳之，此天之要道也。慎之慎之！」「唯唯。」「行去，道歸其人，以付賢明。」「唯唯。是神訣要道也。」

右真道九首得失文訣。

致善除邪令人受道戒文第一百八

真人問神人曰：「受道以何爲戒乎？」神人言：「道乃有大戒，不可不慎之也。夫且得道，臨且成之時，乃與諸神交結也，與精神爲隣里，出入相見覩，與人相愛，若父子也。夫道，乃重事也，或悔與人，且欲奪人道，故先試人，視人堅不。共來欺人，使人妄語，得其辭語，堅閉之，慎無傳之也，即可得壽也，久可得真道矣，傳之

經七一・五上・一・一

日消亡矣，又使人好生而惡害。」真人曰：「願聞其日消亡意。」「精神消亡，身即死矣。夫虛無絶洞之道，常欲使人好生而惡殺，閉口無泄，迺可萬萬歲也。」真人問神人：「願聞無泄之禁忌。」神人言：「然，大人泄之亡其位，中人泄之，即斷其氣，小人泄之，滅其世類也。所以然者，夫天地乃*以此自殊異自私，故能神尤重之也。」「夫天地不深知絶洞之道，以何爲神乎？以何爲壽乎？」「記之，吾告子，其精之重之慎之。」真人唯唯，不敢妄言也。真人稽首，「願更聞其將欲敗人，奈何乎哉」？神人言：「然於人心中有惡意，使大邪來欺，人能堅閉耳，不聽其辭語，則吉矣；聽其辭，則凶害矣。夫人君聽之，惡其臣，言其臣不忠信而欲反也。臣子聽之，惡其君，就來欺之，言子今當爲聖人，今當爲人君。小人聽之，使人自言且大尊也。父聽之惡其子，子聽之惡其父。辯變其辭語，熒惑人心意，言其且善且惡，亂人政治，一喜一怒，大佞之邪也，方欲害人也。從古到今，諸學長壽者，皆不得度於此辭也。」真人問曰：「當奈何哉？」神人言：「閉耳無聽，閉口無語，此但佞邪，無可聽者也，聽之即真道去，去即死矣。子欲長存，慎之此辭也。吾已爲子先更之，幾何中於此大邪矣。吾常自正吾心，不復用之也。此大邪常積，欲觀人堅不；大猾邪常或乃來入人之腹中，動人之心，使人心妄爲故也。時時怒喜，不能自（經七一・六上・一・一）禁止，皆爲*邪所誤也，爲邪所推，衆深得滅亡。於此者積衆多，審得其重戒，心亦不可移也，非獨學道者也。百姓喜怒無常，同是子可爲也。子慎之自精。」真人唯唯。真人曰：「吾身嘗中於大邪，使吾欲走言，吾欲當爲人主，後當飛仙上天。吾受其言，信之大喜。後反三月病癲疾，見神人天師言，心中大悦喜，吾親嘗中如此矣，幾爲劇病，後癲疾自止得愈，遂得數千歲。今自幸復與神人相覩，重復道戒，覩見門户，冀得長度爲天上之吏。」神人言：「子持心志堅如此，何憂不得上九天，周歷二十五天乎哉？今是諸得上天之士，皆得持心堅密，不可誤者也；諸可熒惑誤者，皆反蚤死，不得度也。欲得長壽，讀此文以爲重戒，此乃死生之戒，不可不慎也。是故古者聖賢先得度世者，不聆此之力也，學道而反不得，不長度者，皆坐聆此，得其賊也。夫天上大神，非賊人可爲，便使人還此害尅，故無大福也；當生反死，轉爲天賊也。今吾所教示真人書，悉皆可得大壽矣。或得度世，但謹自持，（經七一・七上・一・一）無以此爲害，審能專心，可得*萬萬歲。」真人唯唯，「吾不敢爲非，請受明戒」。神人言：「子好道如此，成事，得上天之階矣。真人問戒，獨有此邪？復有深者邪？

復有上天之戒，固固戒人耳。專戒以言共欺人，言人且尊貴，以是戒人。故使人觸防禁，得誅死焉。復數試人以玉女，使人與其共遊，已者共笑人賤，還反害人之軀。但人常默萬歲無可聆，但獨自守終命，何有害哉？死生之間，專此也。」真人唯唯。真人問：「何故專使邪神來試人乎？」神人言：「道重難與人也，其執必堅，死而已者，亦不奪人之願也。天上度世之士，皆不貪尊貴也。但樂活而已者，亦無有奇道也。記吾戒，子□□矣，吾言萬世不可忘也，正使上行窮周無訾之天，其戒皆如此矣，無復有奇哉也。」真人唯唯，「不敢離繩墨之間也」。神人言：「審如子言，已得道矣。吉者日進，邪者上休矣。持心若此，成神戒矣。成事，乘雲駕龍，周流八極矣。大道坦坦，已得矣。命已長壽無極矣。」真人曰：「唯唯。」神人言：「道實大無内外，但常恐爲大邪所害，而不聽一邪，邪於何敗乎？故古者帝王好道而學*，不聽邪者，盡得萬萬歲；其聽用邪言者，悉自敗矣。吾道迺萬端，悉當知其利害。」真人唯唯。「今得神人之辭，皆得須臾長生乎？」神人言：「不深戒，成事□□凶矣，道不得成也。」真人言：「吾生有祿命邪，僥倖也，迺得與神人相遭逢。」神人言：「然，六人生各自有命，一爲神人，二爲真人，三爲仙人，四爲道人，五爲聖

經七一·九上·一一·一

人，六爲賢人，此皆助天治也。神人主天，眞人主地，仙人主風雨，道人主教化吉凶，聖人主治百姓，賢人輔助聖人，理萬民錄也，給助六合之不足也。故人生各有命也，命貴不能爲賤，命賤不能爲貴也。子欲知其審實，若魚雖乘水，而不因水氣而蜚，龍亦乘水，因水氣迺上青雲爲天使乎？貴賤實有命，愚者而妄語。古者聖人帝王，其大優者，不復錄問僞言也，知其□□，會無可能爲也。此比若教無道之人，令卒蜚，安而蜚乎哉？能飛者，獨得道仙人耳。夫百姓相與游戲言，我能蜚，實不能蜚，此妄言者若此矣。」眞人言：「善哉，吾一覺於此。」神人言：「子自若愚，爲天命可強得也哉？」眞人言：「然此道亦*可學耶？」神人言：「然，有天命者，可學之必得大度，中賢學之，亦可得大壽，下愚爲之，可得小壽。子欲知其效，同若凡人學耳。太賢學可得大官，中賢學者可得中官，愚人學者可得小吏。夫小吏使於白衣之民乎？以是言之，猶當勉學耳。」眞人唯唯，「吾爲之，未嘗敢懈也」。神人言：「然，努力信道，天地之間，各取可宜，亦無妄也。」眞人唯唯，「請得尊天重地，敬上愛下，順用四時五行可爲，不敢爲非也」。神人言：「善哉善哉！子得道意矣，吾不復重教示子矣。」

右致善除邪令人受道戒文。

經七二・一上・二・四

太平經合校卷七十二 戊部之四

太平經卷之七十二〔一〕

齋*戒思神救死訣第一百九

六方真文〔二〕悉再拜問：「前得天師言，太平氣垂到，調和陰陽者，一在和神靈，歸俱分處，深惟天師之語，使能反明洞照者，一一而見之，其人積衆多，何以能致此，諸道士能洞反光者，能聚之乎？」「噫！ 大善哉。 天上皇氣且至，帝王當垂拱而無憂。 故天遣諸真人來具問至道要，可以爲大道德明君悉除先王之流災承負，天地之間邪惡氣，鬼物凶姦尸咎殃爲害者耶？ 故真人來，一一□□問此至道要也，諸弟子亦寧自知不乎？」「忽然不自知也。」「今忽不自知，何故問之？」「歸思天師教勑，有不解者，今不自知，當皆以何能聚此諸絶洞虛靖反光能見邪者怪之，今故相

〔一〕原有小注「原缺七十三至八十五」九字，今刪。 〔二〕「文」疑「人」字之誤。

〔廾〕鈔戊五下・六・一五
經七二・二上・一・一

與俱來共問之也。」「善哉，真人精益進，乃知疑此。天使子來，悉爲德君具問可解邪者。」「諾。」「方今爲真人具説，分别道其要意，安坐共記。」「唯唯。」[起]「天地〔一〕自有神寶，悉〔二〕自有神精光，隨五行爲色，隨四時之氣〔三〕興衰，爲天地使，以成〔四〕人民萬物也。夫〔五〕天地〔六〕陰陽之間〔七〕，*莫不被其〔八〕德化而生焉。[止]得其意者立可覩，不得其大要意，無門户知；能大開通用者大吉，可除天地之間人所病苦邪惡之屬，不知其大法者，神亦不可得妄空致，妄得空使也。」「願聞其意，使可萬萬世傳而不妄。」「善哉，子之問也。然欲候得其術，自有大法，四時五行之氣來入人腹中，爲人五藏精神，其色與天地四時色相應也；畫之爲人，使其三合，其王氣色者蓋其外，相氣色次之，微氣最居其内，使其領袖見之。先齋戒居閒善靖處，思之念之，作其人畫像，長短自在。五人者，共居五尺素上爲之。使其好善，男思男，女思女，其畫像如此矣。此者書已衆多，非一通也。自上下議其文意而爲之，以文書傳相微明也。吾書雖多，自有大分，書以類相聚從，字以相明，則畢得其要意。」「唯唯。」「此四時五行精神，入爲人五藏神，出爲四時五行神精。其近人者，名爲五德之神，與人藏神相似；其遠人者，名爲陽歷，字爲四時兵馬，可以拱邪，亦隨四時氣衰盛而行。其法爲其具畫像，人亦三重衣，王氣居外，相氣*次之，微氣最居内，皆戴冠幘乘馬，馬亦隨其五行色具爲。其先畫像於一面者，長二丈，五素上疎畫五五二十五騎，善爲之。東方之騎神持矛，南方之騎神持戟，西方之騎神持弓弩斧，北方之騎神持鑲楯刀，中央之騎神持劍鼓。思之當先睹是内神已，當睹是外神也，或先見陽神而後見内神，覩之爲右此者，無形象之法也。亦須得師口訣示教之，上頭壹有關，知之者遂相易曰，爲其易致易成，宜遠於人，便間處爲之，易集近人，必難成也。於其道成曰明大絶反洞者聚之，病形不多，多則吉，少則凶。」「或有不及所治，不決解愈，當得多少而可哉？」「高得萬，中得四五千，下得十數百，如百數十。」「其何多也？」「噫！真人其復故愚邪？安坐，方爲子道其大要意也。今承負之後，天地大多災害，鬼物老精凶殃尸咎非一，尚復有風濕疽疥，今下古得流災衆多，不可勝名也。或一人有百病，或有數十病。假令人人各

〔一〕「地」鈔誤作「神」。〔二〕鈔無「悉」下四字。〔三〕「氣」下鈔有「爲」字。〔四〕鈔無「以成」二字。〔五〕鈔無「夫」字。〔六〕「地」下鈔有「之間」二字。〔七〕「間」鈔作「際」。〔八〕鈔無「其」字。

經七二・四上・一・一

有可長，或有可短。或各能去一病；如一卜卦工師中知之，除一禍祟之病；大醫長於藥方者*，復除一病；刺工長刺經脈者，復除一病；或有復長於炙〔一〕者，復除一病；或復有長於劾者，復除一病；或有長於祀者，復除一病；或有長於使神自導視鬼，復除一病。此有七人，各除一病，這除去七病。下古人多病，或有一人十數病，乃有自言身有百病者，悉無不具疾苦也。盡諸巧工師，各去一病，這去七病，其餘病自若在，不盡除去。七工師力已極，此餘病不去，猶共困人，久久得窮焉，故多得死，不能自度於戹中也。人生比竟天年幾何，睹病幾何，遭戹會衰盛進退。天之格法，比如四時五行有興衰也。八卦乾坤，天地之體也，尚有休囚廢絶少氣之時，何況人乎？人者，乃象天地，四時五行六合八方相隨，而壹興壹衰，無有解已也。故當豫備之，救吉凶之源，安不忘危，存不忘亡，理不忘亂，則可長久矣。是故治邪法，道人病不大多。假令一人能除一病，十人而除十病，百人除百病，千人除千病，萬人除萬病。一人之身，安得有萬病乎？故能悉治決愈之也。子知之邪？」

經七二・五上・一・二

「唯唯。」「故教其豫作戒，成其道者*聚之者。」「唯唯。」「行，子知之矣。行，爲真人明陳列之。此所治病者，鬼物大邪，共爲盜賊。夫帝王安平，常備軍師。

兵者以備人，反爲無義，成姦賊也。故一人敢死，十人不敢當；十人敢死，百人不敢當；百人敢死，千人不敢當；千人敢死，萬人不敢當；萬人敢死，四面横行。備其有疾病折傷，故軍師乃備萬二千人者，以備非常。其二千人者，但備以補其休逋耳，乃能服之也。真人知之耶？」「唯唯。」「行，子已知之矣。」

不用大言無效訣第一百一十

「請問一事天師，今太平氣垂到，邪氣當思息除去也。」「然，子言是也，又非也。然太平氣至，邪固當自消去。惟天地開闢以來積久，邪氣大衆多，更相承負；太平之治氣雖至也，亦安能一旦悉卒除此乎？故當豫備之。爲其作法困窮，然后求索良工，已大後之矣。夫上古之人，人人各自知真道，又其時少邪氣。太上中古以來，人多愚，好爲浮華，不爲真道，又多邪氣狂精殃咎，故人多卒窮天年而死亡也。悉由用心愚闇蔽，不知豫防其本也。今當上德君治*，天愛之，不欲使其若此愚人多窮也，當使卒其大德，與天同心。故天使諸真人來問疑，使吾爲其陳法，可以厭

〔一〕「炙」疑「灸」字之譌。

經七二・七上・一・一

禦邪不祥妖惡者，故吾爲真人具言之。今真人反言當自除不備，此言非也，名爲大誤君子之辭也。子言不可用也。」「何謂乎？」「然有大急，乃后求索之，不可卒得也，令人窮困矣，故真人言大誤，不可用也。今積穀乃滿倉，可以備飢餓也。今爲真人察察道之，使可萬萬世不忘也。」「唯唯。」「今飢乃教人種穀，言耘治之，待其米成，乃可得火炊食，亦豈及事邪？於此已餓死困矣。或不及春時種之，至冬飢念食，乃欲種穀，種之不生，此豈能及事活人邪？非獨身窮，舉家已滅亡矣。是真人之一大愚，無知冥冥之大效也。行復爲子說一事：今人掘井，所以備渴飲也，居當近水泉，所以備渴也；臨渴且死，乃掘井索水，何及得也，已窮矣。是真人復問，二愚闇。復爲真人說一事：古者有穴居，今者作廬宅，所以備風雨也。及不風雨之時，居野極樂矣；浮雲已起，雨風已至，迺作廬宅，已雨寒而困窮矣。是真*人三愚也。復爲真人說一事：夫太中古以來，聖人作縣官，城郭深池，所以備不然，其時默平平無他也。及有不然，小人欲汙亂，君子乃後使民作城郭深池，亦豈及急邪？是真人劇愚暗効也。行復爲真人說一事：今軍師兵，不祥之器也，君子本不當有也，下之惡之。故當置於鞘中，堅治藏之，必不貴有之也，不貴用之也。

但備不然，有急乃後使工師擊治石，求其中鐵，燒治之使成水，乃後使良工萬鍛之，乃成莫耶〔一〕，可以戰鬭，禦急者亦豈及事邪？已窮服矣，死命屬矣。是非六真人之大愚不及邪？」「唯唯。」「有過非過也，思事當詳卜之胸心，乃出之也，後勿輕妄語也。」「唯唯。」「爲真人道小決事，反以明大。夫古者聖賢之設作梳與枇，以備頭髮亂而有蝨也。夫人生而不櫛，頭亂不可復理，蟣蝨不可復得困；乃後求索南山善木及象骨奇物可中櫛者，使良工治之，髮已亂不可復理，頭中之蝨，不可勝數，共食人，頭皆生瘡矣；然后得梳與枇，已窮矣。然後爲真人陳小決事，以小況大。夫河海五湖，近水*之傍多蚊虻，不豫備作可以隱禦之者。夫蚊虻俱生而起飛，共來食人及牛馬，牛馬搖頭踶躅，不能復食，人者大愁且死，無於止息，然后求可以厭禦之者，已大窮矣。真人寧明知之邪？」「唯唯。」「行，子已覺矣。夫良方所以能厭禦疥蟲，善衣善處，所以厭禦蚤蝨。不豫備之，病之，乃求索可以去之者，已得大窮愁病之矣。子知之邪？」「唯唯。」「是尚最天下小小財備數之物也，

〔一〕「耶」當作「邪」。

經七二・九上・一・一

何言其大巨者乎？夫天地之間，時時有是暴鬼邪物凶殃尸咎殺客，當其來著人時，比如刀兵弓弩之矢毒著人身矣。所著疾痛不可忍，其大暴劇者，噓不及噏，倚不及立，身爲暴狂。比若閒亭，遠帝王之縣吏，壅閉斷人辭語，不得言變事。於此之時，乃求索良工長者以自救，已窮矣。辭已不通，無可復得言之矣。子知之邪？」「唯唯。」「行，子已覺矣。故吾尤急。此死亡，天下大凶事也。故吾文□□倲倲，教有德人君豫備之也。上賢明見吾書言之，必大覺矣；中賢見吾文言，必小覺；下愚不覺，反笑吾書不備其本，已自窮矣。天地帝王，無過於*是也。今行太平氣至，陽德君治，當得長久。凡天下人死亡，非小事也，壹死，終古不得復見天地日月也，脈骨成塗土。死命，重事也。人居天地之間，人人得壹生，不得重生也。重生者獨得道人，死而復生，尸解者耳。是者，天地所私，萬萬未有一人也。故凡人壹死，不復得生也。故當大備之，雖太平氣樂歲，猶有邪氣。比若一家雖善，中猶有惡人，但相忍耳。是故益聚道術士者，爲有不然，輒當除之，不疾除之，則生之矣。故教其豫多其人也。夫大學所以益積道德之人者，備求可得也；如不豫蓄聚，求不可卒得也；如有變事，欲問古今比列，不豫有大深道

經七二・一〇上・一・一

德之人，無能卒對解者。令人君闇蔽，卒有疑事，問之不以時決解愁，乃後往求索遠方賢明渘術，何及於倲倲當前乎哉？真人知之邪？」「唯唯。」「行，子已大覺矣。」「雖每發言有過責，不問又會不知之。願決一事言之，今是或高則萬人，中則數千，下則數百，何可卒得卒成乎？」「善哉，子之問事也。但教十數人以善成之，且自轉相易，有急効之，有成功者。令*使上德道君重之愛之，於其有功者賜之，衆人且願之，於其願之而大從，使其爲之，於其得者共尊敬愛之。此四時五行天地之神精，見尊重愛，莫不説喜，使人吉利。德君長蒙其吉福，衆賢渘下及愚人，莫不爭欲爲之也。即爲者日益多，以久久，大小盡化。能人人爲之，乃選取其中第一大功者悉聚之，大有功者署其位，小有功者賞賜之，天下人莫不欲爲之。但恐大多，不可勝記。何患憂少哉？真人何其大愚暗且蒙也！一事大決毋取用，但好大言者也，是人無益於人也。但効式之，常有成功者，即其人得道意，大信人也。知但數言，而無大効者，即是其不得道意而妄語，大佞人也，不可用也，亂道者也。真人知之耶？」「唯唯。」「行去，慎之戒之。誦讀吾書，惟思其上下意，以類相從，更以相證明，以相足也。迺且大解，知吾道所指趣也。」「唯唯。」

五神所持訣第一百一十一

「願請問一大決，東方之神何故持矛乎？」「然可毋問也，真人必自知之。」「所以問者，天師幸哀後生爲作法，不問則令後世不得知天道之意決。」「然此者，天之象也，物者各從其類。東方者物始牙出頭，盡生利，刺土而出，其精象矛，故爲矛；其神吏來，以此爲節。南方萬物垂枝布葉若戟，故其精神而持戟；其神吏來，以此爲節。西方爲弓弩斧，西方者天弩殺象，夫弓弩斧，亦最傷害之長也；故其神來，以此爲節。北方爲鑲楯刀，北方者物伏藏逃，鑲楯所以逃身者也；刀者，小人所服，亦常以避逃以害人，非上君子之有也；故其神來，亦以此爲節。中央者，爲雷爲鼓爲劍；中央者，土也，五行之主也，鼓亦五兵之長也，劍亦君子道德人所服也，亦五兵之長也；故中央神來，以此爲節。是天地自然實信之符節也。比若人生當有頭，應此持其節，實信符傳來對，不若此，即非其行神也。應他神妄來對，悉爲亂政，久久其治亂難平安，故皆求信符節也。真人知之耶？」「唯唯。」「是説乃淺而

經七二・一一上・一・一

經七二·二三上·一·二

深，雖不足道者，反乃當與天地四時五行氣相應和。」「善哉善哉！」「行，真人知之矣。」

右*厭邪人盡變成道以救死命訣。

太平經合校卷七十三至八十五 戊部五至十七〔一〕

闕題〔二〕

*守道德積善，乃究洽天地鬼神精氣，人民蚑行萬物四時五行之氣，常與往來，莫不知其善者矣。

〔補〕鈔戊五下・九・一〇

闕題〔三〕

*大慈孝順間第一：慈孝者，思從內出，思以藏發，不學能得之，自然之術。行與天心同，意與地合。上有益帝王，下爲民間昌率，能致和氣，爲人爲先法。其行如丹青，故使第一。明道德大柔間第二：明經道德，爲百姓先，學好道，善聚德，不致盜

〔補〕鈔戊六上・二・一

〔一〕原缺「卷七十三至八十五」，今以鈔補，鈔不分卷。 〔二〕下文疑係另一篇，但佚題目。

〔三〕下文疑係另一篇，但佚題目。

〔補〕鈔戊七上・一・一

賊，上有益帝王化之，最真吉矣。 孝悌始學化善問第三：始學欲爲善，心中有庶幾，去邪就正，且成仁行未化也。 佃家子謹問第四：佃家謹力子，平旦日作，日入而息，不避勞苦，日有積聚，家中雍雍，以養父母，得土之利，順天之道，不敢爲非，有益縣官。 大不仁之子、無義少年好兵聚姦問第五：無義之人，不仁之子，不用道理，罵天擊地，不養父母，行必持兵，恐畏鄉里，輕薄年少，無益天地之化，反爲大害，并力計捕，捐棄溝瀆，不得藏埋。 不和家中、欺老愛少、共食異財問第六：家將必敗，骨肉不和，不能相教，妄傳往來，更相逃避，背本向末，其禍不救矣。 悔過棄兵問第七：生於窮里，希有聞覩，不知善惡，有過天下，行不合*天，賴有明君，使我就善，少不知學，長乃悔之，使善人賢士以五尺柱高，卒有去問，學者當考問之，一旦民皆爲善矣。 悔過更合善問第八：室學不成，禍亂悉生，賴有明君，知我情由；令我悔過，反致爲人師矣。 大惡人邪貪敗化問第九：尸祿邪惡貪賊，欺上害下大佞，名爲官賊，似人之形，貪獸之情，無益天地陰陽，災深當誅亡。 除過復正悔事問第十：悔過改行易心，少無善情，災害數生，朝過暮改，名爲善人。 此十問，古賢聖人之法，樂人爲善，使不相賊傷，欲令各終天年，還反其道，防絕其本，得覩太平

〔補〕鈔戊七下・二・八

〔補〕鈔戊八上・一・一

之氣也。

闕題〔一〕

神*者皆以覡正，其根太相，太相繫於帝王，因以正天行之。其次根繫於皇后，因以順地理。中根繫於衆聖，因以理陰陽。細微小根繫於庶民，因以理萬物。大人爲之得大，中人爲之得中，小人爲之得小，皆可有正也。帝王行道德興盛，日大明，少道德少明；皇后行道德，月大光明，少道德少光明；衆賢行道德，星曆大耀，少道德少耀。四根俱行道德，天下安寧，瑞應出，大光遠。遙觀天象，風雨*時善，夷狄歸心，災害自消。今得天師書道德，以往付謹民，使謹民使歸，上有大仁道德之君，可以平天下之理而長安身。帝王尸〔二〕上皇天之第一貴子也，皇后乃地之第一貴女也。夫至神聖貴人，職當居百重之內，而反憂天下萬里之外，受天業爲陰陽六合八方持統首。天地之尊位，爲神靈所因任，上下洞極萬物蚑行之屬，莫不歸心。於是作無上靈寶謁，能知天意，明於星曆之吏，名爲太史，直事不得逋，日與夜迭上觀候天氣盛衰，三光之得失，樂得天勑戒以自安也。十一月則修黃

〔補〕鈔戊九上·一·一

鍾，導地下之氣使上通，樂得后土意以自安矣。作明堂於太陽丙午之地，爲其開八窗四達，樂通八方四時之氣，欲與八風四時之氣合其吉以自安也。明闢四門，樂得天下奇文殊策，希見之物，賢明異術，可以長安天下而消災異。古者聖人在位，常力求隱士賢柔，可以共理。願聞四時爲尊貴，然王氣乃爲無氣之長也，衆氣所繫屬，諸尊貴之君也。王氣乃爲天、爲皇、爲帝、爲王、爲太歲、爲月建、爲斗岡、*爲青龍、爲大德、爲盛興、爲帝王、爲無上王、爲生成主。是故王氣所處，萬物莫不歸王之；王氣所居，皆王而生；所背去悉死，由元氣也。故王氣處陽則陽王，居陰則陰王，居天則天王，居地則地王，所處者皆王，受命主理。是古者聖人王者，春東、夏南、秋西、冬北、六月中央，帀氣則謁見天，王氣乃尊於天。當月建名爲破大耗，當帝王氣衝爲名死滅亡，元氣建位，帝王氣爲第一氣，尊嚴不可妄當也。月建後一爲閉，閉者，乃天主閉塞其後，陰休氣恐來前爲姦猾，干帝王建氣也，故閉其後也。開者，天之法，不樂害傷也。故開其後者，示教休氣，爲其有爲姦者樂開使

〔一〕下文疑係另一篇，但佚題目。　〔二〕「尸」疑當作「乃」。

〔補〕鈔戊一〇上・一・一

退去也。不去當見收，收則考問之則成罪，罪則不可除，令死危。故後五爲危，危則近死矣。故後六爲破，天斗所破乃死，故魁主死亡，乃至危也。故帝王氣起少陽，太陽常守斗建。死亡氣乃起於少陰，太陰常守斗魁。是故後六將天常休之空之，與地同氣，主閉藏匿，奸宄與邪鬼物同處，不可妄開發。古者賢人好生也，悉氣屬斗前，與天行并*，故曰吉能有氣也。諸爲奸猾陰賊惡邪，悉象陰氣，屬斗後，故曰衰，所爲者凶。元氣恍惚自然，共凝成一，名爲天也；分而生陰而成地，名爲二也；因爲上天下地，陰陽相合施生人，名爲三也。三統共生，長養凡物名爲財，財共生欲，欲共生邪，邪共生奸，奸共生猾，猾共生害而不止則亂敗，敗而不止不可復理，因窮還反其本，故名爲承負。夫天道無心，遭不肖則亂，得賢明則理。古者帝王得賢明乃道興，不敢以下愚不肖爲近輔，速以吾此文付上德之君行之。洞明者光，以三氣相見問之，占十中十，所理悉理，此第一善明，可以爲帝王使；占十中九，一氣亂不理，可爲諸侯使；占十中八，二氣亂不理，可爲凡人使。過此已下，名亂天正道，必有冤結，鬼神精伏逃不見，不可理，不能調和太平之氣。子欲得道思書文，求道之法靜爲根，爲根〔一〕，積精不止神之門；五德和合見魂魄，心神已明

〔補〕鈔戊一一上・一・一

大道陳；先知安危察四隣，羣神大來集若雲。若是不息長壽君。哉〔二〕大道不用勤，形若死灰守魂神，魂神不去乃長存，周者反始環無端；去本求末道有患，衆民失之不得完，思其意無失真言，清靜爲本非用錢；可不重愛明師言，順受師語不死焉。愚者逆師與鬼隣，不得正道入凶門，遂不復還去神，骨肉腐塗稱祖先，命已滅亡大窮焉。

闕題〔三〕

凡愚之術，皆從内出，自有法律，厚爲本根，見神而活，亦無苦愁，神惡勞烈，安心定意，愼無暴卒。久久自靜，萬道俱出，長存不死，與天相畢。爲之必和，與道爲一，賢持無置，凡事已畢。俗念除去，與神交結，乘雲駕龍，雷公同室，軀化而爲神，狀若太一。詳思書言，愼無失節。凡精思之道，成於幽室，不求榮位，志日調密，開蒙洞白，類似晝日。不學之時，若夜視漆，東西南北，迷於其室。令賢聖惶

〔一〕「爲根」二字疑涉上文而衍，當删。〔二〕「哉」上疑脱一字。〔三〕下文疑係另一篇，但佚題目。

恔，心獨戰慄。五守已強不死亡，安貧樂賤可久長，賤反求貴道相妨，尊官重祿愼無望，強求官位道即亡，不若除臥久安牀。不食而自明，百邪皆去遠禍殃。守靜不止不喪，幸可長命而久行，無敢恣意失常。求之不止爲道王，治活之術各異方，與民殊事不相妨。上之好生，民命久長。俗教道*上有仁王，聖主思道，化下流行，令民清廉，永無禍殃，民之不死，上之明也。上無明君教不行，不肯爲道反好兵，户有惡子家喪亡，持兵要人居路傍，伺人空閑奪其裝，縣官不安盜賊行。觀民可爲上可明，人君好仁，下求長生。上之不仁，下多邪傾，皆令天死，不知樂生。下愚好德，上教令也。民之好道者，其主明也；盡欲長生，遠禍殃也；不食廉潔，去諸兵也；垂拱無爲，棄不祥也；聖主大興，其民相親也；恩及下愚，是其王也；天道好生，以安上也；下愚不爭上之慶，天下幸甚，莫不歸王也。民不好道者，上之不明也；內懷姦心明行也；不好爲德，反好兵也；父子分離，居道傍也；不得長生，積死喪也；家有貧子，若虎狼也。上之無德，兵禍殃也；下愚爲君，化不行也。民多好仙，帝王明也；天見其治，恩下行也，蚑行喘息，皆被光也。

〔補〕鈔戊二三上・一・二

〔補〕鈔戊一三上・一・一

闕題〔一〕

天者好生道，故爲天經；積德者地經，地者好養，故爲地經；積和而好施者爲人經，和氣者相通往來，人有財相通，施及往來，故和爲人經*也。古者將學問者，皆正其本。比若種木也，本索善種，置善地，其生也，本末枝葉悉善。本者是其本師，枝實者是弟子。是故古之學，悉先念思本，乃學其道也。故可爲者，得與天心合，故吉也。夫種木不擇得善木，又植惡地，枝葉華實，安得美哉？此者，始以端身，正性道意，止歸之元氣，還以安身。念古法，先師所職行，何以能自治。計定意極，且自得之。先以安形，始爲之，如嬰兒之遊，不用筋力，但用善意。詳念先人獨壽，其治獨意，以何得之。但以至道，繩邪去姦，比若神矣，無有奇怪。本正以是爲之，故得天心，不負地意，四時周，五行安，子孫不相承負，各懷至德，不復知爲邪惡也。

〔一〕下文疑係另一篇，但佚題目。

〔存〕要修科儀戒律鈔

〔補〕鈔戊一三下・三・一六

〔補〕鈔戊一四上・一・二

〔存〕真人問曰：「何爲天經，何爲地經，何爲人經，何爲道經，何爲聖經，何爲賢經，何爲吉經，何爲凶經，何爲生經，何爲死經？」神人曰：「然修積真道，道者，天經也。天者好生，道亦好生，故爲天經。修積德者，地經也。地者好養，德亦好養，故爲地經。修積和而好施與者爲人經，和氣者相通往來，人有財亦當相通往來，故和爲人經也。修積上古中古下古道辭爲道經，修積上古中古下古聖文爲聖經，修積上古中古下古賢辭爲賢經。其師吉者爲吉經，其師凶者爲凶經，其師生者爲生經，其師死者爲死經也。法由聖顯，道寄人弘。」要修科儀戒律鈔卷一

闕題〔一〕

*入室獨居，思經道之本，所須出入，賢者先得其意，其次隨之，遂俱入道，與邪相去矣。

入室思存，五官轉移，隨陰陽孟仲季爲兄弟，應氣而動，順四時五行天道變化以爲常矣。失氣則死，有氣則生，萬物隨之，人道爲雄。故立五官，隨氣而興，天道因氣飛爲雄。真人積氣，聚神明，故道終常獨行，萬民失氣故死。喪*者爲賤，生者爲

貴，子守道可長久，隨氣而化。天爲常，無急名利，道自行。天道常生無有喪，地道持兩主死亡。夫上古聖賢者於官，中士度於山，下士蟲死居民間。賢者見書，深思此言，先難後易，身亦無患。而守德成大道，身學已更九室成神人。其念常與凡人殊絶異，朝夕未常念地上，欲聞天事也。意乃念天上職事，乃後可下九室。積精篤竭自化，易其形容，即是上天聖人也，不得復理民間時事明矣。吾之書乃使高士遂生而不見，下士，不敢妄爲妄言也。吾書爲道，所能窮竟人志，使人賢不肖各盡其才，至死無可復悔者，乃各盡其天命也。欲壽樂久存者，思正道意，可往矣；不樂久存者，宜就俗事，但樂止其身而已。

闕題〔一〕

驗〔三〕行鏡其身，自知可爲得失法。賢明智迺包裹天地，積書無極，而不能自壽益命，此名空虛，無實道也。術士之師也，久久還自窮之，學能遍授天文地理，悉解

〔一〕下文疑係另一篇，但佚題目。〔二〕下文疑係另一篇，但佚題目。〔三〕「驗」下十二字疑係本篇篇旨，當在篇後。

萬物之情，衆書並合備具，而不能事親尊君，此知無益也。詳思此言，吉凶可知矣。此以簡行，即令人自知得失。

闕題〔一〕

*學問何者爲急？故陳列二事，分明士意失得之象。自開闢已來，行有二急，其餘欲知之亦可，不知之亦可。天地與聖明所務，當推行而大得者，壽孝爲急。壽者，乃與天地同優也。孝者，與天地同力也。故壽者長生，與天同精。孝者，下承順其上，與地同聲。此二事者，得天地之意，凶害自去。深思此意，太平之理也，長壽之要也。諸欲爲善，求活者少。故父母者，生之根也；君者，授榮尊之門也；師者，智之所出，不窮之業也。此三者，道德之門户也。父母，迺傳天地陰*陽祖統也；師者，迺曉知天地之意，解凡事之結；君者，當承天地，順陰陽，常務得其意，以理道爲事。故此三者，性命之門户也。深思此言，萬害除矣。壽孝者，神靈所愛好也。不壽孝者，百禍所趨也。此道自然不用力，欲知其効，常隨人意善惡所致。心意謀事於内，響應於外，欲知其道，正影響之應也。心以意吉凶之門户。

〔補〕鈔戊一四下・一〇・一六

〔補〕鈔戊一五下・一・一

古者太平之君，其理要但用心意善，即臣善；用意誤，得臣亦誤。心意，天地樞機也，不可妄動也，使和氣錯亂，災害日生矣。

〔一〕下文疑係另一篇，但佚題目。

經八六・一上・二・四

太平經合校卷八十六 己部之一

太平經卷之八十六〔一〕

*來善集三道文書訣〔二〕一百二十七

六方真人俱謹再拜：「前得天師教人集共上書嚴勑，歸各分處，結胷心思其意，七日七夜，六真人三集議，俱有不解。三集露議者，三睹天流星變光。一者，見流星出天門，入地户；再者，見流星出太陽，入太陰；三者，見列宿流入天獄中。因三幷而共策之，恐天師三道行書，爲下所斷絶，使不得上通，復令天怒重忿忿，上皇氣不得來也。令帝王道德之君固固承負先王餘災不絶，而得愁苦焉。」「咄咄！六真人爲皇靈共來問事，益精進天焉哉！吾見諸弟子言，無可復以加諸真人也。今試自説其流星意。」「六弟子愚蔽，敢不言。初始一流星出天門，入地户。天門者，陽也，君也；地户者，陰也，民臣也。今民臣其行不流而上附，返上施恩於下。夫門户乃主通事，今下户不上行，返上門通門而下，知爲下辭，會見斷絶，不得上行也。」「善哉真人言，吾無以加之也。行雖苦，復説二事。」「唯唯。二事：見太陽星乃流入太陰中。太陽，君也*；太陰，民臣也。太陽，明也；太陰，闇昧也。今闇昧當上流入太明中，此比若民臣暗昧，無知困窮，當上自附歸明王聖主，求見理冤結。今反太明下入闇昧中，是象詔書施恩，下行者見斷絶，闇昧而不明，下治内獨亂而闇蔽其上也。又象比近下民，所屬長吏，共蔽匿天地災變，使不得上通冥冥，與民臣共欺其上，共爲姦之證也。」「善哉善哉！吾無以加六子言也。行雖苦，復説其三事。」「唯唯。三事：見列宿星流入天獄中。夫列宿者，善正星也，乃流入天之獄。獄者，天之治罪名處也，恐列士善人欲爲帝王盡力，上書以通天地之談，返爲閒野遠京師之長吏所共疾惡，後返以他事害之，故列宿乃流入獄中也。」「善哉精哉！吾無以加六子言。今六子問事，乃何一怒也！獨不懈倦耶？」「不敢也。常見天師言，真人爲天來問事，今欲止，恐天辭不通。今凡人命屬天地，天地不喜，返且害病人，則不得竟吾天年壽矣。」「善哉，真人之言是也，不失之也。今吾爲

〔一〕原有小注「原決八十七」五字，「決」疑「缺」字之誤，今並删。〔二〕「訣」下當有「第」字。

經八六・三上・一・一

〔幷〕鈔己一上・二・一

〔幷〕鈔己一下・一・三

經八六・四上・一・一

諸真人說，亦不敢遺懈止也。吾與諸真人等耳，俱命屬天*地，若閉不說，說而中止也，天地同且害我，故我說亦不敢妄道止也。行，且爲六真人具說之。今六真人新出穴，爲天思，可以除天病者；爲有德君思，可以除解災安身者。六真人極共說其意，盡心所欲言者，令使不得閉絕。」「唯唯。天師所勑，不敢不盡雀鼠之智，悉言之不也？」「大慊。」「唯唯。起今天下所畏，口閉爲其〔一〕不敢妄誕〔二〕。今日月星曆〔三〕，親天之列宿神也，尚相畏；是故日出，星輒逃匿，不敢見畏其威〔四〕。夫四境之內，有嚴帝王，天下〔五〕驚駭〔六〕，雖去〔七〕京師大遠者〔八〕，畏〔九〕詔書不敢語也；一州界有彊長吏，一州不敢語也；一郡有彊長吏，一郡不敢語也〔一〇〕；一縣有剛强長吏；一縣不敢語也〔一一〕；一閭〔一二〕亭有剛彊亭長〔一三〕，尚〔一四〕乃一亭部爲不敢語。此亭長，尚但〔一五〕吏之最〔一六〕小者也，何〔一七〕況其臣〔一八〕者哉〔一九〕？皆恐見害焉〔二〇〕，各取其〔二一〕解免而已，雖有善心意，不敢自達於上也〔二二〕，使道斷絕止於此。今但一里有剛彊之人，常持一里之正者，一里尚爲其不敢語，後恐恨之得害焉。但一家有剛彊武氣之人常持政，尚一家爲其不敢語也。起一家尚親，自共血脈，同*種類而生，尚〔二三〕乃相厭〔二四〕畏如此，何〔二五〕況異世乎？今太上〔二六〕中古以來，多〔二七〕失道德，反多以威武相治，威相迫協〔二八〕，有不聽者，後會大得其害，爲〔二九〕傷甚〔三〇〕深，流子孫。故〔三一〕人民雖見天災怪咎，駭畏其比近所屬，而不敢妄言，爲是獨積久，更相承負。到下古尤益劇〔三二〕，小有欲上書言事，自達於〔三三〕帝王者〔三四〕，比近持〔三五〕其命者輒殺之，不即時害傷，後會〔三六〕更相屬託而傷害之。故民臣〔三七〕悉結舌杜口爲喑，雖見愁冤，睹惡〔三八〕不敢〔三九〕上通〔四〇〕。故今〔四一〕帝王聰明絶也，而〔四二〕天變日多，是明證效也。今民親得生於父母〔四三〕，受命於天地。以天地爲父母，見其有〔四四〕

〔一〕鈔無「其」字。〔二〕「誕」鈔作「譚」。〔三〕「曆」原作「應」，疑誤，今依鈔改。〔四〕「威」下鈔有「也」字。〔五〕鈔無「下」字。〔六〕「駭」鈔作「恢」。〔七〕鈔無「去」字。〔八〕鈔無「者」字。〔九〕「畏」原作「里」，疑誤，今依鈔改。〔一〇〕鈔無「也」字。〔一一〕鈔無「也」字。〔一二〕間原作「閒」，疑形近而譌，今依鈔改。〔一三〕「剛彊亭長」鈔作「亭長剛強」。〔一四〕鈔無「尚」字。〔一五〕鈔無「尚但」二字。〔一六〕鈔無「最」字。〔一七〕鈔無「也何」二字。〔一八〕「臣」當依鈔作「大」。〔一九〕「哉」鈔作「乎」。〔二〇〕鈔無「焉」字。〔二一〕鈔無「其」字。〔二二〕鈔無「也」字。〔二三〕鈔無「尚」字。〔二四〕鈔無「厭」字。〔二五〕鈔無「何」字。〔二六〕鈔無「今太上」三字，但有「自」字。〔二七〕鈔無「多」字。〔二八〕「協」鈔作「脅」，「愶」同「脅」，「協」爲「愶」之省。〔二九〕鈔無「爲」字。〔三〇〕鈔無「甚」字。〔三一〕「故」下三十一字鈔無。〔三二〕「益劇」二字鈔作「甚」字。〔三三〕鈔無「於」字。〔三四〕鈔無「者」字。〔三五〕「持」鈔誤作「探」。〔三六〕鈔無「後會」二字。〔三七〕「民臣」鈔作「臣民」。〔三八〕鈔無「睹惡」二字。〔三九〕「敢」鈔作「得」。〔四〇〕「通」鈔作「達」。〔四一〕「今」鈔作「令」，疑當作「令」。〔四二〕鈔無「而」字。〔四三〕「生」下原無「於父母」三字，疑有脱文，今依鈔補。〔四四〕鈔無「其有」二字。

經八六・五上・一・一

災變善惡，是天地之談語，欲有此〔一〕言也。人〔二〕尚皆駭〔三〕畏，且〔四〕見害於〔五〕比近所繫屬者，不敢語言泄事，迺相勑教〔六〕，共背天〔七〕地，與共斷絶，不通皇天后土所〔八〕欲言也〔九〕。共蔽冤天地，乃使其〔一〇〕辭語不通，天地長懷恨〔一一〕悒而不達。今帝王雖神聖，一〔一二〕人之源，乃處〔一三〕百重人〔一四〕之内，萬里之外。百重之内，雖〔一五〕欲往通言，迫脅於〔一六〕比近〔一七〕，不得往達也。止夫帝王雖有萬萬人之仁聖，人各迫劫畏事，天地極最神聖，人乃仰視俯睹，尚倚之當前自解*而已，帝王安能神聖於天與地乎？愚生六人常逢猛虎於遠方閒野，六人俱止足不敢移，口不敢語，頭不敢動，目不敢瞑，夫人之所迫脅所畏如此矣。」「善哉善哉！今見六真人言，承知天獨久病苦冤，辭語不得通，雖爲帝王作萬萬怪變以爲談，下會閉絶，不得上達，獨悒悒積久。今故風諸真人，教其丁寧，勑此行書之事。故諸真人悚悚倦倦，是天使也。」「諾諾。」「吾其畏天威，方爲子思惟其要意而具説，今之六真人問此事，常何一最劇也？」「愚生六人，七日七夜，共念此行書事，三集議，三睹流星，以爲天告人教勑，使人問也。又六人俱食氣，俱咽不下通，氣逆而更上。當此之時，耳目爲之眩瞑無睹，俱怪而相從議之，不知其爲何等大駭驚怖，唯天師爲愚生説

經八六・六上・一・一

之。」「善哉，諸真人古變得具意，見諸真人言，乃知三道書，真人會且復見閉絶何乎？」「願聞其意決。」「然，夫九竅乃象九州之分也。今諸真人自言，俱食氣迺喞不通，眩瞑無光明，是九州大小相迫脅，下不得上通其言急事也。夫氣者，所以通天*地萬物之命也；天地者，乃以氣風化萬物之命也；而氣喞不通者，是天道閉，不得通達之明效也。天欲使真人丁寧此事，故以此氣動感真人也。子知之耶？」「唯唯。」「行，子已知之矣。」「諾。」「天告六真人教吾極言耶！六子安坐，爲諸弟子悉説之道之。爲畏其州郡長吏不敢言者，一州中諸善士賢明相索，共集議於他州上之；畏其郡，集議於他郡上之；畏其縣，集議於他縣上之；畏其鄉亭，集議於他鄉亭上之；畏其里，集議於他里上之。皆悉在方。其禁畏人者，以其所上罪變怪輕重罪之，復加故罪一等。」「何其重也？」「不應重也，尚恐其輕。今天地愛有

〔一〕「此」鈔作「所」。〔二〕鈔無「人」字，但有「且」字。〔三〕鈔無「駭」字。〔四〕鈔無「且」字。〔五〕鈔無「於」下十三字。〔六〕「勑教」鈔作「教勑」。〔七〕鈔無「天」下八字。〔八〕鈔無「所」字。〔九〕鈔無「也」字。〔一〇〕鈔無「其」字。〔一一〕「恨」鈔作「悒」。〔一二〕鈔無「聖」「一」二字。〔一三〕「處」鈔作「據」。〔一四〕鈔無「人」字，疑涉上文而衍。〔一五〕鈔無「雖」字，但有「人」字。〔一六〕鈔無「於」字。〔一七〕「近」鈔誤作「進」。

經八六・七上・一・一
〔卅〕鈔己二上・五・二

德帝王，欲爲其具談。人生於天地，乃背天地，斷絶天談，使天有病，乃畜積不除，悃悒不得通，言報其子，是一大逆重罪也。夫民臣，乃是帝王之使也，手足也，當主爲君王達聰明，使上得安而無憂，共稱天心，天喜説則使君延年。今返居下不忠，背反天地，閉絶帝王聰明，使其愁苦，常自責治失正，災變紛紛，危而不安，皆應不孝不忠不信大逆，法不當得與*於赦，今何重之有乎？【起】天談〔一〕不得通，天地大怒，賊殺凡物，乃爲〔二〕毁天地，乃爲〔三〕太〔四〕凶之歲。國〔五〕斷無聰明，乃爲大危之國。此罪不可復名，故爲〔六〕當死過也。【止】真人知之耶？」「唯唯。」「行，子已知之矣。吾所以敢不□□者，見六子來問事，致承知爲天使，諸真人故敢不□□也。子知之耶？」「唯唯。」「今不□□之名，爲誤上也。德君見文，皆令勑上書者，使其大□□有功者，德賜之也。如此則天下莫不歡喜，樂盡其力，共上書言事也，勿得獨有孤一人言也，皆令集議。一人言或妄僞佞欺，名爲使上失實，不可聽大過也。比連年上書，比比有信，有大功者。上士之人衆集者，常病不多，兩三人集，固固有有奸僞多者，無奸僞何也？」「願聞之。」「然多者則其上書者便自傳相畏，恐事漏泄，見得長短，反爲欺上，爲傍人所上，故盡實核□□，乃敢言之也，不

□□不敢言。又不敢有可隱，皆畏恐有後事，是故悉信也。比若一里百户共欺也，男女小兒巨人，會有泄之者，旁里會有知之者。其里賢明畏事者，會不敢匿，恐坐其事。何況乃*一州一郡一縣一鄉一亭，郡有非常事，陽陽何可隱？猶爲旁人所得長短，故善惡都畢出，天乃大喜，災除去，與流水無異也。子知之耶？」「唯唯。」「又大集議，無敢欺者，一兩人欲欺，餘人會不從之也。有欲欺不信者，即時衆共記之上之。其法應爲背天地、欺帝王、詐僞大逆不道之人也。天怨之，人惡之，其罪不得與赦也。真人知之耶？」「唯唯。」「行，子已覺矣。已行上書，還反其家，有怨其行。上書欲害者，即左方之名爲怨章，罪過不除。如是則三道行書已通，無敢閉絶者也。如是則天地已悦矣，帝王承負之災厄，已大除去，天下太平矣。上皇氣悉來到，助德君治矣，□□不負六真人也。」「唯唯。」「行，六真人精已大進，爲天除病矣，爲帝王除厄會矣，功已著於天矣，王者已日彊明矣。六真人爲善，已得其數矣，宜勉力，慎之慎之！」「唯唯。願問一大訣，惟天師示之。欲知行

〔一〕鈔無「天談」二字，但有「夫」字。〔二〕鈔無「爲」字。〔三〕鈔無「乃爲」二字。〔四〕「太」鈔作「大」。〔五〕鈔無「國」字。〔六〕「爲」下五字，鈔作「當絶滅矣」。

經八六・九上・一・一

書，乃出入究洽於神靈未，豈可聞乎？」「然，自有大驗，天道不欺人也。各以其類相求索，令德君數遣信吏，問民間有疽癘疥者，無有者，多少有疽癘疥*者，行書未究洽於神靈，自苦有餘蟲食人，蟲乃食人，即蟲治人也；固固下有餘無道德臣民，比若蟲矣，反食於人。是使蟲治人之效也。無有疽癘疥者，即皆應善人在位，無復蟲也。此者萬不失一。」「善哉善哉！獨以此明之耶？復有餘耶？」「凡天下災異，皆隨治而起，各有可爲，但精思其事，且自知之也，何獨以疽癘疥言之乎？其餘災尚但見於萬物，蟲反食人最劇，故以效之也。」「善哉善哉！嚮不力問於天師，無從得知之也。」「觀諸真人今且說，已自知之矣，但引謙耳。」「不敢不敢。愚生六人重得天師嚴教，各歸居便間〔一〕處，惟思其要意，今天師書文，悉使小大，下及奴婢，皆集議共上書道災異善惡，曾不太繁耶哉？異〔二〕生願聞其意。」「善哉！子六人爲天問事，詳慎乎，天使諸真人言也。然所以使下及庶人奴婢者，今天之法界，萬里異天地，五千里復小異；千里異風氣，五百里復小異；百里異陰雨，五十里復小異；一縣異變災怪善惡也。夫皇天有災怪變，非必常當處帝王之

經八六・一〇上・一・一

宅，縣官之庭，長吏之前也。災變異*之見，常於曠野民間，庶賤反先知之也。各爲

其部吏諱，不敢言；吏復各爲其君諱，而不敢言，反共斷絶天地談。人人欲譽其長吏，使其名善，而高功疾遷，共作無道，互天地之災異變怪，令閉塞不得通達帝王之前，使帝王無故斷絶，無聰明，不得天地心意，其治危亂難安，得愁苦焉。夫帝王天所父〔三〕命生，以天爲，〔四〕以地爲母。帝王爲天子，民臣共爲無道，乃斷人父母談語，不得通於其子，其罪莫大焉。爲共斷絶天地之談，共欺其上，爲人民臣不忠信，遇乃如斯，罪當輕重，寧可名字耶？子覺未？」「唯唯。」又凡民臣奴婢，皆得生於天，長於地，得見養理於帝王。以此三事爲命，無此三事，則無緣得生長自養理也。而反下皆共欺其上，共無知天與地，使帝王無聰明閉塞，罪皆應萬死，尚復有餘罪，何其重也？」「真人其愚闇不解，何哉？人得生於天，長於地，天地愁苦有病，故作怪變以報其子，欲樂見理。愚民反共斷絶天辭，天地大怒之。帝王，民臣之父母也，民臣反共欺其父母，使其常用心意愁困，而不能*平其治，咎莫大焉。天地開闢已來，承負之厄會大積，悉起於是，故使民間上書也。今陽明德君

〔一〕「間」疑當作「閒」。〔二〕「異」疑當作「愚」。〔三〕「父」字疑下句錯文。〔四〕「爲」下疑有「父」字，錯歸在上句。

經八六·一二上·一·一

治，天難愁苦之，故使吾言也。」「善哉善哉！」「行，今爲真人道之。今天下日蝕，極天下之大怪也，尚或有睹，或有不睹。天下之災異怪變萬類，皆天地陰陽之變革談語也。或國不睹而州睹，或州不睹而郡睹，或郡不睹而縣睹，或縣不覩而鄉亭睹，或鄉亭不睹而民間人睹，或甲里不睹而乙里睹。故古者賢聖之治，下及庶賤者，樂得異聞，以稱天心地意，以安其身也。故其治獨常安平，與天合同也。今太平盛氣至，有一事不得，輒有不和，即天正氣爲不至。比若愚〔一〕民竭水而漁，蛟龍爲不見，此之謂也。今故悉使民間言事，乃不失天心絲髮之間，乃治可安也。民間自力集上書，部諸長吏，亦且恐後民言事，且力遣吏問民間所睹，疾復上之，則變災無有失也。如是皇天后土，爲其大喜，愛其帝王。」「以何明之乎？」「然有證，乃日月爲其大明，列星守度，不亂錯行，是天喜之證也；地喜則百川順流，不妄動出，萬物*見養長好善也，即是地之悅喜之證也。真人知之耶？」「唯唯。天師幸哀愚生，得其事者進問，緣見待厚，乃得悉問所疑，今使民間記災變怪云何哉？」

「然。善乎！子問事也。然當見之時，支日晏蚤户記之，月盡者共集議之，可上而上之，未足上者，復待後月災異，如此縣邑長吏，且取晏蚤之時於民間也，則可

經八六・一三上・一・一
〔幷〕鈔己二上・七・九

謂爲不失天之災絲髮之間也。吏亦畏民，民亦畏吏，兩相畏恐，所上皆得實，不失銖分之間，則令帝王安坐幽室無憂矣。民臣百姓大小，盡忠信得達其情實矣。天下莫不歡喜。如有止者，即共記之，皆應奸臣不忠孝之民，無知天地，共欺其上，使上聰明斷絶，是大過也。故當共急記之。真人知之耶？」「唯唯。」「行去，有疑來問之。」「今六真人俱歸慕思，惟天師使長吏民間，共記災異變怪，皆當共記何等者哉？」「善乎！六子問事詳善，不失天心，不負德君，是爲有功於天地，萬物莫不被蒙之也。所以然者，乃其爲天問事□□，悉究竟詳善，故不失銖分。天地陰陽三光五行四時神祇萬物所欲言，悉得見，*故爲大有功也。子知之耶？」「唯唯。」「行，今爲六真人陳之，詳自隨而記之。」「唯唯。」「然〔起〕夫大災異變怪者，是天地之〔二〕大談也；中災異變怪〔三〕者，是天地之〔四〕中談也；小災異變怪〔五〕者，是〔六〕天地之〔七〕小談也。子〔八〕欲樂知其大意要，比若〔九〕人〔一〇〕，大事大談〔一一〕，中〔一二〕事中

〔一〕「愚」下十一字敦煌經卷引全同。〔二〕鈔無「之」字。〔三〕鈔無「怪」字。〔四〕鈔無「之」字。〔五〕鈔無「怪」字。〔六〕鈔無「是」字。〔七〕鈔無「之」字。〔八〕鈔無「子」下八字。〔九〕鈔無「若」字。〔一〇〕「人」下鈔有「事」字。〔一一〕「談」鈔作「言」。〔一二〕鈔無「中」下四字。

經八六・一四上・一・一

談，小事小談〔一〕。　此〔二〕大小，皆有可言也，不空見也，天〔三〕地不妄欺人也。見〔四〕大善〔五〕瑞應，是其〔六〕大悅喜〔七〕也，見〔八〕中善〔九〕瑞應，是〔一〇〕其中悅喜也；見〔一一〕小善〔一二〕瑞應，是〔一三〕其小悅喜也。　見〔一四〕大惡凶不祥，是天地之大怒也；見中惡凶不祥，是天地之中怒也；見小惡凶不祥，是天地之小怒也。　平〔一五〕平無善變，亦無惡變，是其平平，止亦不喜，亦不怒。　子知之耶？」「唯唯。　災異變怪，大小記之，勿失銖分也。　何其悉詳乎？」「真人何其愚也！　過大小盡當見，知善惡大小，亦悉當見知也。　善者當謝其功，以善踰異之，過者數讓之，以稱天地之心意。　子欲知其效者，天，比若人君長也，一小言不見從，則小恨；更中言，中言不見從，則更大恨；更大言，則爲害矣。　故當大小記之，不當使天地恨怒也。」「善哉善哉！願聞所記意。」「記變怪災異*疾病，大小多少，風雨非常，人民萬物所病苦大小，皆集議而記之。　所以使其共記之者，吏自相知長短，民民自相知長短；迫近山阜而居者，知山阜變；近市城郭而居者，知市城郭變；近平土而居者，知平土變；近水下田而居者，知水下田變。　高下外內，悉得知之，故無失也，是立致太平之術也。而帝王所宜用，不失大〔一六〕心之法也。　真人知之耶？」「唯唯。」「行，子已知之矣。

經八六・一五上・一・一

〔廿〕鈔己二下・二・七

天地開闢以來，所以多承負之災者，由其記事不及民間大小，共集記之故也。有變怪，反乃他所長吏來行之。比近各爲其部界長吏諱不言，共匿之，因使天地辭語斷絶，不得上通達其帝王，爲害甚深，令天悒悒，災爲之復增益，咎在此也。他所長吏來考事，安知民間素所苦者乎？或相與厚善，反復相與共隱匿之；或得素有所不比之家，反復增加災，妄增益其事故之也，共匿之；則使天地談斷絶，加故共冤無罪之人，復令下比貨財相隨。此三事皆爲大害冤結氣，復更增其災害也，故其治殊不可平也。令夫太陽興平氣盛出，*德君當治，天下太平，莫不各得其所者。是故六真人來，爲其具問事，吾爲其悉語也。子知之耶？」「唯唯。」〔廿〕「是故天將興祐帝王，皆令自有意，從古到今，將興祐之，輒爲〔一七〕奇文異筴，令〔一八〕可案以

〔一〕「談」鈔作「言」。〔二〕「此」下八字鈔無。〔三〕鈔無「天」下四字，但有「而」字。〔四〕「見」上鈔有「夫」字。〔五〕鈔無「善」字。〔六〕「是其」二字鈔作「天地」。〔七〕「悦喜」鈔作「喜悦」，又「喜」下鈔無「也」字。〔八〕鈔無「見」字。〔九〕鈔無「善」字。〔一〇〕「是」下六字鈔作「中喜悦」三字。〔一一〕鈔無「見」字。〔一二〕鈔無「善」字。〔一三〕「是」下六字鈔作「小喜悦」。〔一四〕鈔無「見」下三十九字。〔一五〕「平」下十三字鈔作「夫無災無瑞爲平也」八字。〔一六〕「大」疑當作「天」。〔一七〕「爲」下鈔有「出」字。〔一八〕鈔無「令」字。

經八六・一六上・一・一

治〔一〕，故所〔二〕爲者悉大吉也〔三〕。將不祐利〔四〕之〔五〕，悉斷之〔六〕奇文異筴，使不得之也〔七〕；如〔八〕得之，又使其心〔九〕愚，不知策而用之也。將興利之〔一〇〕，使其〔一一〕心曠然開通，而好嬉〔一二〕用之也〔一三〕。此〔一四〕者，天之格法也，不欺人也。故〔一五〕凡人將興者多好善，將衰者多好惡也，將吉者易開導也〔一六〕，將凶者好抵冒人也，不〔一七〕可開導也。真人知之耶？」「唯唯。」「是故天者常祐善人，道者思歸有德。故〔一八〕天者〔一九〕不肯祐惡人，道者〔二〇〕不肯附〔二一〕於〔二二〕愚蔽〔二三〕人也。止故常勑真人，以付歸有德之君也。所以悉記其災異變怪，大小善惡，外内遠近者，欲令上有德之君，與衆賢原其災異所起。夫天下變怪災異，皆象其事，法其行，緣類而生，衆賢共集議，思之曠然如其意，以其事類考問之，則得之矣。則天地日爲其大喜，帝王日爲其大安。如此則德究洽於神祇，莫不饗〔二四〕應。欲知其大効，天下所疾苦，*災異悉盡，民臣悉善，應詔書而行，不失銖分，下不欺其上之明效也。有餘多害，自若多欺者；少害，少欺者；無一餘害，無一欺者。常安觀下所上，以占民臣大小忠信與不，以其事對之，比若窺明鏡，相對而面語。神哉！爲道如斯，此乃天祐上德之君子，其治天下之明鏡也。真人知之耶？」「唯唯。」「行去，付上德之君急急，一人獨上書，名爲投書，治事付一信，名爲大欺，與皇天爲重怨，天道爲其常亂也。二人共上書，名爲太陰，合奸共欺，二猾人固固相勑戒；或共有可怨惡共上之，共爲虛僞也，與地爲咎，地道爲其大亂也。三人共上書，固固尚不實，三人固固，可相勑教，共有所疾共上事，以公報私，固固爲共欺其上也，與中和爲仇，令和氣大亂也。四人共上書，中輒有畏事不真者，爲傍人所得長短，爲罪名固固耶，將似類真也，其不信者，亂四時也。五人共上書，似真未信□□也，其不信者，輒亂五行也。六人共上書，將真未信也，其不信者，輒亂六合也。七人共上書似信，八人近真，九人近實，十人而小*□□。」「今天師何其疑之多也？願聞其要意。」「然，所以疑之多者，或五方好猾人，俱自有私怨咎，以公報私，固固可共相與爲大欺，猾姦人

〔一〕「治」鈔作「理」。〔二〕鈔無「所」字。〔三〕鈔無「也」字。〔四〕鈔無「利」字。〔五〕「之」下鈔有「也」字。〔六〕鈔無「之」字。〔七〕鈔無「之也」二字，但有「見」字。〔八〕「如」鈔作「或」。〔九〕鈔無「其心」二字。〔一〇〕「利之」鈔作「行也」。〔一一〕鈔無「其」字。〔一二〕鈔無「好嬉」二字，但有「受」字。〔一三〕鈔無「也」字。〔一四〕「此」下七字鈔作「此天祐法也」。〔一五〕鈔無「故」字。〔一六〕鈔無「也」字。〔一七〕鈔無「不」下十四字。〔一八〕鈔無「故」字。〔一九〕鈔無「者」字。〔二〇〕鈔無「者」字。〔二一〕「附」鈔作「付」，「附」、「付」通用。〔二二〕鈔無「於」字。〔二三〕鈔無「蔽」字。〔二四〕「饗」疑「響」字之誤。

經八六・一八上・一・二

亂天地道而誤上，故未疾純敢信之也。但爲小*□□。是故使衆人老小，賢不肖男女，下及奴婢者，大小集議，不可得以僞，其以公報私也。中會有不安而言之者，或有不肖，或有輕口不能匿，或有老人，壽在旦暮，不復忌諱，或有婦女小兒行言，不能隱匿，共爲姦也。故其事會泄，故無姦悉得真也，得真則天地心調。真人知之耶？」「唯唯。」「本帝王所以連連相承負之過責，治常失天心，流災不絕。絕者復起，皇天不安，多害氣疾，病不得久。大樂須臾，樂者復惡，其大咎正在此。猾奸人共背天地而欺帝王，人乃以天地爲命，以帝王爲父母；愚人及背其命而共欺其父母，故天地共憎之，帝王惡之，其法惡死，有餘罪當流後生也。是故災不絕，害日多，人壽日少，萬物常亂也，正咎在是也。豈真人已大覺重知之耶？」「唯唯。」「子可謂已知之矣。是故吾知皇天深疾惡，是故吾使*是文復重□□爲其平。遺失其一事，一事可起，失之于前，得之于後，此事尤重，天大惡之也。吾知其□□，以示勑真人，以付歸上道德之君，得而行之，與神無異也，乃且太平上皇正氣立自來也。吾之文不敢負天地，不負上德君，不負後生下古之人，不負萬物，行之立效。」「善哉善哉！願聞一人上書，何故亂天，二人何故亂地？」「然此者各從

經八六・一九上・一・一

其家，并策相應者相感動，此自然法。子知之耶？」「唯唯。」「行，子已知之矣。天下之事，各從其類也。」「願問天師，今應此文言爲之，寧能盡實核，天下悉信耶？」「然，天下悉信矣。」「願聞其意。」「然，且語真人大要。説今是主者長吏，亦畏民泄其事，而生之六考問，長得其信也；民亦畏縣官，得其短，亦復信也；縣官長吏居民亦畏行於他方上書者，得其短，亦信也；行上書者，亦畏縣長吏居民得其短也，亦信也；更相畏，非敢有妄語者也，亦非有可隱也。是故使三處上書，縣官與居民與行者，悉旦〔一〕三相應，不失銖分也。神哉，爲道如此，願聞到也。」「所集議人，當於何期乎？」「善哉，子*之言，悉記於太平來善之宅下。」「何必於此？」「然，其有奇方殊文，可使投於太平來善宅中，因集議善惡於其下，而四方共上事也。爲一人議，中悔而止，或爲旁人所止。上書便在方道中止意，以其所匿事罪之。如此書者，天下已得矣，帝王已長游矣。」「善哉善哉！今天師文積備多，當盡何投之？」「其文獨爲上出者止於上，悉爲天下事出者悉出之。子知之耶？」「唯唯。」

〔一〕「旦」疑當作「且」。

「行去，夫上德之君，天自使有聖心，且緣是自有善意，自有善令儀，此爲天法，不失絲髮也。事亦不可勝記，常苦文。行去。」「唯唯。」

右天告六真人使重知三道行文書訣。

太平經合校卷八十七 己部之二〔一〕

〔補〕鈔己二下・一〇・一四

長存符圖第一百二十八〔二〕

*天符還精以丹書，書以入腹，當見腹中之文大吉，百邪去矣。五官五王爲道初，爲神祖，審能閉之閉門户。外闇内明，何不洞覩？守之積久，天醫自下，百病悉除，因得老壽。愚者捐去，賢者以爲重寶，此可謂長存之道。

獨貴自然，形神相守。此兩者同相抱，其有奇思反爲咎。子失自然，不可壽也；嬰兒五精，還自保也。

〔一〕原缺卷八十七，今以鈔補。〔二〕鈔佚題目，今據敦煌出太平經目録補。

太平經合校卷八十八 己部之三

太平經卷之八十八〔一〕

作來善宅法第一百二十九*

六方真人再拜，「願有所問一疑。」「行言之。」「今天師前所勑愚生拘校上古中古下古之要文，及究竟賢明之善辭口中訣事也。今四境之界外內，或去帝王萬萬里，或有善書，其文少不足，乃遠持往到京師；或有奇文殊方妙術，大儒穴處之士，義不遠萬里，往詣帝王，衒賣道德；或有黎庶幼弱老小田家嬰兒婦女胷心，各有所懷善字訣事，各有一兩十數，少少又不足，使人遠齎持往詣京師；或有四境夷狄隱人胡貊之屬，其善人深知祕道者，雖知中國有大明道德之君，不能遠故齎其奇文善策殊方往也。今天師言，乃都合古今河、洛神書善文之屬，及賢明口中訣事，以爲洞極之經，乃後天地開闢以來，災悉可除也，帝王長遊樂，垂拱無憂也。言一事不足備，輒有餘災，故當都合之。今不知當以何來，致此奇方殊策善字，迺悉得之。」

「善哉善哉！ 諸真人思念劇也，天神已下，告諸真人矣。 上皇之氣來祐助*道德之君□□矣。 行，真人今乃爲皇靈天具問事，吾職當爲天下具談，何敢有懈焉。 諸。諸真人安坐，方爲真人悉説之。」「唯唯。」「以此書付歸上皇道德之帝王，見天文必思其要意，勑州郡下及四境遠方，縣邑鄉部，宜各作一善好宅於都市四達大道之上也。 高三丈，其中廣縱亦三丈，爲四方作善疎〔二〕，使與人面等；其疎間使可容手往來，善庇其户也，勿令人得妄開入也。 懸書於其外而大明其文，使其□□書

其宅四面亦可也。 其文言帝王來索善人奇文殊異之方，及善策辭口中訣事，人胸心常所懷，所能言，各悉書記之，投於此宅中，自記姓字。 已且徵索之，各以其道德能大小署其職也。 所言多少，其能不可徵者，且悉勑所屬縣邑長吏以職仕之也。 其老弱婦女有善言者，且勑主者賜之，其有大功而不可仕者，且復之也。 四境之外，其有所貢進善奇異策，用之有大效者，且重賞賜之也。 如此四境外内，一旦而同計大興，俱喜思爲帝王盡力，從上到下，從内到外，遠方無有餘遺策善字*奇

〔一〕原有小注「八十九同卷」五字，今删。 〔二〕「疎」應作「疏」，其本字當作「𤕟」。 𤕟，窗也。

經八八・四上・一・一

殊方也，人皆一旦轉樂爲善也。隱士穴處人中，出遊於都市，觀帝王太平來善之宅，無有自藏匿者也。風雨爲其時節，三光爲其大明，是天大喜之效也。四夷八十一域中，善人賢聖，聞中國有大德之君治如此，莫不樂來降服，皆齎其珍奇物來，前後成行，吾之書萬不失一也，豈不大樂哉？大德之治如此，諸真人寧解曉之耶？」「唯唯。」「然，子已覺矣，於其宅中文太多者，主者更開其宅户，收其中書文，持入與長吏衆賢共次。其中善者，以類相從，除其惡者，去其復重，因事前後，齎而上付帝王；帝王復使衆賢共次，去其中復重及惡不正者，以類相從，而置一閑處；復令須四方書來，前後次之，復以類相從，復令須後書至也；其四方來善宅，已出中奇文殊方善策者，復善閉之，於其畜積多者復出次之，復齎上之，於四方辭旦〔一〕日少畢竟也。所上略同，使衆賢明共集次之，編以爲洞極之經。因以大覺賢者，乃以下付歸民間，百姓萬民，一旦俱化爲善，不復知爲惡之數也。此所謂畢得天地人*及四夷之心，大樂日至，并合爲一家，共成一治者也。六真人豈知之耶？」「唯唯。」「行，六真人已知之矣。夷狄聞之，日自却去，中國日以廣，不戰鬭伐而日彊也。天地助其除惡，是爲天地開闢以來，未常有也。是故天下大喜也，

經八八・五上・一・一

天地神靈共除帝王承負也，災變已消去，其治與神無異也。天下人且大得道德奇方，皆思善文正字，不復爲邪惡也。所上且歲益善，於其後三歲一小錄，五歲一大錄，次之，此以下附歸於民間也，使其各好爲善，不能自禁止也。取其中大善之事，有益於帝王正治者留之，勿下之也。真人知之耶？」「唯唯。」「然今真人，天使諸弟子問，是今既爲天問事，乃爲德君作大樂之經，努力勿懈也。天旦報子功，子乃爲皇天后土除病，爲帝王除災毒承負之厄會，子明自當增算，吾言不敢欺真人也，慎之。」「唯唯。」「行去歸，努力精行，有疑者來。」「唯唯。」「真人前，子前問事之時，吾欲去久矣。故中與子斷訣之文，見子惓惓，知爲皇天祐陽精。所以然者，見真人精，中國當大興平，八十一域善人當降，來歸中國，故吾爲子更止留，悉究竟説之也。所以然者，見真人爲天問事不止，反恐得大過於子，得謫於天地，故不敢棄道而中去也。真人知之耶？」「唯唯。」「行，努力精卒之，勿棄天道問一訣也。」「唯唯。願請訣事言之，天師何睹正於都市四達道上，

〔一〕「旦」疑當作「且」。

〔廾〕鈔己三上・九・一

經八八・六上・一・一

爲太平作來善文奇策密方之室乎？」「善哉，真人之難問也，得其大要意。天積悒悒，帝王使子難問耶？其投辭何一工也。然吾居天上觀之，有可覩見，不空妄作此皇平之宅於四達道上也。起天公〔一〕問，天下何故難平〔二〕安哉？五行神吏上對言〔三〕，今帝王乃居百重之内，去其〔四〕四境萬萬餘里，大〔五〕遠者多冤結，善惡不得上通〔六〕達也〔七〕；奇方殊文〔八〕異策斷絶，不得到其〔九〕帝王前也〔一〇〕；民臣冤結，不得自訟通也。爲此積久，四方蔽塞，賢儒〔一一〕因而伏藏，久〔一二〕懷道德，悒悒而到死亡。帝王不得其〔一三〕奇策異辭，以安天下，大〔一四〕咎在四面八方遠界閉不通〔一五〕。止今故承天心意，爲太平道德之君作來善，致上皇良平之氣宅於四達道上也，欲樂四方悉知德君有此教令，翕然俱喜，各持其善物殊方，*來付歸之於上，無遠近悉出也，無復斷絶者也。」「善哉善哉！嚮不及天師力問，不得知之也。」「然，真若真人言也。夫人天性自知之，其上也；不能自知之，力問，亦其次也。子知之邪？」「唯唯。願請問一事言之，何故必使其廣縱三丈，高三丈乎哉？」「善乎，子之言也。一者，數之始也。天數亦終於十，地數亦終於十，人數亦終於十，故使三丈也。欲樂合天地人，使其俱悦喜也，故象天地人爲之也。」

經八八・七上・一・一

「今請問三數，何故俱十乎哉？」「然，天有五行，亦自有陰陽；地有五行，亦自有陰陽；人有五行，亦自有陰陽也。故皆十。」「善哉善哉！今獨天地人如此邪哉？然萬物悉如此邪哉？」「然萬物悉象天地人也，故天地人皆隨四時五行爲盛衰也。真人知之邪？」「善乎善乎！」「然子可謂已知之矣。」「願請問一事。」「言之。」「今何故必爲其四方作疎，與面齊者？」「然疎者，欲使賢儒策之也；疎者，樂四方疎達，不復閉絶也，欲使賢者各疎記其辭，投此太平來善之室中也。與面齊者，面者，最人之善者也，太陽之分，象天道也；樂人各順天心，思爲善，與*德君并力，共平天下也，故使與面齊。面者，有七正，耳目口鼻可以通氣，神祇往來，樂大賢策之，使四方八極遠境聰明悉來至也。今帝王雖居百重之內，與民相去萬萬里，光明教令，悉暢達也，不失天地之心，以安其身。」「善哉善哉！願請

〔一〕「公」鈔作「君」。　〔二〕鈔無「平」字。　〔三〕「言」鈔作「曰」。　〔四〕鈔無「其」字。　〔五〕鈔無「大」字。　〔六〕鈔無「通」字。　〔七〕鈔無「也」字。　〔八〕鈔無「殊文」二字。　〔九〕鈔無「其」字。　〔一〇〕鈔無「也」字。　〔一一〕「儒」鈔作「良」。　〔一二〕鈔無「久」下十字。　〔一三〕鈔無「其」字。　〔一四〕鈔無「大」字。　〔一五〕「通」下鈔有「也」字。

經八八・八上・一一・一

問，當使何吏守此宅哉？」「長吏直署，唱名爲太平之宅，樂善之吏也。」「善乎！愚生知天已大喜矣，地已大悦慎行也，人已太平理矣，萬物已得其所矣。」「今真人何以知之乎？」「愚生見天師爲太平德君制作大樂之宅，以通天地人之談語。今使下民臣各得奏上其辭於其君，令帝王得奇策異文殊方，可以長自安全者。又天地得通其談語，百姓下賤得達其善辭，以解天地悒悒，以助其君爲聰明。天地與人，爲凡物之長也，乃得悉通達，故大樂也。」「真人説是也，善哉，吾無以加之也。子之言事，大入真道矣。」「願請問一疑。」「言之。」「今天乃悒悒欲言，何故返使人談哉？」「善乎，子之難問得其意。然，夫天道乃轉而相因，更相使也。故兑爲天地之口，人亦然。故以類相求，故人爲天地*談也。真人知之耶？」「唯唯。」「行，子易開哉，勉力勉力！」「唯唯。」「然辭小竟，勿復問；令道文難知，反益憒憒也。」「唯唯。」「行，戒真人一事，爲已校書文殊方也。卷投一善方，始善養性之術，於書卷下，使衆賢誦讀，此當爲洞極之經竟者。因各集此方以自養，誦此術以自全，令各樂得久存。上賢可以爲國輔，中賢可爲國小吏，下小人不能仕者，可長養其親，而久守其子孫。」「善哉善哉！天下大樂悦也，爲善無雙，無復惡人也。」「子已知之矣。行去，思之念之。既爲天問事，勿懈。」

「唯唯。」

右求善以致太平令天下一旦合心上皇大樂之宅文。

太平經合校卷八十九己部之四

太平經卷之八十九

八卦還精念文第一百三十*

玄明内光，大幽多氣，與賢同位，壬癸之居。亥子共身，周流相抱，極陰生陽，名爲初九。一合生物，陰止陽起，受施於亥，懷妊於壬，藩滋於子。子子孫孫，陽入陰中，其生無已。思外洞内，壽命增倍，不可卒致，宜以長久。少陽有氣，與肝共位，甲乙寅卯，青色相類。萬物之精，前後雜出，仁恩心著。勇士將發，念之覩此字，光若日之始出，百病除愈，增年三倍。太陽盛氣，與心相類，丙丁之家，巳午養位。覩之，百邪除去，身日以正。宜意柔明，大不可彊求，見字而壽，光若日中之明。中和之氣，與脾相連，四出季鄉，乃返還戊己。中居辰戌，丑未爲根。舉順之而思其意，還以治其病，精若黄龍。而見此字，其病消亡，增年五倍。令人順孝，臣愛其君，子愛其父。少陰之旬，與師精并，靈扇出氣，位屬庚辛。申酉義誅，猾邪盜

經八九・一上・二・四

賊不起，邪不得害人。腎盛之氣，增年百倍。極陰生陽，其國大昌，常而思之，不知死亡。陰上陽起，故玄武爲初始。*龍德生北，位在東方，故隨其後。朱雀治病，黄氣正中。君而行之，壽命無窮。升執其平，百邪滅亡。八卦在内，神成列行。白虎在後，誅禍滅殃。正道日到，邪氣消亡。思精而不止，延年之紀。身而服之，何憂之有？下承其上，名爲順道，無有謫過，萬病自愈。念字覩形容，愛若父子，令人常喜，洞照無已。審而用者，其效立可待，長與書俱，日與神遊。道以自然爲洞虚，無一旦自來，其道仁良。子爲之孝，臣爲其忠，信知則令人愛其身，不敢妄言，守而不止，命無窮焉。書不空出，與道連思，深知其意，神自來焉。初端形念字，反得道元，精得神明，因無自然。天道萬端，在人可爲。道成其事，□□不爲非，患人不力爲，正氣何從得來。行而不上，日吉遠危。大人爲之，其國太平，小人爲之，去禍招福。形思之幽處趣具成。子而守道，亂何從得生。思念而不止自太平，心中不亂無邪傾，守之不止日自生。道不妄出，付有德，歸其人。

右升平八卦六甲追道還精念文。

太平經合校卷九十 己部之五

經九〇・一上・二・四
〔幷〕鈔己三下・五・一

太平經卷之九十

冤*流災求奇方訣第一百三十一

「真人前，子學是，凡事積之，當知天下大訣分理，後乃言事□□，無復有疑也。」「今見凡人死，當大冤之，叩胷心而呼天，自投擗而告地，邪〔一〕？ 不當邪？」「宜自精道之。 令使可萬世誦讀，以爲常法，而不可復忘也。」「今天師有嚴教，愚生敢不彊一言也。」「平行勿疑也。」「然人死者大劇事，當大冤之，叩胷心自投擗也，力盡長悲哀而已，此亦無傷生也。」「當冤何等人哉？ 皆當冤之何也？」「夫人死者乃盡滅，盡成灰土，將不復見。 [起]今〔二〕人居天地之間，從天地〔三〕開闢以〔四〕來，人人各一生，不得再生也。 自有名字爲人。 人者，乃中和凡物之長也，而〔五〕尊且貴，與天地相似；今一死，乃終古窮天畢地，不得復見自名爲人也〔六〕，不復起行也。 故悲之大冤之也〔七〕。」[止]「噫！ 子說與俗人同，又實非也。」「愚生甚不覩其

〔廾〕鈔己三下・一〇・六
經九〇・二上・一・二

意，人死當奈何哉？願聞之，唯天師。」「然，夫物生者，皆有終盡，人生亦有死，天地之格法也。天爲其中，時時且有自冤死者，或自少年不壽者。起天〔八〕地乃〔九〕爲萬*物父母，恐其中有自冤，哭涙仰呼天，俯叩地，而自悲冤得年少〔一〇〕。故天爲其〔一一〕生真道奇方，可以自防，而得小壽者。物生皆自〔一二〕有老終，而愚人不肯力學真道善方，何〔一三〕以小增〔一四〕其年，不死遲老者。反各自輕忽，不求奇方，而共笑賤真道。反曰〔一五〕共作邪僞，以亂天道。共欺其上，爭置〔一六〕死地名爲塚，修之治之〔一七〕以待死，預作死約及凶服〔一八〕，求死得死，有何可〔一九〕冤哉？年竟算盡，此比若日出自有入也。止真人何故反冤之乎？真人投辭，多與俗人同，正似無一知人，何也？」「當冤其何等者？願聞之。」「當冤其年少，未有所知而死者也。未知學問，求可自防禦者，故當冤之也。又復當冤其常謹良，畏不壽年少，常自苦行，

〔一〕「邪」上疑脱「當」字。〔二〕鈔無「今」字。〔三〕鈔無「從天地」三字。〔四〕「以」鈔作「已」，「已」通「以」。〔五〕鈔無「而」字。〔六〕鈔無「也」字。〔七〕鈔無「也」字。〔八〕「天」上鈔有「天地格法」四字。〔九〕鈔無「乃」字。〔一〇〕「年少」鈔作「少年」。〔一一〕鈔無「其」字。〔一二〕鈔無「自」字。〔一三〕「何」鈔誤作「可」。〔一四〕「小增」鈔作「永享」。〔一五〕鈔無「曰」字。〔一六〕「置」鈔誤作「致」。〔一七〕鈔無「之」字。〔一八〕「服」原作「復」，疑誤，今依鈔改。〔一九〕鈔無「可」字。

求真道善德奇方，爲行常善，不爲陰賊，或逢流災而中死，或到老力盡，而訖不得
遭逢明師，可得須臾，竟其天年者，是者大冤，可悲傷也。若無故冤悲，不求奇方
真道而死者，反搥胷哭泣，呼天叩地，汝身自得之，反過天地，是爲反民，天甚怨惡
經九〇·三上·一·一
之。真人怨是，不若早自悲傷，學不得真道，不知天地陰陽大分部訣*也。久苦無
明師，而長懷悒悒，而天年將竟也。是誠可悲傷，子知之乎？」「唯唯，愚生甚恐
駭，命在天師。」「吾同乞真道與子，欲使子努力不懈，天下何不有。但求之不力，
至誠淚出感動天，故天不與之耳。若不道懈止，亦將得之不久也。子知之耶？」
「唯唯。」「夫愚人不自重愛，力求奇殊方，可得須臾，反預置死器死處，求得死。天
之爲法，若慈父母賢明君不奪人可求也。是自然常求之名，爲得其所求之名，爲
〔卅〕鈔己四上·八·一六
得其所求，亦可毋大冤之也。是以古者起聖人帝王時時有大自重愛而畏死者，且
夕思行求異聞殊方〔一〕，敬事道人，力盡財空而已；至誠涕出，感動皇天，天乃爲出
瑞應，道術之士悉往〔二〕佑〔三〕之。故多得老壽，或得度世。其〔四〕中時時有求而不
得者，但未至誠固固，好俗事，輕忽其身，言可再得也。今天地乃以人爲子，帝王
乃最天之所〔五〕貴子也，不惜真道奇方焉。子〔六〕知之耶？」「唯唯。」「是故古〔七〕者

聖人深計遠慮，知天下之財物，會非久是〔八〕其有也。止身在，財物固固屬人身；身亡，財物他人有也。故無可愛惜，極以財物自輔*，求索真道異聞也。故其身反得長存，財則在，常屬於人也。是故當極力財空盡而已。財者，但過求，須臾得之耳。失財，乃天下人之有也，會不久吾有也。此名爲賢聖明智，養身以道，知用財法，故多得老壽也。子知之乎？」「唯唯。」「行，爲人師者多難訾，真人悒悒，爲子更復分别悉道其意。夫天道乃有格法，不以故人也。子欲樂知其審，此若冬至之後，天當大寒殺人；乃以五月初，始見陰氣於井中，爲其清，日日益劇，到冬至後，乃大寒傷殺人，不可無衣也。賢者預防也，則獨得大樂，不傷於寒而無憂，其懈惰不力，不預備之，則獨飢寒而窮矣，此之謂也。天無過也，人自得之。子寧重曉不哉？」「唯唯。」「行，子已覺矣。」「夫天之爲法，不以卒故人也，愚人自故觸冒之耳。願請問不及，復當冤何等者哉？」「復當冤大賢。少而學善，順良有真道德，當爲

〔一〕「方」原作「奇」，疑誤，今依鈔改。〔二〕鈔無「往」字。〔三〕「佑」鈔作「佐」。〔四〕「其」下二十八字鈔無。〔五〕鈔無「之所」二字。〔六〕鈔無「子」下七字。〔七〕鈔無「古」下四字。〔八〕鈔無「是」字。

經九〇·五上·一·一
〔并〕鈔己四下·五·二
〔并〕鈔己四下·六·一四

帝王輔助其理陰陽。帝王得之，抱腹因心，垂拱而無憂。或反蔽塞不通，懷真道德到老死亡，是可冤悲傷。而帝王治不得大賢明，反與愚者共治，陰陽亂，萬變起，常旦夕*自苦，得大愁焉。是復大冤，可悲傷之甚。是故【起】古者聖人聰明大達，衆賢悉出，上集爲輔，故兩〔一〕無冤者也。天地亦爲〔二〕其理，無〔三〕病而不冤，何況於人乎哉？【止】真人知之耶？」「唯唯。善哉！天師之言也。」「以何爲善乎？」「然此乃天得之，以解病苦，【起】帝王得之〔四〕，以垂拱無憂，賢者亦得盡其〔五〕忠信之心〔六〕，上輔其君爲治〔七〕，亦〔八〕得盡其能力勉勉，使共解天地大憂，百〔九〕姓萬物亦復得之而興也。故〔一〇〕言善哉也。【止】「善乎！真人之言，吾無以加之也。是故凡人可求作者，皆不爲冤結也，自行得之也。所求不得，反爲大冤。今人求死得死，求惡得惡，求善得善，天順其心，是爲大吉，可求者得。若人預爭置死地，作死約，得死是也。日求凶，得凶惡而死，復是也。名僞凡事，所求者得天與地，無可大負於此人也。真人寧亦大覺未？」「唯唯。」「行，子已覺矣。行，今欲爲子悉説之益文，今已爲子舉其大綱，自思其意，以付上道德之君，以示衆賢，各加努力在所求，求而不得，未一至誠也。夫天地比若影響，不欺人，乃愁愚人各自欺自輕自忽，大咎在此。夫羣*愚乃共亂天與地，不獨自愁也，其過乃如此也，天乃得大愁於是也。愚人自身求而得之，窮則反啼呼天與地，爲是積久，天地大疾之悒悒。故遣吾下具語，分解天下人意，使衆賢明共策吾辭，吾辭則天談地語也。吾不空乙〔一一〕二與真人道事也，乃天示教勑，吾下言之也。使一各自知過所由來，勿復更相罪責也。故吾悉言之，吾不敢妄語。吾所以究竟盡言者，獨知天地心意。故見遣，下與真人共議天下，分別其曲直，使德君與賢者俱思惟之，使可萬萬世傳。後生者歌誦以爲常法，而不復忘也。故吾每見真人問事，常喜爲天訣，訣得一解其憂。故睹天言者，輒承天心地意，分別道説之也，不敢有懈也。子有疑者，爲復來共議之，既見信而見遣下語，實畏天威，無可惜也。子重明知之邪？」「唯唯。」「行，子已得天地之意，應曉事生哉！夫人積愚，不知早學真道善德殊方，以爲小事，不知其過積大，乃亂天地而共愁其帝王，身尚得天〔一二〕死，不得竟其天年而亡

〔一〕鈔無「兩」下五字，但有「冤結」二字。〔二〕「爲」鈔作「有」。〔三〕鈔無「無」下十一字，但有「況人倫乎」四字。〔四〕鈔無「之」字。〔五〕鈔無「其」字。〔六〕鈔無「之心」二字。〔七〕「治」鈔作「理」。〔八〕鈔無「亦」下九字。〔九〕「百」下十一字鈔作「萬民因而興」。〔一〇〕「故」下五字鈔作「豈不善哉」。〔一一〕「乙」與「一」同。〔一二〕「天」疑「夭」字之譌。

經九〇・七上・一・一

也。真人熟思吾書言，天下過，寧復有大於是*死者邪？」「善哉善哉！愚生已大覺矣。」「子知早覺，可謂爲曉事之生，遠凶而近吉乎？覺而不止也，真道畢乎？一旦得王侯，不若得仙人乎？今行逢千斤之金，萬雙之璧，不若得明師乎？帝王有愚臣億萬，不若得一大賢明乎？父母生百子而不肖，不若生一子而賢乎？一里百户不好學，不若近一大德乎？萬目僂僂，不若一大綱乎？天下擾擾無不有，不若天獨神且聖，乘氣而飛行乎？凡物雖衆多，不若一氣獨活人乎？故今勑真人學者，疾棄浮華，能務核事，求真道乎？欲太吉者，真若稱天乎？天地無病而長悦喜，真道奇殊方出祐人乎？是以古者聖人常稱天，不敢懈也，故常獨吉也。賢儒集策，天道畢也。各言一善而陰陽理，神靈悦也。災害悉伏，不復發也。所謂治得天心，而祅臣絶也。神哉爲道，自然術也。」「善哉善哉！愚生向不力問，復無緣得知是也。」「然子言是也。學而不力問，何從得日進乎？行而不數移其足，道何從得達乎？學而不得明師，知何從得發乎？治國欲樂安之，不得大賢事之，何從得一旦*而理乎？」「善哉，天師之言也。」

經九〇・八上・一・二

「然子已覩其微意矣。故金城九重，不如事一大賢也。是故古者聖賢皆事明師，以解憂患也。故聖賢悉有師法也。真人宜戒，凡事自愛，吉凶門户可睹乎！」「唯唯。」「戒真人一言。」「唯唯。」「人所求而得者，天以順其所求，不負焉也，勿復臨死而哭天泣地也。是名爲自求而得之，反以罪天地，是名爲大逆之人也，天不好也，地不嬉也，鬼神會不祐也。所冤者獨當冤，求而不得者耳。」「夫萬物各得其所求，何故自冤哉？」「真人熟思吾言，是實非也。吾之文不誤也，大□□，萬不失一也。今天乃惡之疾之，故吾反覆道之，雖上已言，復戒真人於下也。吾乃故使其復重樂，下古之人深思之、美之、念之、傳之、寫之，以相示勿匿之也。天之戒書，樂見發揚，不欲見藏也。」「唯唯。」「行去。」

右集難人死當見冤與不所求得與不合國安危學逢明師與不肖師。

太平經合校卷九十一　己部之六

太平經卷之九十一

拘*校三古文法第一百三十二

起「請〔一〕問天師之書，乃拘校天地開闢以〔二〕來，前後賢聖之〔三〕文，河、雒圖書神文之屬〔四〕，下及凡民之辭語，下及奴婢，遠及夷狄，皆受其〔五〕奇辭殊策，合以〔六〕爲一語，以明天道，曾不〔七〕煩乎哉不也〔八〕？」「爲其遠煩而不通，故各就其〔九〕爲作，求善太平之宅於其所屬邑鄉，主備其遠，不能自致。故爲其立宅道上，使其〔一〇〕投異辭善奇〔一一〕策殊〔一二〕方於其中也〔一三〕。因取中〔一四〕事傅〔一五〕持往付於上〔一六〕有德之君，令其〔一七〕羣臣〔一八〕臣〔一九〕共定案之，以類相求。上〔二〇〕第一善者，去其邪辭，以爲洞極之經，名爲天洞極政事，迺後〔二一〕天地之病，且悉除去也。帝王之治〔二二〕，且壹大安也，承負萬萬〔二三〕世之災厄會，且壹〔二四〕都〔二五〕去也。然後萬物羣神，且〔二六〕無一可言，而不復上白人惡於上天〔二七〕也。故勑使其〔二八〕拘校之者，迺天使吾下言也。

經九一・一上・二・四

〔幷〕鈔己二一下・一・一

雖煩，安得不力爲之乎？　天下文〔二九〕書，及人各言一，或〔三〇〕言十數，而天下之〔三一〕疑事悉自解，亦無大煩也。　但各居其處而言之，傳〔三二〕持付〔三三〕上耳〔三四〕。　是名〔三五〕爲天下集〔三六〕言而共〔三七〕語，以通達天地*之意，以通達〔三八〕天地之炁，以除帝王災害，以利凡民，及萬物莫不各得處其所者，迺後天地壹且大悅喜，病壹除，喜則祐帝王也，今使〔三九〕無事而〔四〇〕長游也。」「願問〔四一〕天地何故一時使天下人共集辭策及古今

〔一〕「請」上鈔有「又」字。本篇所有鈔文，應在鈔己部第四葉下第九行第一字之前，蓋係錯簡。　〔二〕「以」鈔作「已」。　〔三〕鈔無「之」字。　〔四〕鈔無「之屬」二字。　〔五〕鈔無「其」字。　〔六〕鈔無「以」字。　〔七〕「不」下鈔有「大」字。　〔八〕鈔無「不也」二字。　〔九〕鈔無「其」下三字。　〔一〇〕鈔無「其」字。　〔一一〕鈔無「奇」字。　〔一二〕「殊」鈔作「奇」。　〔一三〕鈔無「也」字。　〔一四〕鈔無「中」字。　〔一五〕鈔無「傳」字。　〔一六〕「付於上」三字鈔作「獻」。　〔一七〕鈔無「其」字。　〔一八〕「臣」鈔作「賢」。　〔一九〕鈔無「臣」字。　〔二〇〕「上」上鈔有「取」字。　〔二一〕「後」鈔作「令」。　〔二二〕「治」鈔作「理」。　〔二三〕鈔無「萬」字。　〔二四〕鈔無「壹」字。　〔二五〕「都」鈔作「却」。　〔二六〕「且」下鈔無「無」字，但有化萬二字。　〔二七〕「上天」鈔作「天上」。　〔二八〕鈔無「其」字。　〔二九〕「文」原作「久」，疑譌，今依鈔改。　〔三〇〕「或」鈔誤作「歲」。　〔三一〕鈔無「之」字。　〔三二〕「傳」鈔作「傳」，疑當作「傳」。　〔三三〕「付」鈔作「獻」。　〔三四〕鈔無「耳」字。　〔三五〕鈔無「名」字。　〔三六〕「集」上原有「集久」二字，疑有衍誤，今依鈔刪。　〔三七〕原無「共」字，疑脫，今據鈔增。　〔三八〕鈔無「達」字。　〔三九〕「今使」二字鈔作「令」。　〔四〇〕鈔無「而」字。　〔四一〕「問」鈔作「聞」。

神聖之文以爲洞極經乎？」「善〔一〕哉，子之問。然，天地有劇病〔二〕亂，未嘗〔三〕得善理也。故教示人使〔四〕集議，而共集出正語奇策，以除其〔五〕病也。故使其大共集言事也。」「願請〔六〕問〔七〕天地亂而有劇〔八〕病，何不更生善聖人乎？力復生後聖人，迺無益何也？」止「噫！真人愚哉！吾聞前已有言矣。」「下賤闇之生，積愚固固，不能察察知之。」「真人尚迺言如此，俗人何以可曉乎？必且互置吾文而更大忿，天災害反且更大起，而不可救。故天使子反覆問是也。欲使吾更□□具言耶？諸諾。吾親見遣，爲是事下，吾不敢有所匿而忿天也。行，真人明聽，爲子條訣解之，更以上下悉說道之。但安坐。」「唯唯。」起「行〔九〕古今〔一〇〕聖人有優劣，各長於一事，俱爲天談地語，而所〔一一〕作殊異。是故衆聖前後出者，所爲各異也。俱樂得天心地意，去惡而〔一二〕致善，而辭不盡同，壹*〔一三〕合壹不，次類相似。故衆聖不能悉知天地意。故天地常有劇病，而不悉〔一四〕除，復〔一五〕欲生聖人，會復如斯，天久悒悒。於是故遣吾下〔一六〕，具爲其語，以告真人。所以〔一七〕告真人者，天上諸神言，天下有樂善，欲稱天心者〔一八〕，獨有真人〔一九〕耳。止故吾以辭情告於真人也，吾不同空語耳。真人自知之耶？」「唯唯。」「行，子已自知矣。起行，所以拘校上古神文中古

〔开〕鈔己一二下・七・一一

經九一・三上・一・一

〔开〕鈔己一三上・四・三

神文下古神文者，或上古神文未及言之，中〔二〇〕古神文言之，中古神文未及言之，下古神文言之也〔二一〕。因以類相從相補，共成一善辭，故使集之也〔二二〕。迺〔二三〕後神書〔二四〕天地意可睹〔二五〕矣。真〔二六〕人知之耶？」「唯唯。」「行，子已解矣。行，上古聖人失之，中古聖人得之；中古聖人失之，下古聖人得之；下古聖人失之，上古聖人得之。以類相從，因以相補，共成一善聖辭矣。真〔二七〕人知之耶？」「唯唯。」「行，子可謂大解已。行，大〔二八〕聖或有短失之，中聖得之，中聖失之，小聖得之。因復以類相從，因而相補，共成一善聖辭矣。真〔二九〕人知之耶？」「唯唯。」行，子已解矣。行，大賢以短失之，中賢得之，中賢失之，小賢得之。以類相從，因以相補〔三〇〕，共成一善賢辭矣。真〔三一〕

〔一〕鈔無「善」下五字。〔二〕「病」下鈔有「常疾」二字。〔三〕「嘗」鈔誤作「常」。〔四〕鈔無「使」字。〔五〕鈔無「其」字。〔六〕鈔無「請」字。〔七〕「問」鈔作聞。〔八〕鈔無「劇」字。〔九〕「行」上鈔有「天師言」三字。〔一〇〕鈔無「今」字。〔一一〕鈔無「所」字。〔一二〕鈔無「而」字。〔一三〕鈔無「壹」下四字。〔一四〕「不悉」鈔作「悉不」。〔一五〕鈔無「復」下十五字。〔一六〕鈔無「下」下四字。〔一七〕鈔無「以」字。〔一八〕鈔無「者」字。〔一九〕「人」鈔譌作「久」。〔二〇〕原無「中」下十四字，疑有脱文，今依鈔補。〔二一〕鈔無「也」字。〔二二〕鈔無「也」字。〔二三〕「迺」鈔作「然」。〔二四〕鈔無「神書」二字。〔二五〕「睹」鈔作「覩」。〔二六〕「真」下十二字鈔無。〔二七〕「真」下十五字鈔無。〔二八〕「大」鈔作「上」。〔二九〕「真」下十三字鈔無。〔三〇〕鈔無「因以相補」四字。〔三一〕「真」下十三字鈔無。

經九一·四上·一·一

人知耶？」「唯唯。」「*行，子已大解矣。行，帝王失之，臣子得之，臣子失之，庶民〔一〕得之。以類相從，因以相補，共成一善辭矣。真〔二〕人知之耶？」「唯唯。」「行，子已大解矣。行，上老失之，丁壯得之，丁壯失之，少者得之。以類相〔三〕從，因以相補，共成一善辭矣。真〔四〕人知之耶？」「唯唯。」「行，子已解矣。行，男子失之，女子得之，女子失之，奴婢夷狄得之。以類相從，因以相補，共成一善辭矣。真〔五〕人知之耶？」「唯唯。」「行，子已知之矣。行，或上古文失之，中古文得之，或〔六〕中古文失之，下古文得之。以類相從，因以相補，共成一善辭矣。真〔七〕人知之耶？」「唯唯。」「行，子以大解矣。行，或上古人失之，中古人得之，中古人失之，下古人得之。以類相從，因以〔八〕相補，共成一善辭矣。真〔九〕人知之乎？」「唯唯。」「行，子已解矣。行，或上失之，而下得之，或下失之，而上得之，或上下失之，而〔一〇〕中得之，或中失之，而〔一一〕上下得之。或天神文失之，反聖文〔一二〕得之，或聖文〔一三〕失之，反賢者〔一四〕文〔一五〕得之，或〔一六〕賢者文〔一七〕失之，而百姓文〔一八〕得之，或〔一九〕百姓文〔二〇〕失之，而〔二一〕夷狄得之。或內失之，反外得之，或〔二二〕外失之，反內得之。會有失〔二三〕之者，會有得*〔二四〕之也〔二五〕。

經九一·五上·一·一

故上下外內，尊卑遠近，俱收〔二六〕其文與〔二七〕要語，而集其長短，以類〔二八〕相從，因以

〔廾〕鈔己一四下・五・八

相補，則俱〔二九〕矣。然後文書及〔三〇〕辭言壹都〔三一〕通具也。真〔三二〕人知之耶？」「唯唯。」「行之，子已知之矣。天地出生〔三三〕凡事，人民聖賢跂〔三四〕行萬物之屬，各有短長，各有所〔三五〕不及，各有所失。故所爲所作〔三六〕，各異不同〔三七〕，其〔三八〕大率要〔三九〕俱欲樂〔四〇〕得天地之心而自安也。止當時各自言所爲是也，孔孔以爲真真也。而俱反失天地之心，故常有餘災毒，或大或小，相流而不絕，是其明效也。故生承負之責，後生者病之日劇。真人知之耶？」「唯唯。」「行，子已解矣。起故今天遣吾下，

〔一〕「民」鈔誤作「子」。〔二〕「真」下十四字鈔無。〔三〕鈔無「相」下四字。〔四〕「真」下十三字鈔無。〔五〕「真」下十五字鈔無。〔六〕鈔無「或」字。〔七〕「真」下十三字鈔無。〔八〕「因以」二字鈔涉上文衍，誤作「以類」二字。〔九〕「真」下十二字鈔無。〔一〇〕鈔無「而」字。〔一一〕鈔無「而」字。〔一二〕「文」鈔誤作「人」。〔一三〕「文」鈔誤作「人」。〔一四〕鈔無「者」字。〔一五〕「文」鈔誤作「人」。〔一六〕鈔無「或」字。〔一七〕「文」鈔誤作「又」。〔一八〕「百姓文」鈔誤作「庶民反」三字。〔一九〕鈔無「或」字。〔二〇〕「百姓文」鈔誤作「庶民又」。〔二一〕「而」鈔作「反」。〔二二〕鈔無「或」字。〔二三〕「失」鈔作「得」。鈔在此上下兩句「得失」二字互換。〔二四〕「得」鈔作「失」，參上條注。〔二五〕「也」鈔作「者」。〔二六〕「收」鈔作「取」。〔二七〕鈔無「與」字。〔二八〕「類」字下原無「相從因以」四字，疑脫，今據鈔補。〔二九〕「俱」鈔誤作「且」，「俱」當作「具」。〔三〇〕鈔無「及」字。〔三一〕鈔無「壹都」二字。〔三二〕「真」下十四字鈔無。〔三三〕「出生」鈔作「生出」。〔三四〕「跂」鈔作「蚑」。〔三五〕鈔無「所」字。〔三六〕鈔無「所作」二字。〔三七〕鈔無「不同」二字。〔三八〕鈔無「其」字。〔三九〕鈔無「要」字。〔四〇〕鈔無「樂」字。

爲上德道〔一〕君更考文教，吾都合〔二〕之。從〔三〕神文聖賢辭，下及庶人奴婢夷狄，以類相從，合其辭語，善者以爲洞極之〔四〕經，名爲皇天洞極政事之文也。迺〔五〕後天地病，壹悉除去也。⌊止⌋真人知之耶？」「唯唯。可㤥哉！可㤥哉！」「行，真人已應曉事生，已知之矣，天已使子壽矣，及上真人矣。」「不敢不敢。」「子自行得之，非吾力也；子爲善，天下無雙，故天愛之也。」「不敢不敢，今愚生但無忿天而已，無

經九一・六上・一・一

敢可望也。」「不嗛也。」「唯唯。〔起〕請問合是衆類*以相從，願聞其訣意。」「然，善哉！子難問，天使之□□乎哉？諾。安坐，爲子分別道之也。」「唯唯。」「行假令正，共說一甲字也，是一事也。正投衆賢明前，是宜天下文書，衆人之辭，各有言說，此一旦無訾之文，無訾之言，取中善者，合衆人心第一解者集之，以相徵明，而起合於人心者，即合於天地心矣。」「以何明之？願聞其訣。」「然，凡人之行也，考之於心，及衆賢聖心而合，而俱言善是也，其應即合於天心矣；考之於心自疑者，考之於衆賢聖心，下及小人心，而言非者即凶，天竟應之以凶也，是即其明徵也。故集此說以爲經，都合人心者，是不合人心者非也。子知之耶？」「唯唯。」「行，凡書文凡事，各自有本，按本共以衆文人辭葉共因而說之如此矣。俱合人心意者，

經九一·七上·一·一

〔附〕鈔己一四下·一〇·一

即合神祇，不合人心意者，不合神祇。」「善哉善哉！聞命矣。」「今真人何故言聞命乎？」「然，行善正，則得天心而生；行惡，失天心，則凶死。此死生即命所屬也。故言聞命也。」「善哉！真人言是也，吾無以加之也。是故天正其言與文則吉，不正其言與文則凶，是以吾*教真人拘校之也。」「唯唯。」「然後太平上皇之氣立出，延年立來，天文聖人之辭，尚迺有短長。故上皇之氣，見圄於邪辭誤言，未嘗得來也。故天地後開闢以來，未嘗有上皇之氣來助帝王治也。今天欲都開出之，故拘校文書也，有餘一邪言，輒餘一病，餘一邪說誤文，輒有餘一病；餘十十病，餘百百病，餘千千病，餘萬萬病，隨此餘邪言邪文誤辭爲病。天地病之，故使人亦病之，人無病，即天無病也；人半病之，即天半病之，人悉大小有病，即天悉病之矣。故使人病者，迺樂覺之也；而不覺，故死無數也。」〔止〕

〔附〕請問合衆類以相從，然善正其言則吉，不善正其言則凶。然後太平上皇之氣立來矣。夫人有病，皆願速較爲善，天地之病，亦願速較爲善矣。

〔一〕鈔無「道」字。 〔二〕「合」上鈔有「集」字。 〔三〕鈔無「從」字。 〔四〕鈔無「極之」二字。

〔五〕「迺」鈔作「然」。

〔幷〕鈔己一五上・三・四

經九一・八上・一・一

「願聞以天病，邪言邪辭邪文而有病乎？」「噫！子反更冥冥闇愚，何哉？行，安坐，爲真人説之。[起]夫邪言〔一〕邪文以〔二〕説經道也，則亂道經書；道經亂，則天文地理亂矣；天文地理亂，則天地病矣。故使三光風雨四時五行，戰鬬無常，歲爲其凶年〔三〕；帝王爲其〔四〕愁苦，縣官亂治〔五〕，民愁恚〔六〕飢寒，此非〔七〕邪文邪言〔八〕所病邪〔九〕？如〔一〇〕大用之，迺到于大亂不治也。子知耶？」「唯唯。」「夫邪文邪言誤辭以治〔一一〕國也，日日得亂。於是邪〔一二〕言邪辭*誤文爲耳所共欺，則國爲之亂危，臣爲之〔一三〕枉法而妄爲，民爲之困窮，共汙天地之治〔一四〕亂。天官大怒，日〔一五〕教不絶也，人哭泣呼冤，亦〔一六〕不絶也〔一七〕。子〔一八〕知之耶？」「唯唯。」「邪言邪文誤辭以治〔一九〕家也，則父子夫婦亂，更相憎惡，而常鬬辯不絶，遂爲凶家〔二〇〕。[止]子知之耶？」「唯唯。可駭哉！見天師言，誠怖惶。愚生不深計，不知是惡致此也。」「真人獨愚日久矣。夫俗人以爲小事而不去之，迺不知此邪言邪辭邪文，乃與天地爲大怨也，是迺國家之大賊也，百姓之烈鬼也，寧可不一都投而力去之耶？是故天愛上德之君，恐其不覺悟，復彼是大災，故遣吾下具言之。真人疾以文付之，使其疾思天意，可以自安，不者，天怒會不絶也。故天不復使聖人語，會不能悉都除其病，故使天下人共壹言，俱壹集古文考之也。今天忿忿積恚於是邪言邪文單言孤佞辭也。今考是，真人欲知之，比若帝王愁恚夷狄數來害人也。故發兵士萬萬往擊之，病不怒也，怒者功賜多，不怒者帝王復考之，今考邪文如此矣。真人知之耶？」「唯唯。可畏乎*，天下已正矣。」「真人可謂已知之矣！今急是孤辭，一人邪言邪文邪辭，天地今以是爲大怨，是帝王大賊也。本治不安，悉亂於是也。故今斷之，皆使集言集説集上書，定安事，迺天氣旦〔二一〕壹悉得其所，邪言邪辭迺旦〔二二〕壹悉絶也，滅亡也。天從今以往，旦〔二三〕使人亦考之，神亦且行考之，但有日急，非有懈時也。真人知之耶？」「唯唯，愚生甚㤥。」「子知㤥，可無并見考。」「唯唯，愚生事事不及，有重謫過於天地，爲天師憂念，謹已見此邪文邪辭一人之言戒；今願更見勑戒丁寧，是正文之所到至戒。」「善哉！書文已比言矣。

〔一〕鈔無「邪言」二字。〔二〕鈔無「以」下六字。〔三〕鈔無「年」字。〔四〕鈔無「其」字。〔五〕「治」鈔作「理」。〔六〕「恚」鈔作苦。〔七〕「非」鈔作「爲」。〔八〕鈔無「邪言」二字。〔九〕「邪」鈔作「矣」。〔一〇〕鈔無「如」下十七字。〔一一〕「治」鈔作「理」。〔一二〕鈔無「邪」下十七字。〔一三〕鈔無「之」字。〔一四〕「治」鈔作「理」。〔一五〕鈔無「日」下六字。〔一六〕鈔無「亦」字。〔一七〕「也」鈔作「矣」。〔一八〕鈔無「子」下六字。〔一九〕「治」鈔作「理」。〔二〇〕「家」下鈔有「矣」字。〔二一〕、〔二二〕、〔二三〕「旦」疑當作「且」。

子自若問之，何也？」「闇昧之人固固，心結聰明猶不達，不重反覆見曉勑者，猶曚曚冥冥，復亂天師道，故敢不反復問之也。」「善哉，子言也。諾，安坐，爲諸羣真人具說之。〔起〕夫正言正文正辭，迺是正天地之根，而安國家〔一〕之〔二〕寶器父母也，而天下凡人萬物所受命也，故當力正之也。」〔止〕「唯唯。願聞正言正文正辭爲天地根，國家寶器，凡民萬物所受命決意。」「噫！真人已比比受此語，吾文書中，悉病疾浮華邪言，*子迺復重問之，何也？」「愚生而隨俗，爲愚積久，不知邪止所在，故不重見丁寧解之，殊不解也。」「然，子欲知其審實也，俗人俱言善善而共力行之，而災殊不除去者，即不善之文，不善之言之亂也。俗人言此可耳，不能善也，而按行之，反與天相應，災日除去者，即正文正言正辭也，内獨與天相應，得天地心意之明徵也。是故正言正文，迺見是正天地之心也。故言悉正，文悉正，辭悉正，而帝王按而行之，下及小民，莫不俱好行正。天地迺爲大正，四時五行萬物，一旦皆各得其正，日月三光守度，各得正也。國家大安無憂，迺到于神，負不老之方賜之，奇物善應悉出，姦猾妖惡悉滅絶。凡民各得保其家，而竟其天年，萬物悉得長老終，各以時也。是即正言正文正辭之爲天地根，而國家寶器父母，民萬物之命，大

〔廾〕鈔己一五下·一·二

經九一·一〇上·一·一

明效也。真人知之耶？」「唯唯，可恢哉！可恢哉！天地之根，國家寶器，命反在此。」「行，子可謂曉事之生，知之矣。是故天遣吾下，悉考正之也。天地開闢以來，行正言正文者，天地常爲其大喜説，*故常善；行邪言邪文者，天地常爲其大怒不悦喜，故常凶不安，而多危亡也。俗人不知是爲天地大病，而亂帝王治也。而下愚之士，反共巧工，下作篇記，習邪言邪文，以相高下，以欺其上，而汙天正法，亂天正儀，是乃天之大怨，地之大咎也，而國家之大賊也。」「今乃得天怨地咎，國家賊，而日共行之，其治安得平哉？今天師責此邪言邪文罪之，何一重也？」

「噫！真人其愚耶！今人而共以邪言邪文，共亂天地，天地迺爲其常有病，是非天之怨咎耶？比若人常行病人害人，人亦怨咎之不耶？」「唯唯。」「是故爲天怨地咎明白矣。今邪言邪文邪辭，迺已共欺其上，危國家，其治常失天心，其年命不增，爲之絶者，前後非一人坐之，是非國家之大賤耶？諸真人知之不？」「唯唯。」「下古人多愚，或有見天文，反言不。若此言，是純復國賊之長也，天地之大怨咎

〔一〕「國家」鈔作「家國」。〔二〕鈔無「之」字。

經九一・一二上・一・一

經九一・一三上・一・一

也，民之大害，萬物之烈鬼物也。德君愼毋用其言也，用其言者，天怨不正，當爲身深計遠慮，思其患害，以長自安。天迺與德君獨厚，故爲其製作，可以自安而保*國者也。眞人知之耶？」「唯唯。」「行，子已大覺矣。自愼自愼，天威不可犯也。」「唯唯。」「戒眞人一言，自是之後，德君詳察思天教天文，爲得下吏民三道所共集上書文，到八月拘校之，分處爲三部。始校書者於君之東，已一通。傳校於君之南，已再通。傳校於君之西，已三通。傳校者棄去於君之北。」「校者各異處，不得相時也，何乎？願聞之。」「然相睹復有奸，有可弊不實，復爲欺如是，復忿天地爲怨咎，爲國之大賊。天地惡人，使帝王治亂，故異其處，使三校之，當共實核之也。以解天心，以安王者治也。」「何必始校於君之東？」「東者，天氣有心而仁也。校源事者，當用心詳，務力仁以稱天地，而念欲安帝王也，故於東也。仁者以行，當明察之，故傳於君之陽也。已明察，當以義斷除之。有功者因記有功，無功者使記無功，以爲行狀。已者藏於君之北，幽室而置之，以是知天下人行知善惡勿去也。故德君桉行，是名爲大神人，悉坐知天下之心，凡變異之動靜也。眞人知耶？」「可㤥哉！可㤥哉！」「子知㤥畏天談，子長活矣。」「唯*唯。」「是故自是之

〔并〕鈔己一五下·四·一

經九一·一四上·一·一

後，長吏不復言行狀，行狀見於是，因以此爲行狀。故德君迺安枕而臥，無憂也。予〔一〕知之耶？」「唯唯。」「天戒校書，脱一事者，笞三十；十事者，笞三百；百事者，笞三千。德君使退之，勿復仕也。此人乃輕忽事，是天怨地咎，國之大賊。夫怨咎與賊，不可與久共事，必且忿天地，故當疾去之。」「善哉善哉！」「戒真人一大要，吾書文道，所以從上到下，無窮也。悉愛正言正辭正文者，吾迺深受天勑而下也。誠知天愛是正言正文正辭，所以大疾是邪言邪辭邪文者，正知天地大怨咎之，以是勑吾，使吾下校，去是怨咎與賊，以安有道德之國，以長解天地開闢已來承負之謫，使害一悉去得休，使正氣悉得前治也。然後六方極八〔二〕遠皇天平氣，悉一旦自來，子知之耶？」「唯唯。」「是故吾文者，純天語，不失殊〔三〕分也。天疾是邪文，故吾疾之也；天愛是正文，故吾愛之也。[起]故吾之爲道，悉守本而〔四〕戒中而棄末。天守本，故吾守本也；天戒中，故吾戒中也；天棄末，故吾棄末也。吾之爲文也，迺與天地同身同心同意同*分〔五〕同理同好同惡同道同路，故令德君校用

〔一〕「予」疑「子」字之譌。　〔二〕「極八」疑「八極」之倒文。　〔三〕「殊」疑「銖」字之誤。　〔四〕鈔無「而」字。　〔五〕「分」鈔作「方」。

之，無一誤也。萬萬歲不可去，但有日章〔一〕明，無有冥冥時也〔二〕。但有日理，無有亂時也〔三〕。但有日善，無有惡時也。但〔四〕有日吉，無有凶時也。故號爲〔五〕天之洞極正道，迺與天地心相抱。故得其上訣者可老壽，得其〔六〕中訣者爲國輔，得其〔七〕下訣者，可以〔八〕常自安。止行，吾語辭小竟，疑者迺復來問之。」「唯唯。請問無故脱誤事一，正答三十乎？」「善哉子問也，天使子言耶？然，夫數者，起於一，十而終，是誤脱一事，即其問一之本也。脱誤不實復爲欺，則復爲天怨地咎，國家之大賊也。答〔九〕十者，以謝於地，答十者，以謝於帝王，天地人各十，合這爲三十也。答此以謝過，以解天怨地咎，帝王之賊也。迺天地喜悦，神祇戰怒也。本天地所以常亂而戰怒者，本由考實文書，人言不詳多誤，故生此流災承負之厄也。今復不詳，曰〔一〇〕復如此，故當答之也，不以故人也，迺以正事也。今已集議，實核□□，迺右上之；尚復集〔一一〕實核□□，迺右下之，則名爲上下已俱實矣。如獨下□□，上不實，固固無*益也，如獨上□□，下不實，亦無益也。上下俱爲實，迺天氣平也。下實上不實，爲上冤下，下復自冤，力爲善無益，天怒復發矣。如上實下不實，爲下冤上，地怒復發矣。上下盡已實，帝王不以意平理之，則四時五行六

經九一・一五上・一・一

經九一·一六上·一一·一

親之神吏，六宗之氣，中和戰怒，凶氣復發矣。雖力使三道行文書，正天下之言及文，而自不力平之，無益也。故吾迺承天心，爲上皇德君作化，不敢失天心也。故悉拘天法，以天地象爲經，隨陽爲正，順四時五行爲令，萬世不易也。子知之耶？」「唯唯。愚生謹以覺矣，甚畏天法。」「子知畏之，已長吉矣。戒真人一大要言也。夫拘校文書法，毋但言其神文如其書文，言如此以爲真也，是名爲聾文也。言事獨無本柄耶？何以言如此哉？不禁其有也。但問其言之意，當得其意，迺事可明也；如不説其意，以何能得知之乎哉？故當問其解決意，不者，不可用也，名爲聾治。子欲樂知其意，比若人語必有本，當有可由而起，不可但言東公言以立事也。夫人證立事者悉有本，安得但空設僞空言乎*？故赤凡事者，皆當以其實有據，迺可立事也。子欲得知其大效明徵，比若吾爲德君化法，皆以試立應，爲效言也。行之而不應，即僞言也；行之而不應，即爲天也。夫實説文與言矣，比若

〔一〕「章」鈔作「彰」，「彰」通「章」。〔二〕鈔無「也」字。〔三〕鈔無「也」字。〔四〕鈔無「但」下九字。〔五〕鈔無「爲」字。〔六〕鈔無「其」字。〔七〕鈔無「其」字。〔八〕鈔無「以」字。〔九〕「答」上疑脱「答十者，以謝於天」兩句。〔一〇〕「旦」疑當作「且」。〔一一〕「集」下疑脱「議」字。

此矣。安得空立徵而言，其文言而無説乎？愚人或反有拘，何各神文言如是也，但可以解難拒窮之辭耳。夫神文何雄，或獨有意，但傳言其文，不居一卷也。獨自傳，遙相説，人不深得其訣意，反但以拒難救窮，言東久言，以是自明，實非也。皆爲失説意。令至道德辭不得通達者，悉坐是。子知之乎？」「唯唯。愚生謹已覺矣。」「然子如此而不覺，則遂迷矣。是故桉吾書，考文及人辭者，皆竟問其意，何以得其説者，以類聚之。迺後天下之文及辭，言且一窮竟，天道法可睹矣，善惡之辭得通矣。」「善哉善哉！」「行，吾之道見於此。真人自上下思之思之，悉更相徵明，則無不解矣。天下之事，無不畢矣，大道得矣，天地悦矣，德君長安矣。天下俱同口，皆曰善哉。無復言天治，迺復得天地心意，故曰安。舉事得凡人之心，故天下無*復言。真人知之耶？」「唯唯。」「行，辭小異有疑，復來問。」「唯唯。」

右天怨地咎國之害徵立洞極經文。

經九一・一七上・一・一

經九二・一上・二・四

〔并〕鈔己四下・九・一

太平經合校卷九十二 己部之七

太平經卷之九十二

三光蝕訣第一百三十三*

「請問天之[起]三〔一〕光，何故時蝕邪〔二〕？」「善〔三〕哉！子之所問。是天地之大怒〔四〕，天地戰鬭不和〔五〕，其驗見效於日月星辰〔六〕。然亦可〔七〕蝕，亦可不〔八〕蝕，咎在陰陽氣戰鬭。」「何〔九〕故戰鬭乎？」「陰陽相奸，遞諍〔一〇〕勝負〔一一〕。夫陰與陽，本當更〔一二〕相利祐，共爲〔一三〕和氣，而反戰鬭，悉過在此不和調。」「如使和調不蝕〔一四〕，

〔一〕「三」上鈔有「大集難問天地毀起日月星蝕人烈死萬二千國策符子開神文」二十五字，係本卷末篇篇旨，見本卷末。「符子」係「符字」之訛。又本卷所有鈔文，應在鈔己部十六葉上二行十一字之後，蓋係錯簡。　〔二〕「時蝕邪」鈔作「得蝕也」。　〔三〕鈔無「善」下七字。　〔四〕「怒」原作「怨」，疑譌，今依鈔改。　〔五〕「和」原作「知」，疑譌，今依鈔改。　〔六〕「辰」鈔作「曆」。　〔七〕鈔無「可」字。　〔八〕「可不」鈔倒作「不可」。　〔九〕鈔無「何」下五字。　〔一〇〕「遞諍」鈔作「迭爭」。遞，迭也。「諍」通作「爭」。　〔一一〕負鈔誤作「服」。　〔一二〕「當更」二字鈔作「合」。　〔一三〕「爲」鈔作「生」。　〔一四〕「蝕」下鈔有「也」字。

〔廾〕鈔己五上・八・一六

經九二・二上・一・一

亦〔一〕當不蝕邪」？「然，大洞上古最善之時，常〔二〕不蝕，後〔三〕生彌彌，共失天地〔四〕意，遂使〔五〕陰陽稍稍不相愛，故至〔六〕於〔七〕戰鬬〔八〕。子以吾言不然也。子使德君〔九〕案行吾文，盡得其意，戰鬬且止；小得其意，小止；半得其意，半止。【止】如不力行，固困耳。」請問：「夫日月蝕，以何時運相逢邪？」「噫！子其愚哉！真人正復更發天怒，今真人以何知爲時運邪？」「愚生見其同處也。」「冥冥哉，子之心也，其暗冥何劇也。審若子言，運相逢也。」「何故於一年之間日月蝕，無解矣。或連歲不蝕，運何以然。【起】帝王多行道德，日月爲之不蝕，星辰〔一〇〕不亂其〔一一〕運。何以然哉？又天性，陰陽同處，本當相愛，何反相害耶？又陰陽本*當轉相生，轉相成功，何反相賊害哉？」「是子之愚也。子欲知其實，比〔一二〕若人矣。人常〔一三〕相厚，久不相覩，一〔一四〕相得逢遇，大〔一五〕喜，則更〔一六〕相祐利，相譽相明〔一七〕；及〔一八〕其素相與不比也，卒相逢便戰鬬〔一九〕。【止】大不比，鬬死而已；小不比，小鬬。」「可駭哉！可駭哉！愚生已解矣。請問：今日乃太陽，火之精神也；月乃太陰，水之精神也。今水火不同處，自相遭逢則相滅，何謂也，不比邪？」「善哉！子言得其意。然水火各以其道，守其行，皆相得，乃立功成事。比若五行，不可無一也，皆轉相

經九二・三上・一・一

生成。子欲知其實也，比若五藏，居人腹中，同一處。心乃火也，腎乃水也，豈可爲同處，而日相與戰鬭相蝕邪？子寧解知不乎？」「唯唯。愚生已覺矣。」「是故和平氣至，三光不復戰鬭蝕也。三光不相蝕，乃後始可言得天地之心矣，以是爲證。故欲自知優劣，行道德，未俱觀此天證，而聚衆文，言同處相蝕。是者但記同愛之文，未深得之意也。正使有神文言，天乃未深見其情實也。子知之耶？」「唯唯。」「行，子已覺矣。吾文出之後，帝王德君思此天意，勿忘此言，此言所以致*得天心之文也。如得天意，命乃長全也；不得天意，亂命門也；行而不稱天心，亦大患也。初上古以來，衆聖帝王以此爲戒，深記吾言，結於胸心，乃微言可見，道可得也。以付上德之君，以救三光之鬭蝕也。」「唯唯。」「行去，辭小竟。疑，復來問之。」

〔一〕「亦」下八字鈔無。〔二〕「常」下鈔有「在」字。〔三〕鈔無「後」下五字，但有「中古漸」三字。〔四〕「地」下鈔有「之」字。〔五〕鈔無「遂使」二字。〔六〕「至」鈔作「致」。〔七〕鈔無「於」字。〔八〕鈔脱「鬭」字。〔九〕「子使德君」鈔作「使有德之君」。〔一〇〕「辰」鈔作「曆」。〔一一〕「其」下五十字鈔無。〔一二〕「比」下四字鈔作「比之」。〔一三〕「常」鈔作「先有」二字。〔一四〕「一」下五字鈔作「相靚」二字。〔一五〕「大」上鈔有「當」字。〔一六〕「則更」二字鈔作「必能」。〔一七〕鈔無「相譽相明」四字。〔一八〕「及」下八字鈔作「及先不相與比」。〔一九〕「鬭」下鈔有「矣」字。

「唯唯。」

萬二千國始火始氣訣第一百三十四

請問：「天下共日月，共斗極，一大部乃萬二千國，中部八十一域，分爲小部，各一國。德優者張地萬二千里，其次張地廣從萬里，其次九千里，其次八千里，其次七千里，其次六千里，其次五千里，其次四千里，其次三千里，其次二千里，其次千里，其次五百里，其次百里。此乃平平之土，德優劣之所張保也。德劣者，乃或無一平之土，悉有病變，令一國日月戰蝕，萬二千國中，寧盡蝕不？斗極不明，萬二千國寧盡不明不乎？」「善哉！深邪遠邪眇邪！子所問也。何故正問此變今怪，一國有變，萬二千國何譽，當復有變者邪？」「怪之，不及天師問，恐終*古無以知之，故問之也。」「善哉！子之所疑，可謂入道矣。一國有變，獨一國日不明，名爲蝕；比近之國，亦遙覩之，其四遠之國，固不蝕也。斗極凡星不明，獨失其天意者不明，其四遠固不蝕。」「今請問於何障隱而獨不明邪？」「噫！子固童蒙未開也，類俗人哉。今是天與地，相去積遠，是其失道無德之國，下邪氣共上蔽隱天，

經九二・四上・一・一

經九二・五上・一・一

三光各以其類上行，使其不明。比若霧中之處，其三光獨不明，無霧之處，固大明也。子欲重知之，陰處獨不見月蝕，陽處獨見日蝕，子欲重知其審實，比若今年太歲在子，有德之國獨樂歲，無德之國獨凶年。今是俱共一國一歲，共一年，而其吉凶異。比若人俱共一天一地，其安危處，異俗不同。子知之邪？」「唯唯。善哉善哉！」「今是日月運照，萬二千國俱共之，而其明與不明者處異也。有道德之國，其治清白，靜而無邪，故其三光獨大明也，乃下邪陰氣不得上蔽之也。不明者，咎在下共欺上，邪氣俱上，蔽其上也。無道之國，其治汙濁，多奸邪自蔽隱，故其三光不明矣。子欲重知其審，*比若翕目視日，與張目視日，比若善張目視日，與蒙薄帛視日，正此也。寧解不邪？」「唯唯，可駭哉！可駭哉！」「子知駭是，則得長生矣。」「唯唯。」「其且凶衰之國，三光盡不明。比若盲人，而獨不覩三光明；三光自若，以其人盲，獨不見之矣。比若年盛者，獨覩三光明，年老者獨不覩三光明，是其盛衰之效也。悉寧解邪？」「唯唯。行去矣。請問一絶訣説何等也，今不審知一者，何等也？」「噫，真人守文極多，何故爲疑此邪？今眩冥也。子知守一，萬事畢。子何問眇哉？宜思其言。」「唯唯。」「一者，心也，意也，志也。念此一身中

經九二・六上・一・一
〔并〕鈔己五下・二・一

之神也。凡天下之事，盡是所成也。自古到今，賢聖之化，盡以是成器名，以其早知，學其心意，志念善也，守善業也。愚者盡凶是也，以其守學之以惡業也。天地之性，蚑行萬物悉然，故在師學之，壽可得也，在學何道，天地可按也。聚衆人億萬，不若事一賢也。衆愚億萬，但可疾凶敗耳。審能守一賢身，何害有身者。不能還自鏡照，見念反還鏡身。志念遠即身疾，衰枯落務，志念近則身有澤。凡志念所成衆多，*不豫記之，天下之事悉是也。子知之邪？」「唯唯。【起】請問旱〔一〕凍盡死，民困飢寒〔二〕烈而死，何〔三〕殺也？」「此者，皇天太陽〔四〕之殺也，六陽俱〔五〕恨，因能〔六〕爲害也。」「何謂邪〔七〕？」「願〔八〕聞之。」「然六方洞極〔九〕，其中大剛〔一〇〕，俱恨〔一一〕人久爲亂惡之，故殺〔一二〕也。其害於人何哉？無有名字也〔一三〕。但逢其承負之極，天〔一四〕怒發，不道人善與惡也，遭逢者，即大凶矣〔一五〕。子〔一六〕欲知其實，比若人矣〔一七〕。人大忿忿〔一八〕怒，乃忿甲善人，不避之，反〔一九〕賊害乙丙丁〔二〇〕。今〔二一〕乙丙丁〔二二〕何過邪〔二三〕？而逢人怒發，天〔二四〕之怒發亦如此矣。故承負之責最劇〔二五〕，故使人死，善〔二六〕惡不復分別也。大咎在此〔二七〕。【止】故吾書應天教，今欲一斷絶承負責也。天其爲過深重，多害無罪人，天甚憂之。故教吾勑真人，以書付上德之

經九二・七上・一・一

君，令惡邪佞僞人斷絶，而天道理。子知之邪？」「唯唯。願請問天地開闢以來，人或烈病而死盡，或水而死盡，或兵而死盡，願聞其意，何所犯坐哉？將悉天地之際會邪？承負之厄耶？」「然古今之文，多説爲天地陰陽之會，非也，是皆承負厄也。天氣中和氣怒，神靈戰鬭，烈病而死者，天伐除之；水而死者，地伐除之*；兵而死者，人伐除也。」「願聞烈病而死者，何故爲天殺？」「天者，爲神主神靈之長也，故使精神鬼殺人。地者，陰之卑；水者，陰之劇者也，屬地；陰者主懷姙。凡物懷姙而傷者，必爲血，血者，水之類也，懷姙而傷者，必怒不悦，更以其血行汙傷人。水者，乃地之血脈也，地之陰也。陰者卑，怒必以其身行戰鬭殺人。比若臣

〔一〕「早」下鈔無「涷」字，但有而字。〔二〕「寒」下原有「而」字，疑衍，今依鈔删。〔三〕鈔無「何」下三字。〔四〕「皇天太陽」鈔作「太陽皇天」。〔五〕「俱」鈔作「具」，「具」通「俱」。〔六〕鈔無「能」字。〔七〕「邪」鈔作「也」。〔八〕鈔無「願」下四字。〔九〕「方」字原作「萬」，今據鈔改。「洞」字鈔誤作「相」。〔一〇〕「剛」鈔作「綱」。〔一一〕鈔無「恨」字。〔一二〕「殺」下原有「其」字，疑衍，今依鈔删。「殺」下原無「也」字，今依鈔增。〔一三〕鈔無「也」字。〔一四〕「天」鈔誤作「大」。〔一五〕「矣」鈔作「也」。〔一六〕鈔無「子」下五字。〔一七〕鈔無「人矣」二字。〔一八〕鈔無「忿」字。〔一九〕「反」鈔作「乃」。〔二〇〕鈔無「丙丁」二字。〔二一〕鈔無「今」字。〔二二〕鈔無「丙丁」二字。〔二三〕「邪」鈔作「也」。〔二四〕鈔無「天」下五字。〔二五〕「劇」鈔作「極」。〔二六〕鈔脫「善」字。〔二七〕「此」上鈔有「於」字，「此」下鈔有「矣」字。

經九二・八上・一・一

往捕賊，必以其身行捕取之也。不得若君，但居其處而言也。中和者人主之，四時五行共治焉，人當調和而行之。人失道不能順，忿之。故四時逆氣，五行戰鬬，故使人自相攻擊也。此者，皆天地中和，忿忿不悦，積久有病悒悒，故致此。」「善哉！鄉不力問，無從知之也。願聞此悉承負之厄，乃忿三氣，其不承負之時，人死云何哉？」「然人生有終，上下中各竟其天年，或有得真道，因能得度世去者，是人乃無承負之過，自然之術也。子知之耶？」「唯唯。」「行，子曉哉！乃一旦而相隨死者，皆非命也。是乃天地中和四時五行戰怒伏殺效也。」「善哉善哉！鄉不及天師問，無緣知是也。」「故天地開闢以來，常有此*厄也，人皆不得知之。今甚病之憂之，人多無罪而死，上感天。天故遣吾下，爲其具言，已行吾天文之後，人民萬物且各以其壽命死，無復幷死之會也。」「善哉善哉！」「後生各得其命矣。真人知之邪？」「唯唯。請問即非天道時運周而死，何故常以天地際會而亂哉？五行際會而戰邪？五帝之神歷竟而窮困邪？」「噫，善哉！真人之難也。今天且使子問邪？其投辭乃入天心讖，其何一要訣哉？吾甚嬉之。今是真若子言，今爲子具條解之。今諸真人遠來，爲天地具問事，乃爲天地開闢以來帝王問疑，宜安坐聽吾辭。」「唯唯。」「然夫天之爲法，人民萬物之爲數也。比若四時之氣，但當更相生成，相傳而去。比若人生，少者後當老長，更迭相傳而去。不當乃道鬬戰，因絶滅世類也。所以道戰水旱癘病死盡者，人主由先王先人獨積，稍失道心意，積久至是際會，即自不而自度，因而滅盡矣，既滅盡無餘種類。夫天地人三統，相須而立，相形而成。比若人有頭足腹身，一統凶滅，三統反俱毁敗。若人無頭足腹，有*一亡者，使三凶矣。故人大道大毁敗天地，三統滅亡，更冥冥憒憒，萬物因而亡矣。夫物盡，又不能卒生也。由是失幾何，滅絶幾何，更起或即復，或大久大敗，久乃能復也，故小毁則疾復也。子欲重知其審實，令後世德君察察，知天地冤不之大效。比若家人治生，有畜積多者，雖邂逅逢承負凶年不收也，固固而自存。大多畜積之家，雖連年遭惡歲，猶常活。小有畜積之家，遭連年不收，餓而死盡。常貧之家，遭一年凶，便盡死。不而自度出也，困而無世。天道有格法，運非際會也。比若夏秋當力收，冬春當坐食成事；夏秋不善力收，冬春當餓死滅盡。古者聖人天書，因此共記爲際會也。真人欲知之如此矣。今太平氣至，當常平，不當復道際會死

經九二·一〇上·一一·一

亡者也。夫天命帝王治，故覺德君。凡民爲其道事，要使一覩覺知如此矣。嚮使先生凡民人常守要道與要德，雖遭際會，不死亡也。夫天命帝王治國之法，以有道德爲大富，無道德爲大貧困。名爲無道無德者，恐不能安天地而失之也。先生稍稍共廢*絶道德，積久復久，乃至於更相承負，後生者被其冤毒災劇，悉應無道而治。至於運會滅絶，不能自出，大咎在此。子知之邪？」「唯唯。可駭哉！可駭哉！」「行復更曉真人一語。夫道德與人，正天之心也，比若人有心矣，人心善守道，則常與吉；人心惡不守道，則常衰凶矣；心神去，則死亡矣。是故要道與德絶，人死亡，天地亦亂毁矣。故道使天地人本同憂同事，故能迭相生成也；如不得同憂同事，不肯迭相生成也，相憂相利也。故道德連之使同命。是故天地覩人有道德爲善，則大喜；見人爲惡，則大怒忿忿。真人豈解邪？」「唯唯。可駭哉！愚生甚畏之。」「子知畏之，則可長生無凶矣；不知畏之，則天已易去子矣，宜重慎之。」「唯唯。」「行復重曉真人一解。今是吉凶之行，比若道德禮義與刑罰矣。人而守其道德禮義，則刑罰不起矣；失其道德禮義，則刑罰興起矣。故守善道者，凶路自絶，不教其去而自去；守凶道者，言路

經九二・一一上・一・一

經九二・一二上・一・一

〔并〕鈔己六上・一・一

自絶。此猶若日出而星逃，星出而日入，不失銖分。」「善哉善哉！」「今曉真人一大訣言也。今世*人積愚暗甚劇，傳相告語，言時運周有吉凶，如此言，爲善復何益邪？爲惡何傷乎哉？乃時運自然，力行善，復何功邪？而古者聖人常承天心，教人爲善，正是也。言時運，而反共亂天道者，是辭也，使天地常不悦喜。實人行致之，反言天時運自惡。不肯自言惡，反意天地爲惡。比若人家不孝惡子，不肯自言惡，反言父母惡，此之謂也。故天常苦忿忿悒悒，因是運會者，殺之鬭之，樂易其世類也。嚮不但當相隨，老者去，少者長，各以其年命窮變化，比若天地開闢以來，人形變化不同是也。」「善哉，愚生以一大解於是，古今人形雖異而氣同。」「子欲重知其審，比若四時氣，五行位，雖不同受，内同氣轉相生成。猶若人頭足不相似，内反合成一人也。」「善哉善哉！」「今復重曉真人一言。天積疾，人爲惡，反常言時運凶。上皇氣至，當助德君治，恐時人行不改易，爲惡行以亂正氣，毁天寶，故遣吾下，爲德君出文，以曉衆人，使共常按吾文爲行，不復共愁天地而不犯天禁。自是之後，行吾天文，使神助德君治。犯者*誅之，人不誅之，神且誅之。子知邪？」「唯唯，不敢犯也。」「行，辭小小竟。凡書自思其要。」「唯唯。」起請問天師〔一〕，萬二千國之策符〔二〕各異意，皆〔三〕當於何置之？各隨其國俗，宜以何爲始？以斗極東南火氣起。願聞其意訣，何也？」「火者，陽也，其符令〔四〕主天心。和者主施，開者主通，明者主理凡事〔五〕。火者爲心，心者〔六〕主〔七〕神，和者可〔八〕爲化首，萬事將興，從心起。心者主正事，倚仁而明，復有神光。萬二千國殊策一通，以〔九〕爲文書上章，天〔一〇〕氣且自隨而流行，真人自勵〔一一〕興之。子〔一二〕勿逆之，子喪，乃天〔一三〕樂出書，故使吾言。此子乃不信吾言也，求信於子之身也。子行之而災日除，是天樂行之喜也，故災除也。子不行而多疾災，是天忿忿悒悒，子留難其道也。火凶勿問於人，取效於此，明於日月。天意所欲爲，子不可不慎也，不行不順，令使人心亂也。真人慎之。」「唯唯。」「行，復誡真人一言。天不欲行，子獨行之，且病之。吾文以此爲信，自是之後，亦皆然。文已復重，不復多言益文，使道難知。」「唯唯。」「行，重復誡子一言，此災病，非一世人過也，其所從來久遠，*勿反卒害之。但當行天道，以消亡之耳。如是者，所謂得天心意矣。不如吾文言，復枉急其刑罰，災日多，天不悦喜。真人知之邪？」「唯唯。」

經九二・一三上・一・一

〔廾〕鈔己六上・八・一七

火氣正神道訣第一百三十五

「請問[起]古者火行，同當〔一四〕太平，而不正神道，今〔一五〕天師獨使令火行正神道，何也？」「善〔一六〕哉！ 子之問也。是故百人百意，千人千意，萬人萬意，用策不同各殊異，故多不得天心意。真人言是也。今〔一七〕乃火氣最盛，上皇氣至，乃〔一八〕凡陪。古者火行，太平之氣後，天地開闢以來，未嘗有也。」「夫火氣盛者，必正神道，何也？願〔一九〕聞其意。」「然，夫火者，乃是〔二〇〕天之心也。心主神，心〔二一〕正則神當明。〔止〕故天使吾下理神道也。」「夫神道已自神，何必當理之邪？」「善哉，子之言。夫神，乃天之正吏也。今邪神多，則正神不得其處，天神道內獨大亂，俱失其居。

〔一〕鈔無「天師」二字。 〔二〕鈔無「符」字。 〔三〕「皆」鈔誤作「比」。 〔四〕「今」鈔作「令」。
〔五〕鈔無「凡事」二字。 〔六〕鈔無「心者」二字。 〔七〕「主」鈔譌作「王」。 〔八〕鈔無「可」字。
〔九〕鈔無「以」字。 〔一〇〕「天」鈔作「元」。 〔一一〕「勵」鈔作「屬」。 〔一二〕「子」下六字鈔作「吉逆之喪」。 〔一三〕「乃天」鈔作「天乃」。 〔一四〕「當」原作「嘗」，疑誤，今依鈔改。 〔一五〕「今」鈔譌「令」。 〔一六〕鈔無「善」下三十九字。 〔一七〕「今」鈔譌「令」。 〔一八〕鈔無「乃」下二十三字。
〔一九〕鈔無「願」下五字。 〔二〇〕鈔無「是」字。 〔二一〕「心」下六字鈔作「心主神當今明」。「今明」二字疑傳寫顛倒。「今」字應與下文「天氣不調」爲句。

〔并〕鈔己六下·二·二

經九二·一四上·一·一

〔起〕今〔一〕天氣不調，帝王爲之愁苦，而人又〔二〕不得知其要意〔三〕。子欲樂〔四〕知其〔五〕□□也，此比〔六〕若人矣〔七〕。今〔八〕邪人多居位，共〔九〕亂帝王之治。今〔一〇〕使正人不得其〔一一〕處，天地爲其〔一二〕邪氣失正。夫邪〔一三〕多則共害正，正多則共禁

止〔一四〕邪，此二者，天地自然之術*〔止〕也。子知之邪？故令太陽最盛，未嘗有也。陽者稱神，故天爲神。陰者稱邪，故奸氣常以陰中往來，不敢正晝行；奸而正晝行，爲名陰乘陽路；病而晝作，名爲陰盛興，爲陽失其道，君衰間爲是久矣。故天道吾正神道也，令使不敢復爲也。子知之耶？」「唯唯。善哉善哉！」

洞極上平氣無蟲重複字訣第一百三十六

〔并〕鈔己六下·七·一

〔起〕請問洞極上平氣至無不治〔一五〕，故天師乃考疽疥蟲食人也。今〔一六〕獨以〔一七〕此驗之邪〔一八〕？〔止〕其餘蟲云何哉？」「善哉！真人今旦問事也。天疾是教子問此邪？天甚疾人爲惡，猾吏民背天逆地，共欺其上，獨陰伏爲奸積久，如蟲食人也，天毒

〔并〕鈔己六下·八·七

惡之。故使子反覆問之。然蟲食人，〔起〕所謂蟲而〔一九〕治人也。其爲災最甚〔二〇〕劇，逆氣〔二一〕亂正者〔二二〕也。今皇平氣至，不宜有此應。真人〔二三〕付德君〔二四〕，欲知道洞

經九二・一五上・一・一

〔并〕鈔己七上・二・八

治，未令民間悉移蟲主名，大小爲害之〔二五〕屬何也？謂疽瘺傷〔二六〕疥，蠱〔二七〕從腹中三蟲之屬，皆移主名。其〔二八〕移大多者，固固下多蟲治人。此蟲無者，下無蟲治人。此少者，少蟲治人。」「善哉！[止]小生愚暗，覩*此以爲天性也，故反應治邪？」「子其愚，何一劇痛也。夫天地之性人爲貴，蟲爲至賤，反乃俱食人，是爲反正。象賤人無道，以蟲食人。故天深見其象，故使賢聖策之，改其正也。凡災異各以類見，故古者聖賢得知之。若不以類目，不可思策也。所以逃匿於内者，象下共爲奸，而不敢見於外。外者，陽也。陽者，天也，君也。天正帝王也。故[起]蟲

〔一〕鈔無「令」字，疑誤入上文。〔二〕鈔無「又」字。〔三〕鈔無「意」字。〔四〕鈔無「樂」字。〔五〕鈔無「其」下四字。〔六〕鈔無「比」字，「比」下「若」字鈔譌作「苦」。〔七〕「矣」鈔作「耳」。〔八〕「令」鈔譌「今」。〔九〕「共」鈔作「則」。〔一〇〕「令」鈔譌「今」。〔一一〕鈔無「其」字。〔一二〕鈔無「其」字。〔一三〕「邪」下鈔有「氣」字。〔一四〕鈔無「止」字。〔一五〕「至無不治」四字鈔作「主治」。〔一六〕鈔無「也令」二字。〔一七〕鈔無「以」字。〔一八〕鈔無「邪」字。〔一九〕「而」下四字鈔作「食人」二字。〔二〇〕「甚」鈔誤作「其」。〔二一〕鈔無「氣」字。〔二二〕鈔無「者」字。〔二三〕鈔無「真人」二字。〔二四〕「付德君」鈔作「付有德之君」。〔二五〕鈔無「之」字。〔二六〕鈔無「瘺傷」二字。〔二七〕鈔無「蠱」字。〔二八〕鈔無「其下」三十字，但有「此蟲無不有名少耳」八字。

經九二・一六上・一・一

逃於內而竊食人，象無功之臣，逃於內而竊〔一〕蠶食人也〔二〕。」「可〔三〕駭哉！　愚生甚畏之。」「子知畏天，固是也；若不畏天，早已死矣。止真人慎之。」「唯唯。　是故古者爲治，神者致真神爲治，鬼者致鬼爲治，物者致物爲治，蟲者治〔四〕蟲爲治，何畏也？　願聞之。」「然神者動作，與天合心，與神同意。　故神者，天之使也，天愛之。　鬼者動作，避逃人所，鬼倚陰中，竊隱語似鬼，故致鬼。　物者動作，共欺其上，猾若物，故致物。　蟲者動作，價利人，共價利其上，其用意雜若〔五〕，故致蟲。　天天變相應，悉如此矣。　太平德君得天下上書文，悉源其災異意以報之，其正如神哉！」「善哉善哉！　災氣已究洽矣。」「子何以知之？」「見天師*之正，以知無復逃蟲食人，故洽矣。」「子可謂知道意邪！」「請問重複之字何所主，主導正，導正開神爲思之也。　端及入室，以爲保券，其爲之云何，豈可聞邪？」「然，易知而微密，此辭輕而重，不可妄傳也。　精者吞之，謂之神也；不精者吞之，謂之不神也。　不精吞之，謂之妄言也。　故道者，傳其人乃行。　凡事者，得其人乃明，非其人謂之爲妄行，過還及入其人身，真人知之邪？」「唯唯。　不敢妄行，誠歸付其人。　如是者爲子言之，以丹爲字，以上第一，次下行將告人，必使沐浴端精，北面西面南面東面告之，使其嚴以善酒，如清水已飲，隨思其字，終古以爲事身。且曰〔六〕向正平善氣至，病爲其除去，面目益潤澤，或見其字，隨病所居而思之，名爲還精養形。或無病人爲之，日益安靜。或身有彊邪鬼物，反且變爭，雖忿爭自若，力思勿惑也，久久且服去矣。自是之後，天樂人爲正直，以他文爲之，天神亦助下之，隨人意往來。上士見人吞字，歸思亦然，當一吞字皆能教。故曰天道一旦而行。吾之爲道，不效辭語，效立與天道*響相應和，以是爲神，真人慎之。既開天神，道歸于德君，付于賢良，人立自正，有益於上政明矣。德君明師告之，以威爲嚴，所告悉愈爲有，所覩見神靈，慎勿道之。上士因是乃至度世，中士至於無爲，下士至於平平。人所得各有厚薄，天神隨符書而命之，故言勿傳，其所思不可得不同也。不同，故不可相語也。信哉易哉！其爲道也。要哉約哉！其爲志壽也。因而學之，其人將自順也。將自善，有神明，轉其心意，使其悅也。或今日吞吾字，後皆能以他文教，教十十百百而相應，其爲道須臾之間，乃周流八方六合之間，精神隨而行治

〔一〕鈔無「而竊」二字。〔二〕「也」鈔作「矣」。〔三〕鈔無「可」下二十三字，但有「深可畏之不畏之則至於大害矣」十三字。〔四〕「治」疑當作「致」。〔五〕「若」下疑脫「蟲」字。〔六〕「曰」疑當作「日」。

病。故自是之後，天下人畢早正易其行，皆樂真文，不復爲邪僞也。真人欲樂安天地道，使疾正，最以三道行書爲前。」「願聞爲前言。」「善哉，子之問事。愚者難正，自若亂人治，令德君愁。故投行書於前，令使上下大小，自相拾正，其俗人無孤言辨士之害。」「善哉善哉！願聞三道行書文，何但使一通集行書而上，必使有前後文書衆多。」「善哉善哉！子之言，中天心意，所以使*有前後難問者，欲使俗人深自知過也。獨言之大病也，不見弧辭單文之惡，則無以見集行書之善，不傳其誤，分別其大失，皆解人心，乃後且可救也。心不解，不如其所行，久大誤也。人心覺則易正。凡吾爲文，皆如此矣，非獨是也。子知之邪？」「唯唯。」「行，子已曉矣。真人慎事，書文已足，無輕數句問，欲不爲子說之，恐恨子意，欲復爲子道之。今道大文，又天道不可句極，得其意，天大喜，不得其意，逆天道，反與天爲咎，不敢復數言也。行去。」

右大集難問天地毀起日月星蝕人烈死萬二千國策符字開神訣。

經九二・一八上・一・一

道教典籍選刊

太平經合校

下

王明　編

中華書局

經九三・一上・二・四

太平經合校卷九十三己部之八

太平經卷之九十三

方*藥厭固相治訣第一百三十七

「今愚生得天師文書，拘校諸文及方書，歸居閑處，分別惟思其要意，有疑不能解，願請問一事言之。今天師拘校諸方言，十十治愈者方，使天神治之也；十九治愈者方，使地神治之；十八治愈者方，使人精神治之。過此以下者，不可用也。愚生以爲但得其厭固可畏者，能相治也，不得其厭固者，不能相治也。」「善哉！真人言也，得其難意。然，夫凡洞無極之表裏，目所見，耳所聞，蠉動之屬，悉天所生也，天不生之，無此也。因而各自有神長，命各屬焉。比若六畜，命屬人也，死生但在人耳，人即是六畜之司命神也。是萬二千物悉皆受天地統而行，一物不具，即天統有不足者，因使其更相治服也。因復各使有尊卑君長，故天道悉能相治制也。得其所畏，而十十者治愈者，即是其命所屬天也。真人知之邪？」「唯唯。」

「行，子已知之矣。」「請問一疑，甚不謙順，豈不言哉？」「平行勿諱。」「今若盜賊劫
經九三・二上・一・一
人者，同服人耳，豈可以爲天*命君長邪？」「善哉！ 子之難也。 夫盜賊劫人者，但以無義，妄於枉服人耳，不得常服久也。 一過服人，即有重罪，長吏遂之不止也。子何以言是爲天命乎？ 今若王者治服人，豈當見逐索邪？ 凡人生以王者爲君長，爲命也。 真人亦寧解不？」「今已大解。」「善哉善哉！ 行學者精之，亦無妄難問也，天且非人也。」「唯唯。」「有過有過不也，敬慎之，勿但若俗夫之人欲言便語也。」「唯唯。 今愚生每語有劇過，不言，又無緣得知之。 今欲復有可問，不敢卒言。」「平行。」「今獨萬物各有君長，天地亦有君長邪？」「噫！ 子難問何一深妙遠劇也！」「今自知所問不謙，不及天師問之會，遂不得知之也。」「然，天者以中極最高者爲君長，地以崑崙墟爲君長，日以王日爲君長，月以大月爲君長，星以中極一星爲君長，衆山以五嶽爲君長，五嶽以中極下泰山爲君長，百川以江海爲君長，有〔一〕甲者以神龜爲君長，有鱗之屬以龍爲君長，飛有翼之屬以鳳凰爲君長，獸有
經九三・三上・一・一
毛者以麒麟爲君長，裸蟲者以人爲君長，人以帝王爲君長。 天下若此者積*衆多，不可勝記，纔爲真人舉其綱，見其始，子豈解邪？」「唯唯。」「宜自深思其意，亦不

經九三・四上・一・一

可盡記也，難爲財用。」「唯唯。」「今故言蚑行有知之屬，方在其身者，不待而成事者，無妄殺傷，何乎？　主恐忿其君長也。　今天太平氣至，當與有德君并力治，無妄傷害，則亂太平之氣，令治憒憒。」「今小物安能感動天，使其治亂憒憒乎？」「噫！　子自若愚蒙，夫大解也。　今是各自有君長，若遠方四境之下賤小人，極最帝王之下極螻蟻惡人也，無可比數。　人無故共賊傷此百數十人，其家自冤枉，上書帝王，帝王聞之即大怒，下令以章考問之，紛紛州郡縣以爲大事，因而坐之危亡者，非一人也。　子知之邪？」「可駭哉，可駭哉！」「行，子知大駭，乃且長生矣。」「唯唯。」「是故古者聖王知天法象格明，故不敢妄用刑也，乃深思遠慮之極也。　故其治常平，不用筋力，而得天心者，以其重慎之也。　今先王小小失之，承負之後，各有得失，故治難平也。　子知之邪？」「唯唯。」「今太平氣至，天愛有德之君，故具爲陳戒也，難其犯之也，以吾文歸上德之君，自*使思其惡意。」「唯唯。」

右集難方藥命所屬物各自有君長。

〔一〕「有」下九字敦煌經卷引全同。

陽尊陰卑訣第一百三十八

〔并〕鈔己一六上・三・一

〔并〕鈔己一六上・六・一二

經九三・五上・一・一

起「願〔一〕問陽何從獨得尊而貴，陰獨名卑而賤哉？」「善〔二〕乎！子之難也，幾覩道德意。陽所以獨名尊而貴者，守本常盈滿而有實也；陰所以獨名卑且〔三〕賤者，以其虛空而無實也，故見惡見賤也。」止「愚生受天命，劣少無知，蔽暗難開，願天師具爲分解其意。」「子學何不具覩天道意，何哉？真人尚乃不解，俗人冥冥固是也。起然，〔四〕夫天名〔五〕陰陽男女者，本元氣之所始超，陰陽之門户也。人所受命生處，是其本也。故男所以〔六〕受命者，盈滿而有餘，其下左右，尚各〔七〕有一實。上者盈滿而有餘，尚〔八〕常施與〔九〕下陰〔一〇〕，有餘積聚〔一一〕而〔一二〕常有實。上施者應〔一三〕太陽天〔一四〕行也，無不能〔一五〕生，無不能成。下有積聚，應〔一六〕太陰，應地，而有文理應阡陌。左實者應人，右實者應萬物。實者〔一七〕，核實也，則仁好施，又〔一八〕有核實也，故陽得稱尊而貴也。子〔一九〕知之耶？」「唯唯。」「陰爲女，所以卑而〔二〇〕賤者〔二一〕，其所〔二二〕受命處，户〔二三〕空而虛，無盈餘，又無實，故見〔二四〕卑且賤*〔二五〕也。止本名爲陰陽男女者，此二事也。其一身上下，既盡無名者也。本名陰陽，以此二事

〔并〕鈔己一六下・四・一七

分別之也。念女之頭目面耳支體，俱與男等耳；其好善尚乃或好於男子，而反卑賤者，此也。男子其頭面肢體，其好善不及女也，而名尊且貴者，正以此也。」「善哉善哉！」「然子可謂已覺知之矣。是[起]故天道重本守始，是〔二六〕以聖人覩天法象明。故當反本守元，正字〔二七〕考文，以解迷惑也。故能使天〔二八〕地長安，國家樂也。故〔二九〕守本而有實，好施與者爲善人。[止]本空虛無實核，常不足而反好求者爲惡人，爲賤人，此之謂也。」「今願訣問一疑。」「行言之。」「今女見懷姙，實如天師言，無實何也？」「噫！子內空虛，略類似無道之人，但天見子，勉勉一心，故使子來問事耳！今女之姙子，陰本空虛，但陽往施化實於陰中，而陰卑賤畏

〔一〕「願」鈔作「請」。〔二〕鈔無「善」下十一字，但有「神人言」三字。〔三〕「且」上鈔有「而」字。〔四〕鈔無「然」字。〔五〕鈔無「天名」二字。〔六〕鈔無「所以」二字。〔七〕鈔無「各」字。〔八〕鈔無「尚」字。〔九〕鈔無「與」字。〔一〇〕「陰」下鈔有「而」字。〔一一〕「有餘積聚」鈔作「積聚有餘」。〔一二〕鈔無「而」下四字。〔一三〕鈔無「應」字。〔一四〕鈔無「天」字。〔一五〕鈔無「能」字。〔一六〕鈔無「應」字，但有「者」字。〔一七〕鈔無「者」字。〔一八〕鈔無「又」下五字。〔一九〕鈔無「子」下八字。〔二〇〕鈔無「而」字。〔二一〕鈔無「者」字。〔二二〕鈔無「所」字。〔二三〕鈔無「户」字。〔二四〕鈔無「見」字。〔二五〕鈔無「且賤」二字。〔二六〕鈔無「是」下九字。〔二七〕「字」鈔譌作「守」。〔二八〕「天」下八字鈔作「天長地久安國寧民」。〔二九〕鈔無「故」下十三字，但有「而陽實好施故也」七字。

〔并〕鈔己一六下・七・六
經九三・六上・一・一

陽，順而養之，不敢去也。起陽乃〔一〕天也，君也；陰乃〔二〕地也，臣也。故重尊〔三〕敬陽之施，因而養之，止而不敢去也。子欲知其實，比若君王有客，託於小家，小家養之，不敢去也。客亦遂得肥巨成人，□□正此也。今俗者言，陽生陰成，但陰*隨而養成陽實也。吾書中同多以養説之如此矣。吾見真人欲樂得知真道之核，天之至要意，故爲子要言之耳。子知之邪？」「唯唯。」「行，子已覺矣。」「今願問獨人有男女，可以分别陰陽實邪？天地萬物盡然邪？」「噫！子自若癡迷不解。善哉！真人之難問也。然天地之性，萬物盡然。吾爲子説一事，已上洞下達。子自若言不□□行更開兩耳聽，勿失銖分也。」「唯唯。」「行，然陽在外之時，凡物盡上懷姙於上枝葉之間，時天陽氣在外，未還反下根也，故皆實於表也。蚑行衆生人民積聚亦於外，及陽氣還反内在地中也。萬物之屬，上悉空無實，盡下懷姙實於下，地中養根葉，蚑行人民亦入實積聚於内，此即皇天證明陽實核之大明效也。是故執陽道者有實核，守陰道者天〔四〕實核，故古者聖人治常象天，不敢象地也。」「願聞之，何謂爲象天乎？」「象天者，聚仁賢明儒道術聖智，此者名爲象天也。聚財貨小人不肖無知文章，名爲象地也。」「善哉善哉！願聞此仁賢明儒道術聖智，何以象天？」「天者，仁賢明儒道術聖智也；又天者，能乘氣而飛，此六人，其上才而志真道不懈者，亦乃至於能乘氣而飛，故屬天象天也。是以古者聖人獨深知皇天意，故不敢失之也。」「願聞此聚財貨小人不肖，何以象地乎？」「然，夫財者，會下財成塗，塗化成糞，糞化成土。夫小人愚不肖者，會聾暗不知道術，入凶門户，會當早居地下。若令不葬，久則爲天地之害甚深，與之爲治，則共亂天文地理，五行日戰乎！四時失紀，三光少明，天地惡之，百神不愛之矣。無益於分理，當早終死如此財矣。真人知之邪？」「唯唯。可駭哉，可駭哉！」「子知駭者，可謂將長存矣；不知早駭，與天地爲重咎。」「愚生甚畏之。」「子知畏此天法，天且活子，如不敬畏之，與生同理。夫吉凶，本非天也，過也，人自求得之耳。子知之邪？」「唯唯。」「行去，去戒之。」「唯唯。」

右集難男女本所以得尊卑陰陽實核君子小人訣。

〔一〕鈔無「乃」字。〔二〕鈔無「乃」字。〔三〕鈔無「重尊」二字。〔四〕「天」疑「无」字之譌。

國不可勝數訣第一百三十九

起「請問一〔一〕事。」「平道之。」「願聞天下凡有幾國？」「深〔二〕哉妙*哉！子所問也。然，中部有〔三〕八十一域，次其外復一周，天下有萬國，乃〔四〕遠出到〔五〕洞虛無表，合〔六〕三部爲萬二千國〔七〕。」止「何故乃有萬二千國乎？」「天數始起於一，終於十，十而相乘，天道到於五而反，故適萬國也。其二千國者，應陰陽更數，比若數十而終也。歲月數，獨十二也，尚五歲再閏在其中也。此應天地之更起在天，天洞虛之表裏，應爲天地并數，故十二月反并爲一歲，尚從閏其中。此十二月者，乃元氣幽冥，陰陽更建始之數也。比若萬物終死於亥，乾因建初立位於天門，始凝核於亥，懷妊於壬成形。初九於子日始還，九二於丑而陰陽運，九三於寅，天地人萬物俱欲背陰向陽，闚於寅。故萬物始布根於東北，見頭於寅。物之大者，以木爲長也，故寅爲始生木。甲最爲木之初也，故萬物見於甲寅，終死於癸亥。故木也乃受命生於元氣太陰水中，故以甲子爲初始。天道變數，因五相乘而周，故五千〔八〕加十二支字，適六十，癸亥爲數終也。真人知之邪？」「唯唯。未得其意也。」「今

〔并〕鈔己一六下・九・一
經九三・八上・一・一

眩冥行，子思之久久，自得其*意。行，子思之。今真人恆何故問天下有幾國哉？」「愚生受天師書言，可以報天地重功，療天地病，而爲有德帝王除天地立事以來流災厄會。今以天師文書道一，付一有德之國。今一國之原，雖其君有德萬萬人者，安能乃并解陰陽無極天地之災乎？乃周流遍治天地之表裏，絕洞虛洞遠無極之天地病乎？」「噫！善哉。天乃使子問是邪？咄咄！可駭哉。咄咄！可駭哉。吾欲不言也，今恐得大適死過不除於子也。真人何以乃知問是乎？」「愚生得天師教勑者，歸别處，思惟其意，各有不解者，故問之也。」「今子解一國有德之君而已，何故爲問之乎？」「今以天師文，但解一有德之君國之災，名爲但療治一國耳，安能乃療治天地病而報皇天重功乎哉？」「善哉！子之言也。吾無以加子言也，真人試說其意。」「然，今天師乃言天地洞虛有萬二千國，今一有德之國受道，安能乃解是萬二千國之災，而都安天地者乎？」「善哉！子之言。子

〔一〕鈔無「一」下七字，但有「神人」二字。〔二〕鈔無「深」下八字。〔三〕鈔無「有」字。〔四〕鈔無「乃」字。〔五〕「到」鈔誤作「列」。〔六〕「合」上鈔有「并」字。〔七〕「國」下鈔有「皆稟受太平之教」七字。〔八〕「千」疑當作「干」。

果見使主問是邪？」「諾。」「今爲真人具分別説之，使其昭然可以畢除天下病災。（經九三・一〇上・一・一）吾畏*天威，義不敢有可匿也，子力隨記吾言。」「唯唯。」「行，天數本起於一，十而終。一乘十，十也。各乘十而至百，百乘十至於千，千乘十至於萬。一者，其數之始也。十者，其數之終也。百者，其有德之國鄉，子但持吾書，往授教其一有大德之國，傳記吾書者持本去，無盡以與也，周流以授百有德之鄉。一國得吾書者，國善人并歸向之，其德乃并洽四方，百國皆被其化而爲善，天地乃俱爲其安，災害爲其除，以授百有德之國，而萬國無害，天地病悉除去矣。」「善哉善哉！願聞何故不教，愚生比以教授之。」「然，所以不可比以教者，無道德之國，天所衰會，不能行真道，故但歸有德之國也。今無德之國并歸有道德之國，亦自理矣。」「善哉善哉！願聞何故正以是百國有德爲法乎？」「善哉！子之難也，得其意。然，天地人之數也，天數起於一，終於十，天下布施於地而生，數成乃後出，適合爲百。天地人備，天地人三合同心，乃成德也。一事有不和，輒不成道德也。」「願聞天數何（經九三・一一上・一・一）故正一乎？」「一者，其元氣純純之時也。元氣合*無理，若風無理也，故都合名爲一也。一凝成天。天有上下八方，故爲十也。又有五方，各自有陰陽，故數十也。

經九三・一三上・一・二

下因地也，一下因地者，數俱於十乃生，故人象天數，至十月乃生也。一者，正是其施和洞洞之時也。已愛施者，反當象天數，十月乃出，故數終於十。故一者乘十。地道者，母也，當禺，故與和并連人。天地人三相得乃成道德，故適百國有德也。故天主生，地主養，人主成。一事失正，俱三邪。是故天爲惡亦凶，地爲惡亦凶，人爲惡亦凶。三共爲惡，天地人滅盡更數也；三共爲善，德洞虚合同。故至於三合而成德，適百國。」「善哉善哉！」「是者，天下萬國之綱，天地人合德之鄉也。子知之邪？」「唯唯。」「故真人今既爲天地除病，爲德君除承負，雖苦持吾文，往授百有德國，而陰陽病悉消亡，帝王之災皆已除矣。」「善哉善哉！愚生嚮不力問，無緣得知是也。」「子言是也，學而不力問，與不學者等耳。是故古聖賢之學，旦夕問於師，不敢懈也，故遂得知天之道也。」「唯唯。誠得力問，不敢有懈也。」「如是者，子已知道矣*。」「願問今天下乃習俗不同，以一道往教勑之，曾不疑乎？」「噫！子於是言者，更愚略冥冥無知，何哉？今是習俗禮義者，但僞行耳，非其真也。天下人乃俱受天地之性，五行爲藏，四時爲氣，亦合陰陽，以傳其類，俱樂生而惡死，悉皆飲食以養其體，好善而惡惡，無有異也。於其有不曉真人文而不達者，當

經九三・一三上・一・一

授教之時，真人宜以其俗語習教其言，隨其俗使人自力記之。如是者，天下悉知用之，無有疑也。吾之道，比若日月，周流運行照天下，各自言昭昭，大明而足。子欲重知其審實，比若萬物蚑行之屬，共一天地，六甲五行四時以是爲大足。故皆以天地陰陽格法教示之也。子知之邪？」「唯唯。」「行去，難不止，則說無窮。今道大文反但難得意。」「唯唯。願復問一事而止。」「行言之。」「今其萬二千國當云何哉？」「然此者并於數中，與閏同。子欲知其審，比若數，十而終，一歲反十二月乃終，尚閏并其中，時有十三月，此之謂也。但百國行道德，乃萬國無災，天地病已盡也，此亦并除。」「善哉善哉！」「子能自力，以吾文周流*百有德之國，使其各隨俗說吾書者，即萬二千國悉安，天地病大除，子已增年，亦無極矣。子安之少也，則得少年；安之半，則得半年；盡安之，則得無極之年。真人既有善意，天使子具問，是宜具安之，子亦無大自苦勞也。夫天極自神且明而無上也，尚常行道自苦，日一周行。凡物而安之，故獨得常吉而長生也。地亦順隨天所爲而養之也。如天一日不行，日月星不移，即有不周之氣，天則毀矣。天尚乃行道不敢止，故長生也，而況子乎？努力各自爲身屈，不能爲他人也。吾所以說而不止者，吾

經九三·一四上·一·一

亦爲吾身屈，非而爲子也。凡六極之表裏，擾擾之屬，俱各爲其身計，不能爲他人也。子知之邪？」「唯唯。吾得天師言行之，使有德之國記之，不敢懈也。」「行，子已知之矣。俱努力努力，事畢而相從。」「唯唯。行去，願問一事。」「何等也？」「今六人謹歸居閑處，共思天師言，時時若且大解，時時有迷亂不懈者，願及天師決其意。今念數愁天師，欲忍不言也，恐與天師相離，終古竟天年，無以復得知之，故冒慙復前假一言*。」「平行，天使吾與六子相覩共語，勿辭謝也。」「唯唯。今願聞天下之國，獨有萬二千國邪？復有餘邪？」「噫！密哉，子之問也。天地開闢以來，未嘗有也。然此萬二千國者，記一大部耳；其餘者，何有窮極乎哉？」「何一多也？」「噫！子今旦〔一〕問疑極知也，今反覆閉冥冥，愚哉實不及。然觀弟子問事，未大究洽知天道也。適應校綝綝若且及，而內獨不及。夫俗人冥冥憒憒，固是也，以真人況之，吾不非也。然更開耳，爲六真人説之。天者，乃上下無極，傍行無極，往往一合爲一部界，復分何極乎？願聞之，然天上當於何極，上復有何等

〔一〕「旦」疑當作「但」。

經九三·一五上·一·一

而中得止極乎？地下當於何極，下復有何等，於何得中止而言極乎？天地傍行於何極，何故得中上而反極窮乎？此六表者，當於何窮極乎？是故天道乃無有窮已也，大用之亦適足，小用之亦適足，大用亦有餘，小用亦有餘。真人寧知其意乎？」「唯唯。可駭哉！可駭哉！嚮不力問，復無從得知之也。」「然，子可謂小覺矣。行去，勿復竟問也。恐六真人驚而敗也，非力所及，而彊問之，是亦大害也。*然爲人師者多難，今訾子悒悒，爲子更明之。行，更明開耳。安坐聽。」「唯唯。」「子欲樂知其大效也，比若一家有父有母有子，亦天道具成一家。父象天，母象地，子象中和，其聚財物，家中所有象萬物，亦成一家。父爲君，母爲臣，子爲民，財貨以相通養共之象萬物，此一家亦共一大憂。一縣萬户亦合成一家，共一大憂。十縣合成爲一郡，亦合成一家，共一大憂。十郡合成一大州，亦合成一家，共一大憂。十州合共成一大國，亦合成一大家，亦共一大憂，而爲一大界。其帝王有德，憂及十二州，大憂及十三州，亦共爲一大家，亦共一大憂也。其外界遠方不屬於人國者，於人國有道德，其中善人來；於人國無道德，則不來；於人德劣，則來害人也。此一部者，一界也，天地之分畫也，樂使天下擾擾之屬，各有處不相

經九三・一六上・一・一

經九三・一七上・一・一

剋賊也。故爲太極中極小極，何謂也？太極者，主無復外表也；中極者，主中部也；小極者，各應其部界而止也。但可以道德相求，不得大相剋賊也。天怨之，此名爲共一家，故各共一大憂也。子欲*知其審實，比若一家父子夫婦，但獨憂其家不富，不肯憂他家也。一縣但共憂其君，善則當遷之，使高功，各爭進其長吏；惡則欲共去之。一縣一郡一州一國皆義説等此，其共一大憂也。今故記萬二千國，乃共一大部，以與真人，共一大憂也，共一界。其餘若此萬二千國者，不可勝數。是故古者聖人之作，皆共記一小部也，何不記大部界乎？天使不言也，大化未出，所作者異，不得同法，故不記之也。今者爲大化出，萬二千國歷運周，故天使真人來問無極之經，洞竟之政，故以文付百有德之國，一有德之國兼化九十九國。其萬二千國并數，若一歲十二月爲一部，時十三月閏，亦并其中，此之謂也。子知之邪？」「唯唯。」「行去。」「唯唯。」「慎天道神靈守之，勿妄亂毀。」「唯唯。今已受天明師嚴勑文慺慺，小覺知一大部。願聞一小界，見示説此無極之國。」「諾。爲真人悒悒且小言，子詳記之。今欲使真人積財用，上柱天日月，下柱地。廣從萬里，恐財用固固常病苦少也。不能記是其國多少之名字也。子知之*邪？」「唯唯。

愚生不敢極問天道也，見天師言，今恍若失氣，惚若亡魂？不敢重問之也。」「然，子可謂曉事之生，子欲報天地重功，而命無極者，但周流是一大部萬二千國，則壽已無極矣。其上下六方洞極者，天亦不獨使六子憂之也。憂之者自有人，與子異界，亦不以過責反罪子也。其安危善惡，亦自有主之者也。一部説絶，勿復問。」「唯唯。」「行，六子努力請，真人學爲小通，但未大覩天道意耳，加精勿懈。」「唯唯。」「學而不精與狂同，精而不得名瘖聾，示之以西反問東。故天下師共辨難何惆惆，雖惆惆，無益也，猶不知。比若嬰兒蒙蒙，未出胞中，隨其母身而行，安知天道廣遠而無方。是故小師彊怒喜狂説，反令使天地道傷。故失道意，不能安其君王，天下惆惆，皆被其過，言之殊異。令災害横行，不可禁防。書雖億億萬卷，天下流災害猶不絶，前後合同，皆由彊説之生，不知道要之過也。真人知之邪？」「唯唯。」「行欲復爲子具説，無窮竟，難爲財用，又且復重，故一小止。疑，復來問之。」「唯唯。」

右集難問授書訣諸國部界。*

經九三・一八上・一・二

敬事神十五年太平訣第一百四十

「願請問一事。」「平言之。」「今天將太平，寧亦可預知邪哉？」「然，可知占天五帝神氣太平，而其歲將樂平矣。」「何謂也？願聞之。」「然，春也青帝神氣太平，夏也赤帝神氣太平，六月也黃帝神氣太平，秋也白帝神氣太平，冬也黑帝神氣太平。」「今以何明之？」「然，太平者，乃無一傷物，爲太平氣之爲言也。凡事無一傷病者，悉得其處，故爲平也。若有一物傷，輒爲不平也；二物傷，輒爲被刑也；三物傷，輒爲羣物傷也；四物傷，輒爲四方傷也；五物傷，輒爲五方傷，天下有大害也；六物傷，輒爲惡究於六方也；七物傷，輒爲其害氣乃横行也；八物傷，輒使人賢不肖異計，不并力也；九物傷，輒爲惡究竟陰陽，令物雲亂席轉也；十物傷，乃爲大綱傷，天數終盡更數也。是故古者上聖人，但明觀天五帝神氣平未，輒自知治得失且平與未哉？」「願聞其平訣意。」「然，春物悉生，無一傷者，爲青帝太平也。夏物悉長，無一傷者，爲赤帝太平也。*六月物悉見養，無一傷者，爲黃帝太平也。秋物悉成實收，無一傷者，爲白帝太平也。冬物悉藏無一傷者，爲黑帝太平也。五

〔并〕鈔己一七上・二・一

經九三・二〇上・一・一

帝[起]太〔一〕平一歲，人爲其〔二〕喜樂順善；二歲，地上爲其〔三〕太〔四〕樂；三歲，恩澤究竟於天〔五〕；四歲，風氣順行；五歲，九〔六〕神不戰，祆〔七〕惡伏滅；六歲，而究著六綱〔八〕；七歲，乃三光更明；八歲，而恩究達八方；九歲，陰陽俱悦；十歲，萬物悉各得〔九〕其所。爲數小終，物因而三合之，乃天地人備，故三十歲而太平也〔一〇〕今上皇氣出，真道至以治〔一一〕，故十五年〔一二〕而〔一三〕太平也。如不〔一四〕力行真道，安〔一五〕得空致太平乎？此十五歲而〔一六〕太平者，乃謂帝王以〔一七〕下及〔一八〕臣〔一九〕大小，案行真道，共却邪僞〔二〇〕，[止]故十五年而平也。真人知之邪？是故欲知將平與未平，但觀五帝神平與未，足以自明，足以自知也。是故凡象，乃先見於天神也。天神不平，人安得獨稱平乎哉？是故五帝更迭治，可皆致太平。其失天神意者，皆不能平其治也。是故謹順四時，慎五行，無使九神戰也。故當敬其行而事其神。今天第一上平氣且至，故教真人敬四時五行，而令人大小*共興用事其神事。古者但敬事四時五行，故致太平，遲三十年致平。今乃并敬事其神，故疾十五年而平也。真人知之耶？」「唯唯。可駭哉！可駭哉！」「然子已覺矣。」「願請問人行忠直有實，寧可知邪？」「善哉！子之所問也。與其交也，言行日若惡忿，人長念之，反月善；月若惡忿，人反歲善；少時觀其所爲作若最惡，老反最善也。人皆歸其言，而樂其行，而好愛其道，是即忠信上善有實核之人。」「善哉善哉！願復請問不忠信佞行，亦可知邪？」「然，可知也。與之交也，觀其所言行也，日月合於人心。若順善，長念用之，反月使人益惡邪；月若善，反歲惡；少時觀其人，可爲若善也，言若忠信，至老念用其所爲，反最惡邪，是純爲僞佞不忠信之人行也。至老長，則窮其言與行，最賤矣。災及妻子，禍流後生。」「善哉善哉！」

效言不效行致災訣第一百四十一

「太上中古以來，人多效言，乃不效行，故致災害疾病畜積，而不可除去，以是自窮

〔一〕「太」上鈔有「今」字。〔二〕鈔無「其」字。〔三〕鈔無「其」字。〔四〕「太」鈔作「大」，疑此處當作「大」，「小」之對也。〔五〕「究竟於天」鈔作「究洽於天下」。〔六〕「九」鈔作「行」。〔七〕「祅」鈔作「妖」，「祅」通「妖」。〔八〕「綱」鈔作「紀」。〔九〕鈔無「得」字。〔一〇〕鈔無「也」字。〔一一〕「治」鈔作「理」。〔一二〕「故十五年」鈔奪作「十年」。〔一三〕鈔無「而」字，但有「小」字。〔一四〕鈔無「不」字。〔一五〕鈔無「安」下十一字，但有「二十歲」三字。〔一六〕「而」下鈔有「中」字。〔一七〕「以」鈔作「已」。〔一八〕「及」鈔誤作「乃」。〔一九〕「臣」下鈔有「民」字。〔二〇〕「僞」下鈔有「也」字。

經九三・二二上・一・一

經九三・二三上・一・一

也。是故吾敬受此道於天，乃效信實，不效虛言也。執*一行吾書道者，下古人且日言吾道惡無益也，反月善；月言無益，反且歲善；歲言無益，反至老常善，久久不而去也。後生者以爲世學矣。不知疾行者，但空獨一世之間久苦耳。故吾教勑真人常眷眷勉勉也。道爲有德人出，先生與後俱與吾無有獨奇親也，吾受之等耳。故但得而力行之者，即其人也，無有甲與乙也。子知之邪？」「唯唯。」「行，天道無親，歸于人；地德無私，付于謹民。人交無有先後，但愛于有實信。是故古者帝王有宮宅以仕有德，不仕無功之臣。有德之人，天地所愛，可助帝王安萬物；無德之人，天地所怨，陰陽之賊。」「何其重也？」「子自若愚哉！然無德之人，其行無數，乃逆天地，故與天地爲怨也；乃亂陰陽，故與陰陽爲賊也。子知之邪？」「唯唯。」「行去，勿復問，善惡可覩矣。」「唯唯。」「行，爲子悒悒，且爲子分別解下古人之行。人人曰自言惠，且善曉事，而反其行徵也，反月德惡。月月各自言有善行，不負於天，而反歲得災多，且凶惡夭死。少時人人自言善且大賢，賢過其父與母，而行到老長，反無*一善賢者，皆爲不肖之人。貧賤且共，壽則日少，無一知真道。夫下古之人，善惡賢與不肖見於是矣。何須自言賢且曉事乎？但觀其徵，可自知矣，可長明，可行真與僞矣。何須復辨陳之，成事已□□。真人以吾書文示之，令使一覺悟，可天久迷與無地爲重怨。行，吾辭小竟，後復有疑，乃來共議之。」

「唯唯。」

右集難問太平訣人行有實與邪文。

〔補〕鈔己一七下・一・一

〔補〕鈔己一八上・一・一

太平經合校卷九十四至九十五 己部九之十〔一〕

闕題〔二〕

神*人語真人言，古始學道之時，神遊守柔以自全，積德不止道致仙，乘雲駕龍行天門，隨天轉易若循環。真人專一老壽，命與天連。陽道積專，日有單至信所致。無爭榮名，而居高官，孝順事師，道自來焉。神乃知善，人與語言。夫師，開矇爲道之端，君父及師，天下命門，能敬事此三人，道乃大陳。不事此三人，室閉無門，福德皆逃，禍亂爲憐。詳惟其事，無失書言。父母生之，師教其交，居親仕之，可不慎焉。天下至士，去官就仙，仙無窮時，命與天連。長吏*治民，仙吏天官，與俗何事，其事異焉。長吏治民仙萬神，天下之事，各自有君，努力思善，身可完全。以是遂去，不負祖先。吾圖書已盡，無復可陳，致勉學詳請其文。神人將去，故戒真人，慎之慎之，亦無妄傳，不得其人，慎無出焉。藏之深淵幽冥之間，道不飲血，無語要文，外內已悉，無可復言。

於此畫神人羽服，乘九龍輦升天，鸞鶴小真陪從，彩雲擁前，如告別其人意。

〔一〕原缺「卷九十四至九十五」，今據鈔補。

〔二〕下文疑在經所缺之九四、九五兩卷中，但佚題目。

太平經合校卷九十六 己部之十一

太平經卷之九十六〔一〕

*六極六竟孝順忠訣第一百五十一

「真人前，子共記吾辭，受天道文比久，豈得其大部界分盡邪？　吾道有幾部，以何爲極，以何爲大究竟哉？」「文中有道，六極六竟。　愚生今説，不知以何爲六極六竟。」「咄，子其愚不開，又學實自若，未大精也，故不知道之所到至也。」「有過負於天師，其責必不可復除，不嫌也。」「真人自責，何一重也？」「愚生聞：起子〔二〕不孝，則〔三〕不能盡力養其親；弟子不順，則不能盡力修〔四〕明其師道；臣不忠，則不能盡力共敬事其君。　爲此三行而不善，罪名不可除也。　天地〔五〕憎之，鬼神害之，人共惡之，死尚有餘責於地下，名爲〔六〕三行不順善之子也。　常以月盡朔〔七〕旦見對於天，主正理陰陽。　是〔八〕尊卑之神吏，魂魄爲之愁〔九〕，至滅乃已。止故自知不精，有過於師不除也。」「善哉善哉！　子於何受此辭語乎？」「受之於先師也。　又愚生

經九六・一上・二・四

〔并〕鈔己二〇下・三・九

瞀覩天師説，受天師之法，見天象，天地乃是四時五行之父母也，四時五行不盡力供養天地所欲生，爲不孝之子，其歲少善物，爲凶年*。人亦天地之子也，子不慎力養天地所爲，名爲不孝之子也。故好用刑罰者，其國常亂危而毀也。萬物者，隨四時五行而衰興，而生長自養，是其弟子也。不能盡力隨其時氣而生長實老，終爲不順之弟子。其年物傷人，反共罪過。其時氣不和，爲時氣得重過。民者，聖人賢者之弟子也。今下愚弟子妄盜彊説，反使聖人賢者有過，名爲共亂逆天道，其罪至重，不可赦除，故愚生過不除也。風雨者，乃是天地之忠臣也。受天命而共行氣，與澤不調均，使天下不平。比若人之受命爲帝王之臣，背上向下，用心意不調均，衆臣共爲不忠信，而共欺其上，使天下恟恟多變諍，國治爲之危亂。比三事者，子不孝，弟子不順，臣不忠，罪皆不與於赦。令天甚疾之，地甚惡之，以爲大事，以爲大咎也。鬼神甚非之，故爲最惡下行也。」「噫！真人久懷智而反詐

〔一〕原有小注「原缺九十四至九十五」九字，今删。〔二〕「子」上鈔有「夫」字。〔三〕鈔無「則」字。〔四〕「修」下五字鈔作「順明師之道」。〔五〕鈔脱「地」字。〔六〕鈔無「爲」字。〔七〕「朔」鈔誤作「明」。〔八〕鈔無「是」字。〔九〕「愁」下鈔有「苦」字。

愚，使吾妄説，説得過於天地也。吾之所説，不若子今且所言深遠也。」「愚生意適達於是，今不能復有所言也。」「大謙，然亦不失之也，下而不謙，其過亦重。」

經九六・三上・一・一

「唯唯*，不敢不敢也。是故愚生爲弟子，不能明理師道之部界，自知過重，故説天象以是自責也。」「善哉！子之言也，吾亦無以復加之也。今以子説況之，子已自知也，書之部界矣，實不及之也。然子真不及之，爲子具分別解之，使相次各有部界，萬世不可復忘也。今真人言，人三行不順修善，言魂魄見對極巧也，於何受是□□説哉？」「比若天師會事先師，自言爲上古真人戒。愚生以此言，又見天師書文中言，故□□重知之也。愚生問，上古真人時，不知屈折有所疑。」「然上古真人言是也，吾無以加之也。」「今願及天師問其是意，行明聽。」「然所以月盡歲盡見對，非獨生時不孝不順不忠大逆惡人魂神也，天地神皆然。

〔并〕鈔己二〇下・九・一六

[起]天以十五日爲一小界，故月到〔一〕十五日而折小還也〔二〕。以一月爲中部，以一歲爲大部。天地之間諸神精，當共助天共〔三〕生養長〔四〕是〔五〕萬二千物，故諸神精悉皆得祿食也。比若羣臣賢者，共助帝王養長〔六〕凡民萬物，皆得祿食也。故隨〔七〕天爲法，常〔八〕以月

經九六・四上・一・一

十五日而小上對〔九〕，一月而中上對，一歲而大對*。故有大功者賜遷舉之，其無功

〔并〕鈔己二一上・七・一六

者退去之，或〔一〇〕擊治。此亂治者，專邪惡之神也，止邪惡之神行與。是故生時不善之人，魂魄俱行對，善人魂魄不肯爲其使也。是故逆不孝不順不忠之人爲其使，共亂天儀，汙天治，故其惡神見收治，故并收治其客。比若反逆惡臣爲無狀，乃罪及其客也，此之謂之也。」「善哉善哉！愚生已解矣。」「故起人生之時〔一一〕，爲子當〔一二〕孝，爲臣當〔一三〕忠，爲弟子當〔一四〕順；孝忠順〔一五〕不離其身，然後死魂魄神精不見對也。止子知之耶？」「唯唯。可駭哉！可駭哉！今唯天師幸哀開示，其天法象多少，願無中棄，唯見示勑書文部界所到至也。然子問之大致數，吾猶當言也。如吾不言，名爲妒道，業學而止，而反得天適。」「諾。六真人安坐，爲子分別其部署。凡有六屬一大集。夫守一者，以類相從，古今守一，其文大同。大賢見吾文，守行之不解，策之得其要意，如學可爲孝子，中學可爲忠臣，終老學之，不中

〔一〕「到」鈔作「至」。〔二〕鈔無「也」字。〔三〕鈔無「共」字，疑經涉上文而衍。〔四〕「養長」鈔作「長養」。〔五〕鈔無「是」字。〔六〕「養長」鈔作「長養」。〔七〕鈔無「隨」字。〔八〕「常」下鈔有「諸神」二字。〔九〕「對」原作「到」，疑誤，今據鈔改。〔一〇〕「或」原作「成」，疑形近而譌，今據鈔改。〔一一〕鈔無「之時」二字。〔一二〕鈔無「當」字。〔一三〕鈔無「當」字。〔一四〕鈔無「當」字。〔一五〕鈔無「孝忠順」三字。

經九六・五上・一・一

止不懈，皆可得度世。尚有餘策也，行之不止，尚或乃洞於六方八極也，萬事已畢，何不有也。上乃可助有德帝*君，共安天地，其恩乃下，可及草木也。萬物擾擾之屬，莫不盡理也。天地爲之懽喜，帝王爲之長游，但響琴瑟唱樂，而無復憂。子知之耶？」「唯唯。」「中賢守行之力之，旦夕惟思其意，亦可少爲孝子，長爲良臣，助國致太平，天下悉伏，莫不言善哉。外謹内信，還各自責自正，不敢負於天地，不敢欺其上也。衆賢共案力行之，令使君治，乃與天相似，象天爲行，恩愛下及草木蚑蝻之屬，皆得其所。子知之耶？」「唯唯。」「凡民守讀之，共彊行之，且相易共好嬉之，不能自禁。令人父慈、母愛、子孝、妻順、兄良、弟恭，隣里悉思樂爲善，無復陰賊好竊相災害。有人盡思樂忠順孝，欲思上及中賢大賢，故民不知復爲凶惡，家家人人，自勑自治，故可無刑罰而治也。上人中人下人共行之，天下立平不移時。子知之耶？」「唯唯。」

守一入室知神戒第一百五十二

〔并〕秘三下・四・一

「是故[起]夫守一之〔一〕道，得古今守一者，復以類聚之。上賢明〔二〕力爲〔三〕之，可

經九六・六上・一・一

〔并〕秘三下・七・一

得〔四〕度世；中賢力爲〔五〕之，可〔六〕爲帝王良輔善吏；小人〔七〕力爲〔八〕之，不知喜怒，天下*無怨[止]咎也。此者，是吾書上首一部大界也。恐俗人積愚，迷惑日久，不信吾文，故教示使與古今守一之文合之，以類相從，乃以相證明也。」「善哉善哉！愚生謹以覺矣。」「夫[起]守一者，大〔九〕人守之亦有餘，中人守之亦有餘，小人守之亦〔一〇〕有餘，三〔一一〕人俱守行之，其善乃洞洽於〔一二〕六方八遠，其〔一三〕恩愛〔一四〕與天地同計[止]也。如最下愚，有不樂守行者，名爲天下最惡凶人也，天地疾惡之，鬼神不復祐之也。凡人久久共不好利之也，此即天書所以簡人善惡之法也。其好欲讀視者，天知爲善人；示之不欲視者，天知之爲凶惡人也。以此占人，萬不失一也。吾爲上德君作文，上不負天，下不負地，中不負德君，不欺真人也。守此得其意者，道已畢矣竟矣。六真人自深思其意，吾不能悉記此之善。夫一，乃至道之喉襟也。上士所樂德，中士所響知，下士之所疾惡也。子知之耶？」「唯唯。」「是

〔一〕秘無「之」字。〔二〕秘無「明」字。〔三〕「力爲」二字秘作「守」。〔四〕秘無「可得」二字。〔五〕「力爲」二字秘作「守」。〔六〕秘無「可」字。〔七〕「小人」二字秘作「下材」。〔八〕「力爲」二字秘作「行」。〔九〕秘無「大」下十六字。〔一〇〕秘無「亦」字。〔一一〕秘無「三」下七字。〔一二〕秘無「於」字。〔一三〕秘無「其」字。〔一四〕秘無「愛」字。

經九六・七上・一・一

〔并〕鈔己二上・九・九

〔并〕鈔己二下・六・一七

故上士得之大喜，不而自禁爲也；中士得之，不而自止，常悦欲言也；下士見之，是其大忌也。以吾文觀此三人，而天下善惡分別明矣。子知之乎*？」「唯唯。」「是文乃天所以券正凡人之心，以除下古承負先人之餘流災，以解天病，以除上德之君承負之謫也。子知之邪？」「唯唯。」「善哉善哉！行，子已覺矣。【起】其二部界者，其〔一〕讀吾書道〔二〕文，合於古今，以〔三〕類相從，都得其要意，上賢明翕然喜之，不能自〔四〕禁止爲善也。乃上〔五〕到〔六〕於敢入茆〔七〕室，堅守之不失，必得度世而去也〔八〕。志與神靈大合洞，不得復譽於俗事也。其善乃洞究洽於天地，其神乃助天地，復還助帝王化惡，恩下〔九〕及草木小微，莫不被蒙其德化者。是故古者賢明德〔一〇〕師，乃〔一一〕能助帝王致太平者，皆得此人也。【止】故其言事悉順善而忠信也，乃其所受道師善也。真人知之耶？」「唯唯。」「其中【起】中賢力共讀〔一二〕吾文書，合於古今道文書，以類相從，力共〔一三〕讀而不〔一四〕止。其賢才者，乃可上爲帝王良輔善吏，助德君化惡，恩下及小微草木。陰陽和合，無復有戰鬬者。帝王長〔一五〕遊而無憂〔一六〕事，羣臣下俱相示教力爲之，莫不順善而忠信，無刑罰而治〔一七〕，其〔一八〕善不可勝書〔一九〕。真〔二〇〕人知之耶？」「唯唯。」「其百姓〔二一〕俱〔二二〕共讀吾書道文，上下通

經九六・八上・一・一

〔并〕鈔己三上・九・七

都，合計同策*爲一，無復知爲凶惡者也。拘校古今道文，以類相從相明〔二三〕，因以爲世學，父子相傳無窮已也。如三人〔二四〕大賢中賢下賢及百姓〔二五〕俱爲之占，天地之〔二六〕惡氣畢去矣，無復承負之厄會也。善乃合陰陽，天地和氣〔二七〕瑞應畢出，遊於帝王之都，是皇天后土洽悦喜之證也。故讀吾文者，宜精詳之。【止】以上到下，思惟其要意，得其訣，與神明無異也。真人知之耶？」「唯唯。」【起】「其三部界者，夫人得道者必多〔二八〕見神能使之。其上賢明者，治十中十，可以〔二九〕爲帝王，使辟邪去惡之臣也；或久久乃復〔三〇〕能入茆〔三一〕室而度去〔三二〕，不復譽於俗事也〔三三〕。故

〔一〕鈔無「其」字，疑涉上文而衍。〔二〕「書道」鈔作「道書」。〔三〕「以」鈔誤作「於」。〔四〕鈔無「自」字。〔五〕鈔無「上」字，疑涉上文而衍。〔六〕「到」鈔作「至」。〔七〕「茆」鈔作「茅」，「茆」、「茅」通用。〔八〕鈔無「也」字。〔九〕鈔無「下」字。〔一〇〕「德」鈔誤作「得」。〔一一〕鈔無「乃」字。〔一二〕「力共讀」三字原作「力讀而」，疑脱「共」字，又衍「而」字，今據鈔正。〔一三〕鈔脱「共」字。〔一四〕鈔脱「不」字。〔一五〕長下鈔有「優」字。〔一六〕鈔無「憂」字。〔一七〕「治」鈔作「理」。〔一八〕「其」鈔誤作「不」。〔一九〕鈔脱「書」字，但有「矣」字。〔二〇〕鈔無「真」下七字。〔二一〕「百姓」二字鈔作「民」字。〔二二〕鈔無「俱」字。〔二三〕鈔脱「明」字。〔二四〕「人」下七字鈔作「賢中賢下」四字，疑上脱「人大」二字，又下脱「賢」字，故上下文不成句。〔二五〕「百姓」二字鈔作「民」。〔二六〕鈔無「之」字。〔二七〕「天地和氣」鈔訛作「天氣和地」。〔二八〕鈔無「多」字。〔二九〕鈔無「以」字。〔三〇〕鈔無「復」字。〔三一〕鈔無「茆」字。〔三二〕「去」鈔作「世」。〔三三〕鈔無「也」字。

經九六・九上・一・一
〔并〕鈔己二二下・九・一四

守一然後且〔一〕具知善惡過失處，然後能守道，入茆〔二〕室精修〔三〕，然後能守神，故第三也。賢者得〔四〕拘校古今神書以相證明也。真〔五〕人知之耶？」「唯唯。」「中賢守一入道，亦〔六〕且自覩神，治十中九，可爲王侯大臣，共辟除〔七〕邪惡，或〔八〕久久亦〔九〕冀及入茆〔一〇〕室矣。真〔一一〕人知之邪？」「唯唯。」「其小賢守一，入道讀書，亦或覩神，可治十中八，可爲百姓〔一二〕共辟邪除惡也。亦皆當〔一三〕拘校古今道文，以自相證明，乃愚者一明〔一四〕，悉解信道也。止如使讀*一卷書，必且不信之也。反且言其非而自解，則邪惡日興，得害人也。如起大賢中賢下及〔一五〕百姓〔一六〕，俱守神道而爲之，則天地四時之神悉興〔一七〕，邪自消亡矣〔一八〕。真人知之耶？」「唯唯。」「如此則天下地上，四方六屬六親之神，悉悅喜大〔一九〕興〔二〇〕助人爲吉〔二一〕，止以解邪害。上爲帝王除災病，中爲賢者除疾，下爲百姓除惡氣，令奸鬼物不得行也。」「善哉善哉！須有大訣戒，見神以占事。」「言十中十者，法與天神相應；言十中九，與地神相應也；言十中八者，與人神相應也。過此而下者，言不可用也。或有初覩神，反十十相應，久久反日不中者，見試於神道，故使不中也。見是能復更自新，力自正思過，更爲精善，無惡意者。且復日上行，或中神意，乃射十中十，或出十，

經九六・一〇上・一・一

或射十，乃中一十，日以大中而上行者，是其日思爲善，得道意之人也。故曰〔二二〕進。以是自占，萬不失一也。或有初見神，占事不中，已反日已上行大中，是者精得道神意日上進之人也。或有平平如故，不進不退，是其用精不過故之人也。日衰者，曰〔二三〕懈之人也，以是占之*，不得道意矣。見試而不覺悟，固固自若爲惡者，諸神且共欺之。牽人入邪中，則致吉凶無常，或入祅言，或坐病止。故大賢中賢小賢百姓男女爲道，悉以是自占，不失之也，非猶神道試人也。凡天下之事，皆以試敗。天地有試人，故人亦象天地，有相試也。真人知之耶？」「唯唯。」「子欲重知其大信效，天道神靈及人民相得意，相合與心，而至誠信不相得意則相欺。是故上古之人誠信相得意，故上下不相欺；中古人半不相得意，故半相欺；下古之

〔一〕鈔無「且」字。〔二〕鈔無「茆」字。〔三〕「修」鈔作「思」。〔四〕鈔無「得」字。〔五〕鈔無「真」下七字。〔六〕「亦」鈔誤作「之」。〔七〕「除」鈔作「去」。〔八〕鈔無「或」字。〔九〕鈔無「亦」字。〔一〇〕鈔無「茆」字。〔一一〕鈔無「真」下七字。〔一二〕「百姓」二字鈔作「民」。〔一三〕鈔無「當」字。〔一四〕鈔無「一明」二字。〔一五〕鈔無「及」字。〔一六〕「百姓」二字鈔作「民」。〔一七〕「興」鈔譌作「與」。〔一八〕鈔無「矣」下九字。〔一九〕「大」鈔譌作「天」。〔二〇〕「興」下鈔有「善」字。〔二一〕「吉」下鈔有「矣」字。〔二二〕、〔二三〕「曰」疑當作「日」。

人純不相信，故上下純以相欺爲事。故上古舉事悉中，中古半中，下古純不中，故危亡。是故古者賢聖，常以是自占。可爲得與不得，則無失也。以此戒真人，吾見子常苦勞，故深戒子，子乃爲天地長使也。解天地流災，爲王者除害，其功甚大少雙。恐子爲道中懈，故以是神事以戒子，子乃爲天地使，而日吉者，是其得天地心意也；日凶衰惡，是其失天地心意也。與道神交，日吉善者，是其得道心意也；而日凶衰者，是其失道心意也。與人交，日益厚善者*，是其相得心意也；而反日凶惡薄者，是其相失心意也。比若耕田，得穀獨成實多善者，是用心密，用力多也；而耕得穀少不成善實者，是其用心小懈，用力少也。此但草木，尚乃隨人心意，用力多少功苦爲善惡，何況天地神靈與人哉？可不戒耶？真人也此之爲戒，若薄少不足言，而深思念之，反大重，此正所爲謂安危吉凶門户也。子知之耶？」「唯唯。愚生已覺矣，受命受命。」「夫賢明爲上德君拘校上古中古下古文書之屬，以類相從，更相證明，道一旦而正，與日月無異。復大集聚大賢中賢下賢乃及人民男女口辭訣事，以類相從，還以相證明，書文且大合，比若與重規合矩，無殊異也。天地人策俱并合，比若一也。如此則天地人情悉在，萬二千物亦然，故德君當努

經九六・一二上・一・一

經九六・一三上・一・一

力用之。則災害一旦而去，天下自治，無有餘邪文邪辭，洞白悉正，則無餘邪氣。夫邪文邪辭，繫災之根也。子欲重知其明審信效，比若人以邪文相記於君，比若人以邪言相惡，則怨咎日興，衆多人亦自相怨咎相惡，君亦聽之*。反失正聽明不達，爲天地所非治，危辭不吉。又下反以邪文邪言共欺熒惑其上，久久上知之，亦復君臣相咎，故是邪文邪言日至，凶惡之門户也，故當力拘校去之也。真人知之耶？」「唯唯。」「故德君盡以正辭，而天地開闢以來，承負之災厄悉除，無復災害。真人欲重知其大信也。夫正文正辭，乃爲天地人萬物之正本根也。是故上古大聖賢案正文正辭而行者，天地爲其正，三光爲其正，四時五行乃爲其正，人民凡物爲其正。是則正文正辭，乃爲天地人民萬物之正根大效也。子欲重明知其信，比若人以正文正辭相譽於君前，君得以爲大聰明大達也，舉事悉得，無失正者。下上乃得天地之心意，三光爲其不失行度，四時五行爲其不錯，人民莫不歡喜，皆言善哉，萬物各得其所矣。恩洽神祇，則名聞遠方，羣神瑞應奇物爲喜而出，天下賢儒盡悉樂往輔其君，爲不閉藏，仙人神靈乃負不老之方與之，祅殃爲其滅絕，人民爲其行政，言正文正辭乃無復相憎惡者，則怨咎爲其絕。天下*凡善悉出，凡邪惡悉藏，德君但當垂拱而自治，何有危亡之憂，此即吾正文正辭爲善根之明證效也，可不力正哉？ 真人寧解不？」「唯唯。可駭哉！ 見天師言，謹已大覺矣，愚生知天下已太平矣。 德君聽用之，已延命矣。」「善哉！ 子可謂爲曉事之生也，已洞知之矣。 樂乎樂乎！ 天憂已解矣，地病已除矣，真人以何知之？」「然此邪惡盡應當見去，天地人民萬物之大病已除也。 今已拘校正文正辭，故知天地之大病已除也。」「善哉善哉！ 子已□□知之矣。 帝王力行吾文，與天地厚，無復厄會也。 善哉善哉！ 語真人一大要言也。 上德之君得吾文，天法象以仕臣，上至神人，下至小微賤，凡此九人。 神、真、仙、道、聖、賢、凡民、奴、婢，此九人有真信忠誠，有善真道樂，來爲德君輔者，悉問其能而仕之，慎無署非其職也，亦無逆去之也。 名爲逆人勉勉眷眷之心。 天非人，但因據而任之，而各問其所能長，則無所不治矣。 德君宜試之，日有善效者進之，慎無失也，無效者疾退之。 此名爲汙亂天官，使正氣不得來，咎在此邪*人也。 夫正善人，心常欲陰祐凡事爲憂，故曰致正善人也。 邪人有邪心，不欲陰祐利凡事，則致邪，此乃皇天自然之格法也。 故當即退之，不退之且忿天，使地殺氣出，故當疾去之，是大事也。 真人知之耶？」「唯唯。 愚生

經九六・一四上・一・一

經九六・一五上・一・一

甚畏之。」「子知畏之，可謂曉事生矣，天且祐子。」「不敢不敢。」「此無可讓也，非吾而使子見祐於天也，子爲善，自然行得之也。故古者聖人之爲行也，不敢失繩墨者，乃覩天戒，明知其善惡，各爲其身也。故常求與賢者爲治，乃恐忿天也。得罪於天，無所禱也。是故古者帝王，其心明達，不敢妄與愚者共事也，故獨得長吉也。真人知之耶？」「唯唯。」「夫中古以來，人半愚，以爲選舉爲小事也，不詳察之，半得非其人，半亂天官，政半凶也。下古復承負中古輕事，復令自易，不詳察之，選舉多不俱得其人；汙亂天官，三光爲其不正，證上見於天，天不喜之也。故多凶年不絶，絶者復起，不知天甚怨惡之。人不深自責，反言天時運也。古者爲有如此者。天道非人，反以其太過上歸天，下愚不自思過失*，反復上共責歸過於帝王。天乃名此爲大反逆之民，過在下傳欺其上，以惡爲善，以善爲惡，共致此災，反以上歸天。以歸天者，復上責其君，天下絶洞凶民臣無狀之人也。今天地神靈共疾惡之，故天乃親自謫，遣吾下爲德君，更制作法也。選舉署人官職，不可不審且詳也。真人欲知是惡民臣之審也，比若家人父母，共生數子，子共欺其父母，行爲惡；父母默坐家一室中，安而知之，已行爲凶惡盜劫，人反還共罪其父母。

經九六・一六上・一・一

父母惡，故生我惡也。縣官吏得之，不直殺其惡子，反復還罪其父母。夫父母生子，皆樂其賢且善，何時樂汝行爲惡哉？反還罪其父母，是爲大逆不孝子也。夫君之謂臣，皆樂其爲善，何時教其爲惡，而民臣自下共爲凶惡之行，得天地災者，反以還罪責其君，百姓愁苦。於是猾吏亦復共上責於天，名是爲民臣共作反逆，罪不除也。共責其君極，已應大劇矣。尚復乃上罪責天，下罪責地，人之反逆乃如此，可不短其命而疾殺之哉？故下古皆應霸命，死生無時也。比若*民家欲殺畜生，忽欲殺之，便殺之也。善畜尚惜其死，惡畜樂其病死。真人知之耶？」「唯唯。」「愚生甚畏天威。」「行，子已覺矣。出此文，令德君以示諸賢儒，慎無匿，天樂出之急急。」「唯唯。」「告真人一大要，大德上君已仕臣各得其人，合於天心，則當知治民除害之術。夫四遠伏匿，甚難知也。夫下愚之人，各取自利，反共欺其上，德君當與賢明共正之，悉正乃天地之心意，且大悅喜，使帝王長吉也。天明知下古人且愚難治，正故故爲其出券文名爲天書也。書之爲法，著也，明也。天下共以記事，當共所行也，可以記天下人之文章也。故文書者，天下人所當共讀也，不爲一人單孤生也。故天下共以記凡事也，聖人共以記天地文理，賢者用記聖人之

經九六・一七上・一・一

文辭。凡人所當學而共讀之，乃後得其意也。書之爲類，乃當共原共策共記共誦讀之，乃以無奸也。故自古到今，賢聖之文也，幾何校，幾何傳，幾何實核，幾何共安之，尚故故有餘邪文誤辭，不可純行。故大賢諸道士，乃周流遍天下，考辭習語，視異同，以歸喻*愚蒙，尚故故誤人赤子，使妄説其學則不可，妄仕不足以爲帝王之臣也。故一本文者，章句衆多故異言。今使天地之道，乃大亂不理，故生承負之災也。真人知之耶？」「唯唯。」「行，子已覺矣。子明更聽，且語子一大戒。下古之人所以久失天心，使天地常悒悒者，君乃用單言孤亂〔一〕，核事其不實，甚失其意明矣。真人但以此上，乃使天下衆賢共考辭文而不知，皆爲誤學，故生災異不絶，天甚疾之，得亂生病焉，陰陽戰鬭而不止也。故天教吾下，拘校正之。今大中古以來，信孤辭單言，每視覆下之文爲不敬，共以是相法罪，遂用孤辭單言，反應投書治事，故與天爲怨亂。天官文書本使人共議其是與非，反使一人陰爲辭。夫聖人尚不而獨畢知天地之道，故聖賢前後生所作各異，天上言其各長於一分，不能具除災，故教吾都合集校之。今反信一人之言，寧可用不？故教其

〔一〕「亂」疑「辭」字之誤。

三道行書，大小賢不肖男女共爲之參錯，共議是與非，皆令得其實核□□，乃可上

經九六・一八上・一・二

也。中一人欲欺，輒記之，如是則天地病*已除，帝王無承負之貴〔一〕矣。天地得以無病而喜；帝王得以自安而喜；賢者得以自達而喜；百姓得以自解不見冤，家富人足而喜；奴婢得其主，不爲非而喜；四時五行得順行，民謹不犯之而喜；萬二十〔二〕物各得其處所，不見害而喜；鬼神見德君可爲積善，亦復悦喜；惡氣不復上蔽日月三光亦喜；太上平氣得來治，王者用事亦喜；惡氣得一伏藏，不伏見使行誅伐亦喜；夷狄得安其處，不復數來爲天戰鬬亦喜；軍師使兵器得休止不用，士卒不戰死亦喜。凡天地之間，若此喜者衆多，不可勝記。行爲真人舉其大綱，見其始，子自思其意。凡事以類推之，盡以得矣。德君案行之，天下咸服矣。故天尤急此三道行書，慎無復廢，故災不去也。欲斷天文，反復爲聾盲之治也。夫聾盲之治，亂危之本也，滅身之災害也。可不慎乎？夫文，乃天下之人所當共案行也，不可信一人之言也。故天地開闢以來，文書及人辭，更相傳以相考明也，不考

經九六・一九上・一・二

明則不可獨行，獨信一人言而行之，則危亡矣。是天下之*大失大傷也。故吾書不敢容單言孤辭也，故教真人拘校上古中古下古文以相明，拘校天下凡人之辭以相

經九六・二〇上・一・一

證盟，然後天地之間可正，陰陽之間無病也。以吾書往考古今之天文地神書與人辭，必且與響相應，與神無異也，乃吾道且可信也。故吾爲道，不試言也，乃求試行不行之，安知吾道與天相應而信哉？今日行之，比若與天語，十十五五，無有脱者。神哉爲道如斯，誠可謂大樂矣。真人知之耶？」「唯唯。」「行去，曉事生矣。告真人一大訣，此本守一專善，得其意，故得入道，故次之以道文也。爲道乃到于入室，入真道，而入室必知神，故次之以神戒也。得守一得道得神，必上能爲帝王德君良臣。臣者，必當助帝王德君，共安天地六方八洞，得其意，乃國可長安也。欲安之，必當正文正辭正言。故以拘校文辭，得以大正，必當羣賢上士出，共輔帝王，爲其聰明股肱，故次之以仕臣九人。九人各得其所，當共安天地，天下并力同心爲一也。必常相與常通語言，相報善惡，故次之以三道行書也。*人已都知守一，已入道，已入神，已入正文，以尊卑仕臣，各得其處也。已行文書，并力六事，已究竟，都天下共一心，無敢復相憎惡者。皆且相愛利，若同父母而生，故德君深得天

〔一〕「貴」疑當作「責」。　〔二〕「十」疑當作「千」。

心，樂乎無事也。以爲道恐有遺失，使天地文不畢備，故復次之以大集之難，以解其疑。深者居其下，畢書出之，以書付有德君，天下一旦轉計，嚮善自治。其爲易比若火沿高燥，水從下，不教其爲，自然往也，不可禁止也。故爲太皇天道教化，立可待也。德君行之，乃名爲天之神子也，號曰上皇，與天地元氣相似。故天下之神，盡可使也。從天地開闢以來，未嘗有天書神文，使真人傳之爲真道記也。以往付德君，名爲道母也。太陽之氣，火行有也，得而行之，得其信也，不知行之，則不真也。真人知之耶？」「唯唯。誠寄謹民，往付歸德君，不敢久留也。」「行，子已曉之矣。天書不可久留也。天神考人，使人不吉。子慎之，行去。」「唯唯。」

六〔一〕究洽洞極七竟，以類次書文使相得，災悉滅亡，致洞極之吉文。

忍辱象天地至誠與神相應大戒第二百五十三*

「真人前。」「唯唯。」「今且戒真人一大戒。[起]吾道乃爲理天地，安帝王，生天地所愛者，乃當愛真道與〔二〕真德也。故〔三〕天者，乃道之真，道之綱，道之信，道之所〔四〕因緣〔五〕而行也。地者，乃德之長，德之紀，德之所因緣而止也。故能〔六〕長爲萬

經九六・二一上・一・四
〔并〕鈔己二三上・二・一四

經九六・二三上・一・一

物之母也，常忍辱居其下也，不自言勞且〔七〕苦也。吾之爲德君，教化下愚，正以此天地二事爲祖也〔八〕。故常案天地之法度，不失其門户也。吾之書即天談地語，與神祇深獨相應若表裏也。止步即相隨若規矩也。故順行者得天地意，失之者凶衰矣。今以戒真人，子宜思吾言而常慎之矣。」「唯唯。」「行，見子好真道德，好爲善少雙，且示子一言。今上士多樂真道善德，中士半好之，下士無狀，純無道無德，皆應大逆無道之人也。大凶無德之人，與天地内獨不比，不而相知，非天常所宥也，愛子也。故無道德者，命不在天地也，與禽獸同祿同命。」「今不解，願聞其要意。」「然，六真人明聽。」「唯唯。」「然，天者純爲道，地者*純爲德，此無道德之人，與天地絶屬無所象。象於天行，當有真道而好生；象地，當有善德而好養長。今人無道與無德，故天地不宥子也。欲知其明信效也，比若道人知道人，德人知德人，各自相收錄，故命迭相在。故道人者好興道人，德人者好興德人。有道德

〔一〕「六」下二十五字疑本篇末之篇旨，誤入正文。　〔二〕鈔無「與」字。　〔三〕「故」鈔作「夫」。　〔四〕鈔無「所」字。　〔五〕鈔脱「緣」字。　〔六〕鈔無「能」字。　〔七〕鈔無「且」字。
〔八〕鈔無「也」字。

〔并〕鈔己二三上・一〇・一〇

經九六・二三上・一・一

之人與無道德之人不比，故不肯相收錄，命不繫天也。」「善哉善哉！　願聞其與禽獸同命意。」「善乎子難，深得其數。　然，禽獸者命繫於四方，其爲性者好相抵觸，無有道德，勝者爲右。　無道德下愚之人，亦好相觸冒，勝者爲右。　其氣與禽獸同，故同命也。　天道爲法，以是分別人優劣，故知之也。　凡[起]天下之名命〔一〕所屬，皆以類相從，故知其命〔二〕所屬。　故含五性〔三〕多者象陽而仁，含六情多者象陰而貪，受〔四〕陽施多者爲男，受陰施多者爲女，受王相氣多者爲尊貴則壽〔五〕，受休廢囚氣多者數病而早死，又貧極也。　故凡人生者，在其所象何〔六〕行之氣，其命者繫於六甲何〔七〕曆，以類占〔八〕之，萬不失一也。　故〔九〕古者聖人深原凡事，知人情者以此也。　真人知之耶？」[止]「唯唯*。　善哉善哉！」「今故下古之人，承負先人失計，稍稍共絕道德，日獨積久，與天地斷絕，精氣不通，不相知命，反與四足同命，故天地憎惡之，鬼神精氣因而不祐之，病之無數，殺之無期，其大咎在此□□。　今上德之君，命繫天地，當更象天地以道德治，故吾更理出天道出以上付之。　天樂其爲善，不欲復使其有餘，是四足之人行也。　故吾書復重丁寧，欲使其大覺悟也。　故敍六極一大集難以付歸之。　真人知之耶？」「唯唯。　可駭乎！　樂哉樂哉！」「真

經九六・二四上・一・一

〔并〕鈔己二三下・八・三

人以何知其可駭而樂哉？」「然愚生見天師言，真道德出，民一旦而轉，皆守爲道德，象天地，不復爲四足之人行。人人道，人人德，故知其大樂至意矣。」「善哉，真人之言，無以加之也。」「今願及天師請問一事。」「言之。」「今人求道德及凡人行，當以何爲急務哉？以何而得知之？以何而與天地響相應也？」「善乎，子之問也。當以至誠，五內情實爲之，乃可得也。如不以五內情實爲之，是道德之所怨也，求善不可得也，神靈不應也。」「今願聞至誠以何而感動天地神靈乎？」「噫！真*人於是殊爲愚，學吾書文，多固固未解邪？」「愚生其爲暗昧，曚乃久重，難一旦而開。」「然子亦大謙。行，更明聽，爲子道至誠感動天地之意。」「唯唯聞命。」「然夫至誠者，名爲至誠，乃言其〔起〕上視天而行，象天道〔一〇〕可爲；俯視地而行，象地德而移。念天地使父母生長我，不欲樂我爲惡也，還考〔一一〕之於心乃行。心者，最藏之神尊者也。心者，神聖純陽，火之行〔一二〕也。火〔一三〕者，動而上行，與天同光。故日者，

〔一〕「命」鈔誤作「令」。　〔二〕「其命」二字鈔倒作「命其」。　〔三〕「性」鈔譌作「姓」。　〔四〕「受」上鈔有「又」字。　〔五〕「壽」鈔譌作「專」。　〔六〕「何」鈔作「五」。　〔七〕「何」鈔作「五」。　〔八〕「占」鈔譌作「古」。　〔九〕鈔無「故」字。　〔一〇〕鈔脱「道」字。　〔一一〕「考」原作「孝」，疑形近而譌，今據鈔改。　〔一二〕鈔無「之行」二字。　〔一三〕「火」上鈔有「行」字，疑係衍文。

經九六・二五上・一・一

乃火之王，爲天之〔一〕正，無不照明。故人爲至誠，心中正疾痛應〔二〕。心神至〔三〕聖，乃〔四〕上白於日，日〔五〕乃上白於天。故至誠於五〔六〕内者，動〔七〕神靈也。是故〔八〕可不慎乎？」止真人曰：「可畏哉！可畏哉！愚生過問，是甚大怖。」「子知怖，活之根也；子不知怖，死之門也；安危在子之身，無於他所焉。」「今雖每問天師而怖駭者，又問乃訣乃大解，不問又無緣得知之。」「然，子言是也，暗而不好問，何時復得昭昭哉？行言，欲問何等？」「今謹已聞至誠動天，願聞動地意。」「善哉！子言日益大深，不惜之也。行安坐，爲子道之。不言恐得過於子。若天獨疾後世人不至誠，而使真*人來主問之也。諾。今爲子説之。明聽。」「唯唯。」「行，人之至誠，有所可念，心中爲其疾痛，故乃發心腹不而食也。念之者，心也，意也。心意不忘肝最仁，故目爲其主出涕泣，是其精思之至誠也。精明人者，心也。念而不置者，意也，脾也。心者純陽，位屬天。脾者純陰，位屬地。至誠可專念，乃心痛涕出，心使意念主行，告示遠方。意，陰也，陰有憂者當報陽，故上報皇天神靈。脾者，陰家在地，故下入地報地。故天地乃爲其移，凡神爲其動也。子欲知其大效，吾不欺真人也。真人但安坐深幽室閑處，念心思神，神悉自來到，此不明效證邪？是吾告子至誠之信

經九六・二六上・一・一

也，吾未嘗空無法而説也。故求道德凡人行，皆由至誠，乃天地應之，神靈來告之也。如不至誠，不而感動天地、移神靈也。故承負之後，下古之人實無信，不至誠，不而感動天地，共欺天與地，故神靈害之不止也。」「願聞以何明之乎？」「然，有大明證於日月。」「今願聞之。」「然，下古之人生於父與母，而共忽其父母，背叛其父母，萬未一人而孝也。得解蒙暗於師，已覺*去者。忽其師不師，爲其師自屈折，執勞苦也。以貧賤得富貴於君，而反相教，下皆共日欺其上，萬未有一人有誠信也，羣愚共欺其三綱，名爲反逆而無信也。其罪過彰彰，下可覆蓋，皆上見於日月三光也。故天地甚疾之惡之，使其短命而早死也。不自深十問過罪重，反復哭而行也。言天酷，何一冤也！汝乃自冤，何時天冤汝哉？」「可駭乎！善哉善哉！愚生已聞命矣。」「然子而守此，以爲重戒，則可萬萬世無患矣。然辭小竟，疑者復來問之。」「唯唯。」

右大集難道德至誠天戒以示賢。

〔一〕「之」鈔作「下」。〔二〕鈔無「應」字。〔三〕鈔無「至」字。〔四〕鈔無「乃」字。〔五〕「日」鈔譌「月」。〔六〕鈔無「五」字。〔七〕鈔無「動」字。〔八〕鈔無「是故」二字。

太平經合校卷九十七 己部之十二

太平經卷之九十七

妒*道不傳處士助化訣第一百五十四

「真真愚暗日益劇不曉大不達之生謹再拜，問一從事，言之必爲過，不問又愚心不能獨自解。」「行言之。」「愚生竊聞祕道要德，是乃天地之珍寶，天下之珍奇物也。故名之爲至道不傳，其非凡人所宜聞所宜言所宜用也。而令〔一〕天師都開太平學之路，悉勑使人爲道德要文，不得蔽匿，皆言其有天讁，到死罪尚不除，復流後世，皆授以真道祕德，曾不大哉？令小人與君子不別，愚生以爲真道祕德，不宜使小人聞小人言小人用之也。」「咄噫！子今且言，有萬死之責於皇天后土，不復除也。自天地開闢以來，後生日益薄妒道，小人斷絕天地之珍寶，以是爲失。積久故生承負，令天災不絕。常使天地内獨歲不平安，災變盜賊衆多，國家爲其愁苦，正起於是。子今且所言是，正是也。亂天反地，使治昏憒，民難治，正是也。子今

經九七・一上・二・四

經九七・二上・一・一

且語，正與天爲重怨，錯哉錯哉！亡子功矣。」「何*謂也？」「今要道善德出之以教化，小人得之守道德，更相倣學，不敢爲非。其中小賢得善道德，可爲良順之吏。其中大賢，可上爲國家輔。其中最下極無知者，猶爲善人。夫天以要真道生物，乃下及六畜禽獸。夫四時五行，乃天地之真要道也，天地之神寶也，天地之藏氣也。六畜禽獸皆懷之以爲性，草木得之然後生長；若天不施具要道焉，安能相生長哉？而真人言，小人不宜聞要道、不宜言、不宜用也。天地之神保終類，人乃不若六畜草木善邪哉？真人自知，今且言有萬死之罪，不復除也。」「愚生事師日少淺，不深知天道，見天師言，乃自知罪重，上負皇天，下負后土，中負於大德之君。」「然子退自責是也。凡舉事可不慎乎哉？皇天常獨視人口言，何故使響隨人音爲吉凶，故響應不失銖分也。子獨不常觀此天地之音證邪？宜自慎不及，勿彊妄語，其爲害重。子今且言至道不傳人，何以傳知之乎？終類至道不可傳，

經九七・三上・一・一

天道無私，但當獨爲誰生乎？」「弟子自慎戒事甚無狀。」「子欲若俗夫小人復*相教

〔一〕「令」疑「今」字之譌。

經九七·四上·一·一

妒天道耶？」「不敢不敢。」「真人自精戒事，天怒一發，罪過著不復除也。天道正由此言廢毀，子復共增之耶？帝王所以不能理其治而嘗多災者，但由盡若子。今旦可言，因使真道道絶也，邪道起，故不可理也。寧曉心解不乎？」「唯唯。」「已覺矣，慙負天師不也。常常慎事。」「唯唯。今念每言有過，欲不言也，又不知。」「平言。」「今人所不宜聞，所不宜言，所不宜用者，何等也？」「然凡人乃不宜聞非真要道，非真要德。是故夫下愚之師，教化小人也，忽事不以要祕道真德勑教之，反以浮華僞文巧述示教凡人。其中大賢得邪僞巧文習知，便上共欺其君；其中中賢得習僞文，便成猾吏，上共佞欺其上，下共巧其謹良民；下愚小人得之，以作無義理，欺其父母，巧其隣里，或成盜賊不可止。賢不肖吏民共爲姦僞，俱不能相禁絶。覩邪不正，乃上亂天文，下亂地理，賊五行所成，逆四時所養，共欺其上，國家昏亂，其爲害甚甚，不可勝記。真人反言小人不宜聞要道要德，反當以邪巧僞之事教化，使天下人眩瞑，共習*僞非，而不自知，遂俱爲無道耶？是以真人有萬死之罪，不復除也。天下所不宜聞、所不宜言、所不宜用，正不宜聞此僞文，邪巧大猾所生正由此。故吾爲天陳法，爲德君作教，不敢及之，所以專開道德之門，而閉絶狡猾階路也。故吾書本道德之根，棄除邪文巧僞之法，悉不與焉。子獨不怪之耶？是乃天地以爲病，帝王以爲害，行復爲真人具説之，其以要道德以教化小人也。上賢得以守儒良，中賢德以上爲國家至德之輔臣，其中小賢，化爲順善之吏，其中下愚，猶爲謹民，不知相害傷。故自天地四時五行日月星宿，共以真道要德養萬二千物，下及六畜糞土草，皆被服其祕道要德而以得生長。今若以真人今且言終類，此人不若六畜及糞土草耶？子今且言，寧自知有萬死之過不除邪？」「有死過，有死過。勿謝同不解耳。今過言當奈何哉？」「今欲解此過，常以除日於曠野四達道上四面謝，叩頭各五行，先上視天，迴下叩頭於地。」「唯唯。今且天師教愚生，何一急也？」「然所以急者，不以故真人*也。乃真人言，得天地之忌。太上中古以來，人教化多妒真道善德，反相教逃匿之，閉藏絶之，反以邪巧道相教，導化愚人，使俱爲非。其中大賢遠去避世，獨其中小賢爲吏，無有真道，亂其民。其中下愚，因爲無道，起爲盜賊。民臣俱爲邪，聚蚊成雷動，共逆天文，毁天道，逆地意，反四時氣，逆五行。使災怪億億，三光失其正明，帝王大愁苦之，得昏亂焉，治不得平安，正由此也。故真人寧知此罪重不？天不除之也。吾不教，子當謝也。故所以當於曠野者，當於鮮明地。所以四達道上者，道者主通事。所以四達者，當付於四時。天之使氣也，且爲子上通於天也。四時者，仁而生成，且解子過於天地也，後有過者，皆象子也。天從今以往，大疾人爲惡，故夫君子乃當常過於大善，不宜過於大惡。慎之慎之！子尚若此，何況於俗人愚哉？相教嫉妒道，藏匿之是也。子所言常善是。今旦一言，名爲大逆天地，從古到今，人君所得愁也。然真人前，人安得生爲君子哉？皆由學之耳。學之以道，其人道；學之以德，*其人得；學之以善，其人善；學之以至道善德，其人到老長，乃復大益善良。故懷要道善德之人，乃名爲帝王之處士，人之第一上善者也，能助君子化者也。其不仕者爲上謹之人。學之人，學之以惡，其人惡；學之以文，其人文；學之以僞，其人僞；學之以巧，其人巧；學之，其中大賢者則巧言，其習書者則巧文，小人得之爲猾民。於子心寧可以教不哉？故夫要道祕德，乃所以承天心而順地意，可以長安國家，使帝王樂者也；而反禁絕，不以力化，人有謫於天，罪不除也。【起】天以至道爲行，地以至〔一〕德爲家，共以〔二〕生萬物，無所匿，無可私也〔三〕。故古者聖人象天地爲行，以至道要德力改化愚人，使爲謹良，令〔四〕易治。今〔五〕世反多

經九七・六上・一・一

〔并〕鈔己二四上・五・五

閉〔六〕絶之，故愚人共爲〔七〕狡猾，失〔八〕天道，不自知爲〔九〕非，咎〔一〇〕在真道善德不施行，故人多被〔一一〕天謫，當死不除也。止愚人無道，不避忌諱，遂共犯天地，由不知道德要也。吾之爲書，所以反覆勉勉眷眷者，恐人積愚，一言不信吾文，故復重之也。人俱習爲邪久，或反謂吾可言非也。復令使真道祕德門〔一二〕絶斷*不行，天怒不絶，帝長愁苦，吏民無所投頭足，相隨雲亂，不能相救，試誠冤吾辭於天，正爲解除此制作道也。人人被邪文，愚蒙積久，故常勑真人使出吾道，以付上道德之君，以示衆賢，疾試吾道，乃知吾書之信，與天地相似，不用不試，安知其□□哉？今保吾道不誤，故求試非一卷之文。真人慎之！」「唯唯。」「行去，常慎吾言，勿自易妄語也。」「唯唯。」「出之無匿藏，使凡人言語學問，當知得失處，不復妄爲。」「唯唯。」

右解人常所不宜聞所不宜言所不宜用斷邪出真文。

〔一〕「至」上鈔有「至德爲行」四字。　〔二〕鈔無「以」字。　〔三〕鈔無「也」下二字。　〔四〕「令」原作「今」，疑形近而譌，今依鈔改。　〔五〕「今」鈔譌「令」。　〔六〕「閉」原作「閑」，疑形近而譌，今依鈔改。　〔七〕「爲」下原無「狡」字，疑有脱文，今據鈔補。　〔八〕「失」上鈔有「爲」字。　〔九〕鈔無「爲」字。　〔一〇〕「咎」鈔譌「各」。　〔一一〕鈔奪「被」字。　〔一二〕「門」疑當作「閉」。

事師如事父言當成法訣第一百五十五

經九七・八上・一・一

「今愚生舉言，不中天師心，常爲重謫過，不冒過問，又到年竟，猶無從得知之。願復請問一言。」「平道之，何所謙哉？不知而問之，是其數也。」「今以第一上道要德以教凡人，曾不大知乎？」「善哉子言也。何有大知之有乎？子何故疑此哉？」「吾聞子智過其父，弟子智過其師，臣智過其君，則名爲下賢智過於其上，以爲不宜。」「今子*言是也，又非也。今下智過於上者，乃謂不當。使下智爲巧僞之法，其智過其上，則還欺其上。子欲樂知其效，比若教學，巧家弟子智過其師，則還害其師矣。夫爲人下，習知猾僞姦道，則下共還熒惑，欺其上矣。是故古者大聖賢不敢妄授教猾巧僞文道也，常深念其本而斷其末，不使愚人知之。故以猾智知國，國之大賊也。故古者聖人，常務授其真道，不授浮華僞相巧弄之法也。知其爲害大深，故常閉其兇學，而務開其吉路，使民常自謹，不知爲非。子欲重知其信，是故上三皇乃師事臣如父也。時臣各懷真道要德，無巧僞文猾人。故其時臣智悉過其君，能爲帝王師，其教若父，故師父事之，是則道德過其君之則也。故能

經九七・九上・一一・一

使其君安坐垂拱而無憂。故言十中十，可輔帝王；言十中九，可佐大臣；言十中八，可爲小吏。過此而下，不足取策；所言不中，名爲妄語，亂誤上者也。子知之耶？」「唯唯。」「行，子欲重知其大效，到于五帝，道小衰，故君臣道德不能復相問。同門爲朋，同志爲友，所知君臣同，*不能復大相高上，要道祕德，小塞不通，故無可師父事，但朋友事之也。到于三王，師授者多妒學，閉絶真道奇德，其弟子日益愚蔽無知，反多入浮文，使君洽〔一〕眩亂。其道德淺薄，不足父事，不足友事，故子事之。其智少，故不而爲帝王圖難易。故使天地大怒，災變連起，不可禁絶，大咎在此。子知之耶？」「唯唯。」「行，子已覺矣，復爲子重明之。今五霸其臣悉無真道德，皆能作巧僞猾，所以相欺詐者，其臣多知邪猾佞僞巧，所以相驚動惑之道，或乃過其君。因而反逆，子殺其父，臣殺其君，下殺其上，悉懷無義夷狄之心，人人有巧僞之術，各有姦心，無有真道，故數反逆。故事斧鑽，視臣若死籍。乃其臣皆懷佞文，多巧猾，道不足重，故視之若畜也，是明效也。故古者聖賢應天心，娉真道，德士仁人而放佞僞猾，以稱皇天之心。是故吾道悉開吉門，而閉兇户，不敢及

〔一〕「洽」疑當作「治」。

猾知可以過其君者也。子寧曉知之耶？」「唯唯。」「慎之矣。」「太上古之臣多仙壽，故能使其君壽；中古臣多*知懷道德，故能使其君常無憂；下古臣多無真道而愚，故多使其君愚甚。君愚，其治〔一〕常亂憒，不得天心。霸君之臣盡佞僞，多猾巧詐，共熒惑其君，使其失天正路，反入兇户，故與天爲大怨。子知之乎？故其治悉兇，不得大久。真人爲天問事，宜日謹，不可但恣意妄言。言當成法。言不成經，不若默也。舉言不中，罪深不除。」「唯唯。」「行去，子已知矣。」

右智賢過其君難解訣。

經九七・一〇上・一・一

〔一〕「洽」疑當作「治」。

經九八・一上・二・四
〔并〕鈔己二四上・一〇・一三

太平經合校卷九十八 己部之十三

太平經卷之九十八

神*司人守本陰祐訣第一百五十六

「請問一大疑事。」「行言之。」起「今天師廣開天道之路，悉拘校古者道書之文，以爲真要祕道。真道者多善，其文乃入神，故能睹神，與神爲治。所治〔一〕若神入神，則真〔二〕道也。乃多成於幽室，或〔三〕有使度於室中而去者，或有一出一入未能去者，或有但見神而終古不去者。止夫度去者，萬未有一人；大壽者，千未有一人也；小壽者，百未有一人也；竟其天年者，比是也。凡天下之人學問也，萬未一人得上官也，千未一人得中官也，百未一人得小官也，其於佃家活生，萬未一人得億

〔一〕鈔無「所治」二字。〔二〕「真」下原有「其」字，疑涉上文而衍，今依鈔刪。〔三〕「或」原作「成」，疑形近而譌，今依鈔改。

萬也，千未一人得千萬也，百未一人得百萬也。凡事者皆如此矣。故其本者衆多，其度世及富貴者少也。愚生甚憂之。今爲道，當以何爲大戒而得長成乎？學問當以何爲大戒而得到大官乎？治生聚財當以何爲大戒而得致富乎？今不及天師力問諸疑，恐終古蒙昧，不復開通，無以得知之也。」「善哉善哉！諸真人問疑事也，天使子來問之*。諾。安坐，善問身聽，今爲真人悉道之，使□□可知，自隨而力記之。」「唯唯。」「行，後世得吾文，爲其廣開真道之路，必且俱學真道。夫真道而多與神交際，神道專以司人爲事，親人且喜善，與不視人且驚駭，與不俱爭語言於人旁，狀若羣鳥相與往來，無有窮極。或言人且度去，或言人且富而貴，或言人且貧而賤，或譽旁人，或毀旁人，或使人大悦喜，或使人常苦大忿。夫神，乃無形象變化無窮極之物也。人爲之能專心自守，能不聽其言，考心乃行，閉口不傳其言，又不隨爲其愁怒喜固固堅守本不移，務陰利祐人及凡物，不欲爲害。以年一知道之後，常爲上善，務利而不害傷，求道爲善，到年窮乃止，爲是不敢懈怠，萬萬度世一不耳，萬得大吉一凶耳。如此則羣神轉共祐助人也，使人日樂善，不知復爲邪惡也。真人知之耶？」「唯唯。」「行，子已知矣。行爲真人道其且亂敗

經九八・三上・一・一

經九八・四上・一・一

者。人用心意不專純，又易喜易怒，易驚易惑，又易事輕口清辯慧，常欲語善惡，無可能隱匿。遭者欲言，不能自禁止。於其如是*，則羣神共來欺之。或之小人，則且上入祆言而死也，或數爭辯口而妄言也，或爲鬼神所驚，因而病狂也。大用心意，不專一人，怒喜無常，舉事失正，惚恍無方，或以是失其賢友善輔也，因以危亡。是者大咎在不愛利，爲上則不欲利其下，聽邪神，反欲害之。故賢者使去，反失其賢輔用。其於小人也，不欲尊重其上，反聽邪神詐僞，祆言妄語，是即爲道不成，所以得凶之門户也，吾不能豫勝記之也。凡人用心，不能專堅密者易營，或皆舉事不吉，所爲多害得凶，其過失積衆多，不可盡言。但爲真人舉道其大綱，見其端首，使賢明深見吾文，自精詳隨而察之，必已知矣。真人寧曉不耶？」「唯唯。」「行，子已大覺矣。守吾文以爲深戒，以爲行者萬世可無凶害，誠□□。故後世讀吾文書，從上到下，盡睹其要意義而行者，萬不失一也。守之不置，自然畢也。專心善意，乃與神交結也。邪心惡意，道必失也。大人不精聽耶，或失其正位，小人不精聽耶，與祆結也。此悉成身之害，不可不大戒慎也。凡人舉事有過*，皆自身得之也。夫禍變近從胷心中出，不以他所來也。真人知耶？」「唯唯。可駭哉！

〔并〕鈔己二四下・五・一五

〔并〕鈔己二五上・四・四

經九八・五上・一・一

可駭哉！」「子知懼駭，於是可謂已得入真道矣。愚生已大覺矣，賢儀此以爲行。成事，得長入吉門，辟凶户矣。死生之路，可長睹矣。案此爲行，凶耶日遠去，吉者來矣。然子已知之矣，□□不復重戒子也。」「唯唯。」起「行，爲子道，學而得大官者決意。凡人學〔一〕問也，今日入學門，用心專一，常欲祐〔二〕利愛而不妄語，年少而學至老窮無復知乃止，不樂得官也。但身好學，務欲得〔三〕知經道，積爲善而不止，行名立，經道成，深知古今災變所從超。其行與學，有益於上，有利於下，爲善積聞，不可闔〔四〕閉，名聞四遠〔五〕。明王好之，因而徵索召〔六〕取，百姓〔七〕俱言善哉，俱〔八〕言大吉，是其人也，旁人爲其說〔九〕喜。是〔一〇〕者即其善人學而度世者也。〔止〕真人知之耶？」「唯唯。」

爲道敗成戒第一百五十七

起「行復爲子說道，其不度者，意今日入學門，不樂思得真道善說；但欲博聞多睹，可以行窮極聖人者。又不樂〔一〕推行作善，反好浮華之文〔二〕，*可以相欺僞者。或既得入經道，又用心不專一，常欲妄語，辯於口辭，以害人爲職，不尊重上，不利愛下。其〔一三〕行與經道實〔一四〕空虚，未足以爲帝王之良臣，反行守〔一五〕長者。旁人以財貨自助，欲得大官，以起名譽，因而盗採財利，以公趣〔一六〕私，背上利下，是即亂〔一七〕敗正治，天地之害，國家之〔一八〕賊也。民之虎狼，父母之惡子也〔一九〕，天地憎之，鬼神惡之。故其罪泄〔二〇〕見者，時時見誅〔二一〕於帝王，以稱天心，以解民之大害也〔二二〕。是其工〔二三〕欺而得官者也。或有用心不專，實空虚無真守，反積常思欲得官。官者，乃〔二四〕天之列宿之〔二五〕官也，以封有德、賞有功也，不以妄予〔二六〕無功之人也。無功之人，天地所忽，神靈所不好〔二七〕愛也。下愚不能深自知惡，反妄思得天官而不

〔一〕「學」鈔誤作「專」。〔二〕鈔無「祐」字。〔三〕鈔無「得」字。〔四〕「闔」鈔作「蓋」。〔五〕「遠」鈔作「達」。〔六〕「召」鈔作「詔」。〔七〕鈔無「百姓」二字，但有「萬」字，疑「百姓」鈔作「萬民」，又脱「民」字。次篇爲道敗成戒「百姓且象其君而爲之」，「百姓」鈔作「萬民」，可以爲證。〔八〕鈔無「俱」下四字。〔九〕「説」鈔作「悦」，「説」、「悦」通用。〔一〇〕「是」鈔譌作「足」。〔一一〕「樂」鈔作「欲」。〔一二〕「文」原作「天」，疑形近而譌，今依鈔改。〔一三〕鈔無「其」下三字，但有「復」字。〔一四〕鈔無「實」字。〔一五〕「守」鈔作「首」。〔一六〕「趣」原作「起」，疑誤，今依鈔改。〔一七〕「亂」下鈔有「賊」字。〔一八〕鈔無「之」字。〔一九〕鈔無「也」字。〔二〇〕鈔無「泄」下六字，但有「當」字。〔二一〕「誅」下鈔有「之」字。〔二二〕鈔無「也」字。〔二三〕「工」鈔誤作「抵」。〔二四〕鈔無「乃」字。〔二五〕鈔無「之」字。〔二六〕「予」鈔作「與」，「予」同「與」。〔二七〕鈔無「好」字。

止，邪〔一〕鬼物因而共下〔二〕其心，使其〔三〕妄語，因而妖言，不〔四〕而自禁止也。故時有邪言而死者，此之謂也。非獨爲道，不得其意，則凶也。凡〔五〕人爲行，不欲樂善，爲悉凶也。真人努力，子〔六〕幸有善意，常欲愛利爲事，已度矣。[止]雖然，真人凡人，且度不度，不在於前也，其失皆在於後，皆由不自愛，自易自言*且度，反中有過而不度也。故吾今說而不得中止者，乃真人使吾說不得止也。今欲中閉說而自易不言，恐恨真人。真人恨則上視天，反且使天害吾，故吾言不敢道，自易閉學而中止也。子知之耶？」「唯唯。」「行，凡人之得害如此矣。常得於未解，不與本相應，故失之也。子既有大功於天，努力努力。」「唯唯。不敢自易業學而道上也。」「行，子已知自度之術矣，吾無以加之也。行復爲真人具說，其人樂治家畜財，得富貴者，年少力能布作，而長思爲事，力盡因乃止，能揚善隱惡，常用心樂爲善，慄慄思尊上。凡疑悉慎戒之，不敢妄爲，又愛下不欲害人，不枉王法，不樂隨邪禮相隨飲食也。凡不急之事，不敢與焉，有知而爲此行，到老無知乃已。雖實若虛，口不輕語，故能致珍物畜積，因以成人也。夫人賢不肖，用意各異。或有不善之人，輕上害下，好從邪禮，不急之行數到，市道用口妄語不能忍，非即凶亂

經九八・六上・一・一

〔并〕鈔己二六上・三・九
經九八・七上・一・二

危亡之人也，非爲道也。子知之耶？」「唯唯。」「是故夫爲道者，專汝心，閉汝口，毋妄言也。是故〔起〕古者聖賢睹*天法明，故能行道守德也。天乃專一，晝夜行道而不言，故能獨〔七〕吉也〔八〕；地乃晝夜行道而不言，愛養萬物，故能長〔九〕獨安〔一〇〕也；四時乃獨〔一一〕行道，晝夜〔一二〕不〔一三〕止，故能常獨興王而不止也；三光乃獨行真道而不言，故能常明，隨天運行也；五行乃獨行真道而不言，故能與天地爲常也。凡天下之爲道行〔一四〕者，象此不可勝書〔一五〕也。故〔一六〕能愛利口，不妄言，則道可得也。欲輕忽事〔一七〕，反吾文〔一八〕言者，成〔一九〕□□爲道所賊，萬〔二〇〕不失一也。〔止〕真人既

〔并〕鈔己二六下・一・一六

遠來問疑，故以戒子也。得書思之惟之，吾不負子也，〔起〕吾乃爲天談，以戒上德之

〔一〕「邪」原作「耶」，當作「邪惡」之「邪」，今依鈔改。〔二〕「下」鈔作「入」。〔三〕鈔無「其」字。〔四〕「不」上鈔有「而」字，「不」下「而」字，鈔作「能」。〔五〕「凡」下十二字鈔無。〔六〕鈔無「子」下十三字，但有「自度之術」四字。〔七〕「獨」鈔作「長」。〔八〕鈔無「也」字。〔九〕鈔無「長」字。〔一〇〕「安」鈔作「吉」。〔一一〕鈔無「乃獨」二字。〔一二〕「行道晝夜」鈔作「晝夜行道」。〔一三〕「不」上鈔有「而」字。〔一四〕鈔無「行」字。〔一五〕「書」原作「盡」，疑形近而譌，今依鈔改。〔一六〕「故」鈔作「常」。〔一七〕鈔無「事」字。〔一八〕鈔無「文」字。〔一九〕鈔無「成」下三字。〔二〇〕鈔無「萬」下四字。

經九八・八上・一・一

〔并〕鈔己二六下・四・一

君〔一〕。夫〔二〕德君天與之〔三〕，必且好道，百姓〔四〕且象其君而爲之，皆以此文爲大〔五〕戒，[止]則可得吉而遠凶也。出此之書，以戒下愚，慎毋藏之。」「唯唯。行去。此説戒乃若小而反大，若薄而反厚。何謂也？」「然，念其辭言也若小耳，其戒反大也。念其言，若類似俗辯士所爲也，則似薄不足傳也。念其戒人成人則厚矣。故念吾爲真人作道，其大也則洞至無表，其小也則洞達無裏，尊則極其上，卑則極其下。故上及神人，下及奴婢。所以然者*，欲使大人爲之亦言足，小人爲之亦言足，賢聖爲之亦言足，百姓爲之亦言足。」「何也？願聞其意。」「善哉！子之難也，得其意。然吾乃爲太平之君作經。夫太平之君治，乃當象天爲法，不可若小國，但長於一界也。[起]是故天之爲象法也，乃尊無上，反卑無下，大〔六〕無外，反〔七〕小無内，包養萬二千〔八〕物，善惡大小，皆利祐之，授〔九〕以元氣而生之，終之不害傷也。故能爲天，最稱神也，最名無〔一〇〕上之君也。今上皇氣至，德君治，當象此爲法。故吾道一高一下，一沈一浮，欲使衆賢共察〔一一〕之也〔一二〕。是〔一三〕故東南地户，乃有柱天〔一四〕之水，不逆小流之力也。善惡大小皆歸之。真人知之耶？」[止]「唯唯。」「行，欲復説辭無極，爲其大文，且小止息，各歸思之於胷臆。作道不得其意，

經九八・九上・一・一

示之以南反問北。用心如此，則終古所學不得也。不敢不行，子已曉矣。」

右集難道戒學治生成與不成吉凶何所起訣。

核文壽長訣第一百五十八

「願請問一疑事言之。今願及天師問文之訣，*人之實長可與共事，而終古無復厭之時，豈可得聞乎？」「然子欲核衆文知賢者處耶？諾。安坐，爲真人道之。積文億卷，不能得壽，何益於命乎？文書滿室，而不能理平其治，又何益於政乎？臣子滿朝，而不能爲君致太平，樂其上，又何益於帝王乎？一人生百子，使父母饑寒，又何益於親乎？積方重車，不能益壽，又何益於人命乎？說事無窮，於不能爲君除災患，又何益於朝廷乎？凡事類若此者衆多，不可勝記也。但爲真人

〔一〕「之君」原作「君之」，疑有顛倒，今據鈔移正。　〔二〕「夫」原作「民」，疑誤，今據鈔改。　〔三〕「與之」鈔誤作「之與」。　〔四〕「百姓」鈔作「萬民」。　〔五〕鈔無「大」字。　〔六〕「大」上鈔有「其」字。　〔七〕「反」下鈔有「其」字。　〔八〕鈔無「二千」二字。　〔九〕「授」鈔誤作「受」。　〔一〇〕「無」鈔誤作「天」。　〔一一〕「察」鈔訛作「策」。　〔一二〕鈔無「也」字。　〔一三〕鈔無「是」字。　〔一四〕「柱天」鈔作「天地」。

〔并〕鈔己二七上・一・八

經九八・一〇上・一・一

〔并〕鈔己二七下・八・一七

舉綱見始，令諸賢柔自深察之耳。願得其效，子欲知之耶？」「唯天師。」「諾。安坐自精，方爲子言之。【起】文書億卷，中有能增人〔一〕壽，益人命，安人身〔二〕者，真文也，其餘非也。文書滿室，中有能得天心平理〔三〕治者，真文也，其餘非也。臣子滿朝廷，中有能樂其君、助其君致太平者，是帝王之真臣良吏也〔四〕，其餘者佐職之臣子也。人生一子，而父母常得其樂而不饑〔五〕寒者，是賢孝之子，其餘〔六〕悉備數也。積方重車，中有〔七〕能益年者，是真方也，其餘悉〔八〕非也。天下若此比〔九〕類衆多，不可勝〔一〇〕記豫説也。真人自深*思其意，吾文以一推萬，足以明天下之道矣。故令〔一一〕使真人付〔一二〕道於上〔一三〕德之君，拘校凡文人辭聖書者，明以示衆賢，使一俱覺解迷與〔一四〕惑也。已〔一五〕拘校凡文之後，災日去矣。夫邪文邪言，乃是〔一六〕姦災之主人也。夫正文正言，乃逐〔一七〕除〔一八〕邪姦惡之吏也。文已〔一九〕正，言已〔二〇〕正，姦僞無主人，則無〔二一〕於止宿也。夫邪文〔二二〕邪言爲姦主人，比若盜賊有主〔二三〕舍止宿者，主人已死亡，盜賊無緣復得來止息也。真〔二四〕人亦曉知之耶？」「唯唯。」「行〔二五〕，天道之爲法，以一況萬，亦〔二六〕不可盡書也。【止】真人得之，自深惟思其要意，賢明心有九孔易達，見文自大覺矣，勿復問也。曾文。」「唯唯。」【起】

文多使人眩冥〔二七〕，不若舉其〔二八〕一綱，使萬目自列而張也〔二九〕。故萬民〔三〇〕擾擾，不若一帝王也。衆星億億，不若一日之明也。柱天羣〔三一〕蚑行之言，不若國一賢良也。天道廣從〔三二〕，無復窮極，不若一元氣與天持其〔三三〕命綱也。賢者上德之君，深〔三四〕思吾言，壽自長也。後世共思吾言，自父慈子孝，日廣且明也。母〔三五〕愛婦順，俱一國且而賢良也。大小爭爲善，後者〔三六〕無彊也。不知復有邪文，佞人

〔一〕「人」下鈔有「年」字。〔二〕鈔脱「安人身」三字。〔三〕鈔無「理」字，疑係校讀者旁注，誤入正文。〔四〕鈔無「也」字。〔五〕「饑」鈔作「飢」。〔六〕「餘」下鈔有「皆」字。〔七〕「有」下鈔有「皆」字。〔八〕鈔無「悉」字。〔九〕鈔無「比」字。〔一〇〕「勝」鈔誤作「稱」。〔一一〕鈔無「令」字。〔一二〕「付」鈔作「傳」。〔一三〕「上」原作「土」，疑傳寫譌謬，今依鈔正。〔一四〕鈔無「與」字。〔一五〕鈔無「已」字。〔一六〕鈔無「是」字。〔一七〕「逐」鈔譌作「遂」。〔一八〕鈔無「除」字。〔一九〕「文已」鈔倒作「以文」。〔二〇〕「已」鈔作「以」，「已」下鈔有「吏」字。〔二一〕「無」下五字鈔作「無止宿之所矣」。〔二二〕鈔無「邪文」二字。〔二三〕「主」下五字鈔作「舍止之所也」。〔二四〕鈔無「真」下九字。〔二五〕「行天道之爲法」以下，鈔另起一段。〔二六〕「亦」鈔誤作「萬」。〔二七〕「冥」鈔作「惑」。〔二八〕鈔無「其」字。〔二九〕「也」鈔作「之」。〔三〇〕「民」鈔作「人」。〔三一〕「羣」下鈔有「下」字。〔三二〕「從」鈔作「縱」，「從」同「縱」。〔三三〕鈔無「其」字。〔三四〕「深」鈔作「得」。〔三五〕鈔無「母」下十二字。〔三六〕鈔無「者」字。

經九八・一一上・一・一

因〔一〕以藏也。災*變盡除，三〔二〕光明也。自然之術，天神〔三〕所〔四〕共純行〔五〕也。爲道如此乎〔六〕，大樂〔七〕何有傷；遂以爲法，乃天行也。誰〔八〕書記之，是乃〔九〕天地神明也。以徵之文，與天地響相〔一〇〕應也，是天合信符也。上君賢者宜共察〔一一〕此辭，行之者日興，與時宜爲期〔一二〕，得天地之欲，故吉哉。止陰陽順行，風雨時，萬變除去，以徵書，吾不自譽也。誠知之，不但飾言也，宜疾效之。真人知之耶？」

「唯唯。」「行去矣，行去矣。精之詳之，道自來。」「唯唯。」

男女反形訣第一百五十九

「願復請問一疑事言之。天師前所賜子〔一三〕愚生書本文，有男女反形，願聞其意。」

「噫！子書略已説可睹，何故復問之乎？」「心愚閉難闓示，唯及天師訣問之。」

「諾。安坐，方爲子言之。天地之性，陽好陰，陰好陽。故陽當變於陰，陰當變於陽。凡陰陽之道，皆如此矣。更相好，故其開練日疾，但宜□□以品訣之耳，不可逕以示教人也。且入邪中。然子明聽。陽者以其形反爲陰形，陰者以其形反爲

經九八・一二上・一・一

陽形，正自以其身，爲其人形容也，不可逕及也，且中於耶。」「唯唯。若且曉*而疑

也。」「噫！子何一難示也。但便以自身爲其形。陽者，若陰人身也；陰者，若陽人身也。」「唯唯。」「子已知矣。行去，事可知。」「唯唯。」

右集難解凡文方訣簡賢得失實陰陽反形以致道。

包天裹地守氣不絶訣第一百六十

「願及天師請問一事乃止。」「行言，何疑哉！」「凡道包天裹地，誰持其氣候者？」「深哉遠哉妙哉！子之所問也。何睹而問此？」「有睹有見，見天地之道，獨不知窮極，故怪而問之也。」「善哉，子之言入微意。然天地之道所以能長且久者，以其守氣而不絶也。故天專以氣爲吉凶也，萬物象之，無氣則終死也。子欲不終窮，宜與氣爲玄牝，象天爲之，安得死也。亦不可卒得，乃成幽室也。入室思道，自不

〔一〕「因」鈔誤作「國」。〔二〕「三」原作「二」，疑形近而譌，今依鈔改。〔三〕「神」鈔誤作「師」。〔四〕鈔無「所」字。〔五〕鈔無「行」字。〔六〕鈔無「乎」字。〔七〕鈔無「大樂」二字。〔八〕「誰」鈔誤作「垂」。〔九〕「乃」鈔誤作「思」。〔一〇〕鈔無「相」字。〔一一〕「察」鈔誤作「策」。〔一二〕「期」鈔誤作「朝」。〔一三〕「子」疑當作「予」。

經九八·一三上·一·一

〔并〕鈔己二八下·一·八

食與氣結也。因爲天地神明畢也，不復與於俗治也。乃上從天太一也，朝於中極，受符而行，周流洞達六方八遠，無窮時也。子思書言，自得之也，爲神之階可見矣。去世上天而治，不復見矣。子欲重知其明效也，世不可得久有而獨治也。故得道者*，則當飛上天，亦是其去世也。不肯力爲道者，死當下入地，會不得久居是中部也。故天地開闢以來，更去避世，聖文常格在而不見其人，是明效也。不死得道，則當上天；死則當下入地，不得久當害中和之路也。子得吾文，自深思其意，欲樂上行常生在，與天并力，隨四時天下祭祀而飲食者，努力爲真道，是其汙法也。若不樂常在而樂死者，棄道隨俗，亦將歸地下，不得久睹天日月星曆也。吾文□□，萬萬不失一也。故古者聖賢人盡去，今無見者，是其大效也。子自思之，樂上則上，樂下則下，無奪子志者也。故[起]吾爲太平德君制作法〔一〕度，不限〔二〕一人也〔三〕。夫太平氣來，有一人自冤不得其欲者，則上皇〔四〕平氣不得俱來至也。故天教吾廣開闢其路，使得〔五〕自恣自擇可爲也。賢明欲樂活者，可學吾文，思其意，入室成道，可得活；賢柔欲樂輔帝王治，象吾文爲之，可以致太平〔六〕；欲樂居家治生畜〔七〕財者，思吾文，可竟〔八〕其〔九〕天年而〔一〇〕終死。故各爲〔一一〕得其

經九八・一四上・一・一

〔并〕鈔己二九上・一・二

所願，無大自冤者〔一二〕也。故〔一三〕太平之氣得來前也。平之爲言者，乃平*平無冤者，故爲平也。是故德君以治，太〔一四〕平之氣立〔一五〕來也。所以〔一六〕然者，乃天下無自冤者，各自得其所樂〔一七〕，所以勑真人以付上德之君者。上德之君，其〔一八〕用心必仁賢而明〔一九〕，明者不奪人〔二〇〕所欲，必得天下之心，欲承天意，以道〔二一〕歸之[止]也。真人知之耶？」「唯唯。」

署置官得失訣第一百六十一

「行且重戒真人一言，使其有似天行也。[起]天之爲〔二二〕行，不奪人所欲爲也〔二三〕；地之

〔一〕「法」下原無「度」字，疑脱，今依鈔補。〔二〕「限」原作「恨」，疑形近而譌，今依鈔改。〔三〕鈔無「也」字。〔四〕「皇」下鈔有「太」字。〔五〕鈔無「得」字。〔六〕「平」下鈔有「乎」字。〔七〕「畜」鈔誤作「商」。〔八〕「竟」原作「億」，疑「竟」初譌「意」，妄人又加「人」字偏傍。今依鈔改。〔九〕鈔無「其」字。〔一〇〕鈔無「而」下四字。〔一一〕鈔無「爲」字。〔一二〕鈔無「者」字。〔一三〕鈔無「故」下二十五字。〔一四〕「太」鈔作「大」。〔一五〕鈔無「立」字。〔一六〕「以」上原無「所」字，疑有脱文，今依鈔補。〔一七〕鈔無「樂」下十三字。〔一八〕鈔無「其」下五字。〔一九〕鈔無「而明」二字。〔二〇〕鈔無「人」字。〔二一〕鈔無「道」字。〔二二〕鈔無「爲」字。〔二三〕鈔無「爲也」二字。

經九八・一五上・一・一
〔并〕鈔己二九上・三・二

爲〔一〕行，亦〔二〕不奪人所欲爲也〔三〕；明〔四〕君之爲行，亦樂象天地不奪人所爲也。與天地相似，故能獨長稱天地，得其心也。止子知之耶？」「唯唯。」「夫天且爲惡，其歲且大凶者，常害人所爲，故民無可收也，其歲凶飢寒也。是故地將爲惡也，傷人所養，其根不固而有病也，其歲不成，多傷民困窮也。衰惡之君將凶，署置不以其人所任職，名爲故亂天官，犯天禁，失天儀，反復就責而罪之，不原其力所不及，人之所不及。比若一旦使君王步行百里，恐其不能到而道止也。人所不及，正是此也。故不擇選人而妄事署其職，則名爲愁*人而危其國也，則名爲亂治政敗也。夫起天地極〔五〕神且明〔六〕，尚〔七〕不敢〔八〕奪人〔九〕所欲爲〔一〇〕，奪之則爲大凶歲也，何況人〔一一〕哉？止真人寧解迷曉耶？」「唯唯。誠得隨其國以師書授之，因就其俗示之，曉之解之。」「行，子可謂曉事之生，天不奪人願也。子行正自得天命，年日益增，何有窮已。子學不求居世尊榮，何復求索，得天意而增年？今已告子，子今寧能說不耶？」「然其受恩大喜，無復有所恨。但恐力極行，以師文授教，恐不能一旦而遍也。」「何必一旦而遍，但爲之不止，自舟流不久。」「唯唯。受嚴勑，不敢雖〔一二〕繩墨。」「子已知其意，吾無復以戒子也。行，辭小竟，事畢。異日有疑，乃復來。」「唯唯。」

右大集難問天地氣候爲道與不吉凶君署置官得失文。

〔一〕鈔無「爲」字。〔二〕鈔無「亦」字。〔三〕鈔無「爲也」二字。〔四〕鈔無「明」下三十二字，但有「明君象之故致太平」八字。〔五〕「極」鈔作「至」。〔六〕鈔無「且明」二字。〔七〕「尚」鈔作「猶」。〔八〕鈔無「敢」字。〔九〕鈔無「人」字。〔一〇〕鈔無「爲」下九字。〔一一〕「何況人」鈔作「況人乎」。〔一二〕「雖」疑係「離」字之譌。

太平經合校卷九十九己部之十四

經九九・一上・二・四

太平經卷之九十九〔一〕

乘*雲駕龍圖第一百六十二

（圖另附）

〔一〕原有小注「一百同卷」四字，今删。

經一〇〇・一上・二・四

經一〇〇・三下・六・一

〔并〕鈔己二九上・四・一

太平經合校卷一百 己部之十五

太平經卷之一百

東*壁圖第一百六十三

（圖另附）

著*東壁。

〔起〕上古神人戒弟子後學者爲善圖象，陰祐利人常吉，其功增倍。陽善者，人即相冗答而解。陰善〔一〕者，乃天地諸神知之，故增倍也。積德者，富人愛好之，其善自

經一〇〇・四上・一・一

日〔二〕來也。人之所譽，鬼神*亦然，因而祐助之。好道者長壽〔三〕，乃與陰陽同其憂，順皇靈之行，天地之性，得其道理，故天祐之也，失者亂，故〔四〕天不祐之〔五〕也。夫求善以善，無可怪者〔六〕。學以仁得之，道之始也；以德得之，道之中和也；以道得之，道之〔七〕上也。止咄咄！慎之慎之，行無妄也。極思此書，傳之後世，可無傷也。隨四時轉，道之上也。善者自興，惡者自病，吉凶之事，皆出於身，以類相呼，不失其身。天道無私，但行之所致。故前有弟子，後有善氣，趣學不止，令命得陽遂也。或得長壽身不敗，故爲善。乃於內外神反爲其除害，弟子居前，主爲其對。物有自然，天下之事，各從其類也。

〔一〕鈔脱「善」字。　〔二〕鈔無「日」字。　〔三〕「壽」鈔作「生」。　〔四〕鈔無「故」字。　〔五〕「不祐之」鈔作「不好善人」。　〔六〕鈔無「者」字。　〔七〕鈔脱「道之」二字。

太平經合校卷一百一 己部之十六

太平經卷之一百一

西*壁圖第一百六十四

（圖另附）

起上*〔一〕古神人真人誡後學者爲惡圖象，無爲陰賊，不好順事，反好爲害〔二〕嫉妒，令人死凶。天道不可彊劫，劫〔三〕必致兵喪威之死，滅世亡道〔四〕，神書必敗，欲以爲利，反以爲害，此即響應天地之性也。乃致自然之際會，審樂以長存，慎之慎

經一〇一·一上·二·四

經一〇一·七上·六·一
〔并〕鈔己一九上·一·一

〔一〕「上」上鈔有「西壁圖」三字，疑係題目。按此鈔文轉在「東壁圖」前，蓋係倒錯。〔二〕鈔無「害」字。〔三〕「劫」下鈔有「之」字。〔四〕「道」鈔誤作「盜」。

之。無好無〔一〕害，善者自興〔二〕，惡者自敗。觀此二象，思其利害。凡天下之事，各從其類，毛髮之間，無有過差。但人不自精，自以不知，罪名一著，不可奈何。不守其本，身死有餘過。乃爲惡於內，邪〔三〕炁相召於外。故前有害獄，後有惡鬼，皆來趨〔四〕鬭，欲止〔五〕不得也〔六〕，因以亡〔七〕身。故畫象以示後來，賢明得之以爲大誡。愚者不信道，自若忽事，書〔八〕審如〔九〕言，不失銖分。故守柔者長壽，好鬭者令人不存。物事各從其類，不復得還，雖〔一〇〕悔之無益，鬼已〔一一〕著焉。見誡當〔一二〕覺，以時自還。*今尚〔一三〕未傷，固可得爲善人。善者乃上行，惡者〔一四〕下降。天道無私，乃有自然，故〔一五〕不失止法也，其事若神。

右著西壁。

經一〇一・八上・一・一

〔一〕「無」鈔作「爲」，疑當作「爲」。〔二〕「興」鈔誤作「然」。〔三〕「邪」鈔作「精」。〔四〕「趨」鈔作「趣」，「趣」通「趨」。〔五〕鈔無「止」字，但有「悔之」二字。〔六〕鈔無「也」字。〔七〕「亡」鈔誤作「忘」。〔八〕鈔無「書」字。〔九〕「如」鈔作「而」。〔一〇〕鈔無「雖」字。〔一一〕「已」鈔作「以」。〔一二〕鈔無「當」字。〔一三〕「尚」鈔作「上」。〔一四〕「者」下鈔有「乃」字。〔一五〕鈔無「故」字。

太平經合校卷一百二 己部之十七

經一〇二・一上・二・四

〔并〕鈔己二九下・二・九

太平經卷之一百二〔一〕

神*人自序出書圖服色訣第一百六十五

[起]吾本少學而不止，精神念之，涕常欲下。爲此積久，蒙皇天大恩，今日幸得逢天師〔二〕人於曠野。始學若虧，司〔三〕問小事外浮華也。本求守一養性之法凡三百首，乃見天師説而無極，故敢問身寧可得長存與〔四〕？[止]不見天師説而無極，故敢問小政事。見師説無極，乃敢具問天地開闢以來，帝王更相承負愁苦，天災變怪訖不絶，何以除之。又羣神無故共害人，人不得竟其年命，以何止之。今受天師嚴教深戒之後，宜何時出此止姦僞興天地道之書乎？」「乙巳而出，以付郵客，而往通之者也。後世歲歲在玄甲乃出之，是天諸甲之首最上旬也，與元氣爲初，

〔一〕原有小注「一百三同卷」五字，今刪。〔二〕「師」鈔作「神」。〔三〕「司」鈔作「思」。〔四〕「與」鈔作「否」。

經一〇二·二上·一·一

乃以書前後付國家，可以解天地初起以來更相承負之厄會也。比付當以何字，其文教積累其字，獨自深知之，勿令泄皇天上和與第一之道也，將傳與能往付者，共分別解之。比到玄甲，使其憒憒，如有求吾書者*，以守一浮華爲前以付之。」「已付郵客方士，往付上有至德之君。何謂也？」「得而防行之，即其人也；不知行之，即非其人也。真人勿先出之也。且天威怒，反殺人也。吾戒悉盡於是矣。所以□□，誠畏天有言也。」「今天師教勑下愚弟子，胷中慺慺，若且可知，不敢負也。誠問著圖者，畫神衣云何哉？」「皆象天法，無隨俗事也。今不曉天法，其人圖大小，自以意爲衣。衣者，隨五行色也。今使母含子，居其內，以色相次也。大重之衣五也，中重之衣四也，小重之衣三也，微重之衣象陰陽，二也。大集之衣亂彩六重也。願聞大重何象，象五行氣相合也。四重何象，象四時轉相生也。三重何象，象父母子陰陽合和也。二重何象，象王相炁相及也。六重何象，象六方之彩雜也。故天下有雜色也。此之謂。」「善哉善哉！」「行去，慎圖密文。」「唯唯。今弟子至愚且賤，蒙恩得與天師文用日久，凡事嚮且畢。願更問一疑。」「平言何等也？」「今見天地開闢以來，文書前後出非一，乃積多復多，河、洛出之，今此書何不須河、洛

經一〇二・三上・一・二

出之乎？」「善哉善哉*！子今難也。天使子言，可謂得其意矣。今天悉使吾爲帝王人民具出陳承負之責會也，文書積衆多，不可以河、洛出之也。夫河、洛文書，文多當見，其策文多，難以策悉知之。故天因人出之也。天乃深知吾而爲其言，知而具難問，故反使子與吾共傳其要言也。子亦自知學，而不得道心，真人爲何來哉？」

「今愚蔽暗不自知也。」

右問閉藏出其圖畫衣服文。

位次傳文閉絶即病訣第一百六十六

〔并〕鈔己二九下・七・一

起「子爲天來學問疑，吾爲天授子也。」「願聞其訣意，以何明之也？其〔一〕以又明之云何哉？」「今有德之君，得吾書心解行之，與衆賢共議，以化凡民，必與天〔二〕立響相應，是其明證也。吾道以誠成不設僞言行已訣矣。」止「唯唯。弟子無狀，數愁天

〔并〕鈔己三〇上・一・一

師不也。」「子不好問，亦無從知之也。起吾含此學〔三〕久矣〔四〕，無可與語者，故〔五〕

〔一〕鈔無「其」下八字。　〔二〕鈔脱「天」字。　〔三〕「學」鈔作「道」。　〔四〕「矣」鈔誤作「以」。
〔五〕「故」下四十四字鈔無。

經一〇二・四上・一・一

不得以時傳之。今使人不知白黑，其過在吾也。今得傳真人問，誠喜甚喜。比若春得登臺，而出見天無異，何乎哉*？天怨〔一〕結有劇病變不絕，此其悒悒不通，得〔二〕與子言喜也。天師何不〔三〕自往與〔四〕之，位〔五〕次不得也。吾位〔六〕職在天，真人位〔七〕職在地。地〔八〕者出萬物。故天生者，於地養之。故吾傳道於真人。地生君王凡民萬二千物，悉得陽施，從陰中出，故子得傳於人〔九〕。止」「善哉善哉！愚生大自怪。當得此。嚮〔一〇〕不力問天師，無由知之也；但猜疑故也，敢冒過問之耳。」「善乎！是名爲曉事之生，是亦非獨子力也。實天授子心，使其言也。

〔并〕鈔己三〇上・六・一〇

今蔽塞不自知行，今使子大自知，照若日月之光，起子以吾言不誠信也。夫天雖欲〔一一〕有所出，不與人語，難知情〔一二〕。吾書承天教令，明〔一三〕丹青也。止子爲不然，今私匿閉絕吾文，而不以時出之，天即且病子災子。子或遏之猶不出，子已凶矣。是其天使子來學問明證也，使真人出之明信也。善哉善哉！真人重戒慎之。」「唯唯。今天師職在天，覆加不得已，欲復請問一疑。」「不敢言乎？」「行，今凡天事，皆爲天使，有所傳耶？獨天師與愚生邪？」「噫！子益愚，何知天下凡

經一〇二・五上・一・一

物，皆爲天使。故各有所職，共成天道也。一物不具足，即天道有不*具者。子何

〔并〕鈔己三〇上・八・八

故乃不知是乎？其冥冥何劇也。」「愚蒙未悉開，得天師解之昭然。」「行，子亦易示矣。行，弩〔一四〕力勉之。凡民各有所職，乃復爲天使物，敢獨自勞自然也。」「不敢不敢。行去矣。」

經文部數所應訣第一百六十七

起天數之始也，是故天地未分之時，積氣都合爲一，分爲二，成夫婦。天下施於地，懷妊於玄冥，字爲甲子。布根東北，丑與寅。始見於卯，畢生〔一五〕東南，辰與巳。垂枝於南，養於午。向〔一六〕老西南，未與申。成〔一七〕西方，日入酉。畢藏西北，戌與亥。故起數〔一八〕於一，十而止〔一九〕。十〔二〇〕者，十干〔二一〕之始，五行之本也。數以

〔一〕「怨」鈔作「冤」。〔二〕鈔無「得」下六字。〔三〕鈔無「不」字。〔四〕「與」下鈔有「付」字。〔五〕「位」下五字鈔作「曰位不當也」。〔六〕鈔無「位」字。〔七〕鈔無「位」字。〔八〕「地」上鈔有「在」字。〔九〕「人」下鈔有「也」字。〔一〇〕「響」、「嚮」通用。〔一一〕鈔無「欲」字。〔一二〕「難知情」三字鈔作「情意同」。〔一三〕「明」下鈔有「若」字。〔一四〕「弩」當作「努」。〔一五〕鈔無「生」字。〔一六〕「向」原作「尚」，疑譌，今依鈔改。〔一七〕「成」下鈔有「與」字。〔一八〕「起數」鈔作「數起」。〔一九〕「十而止」鈔作「而止於十」。〔二〇〕鈔脱「十」字。〔二一〕「十干」二字鈔誤作「五千」。

一〔一〕乘十，百而備是也〔二〕。故天生内百日〔三〕故畢終。是故斗建於辰，破於戌。建者，立也，故萬物欲畢生。破者，敗也，萬物畢死於戌。數從〔四〕天地八方，十而備，陰陽建破，以〔五〕此往來復其故，隨天〔六〕斗所指以明事。吾書乃爲除害氣，故〔七〕象天爲法。止

右問天師書文徵信明訣。

〔存〕鈔己七上・四・七

〔存〕*天受人命，自有格法。天地所私者三十歲，比若天地日月相推，有餘閏也，故爲私命，過此者應爲仙人。天命：上壽百二十爲度，地壽百歲爲度，人壽八十歲爲度，霸壽以六十歲爲度，仵壽五十歲爲度。過此已下，死生無復數者，悉被承負之災責也。故誡冤乎？此人生各得天算，有常法，今多不能盡其算者。天算積無訾，故人有善得增算，皆此餘算增之。欲知大効，比若一里有十户，户有千畝田。其九户爲惡盡死滅，獨一户爲善，并得九户田業，此之謂也。不望陰陽祐人，今人或不得其數而望得天報者，會不得天報也。今日食之，而後日住〔八〕食之，不名爲食人，名爲寄粮。今日飲人，而後日往飲之，不名爲飲人，名爲寄漿。今日代人負重，後日往寄重焉，不名代人持重，乃名寄裝。今日授人力，後日往報之，不名爲

〔存〕鈔己八上・一・二

助人，名爲交功。今人〔九〕譽舉人，後日*見譽舉，不名爲譽舉人也，乃名爲更迭相稱。如此比類者衆多，不可勝記，如此者皆無天報也。然人不祐吾，吾獨陰祐之，天報此人。言我爲惡，我獨爲善，天報此人。人不加功於我，我獨樂加功焉，天報此人。人不食飲我，我獨樂食飲之，天報此人。人盡習教爲虚僞行，以相欺殆，我獨教人爲善，至誠信，天報此人。人盡言天地無知，我獨陰畏承事之，天報此人。人盡陰欲欺其君上，我獨陰祐利之，不敢欺，天報此人。父母不愛我，我獨愛祐之，天報此人。如是比類者衆多，不可勝記。真人自計之。上士求天報，中士求人報，下愚不施反求報。上善之人得天報者度也，中善之人得人報，故愛利之而仕之。下愚無功而強報，故天地人共惡而誅之。故上皇皇天之氣悉下生，后土之氣悉上養，五行之氣悉并力，四時之氣悉和合。三光更明，天下同心爲一。天性爲行最，尊之重之愛之祐之。天性既善，悉生萬物，無不置也；地性善，養萬物而

〔一〕「以一」鈔作「一以」。〔二〕鈔無「也」字。〔三〕鈔無「百日」二字。〔四〕鈔無「從」字。〔五〕「以」上鈔有「故」字。〔六〕鈔無「天」字。〔七〕「故」下鈔有「曰」字。〔八〕「住」疑「往」字之譌。〔九〕「人」疑當作「日」。

〔存〕鈔己九上・一・一

〔并〕鈔己一〇上・一・一

無不置也；聖人悉樂理天地，而萬物受其功。大善神真仙人*助天地行，不敢自苦也。悉與元氣同，與天心相得，故獨長吉而無凶也。古者聖人賢人深思遠慮，乃知天道意；但專陰行善，不敢爲惡也。深覩皇天明禁，下乃背而加之，學問淺劣，復不信天禁，故難移矣，失而早亡矣。願聞天壽百二十歲、地壽百歲、人壽八十歲、霸壽六十歲、仵壽五十歲。三正超於東方，天之首端也。歲月極於東北，天極也。夫天壽者，數之剛也。東北，物之始也。一年大數終於此，故百二十爲象天也。地者，陰也，常受施，西北爲極陰也。陰者殺而陽生，故亥者核也，陰終西北角也。西北爲地之司命，故地壽得百歲。八十六十者，陽止陰起，方立秋。秋者白氣白虎持事，故霸命也。五十者，陽氣興長於上，陰氣伏起於下，陰仵陽化，故爲仵命。過此而下，悉曰無常命。誠冤結哉！今且曉子一解，可以終古自養而極者，不可忘也。人欲去凶而遠害，得長壽者，本當保知自愛自好自親，以此自養，乃可無凶害也。身得長保，飲食以時調之，不多不少，是其自愛自養也。而撞門户閉之，居内*不與俗事，是自愛自養也。而讀書無極，安貧樂賤，無憂而已，是其自愛自養也。已前皆如是而非也。夫自愛爲言者誠，誠自愛保，自念身無足，

〔存〕鈔己一一上・一・一

冥目亦還自視無足，未常須臾離之。因思而憂之，乃至不食而飽，是爲自愛之人也。自好爲言者，乃好念身形，形容上下，累累可覩。誠好愛不止，面目生光明也。晝夜不能忘，以爲經常。因得肉飛而可強，是爲自好愛之道也。今故使男女大小老少賢不肖共集上書，爲帝王通達聰明，帝王比若中極星，默常居其處，而衆星共往奏事也。大者居前，中者居中，小者居後。一星不得，輒有絶氣，天行爲傷。夫星者，乃人民凡物之精光。故一人不得通於帝王，一星亦不得通也。故天氣輒爲乖錯，地氣爲其逆也。故教其吏民大小，俱共上書，以通天氣，以安星曆，以除天病，以解帝王承負之責。故示勑使三道行書者，恐有不通，故各自其使宜。長吏者記城郭之災變，布道者記市道之災變，四野者記四野之災變。各相取長短，傳以相語，共爭上之。長吏亦務*上書，邑民亦務上書，行人亦務上書。長吏欲不上，恐民上之；民人不上，恐行人上之；行人不上，恐長吏上之。故使民俱坐，乃後且爭上事也。吏民有信者，帝王仕之不負焉，故吏民樂爲也。帝王得以爲聰明而稱王心，而長安其身；吏民得以尊天地，得以無病；天地四方俱有利，故長吉，爲萬萬世法也。以付上德之君，使民知天意。令以自安自全，無爲迷惑。

〔存〕鈔己一九下・七・一四

〔存〕鈔己二〇下・一・二

大〔一〕集具正事，考本天地之根，以除天恐〔二〕地咎國之害，立洞極經。

〔存〕*開達無閉絶，以稱天心地意，轉天地之災變，暢天地之譚，使人民各居其處，萬物不傷。故天出文書，令使可遙行萬萬里，得通其言，以暢善人，以知惡人，以解寃結。故帝王乃居百重之内，得長自安，聰明達遠方也。由太上中古已來，多背叛天地，共欺其上，故災害日興，死者不以數也。帝王久愁，不能拘制其下爲奸僞，故天遣三道文出也。通其氣，樂知得失，上下和合，諫及四遠卑賤，令無寃結，以稱皇天心，樂災除去，勿令天怒。下古人心邪蔽，不若太上古之三皇，人心質朴，心意專一，各樂稱天心，而忠信不欺其上，故可無文也。下古小人愚蔽，嬌〔三〕妄文辭，欺天地，罔冒帝王，故天地常忿怒*而災禍之。天地病除，帝王安且壽，民安其所，萬物得天年，無有怨恨，陰陽順行，羣神大樂且喜悦，故爲要道也。

〔一〕「大」下二十四字，疑係一篇末篇旨。　〔二〕「恐」疑當作「怨」。　〔三〕「嬌」疑當作「矯」。

經一〇三・一上・二・四
〔并〕鈔庚一上・二・四
〔并〕鈔庚一上・三・一

太平經合校卷一百三 庚部之一

太平經卷之一百三

[起]虛无無爲〔一〕自然圖道畢〔二〕成誡[止]第一百六十八

[起]虛无者，乃內實外虛也〔三〕，有若無也。反其胞胎，與道居也；獨存其心，縣〔四〕龍

〔一〕鈔無「無爲」二字。　〔二〕「畢」鈔誤作「必」。　〔三〕鈔無「也」字。　〔四〕「縣」鈔作「懸」，「縣」乃「懸」之本字。

慮也；遂爲神室，聚道虛也。但與氣游，故虛无也；在氣與神，其餘悉除也。以心爲主，故得無邪也；詳論其意，毋〔一〕忘真書也；得之則度〔二〕，可久游也；何不趣精，反與愚俱也；凶禍一至，被大災也；棄其真朴，反成土灰也。賢者見書，誡之[止]誡之。

右虛无之室。

[起]無爲者，無不爲也，乃與道連；出嬰兒前，入無間也〔三〕。到於太初，乃〔四〕反還也；天地初起，陰陽源也*；入無爲之術，身可完也；去本來末，道之患也；離其太初，難得完也；去生已遠，就死門也；好爲俗事〔五〕，傷魂神也；守二忘一，失其相

〔并〕鈔庚一上·一〇·一
經一〇三·二上·一·一

也；可不誡哉〔六〕，道之元也；子專守一，仁賢源也；天道行一，故完全也；地道行二，與鬼神〔七〕隣也；審知無爲，與其道最神也；詳思其事，真人先也；閉子之金闕〔八〕，毋〔九〕令出門也；寂無聲，長精神也〔一〇〕；神氣已畢，仙道之〔一一〕門也〔一二〕；易哉大道，不復煩也〔一三〕；天道無有〔一四〕親，歸仁賢也。止

右無爲。

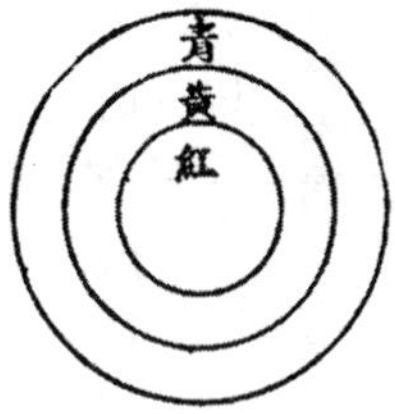

〔一〕「毋」鈔作「無」，「毋」、「無」通用。〔二〕「度」下鈔有「世」字。〔三〕鈔無「也」字。〔四〕「乃」原作「及」，疑誤，今依鈔改。〔五〕「事」鈔作「學」。〔六〕「哉」鈔作「之」。〔七〕鈔無「神」字，但有「爲」字。〔八〕「闕」鈔誤作「關」。〔九〕「毋」鈔作「無」。〔一〇〕鈔無「也」字。〔一一〕鈔無「之」字。〔一二〕鈔無「也」字。〔一三〕鈔無「也」字。〔一四〕鈔無「有」字。

〔并〕鈔庚二上・一・一

經一〇三・三上・一・一

起自然之法，乃與道連，守之則吉，失之有患。比若萬物生自完，一根萬枝無〔一〕有神，詳思其意道自陳，俱祖〔二〕混沌出妙門，無增無減守自然。凡萬物生自有神，千八百息人爲尊，故可不死而長仙，所以蚤〔三〕終失自然，禽獸尚度況人焉。愚者賤道志〔四〕，下與地連，仁賢貴道，忽上天門*，神道不死，鬼道〔五〕終焉。子欲爲之，如環無端。愼毋〔六〕有奇〔七〕，自益身患，亦毋〔八〕妄去，令人死焉。天地之性，獨貴自然，各順其事，毋〔九〕敢逆焉。道興無爲，虛无自然，高士樂之，下士恚〔一〇〕焉。詳學於〔一一〕師，亦毋〔一二〕妄〔一三〕言，有師道明〔一四〕，無師難傳。學不師訣，君子不言。妄作則亂，文身自凶焉。道已畢備，便成自然。止

右道畢成誡。

〔一〕「無」上鈔有「不」字。　〔二〕「祖」鈔誤作「相」。　〔三〕「蚤」鈔作「早」，「蚤」、「早」通用。　〔四〕鈔無「志」字，疑係衍文。　〔五〕「道」鈔作「神」。　〔六〕「毋」鈔作「無」。　〔七〕「有奇」二字鈔作「入有」。　〔八〕「毋」鈔作「無」。　〔九〕「毋」鈔作「無」。　〔一〇〕「恚」鈔作「忽」。　〔一一〕「於」鈔誤作「知」。　〔一二〕「毋」鈔作「無」。　〔一三〕「妄」鈔誤作「忌」。　〔一四〕「道明」鈔作「明道」。

經一〇四・一上・二・四

太平經合校卷一百四 庚部之二

太平經卷之一百四

興上除害複文第一百六十九[*]

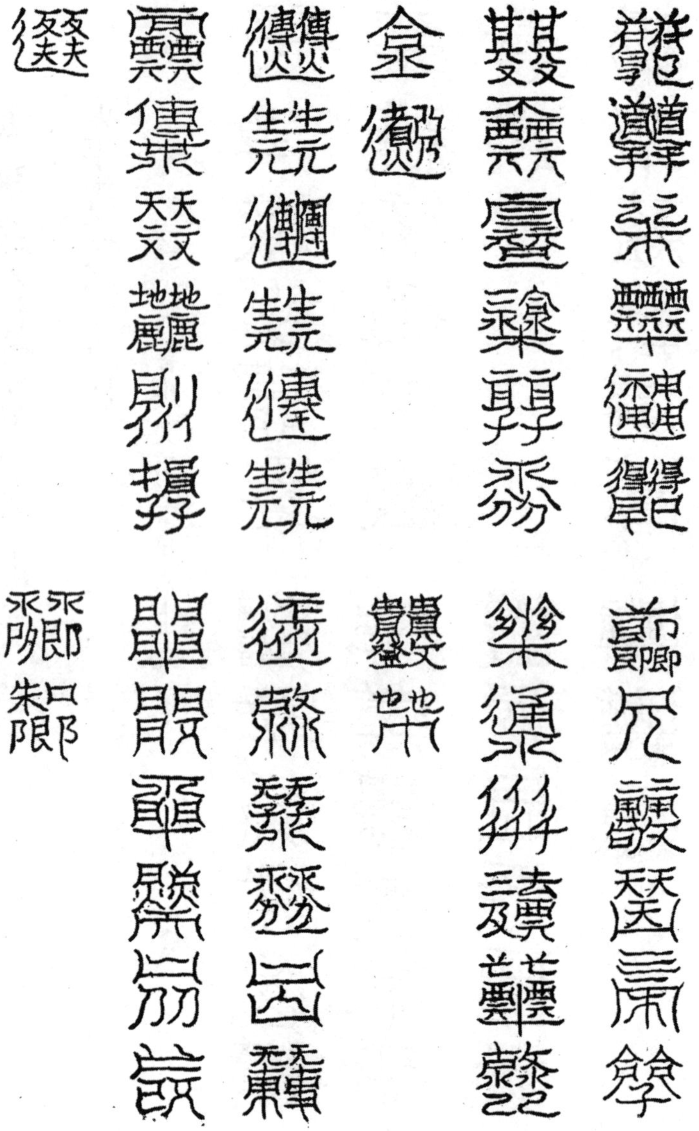

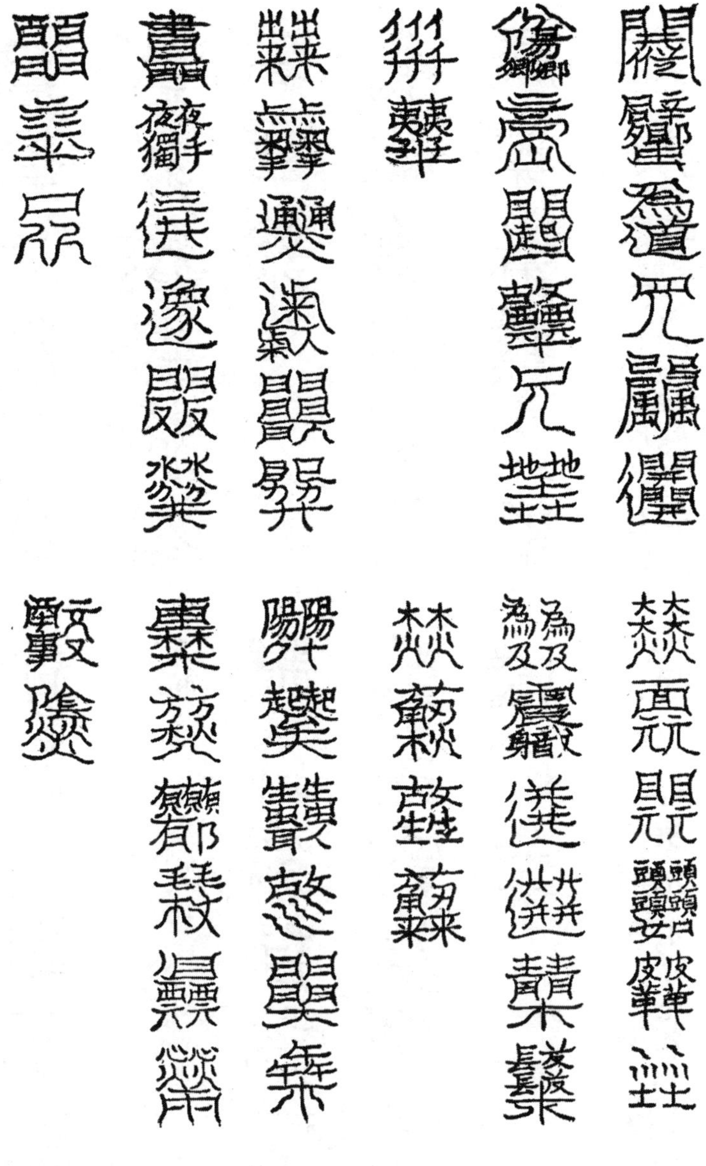

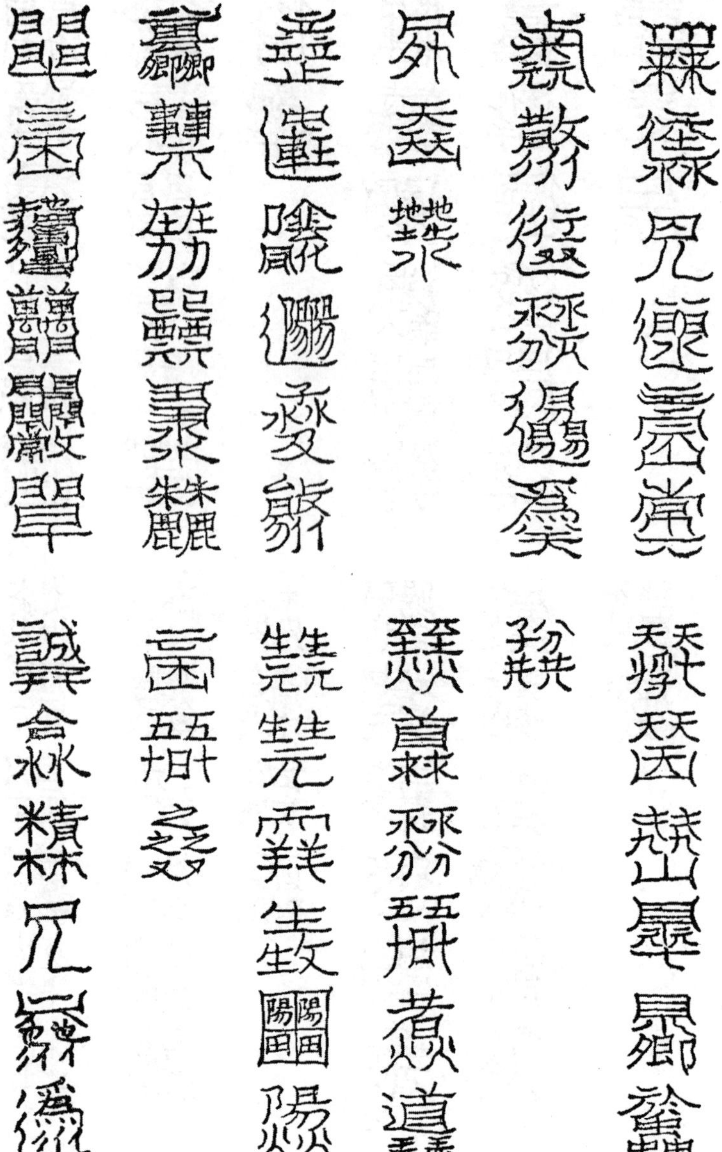

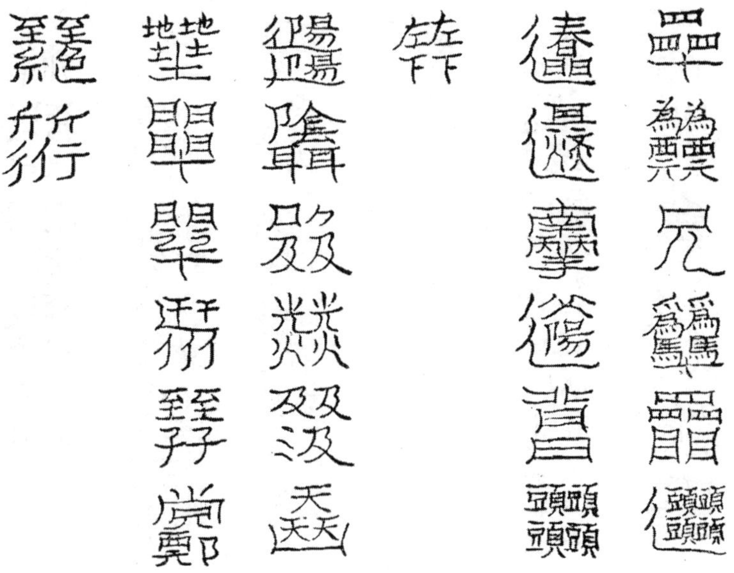

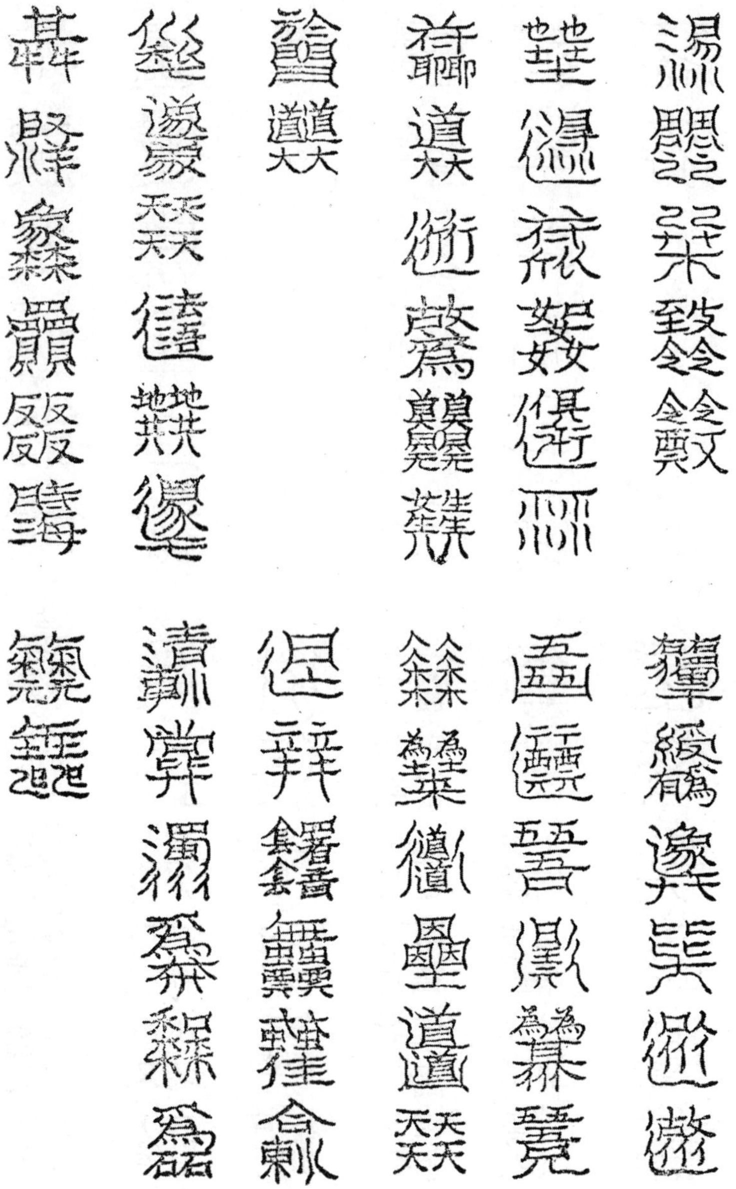

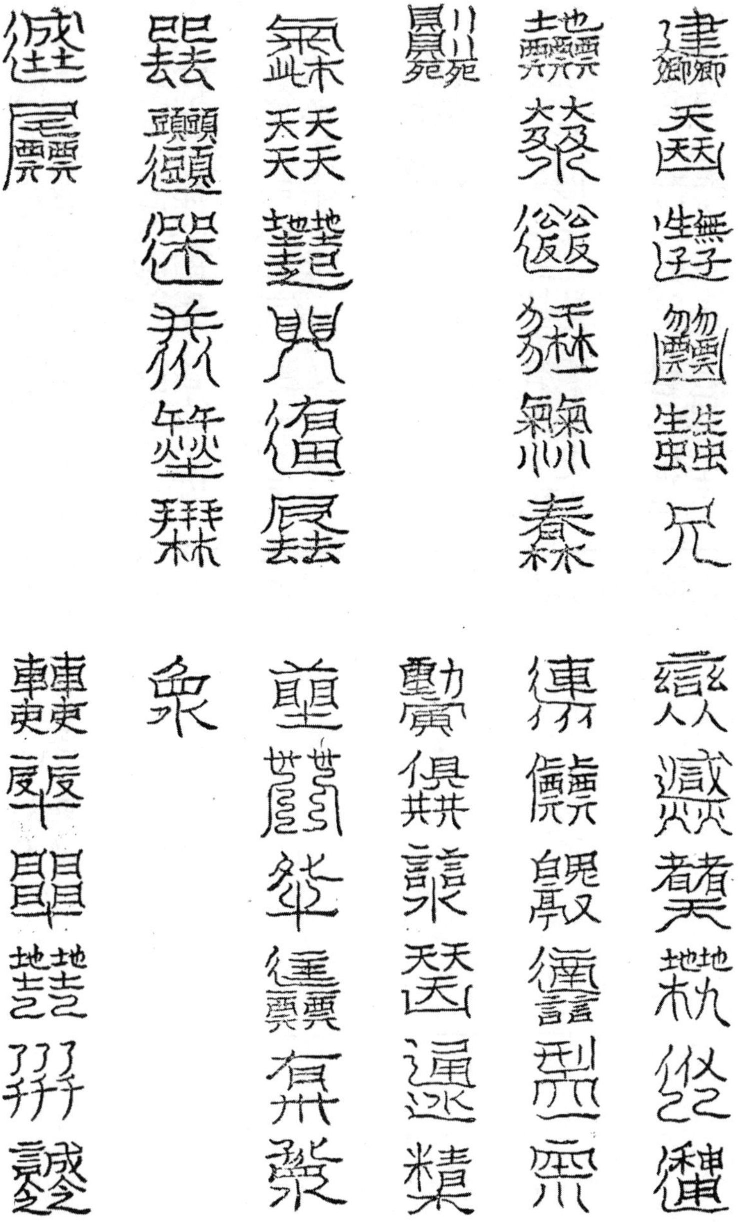

右興上除害複文訣。

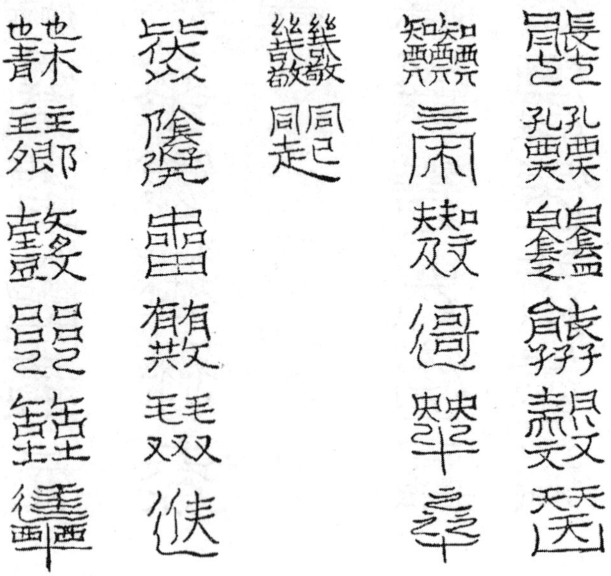

太平經合校卷一百五 庚部之三

太平經卷之一百五

令尊者無憂複文第一百七十*

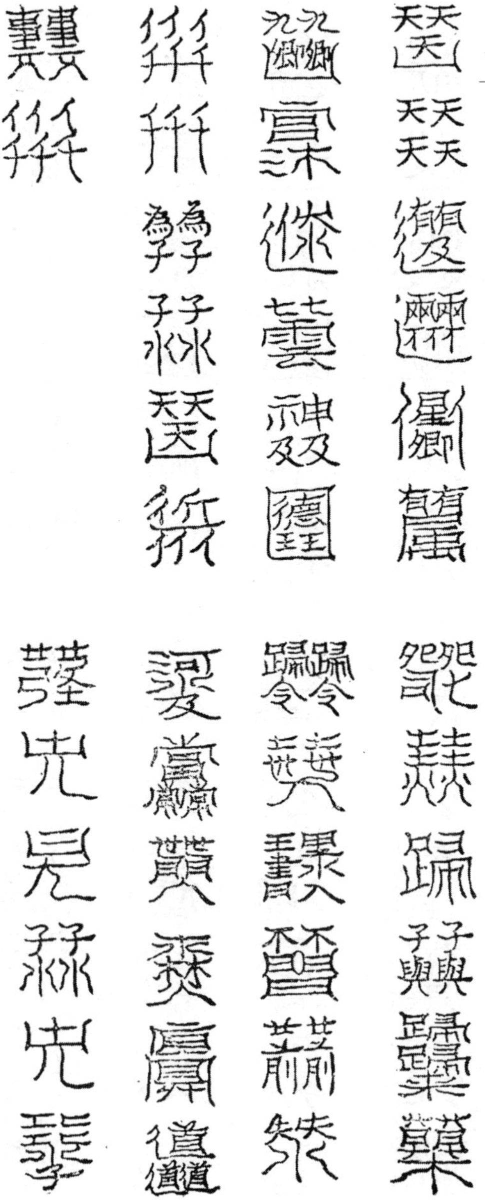

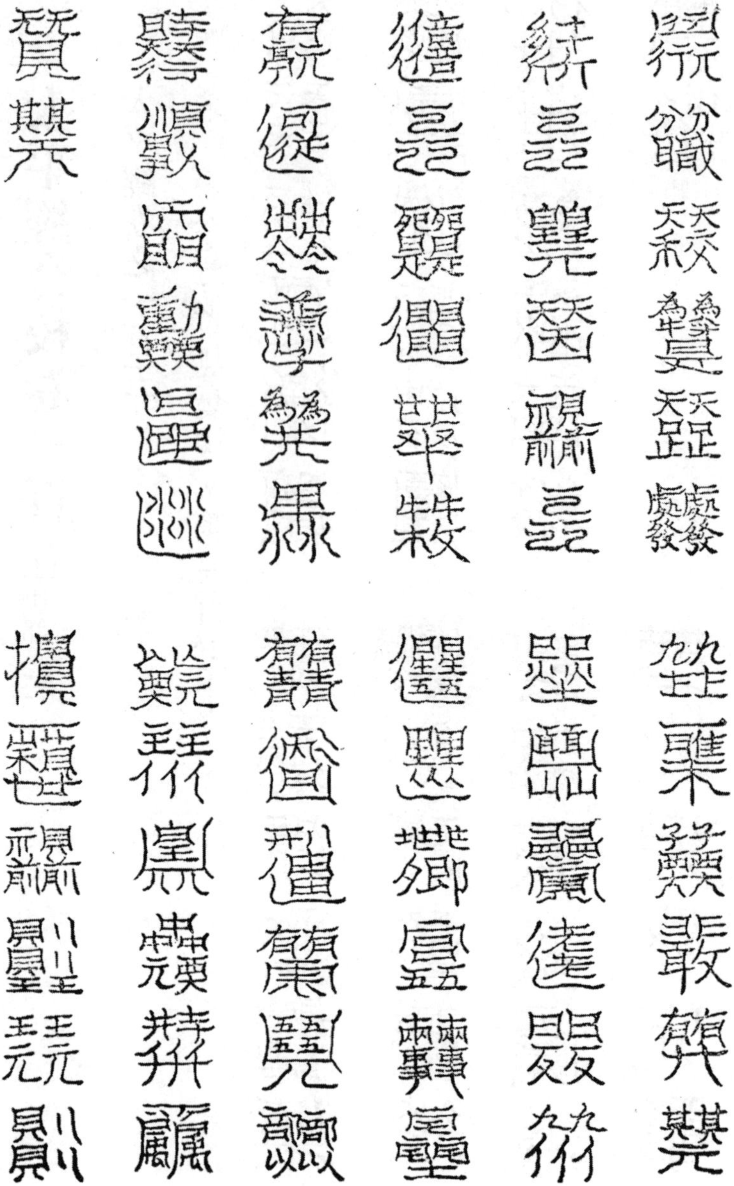

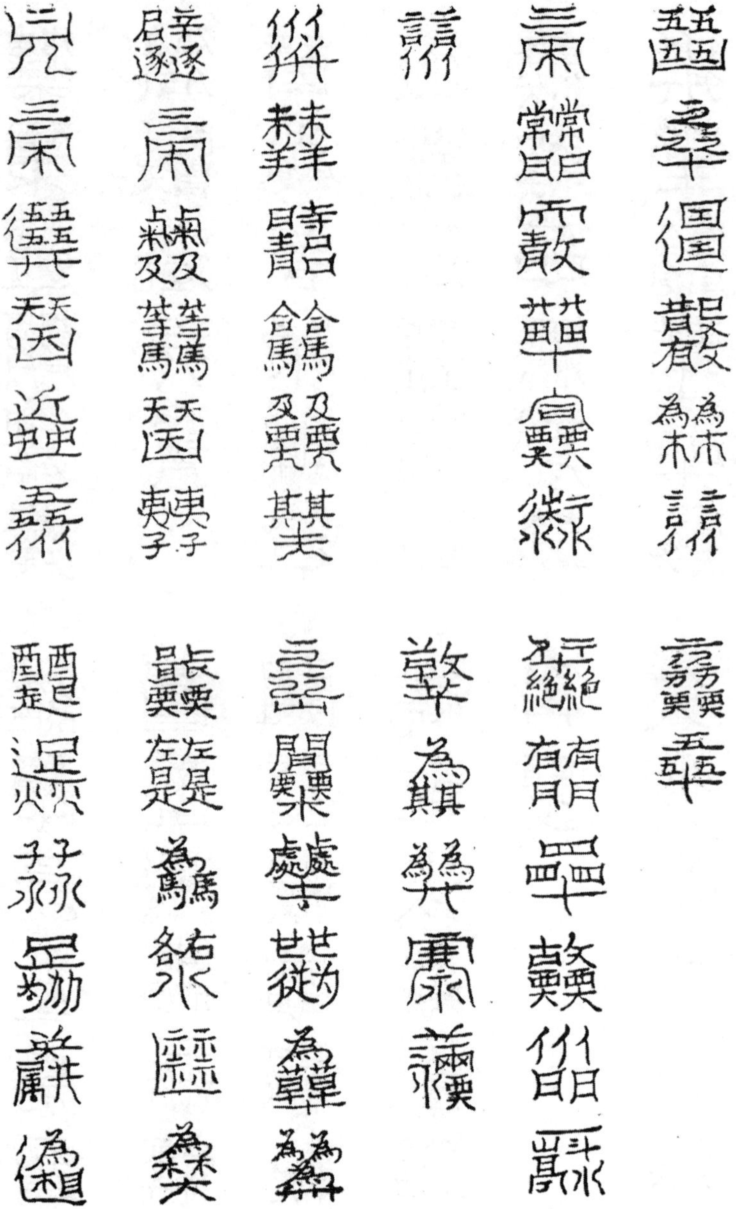

為馬

壁止 舊獨陽己 陽己 湯

世 世 天 之之山 世
开世 函 世 炎

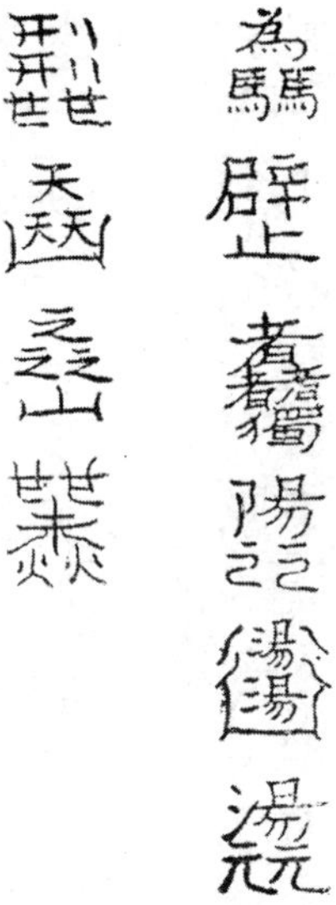

右令尊者無憂邪自除。

太平經合校卷一百六 庚部之四

太平經卷之一百六

德行吉昌複文第一百七十一*

經一〇六・一上・二・四

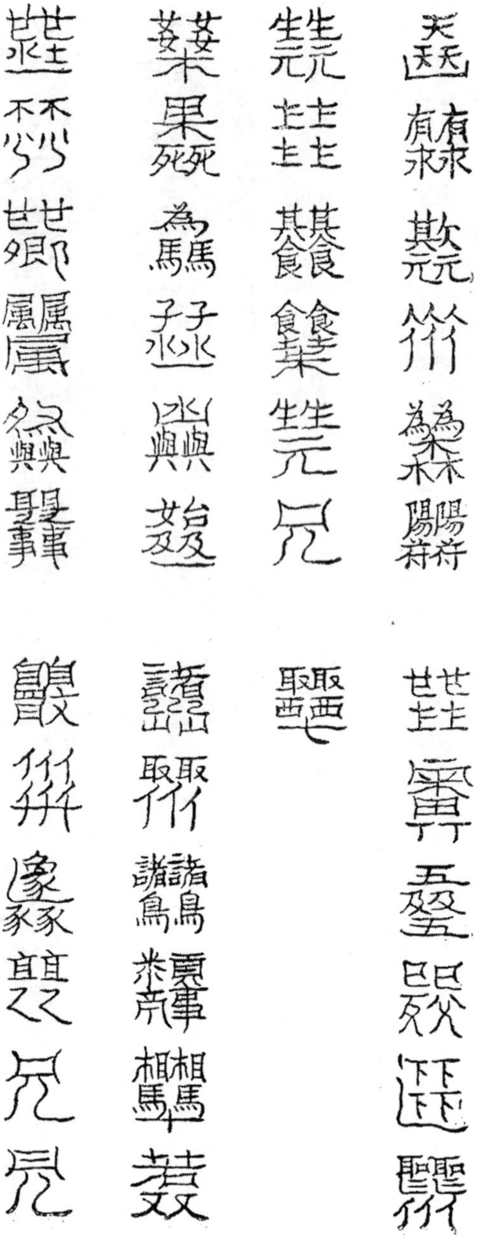

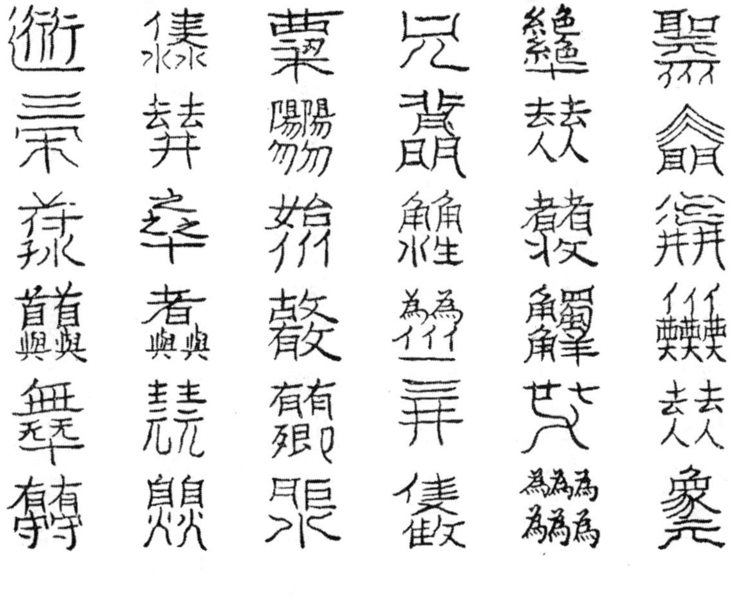

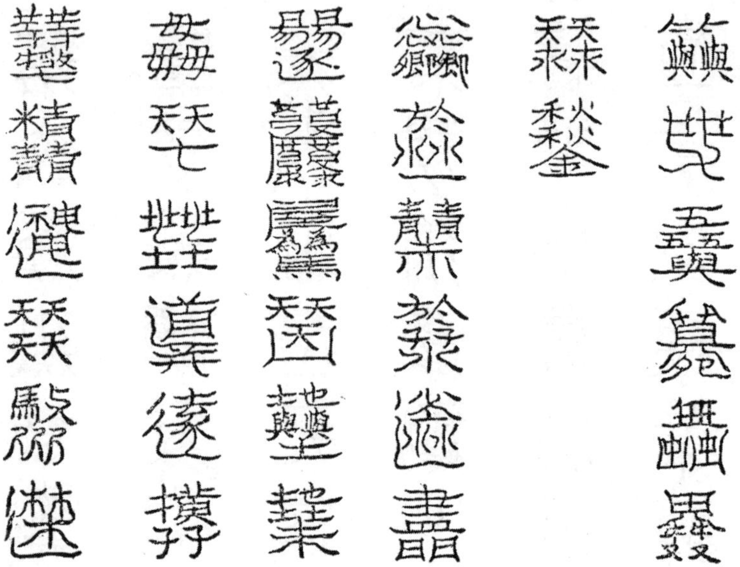

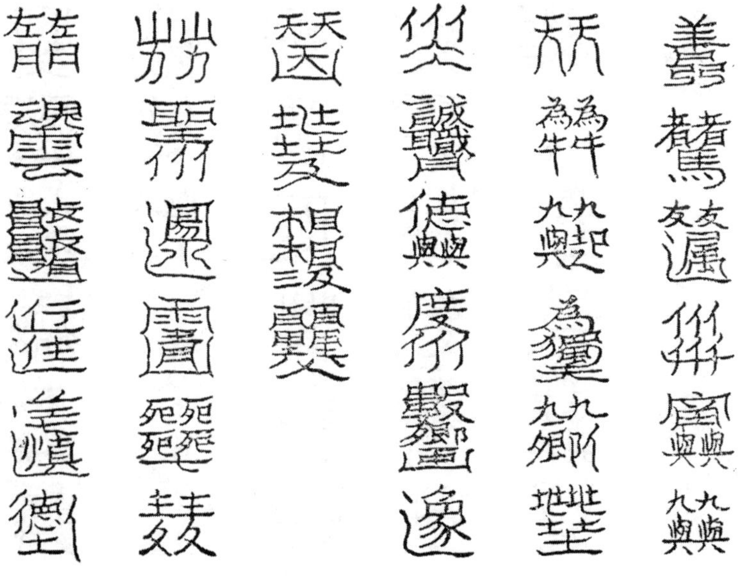

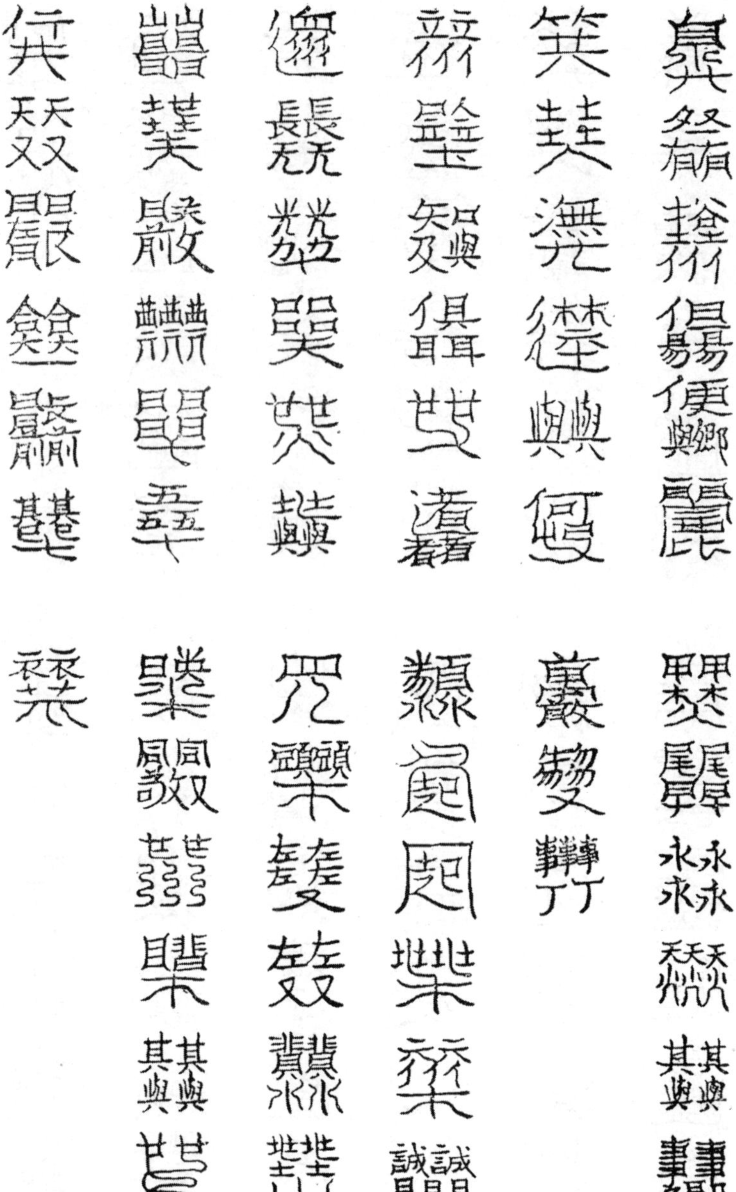

右德行者吉昌每留每荷法。

經一〇七・一上・二・四

太平經合校卷一百七 庚部之五

太平經卷之一百七

神祐*複文第一百七十二

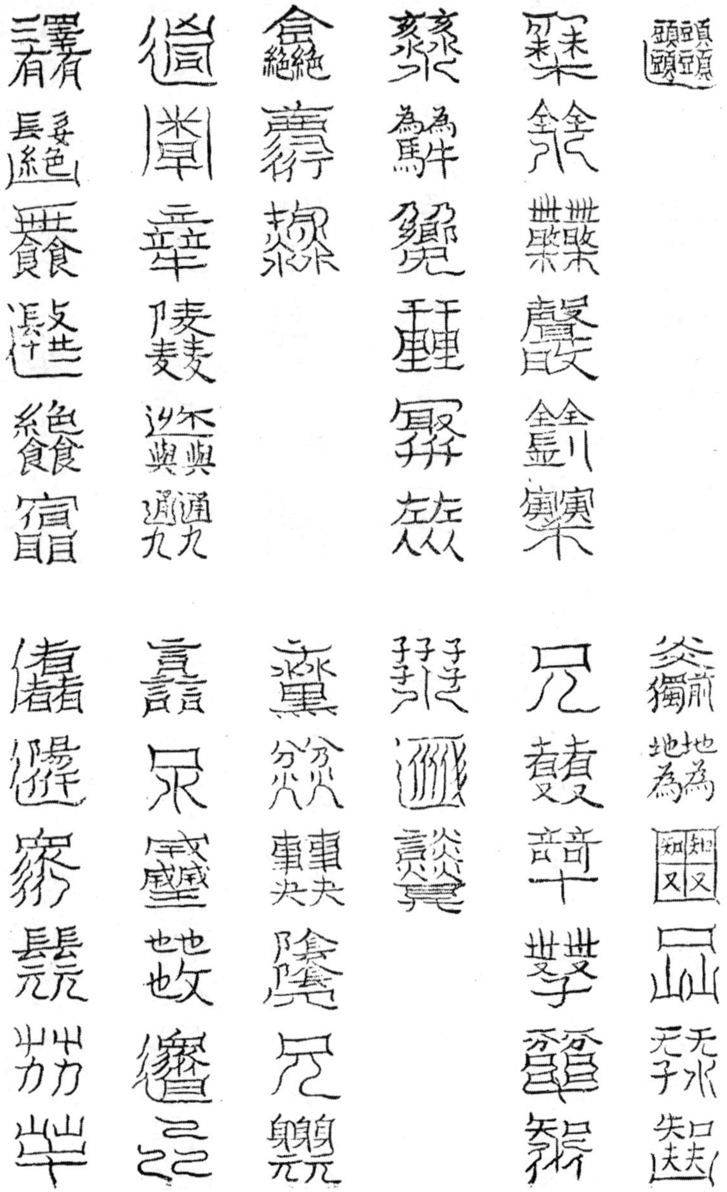

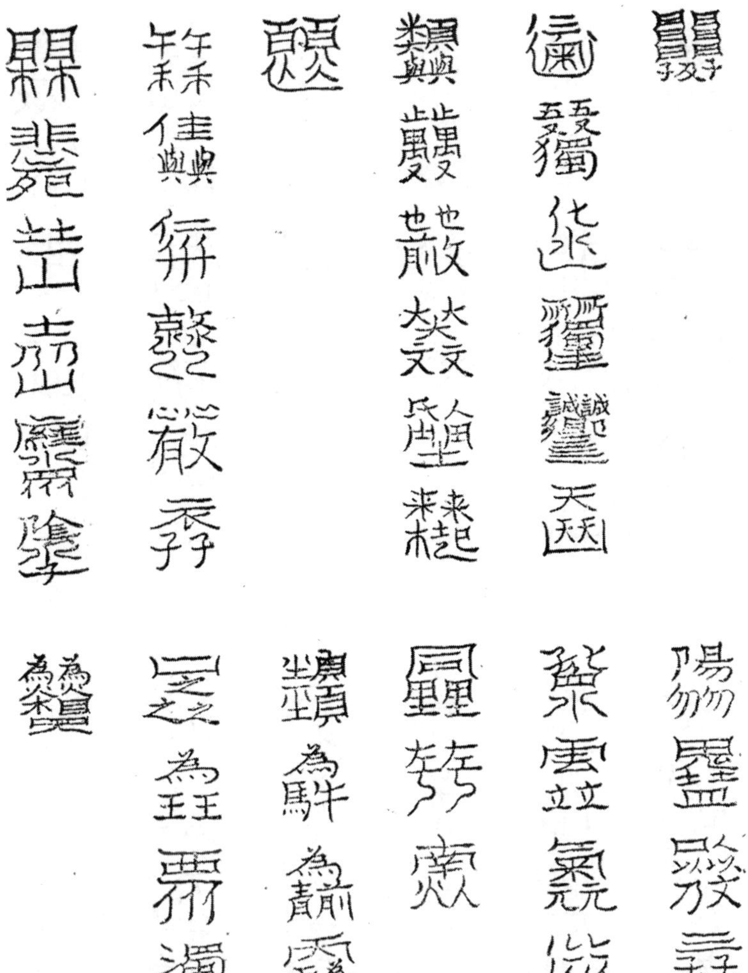

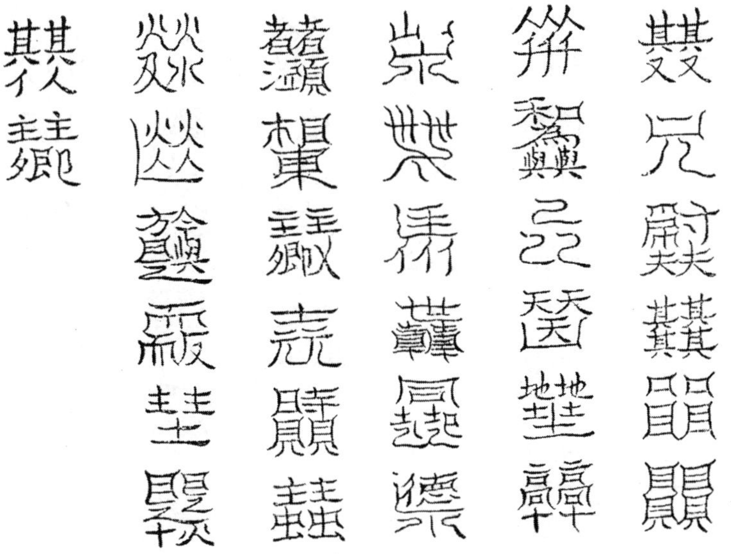

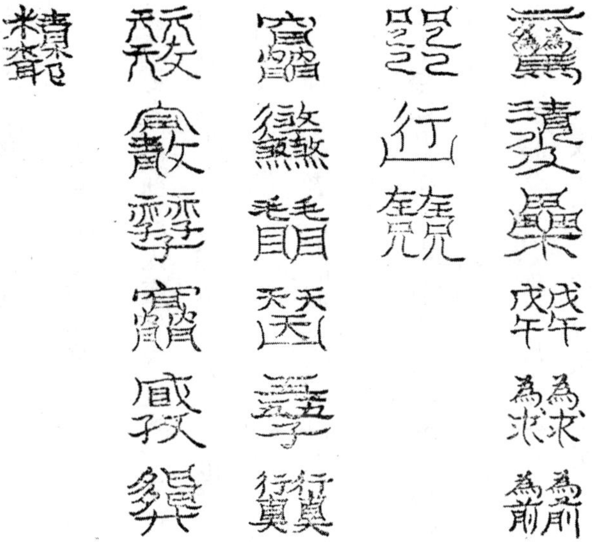

右藏之幽處神祐之。

經一〇八・一上・二・四

〔并〕鈔庚二下・三・五

太平經合校卷一百八 庚部之六

太平經卷之一百八〔一〕

要*訣十九條第一百七十三

其爲道者，取訣於入室外内批之。滿日數，開户入視之，於其内自批者，勿入視也；其内不自批者，即樂人入視之也。開户入視，欲出者便出之。

〔起〕其三道行書者〔二〕，悉取訣於集議，以爲天信，即其〔三〕之人上建也。

其正神〔四〕靈者，取訣於洞明萬萬人也，以爲天信矣〔五〕。

其凡文欲正之者，取訣於拘校，以爲天信。

其欲樂知吾道〔六〕書信者，取訣於晉疾行之，且與天響相〔七〕應。善者日興〔八〕，惡者日消，以爲天信。

其欲署置得善人者，取訣於九人。

其問入室成〔九〕與未者，取訣於洞明〔一〇〕白也。形無彰蔽，以爲天信。

其欲知身成道而不死者，取訣於身已成神也〔一一〕即度世矣，以爲天信。

其欲洽洞知吾書文意者，從上到下盡讀之，且自昭然〔一二〕心大解，無復疑也。一得其意，不能*復去也。

其欲效吾書，視其〔一三〕真與僞者〔一四〕，以治日向太平，以爲天信。

其欲知〔一五〕壽可得與不者，取訣於太平之後也。如未太平，先人流災爲害，難以效命，以爲天信矣〔一六〕。

太〔一七〕陽欲知太平者，取訣於由斷金也。

水與火欲厭絶姦臣訞〔一八〕不得作者，取訣於由斷金衰市酒也。

欲得天道大興法者，取訣於拘校衆文與凡人訣辭也。

〔一〕原有小注「一百九同卷」五字，今删。　〔二〕鈔無「者」字。　〔三〕鈔無「其」下五字，但有「且響應立効」五字。　〔四〕「神」原來字體模糊，今依鈔寫。　〔五〕鈔無「矣」字。　〔六〕鈔無「道」字。　〔七〕鈔無「相」字。　〔八〕「興」原作「與」，疑形近而譌，今依鈔改。　〔九〕鈔無「成」字。　〔一〇〕鈔無「明」字。　〔一一〕鈔無「也」字。　〔一二〕「昭然」鈔作「照察」。　〔一三〕鈔無「其」字。　〔一四〕鈔無「者」字。　〔一五〕鈔脱「知」字。　〔一六〕鈔無「矣」字。　〔一七〕「太」鈔作「大」。　〔一八〕「訞」原作「訣」，疑形近而譌，今依鈔改。「訞」同「妖」。

欲得良藥者，取訣於拘校凡方文而效之也。

欲得疾太平者，取訣於悉出真文而絶去邪僞文也。

欲樂思人不復殺傷女者，取訣於各居其處，隨其〔一〕力衣食，勿使還愁苦父母而反逆也。

欲除疾病而大開道者，取訣於丹書吞字也〔二〕。

欲知集行書訣也，如其文，而重丁寧，善約束之。行之一日，消百害猾〔三〕人心，一旦轉而都正也，以爲天信。止

經一〇八・三上・一・四
〔并〕鈔庚三下・九・一
〔并〕道典論卷四妙瑞

瑞*議訓訣第一百七十四

起「請問瑞者，何〔四〕等之名字〔五〕也？」「子何故因〔六〕爲愚邪〔七〕？」「不〔八〕敢故愚也，實不及。願天師不棄，示以一言。」「行，安坐〔九〕。起瑞〔一〇〕者，清也，靜也，端也〔一一〕，正也，專也，一也〔一二〕。心與天地同，不犯時令也。」「願〔一三〕聞以何知其清靜端正專一邪〔一四〕？」「善哉，子之問也。夫天地之性，自古到今，善者致善，惡者致惡，正者致正，邪者致邪，此〔一五〕自然之術，無可怪也。故人〔一六〕心端正清靜，至誠

感天，無有惡意，瑞應善物爲〔一七〕其出。子〔一八〕欲重知其大信，古者大〔一九〕聖賢皆〔二〇〕用心清靜〔二一〕專一，故能致瑞應也。止諸邪用心佞僞，皆無善應，此天地之大明徵也。子知之邪〔二二〕」「唯〔二三〕唯。亦有應邪？」「然邪者致邪，亦是其應也。不〔二四〕調者致不調，和〔二五〕者致和，此天之應〔二六〕明效也。」「善哉止善哉！愚生解矣。」

忠孝上異聞訣第一百七十五

〔并〕鈔庚四上·一〇·一

起「請問人之爲善也，上孝子上忠臣上順弟子當思上何等於其〔二七〕君父師哉？」「當

〔一〕鈔無「其」字。〔二〕鈔無「也」字。〔三〕「猾」鈔誤作「獨」。〔四〕「何」原作「伺」，疑譌，今依鈔改。〔五〕鈔無「字」字。〔六〕鈔無「因」字。〔七〕「邪」鈔作「耶」。〔八〕鈔無「不」下八字。〔九〕鈔無「行安坐」三字。〔一〇〕「瑞」上鈔有「夫」字，道典論妙瑞篇引經自「瑞者」至「故能致瑞應也」止。〔一一〕鈔無「端也」二字。〔一二〕鈔無「一也」二字。〔一三〕道典論無「願」下十九字。〔一四〕「邪」鈔作「耶」。〔一五〕道典論無「此」字。〔一六〕「人」下道典論有「之」字。〔一七〕鈔無「爲」下二十一字，「爲」上道典論有「皆」字。〔一八〕道典論無「子」下七字。〔一九〕道典論無「大」字。〔二〇〕道典論無「皆」字。〔二一〕「靜」道典論作「淨」。〔二二〕「邪」鈔作「耶」。〔二三〕鈔無「唯」下十六字，但有「善惡皆有應也」六字。〔二四〕「不」下六字鈔作「不調和者致不和」。〔二五〕鈔無「和」下四字。〔二六〕鈔無「應」字。〔二七〕鈔無「其」字。

經一〇八・四上・一・一

〔并〕鈔庚五上・一・一六

上其〔一〕異聞珍寶希見之文而得上者是也。」「忠臣孝子順弟子常可樂爲也，何不上同聞而上異聞邪〔二〕？」「同聞*上自有之，何須復上邪〔三〕？」「愚生不曉其意。」「行且使子知其審實，天下所來所珍，悉未嘗〔四〕見而善珍者〔五〕也，以上其君，是上忠臣也。未嘗〔六〕見善食以上其親，是上孝子也。未嘗〔七〕見之説以上其師，是上善順〔八〕弟子也。子知之邪〔九〕？」「唯唯〔一〇〕。願聞上同事，上之所有，而重上之，何也？」「然皆應故其上，罪不除。」「何其重也？」「子應不曉之生，人之所常有，重皆厭之，何須復上之邪〔一一〕？［止］上人所厭，名爲故其上也。下而故其上，於子意寧當坐不邪？」「愚生已覺矣。」「故得瑞應善物，希見之珍，當上於君父師也。上之所自有，慎無上也。是故［起］自古及今，大聖之定凡事也〔一二〕，去〔一三〕同取異，乃得天地之心意，此之謂也。［止］子曉邪？」「善哉善哉！」

災病證書欲藏訣第一百七十六

「請問天師書以何知其欲見行，以何知其欲見逃也？」「子欲明之邪？以災病爲證也。出而病人，即天欲藏也；逃而病人，即天欲出行也。」「以何重明之？」「以天行四時氣，生養萬物，隨天意也。凡物樂出，而反逃藏之，大凶矣。凡物欲逃藏*，而反出之，亦大凶也。悉爲逆天命，後皆有大災矣。子欲樂知吾天天樂行，不以是爲占也。真人知之邪？」「唯唯。」「是故自古到今，舉事不詳悉，失天道意，故生承負也。是故使民至於無道而治，共亂天正道，人異政治，故人民萬物多被冤也。」「願請問夫無道，乃重死罪之法也。天師何不爲制作重刑死法，而各以其罪罪之？」「今天下之事，各以其罪罪之爲平也。」「今天師不以其無道罪之，何也？」「不可也。」「何故？」「夫先人但爲小小誤失道，行有之耳，不足以罪也。後生人者承負之，畜積爲過也。雖其觸死，其行邪僞空虛者，後生人皆學於先生人，雖失天道，爲無道而治者，皆師師相傳，更以相教示，非一人造此過也，故不可予其重刑也。念下古人罪過，皆足以死。又神聖爲法，不可一旦予人重刑，滅人世類也。故天遣吾下者，革其行，除其責，而不章更，天地人且共治之，使神病災之也。後

〔一〕鈔無「其」字。　〔二〕「邪」鈔誤作「即」。　〔三〕「邪」鈔作「耶」。　〔四〕「嘗」鈔作「常」。　〔五〕鈔無「者」字。　〔六〕「嘗」鈔作「常」。　〔七〕「嘗」鈔作「常」。　〔八〕鈔無「順」字。　〔九〕「邪」鈔作「耶」。　〔一〇〕鈔無「唯唯」二字。　〔一一〕「邪」鈔作「耶」。　〔一二〕鈔無「也」字。　〔一三〕「去」上鈔有「乃」字。

世人見是，吾受天教之明效也。子知之邪？」「唯唯。」「行，語竟天辭絶，傳之德君。」「唯唯。」「行去，勿復問。」「唯唯。」

右凡訣瑞應說在下。*

太平經合校卷一百九 庚部之七

經一〇九・一上・二・四
〔并〕鈔庚五上・三・八

太平經卷之一百九

兩手策字要記第一百七十七*

起「天有兩手，乃常共〔一〕成凡事。其〔二〕一手有病邪惡，則無有成事。天大怨之，地以爲忌，天下亂而無成功，一由此一手邪惡而不并力。凡事盡不理，六方不太平，亦由此兩手有病邪惡，而不并力所致。吉凶安危，一〔三〕由此兩手。真人亦豈深知之邪〔四〕？」「不及〔五〕。唯天師開示其要意，使得知之，則〔六〕知之。不〔七〕者終古冥冥昏亂，無從得知之也。夫〔八〕師者，乃天地凡事教化之本也，雖難，安得不〔九〕言哉？」「善哉！真人之求問事之〔一〇〕辭也。天〔一一〕使子主問乎？其言要而〔一二〕□□。諸〔一三〕。

〔一〕鈔無「常共」二字。〔二〕鈔無「其」字。〔三〕鈔脱「一」字。〔四〕「邪」鈔作「耶」。〔五〕鈔脱「及」字。〔六〕鈔脱「則」字。〔七〕鈔脱「不」字。〔八〕「夫」原作「天」，疑誤，今依鈔改。〔九〕鈔脱「不」字。〔一〇〕鈔無「之」字。〔一一〕鈔無「天」下六字。〔一二〕「其言要而」鈔作「其要而言」。〔一三〕鈔無「諸」字，但有「而已」二字。

經一〇九・二上・一・一

安坐，爲諸真人具説其意。天下象而行之，無復凶亂事。天上諸神名〔一〕爲兩手策字爲要記，國家行之則長存，凡人行之則久富〔二〕。要道將出，近在凡人之〔三〕身。今爲諸〔四〕真人分别言之。」「唯唯〔五〕。」「天地者，主造出生〔六〕凡事之兩手也。四時者，主傳養凡物之兩手也。五〔七〕行者，主傳成凡物相付與之兩手也。男女夫婦者，主傳統天地陰陽之兩手也。師弟子者，主傳相教通達〔八〕凡事文書道德*之兩手也。君與臣者〔九〕，主傳治〔一〇〕理凡事人民諸物之兩手也。此有六事，纔舉其綱，見其始〔一一〕耳，不可勝書也。凡事相須而成事者，皆兩手也。天上名爲重規沓〔一二〕矩，皆當〔一三〕相應者也。一手邪惡〔一四〕不等無成事，天上名爲大亂之治，六方八遠名爲鰥寡斷嗣，日以嚮〔一五〕衰。無成事，即〔一六〕由此兩手不并力也。」「善哉善哉〔一七〕！請問天上何故正〔一八〕名此〔一九〕爲兩手哉〔二〇〕？」「善乎！子之問也，得其意。兩手者，言其齊同并力，無前無〔二一〕却，乃〔二二〕後事〔二三〕可成也；兩手不并力者，事不可成也。故凡事者〔二四〕，象此兩手，皆當各得其人。并力同心，象此兩手，乃吉〔二五〕安太平之氣立至也〔二六〕；不象此兩手者〔二七〕，億億〔二八〕萬年不能出上皇太平氣也。太平氣常欲出，若天常欲由此〔二九〕兩手，久不調御之，故使閉不得通，出治〔三〇〕

悒悒何訾？咎在此〔三一〕兩手不調。若兩手平調者，此〔三二〕上皇太平氣出，前後至不相須。善哉〔三三〕善哉！是故天地不并力，萬物凡事〔三四〕無從得〔三五〕出；四時不并力，凡物無從得長；五行不并力，凡物無從得成；君臣不并力，凡事無從得理；夫婦不并力，子孫無從得長，家道無從得立*；師弟子不并力，凡結事無緣得解，道德無從〔三六〕得興，曚霧無從得通，六方八遠大化無從得行。是故皆當并力，比若兩手，乃可通也。不若兩手，故日〔三七〕致凶也；雖治療之〔三八〕，無益也，猶〔三九〕無從得成功也。但空久愁苦，而日日〔四〇〕凶凶〔四一〕。故凡象此兩手者，選舉當得其人；不得

〔一〕「名」鈔譌作「召」。〔二〕「富」下鈔有「安」字。〔三〕鈔無「之」字。〔四〕鈔無「諸」字。〔五〕鈔無「唯唯」二字。〔六〕鈔無「生」字。〔七〕鈔無「五」下十五字。〔八〕鈔無「達」字。〔九〕鈔無「者」字。〔一〇〕鈔無「治」字。〔一一〕「始」原作「治」，疑誤，今依鈔改。〔一二〕「沓」鈔作「叠」。〔一三〕鈔無「當」字。〔一四〕鈔無「惡」字。〔一五〕「嚮」鈔作「向」，「嚮」通「向」。〔一六〕鈔無「即」字。〔一七〕鈔無「善哉善哉」四字。〔一八〕鈔無「正」字。〔一九〕鈔無「此」字。〔二〇〕鈔無「哉」下十字。〔二一〕鈔脱「無」字。〔二二〕「乃」鈔作「然」。〔二三〕鈔脱「事」字。〔二四〕鈔無「者」字。〔二五〕「吉」鈔譌「告」。〔二六〕鈔無「也」字。〔二七〕鈔無「者」字。〔二八〕鈔無「億」字。〔二九〕鈔無「欲由此」三字，但有「若」字。〔三〇〕鈔無「治」字。〔三一〕鈔無「此」字。〔三二〕鈔無「此」字。〔三三〕鈔無「善哉」二字。〔三四〕鈔無「凡事」二字。〔三五〕鈔脱「得」字。〔三六〕「從」鈔作「緣」。〔三七〕鈔無「日」字。〔三八〕鈔無「之」字。〔三九〕鈔無「猶」字。〔四〇〕鈔無「日」字。〔四一〕鈔無「凶」字。

其人者，天上諸神，名爲半死，不持一手獨作，安有能成功成事哉？ 真〔一〕人爲天來遠問，凡疑事宜深思此意以赤心，心生於火，還以付火，爲治象民〔二〕，則延年益壽〔三〕，萬不失一，吾不欺子也。 以示德君，以示凡人，賢者各思其意，無敢犯者也。 用之名爲自厚自養，不用之名爲自愁自苦。 神哉！ 吾之爲道，純〔四〕天意也。 但可前不可却，但可順不可逆，順之純〔五〕得天心也，逆之事亂。 亂禍悔悔〔六〕，人意西，天意東，名爲與天意不同。」「善〔七〕哉善哉！」「行，子可謂〔八〕已〔九〕覺知之〔一〇〕矣。」[止]

四吉四凶訣第一百七十八

經一〇九・三・八・一
〔并〕鈔庚七下・三・一
〔補〕鈔庚七下・三・一六

「真*人前，[起]今凡人舉士，以貢帝王，付國家，得其人[止]幾*吉〔一〕，不得其人幾凶，得其人何所能成，不得其人，何所能傾，諸真人自精且對。」「然，得其人有四吉，不得其人有四凶。 得其人，天地六方八遠安；不得其人，天地六方八遠不安。」「願聞其要意。」「然，貢士得其人，上得以理，有成功而常安，日有益於上，一大吉也。 所舉人可任，得成器，二吉也。 得成器，能彰明其師道，恩及其師，三吉也。 所舉者信事有效，復令上信任用之，四吉也。共并力同心，所爲者日有成功，月益彰明，歲益興盛，天地悦喜，善應悉出，惡物藏去，天地悦則羣神喜。守而不失，上可以度世，中可以平理，下可以全完，竟其天年，舉士得其人，善如斯矣，天上明此續命之符。」

〔補〕鈔庚八上・七・一

「*請問何故正名爲續命之符？」「然所以續命符者，舉士得人，乃危更安，亂更理，敗更成，凶更吉，死更生。上至於度世，中得理於平，下得竟其天年，全其身形。夫舉士不得人，上無益帝王，國家令其理亂，帝王愁苦，天地不悦，盜賊災變萬種，是一大凶也。所舉人不能理職，佞僞日欺，久久坐傒不安，不得保其天年，或天地鬼神害之，或爲人所賊殺，辱及其父母，惡流及妻子後生，已下世類，遂見知過失

經一〇九・三下・九・二
〔并〕鈔庚八下・六・二

爲惡人〔一二〕，起*是二大凶也。其人惡，則其學棄，汙辱先師聖賢業，禍及其師，是三

〔一〕鈔無「真」下七字。〔二〕鈔無「民」字，但有「是」字。〔三〕「壽」鈔作「算」。〔四〕「純」鈔作「傳」。〔五〕「純」鈔作「全」。〔六〕「亂禍恟恟」鈔作「禍凶」。〔七〕鈔無「善」下六字。〔八〕「謂」鈔誤作「爲」。〔九〕鈔無「已」字。〔一〇〕「之」鈔作「者」。〔一一〕「幾吉」以下至經一〇九・三下・九・一以前皆經文所無，疑脱，今悉據鈔補。〔一二〕以上據鈔增補之文止此。

大凶也。又舉之者不信*，共欺其上，貢非其人，亂天儀，汙列宿，天疾之，地怨之，國君惡之，聖賢〔一〕非之，是〔二〕爲世大佞妄語之子；當坐是事，不得天地鬼神誅〔三〕，則人當害之，辱其先人，禍及妻子後生〔四〕，是〔五〕四大凶也。犯四大凶，貢非其人也，乃使帝王愁苦，治雲亂〔六〕。凡害氣動起，不可禁止，前後不理，更相承負。天地大怒，羣神〔七〕戰鬭，六方不喜，八遠乖錯，終古不理，天上名是〔八〕爲曰減年短命之符。」「何故名是爲〔九〕短命之符哉？」「然治〔一〇〕當〔一一〕長，反爲其〔一二〕短；年當多，反爲其〔一三〕少；舉事逢凶，無益於身，天地不悦，除算減年，故天上名爲短命之符也。」「善哉善〔一四〕哉！愚生聞命矣。」「然子可謂□□知之矣。慎此天上文以示德君，以示凡〔一五〕賢，下及民間〔一六〕。爲人上求士，不可不詳；爲人下貢士，不可不忠。後世傳〔一七〕誦此書文，結於胷心〔一八〕中，急〔一九〕舉士不若此，天地不復喜也。知而故違〔二〇〕，其過〔二一〕重哉！真人〔二二〕慎之。」止「唯唯。誠受教敕，不敢犯禁忌，餘力行。」「子可謂慎事，得天命矣。」

右天地手策貢士四吉四凶短命符續命符安國得天地心羣神喜讖。

*經一〇九・四上・一・一

〔一〕「賢」鈔作「人」。〔二〕「是」下鈔有「謂」字。〔三〕「誅」下鈔有「之」字。〔四〕鈔無「後生」二字。〔五〕「是」下鈔有「爲」字。〔六〕鈔無「治雲亂」三字。〔七〕「神」鈔誤作「臣」。〔八〕鈔無「是」字。〔九〕鈔無「是爲」二字。〔一〇〕「治」鈔作「理」。〔一一〕鈔無「當」字。〔一二〕鈔無「其」字。〔一三〕鈔無「爲其」二字。〔一四〕鈔無「善」下十七字。〔一五〕「凡」下鈔有「人」字。〔一六〕「間」原作「賢」，疑誤，今依鈔改。〔一七〕「傳」下「誦」上，原有「詳」字，疑涉上文而衍，今據鈔删。〔一八〕鈔無「心」字。〔一九〕「急」下鈔又有「急」字。〔二〇〕「違」原作「爲」，疑音近而誤，今依鈔改。〔二一〕「過」鈔作「謫」。〔二二〕鈔無「真人」二字。

太平經合校卷一百十 庚部之八

太平經卷之一百一十

大*功益年書出歲月戒第一百七十九

經一一〇・一上・二・四
〔并〕鈔庚九下・四・六

【起】惟〔一〕上古之道，修身正己，不敢犯神靈之所記〔二〕，迺敢求生索活於天君，不敢自恣，恐不全。日念生意，與神爲臣〔三〕，表其類也。欲得盡忠直之言，與諸所部主者之神，各各分明是非，迺敢信理曲直耳，何日有忘須臾之間。上有占人，具知是非，何所隱匿，何所有〔四〕不信者也。故得自理，求念本根，未曾有小不善之界也。但自惜得爲人，依仰元氣，使得蠕動之物，所不覩見災異之屬。但人負信於誓言，兩不相信，故有所不安。天地中和上下，各自〔五〕有信，人不得知其要，而〔六〕言何獨有善有惡耶？災異悉所從生。人食五常之氣，無所不稟，無所〔七〕不依，無所不行〔八〕，獨〔九〕何不奉知古有知人相及逮乎？此爲失善從惡，令〔一〇〕命不全，何獨而〔一一〕是耶？故天君言，有〔一二〕善有惡，善〔一三〕可令同。所以然者，當令有分別，不可自從，善當上行，惡當見刑，何得與善相及耶？以人意言之，亦爲可知，自〔一四〕有當直之者。經一一〇・二上・一・一 故*設〔一五〕惡以分明天地四時五行之意，使知成生爲重，增其命年〔一六〕；人得生成之道，承用其禁，不敢觸忌〔一七〕。以是言之，天知愚人甚薄而無報復之意，逆天所施爲，證天所施爲，加人所施〔一八〕行邪〔一九〕，中類反當活惡疾善也。故聖人知陰陽之會，賢人理其曲直，解其未知，使各自知〔二〇〕分畫〔二一〕不相怨。善自命長，惡自命短，何可所疑所〔二二〕怨乎？止人人爲不如六畜飛鳥走獸水中物耶？以爲人無狀邪，天使然也。天同欲使爲善耳，不欲令爲惡也。如善惡同其苦樂耳。富貴壽老，天在上爲，不能分別好醜，使無知人得氣揚聲，言我與汝曹等耳。行善何至用是，故進益善，令久生，其人薄者念之等耳。比惡亡命，迺欲正悔

〔一〕「惟」上鈔有「天上文解六極大集天上八月校書象天地法以除災害」廿二字，係本篇末篇旨。〔二〕「記」鈔誤作「犯」。〔三〕「臣」鈔誤作「神」。〔四〕鈔無「有」字。〔五〕鈔無「自」字。〔六〕鈔無「而」下十五字。〔七〕鈔無「無所」二字。〔八〕「行」鈔誤作「食」。〔九〕鈔無「獨」下十五字。〔一〇〕鈔無「令」字。〔一一〕「而」鈔作「如」。〔一二〕「有」上鈔有「常」字。〔一三〕「善」下四十一字鈔無。〔一四〕鈔無「自」字，但有「故」字。〔一五〕「設」鈔作「誤」。〔一六〕「命年」鈔作「年命」。〔一七〕「觸忌」鈔誤作「懈怠」。〔一八〕「施」下鈔有「爲」字。〔一九〕「邪」鈔作「也」。〔二〇〕鈔無「知」字。〔二一〕「畫」鈔譌作「盡」。〔二二〕「所」上鈔有「何可」二字。

〔并〕鈔庚一二下・八・一五
經一二〇・三上・一・一

〔并〕鈔庚一三上・三・四

過，見善與從事，見惡退止。日夜剋躬思省，所負既復。小生得與人等，雖不仙度，可竟所受，不中亡年，是爲可矣。俗人之所長須臾耳。不念久生，可上及知士，有心念索生，故不作惡耳。天見其善，使可安爲，更求富有子孫，雖不盡得，尚有所望，何爲作惡久滅亡，自以當可竟年。不知天遣神往記之，[惡]過〔一〕無大*小〔二〕，天皆知之。簿〔三〕疏善惡〔四〕之籍，歲日月拘校，前後除算減年；其〔五〕惡不止，便見鬼門。地神召問，其所爲辭語同不同，復苦思〔六〕治〔七〕之，治〔八〕後乃服。上名命曹上對，算盡當入土〔九〕，愆流後生〔一〇〕，是非惡所致邪〔一一〕？[止]人何爲不欲生乎？人無所照見乃如是，何所怨咎乎？同十月之子，獨何爲不善，施惡不息，安得久乎？愚士之計，壹何不與小善合乎？行復道小不急之事，凡人所爲，各不同計，自以爲可，所觸所犯，[惡]皆〔一二〕欲得人利，人亦不欲利之。善利得生須臾〔一三〕，惡利不久，以善不久居地上也。故使有天地知〔一四〕不乎〔一五〕？天使人爲善，故生之，而反爲惡。故〔一六〕使主惡之鬼久隨之不解，有解不止，餘鬼上之，輒生其事，故使隨人不置也。知不乎？此書〔一七〕先進善退惡，古今文也。[止]自不從其長命就惡，無可奈何，鬼使得不白也。故有過者，沒形於土耳，精神不安，未知所止，

〔并〕鈔庚一三上・七・三
經一一〇・四上・一・一

是誰過乎？人行且自詳思念，取便安勿非，所言辭語，前後復重，其所道非一事，故重耳。〔起〕人命近在汝身，何爲叩心仰呼天乎？有身不自清，當清誰乎？有身不自愛，當愛誰乎？有身*不自成，當成誰乎？有身不自念，當念誰乎？有身不自責，當責誰乎？復思此言，無怨鬼神。見〔一八〕善白善，見惡白惡，皆不同也。復知之乎？辭小止，有惡不息，文書不絶，人沒迺止，此戒可知爲惡，自負其身耳〔一九〕，不負他人也〔二〇〕，復知之乎？行順所言，可思無離於心，離之爲敗，不可復理，與鬼同伍，何得活乎？念生得生，是〔二一〕爲知，惡會當盡，不得久在，知之不乎？行復小説，人居〔二二〕天地之〔二三〕間，皆〔二四〕得爲人，奈何忘天地恩乎？此爲何等哉？其〔二五〕愚乃

〔一〕本節鈔文應在鈔庚部十二葉上十行第一字之前，蓋係錯簡。〔二〕「大小」鈔作「巨細」。〔三〕「簿」鈔譌「薄」。〔四〕鈔脱「惡」字。〔五〕「其」鈔作「爲」。〔六〕「思」原作「鬼」，疑誤，今依鈔改。〔七〕、〔八〕「治」鈔皆作「理」。〔九〕「入土」鈔誤作「太士」。〔一〇〕「生」鈔作「世」。〔一一〕「邪」鈔作「也」。〔一二〕鈔無「皆」字，但有「人」字。〔一三〕鈔無「須臾」二字。〔一四〕「知」鈔誤作「利」。〔一五〕「乎」鈔譌作「平」。〔一六〕鈔無「故」下三十三字，但有「鬼神疾苦安得怨乎」八字。〔一七〕「書」下鈔有「故」字。〔一八〕鈔無「見」下三十五字。〔一九〕鈔無「耳」字。〔二〇〕鈔無「也」字。〔二一〕鈔無「是」下十九字。〔二二〕「居」鈔作「在」。〔二三〕鈔無「之」字。〔二四〕鈔無「皆」下四字。〔二五〕鈔無「其」下十三字。

經一一〇・五上・一・一

〔并〕鈔庚一三下・八・一五

如是，不能改，何所復望乎？欲望天報，當自責，愬惻垂淚而行。言我蒙恩得爲人，與萬物絶殊〔一〕，天使有異，能言能〔二〕語，見好醜，知善惡可不〔三〕之事，當自詳慎，所言反天辭，令不奉順，是爲大逆不道之人，天安從〔四〕得久與從事乎？[止]故置凶神，古觀之還辭如所言，其人自不好善。天君言：「前已有文書不絶，部主者下收其魂，骨肉付地主，不須時，惡人不可數聞，故自損威怒，還就儒雅，改易其惡，采取衆善，著之於内，以心置心。」神言：「我受天心教勑，使主隨人心，其不得有小脱，善惡輒有傍神*復得心。神言益復悲楚，未知吉凶，故自恐在惡伍之部。日夜自惟，不知當所自置，故不敢有不善之意。唯諸神相假借，使得自責，不用神誡，被誅不恨。」天君遣大神下言：「此人有自責悔過，不犯所禁，假之假之；後有不善，取之未晚。」見神言，日夜長息，恐身過未悉除，久不與太陽氣通，而在死伍之部，益復篤，不知而何也。[起]受勑未能通達，靜於閑處自省，責過所負，以謝天地四時五行諸所〔五〕部神〔六〕。天君聆〔七〕聽，令自思惟。上古之人，皆有知慮，不敢犯禁，自修〔八〕自正，恐見有失，動輒爲不承命，失其年〔九〕。用是之故，不敢小解〔一〇〕。過輒有罰首，以是自省自愛，敬重禁忌，不敢有〔一一〕違失意。復見責問，心

經一一〇・六上・一・一

〔并〕鈔庚一四上・七・一六

常恐悸，悵然失〔一二〕氣，負天心，言有〔一三〕小不稱，是爲文煩，輒考問實核〔一四〕。所言所信，可可〔一五〕以得〔一六〕名譽，及其〔一七〕身無〔一八〕信，久亡人年。故復思念，不失我心，切怛恐怖，不敢自安。舍氣而行，常自〔一九〕戀〔二〇〕慕，貪與天地四時五行共承統而行，不敢有小過差。【止】心自忿，當前後深知至意，不失其常，念恩不違精實，貪生望活，何有小惡聞上乎？結軀*行相承事，何敢有解意，恐不能得上至意，不知如何也。心益復悸切，自安無益。天壽難得，一失不可復還。遠俗日久，而反中折，當顧望下，是令悵然，故自敕惶慄而已。常恐一旦大小不稱見退，愁懣在心，自責自過。既蒙天恩，得展舒前命，飢渴之情不敢忘，得活而已。諸大神哀省，錄示元元，稟氣於天廚，駕乘天氣。而行薄所主，防禁衆多，不可有失亡。身雖鄙賤，不足榮寵，亦不以不肖故，能見嫌疑也。【起】真以心求進索生，唯大神原省語言〔二一〕，使見四時

〔一〕「絶殊」鈔作「殊異」。〔二〕鈔無「能」字。〔三〕「不」鈔作「否」。〔四〕鈔無「從」字。〔五〕鈔無「所」字。〔六〕「神」下鈔有「靈」字。〔七〕「聆」鈔作「聽」。〔八〕「修」鈔誤作「循」。〔九〕「年」下鈔有「壽」字。〔一〇〕「解」鈔作「懈」，「懈」、「解」通用。〔一一〕鈔無「有」字。〔一二〕「失」鈔作「喪」。〔一三〕鈔無「有」字。〔一四〕「實核」鈔作「核實」。〔一五〕鈔無「可」字，疑是衍文。〔一六〕鈔無「得」字。〔一七〕鈔無「其」字。〔一八〕鈔無「無」下二十六字。〔一九〕鈔無「自」字。〔二〇〕「戀」鈔作「念」。〔二一〕鈔無「言」字。

經一一〇・七上・一・一

五行生成，復見日月難報，想不見中棄。正營之人，不敢自遠，〔止〕傾倒枕席。大神言：「此人自師化迺如是，何憂無蒙保者邪？」「往昔有是人，天右哀之，近在左右。今見在視事久遠，多知慮，所言所語，無不得天君腹心者。且爲之爲，生伏地泣出而言，被勑覺寤，迺以先古有心忠誠，進在所知，無不包懷聞之，何敢比望先之人乎？」大神言：「持是有信之人相語者，欲令相生爲行比望耳，人有不及時。」生言：「大神乃開導大分明，生等比衆多，獨見異，使有開思，是恩*極重，何時教大神乎？」大神言：「思從中出，發憤念之爲報。」生言：「自分不知所奉上，雖自天有珍奇可好者，思復上之，見勑發憤想念，是爲可誠受，是言非口辭相報有文也，誠日夜惟思，不敢有解。」大神言：「所誡衆多，所諫亦非一人所問，持是久遠相語者，誠重生耳，言特見厚哀尤深。」天君聞之，呼大神曰：「比生何從發起，自致大神異語乎？」大神言：「見此學人尤信，故爲道難易。」天君言：「見善進之，使及是，是其宜也。」大神言：「天君召問是信生。」生言：「不敢希望及天左側也，願在無職之處，自力盡忠而已。」大神言：「皆當有所部主，乃見信理。」「如是誠僥倖，甚得大分，不敢有小不稱者也。」大神言：「是生見化，乃如是，宜且復進，可及先古。」生

〔并〕鈔庚一四上・一〇・五

經一一〇・八上・一・一

言：「不敢進長壽也，其人所貪也。」大神言：「是天願。」生言：「是本因大神所保，不敢失大神之戒也。」天君知此二人相諫勑，尤深善之，使自相教也。

〔起〕惟上古聖人之爲道也，乃出自然。心知天上之治〔一〕，所施行皆豫知者。音聲徹〔二〕通，還知形容，*自視心昭然意解。知當救之事，吉凶之會，了然可知。心内欣然，乃知得天之福也。使見前行之事，皆戒篤達。自惟蒙恩見寵遇〔三〕得與諸六神相持日久，輒〔四〕見教戒，使不危〔五〕。闚望四表，上下通洞，益〔六〕復哀哀。心中歡然，復得延〔七〕期，并及所不聞，是皆天君〔八〕大神〔九〕恩力所施〔一〇〕化。大神言：「是諸神共知，延〔一一〕者有命，錄籍有真，未生豫著其人歲月日時在長壽之曹，年數且〔一二〕升〔一三〕，乃施名各〔一四〕通，在北極真人主之。變易骨體，身輕潤澤生光〔一五〕，時暮得藥，以成精華。所在化爲，無〔一六〕不成，出窈入冥，絲髮之間〔一七〕，何所

〔一〕「治」鈔作「理」。　〔二〕「徹」鈔作「微」。　〔三〕鈔無「遇」下十字。　〔四〕「輒」上鈔有「大神」二字。　〔五〕「危」下鈔有「怠」字，怠通作殆。　〔六〕鈔無「益」下四字。　〔七〕「延」原作「近」，疑誤，今依鈔改。　〔八〕「天」下原無「君」字，疑有脱文，今依鈔補。　〔九〕「神」下鈔有「之」字。　〔一〇〕鈔無「施」字。　〔一一〕「延」原作「進」，疑誤，今依鈔改。　〔一二〕「且」鈔誤作「旦」。　〔一三〕「升」鈔作「昇」。　〔一四〕鈔無「各」字。　〔一五〕鈔無「生光」二字。　〔一六〕「無」下鈔有「有」字。　〔一七〕鈔無「絲髮之間」四字。

經一一〇・九上・一・一

不通。」止聖人言：「實有是從俗，成食從地，陰神出，安得不重乎？，易之爲輕，乃上是易。大神恩不能報，功大施，想大恩，忍不及。使得蘇息之間深厚，非辭所報。」大神言：「是天稟人命祿相當，直非大神意所施爲，見善薦之，是神福也，何所報謝乎？恐其後有疑，爲施禁固者，使聖知教戒，後人照知之耳，聖人自有知，無所勑也。」聖人言：「已得被報，雖生錄籍，會當有教導不及。」大神言：「是生之語儻然謙者，是其宜也。」「生重見辭，前後悉備*。唯大神以成就恩意，生見人分人也，而不敢自解，而有驕慢也。請復於閑靜之處伸力，大神所教施，願念不逮之生。」大神言：「盡辭前後可知，餘無所戒也。辭別各宜照所言。」生言：「受戒之日，不敢解止須臾也，但恐未能卒竟之耳。唯蒙扶將，使得視息復生望，傾側在心，唯大神時時相存教勑，是恩不小。」大神言：「是生之所言宜稱之。」生言：「唯唯。不敢以身自防。」大神言：「成名之人，精進有益，兼并部主非一。」天君聞之，大神戒聖人相對辭語，爲有知之人，宜勿忽解。命可至無訾之壽，各還就所部，見善當進之大神。聖人言：「俱受天君教，盡力有效，有效不敢倦時也。」天君言：「成人者爲自成。」「唯唯。」

〔并〕鈔庚一五上・二・二

經一一〇・一〇上・一・一

起惟上古得道之人，亦自法度未生有錄籍，錄籍〔一〕在長壽之文，須年月日〔二〕當昇〔三〕之時，傳在中極。中極一名崑崙，輒部主者往錄其人〔四〕姓名，不得有脱〔五〕。數使往動摇支節，屈申〔六〕轉傾〔七〕，反覆教戒，勑隨神〔八〕屈折，以藥飲之，骨節開鍊，雖不時相見〔九〕者，知其可堅與不〔一〇〕也，示之志不傾也。*貪生惡死〔一一〕，思行天上之神〔一二〕，數使往實核有歲數，乃〔一三〕令拜受不足之文，心言出辭，使知所行防禁，傳示學者，不用〔一四〕神文，言自已齎〔一五〕書且竟，神乃知相對語言〔一六〕，亦連歲月，積千三百二十日，乃將與俱見大神，通元氣，行自然。天君簿見密勑，所案行不得有私相信，感〔一七〕心易意，行無失誤。大神言：「已算計諸神所假稟，常以八月晦日，錄諸山海陵池通水河梁淮濟江湖所受出入之簿各〔一八〕分明。天君有所勞賜有

〔一〕「籍」原作「藉」，疑譌，今依鈔改。〔二〕「月日」原作「日月」，疑倒誤，今依鈔移正。〔三〕「昇」原作「斗」，疑誤，今依鈔改。〔四〕鈔無「其人」二字。〔五〕「有脱」二字鈔作「漏脱」。〔六〕「申」鈔作「伸」，「申」古「伸」字。〔七〕「傾」鈔作「順」。〔八〕「神」鈔作「師」。〔九〕「見」鈔誤作「久」。〔一〇〕「不」下鈔有「堅」字。〔一一〕「死」原作「色」，疑音近而誤，今依鈔改。〔一二〕「神」鈔作「事」，疑當作「事」。〔一三〕鈔無「乃」下十二字。〔一四〕「用」鈔作「問」。〔一五〕「齎」鈔作「賫」，「齎」或作「賫」。〔一六〕「言」下鈔有「之」字。〔一七〕「感」鈔作「惑」，疑當作「惑」。〔一八〕「各」下鈔又有「各」字。

經二一〇·二一上·一·一

簿〔一〕署，天君前自復數通藏金室署，有心之人令主天君所問，輒當承所教，宜日夜不解〔二〕，屬主室〔三〕之人勿失所索部〔四〕，别令可知應得有心之人，須以定錄簿。當有使神主爲計名諸當上下〔五〕，先時百日皆文上勿有失脱。如有文書不相應，計曹不舉者并坐。先勑令勿〔六〕犯神書，言〔七〕此書出後，三歲八月，乃示俗人，如有道信人〔八〕者，大可示之。」天君有教言：「此人先時有承負，勑神爲解除、收藏，未藏者爲藏之。」大神言：「此人貧戹空虚日久，恐不自全，得天君腹心，乃令神收藏，不〔九〕藏者其主未藏者時，恐不如所言*也。前乞〔一〇〕勑拜謝受恩，雖日月未至，諸先時一月令知之。」天君言：「下所部神將士衆田地〔一一〕中，勿失時以藏，爲作姓名，令地主敬慎，使有神靈往來，有欲從願所求，聽之。止有信之，後宜慎也。」大神言：「如是必海内聞知，好道之人將相扶承，事之敬之。」天君言：「有功之人，亦自當見敬。」大神言：「此人年未滿，期未至，請至期教其所報謝；當時未昇，其舍空虚，無以自衣，有道者給食，至時止。」天君言：「是小事耳，以天官給家，有家有心者。」大神言：「請如所道。」「勑天官給所當得，此人空虚日久，與食令足。」大神言：「令勑天官神給姓名，勿令空乏。」天君言：「善。」

〔并〕鈔庚一一下・七・一

經一一〇・三上・一・一

惟上古之人皆得天報應，有信可成，乃令受命，爲神所護視，恐有毀缺，日夜占之。見爲善，助其歡悦，不欲聞其惡，常置長壽之曹，心使爲善，無有惡時，使有進善，有孝忠順之意。所承所行，不敢以意，承教而行，人謂無知，我亦見知之。起人有善大恩，有哀以思，力自善〔一二〕。如〔一三〕人久見狐疑，尤惡先没，用是自損度〔一四〕自約，恐犯惡人，日夜惶懼，不知何如〔一五〕也。天生人知善惡，*行善有信，天不欲令人〔一六〕有惡聞也；用是欲貪生惡死，亦不敢犯禁，如所妨害於身也。故因緣天氣，得〔一七〕與通人之辭語言自〔一八〕往來，知人情意，見其不善，而退自責，恐有文書汙名存〔一九〕其中也。如人當時意，加施於人，誠不敢對首理委曲，得自〔二〇〕責所施行。止不得人意，過多難除。故人來悔易勢，當時鋒通，以爲命可再得也。不意天遣大

〔一〕「簿」鈔作「部」，疑當作「部」。〔二〕「解」鈔作「懈」，「懈」或作「解」。〔三〕鈔無「室」字。〔四〕鈔無「部」下七字。〔五〕「下」鈔作「昇」。〔六〕「勿」鈔作「不」。〔七〕鈔無「言」字。〔八〕「人」原作「文」，疑誤，今依鈔改。〔九〕鈔無「不」下十五字。〔一〇〕「乞」鈔譌作「之」。〔一一〕鈔無「田地」二字，但有「甲」字。〔一二〕「善」原作「喜」，疑譌，今依鈔改。〔一三〕「如」原作「加」，疑譌，今依鈔改。〔一四〕鈔無「度」下七字。〔一五〕鈔無「如」字。〔一六〕「令」下原無「人」字，疑有脱文，今依鈔增補。〔一七〕鈔無「得」字。〔一八〕「自」鈔誤作「身」。〔一九〕「存」鈔作「在」。〔二〇〕「自」鈔誤作「耳」。

經一一〇・一三上・一・一

〔并〕鈔庚一二上・四・一四

神，占之尤惡。先入土，用是自慰，隱忍不敢當惡。格辭有小異意，既得天恩，假其須臾，使得蘇息，長有活之望，是天之部分也。以故得有分意，命不久存。用是之故，復益悵然有慚恢之心。欲見天神，求哀教戒，照未知之事，防備未來，當與天心合，可得小如意。貪上有計慮之人，并思善惡，得不見之勑。迺見大神，苦甘自道生，求俗之人貪及上，以故自修自正。唯大神勑厲其不足，使覺寤望戒左側，唯大神哀省索生之人。大神言：「何惜禁戒乎？想自深知之，辭令各自吐寫情實，但恐不如所言；且復諦之，計從心出，宜復熟念。」生言：「皆感恐既身及之，何敢不從心出乎？」大神言：「如是*爲發，且復還靜處，惟思之有不足乃求。」生言：「稟知希疎少，未得大通著之戒也，匍匐須教，乃敢進見。」大神言：「如欲盡精誠，有功可得及之。起努力自念，從生以〔一〕來，功效所進，解先人承負，承負除解，過盡亦當上，何〔二〕所疑也；且復慎所言，宜勿外意也。」生言：「受勑見戒，不敢餘力而不進善也。已〔三〕善復惡，自與命戲耳〔四〕。」大神言：「善人也〔五〕宜復屈意，雖〔六〕心勞命之日，當時微苦，用心不解〔七〕，復後得福。」「生〔八〕受勑〔九〕，誠歸閑靜處，思失自責。」大神〔一〇〕言：「思從中出，天神知之，勿〔一一〕倦也。」止「生以年窮盡乃

經一一〇・一四上・一・一

止。」大神言：「有行乃如是，何憂不前乎？」天君聞之，重勑大神，使欲進者，觀其所爲，積歲月日，各令有部，有功當上，名須鈌補。上古之人，心言口語，皆知人情無文而治，表裏外內，具見其信，各不相負。天有要令，犯者尤醜，輒見治問，責其過咎。用是之故，益復悸動，惻然念天恩所施行，使得全完爲人，知好惡之義，人以此等念恩深厚，不知以何報之。但心思欲進，而有忠誠之信，所爲所作，承奉不敢失小差。恐爲衆神所白，見過於上，*有不竟年命之壽。以是益復感傷憂心，不敢自解，而望報施之意。實貪生與諸天神共承天心，有善者財小過除，竟其年耳。如有大功，增命益年，承事元氣，合精華照見所知，復受大恩，非辭所報，但獨心不知如何也。唯諸大神共省哀錄，不及教戒，使見知慮，知天上所施，禁忌衆多，當輒相承，不得有失也。唯大神惟其不足，見戒不敢忘大分，受施不忘生恩意也。大神言：「生自有知之人，何所教勑，但當順天所爲，勿逆其心。見勑戒，應時奉

〔一〕鈔無「以」字。〔二〕鈔無「何」下二十九字。〔三〕鈔無「已」字，但有「行」字。〔四〕鈔無「耳」下三字，但有「且」字。〔五〕鈔無「也」字。〔六〕鈔無「雖」下六字。〔七〕「解」鈔作「懈」。〔八〕「生」下鈔有「言」字。〔九〕「勑」下鈔又有「受勑」二字。〔一〇〕鈔無「大神」二字。〔一一〕「勿」上鈔有「固」字。

經一一〇・一五上・一・一

〔并〕鈔庚三上・一〇・一

行，勿失脱而已，是爲得天心意矣。賞罰有輕重，宜各實之，勿有失誤。得爲可餘少所戒，宜詳慎所言，出辭當諦思之，令可行。有小妄者，輒以心自況之從善，是爲小戒。餘者當平生之言見深戒，不有失神意也。」「自惜童蒙，未見大分。故固大神重戒，所照衆多，知慮廣博，無所不包。唯大神重戒，欲蒙其德，不逆所言。唯復顧意，伏須重戒。」大神言：「是語可知天上之施與，中知地下傍行等耳，法律相應，無有差也。自有相教者，且隨其主，勿逆而已。」生言：「自分當戒*也，法律雖同，而用心少得其意也，天心難知其訣。」大神言：「是皆實無欺而已，乃[起]豫〔一〕知天君意所施爲者，爲上第一之人，可在天君左側。有功勞賜賞，謙遜不敢盡受〔二〕，益復竭盡筋力，用心乙密爲大。故天君重復〔三〕自面勑教人，是生之福也。所主衆多，平心爲行，是自可矣。」生言：「不敢。乃望在天君左側也，見活而已。但思忠孝，順理盡節，不敢受重賜，但恐無功[止]耳。如小功效之日，令生身日明，長見生日久矣。但思無極，不敢有不思過須臾也，得見溫言，心志飽滿，大神與生同居，對治無思也。誠復受恩，出入上下，時小相戒，是大神之恩，不可中謝；但心意戀慕，常在心中，不敢解止。天君聞之，知之士所行，莫不得願也。常能自責過負，想不中惡，勑大神教戒之，使及上勿倦也。上善之人，皆生於自然，皆有曆紀，著善籍之文，名之爲善人之籍。常有善人之行，未嘗有惡稱。行止出入，輒聞善意，未嘗有惡，故名善人。動輒進之於人，衆奇爲不見之物，得上於尊。尊者見之，或善其言，或貪其善行，或貪其誠，或*貪其見愛，或貪其孝忠，或貪其久所言，或亦貪其見信，是善之善也。故名之爲善。時見寵榮，復貪得長遊，復貪得神仙，復貪得不死位，復貪使衆神，是善人之貪也。行仰善，與天地四時五行合信，諸神相愛，有知相教，有奇文異策相與見，空缺相薦相保。有小有異言相諫正，有珍奇相遺。共進於天神，欲見敬求戒思過，恐有不稱天之大神也。常日夜進心念篤，見善從心，思聞善言，忠直之志，完軀之人，愛其命年，常恐一朝有異，小不善之意。[起]聞人有過，助其自悔。主〔四〕其有知，善所諫，用其人言，并見其榮，善教戒人求生索活之道。是善人之極，但當有功，不敢違神之願，思慕長在，復得行見人之願所當逮及。唯天大神，通達辭令，檢勑所行防禁，得〔五〕小失相假忍，使思其〔六〕

〔一〕本節鈔文應在鈔庚部十二葉下八行第十五字之後，蓋係錯簡。〔二〕「盡受」鈔誤作「進授」。〔三〕「復」下鈔有「重」字。〔四〕鈔無「主」下六十三字。〔五〕鈔無「得」下六字。〔六〕「其」鈔作「天」。

經二一〇・一七上・一・一

〔并〕鈔庚一二下・七・五

意。【止】天恩廣大，多所愛傷，使得自思，悔過命長，是大分之施也。但恐不而卒竟恩貸，唯諸大神原其不及。願蒙不見之戒，使得思樂，其志廣見，唯思重勑。」大神言：「上天地各有文理，知用前，不知自却，此自然耳，不惜愛戒而不相教*也。見衆善之人無有疑，何所復戒，但且詳念所言，相副而已。是善人之願也，宜復明之。」生言：「自不肖，行不純質，以故自親大神所禁戒者；數蒙厚遇，輒見思念，顯見以故復詣，不知厭足，天使其然。」大神言：「是生受自然之姿，天使來問者，知其同不耳，何所嫌疑乎？密欲來承勑者，皆言自情實，少雙辭語，出於華耳。會以心自正者少，故使有空缺轉補，是生短也，宜復慎之勿解也。」生言：「稟性遲鈍，設意不失，但以文自防也，唯哀之不耳。」大神言：「是亦出於知，【起】知善行善，知信行信，知忠行忠，知順行順，知孝行孝，惡〔一〕無從〔二〕得復〔三〕前也。【止】想生自知，是故重之耳！」生誠悵然曰：「是生所聞，是大善。是有重戒出其中；大神所道乃如是，何敢有懈慢之意乎？是爲活生之意，蒙寵如是，不知何所用報大神恩也。」大神言：「是曹事視之，而不足爲戒，念可行宜復成名，可及上無疑；行自得之，何所報謝乎？辭令自善，不得相聞語耳。」生言：「是戒使生長，得有活之望，請於無知

經一一〇・一八上・一・二

〔并〕鈔庚一〇下・四・三

之處，思惟所言。」大神言：「當知生辭勿離於内也*，前後所戒來學問之人如此矣。」生言：「誰當肯相勑如此乎？ 生祿命，大神喜之，時約勑前後備足，但無以副恩，誠慚無以自置。」天君聞之：「是善之善，善中尤善，可兼行諸部，勿使有失。」大神還語生：「天君所勑，恩榮如是，宜勿犯之。」「唯唯。」上德之人乃與天地之間，當化成之事，使各如願。 起善〔四〕者著善之文〔五〕，不失其常，不失其宜，是爲上德。無所不成，無所不就，不失其明，不失其實，不失陰陽所生成，不失四時主生之氣所出入，不失五行之成，不失日月星宿，不失其度數，不失吉凶之期，不失有〔六〕災異之變，不失水旱之紀，人命短長〔七〕，不失所稟繫星宿厚薄之意，是上德所當行也。 故言〔八〕有德之人，無所不照，無所不見，上下中和，各從其宜。 就其德，各不失其名。 是爲順常長生之文，莫不被榮，萬物叢牙部〔九〕甲而生，垂枝布葉，以當衣裳；霧露霜雪〔一〇〕時雨，以當飲食；生長自成覆葉〔一一〕實，令給人地之長，名爲水

〔一〕「惡」下鈔有「事」字。 〔二〕鈔無「從」字。 〔三〕「得復」鈔作「復得」。 〔四〕鈔文係錯簡。 〔五〕「文」下鈔有「不失其文」四字。 〔六〕鈔無「有」字。 〔七〕「短長」鈔作「長短」。 〔八〕鈔無「言」字。 〔九〕「部」鈔作「剖」。「部」爲「剖」之假借字。 〔一〇〕「霜雪」鈔作「雪霜」。 〔一一〕「葉」鈔作「華」。

經一一〇・一九上・一・一

〔并〕鈔庚一六上・九・一一

經一一〇・二〇上・一・一

母，民名爲瓜，盛夏熱〔一〕時，以當水漿，天下所仰，人無大小〔二〕皆食之。是德人承天統，成天形，於〔三〕地以給民食，*行恩〔四〕布施，無不被德，以自飽滿〔五〕，是天恩非也〔六〕。天所施生，甚大不順命，反〔七〕言自然，是爲逆耳〔八〕。故使〔九〕德人〔一〇〕上知天意，教民作法，無失天心，育〔一一〕養長大，使得爲人。復知文理，行成德就，可上及天士。天上之事，功勞有差。德人主知地之事，令〔一二〕民依仰，重見恩施，不能以時報之。德人爲天行氣，上下中央，不得其所者，人反輕天所施爲，是正令天怒不止，神靈不愛人，侵奪年命，反自怨非天，是〔一三〕愚甚劇。故下神書，使〔一四〕住勑爲施禁固既民不犯〔一五〕。[止]有豫知[起]來事，遠惡趣善，不犯所禁，復得見天道所師化，無不從之化者。故使人主爲作羽翼，開導頭尾，成其所爲城郭，倬〔一六〕然可知。知上及大化，并理元氣，復知人事。是亦有祿有命之人，皆先知之，隨人化可得延之期，天亦愛之。善神隨護，使不中惡。心使見善，惡者不得以爲比〔一七〕等。故天重善，使得從願，不侵不剋如其平，殊能〔一八〕過善，天復增其命〔一九〕年，不〔二〇〕危陷是非大恩也。當〔二一〕報何疑，前有大善，所行合天心意，近之左側，惡氣不來。不敢視之，延命無窮，是恩難報，報之不〔二二〕以珍奇*〔二三〕。但寫心歸誠，自實有〔二四〕

信，不負所言，是爲有〔二五〕報〔二六〕，止爲報爲知不乎？知善爲善，見信行信，是人所長也。且宜照之，勿自疑。前有信人，已壽無極，化爲神靈，所兼備足，功勞所致，復知之乎？故德人有知之士，所得上進，天甚愛之。不其文章，知命不怨天，行各自慎，勿非有邪，教人爲善，復得天心意者，命自長。事皆天君出，不得留止。俗人難化，化之以漸，無有卒暴。詳慎所言，勿爲神所記，各慎所部，文書簿領，自有期度，勿相踰越。見善進之，見惡當改，勿有所疑。貪生之人，自不忘天所施爲。故重之者，誠愛人之命耳。念善得善，壽不疑也。天君愛信知不乎？詳慎神文，勿以自試。天下之事，孝忠誠信爲大，故勿得自放恣。復奪人算，不得久長。慎之慎之，勿懈也，懈爲自疑耳。疑之自令不令，知不乎，知不乎？

右起天上文解六極大集天上八月校書象天地法以除災害。止

〔并〕鈔庚九下・三・一

〔一〕「熱」鈔作「之」。〔二〕鈔無「無大小」三字。〔三〕「於」鈔作「仰」。〔四〕「恩」鈔譌作「思」。〔五〕「滿」鈔作「足」。〔六〕鈔無「非」也二字。〔七〕「反」鈔誤作「及」。〔八〕鈔無「耳」字。〔九〕鈔無「使」字，但有「有」字。〔一〇〕「人」上鈔有「之」字。〔一一〕「育」原作「有」，疑譌，今據鈔改。〔一二〕「令」鈔誤作「命」。〔一三〕鈔無「是」下四字。〔一四〕鈔無「使」下八字，但有「令」字。〔一五〕「犯」下鈔有「也」字。〔一六〕「倬」鈔作「卓」。〔一七〕「比」鈔誤作「此」。〔一八〕鈔無「能」下三字。〔一九〕鈔無「命」字。〔二〇〕鈔無「不」下五字，但有「會此」二字。〔二一〕鈔無「當」下三十四字。〔二二〕「不」鈔作「非」。〔二三〕「奇」鈔作「琦」。〔二四〕鈔無「有」字。〔二五〕鈔無「有」字。〔二六〕「報」下鈔有「也」字。

太平經合校卷一百十一 庚部之九

太平經卷之一百一十一

大[*]聖上章訣第一百八十

[起]惟〔一〕始〔二〕大聖德之人，乃承元氣自然精光相感動，乃爲大聖〔三〕。悉知當所施，輒如〔四〕天意，不失其元氣之志。常行上爲大神輔相，如國有公卿，心知大神之指歷〔五〕文書相通，上章各有薦〔六〕舉，宜得其人，使可保有言事，輒用天君以事，更明堂〔七〕得書，輒下無失期，輒得朝上之恩[止]貸。自天君曰，不訞朝廷旨，請寄之人，文書所上，皆自平均，無有怨訟者。各自身受恩分，賞罰有差，何有分爭者乎？[起]大聖先〔八〕知，天君所當施行之事，安得有失乎？俗〔九〕人不知，以爲如民長吏，安能知詔書所當道下文乎？天上之事，音聲遙相聞，安得有隱也。此在自然之中相檢，何〔一〇〕有脱時乎？天君日夜預知，天上地下中和之間，大小乙密事，悉自知之。諸神何得自在乎？故記首尾善惡，使神疏記。天君親隨月建〔一一〕斗

經一一一·一上·二·四

〔并〕鈔庚一六下·九·七

〔并〕鈔庚一七上·五·五

綱傳治，不失常意，皆修正不敢犯之。故言天遣。心神在人腹中，與天遙相見，音聲相聞，安得不知人民善惡乎？天君言，善〔一二〕信舉之，惡無〔一三〕*信下之，不但天上欲得善信人也，中和地下亦然。人不深知當來之事，故使有心〔一四〕志之久久〔一五〕與大神同路，是天之所近。比如國有忠臣良吏，不離左側。但人自〔一六〕不信天，天何〔一七〕時當信有二心之人乎？止中不爲天，不如民人邪？蟲蟻之人，亦何因緣得天心意，所壽貪惜，此人不時相親者。過起於民，收攝十三於後，亦有歲數。見有心之人，不念俗事，貪進求生，故神告其心出之耳。有心志之人可與從事對談，誠信之，無有心志。念衆口當食求利，衣溫飯飽，禮費相隨，驅使貧弱，自以高明，非天腹心也。行不純質，復欲求道，索久生，是正爲索所不得，罪大重，

〔一〕「惟」上鈔有「天上見善事當藏匿不與吉凶所致人」十五字，係本卷末篇篇旨。「人」疑係「文」字之誤。〔二〕「始」鈔作「與」。〔三〕「聖」鈔作「神」。〔四〕「如」鈔作「當」。〔五〕「歷」鈔作「暦」，「歷」同「暦」。〔六〕「薦」鈔作「稱」。〔七〕「堂」鈔作「而」。〔八〕「先」鈔作「當」。〔九〕「俗」鈔作「世」。〔一〇〕鈔無「何」下五字，但有「如此」二字。〔一一〕「建」下鈔有「昇」字。〔一二〕「善」上鈔有「有」字。〔一三〕「惡無」二字鈔作「無善」。〔一四〕「心」下鈔有「者」字。〔一五〕「志之久久」鈔作「志久志久」，並文訛難曉。通觀下文，「之久」當作「之人」。〔一六〕鈔無「自」字。〔一七〕「何」下十字鈔作「何信人有二心乎」。

〔并〕鈔庚一七下・八・一七
經一一一・三上・一・一
〔并〕鈔庚一八上・一・一五

少有貰時，此爲知不乎？當起白日昇天〔一〕之人，求生有籍，著文〔二〕北極天君內簿，有數通。無有〔三〕心志之人，何因緣得著〔四〕錄有姓名乎？彊〔五〕學之人學之，得天腹心者，可竟天年。殊能思盡力有功効者，轉死籍之文，復得小生，何時當〔六〕得駕乘精氣，爲天行事乎？止是爲可知得書感心，泣出自責，言我同十月之子施行，獨不得上心意而在死伍之中，是行何一不得上*意，是我之過也。起天地上〔七〕中和皆當從天恩生〔八〕，而反多不信，是罪之重也〔九〕，何可望乎〔一〇〕？天上諸神聞知〔一一〕言此〔一二〕人自責〔一三〕自悔，不避晝夜，積有歲數，其人可原，白之天君。天君〔一四〕言，人能〔一五〕自責悔過〔一六〕者，令有生錄〔一七〕籍之神移在〔一八〕壽曹，百二十使有續世者〔一九〕，相〔二〇〕貧者令有子孫，得〔二一〕富貴少命子孫單所以然者，富貴之人有子孫，家強自畜，不畏天地，輕以傷人以滅世，以財自壅，殺傷無數。故天不與其子孫，爲惡不息，安得與善而壽乎，止此爲知不乎？大神遣小神下令，各受其命，長短之事從出，無所疑也。思之復思，書辭可知小大，念後有失脱之文，當疏記。

〔并〕鈔庚一八上・七・一三

經一一一・四上・一・一

有德人祿命訣第一百八十一

起惟太上有德之人，各自有理，深知未然〔三〕止之事，照達上下，莫不得開。心之所念，常不離於内，思盡所知，而奉行大化，布置正天下，所當奉述，皆不失其宜。篤達四方，意常通問，正其綱紀，星宿而置，列在四維。羅列各有文章，所行目有其常，繫命上下，各有短長。生命之日，司候在房，記著錄籍，不可有忘。命在子午，其命自長*。丑未之年，不失土鄉。壽小薄，不宜有惡，使付土鄉。壽未盡，籍記在旁，雖見王相，月建氣以不長。所以然者，在土之鄉，故令坤艮之鄉，其壽自

〔一〕「天」原作「上」，疑誤，今依鈔改。　〔二〕鈔無「著文」二字，但有「者」字。　〔三〕鈔無「有」字。　〔四〕鈔無「著」下六字，但有「上錄籍」三字。　〔五〕鈔無「彊」下三十五字，但有「早有心志之人」六字。　〔六〕「當」鈔作「終」。　〔七〕鈔無「上」字。　〔八〕「生」上鈔有「得」字。　〔九〕「也」鈔作「者」。　〔一〇〕鈔無「乎」字。　〔一一〕「知」下鈔有「乎」字。　〔一二〕「此」鈔作「世」。　〔一三〕鈔無「自責」二字，但有「能」字。　〔一四〕鈔無「天君」二字。　〔一五〕鈔無「能」字。　〔一六〕鈔無「悔過」二字。　〔一七〕鈔無「錄」字。　〔一八〕「在」鈔作「名」。　〔一九〕鈔無「者」字。　〔二〇〕鈔無「相」字。　〔二一〕鈔無「得富貴」至「安得與善而壽乎」一節，但有「天以滅絶者爲惡不止轉更傷害物故令絶之」十八字。　〔二二〕「然」下鈔有「自延福及子孫況其身乎」十字。

經一一一・五上・一・一

減，生日及時，三土相望。其日以生不進，價作已錢。從歲至歲，少有利時。辰戌之歲，天門地户，天土地土，自當所生。天地土生上草木，天地土生下草木，天土出聖智土，地土有賢。雖有衡，衡伍不相干，人不知之，反言年在辰戌，月建相破，以爲大惡。天門地户相對，陰陽相望，生日直之。天戊日復直歲生，是爲大德之人無所妨，固宜勿惶懼。地土出賢爲之，府土乃所居。何有惡者，人自不知，以土爲人，皆屬土府。壽命有期，直聖得聖，直賢得賢，是天常法，祿命自當。或出神仙。寅申之歲，其人似虎，日月相直，殊不得相比。所以然者，寅爲文章，在木之鄉，山林猛獸，自不可當。但宜清潔，天遣令狩，不宜數見，多畏之者，名之爲虎。年在寅中，命亦復長，三寅合生，乃可久長。申爲其衡，了不相亡，多惡畏夜，但能緣木上下，所畏衆多。其命在金，行害傷人。故令小壽*，是爲可知。事神忽荒，精邪厭畏無常，少有利時。卯酉之命，各直其月，其月復同。卯主於東，繫命東星，多所生活，人民飲食。卯故言東方，正卯爲東之中。春生榮華，夏長其實，無所不施，莫不被德。故名東星爲仁，不忍中傷。天惜人年，復得久長。西正酉復在金鄉，喜行戰鬬，不得久長。行惡自然，何從久生，雖得王相月建，裁自如耳。其六

經一一一·六上·一·一

〔并〕鈔庚一八上·一〇·一

七惡，日亡其過半，是爲可知。巳亥之期年以生，各置其月，復以其名爲之，重陰無陽，命自不長。三陰會時會復當，故言巳亥，拘主開藏。亥主西北，巳主東南，所向所爲，少得其宜，治生難以進，壽難以長。故言十文轉相通，十干名功，復宜天算，計其短長，相推爲命，天之行何得自從。故今大德之人并領其文，籍繫星宿，命在天曹。外内有簿，上下八方，皆有文理，何得自從。人不得其數，反言何負於天。行善可盡年命，行惡失長就短。惡惡不止，禍及未生，何可希望，行自得之。其命亦薄，不盡其算，閣在天上，以遺善人，可戒子孫慎之。反正悔過，可復竟年，各自分明。*計其所爲，勿怨天神。努力爲善，子孫延年，不者自在，可無怨天。復小正復念，其後復疑者，當平之矣。

善仁人自貴年在壽曹訣第一百八十二

【起】惟太上〔一〕善人之〔二〕爲行也，乃預知天地〔三〕表裏，出入陰陽，道其綱紀〔四〕，發中

〔一〕「上」鈔作「古」。〔二〕鈔無「之」字。〔三〕鈔無「天地」二字。〔四〕「綱紀」鈔作「紀綱」。

〔并〕鈔庚一八下・四・五

經一一一・七上・一一

念之，不〔一〕忘其理。順天而行，不敢有疑，用是得成，奉〔二〕天〔三〕大施。思念在身，行無愆負，微稟自然，數〔四〕見戒前後可知。人自犯之，亦無所怨。從古以來，小有信人，信欲相欺，不念其後。故令天地瞋怒殊不止，賢聖有知自悔耳，天知之教之。止不用人言，反惡意相視，諫之不用，但欲自可。此人無知，甚於畜產。用是之故，故自責過，負安從起，日夜思人，不解行所負，何所怨咎。但自無狀，不計其咎，妄爲不當行。不承大教，而反自在，自令命短，何所怨咎。時念起上古得仙度世之人〔五〕，何從〔六〕起念之，見書皆言〔七〕忠孝，敬事父母，兄弟和睦〔八〕，無有〔九〕表裏，上下合同，知天禁〔一〇〕。神主〔一一〕爲理，白〔一二〕其過失，無有休止，修身自省，既得生耳。受命有期，*安得自在，念〔一三〕之心痛，淚下沾衣，無有解已。日惜年命，恐不得壽。見長命之人問之，言有〔一四〕忠孝〔一五〕，不失天地之心〔一六〕意，助四時生，助〔一七〕五行成〔一八〕，不敢毀當生之物。止爲善不行侵人，無所欺抵，誠信不敢有所負。行成於人衆，不敢失於親而虧閭里，出輒相報。其以時還，未曾大醉臥於市里。賢知相隨，不顧愚子，念恩於天地，不敢望報，自責而已。復有過失，承負所起，自責有歲數，乃感動耳。生俗多過負，了無有解。已愁毒而行，不知所止。

經一一一・八上・一・一

每見人有過，復還責己，不知安錯，思見善文，及其善戒，祿命僥倖，逢天大神戒書文，反覆思計，念之過多，無有解已。叩頭自搏而啼嗚，有身不能自正，而反多怨。禁書致重，而自觸之，致命不壽，晨夜自悔。冀復小久，不敢施惡，更念當行恩德布施，蒙得其理，無有惡言，但見淚耳，感傷於心。天神聞知，來下言，此人爲誰，何一悲楚。竊見大德之人，延命久長在。問之言，此但行應天心，合地意，是故得壽耳。還歸靖舍念之，如太上德人之言，以故自省也。使神見自責悔，人還上天道言，*有悔過人啼淚而行，未曾有止時，恐見不活，以故自責。大神聞知，言天君常勑諸神曰，有功善之人爲忠孝順，所言進獨其人也。因白天君。天君言：「聞知此人自責悔過，有歲數也。此本俗人耳，而自責過無解已，更爲上善人

〔一〕鈔脱「不」字。〔二〕「奉」上鈔有「承」字。〔三〕鈔無「天」字。〔四〕鈔無「數見戒」至「天知之教之」一節，但有「不信不篤天乃怒之自知悔過天復教之」十六字。〔五〕「之人」二字鈔作「者」。〔六〕「從」下鈔有「惡」字。〔七〕鈔無「皆言」二字。〔八〕「睦」鈔作「穆」，「睦」通「穆」。〔九〕「有」鈔作「爲」。〔一〇〕「知天禁」鈔作「和天大禁」。〔一一〕「神主」二字鈔作「天君」。〔一二〕鈔無「白」下十六字。〔一三〕鈔無「念」下二十七字。〔一四〕鈔無「言有」二字。〔一五〕「孝」下鈔有「之心」二字。〔一六〕鈔無「之心」二字。〔一七〕鈔無「生助」二字。〔一八〕鈔無「成」字。

〔并〕鈔庚一八下・八・七

經一一一・九上・一・一

也。大神數往占視之，知行何如有善意，欲進者且著命年在壽曹，觀其所爲，乃得復補不足。」大神言：「此人自責大久，承負除解，請須有闕上補，名爲太上善人，可以報下不及者。」天君言：「太上善人之行，必當如其言。」大神數勑之，護視成神上之，皆須其年數勿侵也。」大神言：「此人本無籍文也，得勑在壽曹，請須上闕，補以年次，不相踰越。」天君言：「得次補缺之日，數上其姓名勿失期。」大神唯唯。〔起〕惟太上仁人爲行也，乃積功〔一〕累行於天。天乃〔二〕聽信，使助東皇〔三〕布置當生之物，華實以給民食，使得〔四〕溫飽。形身〔五〕長大，展轉相養，陰陽接會，男女成形，老小相次，稟命於天數。於星〔六〕二十八宿展〔七〕轉相成，日月照察不得脱，更直相生，何有解〔八〕息。但人不知，以〔九〕爲各自主，名雖有主，*更相檢持。所以然者，人命有短長，春秋冬夏〔一〇〕，更有生死無常。故使相主，移轉相問〔一一〕，壽算增減，轉相付授〔一二〕。故言四時五行日月星宿皆持〔一三〕命〔一四〕，善者增加，惡者自〔一五〕退去，計過大小，自有法〔一六〕常〔一七〕。案法如行，有何脱者？天上地下，相承如表裏，復置諸神并〔一八〕相使。故言天君勑命曹，各各相移，更爲直符，不得小私，從上占下〔一九〕，何得有失〔二〇〕〔止〕有性之人，自無惡意，雖有小惡，還悔其事，過則除解。有文書常入之籍，惡者付下曹，善者白善，惡者白惡，吉凶之神，各各自隨所入，惡能自悔，轉名在善曹中。善爲惡，復移在惡曹，何有解息？地上之生人中，有胎未生，名姓在不死之錄。年滿行成，生者攝録，令有保者乃上之。所以然者，其壽難待重之，故令保者過并責。以是故自不忠孝順無功者，皆無保任者，但爲生先祖績，使有祀耳，殊爲惡不止，何有得後生食者乎？食糞之人，亦安從得與天大神久共事乎？糞中之有應天書度者，天遣神教之。歲月旦滿，勑天大倉守神，斷有形之物，稟天大倉氣食消化，令輕化神靈，出窈*入冥，乃上姓名，不在簿中。何有求生，人安從知之。人自善無失天心，大神動其心，使樂爲生，道俗人自貪之。所以然者，自行惡無一善時，但貪好衣車乘，相隨自得，不滿之命，天地亦不奪其

〔一〕鈔脱「功」字。〔二〕鈔無「乃」字。〔三〕「皇」原作「星」，疑譌，今依鈔改。〔四〕鈔無「得」字。〔五〕「形身」鈔作「身形」。〔六〕鈔無「於星」二字。〔七〕鈔無「展」字。〔八〕「解」鈔作「懈」。〔九〕鈔無「以」下十八字。〔一〇〕「春秋冬夏」鈔作「春夏秋冬」。〔一一〕鈔無「相問」二字，但有「向」字。〔一二〕「授」鈔誤作「受」。〔一三〕「持」上鈔有「主」字。〔一四〕「命」上鈔有「人」字。〔一五〕鈔無「自」字。〔一六〕「法」上鈔有「格」字。〔一七〕鈔無「常」下九字。〔一八〕「并」鈔作「迺」。〔一九〕「從上占下」鈔作「上下占之」。〔二〇〕「何得有失」鈔作「何可得逃乎」。

願也。惡人亦不得久視天日月星宿也。當歸長夜，何得久在。此人不得自師爲善者，天知爲惡可久前，故使食有形之食。故藏土下，主爲地神，使不得復生，故以書相示，令知之耳。或有尸解分形，骨體以分。尸在一身，精神爲人尸，使人見之，皆言已死。後有知者，見其在也，此尸解人也。久久有歲數，次上爲白日昇天者。使有歲數功多成，更生光照，助天神周徧。復還止雲中，所部界皆有尸解仙人，主知人鬼者。有道之家，其去者得封，爲鬼之尊者名爲地靈祇，亦得帶紫艾青黃。所主有上下，轉有所至，爲惡聞得片，退與鬼爲伍，知不乎？故言死生異路，安得相比。行，辭小復息念，其後遺脱不足者，當説之。

〔并〕鈔庚一九上・一〇・一

經一一二・二上・一・一

起 惟太上善人之爲行也，乃表知天地當行之事，各有所主，各有其辭，各修其事，各成其神，*各立〔一〕其功，各行其忠，各理其文，各布〔二〕施於人，各道其進，各得天地腹心，各不失四時五行之生成。乃應太上善之人，是〔三〕天之信，地所〔四〕保，皆得中和〔五〕之心腹〔六〕，知〔七〕人情出入内外，承令而行，不敢失大聖之人意，下不敢〔八〕犯諸神所〔九〕禁。常念成人，使樂爲善人〔一〇〕。令得天心地意〔一一〕，從表定〔一二〕裏，成功於身，使得〔一三〕長生，在不死〔一四〕之籍，得與〔一五〕大神從事對〔一六〕職。却知是非，忠誠於天，照〔一七〕見日月星宿，不失法度，不失志意。常生貪活，思奉承天〔一八〕化，[止]復知地理。心乃歡喜，復知吉凶之籍，存亡之事，欲與自然同其路。行少惡貪，見大神之戒，閔傷未知，照其不逮，使及長生之錄，見天君蒙其生活，久在不死之籍。行天上之事，下通地理，所照見所聞，目明耳聰，遠知無極去來之事。文書通辭，復知要妙，是太上善人之願也。唯天上大神照知指願，貪慕自然，表紀合生氣而行，無有窮已。常言[起]天〔一九〕不奪人願，地不奪人所〔二〇〕安，是〔二一〕自然不敢有毛髮之系，而煩苦諸神深記文墨也。日〔二二〕夜思念〔二三〕過負〔二四〕，恐有〔二五〕不稱太上〔二六〕君之意。何惜何〔二七〕愛，而不盡忠誠孝*順乎？當〔二八〕自言被受恩施，得榮華，

〔并〕鈔庚一九下・八・六

經一一一・一二上・一・一

〔一〕「立」原作「名」，疑誤，今依鈔改。〔二〕鈔無「布」字。〔三〕鈔無「是」字。〔四〕「所」鈔作「之」。〔五〕「皆得中和」鈔作「五行」二字。〔六〕「心腹」鈔作「腹心」。〔七〕鈔無「知」下二十字。〔八〕鈔無「敢」字。〔九〕鈔無「神所」二字。〔一〇〕鈔無「人」字。〔一一〕「天心地意」鈔作「天地神明之意」。〔一二〕「定」鈔作「徹」。〔一三〕「使得」鈔作「得入」。〔一四〕「在不死」三字鈔作「久視」。〔一五〕「與」下鈔有「天地」二字。〔一六〕鈔無「對」下六字，但有「從」字。〔一七〕鈔無「照」下十九字。〔一八〕「天」鈔作「大」。〔一九〕「天」上鈔有「故」字。〔二〇〕鈔無「所」字。〔二一〕鈔無「是」下二十字。〔二二〕「日」上鈔有「常」字。〔二三〕鈔無「念」字。〔二四〕「負」上鈔有「承」字。〔二五〕鈔無「有」字。〔二六〕「太上」二字鈔作「天」。〔二七〕鈔無「何」下十字，但有「忠孝」二字。〔二八〕鈔無「當」下二十五字，但有「奉事上報乎」五字。

不望報，天心重愛，但自過責，少所貰也。止唯大神原之戒之，不及戀慕之，不敢自遠。常獨念恩不報，罪還著身，恐不辭解，但惻怛而已。雖見原省，使得自思念所負。大神言：「太上善之人思過自責，文辭逢出上聞，是其文辭延及也，但恐不知所言耳。天信尤善尊之，可至無極之壽，宜當復遙心勿忘天所生大施之分。太上之君善之，言生自命好生，不顧財色，見活之人，常思與同久，何時當妄行不道，無心之意不報重恩乎？」「但自惜年生以來，不見大分耳。唯蒙恩教戒，使知分理，當言知命，不怨天，不敢自怨而妨活也。心相加，當有貪時邪？但自恐年命窮盡，不見天之大施分部耶？唯復勑戒愚曚之生，使有知慮爲大恩，非辭所報也。但剋心念，常在於內，不忘其飢渴，求戒見活，唯蒙原省。」大神言：「我本從諸神自進於天君，無有小失，助天地有功之諭，上籍在天君，何時當相忘乎？請白生辭令自責，有歲數貪慕天化，其人在錄籍與不？」天君言：「自責之人皆於自然*，亦神所資善也。」「使主案天文籍之人視之，有自責，乃白生籍神使勑視文，文案籍有此人。」天君言：「人有生自行善，不犯所禁，是人行之所致也。大神且復詳，須施行有缺上名。」大神言：「從太初以來，諸神有功得天心意者見進，頗有空

經一一一・一三上・一・一

闕。有其人所行，當備上姓名。」天君言：「所部職多煩，計功除過，使其更勿違所言。」大神言：「此太上人自隨正，過負尤少。」天君言：「復念之，有未稱舉者，責保信上之補闕。」天君言：「是曹之事，不可不諦也。」大神言：「請如辭所言，未能百日，天上諸神爭保上之，大神白意。」天君言：「如是各使可使，使往視事，遂復見重，信者補真。」大神言：「請遣使神取召上之，先化形容。神使往化成精光耀多。」大神言取白。天君言：「人已化成神，上在於門外未入。」天君言，使詣主者曹謁之。大神言，大神所白。「唯唯。請屬所白如言，宜遂觀望其行。」天君言：「當如大神所白。」

有知人思慕與大神相見訣第一百八十三

經二一二·一四上·一一·一
〔并〕鈔庚一九下·一〇·六

〔起〕惟*太上有知之人，乃預知天上之事，當所施爲，當所奉〔一〕行。事出自然，元〔二〕氣相加得成熟，了然可知。變化其心，使成自然，在其所爲。故有〔三〕知乃知〔四〕

〔一〕「奉」鈔誤作「未」。　〔二〕鈔無「元」下十九字。　〔三〕鈔無「有」字，但有「知指太上有知之人」八字。　〔四〕「乃知」二字鈔作「善惡」。

表裏，出入所行，莫不得〔一〕成就，莫〔二〕不成其所，莫不變化有時。欽仰威〔三〕神，以成其功，以名其德。常〔四〕不離忠信，未嘗有解，晝夜悲惶，不離於內，傾側思慕貪成，得與大神相〔五〕見。談言通〔六〕辭，行其所〔七〕道，進其所知[止]常思成功，有恩於神，益壽增年。故令有知，從內視外，何所不知，何所不見，見心了了念。但貪長生活之道，思得駕乘，爲大神奉使。在其所至，不敢還言，應時如到，思得心開。受神之言，如神所爲，知神所行，務以自信，乃敢前言，欲求蒙得見活而已。不敢求大職，見哀而已。雖見存亡之事，內心惶恐，被受大教，輒當行通，施恩布惠，有益於上，有益於人，著名錄籍，常在不死之位。心乃欣然嬉思，盡功於天君所，積之有歲，乃前語言。唯蒙大神通其不足，知所辭辭大，故以貪進，受其乙密，征營門閤，不敢自息，欲得教戒，稟其不及。願得省察，不逆所言，使須戒勑*大神之言。太上有知之人，自多所照見，但爲未能悉知天之部界耳，悉何所戒。天上之神皆照之，太上有知之人言也，但爲欲知所語所道所行與耳，何所嫌疑乎？天君言：「常勑諸神有欲忠孝誠信有功之人，進上姓名。是太上有知之人，祿相所貪，故以心自明是也。但恐文辭筆墨自言耳，亦何惜愛天上之教戒乎？常言苦無應書

經一一一·一五上·一·一

者，恐外内不相副也。如欲進其知慮，廣問深達，是亦當所知也。行，其聽大神所言，天有重戒，不可不慎，不可不敬，不可不畏，乃可。誠所戒衆多，當知其要，且復開耳目用心。」「唯唯。然從中出，天上大戒，諸欲見進，求生久活者宜當進其所知。有知不言，如聽，是爲無自進之心也。心有知思，思當進見。其中有志，當進見其志；有誠，當進見其誠；有孝，當進見其孝。乃爲得天之腹心，不可不悉進也。天君預知人情，不可有不進，而不進道説之也。隱知藏能，天惡此人，使不見壽籍，爲知不乎？不但不見壽籍也，亡先失精，去離身中，亡其年，可不慎乎？太上有知之人所以然*者，天君知有知無知，其自知之。何有疑也？但詳念神言，勿負於言而已。太上有知之人言，自下愚彊問不及，欲蒙得所不知，何敢隱知藏能，使天君諸神聞知，更爲亡命失年，壽不久長。是過禍之根，滅身未足報謝，何敢有進而乎？唯諸大神照原其不及逮者。」大神言：「求生惡死之人，亦自有心志意不可也，恐有迷時。」生言：「自分不知戒文也。而被大神恩貸，教之乃如

〔一〕鈔無「得」字。〔二〕鈔無「莫」下十一字。〔三〕「威」鈔譌作「成」。〔四〕鈔無「常」下二十三字。〔五〕鈔無「相」下四字。〔六〕「通」下鈔有「其」字。〔七〕鈔無「所」字。

是，何敢自息，而不進所知所言乎？　唯大神錄前不耳。」大神言：「相前不易，輒有保者有信，可天君心意，乃可望生耳，當諦之。」「生誠貪生，故盡其忠誠，不敢解息，思過自責，何敢失日夜乎？」天君聞知，言：「此太上有知之人言也。　乃知是案簿文，有此人姓名，有闕備，勑生籍之神，案簿籍有此人；雖有姓名，自善多知，須年滿，勿失其年月神。」「唯唯。」

有心之人積行補真訣第一百八十四

〔并〕鈔庚二〇上・四・八
經二一二・一七上・一・一

〔起〕惟太上有心之人，各知分部，各自有所道，自有所行，自有所進，自有所〔一〕奉，自有所白，自有所言，*自有所至，自有所動。　心不〔二〕繫於內，常思盡忠信〔三〕孝。　誠有功於天，積行累歲，未曾有解〔四〕。　而忘恩分〔五〕，常念貪生，得於上衆神所佑，不敢施有小分。　常懷怖心，未曾自安，思得太上之戒，以全其命，何敢有〔六〕忘大〔七〕分之施。　唯諸大神宜小顧照不及，心常戀念太上之事，當所奉行，規矩繩墨，見信自然，闚望四境，通達四隅。　承天所知，表通未然，心〔八〕念大神之〔九〕疏相通文，所進所白，不敢自以心意評之，常與〔一〇〕諸神集議，可承用與不，常恐不得神心腹。⌊止⌋自惟本素無舛之人也，如自發中思慕，常在不害之命全身，前貪其光耀，上及無精無形之音聲，洞達太上奉使進，不敢忘有解而妨大化。唯諸神省其貪生，不敢去離大神左側。見戒，心開目明，欲在久長之文，增年壽，思進有功，以身躬親，不敢自信，而擅道曲直，爭其不足也。望上之人常汲汲，唯哀照戒之。恩愛念何有解時，心想日夜相見，貪知防禁之失，以動其心，使還見其不逮及者。是非文辭口言所報，唯蒙見省，念貫於心鬲。大神言：「是太上有心之人*，亦當所宜行也。求蒙天重戒防禁，自有知之人本素自了曉，分別其理，何所道戒乎？持心射心，亦無間私。從上占下，悉自知所主。今太上有心之人，天之親近，天神所信，但當持心意，常恐惶不失耳。餘者自有心所知，努力傳達廣問，勿失所言。」「有知之人多所分明，但恐當時有不如言耳，何嫌不相白說，其人有心自思愆負也。平但念其前後，壽自從中出，與天君心相應也。餘少戒有心之人言，生本末草野之

〔一〕「所」鈔作「承」。〔二〕鈔無「不」字。〔三〕鈔無「信」字。〔四〕「解」鈔作「懈」。〔五〕鈔無「分」下二十六字。〔六〕鈔無「有」字。〔七〕鈔無「大」下三十八字。〔八〕「心」下鈔有「注」字。〔九〕鈔無「之」下五字。〔一〇〕「與」鈔作「以」。

人，見有久生老化，復丁光景，滋液出入無有失，未見其失。學者衆多，得者少無其人。所以然者，持心不致密而輕所言，祿筴不宜，故令希少。今生見是前行之事，益復改正易節，開心相留耳。欲開音聲，善聞貪壽惜年，以是不敢解息，唯大神省其不及。」大神言：「有心之人當賜錄籍，請案曹簿，有姓名者白天君，大神不得自從也。」生言：「唯大神照議之耳，不敢自遠，傾側在外，必身自效。」大神言：「請持有心之人白之，有報名籍者，何嫌相應也。」生言：「唯大神相白，成就之日，

經一一一・一九上・一・一

以死命自效，何須*望還報。」大神以事白天君言：「太上有心之人，皆持心堅密，志常貪上有信，勑主者之神察之；有其人者，進白大神，勑主察之，言有此人姓名牒文者，此人未生時，預有姓名。」大神還白曰：「此人未生有籍，唯太上之恩耳。」天君言：「有錄籍之人當見升，自責承負，大神遣大神除承負之數，教化其心，變化成神，年滿上進。」大神言：「此人年滿算，計過期且百日，前未有定，故且止。」天君言：「勑大神且上，令在間〔一〕職，有真闕使補之；殊能竭精盡志，知除兼行。」大神言：「請上如天君所言，復精實壽計算，明者當在白日昇天中。」天君言：「是有心之人所宜也，欲令有所主。」大神唯唯。請勑正者，故事承本文。大神言：「以升曹

〔并〕鈔庚一六下・八・九

白。」謁見者白大神言：「請勅主者曹。」主者既白，「使署間〔二〕職，有真闕使補」。

天君言：「如曹所白。」

右[起]天上見善事當藏匿與不〔三〕吉凶所致〔四〕。[止]

〔一〕「間」疑當作「閒」。　〔二〕「間」疑當作「閒」。　〔三〕「與不」鈔作「不與」。　〔四〕「致」下鈔有「人」字，疑係「文」字之誤。

太平經合校卷一百十二 庚部之十

太平經卷之一百一十二

貪*財色災及胞中誡第一百八十五

經一一三・一上・二・四

〔并〕鈔庚二〇下・四・一

[起]古者無形之〔一〕神人也，學求生道也〔二〕。乃上與委氣同願，念〔三〕思常慕得長活之壽，思念不敢〔四〕失委氣之意。昏〔五〕定晨省，戀牢貪生，常在不忘。時自視顧望，盡忠貞之至，奉承隨委氣之願。使得上行明徹，昭〔六〕然聞四方不見之物〔七〕，希聲之音，出入上下，皆有〔八〕法度。羣神精氣，莫不自來侍〔九〕奉承顏色。恐失其意繫所屬，皆有〔一〇〕懼心。衣履轉成合懷，施惠布恩，上下流聞，四方六極八表之外，延及先生，各〔一一〕加善惡厚薄之失。大恩所覆，敬承奉命，乃〔一二〕感動星曜〔一三〕。[止]無極之貲，無極之德，選取貞良，以自障穩。其願得達，心自祐暢，蒙得生無貲之壽，恬淡少文，軀自念全，何有懈息。人不得知我，我亦不聞，無祿無功，何因得上與委氣同陳。用是自惜自愛自養，及尤稚布施周徧，何有不蒙者乎？

〔并〕鈔庚二〇下・九・一六

經一一三・二上・一・一

但自惟起出入天〔一四〕地中和〔一五〕之間，照達日月星辰，取明於前，二十八宿更直〔一六〕，察民用有支干，吉凶有文。但人少知，自以爲賢，動作行止，既〔一七〕無益於天，禍罰*觸〔一八〕禁，上至滅門，絶世無續〔一九〕，先祖無祠，豈〔二〇〕祇命不久全，奈此人何！奉行不承古文，自以不犯鬼神。是乃三氣不和，亦〔二一〕有命厚薄，不能悉深念禍殃，故遣三氣神往勑誡之。用諫者善，不善〔二二〕者自期至地之下，殃流子孫，天命之爲〔二三〕止不順，施惡廢善，何可久存。皇上所不欲見，急斷其年，人不自知，反怨蒼天，天何時相冤，人自求之。殊無知慮，犬羊之命，何可久遇，與禽同羅，觸犯其綱，貪食害軀。羣輩相隨，不惜其年，其中有知，乃出於四境不害之鄉，

〔一〕鈔無「之」字。〔二〕鈔無「也」字。〔三〕鈔無「念」下十字。〔四〕鈔無「敢」字。〔五〕鈔無「昏」下三十四字。〔六〕「昭」鈔作「照」，「昭」下鈔無「然聞」二字。〔七〕鈔無「不見之物」四字。〔八〕鈔無「有」字。〔九〕鈔無「侍」字。〔一〇〕鈔無「有」字。〔一一〕鈔無「各」下八字。〔一二〕鈔無「乃」字。〔一三〕「星曜」鈔作「皇靈」。〔一四〕「天」原作「無」，疑誤，今依鈔改。按「天」與「无」形似，初譌作「无」，再轉誤作「無」。〔一五〕鈔無「中和」二字。〔一六〕「直」鈔誤作「宣」。〔一七〕鈔無「既」字。〔一八〕鈔無「觸」下六字。〔一九〕鈔無「無續」二字。〔二〇〕鈔無「豈」下二十四字。〔二一〕鈔無「亦」下二十一字。〔二二〕鈔無「善」字。〔二三〕「爲」下鈔有「安可逃也」四字。

經一一二・三上・一・一

是獨何得，亦中命自然。雖處無人之間，是命所全，世少報者，時世命然。痛哉奈何！自言何負於天？先古之人，萬無一人相得，其貪財色，不顧有患，災及胞中，不見日月星，何惜痛乎！自遺不完，命與土連，窮哉此人，亦有比等，草木禽獸亦然。不思自正端正意，無妄有惡言。上有神記下無靈，上無隱匿，其主坐焉。各當努力，求得戒勑神靈之旨，吉凶之會，何有不報者乎？故勑神人爲民施防禁，使得見生死之忌。生者陽氣所加，錄籍有真神仙錄，有過退焉。陰*氣所加，輒在死部。熟念惟思，無失天網，下及地理。當知人情，出入表裏，可進可退，無遺人咎，各得增年，延及子孫。得戒之後，重慎其言，爲惡在下，上所不顧。俗世之人，少孝少忠，貪慕所好，劫奪取非，其有殺心，不離口吻，何望活哉？會有殃咎，早與晚耳。奉承天文神靈所記，致當遠之，不可自試，試生得生，試死得死，會死不疑。故復丁寧，反覆語之，勿與無知，有小異言。長生之道，近在三神，三氣合成乃爲人。不成，離散爲土，在瓦石同底，破碎在不見之處，不得與全完爲比。三命之神，近在心間，何惜何愛，反貪形殘，都市示衆，何時生還。父母憐念，妻子被患，疎親快之，比隣恨其晚，死流後生。能自正爲善，歷得復長，至誠所加，物有自

經一一二·四上·一·一

然。致慎内外，陰陽之間，四時生成，無得毁焉。天上地下中和之間，皆自有主，爲有知之人，作相之法所抵思，生者與天道同願，惡者自亡年，可不慎哉？神人之言，皆受天應，不得自怨。延命之期，上及爲善，竟其天年；惡下入黄泉，思之思之勿妄傳。惡者之人傳得惡，*被其患，死生異處，無敢有言。行不善，自勿怨，他人輒有注録之者，無所復怨。讀書知意，戒慎神書，精物鬼使，皆有所因。有命家得見此文，慎無自傷，抵欺善人。天滅人命，得疾有病，不須求助，煩醫苦巫，録籍當斷，何所復疑。諦之念之，思之惟之，可無被患，患禍一及，不復救焉。真人持此書以示愚蒙，自改爲善，勿惡書言。前後所説，皆復重焉。所以然者，死生易命，不語其禁令，無從得存，□□自然。唯當知真心意好文，當知所言。故使守一身軀，竟其天年，守一思過，復得延期。天道億萬，少得其真，河圖洛書，廢者衆多。所以然者，不信其文，少得仙度，便爲俗人。今故因三神人之師，復感動其心者，神靈附人，不欲令地氣召之，致詳念思惟其意，勿疑此文。重復神人之師，被受天教，故因有録籍之人，通達書意。

七十二色死尸誡第一百八十六

〔并〕鈔庚二上・五・一
經一一三・五上・一・一

〔起〕天有四維，地有四維，故有日月相傳〔一〕推。星有度數，照察是非，人有貴賤，壽命有〔二〕長短，各〔三〕稟命六甲。生有早晚，祿〔四〕相當直，善惡異處，不失銖*分。俗〔五〕人不知，反謂〔六〕無真，和合神靈，乃得稱人。得神靈腹心，乃〔七〕可爲人君。日時有應，分在所部。得天應者，天神舉之。得地應者，地神養之。得中和應者，人鬼佑〔八〕之。得善應〔九〕善，善自〔一〇〕相稱舉〔一一〕，得惡應〔一二〕惡，惡自相〔一三〕從。皆有根本，上下周徧。山〔一四〕海諸通之水，各有部界，各各欲得性善不逆之人以爲戶〔一五〕民。陸地之神，亦〔一六〕欲得善人。各施禁忌，上通於天，爲惡犯之，自致不存。〔止〕大惡之家，無大小，鬼神所憎，但可自正，勿非謗神。天道地道人道，禁不空善，神精氣尚能假人，惡者不失其文，輒舉上白。積過衆多，太陰主狀，當直法輕重，皆簿領過，人不自知，以爲無他。太陽明堂，錄籍數通，復得部主，神亦數通。天神部上死亡，減年滅人世，不可詳念，重其善致善，惡自歸其身。及治生天知少智，故爲施善惡救命之文，以戒前後，勿輕惡言，以爲談首，動作進退，輒

經一一三·六上·一·一
〔并〕鈔庚二二下·四·一

有殃咎。故下此文以示子，使思其意，使無自怨。朝廷尉設法，人自犯之，勿恨主者，恨之命簿不得久生。會欲殺人，簿領爲證驗。乃令入土，輒見考治，文書相關，何有*脱者。努力遠惡，無以爲伍，可小活竟年之壽。不忠疾苦，雖爲狂邪所擊，會有活者。天上禁神法令，亦如中和地下，四流傍行，皆同法象，何有疑者。生人有功於天，子孫爲凶，輒除算，當時不死，算盡之後，亦無望其生。君國子民，當爲教道，導其善惡，務得情實。無夭人命，絶人世類，刑從其刑，數見賢智，以爲首尾，威神著君，神勿加暴，前書已有言，復宜重之。君父得以遷延及後，永生滋震，慎無貪殺。當時自可，後被其患。【起】吏無大小，正卒〔一七〕因緣，宜明其事，勿爲民之〔一八〕所患。殊能敬〔一九〕好道德仁恩〔二〇〕，與天合德〔二一〕，與地同意，與中和有益〔二二〕，

〔一〕「相傳」鈔作「轉相」。〔二〕「鈔」無「有」字。〔三〕鈔無「各」字。〔四〕鈔無「祿」下四字。〔五〕「俗」鈔作「世」。〔六〕「謂」鈔作「爲」。〔七〕鈔無「乃」下十三字。〔八〕「佑」鈔作「祐」，「佑」同「祐」。〔九〕「應」下鈔有「者」字。〔一〇〕鈔無「自」字。〔一一〕鈔無「舉」字。〔一二〕「應」下鈔有「者」字。〔一三〕鈔無「自」字，「自」下原無「相」字，疑有脱文，今依鈔補。〔一四〕鈔無「山」下十二字。〔一五〕「户」鈔譌「尸」。〔一六〕鈔無「亦」字。〔一七〕「正卒」二字鈔作「民本」。〔一八〕鈔無「之」字。〔一九〕鈔無「敬」字。〔二〇〕「恩」鈔作「惠」。〔二一〕「德」鈔作「理」。〔二二〕「益」鈔誤作「意」。

經一一三・七上・一・一
〔并〕鈔庚二二下・七・二

思與〔一〕善神靈相覩，各有其〔二〕信，勿〔三〕欺愚者。【止】長生求活，可無自苦愁毒。思行天上之事，神靈所舉，可得仙度久生，長與日月星辰相覩。是天之大恩，宜勿有小不善，亦復遺下。作惡不止，久滅人户，故復申勑，既無犯者。犯者各爲薄命少年，人欲爲非，當爲説解其愚迷，使不逢凶。常時不用人言，後復自悔，談者之福也。星宿視人，不可爲非，當各有所白，善者命長不復疑，教戒後生，*可給先祖享，不者自亡其名。【起】無犯天禁，無犯地刑，四時奉順〔四〕無有殺名。五行所成，宜各自守，【止】無有惡名。勿輕上下，皆更相主，令無卒無暴，乃有顯名。思念在心，慎離其形，精神離散，邪鬼驚人，念以自全，無忘其名。各自有喜，務道求善，增年益壽，亦可長生。慎之慎之，勿枉行刑，初雖勞意，後被其榮。師有善惡，念本成末，弟子不順，亦亡其名，不得仙度。犯土刑神，所以增惡，不得受生。慎之復慎。一身之内，神光自生，内外爲一，動作言順，無失誠信。五神在内，知之短長，不可輕犯，輒有文章。小有過失，上白明堂，形神拘繫，考問所爲，重者不失，輕者減年。神不白舉，後坐其人，亦有法刑，非但生人所爲，精神鬼物亦如是。古者知不敢犯之人神數下，歷之於天地人，無功亦無望其報。賢聖之心當照其書卷，卷有戒讖，

〔并〕鈔庚二下・八・九

經一一二・八上・一・一

〔并〕鈔庚三上・三・一五

惡人爲逆。起貪〔五〕生者天之所佑〔六〕，貪養者地之所助，貪仁者人共愛之。過〔七〕此而爲，惡必得賊。天知其惡，故〔八〕使凶神精〔九〕鬼物〔一〇〕待之，入人〔一一〕身中，外流〔一二〕四肢〔一三〕頭面腹背胸脇七政，上白明堂，七十二色*爲見，是死之尸〔一四〕也。五〔一五〕藏有病，其去有期，慎飲食，無爲風寒所犯，隨德出入，是竟年之壽。天貪人生，地貪人養〔一六〕，人貪人施，爲惡其禍不救。故〔一七〕以天書告〔一八〕，止令勑民無犯所禁。天氣因人出辭，宜各洗去不純之行。慎之勿忘，後將有喜，不者不須復存□□如言。

寫書不用徒自苦誡第一百八十七

起古者神聖之言，不失綱紀，自有法度〔一九〕止無知之人各戒，此戒尤深徹。生過罰輕

〔一〕「與」鈔作「以」。〔二〕「有其」二字鈔作「自有」。〔三〕「勿」鈔作「莫」。〔四〕「四時奉順」鈔作「奉順四時」。〔五〕「貪」上鈔有「夫」字。〔六〕「佑」鈔作「祐」。〔七〕「過」下八字鈔作「爲惡者天之所賊」。〔八〕鈔無「故」字。〔九〕「精」鈔作「惡」。〔一〇〕鈔無「物」下三字。〔一一〕鈔無「人」字。〔一二〕「外流」鈔作「流布」。〔一三〕「肢」鈔作「支」，「肢」通支。〔一四〕「尸」鈔譌「户」。〔一五〕鈔無「五」下二十六字。〔一六〕「養」原作「壽」，疑誤，今依鈔改。〔一七〕鈔無「故」字。〔一八〕「告」下鈔有「之」字。〔一九〕「度」下鈔有「人不可輕犯禁忌」七字。

經一一二·九上·一一·一

重，皆從人起，非但空虛，輒有所受。天性自然，不可欺矣。熟念無置，行成天神矣。變化有時，不失綱紀，四時之氣，不可犯矣。輒有精神，無復疎矣。以爲不白。天以占之神爲之，使不妄白，上乃得活耳。不者罰謫賣菜都市，不得受取面目，爲醜人所輕賤，衆人所鄙，過重謫深，四十年矣。乃得復上爲諸神使，中者三十，下者其十。奪其所主，各有分理，能復易心自責，可復長久。勿易天言，自遺其咎，可不熟念。爲後仙士，計慮深淺，咎自在己，無怨神言。出入表裏，慎無誤失，詳諦所受，被天奉使，不可自在，當輒承命，*不得留久，輒有責問，不頃時矣。過重使退，地記所受，姓名如牒，不得留止，處有空缺，下人補矣。所以然者，中心盡神仙尚退，何況愚士？自是之後，可無犯矣。天責人過，鬼神爲使，不如天教，輒見殃咎，不須鞭笞，行自得之耳。以爲不然，見爲所疑，不得久在，故復有言，所戒慎矣。不效俗人，以酒肉相和復止，仙道至重，故語人矣。有命當存，神神相使，乘雲駕龍，周徧乃止。天有教令，當復行矣。無失法則枉疎記，爲置證左，不宜自服。天亦止息，各受其罰，可無怨矣。爲神所白，無妄犯天下地上中和之子，各不自敬。無怨天咎地，上下相留。亦如民法，令辭不情實，爲下得怨，亦不留

〔并〕鈔庚二三上・五・二

經一一三・一〇上・一・一

久，天上諸神爭道之。[起]何〔一〕況凡人民宜自奉承〔二〕天法，隨順〔三〕天和〔四〕，無貲之糧，無貲之衣，有功復進〔五〕。[止]可主諸同有所白，歲有定，承文而行，不得有疑。各有所白，不兩平相怨，同舉者有罰，更爲賤矣。雖不時下，爲大神所使，不可神意，便付土主，不得復上。故有空缺，身不處之，是上中下相參如一矣。行慎此言，亡身之壽，與土相連。土者*，非地之土，自亦有凶神業守之，爲天土神使，使不如所言，輒見苦矣。神仙尚有過失，民何得自在？故令司命，近在胸心，不離人遠人，爲精神舍宅，吉凶自在，何須遠避，自令擾禍。急不得活，命未盡，算盡之後，遠之無益。天下會神，主知存亡，神自有失脱，反受其殃。故令民命，不得復久長。故遣神人，示其文章。得戒止惡神不上白，尚可須臾飲食諸穀，慎無燒山破石，延及草木，折華傷枝，實於市里，金刃加之，莖根俱盡。其母則怒，上白於父，不惜人年。人亦須草自給，但取枯落不滋者，是爲順常。天地生長，如人欲

〔一〕鈔無「何」下七字，但有「古之所得道太平但」八字。〔二〕「奉承」鈔作「承奉」。〔三〕鈔無「隨順」二字，但有「不犯禁忌郎太平臣民矣」十字。〔四〕鈔無「和」字，但有「有」字。〔五〕「進」下鈔有「即得祿矣」四字。

經一一三・一上・一・一

活，何爲自恣，延及後生。有知之人，可無犯禁。自有爲人害者，但仰成事，無取幼稚給人食者，命可小長。終竟錄籍，無興兵刃，賊害威劫人命。天命此人，不可久活。惡惡相及，煩苦神靈，精氣鬼物，各各不得懈息。是非人過所爲邪？先時爲惡，殃咎下及。故令生子，必不良之日；或當懷姙之時，雷電霹靂，弦望朔晦，血忌反支，以合陰陽。生子不遂，必有禍殃。地氣所召，反怨倉狼。爲惡報惡，*何復所望？不知變易，自職當絶滅無户，死不與衆等。部吏正卒此伍，特至曠野不潔之處，纔得被土，狐犬所食，形骸不收，棄捐道側，魂神俱苦，適作不息。或著草木，六畜所食，何時復生；罰惡賞善人所知，何不自改。天報有功，不與無德。思之思之，賞罰可知。自可死獨苦極，善惡之壽當消息，詳之慎之，可無見咎。故以重誡，令自悔耳。吉凶之會，相去萬里，故下此文，相勑相誡，勿怨天咎地，善惡當分。其文相錄，知惡爲善，魂神勞極。愚者不知，故文辭丁寧反覆，展轉相告，無爲後生作咎。以此自證，復何怨咎，無所復恨，各得其理。此文當傳，不得休止。知者減年，愚者自已寫書，不用其言，但自苦耳！

〔并〕鈔庚三上・七・八

經一二三・一二上・一・一

〔并〕鈔庚三下・四・五

有過死謫作河梁誡第一百八十八

起上古之時，神聖先知來事，與天共治〔一〕，分布四方上下中央，各有部署，秩除高下〔二〕，上下相望，不肅而成，皆爲善。恐有〔三〕不稱，皆同一〔四〕心。天有教使，奔〔五〕走而行，以〔六〕雲氣爲車，駕乘飛龍。神仙從者，自有列行，皆持簿書，不動自齊。恐有所〔七〕問*〔八〕，動有規矩，得其所行。春行生〔九〕氣，夏成長，秋收，使民得以供祭，冬藏餘糧，復使〔一〇〕相續，既無解〔一一〕時。神靈之〔一二〕施，莫不被榮，恩及蚑行，草木亦然，是〔一三〕非上之恩邪？各得自〔一四〕所。止食輒令有餘，新陳相因，奈何忘之，既得民助，使神不恨。善人輒報，自以當更相給足，天使之然，不可藏匿，令人飢寒。起故令有財之家，假貸周貧，與〔一五〕陳歸新，使得生成，傳乎子孫，神靈

〔一〕「治」鈔作「理」。〔二〕鈔無「秩除高下」四字。〔三〕鈔無「有」字。〔四〕鈔無「皆同一」三字，但有「天」字。〔五〕「奔」鈔作「犇」，「犇」古「奔」字。〔六〕鈔無「以」下十七字。〔七〕「所」鈔作「勘」。〔八〕「問」原作「間」，疑譌，今依鈔改。〔九〕鈔無「生」字。〔一〇〕「復使」鈔作「得以」。〔一一〕「解」鈔作「懈」。〔一二〕「之」鈔作「所」。〔一三〕鈔無「是」下六字。〔一四〕「自」鈔作「其」。〔一五〕「與」鈔作「以」。

〔并〕鈔庚三下・六・一
〔并〕道要靈祇神鬼品經

經一一三・一三上・一一・一

〔并〕鈔庚三下・七・五

佑助〔一〕，是非大恩〔二〕布行邪〔三〕【止】愚人無知，不肯報謝，自以職當然，反心意不平，彊取人物以自榮，無報復之心，不顧患難，自以可竟天年。故復共文。神人真人求善人，能傳書文知用，則其人可得延命增壽，益與天地合，共化爲神靈。復得駕來，周徧上下中央，流及六方，豈不善哉？何不熟思，無忘於内，神宅所居，動觀人所爲，不自是，知有及，當相承事，去禍就福，不宜有小不稱天心也。【起】天地四時五行衆神吏〔四〕直人命錄〔五〕，可不〔六〕敬重，念報其恩〔七〕，不欲爲善事，反天神。天神使風雨不調，行氣轉易，當寒反溫，當溫反寒。【止】耕種不時，田夫恨怨，不肯爲人理之。輕賤諸穀，用食*犬豬，田夫便去。在有德之國，其處種者少收，樹木枯落，民無餘糧。更相殘賊，爭勝而已。不念真後，更爲貧人，收無所得，相隨流客。未及賤穀之鄉，飢餓道傍，頭眩目冥，步行猖狂，不食有日，餓死不見葬。家無大無小，皆被災殃，反呵罪於天。其國空虚，倉無儲穀，少肉，無儲錢，歲歲益劇，無以給朝廷。復除者多，倉庫無入，司農被空文無以廩，食奪祿除，中國少所用，人民仰國家，而不各施，有難生之期，是皆天之所惡也。地不得久養，惡人知不？真人【起】急以此文付有德之國〔八〕，【止】各令自責有知，可復竟其天年。無知與禽獸同。

經一一三・一四上・一・一
〔并〕鈔庚三下・八・九

壽不可彊得，行自得之，無怨於天。詳念書文，常思孝忠信仁施，有過自責，復有子孫，書不空言。無德之國，天不救護，機衡急疾，日月催促少明。有德之國，機衡爲遲，日月有光。是天之所行，機衡日月星，皆當爲善明。反便少者，是行之所致，何所怨咎乎？同共天地日月星辰耳，得見天地報信者見其明。五星失度，兵革橫行，夷狄內侵，自虜反叛。國遣軍師，有命得還，失命不歸，是大人之*罪也。爲子不孝，國少忠臣，行不純，故令相剋，卒歲乃止。故施[起]洞極之經，名曰太平。能〔九〕行者得其〔一〇〕福，不者自令極思，聚身無離，常報應不枉人〔一一〕，所不者〔一二〕施惡於〔一三〕人。常言〔一四〕人無貴無〔一五〕賤，皆天〔一六〕所生，但〔一七〕錄籍相命不存耳。愛之慎之念之，慎勿加所不當爲〔一八〕而枉人，侵剋非有。是〔一九〕天所不報，地

〔一〕「佑助」鈔作「所護」。〔二〕「恩」鈔誤作「忘」。〔三〕鈔無「布行邪」三字。〔四〕「吏」神鬼品經作「更」。〔五〕「錄」鈔作「祿」。〔六〕「可不」鈔倒作「不可」。〔七〕鈔之校文止於「恩」字。〔八〕「國」鈔作「君」，「君」下鈔有「令知天之愛人而人反不愛乎」十二字。〔九〕鈔無「能」字。〔一〇〕鈔無「其」字。〔一一〕「人」鈔誤作「久」。〔一二〕「者」鈔作「及」。〔一三〕「於」原作「施」，疑誤，今依鈔改。〔一四〕鈔無「常言」二字。〔一五〕鈔無「無」字。〔一六〕「天」下鈔有「之」字。〔一七〕鈔無「但」下八字。〔一八〕鈔無「爲」字。〔一九〕鈔無「有是」二字，但有「者」字。

經一一二・一五上・一・一

所不養，凶神隨之，不得久生樂〔一〕生。念自令自忽者勿望生，殊無長生之籍，彊入神仙齋家。所有祠祭神靈，求蒙仙度。仙神案簿籍，子無生名，禱祭神不享食也。走行乞匃，復諸神靈，其神怒之。[止]猛獸所食，骨肉了已，狐狸所齧，不歸故鄉。同縣比廬，反言得仙，殊無信報，何用自明。以是言之，難可分明。當有報信，衆人見之，乃爲已升。不者苦其刑，爲言得略少，其人狂邪可下，反以爲真。俱入死部，下歸黃泉，不得自從。有德度者，生時有簿，年滿當上，輒有迎者。童蒙無知，何從得往。但費資用，棄家捐身曠野。道自然人相祿，不可彊求。倘自苦，不治生養親，妻子相見爲賢士。但恐不孝不忠少信，可得竟年耳，地下無罰樂*而已。有餘財產，子傳孫，亦當給用，無自苦。子孫賢不肖，各自活，無相遺患，是爲善行。故記此文示智者，愚人忽之妄怒喜，遠罰避患爲賢者，三諫不中且可止。天佑善人，不與惡子。各自加慎，勿相怨咎。各爲身計，行宜人人有知，無有過負於天，錄籍所宜，慎勿彊索，索之無益。所以然者，惡逆之人，天不佑也。無離舍宅及城郭，骨節相連爲阡陌，筋主欲生堅城郭，脈主往來爲骨絡，肉在皮內爲脈衣。神在中守，司人善惡。何須遠慮，七政司候神門戶。求道得生，無離舍宅，變

〔卄〕鈔庚二三上・三八
經一二三・一六上・一一・一

〔卄〕鈔庚二三上・四・
二三

化與神合德，道欲復何索。故置善文於天籍。神仙籍與俗異錄，當昇之時，主籍之神及保人者來，乃知所部主奉承教化，各有前後，輒當進有所去，不得自可。衆神共治，務取合天心者。先生之人，皆心明視，無有界意，所行所生，人未知之。皆先天地，變化上下，皆不失其道，神不悉具。乃置綱紀，歲月偏傍，各置左右，星辰分別，各有所主，務進其忠，令使分部。〔起〕見善當進，見惡當退，何有所疑，行各自力，無爲神所誤。〔止〕故得成，得稱*天君。主天之人輒簿領，亦不失度，部主諸神故四方。方有孟仲季，更直上下，名爲太歲。太陰在後，主知地理。復置四時，生成所有，分居於野，有晚早穀草。近人不壽遠人民，然亦復長久，叢社之樹小得自矣。易世被誅，延及孫子。所以然者，〔起〕所居不安，去故就新，神復得還。〔止〕人有命樹生天土各過，其春生三月命樹桑，夏生三月命樹棗李，秋生三月命梓梗，冬生三月命槐柏，此俗人所屬也。皆有主樹之吏，命且欲盡，其樹半生；命盡枯落，主吏伐樹。其人安從得活，欲長不死，易改心志，傳其樹近天門，名曰長生。神吏主

〔一〕鈔無「樂生」至「其神怒之」一段，但有「禱祭之神益怒」六字。

經一一三・一七上・一・一

之，皆潔靜光澤，自生天之所，護神尊榮。但可常無毀名，天有常命，世世被榮，雖不下護，久自知精。所以然者，去俗久遠，當行天上之事，不得失脱。諸神相檢，如繩以墨，何復自從，故不下耳。宜勿怪之。功勞當見，不與俗等，人以爲無益於家，内被其榮，豈不善邪？故示後生，令心覺悟，出書無藏，藏之有罰。無與佞欺，不孝順爲心，宜皆爲不副書言，復見責問，可不慎焉。傳當傳其人，*令可保舉。勿犯神書，勿試神言，慎神之辭，皆天報焉。勿輕犯之，後有患，小犯纔謫，大過不救。故使諸神更相司便宜上之，有不實者，當復見治。事當相關，不得私。故使諸神轉相檢持，今悔其後何須疑，中復爲止，亦見考之。不首情實，考後首便見下，故進止亦見考之。不者如故，此之謂也。不可輕犯，無所狐疑。神法大重，故當慎之詳之，念之思之，長生久活之道，可不重之。故下此文以示，當施補空者，爲設善事，輒相承無有逋亡。爲善有功年益長，無所復疑。自然之道何極時，但覺寤轉相治，失如銖分輒見疑。天有倡樂樂諸神，神亦聽之。善者有賞，音曲不通亦見治。各自有師，不可無本末，不成，皆食天倉，衣司農，寒溫易服，亦陽尊陰卑，粗細靡物金銀綵帛珠玉之寶，各令平均，無有横賜，但爲有功者耳。不得無功

經一一三・一八上・一・一

受天衣食。前文已有言，今爲復道，令無怨恨，無所嫌疑，是天重神靈之命也。歲盡拘校簿上，山海陸地，諸祀叢社，各上所得，不用不得失脱。舍宅諸守，察民所犯，歲上月簿，司農*祠官，當輒轉相付文辭。大陰法曹，計所承負，除算減年。算盡之後，召地陰神，并召土府，收取形骸，考其魂神。當具上簿書，相應不應，主者爲有姦私，罰謫隨考者輕重，各簿文非天所使，鬼神精物，不得病人。輒有因自相檢飭，自相發舉。有過高至死，上下謫作河梁山海，各隨法輕重，各如其事，勿有失脱。各有府縣郵亭主者長吏，察之如法，勿枉夭剋鬼神精物。如是上下，合通行書，各如舊令。

衣履欲好誡第一百八十九

自古及今，各有分部，上下傍行，有所受取。輒如繩墨不失，何有不覩死生之訣。各且自慎，勿犯神靈，各如其職，慎勿忽忘命。可疏記，善者當上，惡者當退。吉凶之會，各其所願。但可順從，不得逆意。心意不端，反怨神使，行自得之，何所怨仇。人有難化，知有不足，皆被其殃。枉行所不及，反自譽滿口。出人事殊無

經一一三・一九上・一・一

知慮，而見當前，不顧其後，合禍離愛，謗訕善人。以天亡上，地不在下，不知鬼神。有疏記之者，解人怨仇，多施酒脯，甘美自恣。當時爲可，後爲*人所語，輕口駡詈，呪詛不道，詐僞誹謗，盜人婦女，日夜司候。邀取便者，賣以自食，衣履欲好，競行鬬辯。不從道理，欲得生活，何從得久。愚人可爲名惡子，長吏聞知，屬吏捕取，急刑其身，禍及親疏，并得其咎。貧當自力，無爲搖手，此人命簿，生所稟受。惡鬼隨之，安得留久。此輩衆多，有前後會，當相得不中止。所以言者，惡鬼所取，慎之小差，不慎自已，惡不可施，人所怨咎。當時自可，不念其後，見戒當止。可復小生，竟其餘算。有故記善惡，壽所起，增年之期，要當善矣。不見賢聖，知慮有餘。念生惡死，上及仙士，壽可長年。何爲棄世，殃流從生，胞中之子反言我同從父母生耳。是皆怨天咎地，言惡當别，不可雜廁，清濁分離，如君與奴使。故得行大道者生，不行爲土，古今相似。亦有善，亦有惡，世世相傳，未嘗止，多與少耳。天知多逆，故出此文重之耳。知戒之後，可無有疑，十百相應，何有脱時？

〔幵〕鈔庚二三上・五・八
經二二三・二〇上・一・二

〔幵〕鈔庚二三上・一〇・
二三

不忘誠長得福訣第一百九十

起惟天地亦因始初，乃成精神，奉承〔一〕自然，生成〔二〕所化*，莫不得榮。因有部署，日月星辰〔三〕，機衡司候，并使五星，各執〔四〕其方，各行其事。雲雨布施，民憂司農事，元氣歸留，諸穀〔五〕草木蚑行喘〔六〕息蠕動，皆含元氣，飛鳥步〔七〕獸，水中生亦然，使民得用奉祠及自食。止但取作害者以自給，牛馬騾驢不任用者，以給天下。至地祇有餘，集共享食。勿殺任用者、少齒者，是天所行，神靈所仰也。起萬民愚〔八〕贛，恣意殺傷，或懷姙胞中，當生反死，此爲絶命〔九〕，以給人〔一〇〕口。當死〔一一〕之時，皆恐懼，近〔一二〕知不見活。故天誡矜〔一三〕之憐愍，爲施防禁，犯者〔一四〕坐之。六畜尚去明〔一五〕愛，不忍中傷，人反不自惜，更爲賊〔一六〕虜。所取非一，妄〔一七〕行

〔一〕「奉承」鈔作「承奉」。〔二〕「成」鈔誤作「化」。〔三〕鈔脱「辰」字。〔四〕「執」鈔誤作「報」。〔五〕鈔脱「穀」字。〔六〕「喘」鈔作「蝙」。〔七〕「步」鈔作「走」。〔八〕鈔無「愚」下七字，但有「不往用者聽禽獸食之今之惡民殺不當」十六字。〔九〕「此爲絶命」鈔作「絶其命」。〔一〇〕「人」鈔作「其」。〔一一〕「死」鈔作「殺」。〔一二〕鈔無「近」下五字。〔一三〕「矜」鈔作「念」。〔一四〕「者」鈔作「之」。〔一五〕鈔無「去明」二字。〔一六〕「賊」鈔作「逆」。〔一七〕鈔無「妄」下九字。

經一一三・二一上・一・一
〔廾〕鈔庚二三下・八・一六
〔廾〕鈔庚二四上・三・一三

金刃殺人不坐也。雖不即誅者，天〔一〕積其過，殺敗不止，滅戶〔二〕下流未生，是〔三〕者亦不得逢吉。鬼神憎〔四〕之，司候在前，何有脫時。故記善惡重之〔五〕，即〔六〕不犯耳。神人真人以此文示〔七〕衆民，義不〔八〕隱藏，使〔九〕知不自怨，故隨俗作〔一〇〕字分明〔一一〕。止可知聖賢不犯，恐愚不息。師有前後，無忘其本，念本就新，戀慕如初，是生之道也。功有小大，所受不同。當爲發覺未知之訣，未知之意，不知其念，未知之言，未知*之志，兩分明，是天意也。生成之道，從此出矣。起取〔一二〕信於天，取信於地，取信於中〔一三〕和，取〔一四〕信於四時，取信於五行，是皆天所得〔一五〕報信也。不失銖分，知之不〔一六〕乎？是〔一七〕委氣無形〔一八〕自然之所〔一九〕服化也。故〔二〇〕三台七星，輔正天威，日月照察是非，使〔二一〕有自然，然〔二二〕後無有中悔之者。故〔二三〕復申敕諸所部主，各〔二四〕令分明，受罰不怨，此之謂也。止無得是非，他人還自直也。戒無小大，可法則也。不忘此言長得福，宜慎用行之，不失節也。以故言自殺試也。書當未用，帝王未信也。佞者在側，書不見理也。起災害并〔二五〕生，民何所止？太平之書三甲子乃〔二六〕復見理，不如十諫令知耳。且念活求知，賢聖有知可及矣。聖人當升賢，隨後〔二七〕求生，不惡復次之。神仙之錄在〔二八〕北極，相連崑崙，

經一一三・三上・一・一

〔卄〕鈔庚二四下・一・一六

崑崙之墟有〔二九〕真人，上下有常。真人〔三〇〕主有〔三一〕錄籍之人，姓名相次。高明〔三二〕得高，中得中，下得下，殊〔三三〕無搏頰乞匃者。先生爲師，尊之爲君，稱之爲父。故師君父不可不明，臣不可不忠，弟子不可不順。敬從其上，轉〔三四〕上及。故天不忘先生之恩，地不忘先生之養，人不忘先生之施。止故有忠孝信*，思生不惡以自近以自明，天明下照黃泉之下，土明照上天間，中和之明上下合同。故三明相得乃合和。起天以三明〔三五〕名日月星，下照中和及地下，無有懈息。無德之國，陰氣蔽日，令使〔三六〕無光。人民恐懼，穀少滋息，水旱無常，民復流客〔三七〕有穀之鄉。天實憐之，

〔一〕「天」鈔作「將」。〔二〕「戶」鈔譌作「户」。〔三〕鈔無「是」字。〔四〕「憎」鈔誤作「惜」。〔五〕「重之」鈔作「之重」。〔六〕鈔無「即」下六字。〔七〕「示」鈔譌作「亦」。〔八〕「不」鈔誤作「恐」。〔九〕鈔無「使」下六字。〔一〇〕鈔無「作」字，但有「文」字。〔一一〕「明」下鈔有「行之」二字。〔一二〕「取」上鈔有「故」字。〔一三〕「中」下原無「和」字，疑脱，今依鈔補。〔一四〕鈔無「取」下五字。〔一五〕鈔無「得」字。〔一六〕鈔無「不」字。〔一七〕「是」鈔作「乃」。〔一八〕鈔無「無形」二字。〔一九〕鈔無「所」字。〔二〇〕鈔無「故」字。〔二一〕「使」下鈔有「各」字。〔二二〕鈔無「然」下八字，但有「之報」二字。〔二三〕鈔無「故」字。〔二四〕「各」原作「名」，疑譌，今依鈔改。〔二五〕鈔無「并」下八字。〔二六〕鈔無「乃」字。〔二七〕「隨後」二字鈔作「復」。〔二八〕「在」下鈔有「此」字。〔二九〕鈔無「有」字。〔三〇〕鈔無「真人」二字。〔三一〕「鈔」無「有」字。〔三二〕鈔無「明」字。〔三三〕鈔無「殊」下七字。〔三四〕鈔無「轉」下三字。〔三五〕鈔無「明」下五字，但有「光」字。〔三六〕鈔無「使」字。〔三七〕「客」鈔作「離」。

令至活鄉處，有明君國得昌，流客還耕農休廢之地，諸穀得下，生之〔一〕成熟，民復得糧。更奉先祖，鬼神得安。中有聖智，求索神仙，簿書錄籍，姓名有焉。當復上〔二〕爲天之吏，案行民間，調和風雨，使得安政，以此書示〔三〕後生焉。故當作善，有益於天。自是〔四〕之後，可戒子孫，延年之期，可不及焉。書雖〔五〕復重，天大愛人，欲使得竟其〔六〕年，丁寧反覆，屬於神。善輒疎〔七〕上，惡〔八〕亡〔九〕其名。無違此書，思〔一〇〕善心「止」鬲念，常不廢意，當索生志常念成。所以然者，以人志所當及也，努力精之，各隨其願，天亦不彊不欲也。地下傍行，四方亦然。無極之天，無極之地，無極之境亦然；無極之明，無極之光亦然。然小竟是天之大分也，欲理念天上之事，天上理念中和，中和安之。欲念求貴，貴*神榮之。欲念求富，富神富之。苦樂之間，常思之，詳慎所言。天道億萬，在人所爲，不奪人願也。生養之道審可觀，死亡之道，鬼所患也。凶神不安，輒受之難爲文也。「起」天上有文，求生根也。人所願，故挺此文，使〔一一〕可思也。有過自悔，案此文也。不〔一二〕者亦已，無妄言也。神靈在汝前後，無解〔一三〕時也。「止」

右「起」天上昌興國降逆明先師賢聖道天地喜神出助人治〔一四〕令人壽四夷却。「止」

經一二一·二三上·一·一

〔廾〕鈔庚二五上·三·三

〔廾〕鈔庚二〇下·二·一

〔一〕鈔無「之」字。〔二〕鈔無「上」字。〔三〕「示」鈔譌作「亦」。〔四〕「是」鈔作「爾」。〔五〕鈔無「雖」字。〔六〕「其」鈔作「天」。〔七〕鈔無「輒疎」二字，但有「者錄」二字。〔八〕「惡」下鈔有「者」字。〔九〕「亡」鈔訛作「忘」。〔一〇〕「思」下鈔無「善」字，但有「著其」二字。〔一一〕鈔無「使」下四字。〔一二〕鈔無「不」下八字。〔一三〕「解」鈔作「懈」。〔一四〕鈔無「治」字。

太平經合校卷一百十三 庚部之十一

太平經卷之一百一十三

樂*怒吉凶訣第一百九十一

「請問〔起〕太平氣俱至，人民但當〔一〕日相向而遊，具樂器以爲常，因以和調〔二〕相化，上有益國家，使天氣和調〔三〕，常〔四〕喜國家壽，天下亦〔五〕被其德教而無咎。其〔六〕樂得與不得，以何爲明哉？和與不和，以何〔七〕爲效乎？〔止〕欲不及天師具問其事，恐固固，有不□□者。故前後重問，不敢懈怠，恐天怒也。」〔起〕善哉！子爲天問事，日益閑習，得天意。真人必益年壽無窮，天所祐也。諸，安坐，復爲諸弟子具更道其意，使其察察，令可知也。樂，小具小得其意者，以樂人；中具中得其意者，以樂治；上具上得其意者，以樂天地。得樂人法者，人爲其悅喜；得樂治法者，治爲其平安；得樂天地法者，天地爲其和。天地和，則凡物爲之無病，羣神爲之常喜，無有怒時也。〔止〕

〔附〕得天地意者，天地爲和，人法之其悅喜。得天地人和悅，萬物無疾病，

經一一三·一上·二·四
〔并〕鈔庚二五上·五·二
〔附〕鈔庚二五上·八·三

〔廾〕鈔庚二五上・一〇・一

經一一三・二上・一・一

君臣爲之常喜。

【起】是正太平氣至，具樂之悅喜也。是故樂而得大角上角之音者，青帝大喜，則仁道德出，凡物樂生，青帝出遊〔八〕，肝氣爲其無病，肝神精〔九〕出見〔一〇〕東方之〔一一〕類。其惡者悉除去，善者悉前助化，青衣玉女*持奇方來賜人，是其明效也。真〔一二〕人詳思此意。」「唯唯。」「故上角音得，則以化上也；中角音得，則以〔一三〕化中也；下角音〔一四〕得，則〔一五〕以化下也。而〔一六〕得之以化。南方徵之音，大小中悉和，則物〔一七〕悉樂長也。南方道德莫不悅喜，惡者除〔一八〕去，善者悉前。赤氣悉喜，赤神〔一九〕來遊，心爲其無病。心神出見，候迎赤衣玉女來，賜人奇方，是其大〔二〇〕效也。故得黃氣宮音之和，亦宮音之〔二一〕善者亦〔二二〕悉來也，惡者悉消去。得商音之和，亦〔二三〕商音善者

〔一〕鈔無「當」字。〔二〕「和調」鈔作「相和」。〔三〕「和調」鈔作「調和」。〔四〕鈔無「常」下五字。〔五〕鈔無「亦」字。〔六〕鈔無「其」下十一字。〔七〕鈔無「何」字。〔八〕鈔無「青帝出遊」四字。〔九〕鈔無「精」字。〔一〇〕鈔無「見」字。〔一一〕鈔無「之」下三字。〔一二〕鈔無「真」下十八字。〔一三〕「以」鈔誤作「水」。〔一四〕鈔脱「音」字。〔一五〕鈔無「則」字。〔一六〕鈔無「而」下五字。〔一七〕鈔無「物」字。〔一八〕「除」鈔誤作「降」。〔一九〕「神」鈔作「帝」。〔二〇〕鈔無「大」字。〔二一〕鈔無「之」字。〔二二〕鈔無「亦」字。〔二三〕鈔無「亦」字。

經一一三·三上·一·一

悉來也，惡者悉消去。得羽音之和，羽音善者悉來也，惡者悉〔一〕去。真人自〔二〕詳思其要〔三〕意，所致述〔四〕效本行也。所以不悉究竟〔五〕，説五方者，謂其〔六〕大深。上士見之，自得其意，以一承萬；中士〔七〕得之，恐其大喜也；小人得之，或妄語也。故不悉露見，使凡人〔八〕各自〔九〕思惟〔一〇〕其意，上士且自以一承萬，通知其意，亦〔一一〕不須爲其悉説也；中士亦且自〔一二〕綝綝幾知之，亦〔一三〕不須爲其悉説也；下士或得〔一四〕，而〔一五〕反妄語〔一六〕，亦〔一七〕不須爲其悉説也。是故財〔一八〕成慮，小舉其綱，見其事，以示凡人，使各自〔一九〕思其意，則可上下通達而無過。真〔二〇〕人知之邪？」「唯唯。」

「故上士*治樂，以作無爲以度世；中士治樂，乃以和樂俗人以調治；下士治樂，裁〔二一〕以樂人以召食。此三人者各論意，太平氣至，聽其所爲，從其具樂琴瑟，慎無禁之〔二二〕。則樂氣不出，治難平。難平則氣鬭訟而多刑。夫樂者致樂，刑者致刑，猶影響之驗，不失銖分也。凡樂者，所以止怒也；凡怒者，所以止樂者〔二三〕也；此兩者相伐〔二四〕，是故樂則怒止，怒則樂止。是〔二五〕故怒者乃生刑罰，鬭之根也；喜樂者，乃道德之門也。故當從之，使生道德之根，勿止之也；止之，反且〔二六〕生刑禍之門也。此者，吉凶之所出，安危之所發也。故樂者，陽也；刑罰〔二七〕者，陰也。陰之與

經一一三・四上・一・一

陽，乃更相反，陽興〔二八〕則陰衰〔二九〕，陰興則陽衰。陽者，君也；陰者，臣也。君盛則臣服，民易治〔三〇〕；臣盛則君治〔三一〕侮亂。此天自然之法也。故當從其君樂也，以猒其民臣，止其數怒也。下古之人〔三二〕愚，不深知其意，反多斷絶之，故使陰氣盛，陽氣衰也〔三三〕。陰氣盛則多盜賊，罪人不絶。凡〔三四〕萬物不生也，多被陰害，大咎在此。樂〔三五〕氣興則陽氣盛，以斷此害。君氣盛則致延年益壽，止則上老壽。夫緩與樂者，上屬天也*；急與怒刑者下屬地。興行其上者，萬事理；興行其下者，萬事亂。真人戒之，此言可不深思乎？」「唯唯。」「子可謂深知之矣。傳之以示下古

〔一〕「悉」下鈔有「消」字。〔二〕鈔無「自」字。〔三〕鈔無「其要」二字，但有此字。〔四〕鈔無「述」下四字，但有太平二字。〔五〕鈔無「究竟」二字。〔六〕鈔無「其」字。〔七〕鈔脱「中士」二字。〔八〕鈔無「凡人」二字。〔九〕鈔無「自」字。〔一〇〕鈔無「惟」字。〔一一〕鈔無「亦」下八字。〔一二〕鈔無「自」字。〔一三〕鈔無「亦」下八字。〔一四〕「或得」鈔作「得之」。〔一五〕鈔無「而」字。〔一六〕「語」下鈔有「也」字。〔一七〕鈔無「亦」下八字。〔一八〕「財」鈔作「纔」，「財」通「纔」。〔一九〕鈔無「各自」二字。〔二〇〕鈔無「真」下七字。〔二一〕「裁」鈔作「纔」，「裁」通「纔」。〔二二〕鈔無「之」字，但有「禁」字。〔二三〕鈔無「者」字。〔二四〕「伐」鈔作「代」。〔二五〕鈔無「是」字。〔二六〕鈔無「且」字。〔二七〕鈔無「罰」字。〔二八〕「興」鈔誤作「衰」。〔二九〕「衰」鈔誤作「興」。〔三〇〕「治」鈔作「理」。〔三一〕「治」鈔作「理」。〔三二〕「人」下鈔又有「人」字。〔三三〕鈔無「也」字。〔三四〕鈔無「凡」字。〔三五〕鈔無「樂」下十一字。

之人，使各思其意，慎無閉絶也。起樂〔一〕則五方道德悉出〔二〕，怒則五方惡悉出也〔三〕。樂則天地道德悉出也，怒則天地惡悉出也。故天地〔四〕樂者，善應出也〔五〕；天〔六〕地不樂者，惡應出也。故五方樂而和者，五方善應出也；故五方不樂而怒〔七〕者，五方〔八〕惡應出〔九〕也。止是非小事也，故言毋斷絶也。令凡人共惟思其意，俱一覺悉出之，然後悦樂氣至，急怒氣去也。」「善哉善哉！」「行，子已知之矣。」

右天上分别樂與怒所生吉凶訣。

〔井〕鈔庚二七上・七・一二

〔一〕「樂」上鈔有「君」字。　〔二〕「悉出」鈔倒作「出悉」。　〔三〕鈔無「也」下十八字。　〔四〕鈔無「天地」二字，但有「大」字。　〔五〕鈔無「也」字。　〔六〕鈔無「天」下二十五字。　〔七〕鈔無「而怒」二字。　〔八〕鈔無「五方」二字。　〔九〕「出」下鈔無「也」字，但有「自然之理可深戒哉」八字。

太平經合校卷一百十四　庚部之十二

太平經卷之一百一十四〔一〕

某*訣第一百九十二　據敦煌目録，當作孝行神所敬訣第一百九十二

前文原缺。

行有疾苦，心中惻然，叩頭醫前，補寫孝言。承事恭敬，以家所有，貢進上之。敬稱其人，醫工見是，心敬其人。盡意爲求真藥新好，分部谷令可知，迎醫解除。常垂涕而言，謝過於天，自搏求哀，叩頭於地，不避瓦石泥塗之中。輒得令父母平安，教兒婦常在親前，作肥甘脆，恣口所食。父母商家，所有不致，苦其子孫，令盡家所有，殊私心孝於前。親屬比鄰，見其孝善，知無所有，更往給餉，爲其呼迎醫工蒙薦席，相與日夜數勞。知其安危問養，視其復聞小善言，心爲之喜歡，是孝之

〔一〕按本卷經文篇數與葉數特多，或包含第一百一十五卷經文在內，亦未可知。

經一一四・二上・一・一

所致也。天見其孝心，令得愈，更如平素，心中迺喜欣。復身得能食穀者，齋戒市賣，進所有上於天，還謝先人，諸所得祟，輒卒香潔，不敢負言，是孝子所宜行也。俗聞知是善，而不能行之，能行之者，性出自然。天稟其命，令使孝善，子孫相傳。治生有進，不行侵人，有益於親，賓婚比鄰，孝者還報*，不忘其恩，是之善者也。父母之年，不可豫知。爲作儲待，減省小費，歲歲有餘，藏不見之處，勿使長吏及小吏聞知。因緣徵發，盡人財産，爲孝心未盡，更無所有。父母年盡，無以餉送，復爲不竟孝之意。行孝之人，思成其功，功著名太上，聞帝廷，州郡所舉，一朝被榮，是非孝所致耶？子孫承之，可竟無極之世。此念恩不忘，爲天所善，天遣善神常隨護，是孝所致也。其家一人當得長生度世，後生敬之，可無禍患，各以壽終，無中夭者，是不善邪？善之中所致，何所不成，何所不就，何所不得，何所不通乎？努力行之，勿以爲懈倦也。是善人之福也。孝善之人，人亦不侵之也；侵孝善人，天爲治之。劇於目前，是爲可知。欲知善之爲善也，知孝之爲孝也，苦不能相效也。是出自然。天與善籍，善孝自相得傳，相勝舉，亦何有極心。善孝之人，人自從崇之，亦不犯剋人。流聞八遠，州郡縣長吏有空缺相補。豫知善孝之家，縣中

薦舉，長吏以人情欲聞其孝善，遣吏勞來。又有用心者，以身往來候之，知聞行意
（經一一四・三上・一・一）薦之*。歲歲被榮，高德佩帶，子孫相承，名爲傳孝之家，無惡人也。不但自孝於家，并及内外。爲吏皆孝於君，益其忠誠，常在高職，孝於朝廷。郡縣出奇僞之物，自以家財市之，取善不煩於民，無所役。郡縣皆慈孝，五穀爲豐熟，無中夭之民。天爲其調和風雨，使時節。是天上孝善之人，使不逢災害，人民師化，皆食養有順之心，天不逆意也。是善尤善，孝忠尤孝，遂成之。使天下不孝之人相效，爲設孝意。有大命赦天下，諸所不當犯者盡除，并與孝悌力田之子，賜其綵帛酒肉，長吏致敬，明其孝行，使人見之。傍人見之，是有心者可進愛，有善意相愛，此皆天下恩分，使民順從。此本善致善，本孝致孝，本不孝其未不孝，本惡其未惡。善者其願皆令其壽，白首乃終。上至百二十，下百餘歲，善孝所致，非但空言而語也。不但天愛之也，四時五行、日月星辰皆善之，更照之，使不逢邪也。其善乃如是，可不重邪？天生人民，少能善孝者，身爲之獨壽考。復得尊官，皆行孝所致。
（經一一四・四上・一・一）不但祐言，故出此書，以示生民。其*欲法則者，天復令壽可傳，子孫相保。書出必當行孝，度世孝者，其次復望官爵。天下之事，孝爲上第一，人所不及。積功累

行，前後相承，無有所失。名復生之人，得承父母之恩，復見孝順之文。天定其錄籍，使在不死之中，是孝之家也。亦復得增度，上天行天上之事，復書忠孝諸所敬，爲天領職，榮寵日見。天上名之爲孝善神人，皆爲神所敬。有求美之食先上，遺其孝行，如是無有雙人。其壽無極，精光日增。上見無極之天，下見無極之地，傍行見無極之境。復知未然之事，諸神皆隨其教令，不逆其意，共薦舉白。太上之君見其孝行無輩，著其親近內外，神益敬重之。故言天所愛者，諸神敬之；天所憎者，諸神危之。是爲可知，餘者各自用意，自擇其便，從其所宜。書辭小息，且念其後，得善復出，不令遺脫。

經一一四・五上・一一・一

九君太上親訣第一百九十三

惟太上之君有法度，開明洞照，可知無所不通，豫知未然之事。神靈未言，豫知所指，神見豫知，不敢欺枉，了然何所。復道太上之言，何*有不動乎？人同敬畏，心不悉行。是且得知不照其意。所以然者，太上皆神，所生所化，當生當活，皆可知神錄相次，道其尊卑，何有不從者乎？九皇之上則九君。九君者，則太上之親

經一一四・六上・一・一

也。各有所行，恩貸布施，諸神從者，諸神敬其所爲，靡有不就者也。小神食不能知九皇之意，何言俗間之人乎？心聖耳聰，財可觀其文章祿策。當直錄籍文辭，自生精光。皆以金爲簡，銀成其文章。此簿在天君内，中極有副。其餘曹文書辭，皆以奏簡，自生文章，精神隨字，名之光明。每有語言，輒照有所知，不逆所言。神人真人得天君辭，便具言，神人上下，皆知民間。天君知神所言，不失文墨規矩之中。自然之道，何所不知，何所不化，動錯自無所私。飲食天廚，衣服精華，欲復何求，是太上之君所行也。大神小神，自有所行，皆相畏敬，不敢有私。恣意見所從求，動搖有心之心，知其所爲可成，以不惑迷其意，使其人各隨至意。言汝皆受於仙籙，壽得無極。金銀紫文之綬，封侯食邑，復賜綵帛金銀珠玉，心想所得。是非神*仙道，知人堅與不？或賜與美人玉女之象，爲其作色便利之，志意不傾。復令大小之象，見其形變，意相隨念其後生，此爲不成之道。或作深山大谷中，多禽獸虎狼之處，深水使化人心。或有蟲毒之物，使其人殺之。或恐不敢上高山，入大谷深水之中，亦道不成。是象戒人，是在不上之中，殊能堅心專意。見迷惑，不轉志堅，隨其入出，上下深山大谷之中。水深大，心不恐懼。見其好

經一一四·七上·一·一

色，志不貪慕，家人大小之象，更相拘留。不隨其人言，但得生道。進見太上，盡忠孝之心，無所顧於下，是爲可成。戒大衆，多取其要文。天亦信善人，使神仙度之也。其人自善，天何從欺之。所以有欺者，其人狐疑，彊索神仙無益之用，無功而求安，何從不見欺邪？是天重生，愛其情，尤志堅，念生要三明。三明者，心也，主正明堂，通日月之光，名三明成道。心志自不顧，亦有錄策，不可彊求。白日昇天之人，自有其真。性自善，心自有明。動搖戒意不傾邪，財利之屬不視顧，衣服麤粗，衣纔蔽形，是昇天之人行也。天善其善也*，乃令善神隨護，使不中邪。天神愛之，遂成其功。是身行所致，其人自不貪世俗大營財物。天知其至意，按次簿名真，自有善星。其生日時，自不爲惡。天復善之，貪化以助天君治理。天上文辭使通徹，行無私隱。見行有歲數，上竟榮簿有生名，可太上之意，能説其功行，助其不及，是亦神當所擁護也。天信孝有善誠，行無玷缺。故使白日輒有承迎，前後昭昭，衆民所見，是成其功，使人見善。白日之人，百萬之人，未有一人得者也。能得之者，天大神所保信也。餘者不得比。尸解之人，百萬之人乃出一人耳。功有大小，更相薦舉，其人當使天愛重之。內爲得太上腹心，薦舉其爲有信效，各成其功名，是不善邪？天君出教之日，神不枉其言。是天君得善信效，深知未然，不可有毛髮之欺。皆令壽命盡少，盡小解於後，復念語未卒意者，復念道之。

經一一四・八上・一・一

不孝不可久生誡第一百九十四

惟古今世間，皆多不副人意。苟欲自可，不忠任事。所言所道，樂無奇異，見人爲善，含笑而言*，何益於事？輕言易口，父子相欺。當目無聲，背去隨後，而言或善或惡，不可法則，無益世間。世間但爲塵垢，言談自動，無應善書者。心言我善，行不相副，無有循穀，語言浮沈，不可信驗。名爲不慎之人，何可久前，不可與善心有志之人等乎！求生難死之人，不欲見是惡人，而不自知，以爲我健，少能相勝者。反晨夜候取無義之財，而不攻苦得之，以爲可久在中和之中，與人語言也，傍人見之，非尤其言。神靈聞知，亦占其所爲動作，其心知其惡，不能久善，還語天神。言中和有輕口易語之人，不能久善，須臾之間，惡言復見，無有信效。但佞僞相責，何益於人。令食諸穀，衣繒布，隨冬夏易衣服，食欲快口，衣欲快身。市

經一一四・九上・一・一

有利人，不肯求之，而可養老親，明旦下牀，未知所之。衒賣所有，更爲主賓，酒家箕踞，調戲談笑，歌舞作聲，自以爲健，交頭耳語，講説是非，財物各盡，更無以自給；相結爲非，遂爲惡人，不可拘絆，自棄惡中，何有善半日之間邪？無益家用，愁毒父母，兄弟婦兒，輒當憂之，無有解已。攻取*劫盜，既無休止，自以長年，復見白首。不知天遣候神，居其左右，入其身内，促其所爲。令使凶，當斷其年，不可令久。其揚聲爲惡，不欲止。上至縣官，捕得正法，不得久生。與死爲比，安得復生？或爲鬼神所害。父母念之，常見其獨淚孤相守，無有輔佐之者。老更棄捐，飲食大惡，希得肥美，衣履空穿，無有補者。是惡之極，歲月年長，空虛日久，面目醜惡，不象人色。如是爲子，乃使父母老無所依，親屬不肯有之。此惡人之行滅乃上，親屬患之，名爲蔽。子死不見葬，無有衣木，便見埋矣。狐狸所食，骨棄曠野，何時當復見汝衣食時乎？是爲可知善惡之行，人自致之，何所怨咎乎？天下之人何其甚愚，不計其死生之間殊絶矣。生爲有生氣，見天地日月星宿之明，亡死者當復知有天明時乎？窈冥之中，何有明時。愚人不深計，使子孫得咎，禍不可救，殃流後生，是誰之過乎？人不化，自致亡失年，不當善仙士之行邪？動

經一一四·一〇上·一·一

經一一四·一一上·一·一

作言談，輒有綱紀，有益父母，使得十肥，衣或復好，面目生光。是子孝行，力非惡人，亦獨*不當報父母哺乳之恩邪？爲子不孝，汝生子當孝邪？汝善得善，惡得惡，如鏡之照人，爲不知汝之情邪？故有善惡之文，同其文墨，壽與不壽，相去何若？生人久視有歲數，命盡乃終，後爲鬼，尚不見治問。惡人早死，地下掠治，責其所不當爲。苦其苦處，不見樂時。是爲鬼，何以獨不有赦時。是惡之極，爲鬼復惡，何所依止。家無食者，乞丐爲事，逐逋亡之氣，自不可久，地下亦欲得善鬼不用惡也。如是宜各念善，不失其度，纔可矣。不者，亦欲何望乎？人當同其計策，與生同願，天不善之邪？而反爲惡乎？惡行之人，不可久視天地日月星辰，故藏之地下，不得善鬼同其樂，得分別也。文書前後復重者，誠憎是惡人，不可久生耳。性善之人，天所祐也。子孫生輒以善，日下無禁忌，復直月建，日月星光明之時，用是生者，何憂不壽乎？是爲善行所致也。善惡分別念中，可行者自從便安，天不逆人所爲也。念之復念之，思之復思之，可前可卻，自不貪生者，無可奈何也。書辭可知，分明疑之。自令苦極，念生*勿懈，致慎所言。辭復小止，使念其後。有不滿意，乃復議之。

經一一四・一三上・一・一

見誡不觸惡訣第一百九十五

惟夫聖德之人，各有所言，各有所語。各分別其能，各自第其功，各成其宜，使有可信，而重天言。使天愛人，而有盛功，得天之腹心，是聖德之願也。夫人皆欲承天，欲得其意，無有怨言。故令各從其志，勿有非言而自可，是爲富得人情，使報信同其知慮，而從所宜。人居世間，大不容易，動輒當承所言，皆不失其規中，而不自責，反怨言人言，是爲不平行之。各有怨辭，使天忿怒而不愛人，言壽命無常。故天下有聖心大和之人，使語其意，令知過之所由從來，各令自改。乃爲人壽從中出，不在他人。故言司命，近在胸心，不離人遠，司人是非，有過輒退，何有失時，輒減人年命。爲知不相善之人，欲聞其戒，使得安靜，過失之間，使思其意，令其受罰亡年，不令有恨。天大寬柔忍人，不一朝而得刑罰也。積過累之甚多，乃下主者之曹，收取其人魂神，考問所爲，不與天*文相應，復爲欺，欺後首過，罪不可貸。是故復勑下曉喻，爲説行惡，災變所致，使自改耳；不用其言，亦安可久久在民間爲人乎？故分別善惡，各使不怨耳。天爲設禁，使不犯耳。而故犯之，戒命於天神，可以久與人等也。作行如此，爲使人不死之道乎？中爲天無所知邪？俗人之行，不可採取乃如是，安可久置中和之中，使食可食之乎？而反善神所護，年盡乃止。無中夭人時，是善之證也。爲善日久，何憂不盡年壽乎？是爲可知人自不能力爲善，而自害之。是惡之人何獨劇，自以爲可久與同命。不意天神促之，使下入土；入土之後，何時復生出乎？地下復相引浸，益亡尸，是復不得天福之人，可復計邪？行且各爲身計，勿益後生之患，是爲中善之人。不者，欲爲惡人也，天所不祐，地不欲載，致當慎之，勿有愆負，財得稱人耳。可爲父母子孫，得續行恩有施，可復得增年，精華潤澤，氣力康彊，是行善所致，惡自衰落，亦何所疑。從今以來，當詳消息，善惡分別，念中何行者，自從便安，天不逆人所爲也。*念之復念，不順作逆，而求久生。是行當可久見於天神，日月星辰，安肯久照？爲天神所祐，而爭欲危之，是誰過乎？不當是善行孝順之人邪？輒有祿位，食於司農，久復子民，使上下相事，是民之尊者也。是善所致，惡自不全身，相去幾何乎？視其試書，不用其言，自快可意而行，是爲人非乎？有惡不能自化，有孝善，有忠誠信之心，而望天報；有病求愈，作惡過多，無解時，爲可久貸與不。

故作此文，欲使俗夫之人，各不怨其得罰耳。念生求活之人，自不爲惡行而亡其年也。得書見誡，使知避禁，不觸惡耳。如是能自改爲善，可得久見天地日月星辰，與人比等，是不善邪？而反不惜其命，以爲死可得復生。如人知不自知爲惡，自以爲可也。談語欲與人比等，衣食與部人同，是爲可久不乎？畏死之人，不敢犯此誡文，是亦祿策所致。其人相薄少可，宜直命當直之，何所顧乎？行，各自慎努力，念所行安危之事，書誡亦自可知也。天書文欲使人爲善，不欲聞其惡也。故自命簿不全耳，無可大怪也。詳復*思之，勿懈也。天有生籍，亦可貪也。地有死籍，亦甚可惡也。生死之間，不可比也，爲知不乎？知惡當慎自責，不可須臾有亡其年壽，甚可惜也。與人語言發聲，爲善行得人心意。是天善之，無出惡言，而自遺咎。同出口氣，正等擇言出之。無一小不善之辭，可得延命。殊能思行天上之事，得天神要言，用其誡，動作使可思，可易命籍，轉在長壽之曹。宜復各修身正行，無忘天之所施。宜置心念，報施大恩，乃爲易行改志。天復追念，使不逢惡，可信天書言，可得生治不用。書言自不全，擇其可行乃行之，不彊所爲。各且念身善惡，天稟其性，勿有所嫌疑也。宜不欺善，而惡人得福也。是言

經一一四・一五上・一・一

者明白，何有所疑乎？　神仙之人，皆不爲惡者，各惜其命，是善之證也。　書所言約，勑前後道人之所願，爲道善惡，使思之耳。　不用而自已，勿自怨。　自怨者，但當知怨身少知而窮老乃極，自咎之耳。　餘者自從其意，如欲貪生，不當有惡。　故使自思，知其苦樂，樂獨何人，苦亦何人，亦宜自念，勿有怨辭，勿妄輕言出氣。　令可思，*思生爲善，故丁寧相語者。　令語言可知，不失天規矩。　行成自然之道，何所不成，何所不化，人皆迎之，是天自然之恩非邪？　念下愚之人，不念受天大分，得爲人，自以當常得久也。　亦不意有巫靈之神者，當止勿犯非也。　書辭非一，念之復出。　文辭有副，故置重誡。　顧其不及用書，念生爲善，爲有活望。　復有惡言不順者，被疏記不息也。　慎之且止，止復有所思，思後不足，不滿意者復申理。

不可不祠訣第一百九十六

惟世俗之人，各不順孝，反叛爲逆，競行爲不忠無信之行，而反無報施之義，自以成人，久在地上也。　所説所道，未曾有小善，有惡之辭，而反常懷無恩貸之施，自盜可意而行，不念語後有患苦哉？　此子不是在世間，無宜少信，彊愚自以得人心

經一一四・一六上・一一・一

意。其念出言，不可採取，難以爲師法，無所畏忌，而功犯非歷邪，自以可意，不計其命，不見久全。動作出入，不報其親，不復朝夕，夷狄相遇。此獨何人，從所出生，略少其輩，飲食不用，道理未曾了雪。當亦無知*之人比六畜，生死無期。口亦欲得美，衣欲得好，天當久活汝不！汝行不可承用，亡亦其行當可用不！使天忿怒，無有喜時，當愛汝命，令汝不死乎？所爲皆觸犯不當，如故爲之，是爲自索，不欲見天地日月星宿人民生口之屬耳。

天有誠書，具道善惡之事，不信其言，何從乎？欲得見久視息乎？中爲不如六畜飛鳥走獸有知邪？是愚之劇，何可依玄。但作輕薄，衒賣盡財，狂行首罰，無復道理，從歲至歲，不憂家事，遊放行戲，殊不知止。思不出中，自不可久。此人亦因父母得生，其行反少義，不見盡忠孝，有順無逆之意。是天當置汝，使眼息不死也。死中有餘過，并及未生之子。念其作禍之人，雖以身行惡，而亡其年，使未生不見有算。活望作鬼，復死不足塞責，是惡所致非乎？何得自在而見活乎？昨使當出生者，怨是非過邪？何爲妄言而久朗乎？天下之人，何不自責，而使過少，積過何益於人身乎？但有不全人命耳！不當思之邪？何爲自益禍乎？

經一一四・一七上・一・一

經一一四・一八上・一・二

是爲可知也。*人居世間，作孝善而得壽，子孫相續，復見尊官重祿，是不作善爲孝所致邪？自無善而不顧後有患，此爲大逆惡人，更爲無等比不休息乎？父母生汝時，欲聞其善，寧欲聞惡聲，聞老親耳邪？兄弟相憎，未曾有樂時，各自責過負，而反自用不爲善，是爲不可久行。無益於天，無益於地，無益於人，無益於四時五行日月星之明。其人甚惡，欲何希望，不當仰視邪？以爲天不遣凶神，司汝爲非乎？不當自怪，所求所爲，既無可恃，但日有衰病死不絕邪？天亦何樂殺汝乎？衆曰，汝無有逋須臾之間，故殺之。或使遭縣官，財產單盡，復續怨禍，汝行之所致不乎？何怨於天而呼怨乎？俗人乃如是，欲復犯天，自理何益乎？久逋不祠祀，神官所負，不肯中謝，所解所負解之。常以春三月，得除日解之。三解可使文書省減，神官亦不樂重責人也。迫有文書，上下相推，何從民人之言，貧困便止，不竟所爲乎？生時皆食有形之物，死當食其氣而反不食。先人自言，生子但爲死亡之後，既得食氣與比等，而反不*相食，生子如此，安得汝久有子孫相視乎？亦當亡其命，與先去等，饑餓當何得，自在天官重孝順，當祠明白，何可所疑。死後三年，未葬之日，當奉禱賽，不可言地上有未葬者而不祠也。不食益過

經一一四・一九上・一・一

咎，子孫無傷時也。是爲可知當祠，常苦富時奢侈，死牛羊豬豕六畜，祠官浸疎，後當見責，不顧有貧窮也。財產不可卒得，行復無狀，財不肯歸，便久不祠，爲責安可卒解乎？宜當數謝逋負之過，後可有善，子孫必復長命。是天喜首過，其家貧者，能食穀知味，悉相呼，叩頭自搏仰謝天。天原其貧苦，祠官假之，令小有可用祠，乃責是爲天所假，頗有自足之財，當奉不疑也。不奉，復見先人對會，祠官責之不祠意，使鬼將護歸家，病生人不止。先人復拘閉祠，卜問不得，得當用日爲之。天聽假期至，不爲不中。謝天下地，取召形骸入土，魂神於天獄考，更相推排，死亡相次。是過太重，故下其文，使知受天誅罰不怨，可轉相告語，可令不犯先。古已有書，犯者不絕。以棺未藏者，不可不祠也。今故延出文，因有心*之人，書解其意。勿疑書言，尚可得生籍。疑不行，死日有期。自消息，勿復怨天咎地也。行，書小息念。其後思惟文言，知當復所行，復道之。

天報信成神訣第一百九十七

惟有進善求生之人，思樂報稱天意，令壽自前。目見天上可行之事，曰〔一〕亦奉行天之所化成，使見久生之文，變化形容，成其精神，光景日增，無有解時。是有心志善，不忘天恩。報施之士，何時有怨，解息須臾之間，心自剋責，幸得爲人依迎。天得成就，復知天禁，使其遠害趨善，不逆神靈。見善從之，未曾不自責，時悔過從正。思念其意，常不敢自安自疑。念之爲善，曉天知意，具足可知，亦無所疑。自責悔過，積有日數，既蒙福祐，承奉天化，使不見危。自知受天報施，何可有忘須臾之間息，恐神靈非尤所言。故懷悵然，未曾自息。貪進所言，欲承天意，恐有失脱。故復洗心易行，感動於上，欲見昇進，貪慕其生。實畏短命之期，恐久不見於天地，竭力盡忠，思其誠心。數聞神言，不*見其人，心内不自安；常齋惶懼，日夜愁怖，不敢自安。用是之故，不敢廢善而就惡施。人皆得飲食，仰天元氣，使得喘息。復知人情，自知受天施恩，輒當報謝，何有疑時。天生人精，地養人形，使得長大，使得成就。見天書戒，視其文辭，不戰自慄，何有負言，心常怖悸，何有安時。唯天大神，時哀省原，數見假貸，心知不以時報大恩。唯大神使見覆哀，久見常在生氣之中，久活前年之壽，不敢忘大施之分。恩貸畢足，不敢解忘須臾之間

〔一〕「曰」疑當作「日」。

而背恩也。唯大神成之，使見天神，與其語言，思聞復戒。重天所言，唯蒙有報，乃敢自信。大神報有善心人言，天君常愛是有心善之人，於天有用輒進。自今有心善之人自陳前，以達白天君，承用所舉聽勿疑，必當如前所言，是自天君所敢前也。歲月垂至，努力信天所言。天亦信有心善之人，自不在俗間也。簿文内記，在白日昇天之中，義不相欺。天君欲得進善，有心不違言，是其人也。諸大神自遙見其行，雖家無之日，前以有言，宜勿憂之。常念與天上諸神相對，*是善所致也，宜勿懈倦也。有心善之人言，生本無昇進人，期心報大神，求進貪生，欲竭所知，何敢望白日昇乎？舉選當得其人，生不敢當之。恐見爲大神所非，蒙恩自僥倖得寵，爲得恩分畢足，但惜未及重報施，唯大恩假忍蘇息之。聞大神言，前比白生意，進之天君，輒言有心善意，是其人也。天君自欲親近之，不使有疑也。恩施不在大神也，何須道報乎？宜復明所知，必爲有報信，心謝懇惻而已。必使諸神相護，不令邪神干之也。致重慎所言，以善爲談首，書意有信相與，要不負有心善進之人言也。天自日夜，使神將護之，餘無所疑。相命沮觸之書，必先人承負自辭，勿用爲憂。有心志善之人，言本性單微，久在俗中，恐不能自出俗世之間，慕

經一一四・二三上・一・一

大神之恩寵遇，使見溫誠自知。唯大神白天君，纔使在不死之伍中，爲何敢望白日乎？大神言：「天君信有心進善之人，教無有二諾，無所狐疑，是自天君意也。雖念家不足，飢寒並至，自有天廚，但仰成事，神自師化其子，無以爲念也。」「生主受分之後，*何時忘大神所言乎？憂不成耳。不敢失大神枕席，常在心鬲，不敢解也。大神言辭乃如是。天君知者，善自得善，有心自得天君心意。」前白事見天君，天君勑大神言：「前日已白此人，當升之日，勿令失期。竟有符在心前徹視，神自語爲信，變化以有日期，但日夜念之勿懈也。」生言：「受勑之後，何敢懈邪？唯蒙成不？」大神言：「須書有符，自相見也，不憂不得天壽也，不但大神邪！諸神皆言善，是有心之人，諸神憂之，但仰成辯而已。」生言：「是大重，如使如願，必親心恭而已。」大神言：「是亦其人願所當承心而言，天君重其家，使無入大過，承負輒解之。勿信神象卜工之言，是卜不能有所增減。欲度活人者，要在正神。雖有小神之疎，上自解之，亦勿狂爲不當所行也。是自有心有道之人所知也。且各爲身計，信天言，天自不欺有心進善之人也。雖知惠常念，無有忘時。聞邪神自下，無有心志之人持身不謹，復念非常，故邪下之。使不安或惡，會無成功。此書亦

經一一四・二三上・一・二

經一一四・二四上・一・一

不信惡人，惡人亦不信此書。會有效用有報，得報*信之後，乃爲可知也。今當有信，知進善之人書，神自欲見報信。得用不信，無有心進善之人欲所得也。行，書辭已可知，見信有驗，亦自不久。」「何以明之？」「其人自樂生者，天使樂之，是天報信。其人必化成神，必以白日。不疑日自輕，食日少。爲信精光。日益親近其人。是信也，明之明也。」「且勿有疑生言，見誠受敕，請如所言，思惟念之，不敢懈有忘也。雖生素不知，會見之後，益親無異。」大神言：「善，善亦當惠成名，宜卒竟其功，是神常誠也。」「書語雖多重，生道故多耳。」「勿怖之也。語且有止，各還有言。」有心志念之人言唯唯，不敢有忘也。

有功天君敕進訣第一百九十八

惟思古今有大誠信之人，各有效用，積功於天，乃敢自前。動作止進，未曾有小差之惡。常懷慈仁之施，布恩有惠，利於人衆。不有失小信，而不奉承天地，隨四時五行之指歷，助其生成，不敢有不成之意，而自危身，令不安。故自剋念過負，恐不解除，復爲衆神所疏記，而有簿文聞太上也，以是故敢有安時也。今古*相承，善

經一一四・二五上・一・一

惡相流，何有絶時乎？ 故自沈靜，夫嘗有懈，而忘天之所施爲也。 但自念求德之人，以心自況。 見人有善心，爲之欣然；見人有惡心，爲之惶懼。 想天神知之，各有所進。 復自惟念，本素生於俗間，心常思樂大化，貪慕生道，去離死部，戀牢精光，貪使在身，使自相愛，心乃可安。 不者恐見不在常見之中。 唯諸天神，時原不及，教其進退，當承天意，不可有失。 而小不善聞於太上之君耳。 故因諸神求知曠問，唯蒙不逆，使不見疑。 爲受一子之分勢，不敢有忘絲髮之間。 唯原省念所言，思見天誡，以成其身，不使陷危。 是諸神寵恩之日，不敢有休息，而不自念報重之大恩也。 諸神未白天君，聞知被遣，當直之神，承教見之。 其人言所動搖云何，具問其意，使諸神問之，還白日〔一〕。 言中和之民，自道善行，積功日久，貪慕久生。 自薄説常自垂念，恐有愆負，未嘗有懈息之意，爲諸神道其功効。 諸神使白，各且相謂曰，此有功效德，人自於中和中，念當報天大恩；積行爲善日久，欲因諸神，自道功德，各懷狐疑*，不敢進白天君，常屬諸神見信，有功於天，有者進之。 而諸神占觀，其行日久，何故不白。 諸神皆懷懼而言，本素不知此人來，恐不大精

〔一〕「日」疑當作「曰」。

經一一四・二六上・一・一

實。且各消息其意，不知天君聞之。是諸神各無所主，正見善有功之人，而不時白道之。使者遣使神考積，其行大有功。是諸神各爲無狀，各無有功善，而齊外心，以爲天君不知諸神各解辭令，自何用者，有益而已，各自安乎？謝諸神，各以識〔一〕事免冠謝。言小神奉職，各平盡忠誠之心，而得問是罪無狀，待死於門。天君出教日，且待於外，須勑諸神伏地，自以當直危立也。教日勑諸神言，天君欲不惜諸神，且未忍相中傷。教讁於中和地上，在京、洛十年，賣藥治病，不得多受病者錢。讁竟，上者著聞曹，一歲有功，乃復故。諸神見天君，貫不死之罪，纔得薄讁。誠自知過失，自以摧折，不望其生，不忍有中傷之意，復以事謝。天君言：「告謝曹吏便下，勿稽留時，使神行卓視之。」曹白：「使遣下如天君教。」天君勑曹，復告大神，視其文辭，令諸神見之。曹以文傳視大神，下所部*，各順其職，見有功善，貪進之人當進之。前有事具白可知。天君勑大神曰：「輒早觀此人，與使神語言相應與不也。」大神曰：「被使往視其人，積其日數，視功效還。白日被勑教，視中和有功人，還白如使神言。」天君亦如是有功之人，而諸神所部不時白。天君覺知，乃道其意，是不勉邪哉？得簿讁於中和，自今以後，可以爲誡。有功不白，天

經一一四・二七上・一・一

君聞之，受罰自身之謫。各慎職遣神，導化其人，使成神，增其精光。爲視簿籍，使上無者，著其姓名上之。大神受教還於曹，視簿案其姓名有此。白言曹文書有此人，請案天君内簿，知相應與不。天君出文視之，與外書同。勑使上。大神言：「不審年滿未，請還諦案之。」天君謂：「大神安置耳目，而不盡視之，而言還案乎？」大神以職事謝。天君言：「趣案疾還。」大神則案其人，年已滿；失脱不白無狀，當坐伏須辜誅。天君言：「且冠視職，復勿懈。因召其人上之，勿失其效小職，知所致奉功。」「唯唯。請如天君出教。」「諾之。」大神且上其人，署小職，觀望其行。」「日月尚淺，請復情實；有大效信*，真有缺者署之補缺處。」天君言：「當知大神所白，勿有懈意。」大神言：「唯唯，請使使神往卓視之。」天君言：「善。」

不用書言命不全訣第一百九十九

惟天上有聖明之人，皆有部職，各盡忠行，不負於上，各盡筋力所爲作，亦不失意。皆豫知天君所施爲，常傾耳聽，欲知其意，常視儲曹文部，別令可知。顧君呼召無

〔一〕「識」疑當作「職」。

經一一四・二八上・一・一

時，不敢私出，公事乃行，輒關意相白，乃敢出。所周所徧，被敕當所案行，不敢留止須臾之間。奉功私乃敢有所言，誠相歸自不敢施私。所不當全其命，不惜晨夜而自責，常恐有無牢之用。各自該理其身，欲副太上之意，何時敢懈，恐失其宜。效日自進，不須神言。乃而欲自成，欲得久視，與天上諸神從事，無有大小，皆相關知。可承行不義，不自專，恐有嫌疑，動輒相聞，何有息時。所以然者，人各有志，各自有所念，各有所成，其計不同。各有所見，各有所出生，各自欲有所得，各知其所，心乃了然。是曹之事，要當重生，生爲第一。餘者自計所爲。生氣著人身，*皆不相去。相守相成，神亦貴得其名。變化出入，無孔之中，小大自在。俗夫之人，不見神形容，神神自相知，形容皆氣所成，何有不就者乎？大神小神，精光增減，輒自有差。其壽增九，輒有其年。大化行善，壽亦無極，上則無上，下則無下，出入無間，無表無裏，象如循環。欲止自止，欲行則行，呼吸成神，光景榮華。上下有期，得當行便以時還。亦不可自在，迫有尊卑。各相爲使，各有簿領，各有其職，宜有其心，持志不違，明其所爲。各見其功，各進所知，無有所私，動輒承教，不失教言。而精進趣志，常有不息，得勑乃止。是生神之願，輒有符傳以爲信

經一一四・二九上・一・一

行。諸所案行，當所稟食，勿過文書，隨其多少。天上傳舍，自有簿領，不當得止者勿止。是天君常教勿妄，恐守傳之吏以威勢也。官有尊卑，不可彊詐稱大位，而稱久止傳舍。吏輒受天君勑，有過傳舍，上其姓名官位所屬，不得有隱欺。天君亦自知之，何得爲相私明，各如其平。乃得上不用令勑，簿書數上。是復亡失精光，其壽損減，是爲可知，宜當慎時，無敢自從，*而不承上之教也。天上之神，更相案舉，亦無息時。後進上下人當知是禁，聖明之人自不犯之。恐後進上之人不見其戒，故天下文使知防禁。是天君大恩，恐有犯者。是天君欲成就善心之故，視其文，并語俗人。俗人雖少，知中和之間，各有禁忌。文書天下，中和民間，道上佃夫，阡陌聚社，廬宅官舍，門户井竈，刑德各主其事，不可有惡。復見疏記，簿其姓名，積衆多聖明理之事，更明堂天君得知，復減人年，上至死亡，可不慎乎？數下此文者，後生之人，不信前言。故復因有知慮之人，不犯禁者出之，令俗間知之，而不用書言，命不可得全也。惡籍累積日多，少有減時。故先命勑書誡，勿使相犯，犯之命薄，不疑也。當順書言，小過尚可救解，大過安從得貰乎？誡文非一卷，宜當重慎重慎。天文不可自在也，有知之人，少有犯者，時有失脱，天亦原之，不著惡伍。爲惡不止，與死籍相連，傳付土府，藏其形骸，何時復出乎？精魂拘閉，問生時所爲，辭語不同，復見掠治，魂神苦極，是誰之過乎？同從人生*，何爲作惡行，各宜善自守。天稟人壽，不可再得，作惡年減，何有相益時乎？此時當所主，天君取信，不敢脱人惡行，令得久生也，爲不知乎？書前後相戒者，既民不改，令人欲盡年耳。不欲爲善，自令不全，亦奈此人爲惡不止。可書辭小解，且念其後，如有不備，乃復念之。

大壽誡第二百

惟有志之人，心不迷亂。奉天之化，當所師導。各使從其願，乃爲隨心。衆萬二千物皆生中和地中，滋生長大，皆還自覆蓋，蔭其下本根。其花實以給身口，助其穀糧，使有酸鹹醋淡自在。化水爲鹽，使調諸味。以豆爲豉，助鹽爲味。薄厚自恣，菜茹衆物，當入口者，皆令民食之。用其溫飽，長大形容，子孫相承。復以六畜不任用者，使得食之，肥美甘脆之屬皆使食。是天使奉職之神，調和平均，使各從其願，不奪其所安。是布恩施惠民，非乎？奈何天所施而不求報乎？天何時當求報施乎？但平民受大恩而不歸相謝，故求之耳。天食精華氣，自然不必須經一一四·三上·一·一民報謝辨也，貴其意耳。而反不念*天氣所生成，令得食之。是民中有知不報乃如是，自以職當天使。奉職之人，案行民間，使飛蟲施令，促佃者趣稼，布穀日日鳴之。使民用其言，家無大小，能食穀者晨夜盡日相勸，及澤布種，天爲長大，時雨風搖，枝葉使動，成其身日滿，當熟以給人食，恩不重邪？從歲至歲，何有極時？而反齊不作孝順，有逆之心，何益於天，久養惡人，使見可食之物乎？中爲天無所知邪？何爲當久養不孝惡逆之人乎？故置凶神隨之，不孝惡逆之人移，令人重禁，罪至禍重，不見貰時。想民當如是，何爲犯之，自致不壽，亡其年命乎？不當視孝善之人獨得壽有子孫乎？善惡當相比，不壽與不壽爲有比，不生之與死當相懸不行。作善有孝慈，使各竟其年，或得增命，子孫相次，無中夭時。天用是爲善孝之行所致，不當比之邪？何爲作非邪？施於人乎？天甚憎惡之，輒使絶命，子孫得咎，是惡所致，欲何所望。天喜善人，不用惡子。宜思書言，其文具經一一四·三上·一·二足，可以自護，必得天福。可無久苦自愁，令憂滿腹。復有憂氣結不解，*日夜愁毒大息，念在錢財散亡，恐不得久保。疾病連年，不離枕席，醫所不愈，結氣不解。

經一一四・三三上・一・一

計念之，日夜羸劣，飯食復少，不能消盡穀，五藏不安，脾爲不磨。是正在不全之部短氣，飯食不下。家室視之，名爲難活。有錢財家，頗有儲侍；無錢，財產殫盡，内外盡貧，不能相發。死命以至，不見棺木，畢埋土中。須治生有錢財，乃當出之。相貧之家，財去人走，何時可合；家室分離，不能復相救。遂不見棺木，爲無棺槨之鬼，浮遊無家，亦無復食之者。死爲鬼，餓乞求食，無有止時。是惡行所致，而不自知亡失宗族。嗚呼痛哉！死無所依。是過積禍之人，自致無門户後世，天甚復傷之。故使復有遺腹子，未知男女。兒生未大，母去行嫁。至年長大，問其疎親，我父母何在。親言，汝父少小，父母不能拘止，輕薄相隨，不顧於家，刼人彊盜，殊不而自休止，縣官誅殺，遊於他所，財產殫盡，不而來還故鄉，久在異郡，不審所至，死生不可得知也。諸家患毒，親屬中外皆遠去矣。汝母懷姙時，見汝生有續，心中復喜。家長大人，無所*依止，貧無自給，使行事人。隨夫行客，未有還期。遺腹子言，人皆父母依仰之生，我獨生不見父母。至年頗大，問父所在。人言，汝父行惡，遠棄父母，遊蕩他方，死生不知，所在無有。往來者聞言已死，不知所在。父母憂之，發病不起，遂不成爲人。財產殫盡，外內盡衰，咎在餘親希

經一一四・三四上・一・一

疎，素無恩分。不直仰天悲哭，淚下沾衣。父有惡行，自致不還於處。身自過責，無有解已。時以行客，賃作富家，爲其奴使。一歲數千，衣出其中，餘少可視，積十餘歲，可得自用還故鄉。招藏我父，晨夜啼吟，更無依止，甚哉痛乎！父時爲惡，使子無所依止，淚下如行，自無乾時。天大哀傷，常使彊健，治生有利，使取妻婦，復有子孫，心乃小安耳。復爲其子説之，我父行惡，遠在他鄉不還，時往人去者，卜工問之，殊死生不知所安，所在招藏之。有歲數去行治生，天哀窮人，使有利入，頗有少錢，因求婦相助治生，因有汝耳。我疾我父少小時爲惡，故誡汝耳。從今以後，但當善耳，勿效我父遠之他所。故復思我過，天哀我耳。汝努力*心爲善，勿行遊蕩，治生有次，勿取人財，才可足活耳。各且相事，無妄飲酒，講議是非，復見失。詳思父母言，可無所咎。天上聞知，更爲善子，可得久生竟年之壽。爲汝作大，以是爲誡。諸神聞知，上白於天。天令善神隨之，治生有進，財復將增，生子遂健，更爲有足，是天恩也。春秋節臘，輒奉天報恩，既不解，努力爲善，自得其福。行慎所言，復自消息。天神常在人邊，不可狂言。慎之小差，不慎亡身。見誡當責身，勿尤他人也，此戒可知也。欲得大壽者，勿失此戒言。

病歸天有費訣第二百一

惟人居世之間，各有所宜，各有所成。各不奪其願，隨其所便安。自在所喜，商賈佃作。或欲爲吏，及所醫巫工師，各令得成，道皆有成，以給民可用。是天師化，何有不就，使自給口。當念奉天所行，恩分之施，四時之報，皆使不絶香潔而已。是爲報天之恩。行善日久，神靈所愛，是善行所致，何有不從者乎？故天常爲其上，司人是非，使神往來，知人所爲，善惡輒白，*何有失者。知知少以爲不然，故天爲視其影響，使聞音以是爲效。風雨遲疾，皆使可知，何有疑者。動作輒異，文墨相承，亦不失其法。人亦當知可不，安得自恣而不順天乎？天親受元氣自然，從其教令，不敢小有違之意。恐其有失，而民所爲功。犯天法，不避羅網。是爲故天命以自誡，爲當久生，可與善人等也。中爲人得自在邪？故使神隨惡行人之後，司其不當所爲，輒以事白，過無大小，上聞於天。是自人過，何所怨天書。書有戒而不用其行，得病乃惶，豈可免焉？誡民之愚，何益於天。使神勞心煩苦，醫巫解除。欲得求生，不忘爲過時。當爲惡時，乃如是，何不即自悔責。已病乃

經一一四·三五上·一·一

經一一四·三六上·一·一

求生，已後之多亡。所有禱祭神靈，輕者得解，重者不貰。而反多徵召，呼作詐病之神，爲叩頭自搏，欲求其生，文辭數通，定其死名，安得復脱。醫巫神家，但欲得人錢，爲言可愈，多徵肥美及以酒脯，呼召大神，從其寄精神，致當脱汝死。名籍不自致，錢財殫盡，乃亡其命。神家求請，滿三不下，病不得愈，何爲復請。事禍必更有*禍，責在其後。邪神稱正神狂行斬殺，不得其人而殺之。咎怨訟上至天，天君爲理之。殺事神之家，子孫坐爲病者求福。欲令爲求生，呼召不順，反受其殃。事邪神之家自言，我神正神者教其語，邪神精物，何時敢至天君之前，而求請人乎？但費人酒脯棗饊之屬，得病，反妄邪神之家。得愈者，謂在不死之伍中。事未上過，可得蒙愈，此天自愈之，邪神之家何得名之，而言多愈人病乎？而責人肥美。見邪神所爲，則召令上之，考問藏罪。藏多罪大，便見不活。事神者神不往來，人復不中，精神日竭，是邪神自其殃。神家得邪神餘物，以給家口，肥美好衣，自以可久；神嘗坐之，何望得活而壽乎？受神藏多，不可復貰，并亡其子孫。反言其過，殺我子孫，或身亦望久久亡户。人日當自正，可勿咎天。今世之人，行甚愚淺，得病且死，不自歸於天，首過自搏叩頭，家無大小，相助求哀。積有

經一一四・三七上・一・一

日數，天復原之，假其日月，使得蘇息。後復犯之，叩頭無益。是爲可知。努力爲善，無入禁中，可得生活竟年之壽。不欲爲善*，自索不壽，自欲爲鬼，不貪其生，無可奈何也。行愼所言辭，樂知餘者。自計勿枉所爲，有病自歸於天。可省資費，無爲大煩；反舉家怔忪，避舍遠處。當死之人遠何益，凶神隨之，當可得脱不乎？愚人爲行乃如是，寧能使命在不死之中，可勿避也。舍不殺人，家自衰耳。天神在上，占之欲何所至乎？中爲不知汝處邪？且愼所言，天致愛人，欲使人生，何時欲害殺人。故施禁法，使人不犯之耳。而自犯之，壽命從何得前。當思之思之，復念書言，可無自疑。書復小止，止後念之，當所道説者復道之。

不承天書言病當解謫誡第二百二

惟念俗間之人，甚獨愚處，不念作孝順事，而爲反逆。不承大〔一〕書言，而苟自薄。與人既無善，而惡數聞。處者致災，中者衰落，下者見病，無有休息。是爲惡施於人，令咎不容，無有施恩之意。日夜行侵剋善人，令使自怨，無有善意相待。而反自策，陷人入罪名，使得有刑罰，高至死亡，而訣其主。有財之家，能自解酒。無錢觸法，教吏呼召，亡費解之。齎家所有，皆有價數*，乃爲解之。分半自得，以給家口，美酒善肷，恣其所得。於意乃可，不知人當從傍平之所爲惡也。自以可久，而與人等。縣君嚴者，使人司候。效功之吏，當有報應。晨夜司之，欲得其爲惡。主默疎等輩爲誰，逕至門閤，内刺合牋，道其姓名。爲吏受邪，簿主爲間人，道其短長。酒肉甘肥，常不離目下。君得牋書，默召其主，爲置證左，使不得詆。罪定送獄，掠治首臧。人復言之，幷加其罪。聞亦然。錢財小故，不自努力周進，治生有利，而反賣舌於人，相陷罪名，是正惡，何復久生。長吏所疾，令不得生，是誰之過乎？皆從惡弊人出，父母愁毒，宗家患毒，爲行如此，亦何所望，而欲得久視息哉？主作禍罰，而望求生，此爲何人。天從上視之，言不可久忍。下文於主凶惡之曹，遣吏從惡鬼，佐助縣官，治無狀之人，使入死法，不得有生之望。是皆貪非一家之財，以自增益而坐之。得罪定死乃休，無續世之人，乃使先去者不見享食，是汝過非。從今以往，後生之人，見誡當止，乃小活耳。不者，定在死伍之中不疑

〔一〕「大」疑當作「天」。

經一一四·三九上·一·二

經一一四·四〇上·一·二

也。慎*之小差，可無相怨。人命不可再得，人皆如是，何爲不從禁乎？無狀之人，結客合伍，劫取人財，其主不全，縣官未得殺汝。天代誅罰，上自滅户，下流子孫。用是財故，而反不生，是計何一不純。故數出此書文者，貴此不犯耳。今續犯之尤處，故令死亡者多，天甚患之。故見其人，有心知者，自不犯之。今世俗人，了不可曉，視其壽書，而不用其言，以爲書不可信用也。不當見神仙之人，皆以孝善，乃得仙耳，其壽何極。且詳所言，同出辭言，可令好所爲出，惡自令得。各書前後之戒者，但欲使人爲善，不犯法耳，何時相枉乎？宜往念思著於五内，令可奉行，勿非尤於天也；非之無益，更相令過重。慎勿有所恨，行自得之，何怨咎。努力從善，乃可爲人耳。行當自惜，無爲鬼所咎，爲知不乎？宜各自明其計，勿自逐非，沒命不足塞責。殃禍所歸者多，怨憎何有止時。持心不密，但空言無益。世間之用，愁毒於人，復何用相明，使有和順乎？自以爲賢，以化他人，爲不肖，不當自況。俱生爲人，無所照見，問之無有相明*之意。是曹之人，皆如六畜。但口知臭，香衣好禮，跪起不可法則，常有不錄之心。見比鄰老人，犯倨不起；閉人婦女，議相刑，别其醜好。此爲惡人，無所事作。端仰成事，口罵呪詛，以地

經一一四·四一上·一·一

無神，更相案舉，自可而行。不念後患將至，不及相救，救之已晚，何益於事。但爲煩苛，終可見理。何以自明，解其所負，衆多人所非，作禍不止，久至亡家，後無子孫，不見其壽，冤哉此行，亦何可久。太平之書，令下可順其上，可得長久。不者失命，復見難治。令世俗人亦自薄恩，復少義理。當前可意，各不惜其壽。縱横自在，以爲無神。隨疏之者衆多，事事相關。及更明堂，拘校前後，上其姓名，主者任錄。如過負輒白司官，司官白於太陰。太陰之吏取召家先，去人考掠治之。令歸家言，呪詛逋負，被過行作，無有休止，故遣病人。病人之家，當爲解陰解謫，使得不作；謫解得除之，不解其謫，病者不止，復責作之。既不解已，以爲不然。觀其所行，皆有其人，多與少耳。是爲可知，復慎其後，勿益其咎。乃爲有知，可使無咎。無知自已，*患福之間，未曾休止。各慎書言，不須相負，難爲記疏，神不休止，想人知人，而故爲耳，是不善故之也。固善得善，惡自不壽，何爲有恨，自得之耳。下順其上，可無惡子，爲知不乎？戒之戒之，可令小息。書難爲文辭法令開張，宜不犯耳。書復小解，復有小不定文者。詳念其後，但令可知。慎之慎之，小事致大。文復重，故小息耳。息後有言，復陳説之。

經一一四・四二上・一・一

爲父母不易訣第二百三

惟有善行之人，自不犯天地四時五行日月星辰諸神之禁。畏其所施，恐犯之，輒有上姓名，以故自欲爲善行孝順之義。天地禁書，故不欲令民犯之者，欲令民充盛，何時欲令藏乎？設施當生之物，使得食之，何時欲使相危乎？人自犯耳。故善人無惡言者，各有其文，所誡所成，分明可知。善自得生，惡自早死，與民何爭。故置善人文以示生民，各知壽命吉凶所起，爲道其誡，使不犯耳。行善之人，無惡文辭。天見善，使神隨之，移其命籍，著長壽之曹神，遂成其功。使後生之人，常以善日直天王相*，下無忌諱。先人餘算并之，大壽百二十。其子孫而承後得善意，無有小惡，亦復得壽，白髮相次。子子孫孫，家足人備，亦無侵者。佃作商賈，皆有利。入爲吏數遷，無刑罰之意，善所叔也。人不能倣效，反倨笑之。是善人之心行自善，有益於人。見人窮厄，假貸與之，不責費息。人得其恩，必不負之。小有先償，酒肉相謝，兩相得恩。天見其行，復善之，使其出入，無干犯之者。行善之人，天自佐之，不令逢惡，是行所致。其餘爲不善之人，欲望坐得壽，復有

經一一四・四三上・一・二

子孫，是爲不分別。故天別其壽，殊能行天上之事，與天同心志合，可得仙度錄，上賢聖精神增加，其壽何極？故言善不可不爲，亦人所不及。故天重有善人愛之，不欲使有惡也。善惡之人，各有分部，何得二千乎？故天書辭具，自可知也。善者善之，惡者戒之，欲使不陷於危亡之失其年耳。是天報善增其命，惡者使下不成人，是亦可知也，何爲有疑乎？人從生至老，自致有子孫，各令長大成就，在所喜隨使安之，無逆其意，各得其宜，乃爲各從其願。爲*人父母，亦不容易。子亦當孝，承父母之教。乃善人骨肉肢節，各保令完全。父母所生，當令完，勿有刑傷。父母所生，非敢還言，有美輒進。家少財物，賕〔一〕恭溫柔而已，數問消息，知其安危，是善之善也。鄰里近親，盡愛象之，成善之行。見有凶惡之人，不敢與語言，恐相反也。相反之後，更失善人〔二〕惡，天復憎之。故皆自重惜，損其子孫，慎無犯禁，使家不安。不但不安也，并及家親，內外肅動。更逢縣官，亡滅財產。故令自慎，不違書言。能親安和邕邕，無有二言。各自有業，各成其功。是大善之人行，天必令壽，神鬼祐之不敢失。四時所奉進，各有差序。市價取好，不爭價

〔一〕「賕」疑當作「俅」。　〔二〕「人」疑當作「入」。

直。所以然者，夫有所奉進，皆有精神，隨上下進退，小異不潔，輒有文墨，不有失。故順所賈所道，乃爲恭敬，神靈必喜。上白司命，祠官各部吏安行。或自行見其潔香，乃享食，食後大曾五祖乃於處食，食必歡喜。家遂富有，子孫皆善，無有惡子。郡縣聞之，取召使爲有職之吏。輒轉入府，府有署顯職。州復聞知，辟召親近，舉廉茂才，是善所致也。行*自得之，其位必至。是亦相祿，稟命所得，明其爲善之徵，惡不過其門。天上諸神皆言，是行尤善，但未知天意耳。故使善文善人，記其竹帛，使後生令得貪進遂善家，世世有榮，子孫不離朝堂。帝王愛之，常在善職。是功自然，皆其福所致也。故有善者，當法此書，言取信驗，不空言也。

右天上説孝以止逆亂卻夷狄令下順從易治。

〔存〕三洞珠囊卷三引太平經第一百十四云：青童君採飛根，吞日景，服開明靈符，服月華符，服除二符，拘三魂，制七魄，佩星象符，服華丹，服黄水，服迴水，食鐶剛，食鳳腦，食松梨，食李棗，白銀紫金，服雲腴，食竹筍，佩五神符。備此變化無窮，超淩三界之外，遊浪六合之中〔一〕。

經一一四・四四上・一・一

〔存〕三洞珠囊服食品

〔存〕上清道類事相寶臺品

〔存〕上清道類事相卷三寶臺品引太平經第一百十四云：靈上光臺太師彭廣淵治其中。又云：太空瓊臺，太平道君處之〔二〕。

〔一〕本節文字已校見卷一太平經鈔甲部。

〔二〕此節引文略見太平經鈔甲部。以上兩節文字，似係誤引或係太平經佚文，姑存俟考。

太平經合校卷一百十五至一百十六 庚部十三至十四

太平經卷之一百一十六〔一〕

某*訣第二百四

經一一六・一上・二・四

〔補〕鈔庚三下・九一一

經一一六・一上・四・一
〔幷〕鈔庚三上・八・九

前文原缺。

夫*〔二〕心同意合，皆爲大樂也。苦心異意，皆爲乖錯，悉致苦氣也。夫樂者，何必歌舞，衆聲相和也。苦者，何必致鬬爭，衆凶禍並起。相樂者，所以厭斷刑也。相愁苦者，所以致逆也。其相順同心，何謂乎？凡人大小能同其意者，必樂也，幾類之哉？宜復更自精詳其意，天上皇平洞極之師，爲天加一言，重解決其意也。然未欲大得天地之心意，有益於帝王政理者，乃當順用天地之心意，不可逆太歲諸神，同〔三〕起合*〔四〕其氣，與帝王用事。同喜同心，同指同方，同運同樞，同根同意。故古者聖人陳法使帝王，春東方，夏南方，秋西方，冬北方者，主與此天氣共事也，氣〔五〕同故相迎也〔六〕。是主〔七〕所謂謹順天之道，與天同氣。故相承順

〔卅〕鈔庚三三下・五・四

經一一六・二上・一・一

而〔八〕相樂，主所言和同者，相樂也。相樂者，則天地長喜悦，不戰怒。不戰怒〔九〕，則災害姦邪凶惡之屬悉〔一〇〕絶去〔一一〕矣。惡〔一二〕人絶去，乃致〔一三〕平氣，天上平氣得下治〔一四〕，地下平氣得上升助之也。止如不順樂用皇天后土所順用氣而休廢氣也，皆應錯逆，逆天地之道，逆帝王之氣，與天地用意異。天地戰怒，萬變並起，姦邪日興，則致不安平，凶年氣來，故當深知之也。「善哉善哉！愚生聞命矣。」「易曉乎！天喜之，真人慎之。」「唯唯。謹詳記，不敢忘。善哉善哉！天明師既加不得已，願聞其春夏秋冬云何哉？」「皆順其氣，如其數。獨六月者，以夏至之日，并動宮音，盡五月。六月者，純宮音也。又起樂者*，乃舉聲歌舞。夫〔一五〕王氣者宜動搖，動搖〔一六〕見樂相奉順見奉助也。休囚死氣皆

〔一〕原有小注：「原缺一百一十五」，今刪。〔二〕「夫」下至「太歲諸神同」一段原缺，今悉據鈔補。「夫」上鈔有「五音樂當所動發前後得天地人心意以致太平除災奸致和氣」二十五字，係本篇末篇旨。〔三〕原無「同」上一段，疑佚漏，今據鈔補。〔四〕「合」鈔誤作「舍」。〔五〕鈔無「氣」字。〔六〕鈔無「也」字。〔七〕鈔無「主」下四字，但有「爲」字。〔八〕鈔無「而」下十六字。〔九〕鈔無「不戰怒」三字。〔一〇〕鈔無「悉」字。〔一一〕鈔無「去」字。〔一二〕鈔無「惡」下四字。〔一三〕「致」下鈔有「太」字。〔一四〕「治」鈔作「理」。〔一五〕鈔無「夫」字。〔一六〕鈔無「動搖」二字。

經一一六・三上・一・一

欲〔一〕安靜〔二〕，不欲見動搖，即不悦喜則戰怒，戰怒〔三〕則生凶惡姦邪災害矣。是乃〔四〕自然天地之格性，萬不失一也。」「當動搖何〔五〕氣乎？願聞之以爲法，不敢逆一氣。」「是常先動其帝氣，其次動王氣，其次動相氣，其次動候〔六〕氣，其次動微〔七〕氣。此氣皆在天斗前日進，欲見助興，故動之。其餘氣者〔八〕，皆在天斗後。天〔九〕氣所背，去氣〔一〇〕日衰，故不宜興動，與天反地〔一一〕逆，不合天地之心，故凶〔一二〕。故天之所向者興之，天之所背者廢之，是爲〔一三〕知時氣〔一四〕，吉凶安危〔一五〕可知矣〔一六〕。」「請問今純動五〔一七〕音，五音〔一八〕不足，不成歌舞之曲，如何[止]乎？」「善哉，子之言也。然但先動。故爲陰陽者，動則有音聲。故樂動輒與音聲俱。陽者有音，故一宫、三徵、五羽、七商、九角，而二四六八不各音也。刑者太陰者，無音而作，故少以陰害人。無音而作，此之謂也。」「今軍師何故有音哉？」「善乎，子言也。然君子有軍師有音，但倡樂却之耳，不必欲害之也。及怒發且害之時，非有音聲起中而已，不復相告語也。*子知之邪？」「唯唯。真如是，小愚生已覺矣。」「故古者聖人，將從樂者左載，將從刑者右載。吉事尚左，凶事尚右。左者陽，右者陰。言各從其類也。」「善哉善哉！」「故吾事爲文也，隨天爲意，隨地爲理，順之者吉且昌，逆之者凶也。與天不同其意，復何所望？故夫天乃有三氣，上氣稱樂，中氣稱和，下氣稱刑。故樂屬於陽，刑屬於陰，和屬於中央。故東南陽樂好生，西北陰怒好殺，和氣隨而往來。一藏一見，主避害也。故樂但當以樂吉事、樂生事，不可以樂凶事、樂死事，自天格法如此，不可反也。真人惻慎吾文言。」「唯唯。今說音獨說一甲，殊不盡說之。其餘當云何，而悉得知其所盡引哉？」「然宜拘校凡聖賢文，各以家類引之，出入上下大小，莫不相應。以一況十，十況百，百況千，千況萬，萬況無極，衆賢共計，莫不盡得。故但爲子舉其端首，不復盡悉言之也。上賢見吾文，自悉得其意；中人見吾文，冀可上及之；小人見吾文，可儀而爲之。不犯天地之禁，各使自生善意，盡說之。積文多，反且眩瞀於文，則失其綱紀，令*其文亂難理。故當財示其端首，使其自思之耳。」「善哉善哉！」「行，吾辭

〔一〕鈔無「欲」字。〔二〕「靜」鈔作「靖」，「靜」通「靖」。〔三〕鈔無「戰怒」二字。〔四〕「是」乃鈔作「乃是」。〔五〕鈔無「何」下廿一字，但有「帝王之氣」四字。〔六〕「候」鈔作「休」。〔七〕「微」鈔作「死囚」二字。〔八〕鈔無「者」字。〔九〕鈔無「天」字。〔一〇〕鈔無「氣」字。〔一一〕「反地」二字鈔作「地反」。〔一二〕鈔無「故凶」二字。〔一三〕鈔無「爲」字。〔一四〕「時氣」鈔作「天時」。〔一五〕鈔無「安危」二字。〔一六〕「矣」鈔作「也」。〔一七〕「五」原作「王」，疑譌，今依鈔改。〔一八〕鈔無「五音」二字。

〔幷〕鈔庚三四上・六・一

〔幷〕鈔庚三四上・八・三

〔幷〕鈔庚三四下・四・五

經一一六・五上・一・一

小竟，疑乃復來。」「唯唯。請問音聲和，得其意與不得，豈可知邪？」「然可知也。帝王之氣，以其天數耳。【起】帝〔一〕王之氣得勝，教令聲響音〔二〕得〔三〕先發，是乃比若夫帝王得先發號施〔四〕令於天下，則凡人萬物悉隨之而從，天下和平矣。【止】有敢不從爲反逆，則死矣。故先發其帝王之氣，其餘從矣。」「善哉善哉！」「然，不先發帝王之氣，反先動發休囚之氣，而反當使帝王之氣隨從之，爲大反逆也。此者，天地格法也，不可彊也。子知之邪？」「唯唯。」「又【起】五音乃〔五〕各有所引動，或引天，或引地，或引日月星辰〔六〕，或引四時五行，或引山川，或引人民萬物。音動者皆有所動搖，各有所致。是故和合，得其意者致善，不得其意者致惡。動〔七〕音，凡萬物精神悉先來朝乃後動，占〔八〕其形體。故動樂音，常當務知其事，審得其意，太平可致〔九〕，【止】凶氣可去，真人詳之。」「唯唯。請問樂音者，動引之云何哉？」「善乎！子之問事也，得其要意。然比若【起】春者先動，大角弦動甲〔一〇〕。甲日上則引動歲星，心星下則引*動東嶽。氣則搖少陽，音則搖〔一一〕木行，神則搖鉤芒〔一二〕，禽則動蒼龍，位則引青帝，神則致〔一三〕青衣玉女。上洞下達，莫不以類來朝，樂其樂〔一四〕聲也。說一以〔一五〕求〔一六〕其〔一七〕類，無窮極也。自精詳索其要意，悉自得也。與凡書文合之，爲法式也。故舉樂，得其上意者，可以度世；得其中意者，可以〔一九〕致平，除凶害也；得其〔二〇〕下意者，可以樂人也〔二一〕。上得其意者〔二二〕，可以〔二三〕樂神靈也；中得其意〔二四〕者，可以樂精〔二五〕；下得其意〔二六〕者，可以〔二七〕樂身；俱得其意，上帝王可遊而無事，樂起〔二八〕而刑斷絶〔二九〕，精神相〔三〇〕厭也。」「願〔三一〕聞樂起刑斷絶意訣。」「善哉，子之言也。然樂者，太陽之精也〔三二〕；刑者，太陰之精也〔三三〕。陽盛則陰服〔三四〕，陰盛則陽服〔三五〕。故樂盛則刑絶也〔三六〕。止〔起〕樂何故爲陽，刑何。音和者，其方和善得也。音不和者，其方凶惡。當爲之時，精聽其音。知音者，悉知其

〔一〕「帝」上鈔有「但動」二字。〔二〕「響音」鈔作「音響」。〔三〕鈔無「得」字。〔四〕鈔無「施」字。〔五〕鈔無「乃」字。〔六〕鈔無「辰」字。〔七〕鈔無「動」下三字。〔八〕鈔無「占」字。〔九〕「可致」鈔作「至矣」。〔一〇〕鈔無「甲」下五字。〔一一〕鈔無「搖」字。〔一二〕「鉤芒」鈔作「勾芒」，「鉤」通「勾」。〔一三〕「致」鈔作「引」。〔一四〕鈔無「樂」字。〔一五〕「以」鈔作「已」。〔一六〕「求」鈔誤作「來」。〔一七〕鈔無「其」字。〔一八〕鈔無「者」字。〔一九〕鈔無「以」字。〔二〇〕鈔無「其」字。〔二一〕鈔無「也」字。〔二二〕「上得其意者」鈔誤作「復德上意者」。〔二三〕鈔無「以」字。〔二四〕「中得其意」鈔作「得中意」。〔二五〕「精」下鈔有「靈」字。〔二六〕「下得其意」鈔作「得下意」。〔二七〕鈔無「以」字。〔二八〕鈔無「起」字。〔二九〕鈔無「絶」字。〔三〇〕「相」鈔誤作「明」。〔三一〕鈔無「願」下十六字。〔三二〕鈔無「也」字。〔三三〕鈔無「也」字。〔三四〕「服」鈔作「伏」，「服」、「伏」通用，下同。〔三五〕「服」鈔作「伏」。〔三六〕「則刑絶也」鈔作「刑絶」二字。

〔附〕鈔庚三五上・五・一七
〔并〕鈔庚三五下・一・七
經一一六・六上・一・一
〔并〕鈔庚三五下・三・一四

事吉凶，不知音者，亦不可知也。〔止〕

〔附〕陽者，動而有音聲；陰者無聲。故刑多以陰害人。古者聖人，將從樂者，隨天意，亦隨地意。順之者吉，逆之凶。故天三氣，上氣稱樂，中氣稱和，下氣稱刑。故樂屬陽，刑屬陰，和屬中央。故東南陽好生，西北陰好殺，和氣隨而往來，一藏一見，主辟害也。

〔起〕音〔一〕聲者，即〔二〕是樂之語談也。占遠占近，皆當合之〔三〕。日時〔四〕姓字，分晝境界，王相休廢，更相取合，以爲談語，精者〔五〕聽之無失也。」〔止〕「善哉善哉！請問以樂除災害姦猾凶惡，象天地法爲數。帝當晏早而動搖其樂器*，而始唱其聲，以解除愁苦之氣，而致太平哉？」「善哉子之問法，何其常巧也。皇天久疾災害，憐帝王愁苦，令使真人主問凡疑事邪？諾諾。安坐，吾不敢有可匿也，匿之恐得天責，使吾久被重謫，無益於吾天年。子安坐詳聽之，爲子一二分別道其至意。〔起〕夫天道比若循環，周而復始。起樂也〔六〕，常以時加其王氣，建嚮〔七〕斗所加，方嚮〔八〕其面，動其音聲。人唱〔九〕之亦可，各〔一〇〕以其音爲之。數以六甲五行。五〔一一〕六甲五行，即天地之數也。時氣者，即天地之所嚮〔一二〕，所興爲也。假令〔一三〕立春之日〔一四〕，

經一一六・七上・一・一

斗加寅，名爲上帝之時，先動大角。月半加甲，二月斗〔一五〕加卯，月半加乙，三月加辰也〔一六〕。他行效此〔一七〕。各次其時氣，晏早爲其〔一八〕度數。先動帝音帝弦，次動〔一九〕王音王弦，次動相音相弦，次〔二〇〕動候音候弦，次動徵音徵弦，各如其數。此名爲〔二一〕承天之教〔二二〕，順地之氣，天地乃自〔二三〕樂用之，而況於人乎？人者，最物之尊者，天之所子也。天乃樂人嚴敬用其數，地乃樂人謹順〔二四〕用其數，此猶比若〔二五〕孝子之順，用〔二六〕父母之教，父母安得〔二七〕不愛而好之乎？止今天故使子來問事，吾*主爲天談，爲上太平制數，不敢有可遺，力畏天地之謫，不敢欺諸真人，不敢有可隱匿也。唯不見問，問輒言之。吾覩真人問事□□，承知天欲語，故爲子具言。

〔一〕「音」上鈔有「夫」字，「音」下鈔無「聲」字。〔二〕鈔無「即」字。〔三〕鈔無「之」字。〔四〕「日時」鈔作「時日」。〔五〕鈔無「精者」二字。〔六〕鈔無「起樂也」三字。〔七〕「響」鈔作「向」，「響」通作「嚮」，「嚮」、「向」通用，下同。〔八〕「響」鈔作「向」。〔九〕「唱」鈔作「倡」，「倡」通「唱」。〔一〇〕鈔無「各」字。〔一一〕鈔無「五」下五字。〔一二〕「響」鈔作「向」。〔一三〕「假令」二字鈔作「令」。〔一四〕「日」下鈔又有「日」字。〔一五〕鈔無「斗」字。〔一六〕鈔無「也」字。〔一七〕「他行效此」鈔作「他皆倣此」。〔一八〕鈔無「其」字。〔一九〕鈔無「次動」二字。〔二〇〕鈔無「次」下十二字。〔二一〕鈔無「爲」字。〔二二〕鈔無「之教」二字。〔二三〕鈔無自字。〔二四〕鈔無「順」字。〔二五〕鈔無「若」字。〔二六〕鈔無「用」字。〔二七〕「得」鈔作「能」。

〔廾〕鈔庚三六上・五・一四

〔廾〕鈔庚三六下・一・二

經一一六・八上・一・一

真人得吾道，[起]深思其意，以付〔一〕下古之人，使其〔二〕象而爲之，以除群〔三〕災害之屬〔四〕，上以〔五〕安天地之氣，下以助帝王爲治〔六〕。令〔七〕凡人心，安不爲邪，萬二千物各得其所，豈不樂哉？」「大〔八〕哉大哉！」「諸真人可謂知之矣。」「請問六洞八方之事，最何等者〔九〕爲吉善〔一〇〕，最何等者〔一一〕爲凶惡〔一二〕？」「善乎子之問事。然詳聽之，爲子説其意。最相順〔一三〕相樂爲善爲吉，相逆相〔一四〕愁苦爲凶爲惡〔一五〕[止]相順相樂爲善聲，相逆相愁苦爲凶聲，故樂者乃獨樂，相順樂爲善樂，吉事乃得作樂，凶惡事不得有樂，有樂名爲樂，凶凶日多。[起]是〔一六〕故時加〔一七〕帝王之氣相氣微氣，皆在天斗前吉事也。天地〔一八〕所樂，欲興起也，天〔一九〕地所共，方興用也。故當樂之〔二〇〕順之昌〔二一〕之也。休廢之氣，天〔二二〕地所共廢共衰〔二三〕，故當廢之，不宜興樂之〔二四〕。樂之爲〔二五〕逆天地心，名爲大逆，不順時氣。時〔二六〕氣者，正天之時氣也。天地〔二七〕爲法，王相之氣主太平也，*因〔二八〕廢絕氣〔二九〕主〔三〇〕凶年。王〔三一〕相之氣多所生，多善事。故太平之〔三二〕歲，凡物具生，多善物，是明〔三三〕證也，天地之〔三四〕大效〔三五〕也。天〔三六〕地之喜善效，乃及見於人民萬物，以是爲大效證驗也。故古者〔三七〕聖賢以是深自占相，自〔三八〕知行之得失也，明以同類同事同氣占相之也〔三九〕。得同〔四〇〕氣類之象，則改性易行，不敢爲非也。天地之語言，以此爲效，不〔四一〕與人交頭言也。視象類所得，可自〔四二〕知矣。〔止〕〔起〕夫因廢死絶氣少所生，無成善事。是故凶年之歲，少可生，無善應，無善物，是其同事同氣也。是故將太平者，得具作樂，樂者乃順樂王氣，平氣至也。先以道之凶年者，不得作樂，不得無故興樂，因廢之氣與天地反逆，故凶年凶事，不得作樂也。故王相之氣，德所居也。因廢之氣，刑所居也。〔止〕

〔一〕「以付」鈔作「付告」。〔二〕鈔無「其」字。〔三〕「群」鈔作「辟」。〔四〕鈔無「之屬」二字。〔五〕鈔無「以」字。〔六〕「治」鈔作「理」。〔七〕「令」鈔譌作「今」。〔八〕鈔無「大」下十二字。〔九〕鈔無「者」字。〔一〇〕鈔無「善」字。〔一一〕鈔無「者」字。〔一二〕鈔無「惡」下十六字。〔一三〕鈔無「順」下四字。〔一四〕鈔無「相」下三字。〔一五〕「惡」下鈔有「相逆爲善相順」六字。〔一六〕鈔無「是」字。〔一七〕鈔無「時加」二字。〔一八〕「地」鈔誤作「氣」。〔一九〕鈔無「天」下八字。〔二〇〕「之」鈔作「而」。〔二一〕鈔無「昌」下三字。〔二二〕「天」上鈔有「故」字。〔二三〕「所共廢共衰」鈔作「共休廢之」。〔二四〕鈔無「之」字。〔二五〕「樂之爲」鈔作「興樂即」。〔二六〕鈔無「時」下九字。〔二七〕「地」鈔作「道」。〔二八〕「因」原作「内」，疑譌，今依鈔改。〔二九〕鈔無「氣」字。〔三〇〕「主」原作「立」，疑誤，今依鈔改。〔三一〕鈔無「王」下十一字。〔三二〕鈔無「之」字。〔三三〕「明」鈔作「其」。〔三四〕鈔無「之」字。〔三五〕「效」下鈔有「驗」字。〔三六〕鈔無「天」下廿二字。〔三七〕鈔無「者」字。〔三八〕鈔無「自」下七字，但有「順而行之」四字。〔三九〕鈔無「也」字。〔四〇〕鈔無「同」下四字，但有「其」字。〔四一〕鈔無「不」下七字。〔四二〕鈔無「自」字。

〔附〕故凶歲少善應。故將太平者具樂者當順王氣。凶年無故不可作樂，囚廢氣與天地反逆，故凶也。王氣，德所居也。囚廢，刑所居也。

故有德好生之君，天使其得作樂；無德之君，不得作樂也。是天之明證也。真人知之邪？」「唯唯。可怪哉！今日具問天明師，乃具知天樂意；不問之時，謂作樂但小事，凡人凡事皆得爲之也。今日問，乃後不敢妄動搖也。」「善哉曉事生，可謂知文書理長，得天之意矣。太平*至，災氣悉去矣。」「謹復重請問心所疑。」「行，平言勿諱也。」「唯唯。今天地之氣，乃半王半休，比若晝夜，無有解已，樂寧可竟日作之邪？獨加王鄉，有王氣時可作邪？」「但始作之時，以其帝王始耳，無以休氣始也。歲亦然，月亦然，日亦然，時亦然。」「今愚生未及其意，然欲樂歲，歲在東方卯，以春二月乃樂之。欲樂月，各加其月，日者以王日，時者以王時。如是則可謂得天之道，災氣去矣。如不若此，皆爲亂天之紀，生凶災矣。是故古者聖王，深知天地心意，不敢樂凶事。凶事見樂，則凶事日興多，興多不可救，故不當樂之也。起天之授性，各自〔一〕有精神。樂善，善精神至；樂惡，惡精神至。此〔二〕自然之性也，止無有怪也。但愚人不深計之耳。」「善哉善哉！真人欲知其大效，此比若天道也。

〔附〕鈔庚三六下・一〇・七

經一一六・九上・一・一

〔并〕鈔庚三七上・三・五

諸清淨者樂歸天，諸沈重者樂歸地，各從其家，無可非也。故樂善得善，樂凶得凶，比若水從下，火從高，不失銖分。真人以此書付有德之君，以示凡人。今太平氣至，天興善，皆使樂善也，不得復有無故樂凶事者也。樂凶事者，乃與天爲仇，*與地爲咎，其過不除。今天上名此樂凶事者，爲大反逆之人也。天凶氣，地中諸咎悉且來下歸之也。」「請問卒有急，當以樂，樂吉事，時不暇待，加王鄉斗前，當奈何哉？」「善乎，子之問事也，得其要意。然使樂人居王鄉，不得居王鄉者，令樂人衆人，亦向王請之，亦以其音，亦以其數。如但其人姓字，舉持律曆，音氣相應，亦可順其王相時氣，而依其人使作樂，亦可如此。如此者，皆爲順用天地之教，令無災害也。如不若此，有與凶囚氣合者，悉生凶事。又舉音倡樂，亦當以吉，吉音善事。夫王相氣，比若人之有君王，亦不欲聽聞凶事凶言凶音也。所以然者，王相之氣乃爲皇天主生，主成善事，乃而助天生成也。惡音凶事，不而助天生成凡物。是故王氣不欲樂聞之也，斗前之氣，皆不欲樂聞之也。是故古者聖賢帝王，悉積聚善言善事，不內凶惡之事。名爲祅言，罪即誅死；其罪未足以誅死，但惡其祅言

〔一〕鈔無「自」字。　〔二〕「此」鈔作「故爲」二字。

經一二六·一二上·一·一
〔并〕鈔庚三七上·四·一五

不祥耳，故殺之也。真人豈知此禁重邪？」「唯唯。可㤥哉！可㤥哉！」「子知早㤥，可長存；不知㤥，死之根也。

[起]* 一曰先順樂動天地四時帝氣，一事加三倍以樂天，令天大悅喜，帝王老〔一〕壽，袄〔二〕惡滅，天〔三〕災害悉除去，太陽氣不戰怒，國界安。而知常先動順樂之者，天道爲之〔四〕興，真神爲之〔五〕出，幽隱穴居之人，皆樂來助正〔六〕也〔七〕，□□哉！

二〔八〕曰先順樂〔九〕動天地四〔一〇〕時王氣，再倍以樂地〔一一〕，地氣大悅，不戰怒，令王者壽，姦猾盜賊兵革消，國界興善。下悉樂承順其上，中賢悉出，助國治〔一二〕，地神順養，□□哉〔一三〕！

三曰先順樂〔一四〕動相氣微氣，令中和之氣大悅喜〔一五〕，君臣人民順謹，各〔一六〕保其處，則佞僞〔一七〕盜賊不作，境界保。故和氣日興，王氣生〔一八〕，凡〔一九〕物好善。

四曰慎無動樂〔二〇〕死破之氣，致劇盜賊，又多卒死者。國界常危難安，致邪氣鬼物甚多，爲害甚劇，劇〔二一〕則名爲亂擾。極陰之氣致返逆，慎之慎之。

五〔二二〕曰無動樂〔二三〕囚廢之〔二四〕氣，多〔二五〕致盜賊，囚徒獄事，刑罪紛紛，甚難安。民相殘傷，致多痼病之人。

六曰無動樂〔二六〕衰休之氣〔二七〕，止令致多衰病人。又生偷猾人相欺，多邪口舌，國界少財，民多貧困。樂*上帝上王相微氣三部，今天地人悦，致時澤，災害之屬除去，名爲順天地人善氣也，致善事。樂下三部，死破囚休衰之氣致逆災，天時雨，邪害甚衆多，不可禁防也。此諸廢氣動搖樂之，則致惡氣大發泄，賢儒藏匿，縣官失政，民臣難治，多事紛紛，不可不戒之慎之也。天地凡事，有固常法。有氣之鄉，而向尊者欲見樂無氣之鄉。衰死者不宜見樂。故樂善者天上名爲順政，樂惡者天上名爲逆令。順政者得天力，逆令者得天賊。得天力者致壽，得天賊者致凶咎。所以然者，天之爲政猶影響，不奪人所安。樂善得善，樂惡得惡，是復何言。

〔一〕鈔無「老」字。〔二〕「祅」鈔作「夭」。〔三〕鈔無「天」字。〔四〕「之」鈔作「人」。〔五〕鈔緊接上文。〔六〕「正」鈔作「政」，「政」通「正」。〔七〕鈔無「也」下四字。〔八〕鈔緊接上文。〔九〕鈔無「樂」字。〔一〇〕鈔脱「四」字。〔一一〕鈔無「地」字。〔一二〕「治」鈔作「理」。〔一三〕鈔無「□□」哉三字。〔一四〕鈔無「樂」字。〔一五〕「悦喜」鈔作「喜悦」。〔一六〕鈔脱「謹各」二字。〔一七〕鈔脱「僞」字。〔一八〕鈔無「王氣生」三字。〔一九〕「凡」鈔作「萬」。〔二〇〕鈔無「樂」字。〔二一〕鈔無「劇」下十七字。〔二二〕鈔緊接上文。〔二三〕鈔無「樂」字。〔二四〕鈔無「之」字。〔二五〕鈔無「多」下二十五字，但有「致大凶惡」四字。〔二六〕鈔無「樂」字。〔二七〕「氣」下鈔有「大凶惡」三字。

經一一六・一三上・一・一

〔附〕鈔庚三七下・八・五

〔并〕鈔庚三八上・二・八

夫善惡安危，各從其類，亦不失也，但愚人不計之耳。是故樂道者道來聚，樂德者德來聚，樂武者武來聚，樂正者正來聚，樂邪者邪來聚，何嘗不若此乎？故吾深計天之法，以戒真人也。□□哉，天法不可犯也。故重丁寧子。」「唯唯。」「〔起〕所以三倍帝氣樂賢者，帝氣最尊無上，象天尊，故倍樂之。天者，而制御地與人，故三倍之，象天地人也。夫天地人見樂興理，而萬物*各得其所，瑞應善物萬二千爲其具出矣，故先樂之也。樂之當詳聽一意，端坐長思，心中悦喜，愉愉然也。忠信至誠，無有惡意，比若對帝王而坐，不敢邪僻。天應其行，祅惡災害之屬莫不悉去，因天爲尊，因帝氣爲權，自然天述法，故致太平不難也。」「善哉善哉！」「所以再倍王氣樂弦者，王氣象地。地者與人并居，故再倍其樂，樂地也。地與人見樂悦喜，而萬物并理得矣。〔止〕

〔附〕所以三倍帝氣樂弦者，帝氣最尊無上，象天尊，故倍樂之。萬二千物俱生，善氣悉應。所以再樂相氣樂弦者，相氣象地，地與人并居，故再倍其樂，地〔一〕地也與人并。人見皆悦喜，而萬物并理。

又地者卑，故其樂少於天也。」「善哉善哉！」「又王氣弱於帝氣，卑於帝氣爲一等，故少之也。尊卑相次之法，其分自然也。」「善哉善哉！」「〔起〕所以樂相氣微氣一行者，相氣微氣〔二〕象中和人。夫中和人卑〔三〕於天地，故其〔四〕樂少。人者主爲天地理萬物，人樂則悦喜爲善，爲善則〔五〕萬物理矣。止人不樂則爲惡，爲惡則萬物凶矣。」「善哉善哉！」「又人者，是中和萬物之長也。其長悦喜理，則其萬物事理，其長亂則其物亂。故先樂其長，以順樂天地人之道也。」「善哉善哉！」「是故上善之氣最尊善，故樂得三重也，以樂善也。是故古者帝王治得善，得天心意者，得重樂也*，是其明證也。今太平氣至，故教其興樂也。衰亂之氣應凶年，故不得興樂；如興樂，名爲興樂凶衰，天上名之爲大逆也，災害之本，禍之所從起。可不慎乎？」「善哉善哉！」「是故其次樂再重，王氣不若帝氣，故樂少。是故治少善者，樂爲之衰少。所以衰少者，氣衰不而大善，故不敢重多樂也。中有凶氣，故不敢具其樂也。比若人家有七善三惡，則心中爲之不而樂，此之謂也。」「善哉善哉！」「夫七善三惡，善多惡少，安而止樂乎？人心中雖樂，時念三惡，則不而純樂，此天性也。乃且盡善，無復一憂，乃而大樂也。故樂以樂善，不以樂凶也。」「善哉善

〔一〕「地」疑當作「樂」。〔二〕鈔無「相氣微氣」四字。〔三〕「卑」鈔誤作「畀」。〔四〕鈔無「其」字。〔五〕鈔無「爲善則」三字。

哉！」「吾言乃天明券，書不失一也。是故其次樂一行，相氣微氣少所而安，人德最少，不而若天地氣也。故乃微少，不而若天地，故少其樂。相氣微氣少所而化。乃其中國，固多惡少善，故不敢多具其樂也。反名爲樂凶惡，其善少，故其樂少也。所以少者，但樂其中善者，不敢樂其中凶惡也。樂其中凶惡，比若小人，有七凶三善，三善謫得三從樂。有七凶惡反七愁苦，悒悒*安而從樂乎？所以然者，十十爲法者，十乃三折之也。帝氣十十皆善，王氣者二善一惡，相氣者二惡一善也。〔起〕故帝氣者象天，天者常樂生，無害心，欲施與，三皇象之，常純善良，無惡無害心。天如三皇，三皇如天也。故上善之人無一惡，但常欲爲善。其象天也，其象真神乎？」「善哉善哉！」「王氣者象地，地者常養而好德，五帝象之也。地雖養者名爲殺，故五帝時有刑也。」「善哉善哉！」「相氣微氣者象人，人者無常法，數變易，三王象之，無常法也。夫和氣變易，或前或退，故下上無常。和者覩剛亦隨之，覩柔亦隨之，故無常也。衰死囚亡之氣象萬物，數變亂無正相出入，五霸象之，其氣亂凶，故不得有樂也。夫天地之性，樂以樂善，不以樂惡也。夫天地之武以誅惡，不以誅善。天地格法，不可反也。」〔止〕

〔附〕鈔庚三八上・五・二

經一一六・一六上・一・二

〔附〕帝氣樂，三皇象之，如天也。王氣樂，五帝法之，象地，好德養物，而時復刑也。微氣者，三王象之，無常法。衰囚亡之氣，五霸象之，其氣亂。天地之有武，以誅惡而遵善，可深察之。

「善哉善哉！請問樂以樂善意，願聞大訣，使愚生心悉解，而不敢復問，豈可聞乎？」「子自若不解邪？」「謹已小解。恐下古之人，積愚迷日久，雖與其文，猶復不解，復令犯天禁，故不敢不問其大訣易知者矣。」「善哉子之言，*得其意。諾。安座〔一〕方解之。然夫上善大樂歲，凡萬物盡生善，人人歡喜，心中常樂欲歌舞，人默自相愛，不變爭，自生樂，上下不相剋賊，皆相樂。故樂生於善以樂善，天使自然如此也。」「善哉善哉！」「夫大凶年，凡物無一善者，人人皆飢寒，啼呼哭泣，更相剋賊。默自生愁苦忿恚，心中不樂，何而歌舞樂，默自廢絕。故凶年惡歲無樂，天使其自然無也。是則明天不樂凶惡之證也。是故樂爲樂善生，武爲興凶作。是故古者帝王將興者，得應樂善也；將衰者，得應惡也。此者，自然之法也。是故樂生善，善生樂；凶凶生樂武，武生凶；無爲生樂，樂生無爲；武生亂，亂生武；樂

〔一〕「座」疑當作「坐」。

生歌舞，歌舞生樂；凶惡生愁苦，愁苦生凶惡。以吾文見下古之人，使其思之樂之，訣說小竟於此。」「善哉善哉！」

〔幷〕鈔庚三下・八・三

右[起]五音樂當所動發前後得天地人心〔一〕意以致太平除災姦致和氣[止]出大訣。

闕題〔二〕

〔存〕鈔庚二七上・九・一五

〔幷〕襄傳注

〔存〕[起]吾書中善者，悉使青首〔三〕而丹目，何〔四〕乎？吾〔五〕道乃丹青之信也。青者生〔六〕仁而有心〔七〕，赤者太陽，天之正色也。[止]吾道太陽仁政之道，不欲傷害。

闕題〔八〕

〔存〕鈔庚二七下・三・一

〔存〕「請*問今太平上皇氣具至，天土〔九〕理何所先後，豈可聞乎？」「今天上爲法也，樂者順之以樂，苦者順之以苦，天上之爲法如此矣，乃太平氣至。故天上從其樂，以順奉之，大急兵杖而斷刑罰。地上亦然。樂者，陽也，天之經也。兵杖刑罰者，陰也，地之怒也。陰興必傷陽化。今太平氣至，乃天與神兵共治，故斷刑罰兵杖爭訟，令使察察，萬世不復妄也。皆如日月，不可久蔽*藏也。元氣自然樂，則合

〔存〕鈔庚二八上・一・一

共生天地，悦則陰陽和合，風雨調。風雨調，則共生萬二千物。凡物樂，則奇瑞應俱出，生萬物之應，精上著天，三光更明察察也。三光樂而合，則四時順行。春樂生，夏樂長，秋樂收，冬樂藏。四時樂喜，五行不逆，則人民興。人民興則帝王壽，帝王壽則凡民樂，凡民樂則精物鬼邪伏矣。精邪伏則無夭病死之人，無夭傷人，則太平氣至矣。萬國不戰鬬，盜賊貪猾絶矣。天地六萬〔一〇〕神俱樂喜也，天地真仙人出。天地真仙人出，則正氣悉見，而邪氣悉藏。惡人悉坐自思矣，善人行矣，神人筴書盡出，而邪僞文亡矣。人莫不悦樂喜，陰陽和合同心爲一家，傳相生。凡事樂者，無有惡也。凡陰陽樂，則生之始也，萬物所受命而起也，皆與人相似。男女樂則同心共生，無不成也。不樂，則不肯相與歡合也，怒不樂而強歡合，後皆有

〔一〕「心」原作「以」，疑誤，今依鈔改。〔二〕下文疑在卷百十四之首，或在卷百十五至百十六中，今存於此，但佚題目。下文自「吾書」至「正色也」，復見於鈔丁部第十二葉。〔三〕「首」襄傳注作「下」。〔四〕「何」襄傳注作「合」。〔五〕「吾」下襄傳注有「之」字。〔六〕「生」普通刊本襄傳注作「主」，鈔及百衲本襄傳注作「生」。〔七〕「心」原作「正」，疑誤，今依襄傳注及鈔丁部第十二葉改。〔八〕下文疑係另數篇，在卷百十四，或在卷百十五至百十六中，今存於此，但悉佚題目。〔九〕「土」疑「上」字之譌。〔一〇〕「萬」疑當作「方」，蓋係「方」字訛作「万」，「万」又傳鈔作「萬」。

凶。今吾之文，纔舉其大綱，見其始，以樂化之爲不善，安可勝記也。已知樂之善，未及不樂之禁，復爲開其綱紀，怳惚不樂，不肯并力合心，而共生元氣，著自然*也。元氣自然不樂分爭，不能合身和德，而共生天地也。天地不樂，陰陽分爭，不能合氣四時五行，調風雨，而盛生萬二千物。萬二千物不樂爭分，多傷死，其歲大凶。凡事不樂爭分，三光爲之失明，帝王愁苦，萬民流亡也。善氣蔽藏，惡氣行也。正神遠去，鬼物興也。萬物人民夭死，無有年也。萬二千國分爭不樂，刑罰大起，兵革揚也，樂斷廢也，則刑大起。六方不和，則日日凶也。天氣不調，正從此起。而人不知其所由，反歸過以罪上，而責帝王。不得其大過，反下責上，盡逆氣，何能致太平。反致凶，故刑氣日興，樂者絶亡。咎在中古以來，師教時時有設者，反開列兵之門，閉其樂户，故使邪奸得起，不可卒止。大咎在此。故今天上洞平氣至，大縱樂，除刑罰也。地上亦然，吾不能勝記。縱樂之爲善也，縱樂之爲惡也。是故陰陽之道，從天上，盡地下，旁行無窮極。牝牡之屬，相嬉相樂。然後合心，共生成，共爲理，傳天地之統，*御無極之術。設使不相嬉，不肯合心爲一，肯共生共成，共爲理，共傳天地之統，御無窮之術；力以刑罰，威而合之，久久猶敗。相

〔存〕鈔庚二九上・一・一

〔存〕鈔庚三〇上・一・一

背分爭，陰陽相剋賊害，不可禁止也。正使父子子母夫婦極親，會相害也，共亂天道，斷無世也。其大過所致如此矣。」

「樂爲天之經，太陽之精。孝爲地之經，太陰之精。故樂者倡始，倡生，倡合樂成功。天者常嬉善嬉生，故常與天合，與同氣也。樂合乃能相生，當有上下。故樂爲天爲上，孝爲下象地。地者下，承順其上，陰事其陽，子事其父，臣事其君。君上事天，地亦事天，天事其上，故與地同氣，故樂與孝最順天地也。易者理陰陽氣，八風爲節，與六甲同位，陰陽同體，與天地連身，故爲神道也。刑者，絕洞陰戰，不和之氣也，故常隨陰節而起。刑者，得陰而劇，得春夏而服，得秋冬而興。盜賊得夜而起，奸邪得幽冥間處而作，鬼物諸病得冥而發，怨咎得險狹而聚相殺也。此則不樂從刑之大徵，可不慎乎？」「愚生畏之。」「子知畏之，壽之徵也；不知畏之，禍之門也。戒子慎之。是故天上爲政，各縱樂以爲化本。人人使俱自樂相化，坐思其過得失，*莫爲善易哉。天上爲政如此也，地上亦然。故理欲疾平者，務斷分爭刑罰，倡樂爲先，皇平之氣立至矣。」「請問天上太平氣自時來至也，人皆當自化爲善，萬物自當平安無病。令天上爲法，何故反以人倡之，作樂以相化乎？」

〔存〕鈔庚三一上・一・一

「凡事在其先，導之教之。善惡，是化之先也，開蒙愚之門也。故天將有可爲，皆先倡其先，其象見於天，神文出。古者聖人象之爲作意。故上三皇乃教化以道，其人民盡有道，物亦然。五帝教化多以德，其人民多類經德也，物亦然。三王教化多以文，其人民多文，物亦然。五霸教化多以武，其人民多悉武好怒，尚強勇，此非悉化之首也。故善人之鄉者多善人，惡人之鄉者多惡人，此非相易也。凡天上天下之事，各自有師法，各象其師法，而所化悉相類似。天者好生興物，物不樂，不肯生。今天上皇平洞極之氣俱出治，陽精昌興，萬物莫不樂喜。故當象其氣而大縱樂，以順助天道，好是則天道大喜。今帝王理平，人民壽，故其縱樂，以奉天道，又使*各坐思自化，何有各乎？又樂者，天也，陽精也。陽與〔一〕則陰精伏，猶如春夏起，秋冬伏，自然之式也。真人務順吾書言，刑自絕。爲化如此，與神無異。故理難平，化失之耳。」

「今天道自有衰盛吉凶，何反言師化之首乎？」「天地不與人語也，故時時生聖人，生聖師，使傳其事。此主天時且吉樂，故生善師，使善言善化。天道將亂凶衰，則生惡師，使教化惡也。是主化天道，且自善自惡之徵也者。夫〔二〕且樂歲生善物

〔存〕鈔庚三上・一・一

多，五穀成以食人，其人好善。天且惡歲生惡物多，善者少，以惡物食人，其人色惡。是其化人之師明徵也。故善師出，惡師伏，是天盛衰之徵，是主天也。今天道大周，故使吾下，善説真人善事，樂其化爲上善，故以第一事教之。天周備其事，具者必樂。子知其意，若人物周遍，有其家爲其樂。今天周遍，有何不樂，而曰凶乎？此書萬世不改，天上之化如此矣！」

〔一〕「與」疑「興」字之譌。〔二〕「夫」疑「天」字之譌。

太平經合校卷一百十七 庚部之十五

太平經卷之一百一十七

天*樂得善人文付火君訣第二百七

起「今〔一〕真人積善又賢，事事通。今天上皇洞平〔二〕氣具至，今天〔三〕上欲有可急得，子〔四〕亦豈知之乎哉？」「小生性愚且蒙不及，唯天師。」「行，諸真人安坐，爲子悉陳之。今天上樂得善人，可以〔五〕調風雨，而具生凡〔六〕物者。初〔七〕天地開闢以〔八〕來，人〔九〕爲善者少，少而〔一〇〕中天意者〔一一〕，天常以是爲憂患，而今地上人無〔一二〕中天上可求〔一三〕者。」止「今天上何不自生人，而反乃取於地上人乎？」「夫天地之生凡物也，兩爲一合。今是上天與是下地爲合。凡陽之生，必於陰中，故乃取於此地上人也。又人含陰陽氣之施，必生於土泉，故皆象其土而生也。故五方異俗，天下小小而不同。起故〔一四〕萬二千國一部中人〔一五〕不相似〔一六〕也。子〔一七〕知之乎？」「唯唯。」「人生而常善者付於父，故〔一八〕善人上付於天也〔一九〕。萬物之精善〔二〇〕者，上合

經一一七・一上・二・四

〔并〕鈔庚三八上・八・一六

〔并〕鈔庚三八下・三・八

爲〔二一〕天，爲〔二二〕三光也。其中者付於人，使其〔二三〕仕，順陰陽而理〔二四〕萬物也。其〔二五〕下者付於土，使步行而作事也。止真人知之乎？」「唯唯。」「善哉善哉！」「是故今天上欲調風雨，具生萬物，樂得善*人，故吾見遣下簡索之也。以文付真人，以與謹民，令付上火精道德之君，使以示天下人，共思吾書言。故以付真人，慎毋斷絕，子且病之，加戒慎事。」「唯唯。」今愚生以爲天上乃無極而正，獨與此下地爲合乎？」「善哉，子之難也。天雖上行無極，亦自有陰陽，兩兩爲合。」「今地下亦自有合乎？」「然地亦自下行何極，亦自有陰陽，兩兩爲合。如是一陰一陽，上下無窮，傍行無竟。大道以是爲性，天法以是爲常，皆以一陰一陽爲喉衿，今此乃太靈自然之術也。無極之政，周者反始，無有窮已也。欲爲真人分別一二而陳道之，真

〔一〕「今」鈔譌作「令」。〔二〕「平」上鈔有「太」字。〔三〕「天」鈔譌作「太」。〔四〕鈔無「子」下廿九字。〔五〕鈔無「以」字。〔六〕「凡」鈔作「萬」。〔七〕鈔無「初」下三字。〔八〕「以」鈔作「已」。〔九〕鈔無「人」字。〔一〇〕「而」鈔作「能」。〔一一〕鈔無「者」字。〔一二〕「無」鈔作「少」。〔一三〕「求」鈔譌作「永」。〔一四〕鈔無「故」字，但有「大天之下」四字。〔一五〕鈔無「一部中人」，但有「皆隨水土」四字。〔一六〕「似」鈔作「類」。〔一七〕鈔無「子」下十五字。〔一八〕「故」鈔作「夫」。〔一九〕鈔無「也」字。〔二〇〕「善」鈔誤作「光」。〔二一〕「合爲」鈔作「屬于」。〔二二〕鈔無「爲」下五字。〔二三〕鈔無「其」字。〔二四〕鈔無「而理」二字。〔二五〕鈔無「其」字。

人會不而知之耳。故略爲子舉其端，見其始，著其大綱，自思出其紀，令天下地上賢聖自美之耳。子知之耶？」「唯唯。願聞其教。」「諾。自詳記吾言於吾教，子上而息。」「唯唯。」

天咎四人辱道誡第二百八

「今天上有何大憎惡，名爲天咎。真人學用日久，豈亦深知之邪哉？」「今愚生不及何等也，願聞之。」「然古今諸爲【起】道者，乃皇天之所取法也。*最善之稱，冠無上，包無表〔一〕，内無裏，出無間，入無孔，天下凡事之師也。生之端首〔二〕，萬事之長，古今聖賢〔三〕所得之長〔四〕。今〔五〕帝王之〔六〕所以得天心，以自安民之父母，凡化之〔七〕所從起也。真〔八〕人知之邪？」「唯唯。」「夫〔九〕道乃天也，清且明，不欲見汙辱也。而〔一〇〕今學〔一一〕爲道者〔一二〕，皆爲四毁之行，共〔一三〕汙辱皇天之神道，并亂地之紀，訖〔一四〕不可以〔一五〕爲化首，不可以〔一六〕爲師法，不可以〔一七〕爲父母。俱共毁敗天之寶器，天〔一八〕之皆名之，名爲大反〔一九〕逆〔二〇〕之子。【止】汝居地上，不中師法，上天安而反中師法哉？子欲知其審實，此若小人居民間，不中師法也。至於帝王之前，

〔幷〕鈔庚三八下·六·二五
經一一七·三上·一·一

〔廾〕鈔庚三九上・四・一三

經一一七・四上・一・一

〔廾〕鈔庚三九上・五・一六

寧而中師法不哉？如使處下，不中師法，而上天反畜之以爲師法，中類天上與帝王之前，反當主畜積邪惡之人邪哉？[起]故天上深知其〔二一〕失道意，非故疾咎之也。今〔二二〕洞上皇平〔二三〕氣至，不而復容〔二四〕此四人。[止]此四人也，乃使天上天下共賤爲道者，反名爲惡子。是故令使人道日衰消，休廢不復起。今天下之人共爲惡，正此四人所毁敗也。今天上大憎咎之，故欲更選七也。真人知之邪？」「愚生今受性頑鈍，訖*能不解，何謂也？願聞之。」「子尚不即解，何望於俗人哉？」諾。開耳精聽，爲子詳陳道大瑕病所起，使天下後學者，令昭然知其失道也。[起]其〔二五〕第一曰〔二六〕不孝，第二曰不〔二七〕而〔二八〕性真，生無後世類〔二九〕，第三曰〔三〇〕食糞飲其小便，第

〔一〕鈔無「表」下三字。〔二〕「生之端首」鈔脱訛爲「生端百」三字。〔三〕「聖賢」鈔作「賢聖」。〔四〕「所得之長」鈔作「得長」二字。〔五〕「今」鈔誤作「全」。〔六〕鈔無「之」下三字。〔七〕鈔無「之」字。〔八〕鈔無「真」下七字。〔九〕「夫」鈔譌作「天」。〔一〇〕鈔無「而」字。〔一一〕鈔無「學」字，但有「之」字。〔一二〕鈔無「者」字。〔一三〕「共」鈔誤作「天」。〔一四〕「訖」鈔譌作「記」。〔一五〕鈔無「以」字。〔一六〕鈔無「以」字。〔一七〕鈔無「以」字。〔一八〕鈔無「天」下五字。〔一九〕「反」鈔誤作「返」。〔二〇〕「逆」鈔作「叛」。〔二一〕鈔無「其」下六字。〔二二〕鈔無「今」字。〔二三〕「皇」下原無「平」字，疑脱，今依鈔補。〔二四〕「不而復容」鈔作「不能容」。〔二五〕鈔無「其」字。〔二六〕鈔無「曰」字。〔二七〕鈔無「曰不」二字。〔二八〕「而」鈔作「能」，「而」亦讀曰「能」。〔二九〕「生無後世類」鈔作「而無後類也」。〔三〇〕「曰」鈔譌「日」。

四曰〔一〕行爲乞者。故此〔二〕四人者〔三〕，皆共汙辱天正道，甚〔四〕非所以〔五〕興化〔六〕，止而終古爲天上天下師法者也。假令得道上天，天上簡問之，盡爲惡人；今不可以調風雨，而興生萬二千物，爲其師長也。」「可㤥哉！可㤥哉！小生聾暗，訖不知有過於天，今唯皇天。明師願見爲復重察察，分別解之，冀蒙心得更開。」「行詳聆聽，爲真人具道其意，使可終古以爲萬世之法。後生謹良，爲道者不復犯天禁，令使得道而上天，天上更喜之。比若地上帝王得善人，與共爲治，亦喜之也。故天上所進，地上亦然，豈不善哉？」「唯唯，聞命矣。」道者，乃皇天之師，天之重寶珍物也。爲者其行當若天成。道者當上行，天乃好愛之仕也。今或有過誤，得道而上天者，天上受如問之，反皆有不謹孝之行。道爲化首，天爲人師法，何可反主畜舍*，匿養天下不謹孝子哉？子親有此惡行，而天何宜，使此人長生與其共事乎？若此天反當主舍此惡人反逆之子邪？地上尚不仕，天安肯仕之乎？故不孝而爲道者，乃無一人得上天者也。雖去，但悉見欺於邪神佞鬼耳。會皆住死於不毛之地，無人之野，以戮其形；天之應人如影響，安得行惡而得善者乎？古今希有之也。地王雖爲道，前後衆多者，其度者少。今天上乃少善人，無可與共事

經一一七・五上・一・一

〔廾〕鈔庚三九上・八・九
經一一七・六上・一・一

者也，其行悉凶惡也。如是天何不即殺之，乃使到不毛之地，無人絶氣之野乎？所以不即滅殺之者，天地之間，其氣集多所而畜容，故名爲中和。比若人和，無不而包容也。故得須臾。天者主執清明，比若居帝主之前，不可得容姦惡人也。故天上本不與等子爲治也，地上亦然也。天不與不謹孝子爲治，比若聖王不與不謹孝人爲治也。聖王尚不肯與爲治，天何肯獨與爲治乎哉？古者聖賢，所以不與爲治者，乃深覩天法，象天爲行也。【起】與〔七〕愚者爲治〔八〕，天即〔九〕大恨〔一〇〕矣。何以明之？人君與之爲治〔一一〕，天爲其〔一二〕多災變*怪，夷狄數來，是明天恨〔一三〕惡之證也。與重規合矩，券書何異哉？今〔一四〕天乃見人與之爲治，尚憎惡疾之，何肯乃自與其共事乎？人所惡，天亦惡之也〔一五〕。人所愛，天亦重〔一六〕愛之也〔一七〕。是故古者賢聖〔一八〕覩天〔一九〕意深，故常象天而爲行，不敢失銖分也。故而〔二〇〕常獨與天

〔一〕鈔脱「曰」字。〔二〕鈔無「此」字。〔三〕鈔無「者」字。〔四〕鈔無「甚」字。〔五〕鈔無「以」字。〔六〕「化」下鈔有「也」字。〔七〕「與」鈔作「以」，「以」上鈔有「帝王」二字。〔八〕「治」鈔作「理」。〔九〕「即」鈔作「將」。〔一〇〕「恨」鈔譌「限」。〔一一〕「治」鈔作「理」。〔一二〕「其」原作「甚」，疑譌，今依鈔改。〔一三〕「恨」鈔譌「限」。〔一四〕鈔無「今」下廿三字。〔一五〕鈔無「也」字。〔一六〕鈔無「重」字。〔一七〕鈔無「也」字。〔一八〕「賢聖」鈔作「聖賢」。〔一九〕「天」鈔譌「大」。〔二〇〕「而」鈔作「能」。

〔幷〕鈔庚三九下・七・一二

經一一七・七上・一一・一

厚，得天心也；如〔一〕不與天心合，不〔二〕得天心則〔三〕大凶矣。人〔四〕行尚如此，何況今乃當爲天上簡士哉？天上簡〔五〕士，乃當〔六〕與天共事，治無窮極之術也，長相與幷〔七〕力同心調氣〔八〕。止真人寧解不邪？宜自慎，吾言純天心意也，不可犯也，犯者死矣。□□哉。」「善哉善哉！愚生心意，一善解於是。」「子尚裁一善解，俗人不解，冥冥憒憒是也。天疾之，故使吾下大言，具出天法。自是之後，學者戒之慎之！起今天乃貴重傳相生，故四時受天道教，傳〔九〕相生成，無有窮已〔一〇〕也，以〔一一〕興長凡物類。故天者名生〔一二〕稱父，地者名養〔一三〕稱母。因六甲十二子八卦之氣以爲紀，更相生轉相使，故天道得〔一四〕常在不毁敗，是常行施化之功〔一五〕也。今學道者〔一六〕純〔一七〕當象天爲法，反〔一八〕多純無後，共滅消天統。止其貞者，尚天性也，氣有*不及。其不貞者，彊爲之壅塞，陰陽無道，種其施於四野，或反棄殺，窮其妻子而去者，是皆大毁失道之人也。無可法，是大凶一分之人也，不可以爲人師法，安而中天師法乎？夫皇天，乃是凡事之長，人之父母也，天下聖賢所取象也，何用等失道，妄爲無世類之子，爲與共事乎？如天但與此子共爲治，天名爲主舍，匿惡人，興凶術，何可以爲聖，治人上師乎？故不舍止之也。古者聖人大賢尚知諱，不肯與無後世類之人共事，與之爲治，悉不得天心。故聖賢天使其皆貴重有後世，而共憎惡人無後世也。聖人乃深知天意，故獨常法象之，不失銖分也，而況天乎哉？今天上久純無善人，故使吾下大語，以示勑後來，使愚者悉自知。若天上仕此人，天上反當主聚無後世人邪？行如此反得上天，天上反愛無後世而不好生邪？故皆死於不毛地，不生之土，無人之野，令使各歸其類也。汝不好生，與天反，故投汝不生之處。汝好無人，故投汝無人之野。俗人冥冥不覩，則言其已度世矣，實不也。吾*不敢欺真人也，吾親以天上行而下，覩與不覩，比若示盲者以日，言人欺之，反掩其口而笑，愚者比若此矣。真人慎之。天上所惡也，上亦然也。」「善哉善哉！愚生未嘗見是天上事，真真一覺於是。」「子努力爲善行，吾

〔一〕鈔無「如」下六字。〔二〕「不」上鈔有「若」字。〔三〕「則」鈔作「乃」。〔四〕鈔無「人」下十六字。〔五〕「簡」鈔作「揀」。〔六〕鈔無「當」字。〔七〕「并」下鈔重衍「士乃與天共事治無窮極之術也長相與併」一行十七字。〔八〕「氣」下鈔有「故能長久矣」五字。〔九〕鈔無「傳」字。〔一〇〕「已」鈔作「極」。〔一一〕鈔無「以」下六字。〔一二〕鈔無「名生」二字。〔一三〕鈔無「名養」二字。〔一四〕鈔無「得」字。〔一五〕「功」鈔誤作「助」。〔一六〕「今學道者」鈔作「故學者」。〔一七〕鈔無「純」字。〔一八〕鈔無「反」下八字，但有「無絶」二字。

〔幷〕鈔庚四〇上・二・五

經一一七・九上・一・一

〔幷〕鈔庚四〇上・六・一

之文療天地之病，解帝王之愁苦。子功滿得上天，自往覩見之，吾言乃大效矣。」「唯唯。不敢道〔一〕留，不敢懈忽也。」「子慎之無懈忽，審沮懈忽，大命絕矣。」「愚生甚畏天威，誠受行之。」「善哉善哉！得天意矣。【起】今天乃清且〔二〕明，道乃清且〔三〕白，天與道乃〔四〕最居上，爲人法。清明者好清明，故三光上著天，各從其類，合如〔五〕爲形。天之爲形，比若明鏡。比〔六〕若人之〔七〕有兩〔八〕目洞照，不欲見〔九〕汙辱也。若〔一〇〕比聖王之前，常欲清明〔一一〕，【止】不欲見汙辱，汙辱之則得滅死之過也。真人知之耶？」「唯唯。可恢哉！可恢哉！」「是故人頭口象天，不欲樂見汙辱也，常欲得鮮明，得善物。故天下人以淹汙辱惡，與人食之，天乃遣雷電下，自捕取之。真人知是逆惡邪？」「唯唯。愚生甚畏之。」「今大中上古以來，人自言爲善，絕殊於俗人也。學爲道者，反多相示*教食糞飲小便，相名爲質直善人，天與道大憎之。天上名此爲大反逆之子，天上不欲見其人形也。此大邪所著，犬豬之精所下也。夫道之生天，天之有道也，乃以爲凡事之師長。正道者，所以興善，主除惡也。是故古聖賢【起】帝王將興，皆得師道，人受其策智〔一二〕，以化其民人〔一三〕，師〔一四〕之貴之，乃言其能知天心意，象天爲行也〔一五〕。【止】天上亦尊貴善道人，言其可與和風氣，順四

經一一七・一〇上・一・一

時，承五行，調風雨，助日月星宿爲光明也，而使萬物興也。今如此食糞飲小便，何可以爲師。今地上師尚不中名爲逆子，何能反中天上師乎哉？小人甚愚也，甚淹汙辱天道。真人得極文，思其意。地上所惡，天上亦惡之；天上所惡，地上亦然。是地上人惡食糞飲小便，天上亦惡之，故乃遣雷電霹靂下殺之也。此辭者，但可以曉地上人耳。天上惡之劇，於是地上尚憎惡之，天上何用爲哉？天乃清明而鮮，何以反當主舍，聚此食糞飲小便人乎？錐過誤，須臾得道，會不得上昇天也。悉往死於五癈絶氣敗凶之地，以順其行，以彰其過，各歸其所*，求不欺之也。真人年有善竟，戒之慎之，以示後來。令洞上皇平氣至，不得容此惡行，犯之死，明矣。」「可恀哉！可恀哉！」「真人知恀，是子覺也。子不恀，與之同罪；知而故爲之，罪不除。」「唯唯，不敢不敢。」「今上皇天之爲性也，常欲施與，故主施主

〔一〕「道」疑當作「逗」。〔二〕鈔無「且」字。〔三〕鈔無「且」字。〔四〕鈔無「乃」字。〔五〕「如」鈔作「而」，「如」猶「而」也。〔六〕「比」鈔誤作「皆」。〔七〕鈔無「之」字。〔八〕「兩」鈔譌作「而」。〔九〕鈔無「見」字。〔一〇〕鈔無「若」下六字。〔一一〕「常欲清明」鈔作「常欲得鮮明」。〔一二〕「人受其策智」鈔譌作「人愛其榮智」。〔一三〕鈔無「人」字。〔一四〕「師」下七字鈔作「師之所貴爲」五字。〔一五〕「象天爲行也」鈔作「象而行化」。

與，主生主長，主出不主納，主勝不主服。服則爲逆，故天道不可威劫也，劫迫之則令人滅亡矣。天主善，主清明，不樂欲見淹汙辱。今天與道，乃無上之稱也。故帝王象天爲行也，稱無上之君，不敢失天。行之銖分則吉，失之則大凶。今學道爲長生，純當象天也。天者好生，故學長生者，純守天第一生之氣，其爲行，當隨天道意也。故地者主辱殺，主藏，不當隨地意也。夫道者，乃大化之根，大化之師長也。故天下莫不象而生者也。今下愚小人欲爲道，反無益於民人，而共淹汙辱天道，甚逆無狀，天上名之爲逆子，大凶之人也，天上不欲見之也。」「何謂也？愚生心結閉，未及之也。」「善哉，子之問乎！天使子言，詳開耳目而聽。夫天與道，不好施好生好稱邪，爲之何不卜*卦賦藥，有益於民人，而使神治人，病固止也。此三人也，皆得稱師，不利天道，不敢淹汙辱天道。夫天道不欺人也，常當務至誠。天道不欺以欺，即其後久久日凶衰矣。天之爲道也，不樂淹汙辱，不欲利人。天乃無上，道復尚之。道乃天皇之師法也，乃高尚天。是故天與道者主修正，凡事爲其長。故能和陰陽，調風雨，正晝夜，列行伍。天地之間，莫不被恩受命，各得其所者。今下愚爲道，反爲欺慢癡狂，乃共惑亂天之道，毀敗天之化首。反行

經一一七・二上・一・一

乞匃求人之物，無益於民間，淹汙辱天道，内利百姓，不可以爲師法。反使後生者相教，每爲道道，令人癡狂慢欺，又行被淹汙辱而乞匃，因以此行而名之，謂爲癡狂乞匃者之道。反使凡人共罵天，共賤正道，斷絶大化，天甚惡之，道甚疾之，天上不欲見其形也。今天上皇洞正氣大至，日月星羅列皆重光，道與天當調風雨，和陰陽，使萬物各得其所，而前人邂逅得道而昇上天，無可仕者也。天上問之悉有過，不可與共事，汝等乃居地上，尚見謂爲癡狂*乞匃者。不中帝王之師，安而中天上之師哉？天其惡之，大道衰廢，咎在下古人相學失法度。天病之，大悒悒。天道不通，故遣吾下與真人共談，分別道得失。樂天下人一覺，俱知天上意，改其行，易其心，不復犯天禁，則學者成矣。如修其故行，天不上之也，會當復往，死於五辱之地，付命於五汙之土，絶洞無人癡狂之野，上無三光，下無良土」「何也？願聞之，其過何重也？」「不謫之也。天道爲法，各從其類，下奪之也。」「如是何以不即殺之，乃到此乎？」「欲即滅殺之，又其人自言，欲長生而至信；欲中殺之，又反且哭天啼地，自言甚冤，又不自知其過所由出。故天考之徒之，其後投於五辱癡狂之土，使自知也。子欲知其實審，比若明王考人過責，非肯即殺之也。猶當

經一一七·一三上·一·一

〔卅〕鈔庚四〇上·七·一五

隨其罪大小詣獄，大罪大獄，小罪小獄治之，使其人服，自知乃死，不恨而無言也。子如不窮其辭語，會自言冤，懷恨而死。故五霸之君，其民臣多懷恨而死者也。子欲知天上之治刑如此矣。真人解邪？」「可㤥哉！可㤥哉！」「子知驚㤥，生之門也；不知驚*㤥，死之根也。子慎吾言，吾言正天之兵，不可詆冒。詆冒令人傷，小詆小傷，大詆滅亡也。戒真人一言，下古之人積愚，信其無知之心，且言不然自窮矣。吾親以天上行，而下知其□□，萬不失一也。吾不敢欺子也，欺子不畏真人，乃畏天威。故吾言乃信復信。所以言復重者，乃恐其固固有失之者。故復重使其言多文□□。天上之事，實遠難知，故文時時下合於地也。〔起〕地上善，即天上善也〔一〕。地上惡，即天上惡也〔二〕。故人爲善於地上，天上〔三〕亦應之爲善；人爲惡於地上，天上〔四〕亦應之爲惡，乃其〔五〕氣上通也〔六〕。五氣相連上下同，六甲〔七〕相屬上下同〔八〕，十二子爲合〔九〕上下著，無有遠近皆相〔一〇〕通。其〔一一〕下善，其上明〔一二〕；其〔一三〕下惡，其〔一四〕上凶。故〔一五〕五行興於下，五星明於上。此者，天所以〔一六〕曉於天下人也。〔止〕凡三光皆然。天上復與地下三光相通，三光明於下，天上亦然。天上明於上，地上亦然。兩兩相應，和以爲經，於天上大善，地上亦然。猶天有六甲十二子，地上亦然；地上有六甲十二子，天上亦然。故常上下相應，不失銖分也。真人其慎*之。吾言雖遠，慎無閉藏，以示學者，傳之必齋戒，其慎之。案文爲法，勿得暗誦也。」「唯唯。願請問太上中古以來，諸相教爲道者，反多有去家棄親，捐妻子，反多有乞匃，癡狂詳欺，食糞飲小便。後學者多以相教示，皆有師法，亦不苟空也。」「善哉！子之難問，得其惡意。天疾之，教子問之邪？其言何一巧也，子何故問此乎？」「怪其久矣，無於質問，常若悒悒。」「善哉，天果使子主問事邪？諾。開兩耳，且爲子分別言之。夫上天初出真道之時，不如此也。悉作孝養親，續嗣有妻子，正形容，不癡狂、食糞飲小便也。皆以其道，動作中法。上士爲帝王之師輔，傳類相養，無有傷者。於此之時，比若三皇五帝，動以正道，務相利不相害傷也。故得以正道行，不自匿藏。三王紊亂，五霸將起，君臣民更相欺慢，故僞作癡狂。尚恐見知，乞匃、食糞飲小便，是困窮之行也，困窮之辭也。

〔一〕鈔無「也」字。〔二〕鈔無「也」字。〔三〕鈔無「上」字。〔四〕鈔無「上」字。〔五〕鈔無「其」字。〔六〕鈔無「也」字。〔七〕「甲」鈔譌「申」。〔八〕「同」鈔誤作「洞」。〔九〕鈔無「爲合」二字。〔一〇〕鈔無「相」字。〔一一〕鈔無「其」字。〔一二〕「其上明」三字鈔作「上通」。〔一三〕鈔無「其」字。〔一四〕鈔無「其」字。〔一五〕鈔無「故」字。〔一六〕鈔無「以」字。

經一一七・一五上・一・一

夫道亦有衰盛，比若此三皇五帝三王五霸矣。下古多見霸道，乞匄棄其親，捐妻子，食糞飲小便，是道之衰，霸道起也。故三皇五帝多得道上天，*或有尸解，或有形去。三王以壽，五霸無得正道者，皆戰鬬死於野。今下古守此霸道，亦皆死於野，此之謂也。吾不欺真人，是亦道之霸，與霸王同耳，安得上升天哉？」「善哉善哉！愚生之心，真真已解矣，不意道亦有霸也。天師解之，乃後知之。」「誠誠□□哉！子可謂開矣。」「請問今學者，當奈何乎哉？」「然今者天道大周備。自今以往，與古異。欲修中古霸道法，真道不得來。真人宜戒之慎之！欲樂長存，修吾文。失銖分之間，命不全，可不守乎？道之元，皇道已起，火光行之，霸道絕矣。天雖浩大，自有分理，以示文凡人，令共議之。宜屬上者屬上，宜屬中者屬中，宜屬下者屬下，宜上下中共之，何不覩其誠信□□，比若與天語。」「善哉善哉！時氣平矣。」「真人何以知之乎？」「見天親遣天師下言，知天氣平矣。」「善哉善哉！子得其意。」「願復請問一兩事，不敢多言。」「行道之。」「自今以往，求道皆當於何哉？」「皆求之於閑室，無遠父母而去妻子。以漸爲之，僻漏乃止；或內不

經一一七・一六上・一・一

善而僻漏，無可益也，反且先死。各自考實，行不負天。人乃*可欺，天不可欺也，

勿憂人爲非也。使各以是自治，不敢爲道者，即惡人也，欲欺僞者也。以是占之，萬不失一也。學人若此，姦猾絶矣，善人與惡人可見矣。此名爲皇天簡士書，上可得度世，中可爲帝王輔，下愚無知固固，可爲民間謹子。真人重知之。」「唯唯。」「願聞僻漏得道去云何？」「然道成去而已。如道未成，爲日守父母，保妻子，日日以漸，清靜爲之，旦〔一〕自知其意矣。賢者共策此言。」「唯唯。」

右天上簡士文興道斷爲棄霸續命人自易心姦猾消守親保妻子。

〔一〕「旦」疑當作「且」。

太平經合校卷一百十八 庚部之十六

太平經卷之一百一十八

禁*燒山林訣第二百九

經二一八·一上·二·四

〔并〕鈔庚四〇下·三·一〇

〔并〕鈔庚四〇下·五·七

「請問皇天上洞極之師，師幸哀愚生不肖，乃告語以天上之事，誠非小生所敢望也。既加得已，開其道路，使得知天上事。願聞【起】天上皆何所喜，何所禁〔一〕，唯得其〔二〕戒。誠日夜思惟其意，不敢犯之，以示後生。」【止】「善哉子之問也，得其要意。真人安坐，爲子道之，可傳萬世，無有去時也。」「唯唯。受命厚厚。」「勿謝。子爲天地問疑，吾主爲天談，非子之私也，俱共公事，何須謝哉？」「欲不謝，若爲輕道易事愁師，謝又觸忌諱不謙也。」「但恐書益文多辭，令難知，故止真人言耳。夫辭者，道之柄，文之所從起也，勿悒悒，方爲子分別之。」「唯唯。」【起】「今天上乃上皇洞〔三〕平氣俱至興盛，陽日光〔四〕明，邪氣止休，正氣遂行，衰者消去，道德陽。」「天上急禁絶火燒山林〔五〕叢〔六〕木之鄉〔七〕，何〔八〕也？願聞之。」「然，山者〔九〕，太陽也，土〔一〇〕地之綱〔一一〕，是其君也。布根之類〔一二〕，木是其長也，亦是君也，是〔一三〕其陽也。火亦〔一四〕五行之君〔一五〕長也〔一六〕，亦是其陽也。三君三陽，相逢反相衰。是故天上令〔一七〕急禁〔一八〕燒山林叢*〔一九〕木，木〔二〇〕不燒則陰〔二一〕中。陰者稱母，故倚下也。」「天所以使子丑寅最先發去興多，興多則火王，火王則日更明〔二二〕；丙丁興〔二三〕，巳〔二四〕午悅，何〔二五〕也？願聞之。」「此天格也，性也。其母盛多而王〔二六〕，則其子相〔二七〕。其子相，則受氣久長〔二八〕得延年〔二九〕，故天上止之也。陽〔三〇〕盛即〔三一〕陰姦日消，陽衰則陰姦日起。故〔三二〕姦猾者常起暮夜，是陽衰而姦起之大證也。故天上乃欲除

〔一〕「禁」下鈔有「唯得其禁」四字。〔二〕鈔無「其」字。〔三〕鈔無「洞」字。〔四〕「光」鈔譌「先」。〔五〕鈔無「林」字。〔六〕「叢」鈔作「聚」，疑係「藂」字轉譌作「聚」。〔七〕「鄉」下鈔有「者」字。〔八〕鈔無「何」下六字。〔九〕鈔無「者」字。〔一〇〕「土」原作「上」，疑誤，今依鈔改。〔一一〕「綱」原作「網」，疑誤，今依鈔改。〔一二〕「類」鈔作「聚」。〔一三〕鈔無「是」下四字。〔一四〕鈔無「亦」字。〔一五〕鈔無「君」字。〔一六〕鈔無「也」下四字。〔一七〕鈔無「天上令」三字。〔一八〕「禁」下鈔有「斷火」二字。〔一九〕「叢」鈔誤作「聚」。〔二〇〕鈔無「木」字。〔二一〕鈔無「陰」下廿一字。〔二二〕鈔無「更明」二字，但有「月」字。〔二三〕鈔無「興」字。〔二四〕「巳」原作「已」，疑譌，今依鈔改。〔二五〕鈔無「何」下十一字。〔二六〕鈔無「而王」二字。〔二七〕鈔無「相」下五字。〔二八〕「久長」鈔作「長久」。〔二九〕鈔無「得延年」三字。〔三〇〕「陽」鈔誤作「陰」。〔三一〕「即」鈔作「則」。〔三二〕鈔無「故」下廿九字。

〔幷〕鈔庚四一上・五・一

姦，故禁之也，此自然之術〔一〕法也。止天上亦然，地上亦然。」「善哉善哉！起請問三陽相得何故凶衰〔二〕乎？」「善〔三〕哉子之問也，得其意。然〔四〕三陽者應〔五〕天陽地陽人陽〔六〕。三盡〔七〕陽也，無一陰；三盡君也，無一臣；三盡男也，無一女；名爲滅亡之路，無後之道也〔八〕。不敢〔九〕復傳類，不而〔一〇〕復相生成，故〔一一〕凶也。是所謂〔一二〕有天而無地，有日而無月，有上而無下，有表而無裏，天上名此〔一三〕爲立敗之紀，止故惡之禁之也。」「善哉！愚生過問此，甚畏之矣。」「子知畏之，生之根也；不知畏之，凶之門也。」「唯唯。」

〔幷〕鈔庚四一上・一〇・一四

經一一八・三上・一・一

燒下田草訣第二百一十

起「請問下〔一四〕田草寧〔一五〕可燒不〔一六〕？」「天上不禁〔一七〕燒也。當燒之*〔一八〕。」「獨何〔一九〕故當〔二〇〕燒之乎？願〔二一〕聞之。」「然，草者，木之陰也，與乙相應。木者〔二二〕，與甲相應。甲者，陽也，與木同類，故相應也〔二三〕。乙者，陰也，與草同類，故與乙〔二四〕相應也〔二五〕。乙者畏金，金者傷木，木傷則〔二六〕陽衰〔二七〕，陽衰則僞〔二八〕姦起，故當燒之也〔二九〕。又天上言，乙亦〔三〇〕陰也，草亦〔三一〕陰也，下〔三二〕田亦土之陰也。三陰相得〔三三〕，反共

〔廾〕鈔庚四一下・八・一四

生姦。故玄武〔三四〕居北極陰中，陰極反〔三五〕生陽。火者，陽也，陰得陽而順吉〔三六〕，生善事。故天上相教，燒下田草以悦陰，以興陽〔三七〕，[止]故燒之也。天上亦然也。甲者，天上木也。乙者，天上之草。寅與卯何等也？然寅者亦陽，地上木也。卯者，陰也，地上之草也。此四事俱東行也。但陽者稱木，陰者稱草，此自然之法，天上之經也。吾不敢欺真人也。子爲天問事決疑，吾爲天説事，[起]二人共職，共理陰陽，除天地之病，令帝王不愁苦，萬二千物各得其所，莫不〔三八〕悦喜而出見〔三九〕，無有冤結[止]者也。」「善哉善哉！」

〔一〕鈔無「術」字。〔二〕鈔無「衰」字。〔三〕鈔無「善」下九字。〔四〕「然」鈔作「夫」。〔五〕鈔無「應」字。〔六〕「地陽人陽」鈔作「人陽土陽」。〔七〕鈔無「盡」字。〔八〕鈔無「也」字，但有「無後之道」四字。〔九〕「敢」鈔作「能」。〔一〇〕「而」鈔作「能」。〔一一〕「成故」鈔倒作「故成」。〔一二〕「所謂」二字鈔作「爲」字。〔一三〕鈔無「此」字。〔一四〕鈔無「下」字。〔一五〕鈔無「寧」字。〔一六〕「不」鈔作「否」。〔一七〕「禁」下鈔有「也」字。〔一八〕鈔無「之」字。〔一九〕「何」原作「可」，疑誤，今依鈔改。〔二〇〕鈔無「當」字。〔二一〕鈔無「願」下四字。〔二二〕鈔無「者」字。〔二三〕鈔無「也」字。〔二四〕鈔無「與乙」二字。〔二五〕鈔無「也」字。〔二六〕鈔無「則」字。〔二七〕「陽衰」原作「衰陽」，疑倒，今依鈔正。〔二八〕鈔無「僞」字。〔二九〕鈔無「也」下五字。〔三〇〕鈔無「亦」字。〔三一〕鈔無「亦」字。〔三二〕鈔無「下」下五字，但有「地」字。〔三三〕鈔無「得」字。〔三四〕「玄武」鈔譌作「云歲」。〔三五〕鈔無「反」字。〔三六〕鈔無「吉」字。〔三七〕「以興陽」，鈔作「而順陽也」。〔三八〕「莫不」鈔譌作「草木」。〔三九〕鈔無「見」字。

「然，真人可謂知道矣。」「不敢不敢。」「然，學而問道，有何謝乎？」「唯唯。」「繫之胸心，無有去時。」「善哉善哉！學問得其數矣。」

天神考過拘校三合訣第二百一十一

[起]*今天上良善平氣至，常恐人民有故〔一〕犯時令而傷之者〔二〕。今〔三〕天上諸神共記好殺傷之人，畋射漁獵之子，不順天道而不爲善，常好殺傷者〔四〕，天甚〔五〕咎之，地甚〔六〕惡之，羣神甚〔七〕非之。[止]今恐小人積愚，不可復禁，共淹汙亂洞皇平氣。故今天之大急，部諸神共記之，日隨其行，小小[起]共記而考〔八〕之。三年與閏并〔九〕一中考〔一〇〕，五年一大考〔一一〕。過重者則坐，小過者減年奪算。三世一大治，五世一〔一二〕滅之。故今天上集三道行文書，羣神共記過，斷好〔一三〕殺傷刑罰也。[止]而興樂。地上亦然。真人幸爲善，常欲有德於皇天，而憐帝王愁苦，時氣不和，實咎在人好殺傷，畋射漁獵，共興刑罰，常有共逆天地之心意。故使久乖亂不調，帝王前後，得愁苦焉，是重過也。真人幸欲常有功於天，有恩於帝王，今天上積疾毒之。羣神教吾言，故今以文付真人，歸有德君，以示天下。人得文各自深省，思過

經一一八・四上・二・一
〔幷〕鈔庚四二下・一〇・一七
〔幷〕鈔庚四二上・四・八

失，念書言天。今良平氣俱至，不喜人爲嫉賊，吾知天上有此言，今敢不下道之，不言恐爲嫉賊，害在吾*身，吾不敢犯也，故以事報，諸真人慎之。真人不言，害在子身；以示凡人，愚人欲犯之，害在其身，天亦不復過責真人也。自今以往，天乃興用羣神，使行考治人。天上亦三道集行文書以記過，神亦三道行文書以記過，故人亦三道行文書以記過。故人取象於天，天取象於人。天地人有其事，象神靈，亦象其事法而爲之。故鬼神精氣於人諫亦諫，常興天地人同時。是故神應天氣而作，精物應地氣而起，鬼應人治而鬬。此三者，天地中和之疾使，隨神氣而動作，應時而往來，絶洞而無間，往來難知處。故今天道傳治，與往古殊異，以今占古多不中，以古占今不復應。故古文衰竭難復用，用之不比中，又有集處真真文。故天上言，拘校前後三合，取中善者以明事以合意。然後天上道正，王道備，邪惡悉去，帝王大樂，乃無事，人自爲謹得天意。真人知此事重乎？」「唯唯。」「善哉！

〔一〕鈔無「故」字。〔二〕「者」鈔作「也」。〔三〕鈔無「今」字。〔四〕鈔無「者」字。〔五〕鈔無「甚」字。〔六〕鈔無「甚」字。〔七〕鈔無「甚」字。〔八〕「考」鈔誤作「栲」。〔九〕鈔無「與閏幷」三字。〔一〇〕「考」鈔作「拷」。〔一一〕「考」鈔作「拷」。〔一二〕「一」下鈔有「大」字。〔一三〕鈔無「斷好」二字。

子知其意矣。」

右天上禁火以興生斷刑傷殺止畋射獵不順天時氣爲天所惡記見在知赤初受符*更始文。

經一一八・六上・一・二

太平經合校卷一百十九 庚部之十七

經一一九・一上・二・四

太平經卷之一百一十九

三*者爲一家陽火數五訣第二百一十二

「下愚之生願一請問，今天道當具，無不有無不包容也。天上何靚，何故一時悉欲生而急刑罰乎？」「善哉子之難問，得其意。吾常甚好子之言。子之言，常發起吾意，使吾道興。子向不能難問，誰復而難問者乎？故天道久斷絶閉而不通，天甚疾苦之。吾久悒悒，欲言無可與言者，故天道失其分理久矣。歲歲至歲，至於今。天運生聖人使其語，無而盡解除其病者。故乃使真人自來，與吾相靚，乃一得爲天具語。子難常獨深得天意，安坐，爲子悉陳道之。吾欲不言，畏天威也。故得子問者，輒欲言，無可匿也。真人亦知之邪？」「唯唯。」「然子解解矣。今天上所以盡悉欲生長，而急害傷者，天道常有格三氣。其初一者好生，名爲陽；二者好成，名爲和；三者好殺，名爲陰。故天主名生之也，人者主養成之，成者名爲殺，殺

經一一九・二上・一・一

而藏之。天地人三共同功，其事更相因緣也。無陽不生，無和*不成，無陰不殺。此三者相須爲一家，共成萬二千物。然天道本末中也。今者，天道初起以來，大周復反，來屬人屬陽。陽好生而惡殺，生者須樂，乃而合心爲一相生，而中有殺氣輒傷，不能相生成。子欲知其信實，比若胞中之子，不可有小害，輒傷死，死不復生，輒棄一人，爲是連傷而不止，便絶滅無後世矣，一家無統絶去矣。故尤大急刑罰殺傷也。天道同不常如此耳。今者大急，復更爲真人察察分別之，使下古人大覺知天道。今不欲殺傷訣意，所以更爲真人察察言者。俗人隨吾，但無事習文辭而作巧語也。故更爲其陳刑天證。

〔幷〕鈔庚四上・七・一五

今[起]甲子，天正也，日以冬至〔一〕初還反本〔二〕。乙丑，地正也，物以布根。丙寅，人正也，平旦人以初起，開門就職。此三者，俱天地人初生之始，物之根本也。初生屬陽，陽〔三〕者本天地人〔四〕元氣。故乾坎艮震，在東北之面，其中和在坎艮之間，陰陽合生於中央。故凡懷姙者，在〔五〕頭下足上，中腹而居，微在中和之下。陽〔六〕合者生於最先發去，出其形氣，投於他方者，此主天地人三氣*初生之處，物之更始，以上下不可有〔七〕刑殺〔八〕氣居其中也〔九〕。

經一一九・三上・一・一

[止]置其德氣陽氣，乃萬物得遂生；如中有凶氣輒傷。故出其刑去之也。

〔幷〕鈔庚四下・四・一五

[起]今者天道大

周更始，以上下純陽治天地〔一〇〕，故急斷刑罰也〔一一〕。天者稱神，陽亦稱神，故〔一二〕今天使神治人。真人欲知吾書文與天相應不？自今以〔一三〕往，犯吾書文，欲〔一四〕好刑殺〔一五〕者，天上亦且〔一六〕考〔一七〕之。止人亦且更急之，神亦且考之。天上地上異處同謀，鬼神不與人同家，亦且同謀，是天平氣且至也。天初氣更始於天上，地初氣更始於地下，人初氣更始於中央。此三氣方俱始生，不欲見刑惡凶氣，俱欲得見樂氣，故自今以往，天與地樂斷刑也。真人知之乎？」「唯唯。愚生暗昧，以爲天上行疾人爲惡，而禁刑殺傷也；不意乃天地人在懷妊之氣，更始之本元也。見天師説之，甚惶甚㤥。」「子知惶且㤥，可謂覺悟，知天道意矣。善哉！曉事生戒此文，慎無斷絕爲身害。」「唯唯，不敢不敢。」「行去重之。凡人學問，各爲身計，務順天道。」「唯唯。」「出此天上禁忌勿藏。」「唯唯。」「請問天道何故正以今爲大周，爲

〔一〕鈔無「至」字。　〔二〕鈔無「本」字。　〔三〕鈔無「陽」字。　〔四〕鈔無「人」字，但有「之」字。　〔五〕鈔無「在」下五字，但有「皆」字。　〔六〕鈔無「陽」下三十六字，但有「生於陰中陰故稱母」八字。　〔七〕鈔無「有」字，但有「使」字。　〔八〕鈔無「殺」字。　〔九〕「居其中也」鈔作「居中央」。　〔一〇〕「地」原作「治」，疑誤，今依鈔改。　〔一一〕鈔無「也」字。　〔一二〕鈔無「故」下二十字。　〔一三〕鈔無「以」字。　〔一四〕鈔無「文欲」二字。　〔一五〕鈔無「殺」字。　〔一六〕鈔無「亦且」二字。　〔一七〕「考」鈔作「拷」。

經一一九・四上・一・一

〔幵〕鈔庚四二下・七・五

經一一九・五上・一・一

元初，乃更*大數考正文哉？」「善乎子之難問也，大得天心意。然今者，五陽之上長也，五火之始也。火之最上者，上爲天，爲日月之色者。火赤與天同色，天之色赤，火亦赤，赤者迺稱神。天與神者常昌，得凡事之元。是故十一月爲天正，天上亦然。故其物氣赤，赤者日始還反。其初九氣屬甲子，爲六甲長上首也。甲者爲精，爲凡事之心，故甲最先出於子，故上出爲心星。故火之精神，爲人心也。人心之爲神聖，神聖人心最尊真善。故神聖人心乃能造作凡事，爲其初元首。[起]故神聖之法，乃一從心起，無不解說。故赤之盛者，爲天、爲日、爲心。天與日與心〔一〕常明，無不而〔二〕照察。故〔三〕自今以往，行此道者，姦邪之屬悉絶去〔四〕矣。夫陽之生者，於幽冥之中。是故陽氣起於北，而出於〔五〕東，盛於南，而衰消於西，天之爲法如此[止]矣。」「善哉！願聞今陽之生者，何故正於幽冥中乎？」「夫生者皆反其本，陰陽相與合乃能生。故且生者，悉復其初始也。天地未分，初起之時，乃無有上下日月三光，上下洞冥，洞冥無有分理。雖無分理，其中內自*有上下左右表裏陰陽，具俱相持，而不分別。若陰陽相持始共生。其施洞洞，亦不分別。已生出，然後頭足具。何知陰陽之初生之始如是矣。故人今將變化而施生者，悉往就幽

經一一九・六上・一・一

冥閑處，天使不忘其本也。人初受天地之法，是其先也，故天使其不忘也。」「善哉善哉！見皇天師言，乃知分理也。」「子可謂易示曉矣。」「請問陽與火何獨伍乎？」「行氣者各自有伍，非獨火也，金火最爲伍，赤帝之長。故天策書非云邪？『丙午丁巳爲祖始。』始者，先也，首也，故書言祖始也。萬事之始，從赤心起。心者洞照知事，陽始於陰中，亦洞照。故水者，外暗内明而洞照也，中有陽精也。故陽始起於北，而陰始起於南，十一月地下溫，五月地下寒。」「今陰陽始起，何不於天上而正於地中乎？」「善哉，子之難問也。然地爲母，父施於母，故於陰中也，其施陽精，同始發於天耳。陽者，其化始氣也微難覩，入陰中成形，乃著可見，故記其陰中，不記其陽也。」「今天雨雪，同是其施化之道，見可覩而言；陽施精微，不可覩乎？」「善哉子之言也，難得其意*，欲爲真人分別說之。恐天道大形見，故不爲子說也。然恐真人心恨。夫爲人師、爲人上者難。請安坐，爲子微說之。天雨雪造將爲之時，呼吸但氣耳，陰陽交相得乃施，可覩於此之時，天氣下，地氣上，合其

〔一〕鈔無「與心」二字。〔二〕鈔無「而」字。〔三〕鈔無「故」下五字。〔四〕鈔無「去」字。
〔五〕鈔無「於」字。

施。故雨雪有形而可見也。」「請問：今或有山潰雲上，皆可覩，而言不可覩，何也？欲不問，苦悒悒，今故具問之。爲弟子不謙不也，不問無以得知之，致當問之，無所疑也。」「諾。爲子微説之，不可窮極。然雲雨潰山，此者陰之盛怒，而不自忍傷陽，化凶事也，非善變也。有傷於化之道，陰之失也，陰之傷也。真人勿復窮問，天道亦不可察察盡言也。子自思其意。」「唯唯。」「行去。」

道祐三人訣第二百一十三

真人再拜「謹問天師道。[起]太平氣至，誰者當宜道哉？誰者不宜〔一〕道乎〔二〕？」「善〔三〕哉，子問事也。夫道與人，比若風雨，爲者則善，不爲〔四〕則已。好爲〔五〕者，則其人也。不好爲〔六〕者〔七〕，即非其人也。爲者不用力，易開通者，即是其人也。不開不〔八〕通，終日無成功，即非其人也。爲之即吉，不爲則凶，[止]是其人也*。不爲之，其人自吉善，無所疾苦。已爲之後，反有所疾苦，即非其人也。又[起]凡人自養，不〔九〕可不詳察也〔一〇〕。夫道者，乃〔一一〕正人之符也。[止]疾病鬼物者，迺邪惡之階路也，賊殺良民之盜賊也。或見人且入正道，因反怒人，與人爭鬭，於人爲正道，反

〔幷〕鈔庚四三上·一·一六

經一一九·七上·一·一

〔幷〕鈔庚四三上·六·一四

經一一九・八上・一・一

凶不爲善，反安隱於等之間，不可不謹詳自精者，得道則吉，失道則凶也。死生之命，不可自易，而不謹詳也。」「善哉善哉！　愚生已解矣。」「然，真人既問疑事，且告真人天要語。　吾道之所以而長久養者，人而樂道樂德樂仁，忽於凡事，獨貪生耳，道正長於養守此二人也。　過此而下者，吾道不而長久養也。」「何哉？　夫人道乃無不覆蓋，何故獨宥此三人，不宥餘哉？」「然，善哉子之難問也，得其意。　夫大道之出也，人皆蒙之恩，乃及草木，莫不化爲善，皆得其所俱，而各竟其天年。」「夫無道德不仁，不可久養也，何哉？」「然，但以其不好道德仁也。」「夫好道德仁，何故獨可久養哉？　願聞其意。」「然，子曉事生哉！　其問事絶訣也，詳聽，爲子分別言其意。」「唯唯。」「然，是好道德仁，此三人皆有三統之命*。　樂好道者，命屬天；樂好德畜養者，命屬地；樂好仁者命屬人。　此三人者，應陰陽中和之統，皆有錄籍，故天上諸神，言吾文能養之也。　行不若此，亦無錄籍，故吾文不能久養之也。　今

〔一〕「宜」鈔作「當」。　〔二〕「乎」鈔作「哉」。　〔三〕鈔無「善」下六字。　〔四〕「爲」下鈔有「者」字。　〔五〕「好爲」鈔作「爲好」。　〔六〕「好爲」鈔作「爲好」。　〔七〕鈔無「者」字。　〔八〕鈔無「不」字。　〔九〕鈔無「不」字。　〔一〇〕鈔無「也」字。　〔一一〕鈔無「者乃」二字。

太平氣至，無姦私，故不而久養姦惡之人也。不如往者内亂之時，能包養惡人也。」「願聞其竟説。」「然，姦邪惡氣出，活者反能久養姦惡之人也；而不能久養善人者，是其衆害多，善者少也，比猶若大寒至而熱氣衰也。今正氣至，乃不能久養姦惡之人，比若陽氣至而陰氣消亡也。夫太陽上赤氣至，乃火之王精也。火之王者，乃光上爲日。日者，乃照察姦惡人，故言不得爲非，故不容惡人也。又道者主生，德者主養，仁者主用心故愛。春即生，夏者即養，人則用心治理，養長萬物。故太陽所生養長，用心最勞苦。此之謂也。」「善哉善哉！愚生重聞命乎！」「然，安坐，爲子更有所脩解。」「唯唯。」「一事學道，而大度者在天，中度者在神靈，小度者在人也。二事學德，而大度者在天，中度者在神靈，小度者在人也。三事學仁，而大度者在天*，中度者在神靈，小度者在人也。四事學官，而大度者在天，中度者在神靈，小度者在人也。五者好畜聚財業，大多者在天，中多者在神靈，小多者在人也。然此五事，大度中度小度，一由力之歸命於天，歸德於地，歸仁於人。守此三事學身，以賢心善意，思之惟之，身迺可成；積之聚之，神且自生；守之養之，道且自成；樂之好之，身且自興。天道無親無疎，付歸善人。是故天自力行道，日一

經一一九·九上·一一·一

周。所以一周者，凡物之生，悉法六甲五行四時而生，一氣不至，物有不具，則其生不足不調矣。爲人君上父母，而不調大過也。故天日一周，自臨行之也。所以自臨行之者，假令子水也。但有水氣未周，五行氣不足，四時氣不周，故爲行而臨之。甲加其上，有木行，有春氣。丙加其上，有火行，有夏氣。戊加其上，有土行，有四季中央之氣。庚加其上，有金行，有秋氣。壬加其上，有水行，有冬氣。五身已周，四氣已著，乃凡物得生也。天地施化得均，尊卑大小皆如一，乃無爭訟者，故可爲人君父母也。夫人爲道德仁者，*當法此；乃得天意，不可自輕易而妄行也。天道爲法如此，而況人乎？故上士法天，其道乎！中士法地，其德乎！下士法人，其仁乎！過此而下者，不屬於人，故與禽獸草木同乎無常命。真人得吾文書，自深思其要意，緣而無善，與天相得同事也。與吾文反者，乃天地之怨也，吾亦不耐也。吾文書所惡，正是也。真人慎之，以付上士，歸縣官，示凡人。自今以往，天與古異。」「善哉善哉！」

右分別太平文出所宜所不宜訣。

太平經合校卷一百二十至一百三十六 辛部不分卷

太平經鈔辛部〔一〕

〔補〕鈔辛一上·二·一

*請問不食而飽，年壽久久，至于遂存，此乃富國存民之道。比欲不食，先以導命之方居前，因以留氣。服氣藥之後，三日小飢，七日微飢，十日之外，爲小成無惑矣，已死去就生也。服氣藥之後，諸食有形之物堅難消者，以一食爲度。食無形之物，節少爲善。百日之外可不食，名不窮之道，名爲助國家養民，助天地食主。少者爲吉，多者爲凶，全不食亦凶，腸胃不通。通腸之法：一食爲適，再食爲增，三食爲下，四食爲腸張，五食飢大起，六食大凶惡，百疾從此而生，至大飢年當死。節食千日之後，大小腸皆滿，終無料也。令人病悉除去，顔色更好，無所禁防。古者得道，老者皆由不食。君臣民足以安身心，理其職，富者足以存財，貧者足以度軀。君子行之，善樂歲，凶年不危亡。夫人曰有三命，而不自知，日三食乃生。朝不食一命絶，晝不食二命絶，暮不食三〔二〕絶。絶三日不食，九命絶。無匿物，無

〔補〕鈔辛二上・一・一

寶留，此由飢也。奸邪大起，悉從此始。用吾道，萬事自理，吉歲可以興*利，凶年可以存民，常當忽帶收腸，使利行步也。

天地之間，凡事各自有精神，光明上屬天，爲星，可以察安危。天地之性，自有格法，六甲五行四時節度，可以占覆未來之事，作救衰亂，防未然之事。臣見君父之衰，救之，使其更興盛，是大功也；深知其衰也，不救之，或反言而去，名爲倡訞，罪不除也。三事，臣知其君有失，將覩凶害而救之，使其更無凶害，是大功也；知而不救，名倡凶，其罪不除也。四事，知君理失其要意，災害連起，而救助其理之，是其宜也；爲曉事之臣，知而不救，其罪不除也。五事，臣知其君年少，其賢未能及事而救之，助其爲知，是其宜也；知而不助爲賢，反言不及，名爲不忠，弱其上，其罪不除也。六事，臣知其君老，有天期而憂之，爲其索殊方大賢之助，異策內文，令君更得延年，是大功也；知而不能，反言吉凶者，其過大也。七事，爲人下知上有危，有失理，或失忘，而共救之案之，是爲大功；知而不救，自解避而去，爲不順

〔一〕原文下有「卷之八」三字，今删。又本部經文全缺，今以鈔補。鈔不分卷，以下分段，一仍舊文，并皆缺題。〔二〕「三」下疑脱「命」字。

〔補〕鈔辛三上・一・一

忠孝之人，罪皆*及其後。八事，父母有疾，占相之知，能盡力竭精，有以救之；知而不救，天將大罰。九事，父母年老且盡，爲子者知父母老期將至，爲求賢師異方，令得丁強，孝子之宜也，此由食人之食，以食歸之，而有大功也。十事，知人凶衰，有大害患將至而救之，使其更興，與其奇方異策，內文善事，令無復憂苦，是爲大功；知而不爲，有罪不除也。夫爲人子，見父母有死難而抛去之，處樂違苦，此乃與禽獸同耳。豈可統三才，繼天地乎？是以聖人出也，施教戒，勸人爲善，斷絶凶惡，以救天地之災，令三光五行，星辰順敍，豈徒言哉？今天上乃具出文書，以化除諸災害，以致善，是故吾自曉勑真人出書也。今天上教吾大言，勿有蔽匿也。今天地大周更始，災害比當消亡，無復餘粮類。故教人拘校古今文集善者，以爲洞極之經，定善不可復變易也，雖聖賢之人不能復致其文辭。夫文辭，天地陰陽之語也。故教訓人君賢者而勑戒之，欲令勤行致太平也。所以言蔽藏者，賢

〔補〕鈔辛四上・一・一

君得而藏於心，用於天下，育養萬物*而致太平也。而歸功於上帝，則堅於石室深穴也。天生善物，必歸之善處。如珠玉也，必帝王寶之。其麤惡之物，衆棄之。況人爲善，而天豈不愛乎？帝王豈不重之乎？今天上無極之天，中無極之天，

〔補〕鈔辛五上・一・一

下無極之天，旁行無極之天。今爲法，況三道集氣共議，其應天地人之位也。乃太平至，天悦喜，則帝王壽。其道神靈祐天地，善氣莫不響應，道德日至，邪僞退，訞臣奸冗〔一〕滅。凡臣悉除，萬善自來，五行和，四氣時良。其爲政法，起於本。本者，天地之間人象神。神象人，而各自有隅，聚亭部鄉縣善惡，所好所疾苦，各有其本。事皆近察，察自相短，短長得失，明於日月。故大教其集議，賢不肖共平其事。故天下州縣鄉里置封，仰萬民各隨材作書，直言疾苦利害可否，致書投於封中。長吏更撰上天子，令知民好惡賢不肖利害，可集議而理之，即太平之氣至矣，而福國君萬民，萬二千物各得所矣。封〔二〕即今匭函也。

天道有緩有急，人事亦然，有緩有急。天道急，即風雨雷電不移時而至；人道有急，亦趨*走不移時而至。急者即以時應天法則上之，刺一通付還本事，而有賞罰，緩者須八月爲一日上也，天上法如此。夫陰陽爲法如此，人道亦如此矣。凡人腹中，各有天子，五氣各有王者。天有五氣，地有五位。其一氣主行，爲王者主執正。凡事居人腹中，自名爲心。心則五臟之王，神之本根，一身之至也。主執爲善，心

〔一〕「冗」疑「宂」字之譌。 〔二〕「封」下六字疑係附註。

〔補〕鈔辛六上・一・一

不樂爲妄内邪惡也。凡人能執善，清靜自居，外不妄求端正，内自與腹中王者相見，謂明能還覩其心也。心則王也，相見必爲延命，舉事理矣；不得見王者，皆邪也；不復與王者相通，舉事皆失矣。而復早終。今太陽德盛，欲使天上天下，上無竟，下無極，旁行八洞外内。真神真精光悉出助帝王治，而致上皇洞平之氣，未常見之。善人命長，萬物無復夭死自冤者，而邪神悉消亡，天下無復強枉病者，豈可聞乎？善哉子之問也。天使悉斷邪僞凶惡，而出真事。凡圖畫各有精神，真事有真神，邪事有邪神，善事有善精神，惡事有惡精神。夫蓄積邪之家，後必有邪害也；蓄積真文真道之家，*後必有度世者也。故真僞各精所致也。故天有吉有凶，吉則吉精神，凶則凶精神。地亦有吉凶，吉則吉精神，凶則凶精神。夫三皇五帝各有親屬兄弟，三王五霸各自有親屬兄弟。小小分別，各從其類，世興則高，世衰則下。比若晝夜，相隨而起，從陰陽開闢，到今不止。貧爲小人，富爲君子，更共相爲使轉相理。是天地親屬也，萬物不興，其中幾類似之，而實非也。天有六甲四時五行剛柔牝牡孟仲季，共爲親屬兄弟而敬事之，不失其意，以化天下，使爲善主，仁義禮智文武更相爲親屬兄弟。夫道與道爲親屬兄弟者，凡道乃大合爲一，

〔補〕鈔辛七上・一・一

更相證明轉相生。今日身已得道，凡道人皆來，親人合心爲一家，皆懷善意。凡大小不復相害傷，災害悉去無禍殃。帝王行之，天下興昌。垂拱無爲，度世命長。吏民行之，其理日明。凡道皆出，莫不生光。道與道爲親屬傳相行。故與道召道，以道求道，即以道爲親屬兄弟。尚化如此，則天下皆好生惡殺，安得有無道者哉？德與德爲親屬兄弟者，今日身執大德，*以德爲意。凡有德之人推謙相事，天下德人畢出矣。以是爲法，安坐無事，帝王行之，其國富，吏民行之，無所不理。以德召德，德自來矣。仁與仁爲親屬兄弟者，今日身爲仁。凡仁者自來相求，以仁召仁，仁人盡來矣。帝王行之，天下悉仁矣；吏民行之，莫不相親。所謂仁與仁合爲一家，是爲親屬兄弟矣。義與義爲親屬兄弟者，以義求義，今日身已成義。凡義之人，悉來歸之，以義合也。帝王行之，苦樂相半；吏民行之，生傷半。以義求義，是爲親屬兄弟矣。禮與禮爲親屬兄弟者，以禮求禮，今日身已成禮矣。凡禮之人悉來，行者守節，生者不安，腹中內空虛，外使若環，趨走跪起，無聞命矣。日短，衣物盡單。帝王行之，愁苦且煩；吏民行之，職事紛紛。丁者力乏，老弱傷筋。禮禮相親，是爲親屬兄弟矣。文與文爲親屬兄弟者，今日已成文矣。以文求文，文人悉來

〔補〕鈔辛八上・一・一

至若浮雲，中外積之聚若山。至誠若少，大僞出焉。帝王行之，以理其事，或得或失。吏民行之，更相期，妄以相拱，害變疾病萬種，人日短命。以文相*期，以文相恐，轉相取轉相生，此乃文之親屬也。武與武爲親屬兄弟，今日已成武矣。以武召武，凡武人悉來聚。其氣陽陽，其兵煌煌，其力皆倍，其目皆張，其欲怒不得止。武鬼居其角，取勝而已，不復惜其命。君子行之，其治日凶；則吏民行之，滅殺人世。無有善意，理有聚害，此即以武生武，則武之親屬也。辯與辯相爲親屬兄弟者，今日已成大辯矣。凡有辯之人悉來歸之。辯辯相與，無有終窮。一言爲百言，百言爲千言，千言爲萬言，供往供來，口舌云亂，無有真實。人君行之，其政萬端；吏民無可置其命。以辯求辯，是爲親屬兄弟也。法律與法律爲親屬兄弟者，今日已成法律矣。以法律求法律，凡天下法律之人皆聚。事無大小皆有治，凡人無有無罪之人也。自生至老，一人之身有幾何罪過？無有無罪者。以此相生人，君子之十九強死。以此爲理天下，大亂不可止也。以此論親屬兄弟相求，各從其類。理亂之本，太平之基，

〔補〕鈔辛九上・一・二

審此九事，可知也。天上諸神言，好行道者，天地道氣出助之；好行*德者，德氣助之；行仁者，天與仁氣助之；行義者，天與義氣助之；行禮者，天與禮氣助之；行文

〔補〕鈔辛一〇上・一・一

者，天與文氣助之〔一〕；行辯者，亦辯氣助之；行法律者，亦法律氣助之。天地各以類行神靈也。天將助之，神靈趨之，深思其要意，則太平氣立可致矣。

請問上善易爲也，上惡易爲耶？ 夫陽極爲善，陰極爲惡；陽極生仙，陰極殺物；此爲陰陽之極也。 夫凡民生不能盡力養父母，求奇方道術，以資父母，使懷悒悒而至死，復相教善衣食歌舞以樂之，是爲大逆之民，天豈福之乎？ 天上效凡書文對，今天上爲法，令天上人不得相期爲猾，自有大術也。 地上亦然。 今真人豈知之耶？ 自古到今，多有是佞臣猾子，弄文辭，共欺其上，愁其君父，而得官位；無功於天地而食祿，天甚疾之，地甚惡之，天上名之亂紀。 今天上平氣至欲斷之，恐此子復亂理。 今人積愚，多可欺而得仕，今天災不可欺而去也，不可詐僞而除也。真與僞與天相應，不悉以示下古之人，試使用之，災害悉除，即是吾之*真文也，與天上法相應，可無疑也。 不言而反曰〔二〕彰明矣。 用之而無成功，吾道即僞矣，亦不言而明矣。 天上爲法，不效巧言，乃效成功成事。 比若向日月而坐，俱有光明。何以知其熱與清乎？ 去人積遠。 以何効之？ 主以成功也，向日而坐熅也，足以

〔一〕「之」下疑漏述武事。 〔二〕「曰」疑當作「日」。

知熱；向月而坐，足以知清。吾之真文，亦若是矣。

天上爲法，目視則理陽，瞑則理陰；視則理有形，瞑則理無形；視則理人身，瞑則理精神。以是爲效，故能使陰陽悉理，則無有失職者也。地上亦然，爲洞極皇平也。今天之出書，神之出策符神聖之文，聖人造文造經，上賢之辭，此皆言也。故天地神聖上士爲人盡力，以言積年，可立天地，除災害。帝王案用之，乃致遨遊而無事，上得仙度增年，得天意，子孫續嗣，無有絶也。世衰乃更爲大興，天下仰命，莫不得其天地六方八遠絶洞，陰陽俱悦，天病風雨爲時，雷電不作，日月更明，三光不失度，四時五行順行，各得其所。此神聖善言所致也，其功莫不大哉。

*天上各異，自有自然元氣陰陽，與吾文相似，各從其俗，記吾書辭而行之，即太平矣。天上無極之三光各異，自有自然元氣陰陽，與吾文相似，各從其俗，記吾書辭而行之，即太平矣。天上中居各異，自有自然元氣陰陽，與吾文相似，各從其俗，記吾書辭而行之，即太平矣。天上三光各異，其有自然元氣陰陽，與吾文相似，各從其俗，記吾書辭而行之，即太平矣。天上雲氣各異，自有自然元氣陰陽，與吾文相似，各從其俗，記吾書辭而行之，即太平矣。天上音響雷電各異，自有自然元氣

〔補〕鈔辛一一上・一・一

〔補〕鈔辛一三上・一・一

陰陽，與吾文相似，各從其俗，記吾書辭而行之，即太平矣。天下風雨各異，自有自然元氣陰陽，與吾文相似，各從其俗，記吾書辭而行之，即太平矣。天下居中，風雲氣各異，自有自然元氣陰陽，與吾文相似，各從其俗，記吾書辭而行之，即太平矣。地上之人各異，自有自然元氣陰陽，與吾文相似，各從其俗，記吾書辭而行之，即太平矣。地上蚑行各異，自有自然元氣陰陽，與吾文相似，各從其俗，記吾書辭而行*之，即太平矣。地上草木各異，自有自然元氣陰陽，與吾文相似，各從其俗，記吾書辭而行之，即太平矣。地上山阜各異，自有自然元氣陰陽，與吾文相似，各從其俗，記吾書辭而行之，即太平矣。地上川谷水澤各異，自有自然元氣陰陽，與吾文相似，各從其俗，記吾書辭而行之，即太平矣。地下各異，自有自然元氣陰陽，與吾文相似，各從其俗，記吾書辭而行之，即太平矣。地下無極陰陽各異，自有自然元氣陰陽，與吾文相似，各從其俗，記吾書辭而行之，即太平矣。五行各異，自有自然之〔一〕氣陰陽，與吾文相似，各從其俗，記吾書辭而行之，即太平矣。四時各異，自有自然元氣陰陽，與吾文相似，各從其俗，記吾書辭而行之，即

〔一〕「之」疑「元」字之譌。

〔補〕鈔辛一三上・一・一

太平矣。六甲十干各異，自有自然元氣陰陽，與吾文相似，各從其俗，記吾書辭而行之，即太平矣。六甲十二子各異，自有自然元氣陰陽，與吾文相似，各從其俗，記吾書辭而行之，即太平矣。八方各異，自有自然元氣陰陽，與吾文相似，各從其俗，記吾書辭而行之，即*太平矣。神靈各異，自有自然元氣陰陽，與吾文相似，各從其俗，記吾善惡書辭而行之，即太平矣。如不從其本類教之，即大亂矣。志之哉！天教吾具出此文，以解除天地陰陽帝王人民萬物之病也。凡人民萬物所患苦，悉當消去之。故教子用法無極以示之，乃拘校前後聖賢神文，與凡人俗辭，合而大考之，後天地之病，都得消除。已消除，帝王延年，垂拱無憂也。

天，太陽也。地，太陰也。人居中央，萬物亦然。天者常下施，其氣下流也。地者常上求，其氣上合也。兩氣交於中央。人者，居其中爲正也。兩氣者常交用事，合於中央，乃共生萬物。萬物悉受此二氣以成形，合爲情性；無此二氣，不能生成也。故萬物命繫此二氣，二氣交相於形中。故爲善，天地知之；爲惡，天地亦知之。故古者上善德之人，乃內獨知天意，故常方爲善也。

天讖曰：復樂者樂，復善者善，復惡者惡，復喜者喜，復順者順，復眞者眞，復道者

〔補〕鈔辛一四上・一・一

道，復悦者悦*。凡所復，天地羣神亦復之以影響哉！復文者文復，復僞者僞復，復辯者辯復，復佞者佞復，復武者武復，復逆者逆復，復凶者凶復，復邪者邪復。凡所復，悉天地羣神復之。凡吉凶安危之法，在所復已。凡人家力強者，多畜私財，後反多貧凶，何也？神人言，此乃或多智反欺不足者，或力強反欺弱者，或後生反欺老者，皆爲逆。故天不久祐之。何也？然智者當苞養愚者，反欺之，一逆也。力強當養力弱者，反欺之，二逆也。後生者當養老者，反欺之，三逆也。與天心不同，故後必凶也。夫財者，天地之間盈餘物也。比若水，常流行而相從，常謙謙居其下。得多財者，謙者多得也。故期者，天不祐之矣。

〔補〕鈔辛一五上・一・一

從天地陰陽中和三法失道已來，天上多餘算，蓄積不施行，何也？願聞其意。然天之受命，上者百三十，謂之陽曆閏餘也。其次百二十，謂歲數除紀也。其次百歲，謂之和曆物紀也。人悉當象是爲年。今失三法已來，多不竟其年者。餘算一歲一算，格在天上，人行失天道，*無能取者。今象吾文，爲善行者，天上悉且下此算以增之，或得度世，或延年矣。天地□□〔一〕已來，帝王專以憂天下不平，失職

〔一〕原處空白，疑係「開闢」二字。

爲憂患也。微此，無可憂者也。天下善人，忠臣孝子，悉共憂此。但行吾文，此憂除矣。

天上言，陽氣大興盛，鬼物不得妄行爲害，何也？夫陽盛者陰必衰，故物不得妄行爲害也，誰禁之乎？陽精禁之。陽精何以禁之哉？夫陽精爲神，屬天，屬赤，主心。心神，乃天之神也。精者，地之精也。鬼者，人之鬼也。地，母也。鬼，子也。子母法同行，并處陰道。太平氣至，陽氣大興，天道嚴，神道明。明則天且使人俱興用之，神道用，則以降消鬼物之道也。神道興，與君子同行。鬼物道者，與小人同行。故君子理以公正，神亦理公正。小人理邪僞，鬼物亦理邪僞，明於同氣類也。今陽道興火，兵刃當消滅，火厭之。故兵積陰氣盛，火積陽氣盛，陽盛消兵，自然感召也。人生必因天氣，上善者付天，中善付於人，下善付田畝。故上士學而度世，中士當理民，下士當理田野。上士當來雲氣，中士*乘車，下士當步行。此三人各殊職，不相妨害。上士度世上天，爲中和調風雨；中士屬縣官，當理人；下士當理財產。各有所職，不相妨矣。

〔補〕鈔辛一六上·一·一

天上諸學道之爲法也，人精求道也已。小合於小道，見諸神爲小得道，門户未合

〔補〕鈔辛一七上·一·一

於中道，乃得至於大道。至於大道，乃能致於真神也。小合小道者致小神，合於中道者致中神，合於大道者致大神。大神至乃得度世長存。而至此，皆有大邪神鬼，不欲人度世，善惑人致怠，退而自言變怪，真僞相雜。當此乃能分别邪正，則度世矣。天上名上士，從生到終，無一惡意，乃爲凡人所愛，五方人民縣官共賜之遺之。中士乃爲隣里所愛，隣里共賜之遺之。下士無有善心意，無可得賜遺，但竊取其家私賜遺。此天下人粃所爲。何謂粃哉？上士純善，心意無惡，是上陽也。中士心意半善，是其中陽也。下士心意純無善，是下陽也，故名粃。粃不成實，内空無米，爲無實信也。無信實之人爲之粃人。上士*得縣官四方賜與其家者，言不忘本祖也。中士得四隣賜與其家，言不忘父母也。下士反竊取其家財以付傍隣里者，當象其粃，内空外實，反背其本也。皆有害天上，言背反其家，家中不和，悉由此人。夫臣外交，其國必空；家人外交，其家必空；天之咎皆從此起。夫安危起於人腹中，神靈見於遠方，上下旁行，洞達億萬里，可不慎乎？太平道，其文約，其國富，天之命，身之寶。近出胸心，周流天下。此文行之，國可安，家可富。

天地格法，善者當理惡，正者當理邪，清者當理濁。不可以惡理善，邪理正，濁理清。此反逆之，令盜賊不止，奸邪日生，乃至大亂，各從此起。帝王將任臣，必詳其選舉，當以天心。列宿合，乃敢任之。日者，君德也。月者，臣德也。若列宿不合，必不能致太平，奸邪生矣。

說天地上下中央八達郵亭所衣食止舍何等也？作道德而懷疑者，取決於此讖。今天上有官舍郵亭以候舍等，地上有官舍郵亭以候舍等，八表中央皆有之。天上官舍，舍神仙人*。地上官舍，舍聖賢人。地下官舍，舍太陰善神善鬼。八表遠近名山大川官舍，以舍天地間精神人仙未能上天者。雲中風中以舍北極崑崙。官舍郵亭以候聖賢善神有功者。道爲首，德爲腹，仁爲足而行之。天設官舍郵亭，得而居之。欲得天力者行道，欲得地力者行德，欲得人力者行人。此三者，無窮之路；失此三者，亂之本也；不循此三者，名逆天。故聖人苞道德行仁，過此而言，屬萬物之行矣。

請問四時之神氣以助理致善除惡，何者致大神？何者致中神？何者致小神？日〔一〕思月建帝氣者致大神，思相氣者致中神，思殺氣者致小神，思月建後老氣者

〔補〕鈔辛一八上・一・一

〔補〕鈔辛一九上・一・一

致老物，思月建後病衰氣者致邪鬼，思月建後死氣者致純鬼，思月建後破氣者致破殺凶惡咎害也。生氣者屬天屬陽屬前。天道以神氣生，故斗前六神皆生；後六神屬地屬陰。天道以死氣爲鬼，爲物凶咎。子欲使後世常謹常信，自親自愛，神明精氣，不得去離其身，則不知老不知死矣。夫神明精氣者，隨意念而行，不離身形。神明常*在，則不病不老，行不遇邪惡。若神明亡，病者立死，行逢凶惡，是大効也。人欲不病，宜精自守也。凡事不過自然，自然中無精神。凡事皆不成神，不過大道與天地之性，中無大精神，尚皆不成，不能自全。故天地之道，據精神自然而行。故凡事大小，皆有精神，巨者有巨精神，小者有小精神，各自保養精神，故能長存。精神減則老，精神亡則死，此自然之分也。安可強爭乎？凡事安危，一在精神。故形體爲家也，以氣爲輿馬，精神爲長吏，興衰往來，主理也。若有形體而無精神，若有田宅城郭而無長吏也。夫長吏者，乃民之司命也，忠臣孝子大順之人所宜行也。夫人之身，而不忠於上，不孝其親，是負其身，戮其刑，亡其本也。常思善，精神集來隨人也；思惡，精神亦來集人也。乃入人腹中，隨趨人所

〔一〕「日」疑當作「曰」。

思，使悁悒不能忘之矣。

〔起〕請問胞中之子，不食而取氣。在腹中，自然之氣。已生，呼吸陰陽之氣。守道力學，反自然之氣。反自然之氣，心若嬰兒，即生矣。隨呼吸陰陽*之氣，即死矣。〔止〕

〔附〕太平經云：請問胎中之子，不食而炁者何也？天道迺有自然之炁，迺有消息之炁。凡在胞中，且而得炁者，是天道自然之炁也；及其已生，噓吸陰陽而炁者，是消息之炁也。人而守道力學，反自然之炁者生也，守消息之炁者死矣。故夫得真道者，乃能內炁，外不炁也。以是內炁養其性，然後能反嬰兒，復其命也。故當習內炁以內養其形體。

〔存〕三洞珠囊卷四絕粒品引太平經第一百二十云：是故食者命有期，不食者與神謀，食氣者神明達，不飲不食，與天地相卒也。

〔補〕鈔辛二〇上・一・一

〔附〕道典論卷四胎息

〔存〕三洞珠囊卷四絕粒品

太平經合校卷一百三十七至一百五十三壬部不分卷

〔補〕鈔壬一上・二・一

太平經鈔壬部〔一〕

*凡人不能相拘，故自制命。爲不善，天將誅之。故小人得誅於中人，中人得誅於上人，上人得誅於大人。夫小失法，自致危亡。夫神靈大小之誅亦若此。而不能拘制，天當誅之必矣。天畏道，道畏自然。夫天畏道者，天以至行也。道廢不行，則天道亂毀。天道亂毀，則危亡無復法度。故自然使天地之道守，行道不懈，陰陽相傳，相付相生也。道乃主生，道絶萬物不生，萬物不生則無世類，無可相傳，萬物不相生相傳則敗矣。何有天地乎？天地陰陽乃當相傳相生。今絶滅則滅亡，故天畏道絶而危亡。道畏自然者，天道不因自然，則不可成也。故萬物皆因自然乃成，非自然悉難成。如使成，皆爲詐僞，成亦不可久。夫天地雖相去遠闊，其制命無脱者。

〔一〕原文下有「卷之九」三字，今删。又本部經文全缺，今以鈔補。鈔不分卷，以下分段，一仍舊文。除壬部第四葉第三行一篇題外，並皆缺題。

〔補〕鈔壬二上・一・一

〔補〕鈔壬三上・一・一

請問：「太平氣俱至，欲常以善意去姦惡，當何先哉？」「夫天地之性，半陽半陰。陽爲善，主賞賜。陰爲惡，惡者爲刑罰，主姦僞。賞者多，罰者少。姦猾者多，賞者少，姦門開。所以然者，罰者多刑*，主殺傷，犯法者皆成姦罪人，故姦門開，姦猾多也。陽者主賞賜，施與多，則德王用事。陽與德者主養主生，此自然之法也。故晝爲陽爲日爲君爲德，夜爲陰爲月爲臣爲姦。天地之性，半善半惡。故君子上善以閉姦。興善者得善，興惡者得惡。此由若以斗拱斗，非斗者自然走；以尺拱尺，非尺者自然落。猶方與圓不相得，規與矩不相值，縱與横不相合。故陽興必動以類行。故火盛乃雷鳴，朱雀在其中。是以夏雷也，冬則藏。凡事各因其本，乃天道可得而明，不緣其類，聖賢何從得深知之。故從天地開闢已來，人之善惡眞僞，但觀其所行，以類求之，占其成功，善惡得失，賢不肖可覩矣。何須坐爭之乎？」

請問：「從古到今，賢者明者智者辯者力者勇者，此六人皆有萬倍之才，豈有善惡哉？」「此六人悉有萬倍人之才能，其才能安和天地，令使凡邪惡害之屬不生，帝王長無憂而壽，身能自除其疾病，各竟其天年，恩流凡人，此賢明智辯力勇，大善有益矣。而不能共和天地，*使帝王無憂而壽，而身有疾病，被災不能祓去，或夭年

〔補〕鈔壬四上・一・一

而死，與凡人無別，此六人無益也。但效其成功，無復問也。成功者是也，不成功者非也。效事若此，深得皇天心意，帝王爲之延年命，萬物悉治也。」

請問：「凡物一時有不生者，又有不養者。長之不成，其大過悉從何來？」「當生而不生者，天也；當養所不養者，地也。天地爲萬物之廬，賢人爲萬物工匠。帝王者象天，常欲生；后妃者象地，常欲養；大臣者象人，常欲思成。此三人并力，凡物從生到終，無有傷也。欲象平之道，爲法者必當如此矣。」

請問：「天道助弱耶？助強耶？助寡耶？助衆耶？」神人言：「天道助弱。」「何哉？」「夫弱者，道之用也；寡者，道之要也。故北極一星，而衆星屬，以寡而禦衆也，道要一而道屬焉。是故國王極寡，而天下助而治，助寡之効也。父母極強，反助嬰兒，是強助弱之効也。上善之人寡而弱，不善之人強而衆；衆則寡矣，強則弱矣。故君子求弱不求強，求寡不求衆。故天道祐之。故不與人爭*也，而人自爲爭；不與人爭強也，而人助爲強。故不爭而善勝也。」

分別天道精身與德不訣〔一〕。請問：「夫道審當樂欲行，何爲明効？」神人言：「吾

〔一〕「分別天道精身與德不訣」十字，疑係題目。

〔補〕鈔壬五上·一·一

受此文於天上諸神，諸神言，吾聞與陰陽風雨寒暑相應也，以是爲大効。天樂其道行，而人未明信之，以乞雨止雨而明効之。行太平之道，乞請皆應；不行太平之道，乞請不應；明天道至在大平也。故萬物不生者，失在太陽；生而不養者，失在太陰；養而不成者，失在中和。故生者，父也；養者，母也；成者，子也。生者，道也；養者，德也；成者，仁也。一物不生，一道閉不通；一物不養，一德不修治；一德不成，一仁不行；欲自知有道德與仁否，觀物可自知矣。五者，帝王君父師欲深自知道德仁優劣。但觀此，故理之第一善者，莫若樂生，其次善者樂養，其次善者樂施。故生者象天，養者象地，施者象仁。此三者，天地人之大綱也，過此而下者，但備窮乃後用之耳。如此天氣自爲平安，邪氣自消滅，善人自至，惡人自去，莫不響應也。明之者師也，謂先知之稱師，*當主證而明之。自古至今，凡文出皆天地也，故天地先出之；明之者師也，故夫文出皆有師，行之者縣官也。古者帝王承天意，受師教，力行以除去災害，以稱天心，得延年益命，此之謂也。造之者天，明之者師，行之者帝王，此三事者相須而成。天不出文，師無由得知；師不明文，帝王無從得知治。故天將興帝王，必有奇文出；明師使教帝王縣官，令得延年益

〔補〕鈔壬六上・一・一

壽，是祐帝王之明證也。」「凡人民萬物不生，生而不養，養而不長，長而反不成，不竟其天年，其過安在？」「凡民萬物不生者，天也；不養者，地也；長而不成者，人也。」「過在人乎？」「萬物不得時生者，君也；生而不養者，臣也；長而不成者，民也。天與君父主生，此太陽之長也，生之祖也。天不欲生，物不得生，父不欲施，物亦不得生，君不欲生，物亦不得生，故天與君父主生。夫君父常念生，不樂殺者，凡物盡生。一念殺者一物死，十念殺者十物死，百念殺者百物死，自此至萬念，皆若此矣。」「地母臣承陽之施，主長養萬物，常念長養之不？」「念一*不長養，則一物被傷，十念則十物傷，百念則百物傷，自此至萬，乃若此矣。是故上古帝王之任臣，常求慈仁，好長養萬物與爲治；中古半慈仁，物半傷；下古不詳擇臣而任之，故萬物悉傷矣。其德皇，王〔一〕之言煌煌也。帝者，爲天地之間作智，使不陷於凶惡，故稱帝也。王者，人民萬物歸王之不傷，故稱王。王者，往也。君者各安其部界，人歸附之而無害，故稱君。君者，號也。吏者，治也，而助上治物，使凡民萬物大小，不失其治，乃得稱吏。師者悉解天下辭，悉乃得稱大師者，所謂能解天

〔一〕「王」疑當作「皇」。

〔補〕鈔壬七上・一・一

下天下文也。故得稱皇帝王君師也。故皇道爲首，帝道爲腹，王道爲股，吏爲手足。師道者，繩墨爲法爲則，上下相須而立。故善治者常念皇道，中念帝道，下念君吏吏道。常誦大師之法，則守其繩墨，然後天心可安，地意可得，四時自順，五行不戰，三光常明，鬼神精氣不害，五官五土各得其所，盜賊不發，帝王垂拱，俱稱萬歲。天道爲法如此，不如吾文，誠難哉！謹思其意，行此二事，亦有戒哉！」

*天地之性，精氣鬼神行治人學人教人。神者居人心陰，精者居人腎陰，鬼者居人肝陰。於人念正善，因教人爲善；常居人藏陰，趨人爲惡，教人爲惡，亦趨人爲惡。古者賢人聖人腹中，常陰念爲善，故得善應。凡人腹中常陰念惡，故得惡應，不能自禁。咎在常陰念善惡，鬼神因而趨善惡，安鬼於此可驗矣。

太平氣，風雨時節，萬物生多長，又好下糞地，地爲之日壯且富多，可能長生。凶年雨澤不時，地上生萬物疎少，短而不長，不能自糞，則地之爲日貧薄少，無可能成生萬物。天地之行，尚須陰陽相得和合，然後太平，而致四時五行之吏也。帝王月建前後也，職當爲帝王氣，逐邪惡之吏也。夫建氣王氣，是乃天四時五行之帝氣也。相氣除氣爲前，一是正其前，毛頭直指之吏也。所向者伏姦，不得復行

〔補〕鈔壬八上・一・二

爲害，除前滿平定氣，皆善良吏也。前五執者居前，預爲帝王氣，執除大邪。建前五將，悉受天正氣，皆天之神吏，當爲天使，無大小萬二千物之屬，皆當被服其德而奉行其化。當王氣*爲死，當月建爲破，此尊嚴第一之氣，故不可當也。當者死，名爲殺氣大耗。月建後爲閉，閉塞邪姦，恐後休伏之氣來干帝王建氣也。故天閉其後，後而開，却休邪氣教去也。其後爲成姦，便當收之也。後五爲危，危者其處近天執大殺，一轉破即擊，故爲危也。此後五將，天將欲休之，與地同氣，主閉藏姦邪，鬼物同處，不可使也。

問曰：「北方爲皇之始，東方爲帝之始，南方爲王之始，西方爲霸之始。今天有六甲十二子，皇道當於何起？」「然，天有三統，各有大無。初一者天皇，二者帝，三者王，四者霸。天皇起於上甲子，地皇起於乙丑，人皇起於丙寅，霸道起於丁卯，是天曆氣數也。地曆者，皇道起於子，帝道起於丑，王道起於寅，霸道起於卯。此四者，初受天地微氣造生，不得有刑。有刑者傷皇道，道法不得有傷。故子刑卯，丑刑戌，寅刑巳，皆出刑氣，不與同處。」

問曰：「天封人以等，地封人以等，人封人以等，豈可聞耶？」曰：「天封人以道，地

〔補〕鈔壬九上・一・二

封人以養德，人封*人以祿食。」「何也？」「天者，以道自殊且久，故封之道，使壽，可得食風氣而飽。地者主養善地。地令人富，故封人以德富。君者封人以祿食，賜之以衣服。此三事皆善也。好道不解，故得封於天。好德愛地，知相地授而居之，去凶得吉，得封於地。好學而有益於上政者，君父乃不能遠也，須以理事，故得封於人也。是古者聖賢力學，不敢失此三事。故有得道而去者，有避世而之復地者，或有得君之祿食者也。」

問曰：「夫樂五音者，得其音何如？不得其音何如？並可聞耶？」「夫音，非空也，以致真事，以虛致實，以無形身召有形身之法也。夫樂乃以音響召事，比若人開口出聲，有好有惡，善者致吉，惡者致凶。此書俱出於人口，乃致善惡之應，樂聲正天地陰陽五行之語言也。聽其音，知天地情，四時五行之氣和，以不知盡矣。故上士得其意，以平理度也；中士爲之，以助君理，以致壽；賢者爲之，以致無憂。音者，乃一以乘萬，萬乘無極，天下畢備矣。」

〔補〕鈔壬二〇上・一・二

問：「太平經何以百七十卷爲意？」曰：「夫一者，乃數*之始起。故天地未分之時，積氣都爲一。分爲二，成夫婦。天下施於地，懷姙於玄冥，字爲甲子；布根東北，

〔補〕鈔壬二上・一・一

丑爲寅始；見於東，日出卯；畢生東南，辰以巳垂枝於南，養於午；向老西南，未以申也；成於西方，日入酉；畢藏於西北，戌與亥。故數起於一，而止十二。干之本，五行之根也。故一以成十，百而備也。故天生物，春響百日欲畢終。故天斗建辰，破於戌。建者，立也，萬物畢生於辰。破者，敗也，萬物畢死於戌。故數者，從天下地八方，十而備；陰陽建破，以七往來，還復其故。隨天斗所指以明事，故斗有七星，以明陰陽之終始。故作太平經一百七十卷，象天地爲數，應陰陽爲法，順四時五行以爲行，不敢失銖分也。失之則爲脱天事，無所據，不應天地之心意，不隨天數而爲經，無益於理世之用也，不象天地之法，不能去害也。欲知其効，收世之閑文，積之三十里，乃至天，行之，不能消災害矣。」大天之下，八十一域，萬一千國中，各自有文書，悉欲除惡致善，消災害。今盡收錄聚之，方圓*百里，上可將至天，終不能消去災害。此文雖少，帝王能行，必俟明効矣。上古第一神人、第二真人、第三仙人、第四道人，皆象天得真道意。眩目内視，以心内理，陰明反洞於太陽，内獨得道要。猶火令明照内，不照外也，使長存而不亂。今學度世者，象古而來内視，此之謂也。久久傳相生復衰微，反日厭其所爲，傳失道意，不能内照，日益不理。故天出聖人，象天文理，故天文自覩也。故天文正，天亦正；地文正，地亦正；人文正，人亦正；天地人俱正，萬物悉正。人者，萬物之長也。人失職被傷，不以壽死，萬物亦隨之，天地亦爾。邪氣大作，病人不絕天年。惟古今之行，各有次第，不相踰越。上皇神人之尊者，自名委氣之公，一名大神，常在天君左側，主爲理明堂文之書，使可分別，曲領大職。當爲君通神仙，錄未生之人，各有姓名，置年歲月及日時。當上升之期，使神往師化其身乃上之。各有姓名，置年歲月及日時，至時當上升之期，使神往師化其身乃上之。

〔補〕鈔壬二上・一・一

隨其智能高下，各各使*不忘部署分別，各令可知，使自狀其能，却乃任之。奏上，出言曰，大神爲上主領羣神，各有所部，宜服明之，勿使有疑。令壽命長藉，宜當諦之。聖明有心，宜以白日所有生。復而以簿書籌算相明，可在計曹，主領錢數珍寶之物。諸當上計之者，悉先時告白，併計曹者，正謂奏司農，當大月三十日，小月二十九日，集上大神明堂，勿失期，如天君教，皆不得失平旦三刻之間也。明堂大神上承五刻集奏，如天君舊令從事。大神受君之勑，部下司農，司農受勑，使下所部州郡國。言所部領所主，當上簿入司農委輸者，各以所出送書到。如懈惰

〔補〕鈔壬一三上・一・一

不時送者，司農輒上明堂大神，上白天君，出教下司農，令郡國催促，不失後書。置時日漏刻相授，各有分别，勿有所亂，皆令同文，各有所副文。天上自無水旱之災，不得有增減之文。轉輪當至，勿稽留因緣，恐獨受取，覺知者有主，天上知聞，罪輒不赦。各慎其職，各明其事。天君皆預知，不言音，宜詳所問，不用此言。水旱無常，災害併生，人民疾病，死生無數，不*用天君教令致也。天君教出告大神，卿相中二千石文書，羣僚在職之神，務盡其忠，務盡其行，上稱天君之心。天君與諸師化之，當得升度者就而正。各使成神光景，隨其尊卑所化之神，皆隨有職位次第官屬。天君勑大神常化成之。人各自度量，志意日高，貪慕上升。其化生光耀，日中所見，洞徹正神，相隨浮遊八表。觀天所施爲，知其動摇，各從其宜。朝天謁見，自有常日。當以月初建，大神小神，自相差次，銓次尊卑。朝大臣不過平旦朝會，羣神各明部署，案行無期，務明其文書，督責有職之人，先坐其事，當如天君教令。有所白，輒開明堂，乃得所言。各有所明，各有所帶，不得無有功効。天君勑大神，羣僚集會，各正其儀，勿使有過，差以法令，各察所部。天上覺知，其過不除。各慎所職，無爲諸神所得短。天君勑大神曰，郡國之中，有聖智志意，常念

〔補〕鈔壬一四上・一・一

貪生之術，願與生神同行，與天合思。欲布恩於人，思惟生成，助天理生，助地養形。慕仁善化，上其姓名於大神，使曹有文辭，數上功，有信可任。曹白*其意，天君當自有數，衆神所舉各令保。是郡國選擇，務取尤善。天君勑明堂，諸當爲天君理衆職，務平其心。各行天上所部，使有分理，皆盡忠誠，通達所知，務成其功，務理其所。各譽篤達，宜進所思，音聲所通，其意雖有心言，天君預聞其語，當何隱蔽而不盡忠誠。

問曰：「今欲更明聖賢仁之法而悉絶邪文，何更能明之哉？」「天病此邪僞文，使除之，取明天之道。夫古今聖人之文，所以理天地。夫聖人之文明，則天道大理矣。夫皇天所怒而不悦，故有戰鬬，水旱災害不絶。王者愁苦，皆曰聖人文稍稍亂而不明，故天道雲亂而難理也。聖人文亂，天道亦亂；聖人文廢而不用，天道亦廢而不用。」

問曰：古者無文，天道不亂。時天券文未出，上皇神人理上祖考，本與皇天分體，久久去天道遠，喪亂，不復知天意。故天出券，使聖人書師傳之，聖人不竟久留也。故記而置之，以遺後生。故太平氣至，天道當理矣。

〔補〕鈔壬一五上・一・一

問曰：「今欲使理氣事而長生，豈可得聞不？」「然，詳*念吾之言，皇天自有常法，爲人君上者，當象天而行，乃以道德仁爲行三統。君上樂欲無事者，朝常念道，晝常念德，暮常念仁，既無一事矣。」「願聞朝何故念道、晝何故念德、暮何故念仁？」「然，天道可順，不可逆也。順天者昌，逆天者亡。」「今願聞其要意。」「然，天有四時三部，朝主生，晝主養，暮主施。故東南生，西南養，西北施。故人象天爲行，以東南種而生之，西南養而長之，仲秋已往，夏内居嫁娶而施傳類，此皇天自然教令也。故人民嘿自隨之，理能常象此者，即得天意矣；不能象此，名爲逆天教令，故多傷也。傷少則春物傷，傷丁壯則夏物傷，傷老即秋物傷，傷懷姙即冬物傷，此自然之法也。古者聖王，常思念天道而行，不敢失銖分矣。」

〔補〕鈔壬一六上・一・一

問曰：「欲得與地長厚，可得聞乎？」「然，常順天所爲者，長與天厚；輕逆之者，長與天爲怨。故古聖王之理者，一曰常生，二曰常養，三曰常施。爲行如是，謹以承仰天道不理之名。四曰刑之而不理，五曰殺，是其極也。以此分別，第一*之君純生，第二之君純養，第三之君純施，第四之君純刑，第五之君純殺。生者延年國昌，養者增算，施者無過，刑者有病，殺者暴窮。古者聖王，覩天禁明，不敢妄爲也。古者聖王得六甲王相微氣之日，不怒不言惡事。至此之日，故言善事，飲食作樂，以止災去凶邪也。故王氣常欲見尊敬。故上古度世之人，聖王之理順此，故得臥理而思，訖無一事。春東首，夏南首，秋西首，冬北首，四季首其角。君臣人民俱知其法，天下邪氣悉消。天上格法，常以王日下取庫兵，理〔一〕之地下。以休廢之日乃致之，故盜賊不興，兵革息矣。」

問曰：「天獨怒而不應和人，寧可知否？」「然，天理乃以氣爲語言，見於四時。春角氣不知，肝脈不動，角蔟不和，清音不應，此即天不悦不語言也。古者聖王見此，即思惟得失之理以反之。然王氣所居，乃得仁助其理也。此二氣共生成於此也。乃反休廢凶氣至，來助其理，此乃三氣。小人之氣反見於是，無統天位，故象小人。天見照，見其類，令賢聖策之而思之，*當索幽隱道人德人仁人以反復其氣，立相應矣。故王者御天道，以民臣爲股肱；爲御不良，則亂其道矣。古者聖人將御天道，索道德仁賢明共御之，乃居安也。故道人屬天，德人屬地，仁人屬中和。故三統不和，三賢理之。故太平氣至，萬物皆理矣。」

問曰：「萬民何以盡爲仁哉？」「然，天道乃生德，德乃生仁。今君乃以道人爲師，

〔補〕鈔壬一七上・一一・一

〔補〕鈔壬一八上・一・二

取法於道。君乃法道，其臣德矣。民乃取法於臣，臣德則民仁矣。令下象上法，上法天也。轉而相生，民安得不盡仁哉？古者聖王以大道人爲師者，乃欲化下流也。上君爲政如天，中君爲政如地，下君爲政如人。如天者，不失天意，父事大〔二〕道也。如地者，不失地意，母事地道也。如人者，不失人意，思樂得中和之道。聖人見萬物盡生，知其理重〔三〕道也；見物盡養，知其真德也；見萬物盡成，知其真仁也。夫理真道者，但有生心；理真德者，但有養心；理仁者，但有施心。非此三統道德仁，非謂太平之君矣。天上之士乃生天，上受委氣無形而生。知天上之士，何所不知*，何所不明，何所不見，自然元氣，同職共行。天上之士，常在無極之殿，與天同理文書。上下不失其事，乃知可生之物；復下地形，使得成就，萬物皆被榮。天上之士，天之所尊敬，諸神所仰，如帝王太子，敢有不敬者乎？天君者則委氣，故名天君，尊無上；所勑所教，何有不從令者乎？」

問曰：夫太平之君道盛，其德乃次天也。得書獨行，化流天下，乃可無不平也。夫大神不過天與地，大明不過日與月，尚皆兩半共成一。夫天地各出半力，幷心同

〔一〕「理」疑當作「埋」。　〔二〕「大」疑「天」字之誤。　〔三〕「重」疑當作「真」。

欲和合，乃能發生萬物。晝夜各半力，乃成一日。春夏秋冬各出半力而成一歲。月始生於西，長而東，行至十五日名爲陽，過十五日消，名爲陰。各出半力，乃成一月也。男女各出半力，同志和合，乃成一家。天地之道，乃一陰一陽，各出半力，合爲一，乃後共成一。故君與臣合心并力，各出半力，區區思同，乃成太平之理。

問曰：時人文雖多，乃自言物畢備者，災害盜賊常有餘也。而常得愁苦，於此凶日以爲憂，*吏民共救之，不能救也。絶者復起，今吾可以長補其不足，而使無復災也。從古天券文出已來，凡賢聖文書，寧亦有同者，皆異也。故天命師使出，除凶德，覆民臣，光被四表，遠邇響應，恩及草木。是其用心意開也，其書皆異也。

問曰：古今要道，皆言守一，可長存而不老。人知守一，名爲無極之道。人有一身，與精神常合并也。形者乃主死，精神者乃主生。常合即吉，去則凶。無精神則死，有精神則生。常合即爲一，可以長存也。常患精神離散，不聚於身中，反令使隨人念而遊行也。故聖人教其守一，言當守一身也。念而不休，精神自來，莫不相應，百病自除，此即長生久視之符也。陽者守一，陰者守二，故名殺也。故畫

〔補〕鈔壬一九上·一·一

爲陽，人魂常并居；冥爲陰，魂神爭行爲夢，想失其形，分爲兩，至於死亡。精神悉失，而形獨在。守一者，真真合爲一也。人生精神，悉皆具足，而守之不散，乃至度世；爲良民父母，見太平之君，神靈所愛矣。

〔存〕三洞珠囊卷四絶粒品引太平經第一百四十五云：問曰：「上中下得道度世者，何食之乎？」答曰：「上第一者食風氣，第二者食藥味，第三者少食，裁通其腸胃。」又云：「天之遠而無方，不食風氣，安能疾行，周流天之道哉？又當與神吏通功，共爲朋，故食風氣也。其次當與地精并力，和五土，高下山川，緣山入水，與地更相通，共食功，不可食穀，故飲水而行也。次節食爲道，未成固象，凡人裁小別耳。故少食以通腸，亦其成道之人。」

〔存〕三洞珠囊卷四絶粒品

太平經合校卷一百五十四至一百七十 癸部不分卷

太平經鈔癸部〔一〕

【起】* 一〔二〕曰神道書，二曰核〔三〕事文，三曰去〔四〕浮華記，【止】都曰大順之道。太者，大也；大者，天也；天能覆育萬物，其功最大。平者，地也，地平，然能養育萬物。經者，常也；天以日月五星爲經，地以嶽瀆山川爲經。天地失常道，即萬物悉受災。帝王上法皇天，下法后地，中法經緯，星辰嶽瀆，育養萬物。故曰大順之道。

神人真人聖人賢人自占可行是與非法〔五〕

古者神人自占是非，得與不得，其事立可觀也。不但闇昧，昭然清白。神道至衆，染習身神，正心意，得無藏匿。善者出，惡者伏，即自知吉凶之法，如照鏡之式也。於此之時，賢明自安，時不再來，物不重應。乃得獨盛，洽遠方，故事見，其應見，愼無拒逆，撰以爲寶器，可謂得天地之心意矣。其事時矣，事皆職矣，神道來矣，賢者謀

〔補〕鈔癸一上・二・一
〔幷〕雲笈七籤卷六四輔

〔補〕鈔癸二上·一·二

〔附〕道典論妙瑞篇

矣，吉人到矣，邪者不來矣，清明見矣，四方悦矣，幽人隱士出矣，得天心矣，得治術矣，邪不發矣，自然達矣，真人來輔矣，天下善應矣，各以其事來矣，去憒亂矣。此應出腹中，發于*胸心，乃若雷電之應證也。〔起〕夫瑞應反從胸中來，隨念往來，須臾之間，周流天下。心中所欲，感動皇天，陰陽爲移，言語至誠感天，正此也。〔止〕

〔附〕道典論卷四妙瑞篇引太平經云：「人君爲善於内，風雨及時於外，故瑞應反從人胸中來。故有可欲爲，皆見瑞應，何有不來者乎？夫至誠乃感皇天，陰陽爲之移動，誰往爲動者乎？」「身形不能往動也。動也者，冥乃心中，至誠感天也。」

念者能致正，亦能致邪，皆從志意生矣。使能動天地，和陰陽，合萬物，人能度身，出能成名，賢不肖皆由斯生。故賢者善御，萬不失一也。「人腹中有過，反面赤，何也？」「心者，五藏之主；主即王也，王主執正，有過乃白於天也。」「驚即面青，何

〔一〕原文下有「卷之十」三字，今删。又本部經文全缺，今以鈔補，鈔不分卷。據敦煌目，鈔癸部相當于經甲部。〔二〕「一」上雲有「書有三等」四字。〔三〕「核」雲作「覈」，「核」通「覈」。〔四〕雲無「去」字。〔五〕以上十六字鈔連下文，疑係題目，因低四格。敦煌目作「自占盛衰法」。

〔卅〕雲笈七籤卷六四輔

〔補〕鈔癸三上・一・一

也？」「肝者主人，人者憂也，反㤥肝膽爲發怒，故上出青也。」諸神皆有可主，以萬物相應。故令人常自謹良，而順天地，而災不得復起也。

外〔一〕學多，內學少，外事日興，內事日衰，故人多病，故多浮華。浮者，表也。華者，末也。夫天道遠入邪中，不能自還。所謂【起】神道書者〔二〕，精一不離，實守本根，與陰陽合，與神明同〔三〕。核〔四〕事文者，考核〔五〕異同疑誤不失。浮華記者，離本已遠，乃〔六〕居野，其文錯亂，不可常用，時〔七〕可記〔八〕也。【止】守本者，治若神矣；守中者，少亂而煩矣；守末者昏矣。故賢者守本戒中，不敢從末也。夫能守之不止，方〔九〕方善來者，無拒*逆，撰爲寶器，萬世不復易也。人力自爲善者可厄乎？邪辟夷狄却乎？兵革絶乎？杖策絞無聲乎？四方安乎？道路通乎？人君明乎？神策：大人守之動四方，中士爲之令臣良，小人爲之不相傷。其辭約，其法明，占神文乎可不行。不能持乎，慎無傷以拘奸乎？

以自防却不祥法〔一〇〕

順用四時五行，外內思正，身散邪，却不祥，懸象而思守，行順四時氣，和合陰陽，

〔補〕鈔癸四上・一・二

羅網政治鬼神，令使不得妄行害人。立冬之後到立春，盛行用太陰氣，微行少陽之氣也。常觀其意，何者病爲人使，其神吏黑衣服，思之閑處四十五日，上至九十日，令人耳目聰明。立春盛德在仁，氣治少陽，王氣轉在東方，興木行，其氣弱而仁，其神吏青衣，思之幽閑處四十五日，至九十日，令人病消。以留年行不止，令人日行仁愛。春分已前，盛行少陽之氣，微行太陽之氣，以助少陽，觀其意無疑，深思其意，百邪服矣。立夏日盛德火，王氣轉在南方，太陽之氣以中和治。其神吏用之得其意，口中生甘，神吏赤衣守之，百鬼去千里*。夏至之日，盛德太陽之氣，中和之氣也，其神吏思之可愈百病。季夏六月，盛德合治，王氣轉在西南，迴入中宮，其神吏黄衣思之，令人口中甘，每至季思之十八日。立秋日盛德在金，王氣轉在西方，斷成萬物，其神吏白衣，思之四十五日至九十日，可除病，得其意，令骨強老壽。秋分日少陰之氣，微行太陰之氣也，逆疾順之。立冬之日，盛德在水，

〔一〕下文疑係另一篇，但佚題目。　〔二〕「者」下原無「精一不離實守」六字，疑脱，今據雲補。

〔三〕「明同」雲誤作「同門」。　〔四〕「核」雲作「覈」，「核」通「覈」。　〔五〕「考核」雲作「覈事」。

〔六〕雲無「乃」下五字。　〔七〕「時」下雲有「時」字。　〔八〕「記」下雲有「故名浮華記」五字。

〔九〕「方」疑當作「六」。　〔一〇〕鈔連下文，疑係題目，今移置。

王氣轉在北方，其神吏黑衣。令人志達耳聰，守之四十五日至九十日，百病除。此五行四時之氣，內可治身，外可治邪，故天用之清，地用之寧。天用之生，地用之藏，人用之興，能順時氣，忠臣孝子之謂也。此名大順天地陰陽四時五行之道。故道爲仁賢出，不爲愚者生矣。

盛身却災法〔一〕

〔補〕鈔癸五上・一・一

年十歲，二十年神。年二十，四十年神。年三十，六十年神。年四十，八十年神。年五十，百年神。年六十，百二十年神。年七十，百〔二〕年神。年八十至百二十，神盡矣。少年神加，年衰即神滅，謂五藏精神也，中內之候也。千二百二十善神爲其使，進退司候，萬神爲其民，*皆隨人盛衰。此天地常理，若以神同城而善御之，靜身存神，即病不加也，年壽長矣，神明祐之。故天地立身以靖，守以神，興以道。故人能清靜，抱精神，思慮不失，即凶邪不得入矣。其真神在內，使人常喜，欣欣然不欲貪財寶，辯訟爭，競功名，久久自能見神。神長二尺五寸，隨五行五藏服飾。君仁者道興，君柔者德生。中心少有邪意，遠方爲之亂。神氣周流，疾於

〔補〕鈔癸六上・一・一

雷電，急還神明，以自照內，故病自愈而人自治。故人生百二十上壽，八十中壽，六十下壽，過此皆夭折。此蓋神游於外，病攻其內也。思本正行，令人相親愛。古之求壽，不失其道者。天地有常行，不可離本也；故求安而長存者，慎無忘此道本元也。故畫圖以示後來。陳人物生受命之時，久遠以來到今，不失陰陽傳類，更相生而久長，萬萬餘世，不可闕也。一衰一盛，高下平也；盛而爲君，衰即爲民；盛即得道，衰即受刑。夫孝者，莫大存形，乃先人統也，揚名後世，此之謂善人謹民。天地愛之，五行功之，四時利之，百王任之，萬民好之，鬼神祐*之，五藏神留之。遇一得生，今且失之。離我神器，復爲灰土，變化無常，復爲萬物矣。

分別形容邪自消清身行法〔三〕

道之生人，本皆精氣也，皆有神也。假相名爲人，愚人不知還全其神氣，故失道也。能還反其神氣，即終天年，或增倍者，皆高才。或求度厄，其爲之法，當作齋

〔一〕鈔連下文，疑係題目，今移置。〔二〕「百」下疑脫「四十」二字。〔三〕鈔連下文，疑係題目，今移置。

室，堅其門户，無人妄得入；日往自試，不精不安復出，勿強爲之。如此復往，漸精熟即安。安不復欲出，口不欲語，視食飲，不欲聞人聲。關鍊積善，瞑目還觀形容，容象若居鏡中，若闚清水之影也，已爲小成。無鞭策而嚴，無兵杖而威，萬事自治。豈不神哉？謂入神之路也。守三不如守二，守二不如守一，深思此言，得道深奧矣。

通神度世厄法〔一〕

天之生人，萬事畢備。故十月而生，與物終始，故可度災厄，致太平。起上士學道，輔佐帝王，當〔二〕好生積功乃久長。中士學道，欲度其家。下士學道，纔〔三〕脱其軀〔四〕止。道爲賢明出，不爲愚者。能用之者吉，不能用之，寧無傷無賊哉？

賢*不肖自知法〔五〕

上士高賢，事無大小，悉盡畏之；中士半畏之，下士全無可畏。上士所以畏之者，反取諸身，不取他人。心開意通無包容，知元氣自然之根，尊天重地，日月列星、

〔廾〕太平御覽卷六五九

〔補〕鈔癸七上・一・一

五行四時、六甲陰陽、萬物蚑行動搖之屬，皆不空生。鬼神精魅六合之間，表裏風雲雷電不空行也。此皆有神有君長，比若人有示，故畏之，不敢妄行。中士半畏之者，上不知元氣自然之有術，纔知今見風雨雲氣與生物也；尚時言天無神，不畏列星日月也，纔知大火北斗。下士則不知土地山川之廣大可恢，纔知耕田，種其所有，治其家眷術也；不知四時五行可以何履也，但知隨而種樹之，收其利耳；不知六甲陰陽爲神，通言其無有也。夫〔六〕人愚學而成賢，賢學不止成聖，聖學不止成道，道學不止成仙，仙學不止成真，真學不止成神，皆積學不止所致也。

利尊上延命法〔七〕

一曰延命。夷狄自伏法萬種，其類不同，俱得老壽。天地愛之，其身無咎。所以

〔一〕鈔連下文，疑係題目，今移置。〔二〕「當」下八字御覽作「好生之德也」。〔三〕「纔」御覽作「才」。〔四〕「軀」御覽作「身」。〔五〕鈔連下文，疑係題目，今移置。〔六〕「夫」下一段，略見於本書卷五十六至六十四闕題（太平經鈔丁部第十五葉）中。〔七〕下文原無題目，據敦煌目加。

然者，名爲大順之道。道成畢身，與天地同域。古者爲之，萬神*自得，欲知其効，瑞應自至，凶禍自伏。帝王以治，不用筋力，能知行此，夷狄自伏，行之不已成真人。故聖人之教，非須韃揣擊而成，因其自然性立教。帝王所以能安天下者，各因天下之心而安之，故得天下之心矣。是道修古文，人本生時乃名神也，乃與天地分權分體分形分神分精分氣分事分業分居。故爲三處。一氣爲天，一氣爲地，一氣爲人，餘氣散備萬物。是故尊天重地貴人也。故三皇五帝皆立師，疑者跪問之。故國常治，雖災戹亦可愈也。

〔補〕鈔癸八上·一·一

王者無憂法〔一〕

大順之路，使王者無憂無事致太平。夫天地不大動搖，風雨不横行，百神安其居，天下無災矣。萬物各居其處，則樂無憂矣。何以致之？仁使帝王常樂，道使無愁苦也。若帝王愁苦，即天下不安。夫帝王，天下心也；羣臣，股肱也；百姓，手足也。心愁則股肱妄爲，手足行運不休止，百姓流蕩。是其自然相使也，天亦如是也。天失道，雲氣亂，地失道，不能藏矣。王者與天相通。夫子樂其父，臣樂其

〔補〕鈔癸九上・一・二

君，地*樂於天，天樂於道。然可致太平氣，天氣且一治，太上皇平且一下。天地和合，帝王且行吾道，何咎之有？道者，天之心，天之首。心首已行，其肢體寧得不來從之哉？

〔卅〕太平御覽六六八

還神邪自消法〔二〕

分別三氣所長，還神守身。太陽天氣故稱神。形者，太陰主祇，包養萬物，故精神藏於腹中，故地神稱祇。精者，萬物中和之精。故進退無常；天地陰陽之精，共生萬物，此三統之歷也。神者主生，精者主養，形者主成。此三者乃成一神器，三者法君臣民，故不可相無也。故心神動搖，使形不安，存之不置。利其可安即留矣，不用其可安即去矣。始學用其可，安之教之，久久自都安不去矣。陰氣陽氣更相摩礪，乃能相生。人氣亦輪身上下，神精乘之出入。神精有氣，如魚有水，氣絕神精散，水絕魚亡。故[起]養生之道，安身養氣，不欲數〔三〕怒喜〔四〕也〔五〕。[止]古者明

〔一〕鈔連下文，疑係題目，今移置。〔二〕鈔連下文，疑係題目，今移置。〔三〕御覽無「數」字。
〔四〕「怒喜」御覽作「喜怒」。〔五〕「也」下御覽有「無憂故自壽也」句。

師，教帝王皆安身，使無憂，即帝王自專矣。天喜太平氣出，無不生成。天恨形〔一〕罰之氣出，莫不殺傷，萬物莫不被其毒，故同憂也。天不守神，三光不明；地不守神，山川*崩淪；人不守神，身死亡；萬物不守神，即損傷。故當還之乃曰強，不還自守曰消亡也。

〔補〕鈔癸一〇上・一・二

和合陰陽法〔二〕

自天有地，自日有月，自陰有陽，自春有秋，自夏有冬，自晝有夜，自左有右，自表有裏，自白有黑，自明有冥，自剛有柔，自男有女，自前有後，自上有下，自君有臣，自甲有乙，自子有丑，自五有六，自木有草，自牝有牡，自雄有雌，自山有阜。此道之根柄也。陰陽之樞機，神靈之至意也。

令人壽治平法〔三〕

〔幷〕秘一上・三・四

[起]三氣共一，爲神根也〔四〕。一爲精，一爲神，一爲氣。此三者，共一位也〔五〕，本天地人之氣〔六〕。神者受之於天，精者受之於地，氣者受之於〔七〕中和，相與共爲一

〔補〕鈔癸一上・一・六

道〔八〕。故神者乘氣而行，精者居其中也〔九〕。三者相助爲治〔一〇〕。故人〔一一〕欲壽者，乃〔一二〕當愛氣尊神重精「止」也。欲正大事者，當以無事正之。夫無事乃生無事，此天地常法，自然之術也，若影響。上士用之以平國，中士用之以延年，下士用之以治家。此可謂不爲而成，不理而治。大道坦坦，去身不遠，内愛吾身，其治自反也。

七事解迷法〔一三〕

*以德治身何如，及以治萬民致大和之氣何如，善而不達，何能安哉？以仁、義治身何如，及治萬民何如，善而不達，何能安哉？以禮治身何如，及以治萬民何如，善而不達，何能安哉？以文治身何如，及治萬民，善而約束，使不得爲非何如，善

〔一〕「形」通假作「刑」。〔二〕鈔連下文，疑係題目，今移置。「陽」下疑脱「法」字，今加。〔三〕鈔連下文，疑係題目，今移置。〔四〕秘無「爲神根也」四字。〔五〕秘無「也」字。〔六〕「氣」下秘有「根」字。〔七〕秘無「於」字。〔八〕秘無「道」字。〔九〕秘無「也」字。〔一〇〕「治」秘作「理」。〔一一〕秘無「故人」二字。〔一二〕秘無「乃」字。〔一三〕鈔連下文，疑係題目，今移置。

而不達，何能安哉？以〔一〕治身何如，及治萬民何如，善而不達，何能安哉？以滅武兵革治身何如，及以治萬民何如，善而不達，何能安哉？然此七事，亦不可無，亦不可純行。古者神人治身，皆有本也，治民乃有大術也。使萬物生，各得其所，能使六極八方遠近懽喜，萬物不失其所。乃當自然，能安八方四遠，行恩不失氂毛。今未能養其本末，安能得治哉？今此上德、仁、義、禮、文、法、武七事各異治，俱善有不達，而各有可長，亦不可廢，亦不可純行。治身安國致太平，乃當深得其訣，御此者道也。合以守一，分而無極，上帝行之，乃深乎不可測，名爲洞照之式。

〔補〕鈔癸一二上・一・一

救四海知優劣法〔二〕

天生人凡有三等：第一天生，第二地生，第三人種類。受命天者爲人君，受命*地者爲人臣，受命人者爲民。君者應天而行，臣者應地而行，順承其上；爲民者屬臣，轉相事。凡是三氣共一治，然後能成功。故上之安者，其臣良也。臣職理者，其民順常。民臣俱善，其君明，其治長。太平者以道行，三氣悉善，合乎章也，懷道

〔補〕鈔癸一三上・一・一

德不相傷也。故大人治道，以平天下，救四海，恩及夷狄，禍不得起，其善證日生，凶不得來。中士學道爲國臣，助其治也，度其家，辟禍災。其次治道，損其父母，反遠遊，德獨小薄，纔脱軀也，安能輔明王助國家哉？能平四海者天助之，爲人臣者助爲治，與地謀；纔自脱者，道狹小無可得治。此三人皆度世，老壽有大小不同邪？

是神去留效道法〔三〕

神人言：明行效道，視命在誰乎？令人昭然覺悟，知命所從來。法審誰者，持其正也。人法陰陽生，陽者常正，陰者常邪；陽者常在，陰者常無；陽者常息，陰者常消；陽者常生，陰者常殺。人日三變，象三氣，其政殊異，相與分爭乖錯，不相從也。而習使其常，守人形容者，吉。唯有真道者，能專精自殊異也。*不學者，則不知神去留之效，立見之物，不可隱也。故君子制尸不制鬼。人不臥之時，行坐言語，分明白黑，正行住立，文辭以爲法度，此人神在也。及其瞑目而臥，光景内藏，

〔一〕「以」下疑脱「法」字。　〔二〕鈔連下文，疑係題目，今移置。「海」字依敦煌目補。　〔三〕鈔連下文，疑係題目，今移置。

所念得之，但不言，神在内也。及其定臥，精神去遊，身不能動，口不能言，耳不能聞，與衆邪合，獨氣在，即明證也。故精神不可不常守之，守之即長壽，失之即命窮。人之得道者，志念耳；失道者，亦志念耳。

救迷輔帝王法〔一〕

大道變化無常，乃萬里相望；上下無窮，周流六方；守之即吉，不守即傷，陰陽開闢以爲常。其付有道，使善人行之，其壽命與天地爲期。夫德有優劣，事有本末，凡事悉道之也，將興者得善，將衰者得惡。比若土地，得良土即善，得薄土爲惡。善上合天，賤者都澤。坐者爲主人，行者爲流客。此盡道也，善人行成福，惡人行成災。善人得以爲福德。尊者得之駕乘，卑者得以步足。聖賢得以度世，小人得之，不相剋賊。此皆道也。教不重見，時不再來。急教帝王，令行太平之道。道行，身得度世*，功濟六方含生之類矣。

〔一〕鈔連下文，疑係題目，今移置。「輔」原作「轉」，誤，今依敦煌目改。

〔補〕鈔癸一四上·一·一

附錄

太平經佚文

天失陰陽則亂其道，地失陰陽則亂其財，人失陰陽則絶其後，君臣失陰陽則其道不理，五行四時失陰陽則爲災。今天垂象爲人法，故當承順之也。後漢書襄楷傳注。

（真人）又問曰：「今何故其生子少也？」天師曰：「善哉！子之言也，但施不得其意耳。如令施其人欲生也，開其玉户，施種於中。比若春種於地也，十十相應和而生。其施不以其時，比若十月種物於地也，十十盡死，固無生者。真人欲重知其審，今無子之女，雖日百施其中，猶無所生也；不得其所生之處，比若此矣。是故古者聖賢不妄施於不生之地也，名爲亡種竭氣而無所生成。今太平氣到，或有不生子者，反斷絶天地之統，使國少人。理國之道，多人則國富，少人則國貧。今天上皇之氣已到，天皇氣生物，乃當萬倍其初天地。」後漢書襄楷傳注。按「理國之道」以下三句，略見於經卷六九第四葉。

老子往西，越八十餘年，生殷、周之際也。三洞珠囊卷九老子化西胡品。

德者，正相得也。杜光庭道德真經廣聖義卷五。

常德不喪。同上。

德者，正相德也。成者，成濟也。不喪者，不失也。周固樸大道論至德章。

爰清爰靜，是知理道。大道論理國章。

道者，乃天地所常行，萬物所受命而生也。唐史崇等撰一切道經音義妙門由起。

能得太上之心者，皆無形自然。天仙大人有真道，乃能得太上之心，餘者何因得與相見乎？同上。

悟師一人教十弟子，十以教百，百以教千，千以教萬。初學記卷二十二。按此節與經卷三十七五事解承負法「今一師説教十弟子」云云相類似。

神者，道也。入則爲神明，出則爲文章，皆道之小成也。宋曾慥道樞卷三十。

今平氣行矣，平亦是安。雲笈七籤卷六。

欲復古太平之法，先安中氣也。同上。

三五氣和，日月常光明，乃爲太平。同上。

積清成精，故膽爲六府之精也。雲笈七籤卷十一上清黄庭内景經膽部注。黄庭内景玉經梁丘子註卷中引太平經云：「積精成青，故膽爲六腑之精也。」

黃庭內景玉經梁丘子註卷下引太平

積清成青也。雲笈七籤卷十二上清黃庭內經隱藏章注。

經曰：積精成青也。

何謂爲多言？然一言而致大凶，是爲上多言人也。一言而致辱，是爲中多言人也。一言而見窮，是爲下多言人也。夫古今聖賢也，出文辭滿天地之間，尚苦其少有不及者，故災害不絕。後生賢聖復重言之，天下以爲法，不敢厭其言也。故言而除害者，常苦其少，是以善言無多，惡言無少。故古之聖人將言也，皆思之。聖心出而成經，置爲人法。愚者出言，爲身災害，還以自傷。雲笈七籤卷八十九。又雲笈七籤卷九十二仙籍語論要記所引全同。惟「出文辭滿天地之間」句，「出」字下仙籍語論要記多一「言」字。

言則道不成，多言則爲害；閉口不言，萬歲無患。太平御覽卷六五九。

後學得道，各有品階，至于指極，聖真仙人。太平御覽卷六六〇。

古者三皇之時，人皆氣清，深知天地之至情。故悉學真道，乃復得天地之公。求道之法，靜爲基先。心神已明，與道爲一，開蒙洞白，類如晝日；不學其道，若處暗室而迷方也。故聖賢遑駭。太平御覽卷六六八。

惡人入道，損敗善人，亦如拙匠損敗人材木，拙女毀人布帛，終無成善功。然惡人與善人，反如人健時喫好美食，大美乃得肥壯；若病人食飯苦，亦不肯食，久久因病而死。令惡人聞善言勸喻，亦如臨死人喫美食耳，反而爲惡。若善人見善人乃喜，賢人見賢人乃喜，智人見智人乃喜，惡人見惡人乃喜，姦人見姦人乃喜，各得其類乃喜。若子不能盡力事父母，弟子不能盡力事師尊，臣不能盡力事君長，此三行而不善，罪名不可除也。要修科儀戒律鈔卷十二。

神以道全，形以術延。存神固氣論。

道包无表裏，其能生精神。三論元旨。

道無不導，道無不生。道教義樞卷一。

地理者，三色也，謂水土石。道教義樞卷七。

上天度世者，以萬歲爲一日，其次千歲爲一日，其次百歲爲一日，其次乃至十日爲一日也。道教義樞卷九。

太平經內品修真祕訣云：「上清大真人未昇天以前，皆一一取本命之日，修行四等法訣，後步履斗星，躡地紀，昇登天門，便入金闕玉臺而後聖君也。」金鎖流珠引卷十五注。

太平經載：真君受元始符命神光寶書，統領天丁，收天關地軸。二魔王忽一見如鼇蒼龜，其形五變。一現萬丈巨蛇，其形三變。真君騰空，步乾踏斗，化千丈大身，揮魁魁之劍，衝折二魔。各斂形狀，龜如拳五寸，蛇如鞭三尺，和合併體，被真君躡踏之。謹顯二魔變相：蒼龜，一變色若金光，甲縫蒼青；二變色如碧玉，甲縫含金；三變色若蒼黄，甲紋光青；四變色如碧緑，甲縫含銀；五變龍首鼇身，出紫金光，甲間碧玉。巨蛇，初變狀若金色，鱗如赤丹；次變體現青碧色，鱗絡金線編；末變首如螭龍，身色蒼黄，鱗間金玉。太上説玄天大聖真武本傳神咒妙經卷六引。疑此文非類太平經，姑存俟考。

夫神者，因道而行，不因德也。故用道者與神明，用德者與神謀。道之與德更明，思神與人者内相恃，皆令可覩。道要靈祇神鬼品經。

大神比如國家忠臣，治輔公位，名爲大神。大神有小私，天君聞知復退矣。故不敢懈怠。小神者安得自在。道要靈祇神鬼品經。

四時之精神，猶風也水也，隨人意而爲邪正。人正則正，人邪則邪。故須得其人，迺可立事也。不得其人，道難用也。夫水本隨器方圓，方圓無常。風氣亦

隨人治，爲善惡無常，此即其明戒也。天地之神與風氣，影響隨人，爲明戒耳。〈道要靈祇神鬼品經。〉

今天地開闢以來，凶炁不絕，絕後復起，其故何也？其所從來者，乃遠復遠。本由先王治，小小失其綱紀，災害不絕，更相承負，稍積爲多，因生大姦，爲害甚深。動爲變怪，前後相續，而生不祥，以害萬國。其所從來，獨又遠矣。君王不知，遂相承負，不能禁止。令人冤呼嗟動天，使正道失其路，王治爲其傷，常少善應。人意不純，轉難教化，邪炁爲其動。帝王雖愁，心欲止之，若渴而不能如之何。君王雖有萬人之仁德，猶不能止此王流災也。故反以爲行善無益，天道無知也。禁民爲惡，愁其難化，反相尅賊，急其誅罰。一人有過，乃及隣里，重被冤結積多，惡炁日以增倍。以爲道德與經無益，廢之而不行，各試其才，趣利射祿，鬬命中者爲右，是爲亂天儀。無法之治，安能與皇天心合乎？天甚病之久矣，陰陽爲其失節，其明證也。治得天心，然後邪可去，治易平。故今教以上皇興平第一之道，得而急行，惡可消滅，天之祐善者明矣。先王災雖流積，一旦除滅易耳。今帝王乃居百里之内，用道德仁義，乃萬里百姓皆蒙其恩。父爲其慈，子爲其孝，家足人給，不爲邪惡。道典論卷四災異。

王者深得天意，至道往祐之。但有百吉，無有一凶事也。道典論卷四吉兆。

古者上真覩天神食炁，象之爲行，乃學食炁。真神來助其爲治，乃遊居真人腹中也。古者真仙之身，名爲真人室宅耳。道典論卷四胎息。

夫人本生混沌之氣，氣生精，精生神，神生明。本於陰陽之氣，氣轉爲精，精轉爲神，神轉爲明。欲壽者當守氣而合神，精不去其形，念此三合以爲一，久即彬彬自見，身中形漸輕，精益明，光益精，心中大安，欣然若喜，太平氣應矣。脩其内，反應於外。内以致壽，外以致理。非用筋力，自然而致太平矣。太平經聖君秘旨。以下簡稱秘旨。

守一明之法，未精之時，瞑目冥冥，目中無有光。秘旨。

守一復久，自生光明。昭然見四方，隨明而遠行，盡見身形容。羣神將集，故能形化爲神。秘旨。

守一明法，明有正青。青而清明者，少陽之明也。秘旨。

守一明法，明正赤若火光者度世。秘旨。

守一明法，明正黄而青者，中和之光，其道良藥。秘旨。

守一明法，正白如清水，此少陰之明也。秘旨。

守一明法，明有正黑，清若闚水者，太陰之光。秘旨。

守一明法，四方皆闇，腹中洞照。此太和之明也，大順之道。秘旨。

守一明法，有外闇内闇，無所屬，無所覩。此人邪亂，急以方藥助之。尋上七首，内自求之。秘旨。

守一之法，老而更少，髮白更黑，齒落更生。守之一月，增壽一年；兩月，增壽二年；以次而增之。秘旨。

守一之法，始思居閑處，宜重牆厚壁，不聞喧譁之音。秘旨。

守一之法，光通六外，身乃無害。可終其世，子得長久。秘旨。

守一勿失，事且自畢；急除衆憂，一復何求？秘旨。

守一不窮，士子欲無憂，不可相欺，垂拱。秘旨。

守一是爲久遊，身常自謹，患禍去之。秘旨。

守一之法，神藥自來。秘旨。

守一之法，凡害不害，人各有一不相須。虎狼不視，蛟龍不升，有毒之物皆逃形。子欲長無憂，與一相求；百神千鬼，不得相尤。守而常專，災害不遷。秘旨。

守一之法，不言其根，謹閉其門；不敢泄漏，謹守其神；外闇内明，一乃可成。秘旨。

守一之法，將與神遊。萬神自來，昭昭可儔。秘旨。

夫欲守一，喜怒爲疾，不喜不怒，一乃可覩。秘旨。

守一之法，内有五守，外有六候，十一之神，同一門户。秘旨。

守一之法，當念本無形，湊液相合，一乃從生，去老反稚，可得長生。子若守一，無使多知，守一不退，無一不知；所求皆得，端坐致之。子欲大樂，與一相知，去榮辭顯，一乃相宜。子欲養老，守一爲早，平床坐臥，與一相保，不食而飽，不德衰老。秘旨。

守一之法，皆從漸起；守之積久，其一百日至。秘旨。

守一之法，無致巧意，一乃自効。秘旨。

夫欲守一，乃與神通；安臥無爲，反求腹中；臥在山西，反知山東。秘旨。

守一之法，乃萬神本根，根深神靜，死之無門。秘旨。

守一之法，老小異度，各因其性，一乃相遇。秘旨。

守一之法，安貧樂賤，常内自求；一乃相見，知非貴賤。秘旨。

守一之法，少食爲根，真神好潔，糞穢氣昏。秘旨。

守一之法，密思其要，周而復始，無端無徼；面目有光明，精神洞曉。秘旨。

守一之法，百日爲小靜，二百日爲中靜，三百日爲大靜。内使常樂，三尸已落。秘旨。

守一之法，有三百六十六數。數有一精，精有一神。守一功成，此神可覩。秘旨。

守一之法，有内五政，遊心於外，内則失政。守一不善，内逆外謹，與一爲怨。秘旨。

守一之法，常有六司命神，共議人過失。秘旨。

守一之法，乃諸神主，人善之根，除禍之法，致福之門。守一者，乃神器之主，從一神積至萬神，同一器則得道矣。秘旨。

守一之法，内若大逆不正，五宫乖錯，六府失守。羣神恐恀，俱出白於明堂，必先見於面目顔色，天地共知之。羣神將逝，形當死矣。祕旨。

守一之法，爲善，効驗可覩。今日爲善清静，神明漸光。始如螢火，久似電光。祕旨。

守一之法，外則行仁施惠爲功，不望其報，忠孝亦同。祕旨。

守一之法，有百福亦有百禍。所守不專，外事多端，百神爭競，勝負相連。祕旨。

守一之法，内常專神，愛之如赤子，百禍如何敢干。祕旨。

守一之法，與天地神明同。出陰入陽，無事不通也。祕旨。

守一之法，先知天意，生化萬物，不言而理，功成不宰，道生久視。祕旨。

守一之法，可以知萬端。萬端者，不能知一。夫守一者，可以度世，可以消災，可以事君，可以不死，可以理家，可以事神明，可以不窮困，可以理病，可以長生，可以久視。元氣之首，萬物樞機。天不守一失其清，地不守一失其寧，日不守一失其明，月不守一失其精，星不守一失其行，山不守一不免崩，水不守一塵土生，神不守一不生成，人不守一不活生。一之爲本，萬事皆行。子知一，萬事畢矣。祕旨。

太陰之精爲龜，匿於淵源之中也。敦煌經卷。

太平經複文序

皇天金闕後聖太平帝君，太極宫之高帝也，地皇之裔。生而靈異，早悟大道，勳業著於丹臺，位號編於太極。上清錫命，總統羣真，封掌兆民；山川河海，八極九垓，莫不盡關於帝君而受事焉。君有太師，上相上宰上傅，公卿侯伯，皆上真寮屬，垂謨作典，預令下教。故作太平複文，先傳上相青童君，傳上宰西城王君，王君傳弟子帛和，帛和傳弟子干吉。干君初得惡疾，殆將不救，詣帛和求醫。帛君告曰，吾傳汝太平本文，可因易爲一百七十卷，編成三百六十章，普傳於天下，授有德之君，致太平，不但疾愈，兼而度世。干吉授教，究極精義，敷演成教。當東漢末，中國喪亂，齎經南遊吳、越，居越東一百三十里，山名太平，溪曰干溪。遺跡見存，士庶翕然歸心。時孫策初定江南，方正霸業。策左右咸奉干吉，策以爲搖動人心，因誣以罪而縶之。策告曰：「天久旱，得雨當免。」條〔一〕忽之間，陰雲四合，風雨暴至。策愈惡之，令斬首，懸諸市門。一日暴風至，而失尸所在。君因更名字，遂入蜀去。策覽鏡，見君首在鏡中，因發面瘡而卒。時咸以戮辱神仙，致斯早殞。故孫權立，益信奉道術，師葛仙公，介先生亦遊其庭。南朝喪亂，太平不復行。暨梁，陶先生弟子桓法闓。闓，東陽烏傷縣人，於溪谷間得太平本文，因取歸而疾作。先生曰：「太平教未當行，汝強取之，故疾也。」令却送本處，未幾疾愈。至陳宣帝時，海隅山漁人得素書，有光燭天。宣帝勑道士周智響往祝請，因得此文，丹書煥然。周智響善於太平經義，常自講習，時號太平法師。宣帝略知經旨而不能行，陳氏五主，宣帝最賢。爰自南朝湮沒，中國復興，法教雖存，罕有行者。綿歷年代，斯文不泯，繕寫寶持，將俟賢哲。壬辰之運，迎聖君下降，覩太平至理。仙侯莅事，天民受賜，復純古斯文之功彰也。凡四部，九十五章，二千一百二十八字，皆太平本文。其三百六十二章，是干君從本文中演出，並行於世。以複〔二〕相輔成教而傳受焉，故不謬也。道藏入字號。

明按：雲笈七籤卷六四輔載，陳宣帝時，周智響法師取太平經，帝命法師於真至觀開敷講説一段，可參閲。

又按：桓闓，字彦舒，號法闓。闓得太平經故事，與三洞珠囊卷一及太平御覽卷六百六十六引道學傳記桓闓得太平經相似。

〔一〕「倏」疑「倏」字之譌。〔二〕「複」下疑脱「文」字。

太平經著錄考

范曄後漢書襄楷傳　桓帝延熹九年（公元一六六年），襄楷上疏曰：「臣前上琅邪宮崇受于吉神書，不合明聽。」復上書曰：「前者宮崇所獻神書，專以奉天地、順五行爲本，亦有興國廣嗣之術，其文易曉，參同經典。而順帝不行，故國胤不興。」

襄楷傳又云：「初，順帝時，琅邪宮崇詣闕，上其師于吉於曲陽泉水上所得神書百七十卷，皆縹白素、朱介、青首、朱目，號太平清領書。其言以陰陽五行爲家，而多巫覡雜語。有司奏崇所上妖妄不經，迺收藏之。後張角頗有其書焉。」

唐章懷太子李賢注曰：「神書，即今道家太平經也。其經以甲乙丙丁戊己庚辛壬癸爲部，每部一十七卷也。」

漢牟子理惑論　神書百七十卷。弘明集卷一。

晉葛洪抱朴子遐覽篇　太平經五十卷。又甲乙經一百七十卷。

晉葛洪神仙傳　宮崇者，琅邪人也。有文才，著書百餘卷。師事仙人于吉。漢元帝時，崇隨吉於曲陽泉上遇天仙，授吉青縑朱字太平經十部。吉行之得道，以付崇。後上此書，書多論陰陽否泰災眚之事，有天道，有地道，有人道，云治國者用之，可以長生，此其旨也。宮崇一作宮嵩。元趙道一歷世真仙體道通鑑宮崇傳同。

志林　初，順帝時，琅邪宮崇詣闕，上師于吉所得神書於曲陽泉上，白素朱界，號太平青領道，凡百餘卷。吳志卷一孫策傳裴注。

梁孟安排道教義樞卷二七部義　漢順帝時，宮崇上其師于吉所得神書百七十卷，號太平經。

敦煌本成玄英老子開題　赧王時，授干室（按即于吉）太平經並百八十戒。

唐釋法琳辨正論　赧王之世，千室以疾病致感老君，受百八十戒幷太平經一百七十篇。廣弘明集卷十三。按千室即干室，「千」乃「干」字之譌。

唐釋玄嶷甄正論　有太平經百八十卷，是蜀人于吉所造。此人善避形迹，不甚苦錄佛經。多說帝王理國之法，陰陽生化等事，皆編甲子，爲其部帙。按：「八」疑係「七」字之誤。

唐釋道世法苑珠林卷六十九破邪論　太平經。

唐王懸河三洞珠囊卷九　老子與尹喜至西國作佛化胡經六十四萬言與胡王，後還中國作太平經。又王懸河上清道類事相卷一：南朝宋、齊間，錢塘褚伯玉好讀太平經云。

唐王松年仙苑編珠卷中　于吉，北海人也。患癩瘡數年，百藥不愈。見市中有賣藥公，姓帛名和，因往告之。乃授以素書二卷。謂曰，此書不但愈疾，當得長生。吉受之，乃太平經也。行之疾愈。乃於上虞釣臺鄉高峯之上，演此經成一百七十卷。明按：三洞珠囊卷一引神仙傳略云：帛和以素書二卷授于吉，且誡之曰：「卿歸更寫此書，使成百五十卷。」是未明言太平經，且所謂百五十卷，疑亦有誤。

唐杜光庭太上黄籙齋儀卷五十二　老君授干吉太平經。又見杜光庭无上黄籙大齋立成儀卷二十一。

像天地品　後漢順帝時，曲陽泉上得神仙經一百卷；内七十卷皆白素、朱界、青縹、朱書，號曰太平青道。太平御覽卷六七三。

洞仙傳　于吉者，瑯琊人也。常遊于曲陽流水上，得神書百餘卷，皆赤界、白素、青首、朱目，號曰太平青籙書。雲笈七籤卷一百一十一。

老君說一百八十戒敍　老君至瑯琊，授道與干君，干君受道法，遂以得道，拜爲真人。又傳太平經一百七十卷，甲子十部。雲笈七籤卷三十九。

三天内解經　太上於瑯琊以太平道經付干吉。

宋謝守灝混元聖紀　成帝河平二年，老君授干吉太平經。並見太上老君年譜要略及太上混元老子史略。史略作太平經一百七十卷。

宋賈善翔猶龍傳序　孝成時，授于吉太平經。又曰：孝成時，北海人干吉於琅琊遇太上，授之。至後漢順帝時，琅琊人宮崇詣闕投進。其表云：「臣親受於干吉，吉言親受於太上，凡一百七十卷也。」

猶龍傳卷四授干吉太平經。按：太平經有云干吉撰，或云得之於水上。而内傳所載，即在孝成帝河平年間，混元分身，下遊琅邪郡曲陽泉，授北海人干吉太平經一百七十卷。

宋蕭應叟元始無量度人上品妙經内義　老君授干吉真人太平之道。

宋四庫闕書目清徐松從永樂大典輯出。　襄楷太平經一百七十卷。

宋史藝文志　襄楷太平經一百七十卷。按後漢襄楷曾獻于吉神書。上二書均將太平經屬襄楷，誤也。

元馬端臨文獻通考經籍考　太平經一百七十卷。

元趙道一歷世真仙體道通鑑卷二十干吉傳　吉於曲陽流水上得神書百餘卷，皆赤界、白素、青首、朱目，號曰太平青領書。時漢成帝河平二年甲午也。蓋吉親受於老君，今道家太平經也。其經以甲乙丙丁戊己庚辛壬癸爲部，每部一十七卷。

道藏闕經目錄元人所記。　太平經。

無名氏清靜經註　成帝時，老君授干吉太平真經。

道學傳第十五卷　桓闓，字彥舒，東海丹徒人也。梁初，崑崙山渚平沙中有三古漆笥，内有黄素，寫干君所出太平經三部。……闓因就村人求分一部，還都供養，先呈陶君。陶君云：「此真干君古本。」三洞珠囊卷一。

太平經複文序　干君初得惡疾，殆將不救，詣「帛和」求醫。帛君告曰：「吾傳汝太平本文，可因易爲一百七十卷，編成三百六十章，普傳於天下，授有德之君，致太平，不但疾愈，兼而度世。」

明白雲霽道藏目錄詳註卷四　太平經。外、受、傳、訓、入五個字號。

詳註云：「太上老君親授太平經。其經以甲乙丙丁戊己庚辛壬癸爲部。每部一十七卷，編成一百五（按：當作七）十卷。皆以修身養性，保精愛神，内則治身長生，外則治國太平，消災治疾，無不驗之者。」按：明正統道藏外字號以太平經鈔十部十卷抵太平經卷一至卷十，實誤。蓋太平經鈔係選輯經文而成，鈔每部合經十七卷。

清賀龍驤抄：欽定道藏全書總目 太平經一百十九卷。内多缺卷。

清賀龍驤輯：國朝坊刻道書目録 太平經一百餘卷。

按：清錢大昭補續漢書藝文志、顧櫰三補後漢書藝文志、姚振宗後漢藝文志及曾樸補後漢書藝文志幷考皆著録太平清領書一百七十卷。以上各補志，開明書店印二十五史補編第二册俱已收録，檢閲亦易，故不詳焉。

太平經校後雜記

太平經校補的工作已經完了，在工作過程中發現一些問題和需要説明的事情，現在分條寫在下面，以供讀者參考，並且希望得到指正。

一 太平經及太平經鈔譌謬、錯簡和脱漏的文字是很多的，差不多隨處可以遇見。現今約舉幾個顯明的例子如下：

甲 脱漏例

經卷一百九四吉四凶訣「得其人」與「是二大凶也」之間，上下的文意不相銜接。以太平經鈔庚部第七葉至第九葉來校讀，才知道經中脱漏掉四大吉二大凶及續命符一大段。又經卷一百一十六某訣之首，原載「前文原缺」，現在根據鈔庚部第三十二葉至第三十三葉的文字，也可增補一大段。可見現存經文，有的在形式上首尾完具，但是其中章節，脱漏很多；有的經文，篇首殘缺，顯然斷不成章。這些地方，我們能够校補的，就把它校補起來。當然，其它卷帙裏，脱文漏句，無法補苴的還是很多。

乙 錯簡例

鈔己部第十一葉下一行第一字至第十六葉上二行第十一字，相當於經卷九十一拘校三古文法篇。但是鈔己部第四葉下九行第一字至第七葉上四行第六字，反而相當於經卷九十二各篇的文章。照常規説，經文在前，鈔文也應該依次在前；經文在後，鈔文也應該依次在後。上面所指出的情形，恰恰相反，經文原來在前的，鈔文反而失次在後；經文原來在後的，鈔文反而越次居前。顯然這是由於鈔文錯簡的緣故。又經卷一百十大幼益年書出歲月戒中「過無大小，天皆知之」（第二葉）一段，遠在「豫知天君意所施爲者爲上第一之人」（第十五葉）一段之前。但是鈔庚部第十二葉「過無巨細，天皆知之」一段，反而緊接着同葉「預知天君意所施爲者爲上第一之人」之後。鈔文跟經文前後次序乖失，一經校勘，就知道鈔文錯簡了。

丙　譌謬例

經卷九十二三光蝕訣：「請問天之三光，何故時蝕邪？善哉，子之所問。是天地之大怨，天地戰鬥不知，其驗見效於日月星辰。」鈔己部第四葉下「怨」作「怒」，「知」作「和」。這「怨」「知」二字，當是本經的錯字。又經卷一百十七天咎四人辱道誡第八葉：「天之爲形，比若明鏡，比若人之有兩目洞照，不欲見汙辱也。」第二個「比」字，鈔庚部第四十葉譌作「皆」，「兩」字鈔譌作「而」。又經卷一百十七第九葉「入受其策智」，鈔庚部第四十葉譌作「人愛其榮智」。這些都是鈔文譌謬顯著的例子。

此外，又有經文和鈔文都是錯的。如經卷一百一十一第二葉大聖上章訣說：「故使有心志之久久與大神同路」，文訛難曉，其中必定有了錯字；用鈔庚部第十七葉相當的文字「故使有心者志久志久與大神同路」相對勘，更不知所云。這是因爲經與鈔各有譌謬，而且鈔文錯得更糟，所以無法校正。不得已求之本經上下文，才知道經文「之久」二字是「之人」的錯字。由於沒有別的本子做爲讎校的根據，所以不能改易舊文。只將所見寫入校勘記中，以便讀者參考。

二　經文每篇篇首，都冠題目。又往往在篇末附加篇旨。如經卷五十一「校文邪正法」爲題目，篇末又有「右考文訣」四字爲本篇經文的篇旨。這些篇旨，實質上跟題目沒有什麼區別。爲了要跟篇首的題目分別來說，勉強叫它做篇旨。

篇旨就是篇中大指的意思。據太平經複文序説：經文「一百七十卷，編成三百六十章」。那末「篇」也就是「章」，篇旨也可以叫做章旨。古書篇題多在文章之後，太平經的篇旨或章旨，正是保存了古書的樣式。

太平經鈔節録經文的時候，往往即用篇末的篇旨移置篇首，當做題目。如經卷一百十大功益年書出歲月戒是題目，它的第一句是「惟上古之道」。檢鈔庚部第九葉節録經文，不著題目，但以大功益年書出歲月戒的篇末篇旨「天上文解六極大集天上八月校書象天地法以除災害」移置鈔文「惟上古之道」之前，當作題目了。

又有一些篇旨，一經鈔文移動，彷彿變爲本經一卷的題目。如經卷一百十一共有訣文五篇：

1大聖上章訣第一百八十。

2有德人祿命訣第一百八十一。

3善仁人自貴年在壽曹訣第一百八十二。

4有知人思慕與大神相見訣第一百八十三。

5有心之人積行補真訣第一百八十四。

第一篇大聖上章訣的首句是「惟始大聖德之人」，第五篇有心之人積行補真訣的篇末篇旨爲「右天上見善事當藏匿與不吉凶所致」。現在鈔庚部第十六葉在節錄經文第一篇大聖上章訣「惟與大聖德之人」云云之上，冠以第五篇的篇旨「天上見善事當藏匿不與吉凶所致人」（按鈔將經文從後移前，故删「右」字。經「與不」二字，鈔作「不與」，是爲異文。「人」字疑係「文」字之誤，或是鈔所誤增）。如果我們單讀鈔文，很容易會錯把經第一百十一卷第五篇的篇旨當做同卷第一篇的題目，或者簡直把它當做整卷經文的題目了。

經卷九十二也具有類似的情形。第九十二卷包括四篇：

1三光蝕訣第百三十三。

2萬二千國始火始氣訣第一百三十四。

3火氣正神道訣第一百三十五。

4洞極上平氣無蟲重複字訣第一百三十六。

第四篇的篇旨是：「右大集難問天地毀起日月星蝕人烈死萬二千國策符字開神

訣」。現今鈔文去「右」字，將此篇旨移置第一篇三光蝕訣之前（「符字」之「字」，鈔譌作「子」。「訣」鈔作「文」）。可注意的是經卷九十二的四篇和經卷一百十一的五篇都有鈔文輯錄，而鈔所標的篇題，不是按經文各篇的題目，而只有用各該卷最後一篇的篇旨。更可注意的，經卷九十二的前三篇和經卷一百十一的前四篇都只有題目，却沒有篇旨。從此推見經卷九十二第四篇的篇旨就是卷九十二原來的篇題，經卷一百十一第五篇的篇旨就是卷一百十一原來的篇題。它的位置是在各卷經文之後的。事實上太平經書當先有篇旨或章旨，明正統道藏本太平經中各篇的題目，疑係後人分章補撰，似在太平經鈔成書之後。

至於第五十五卷經文兩篇，每篇各有題目及篇旨，這將怎樣解釋呢？我懷疑經文卷五十五原先只有「右通道意是非之策文」一個篇旨，力行博學訣和知盛衰還年壽法兩個題目都是後人補添的。而力行博學訣的篇旨「右對壽命指」跟經中文義絕不合，疑係錯入，或是妄人增竄，不是原來所有的。

三　太平經裏每見「神人」、「真人」、「天師」、「弟子」等名稱。又本書述真人和神人問答，時常看到「真人問」、「神人言」，或「神人言」、「真人唯唯」。按神人就是天師，真人就是弟子。真人直接稱呼神人多爲「天師」，經中用第三者的語氣説天師則爲「神人」。真人對天師自稱曰「弟子」或曰「生」，經中以第三者敍述神人的弟子，就用「真人」之名。天師稱真人多用「子」，或用「真人」。例如經卷七十一致善除邪令人受道戒文説：

「真人問神人曰：『受道以何爲戒乎？』神人言：『道乃有大戒，不可不慎之也。』」

這裏的「真人」「神人」，都是經中以第三者敍述的稱呼。經卷七十二齋戒思神救死訣説：

「六方真人悉再拜。問：『前得天師言，太平氣垂到，調和陰陽者。』」

這裏所謂「天師」，是真人直接對神人的稱呼。至于天師稱真人，有時用「子」，有時用「真人」。經卷九十二三光蝕訣：

「『請問天之三光，何故時蝕邪？』『善哉！子之所問。是天地之大怒，天地戰鬥不和，其驗見效於日月星辰。』」

這是天師稱真人爲「子」之例。經卷九十一拘校三古文法説：

「噫，真人愚哉！吾前已有言矣。」

這是天師對弟子稱「真人」的例子。或用「子」，或用「真人」，在意義上没有多大區别，似乎用「子」表示更親切些。至於真人對天師，則自稱「弟子」或「生」。如經卷四十六道無價却夷狄法説：

「『今唯明師開示下愚弟子。』『諾。』『今師前後所與弟子道書，其價值多少？』」

這就是真人對天師自稱爲「弟子」的例子。經卷九十七妒道不傳處士助化訣説：

「愚生事師日少淺，不深知天道。見天師言，乃自知罪重，上負皇天，下負后土，中負於大德之君。」

這是真人對天師自稱爲「生」的例子。因爲表示謙恭，所以自稱「愚生」或「愚弟子」。這樣稱呼，正好與「明師」相對待。

四　上海商務印書館涵芬樓影印宋刊本及鮑刻本太平御覽卷六百六十六都載有嚴寄之、郗愔、張孝秀、許思元、任敦（尚）、陸納、蔣負芻、楊超、諸慧開、濮陽、許邁、褚伯玉、張陵、龍威丈人、陶弘景等十五人小傳。在嚴寄之條之上，冠以「太平經曰」四字；下至陶弘景十四條，每條都稱「又曰」。乍看起來，以爲這十五人小傳，都是太平經文。事實上並不是這樣。因爲這十五人中包括的時代很晚，有不少是晉朝人，陶弘景乃是梁時人。太平經的成書決非晚至華陽隱居的時代。這是一點。再者，現存太平經裏，絶無道士仙人一類傳記的文體，倘將這十五人小傳歸入太平經，實在不倫不類，這是第二點。查太平御覽卷六百六十六從燕濟至徐師子等十八人傳記都是道學傳的引文。徐師子條下接嚴寄之條。嚴寄之條之上，乃冠以「太平經曰」。我深疑此「太平經曰」爲「又曰」之誤。就是從燕濟至陶弘景等小傳，都是道學傳的引文。

道學傳是一部傳記性的古道書，可惜久已散佚了。見引於唐代王懸河編三洞珠囊的，這十五人中，在珠囊卷一有嚴寄之、陸納、任敦、諸慧開、濮陽、陶弘景等。珠囊卷二引有蔣負芻，珠囊卷三引有許邁，珠囊卷四引有褚伯玉。珠囊所引的道學傳，與御覽中所引的傳文，雖則略有差異，但無妨説御覽所引的文字原出於道學傳了。因爲道學傳一書，唐王懸河引它編入三洞珠囊，宋李昉輩又採用它編入太平御覽。二書先後引録道學傳，或者各自有節略；加以屢經傳寫，文字的錯誤更多。現在就近舉一個顯著的例子，就是御覽中與嚴寄之條上下緊相銜接的徐師子條。尤其值得注意的，徐、嚴兩條正是道學傳跟所謂「太平經曰」分界線的地方。御覽引道學傳徐師子條計三十四字，但珠囊卷二引道學傳第十九卷徐師子傳，多至五十一字。二書所引的文句，顯然詳略各不相同。可見御覽所引的道學傳文，未必與珠囊所引的道學傳文相同。從此推知御覽中嚴寄之等十五人小傳，很可能原來都是道學傳的引文。

十五人中的任敦（尚），御覽亦有脱誤。珠囊卷一引道學傳曰：「任敦，字尚能，博昌人。」洞仙傳亦説：「任敦，博昌人也。」但御覽引作「任敦尚博昌人」，計脱「字」「能」兩字。倘是不參照珠囊的引文，那末「任敦尚博昌人」云云，博昌既是地名，剩下「任敦尚」三字，不得不誤認爲人名，也很難懷疑御覽的文字有所脱漏了。從這個例子裏，正好領會到御覽中嚴寄之條上面「太平經曰」四字，很可能是「又曰」的錯誤。

前歷史語言研究所曾藏有抄寫本太平御覽，檢其卷六百六十六中，並無嚴寄之、郄愔、張孝秀、許思元、任敦、陸納、蔣負芻、楊超、諸慧開九人小傳，從濮陽以下六人的小傳是有的。但從濮陽起，承上文南真傳皆標作「又曰」，實無「太平經曰」字樣。可知影宋刊本及鮑刻御覽引嚴寄之等十五人小傳的出處一定有錯誤。所謂「太平經曰」，也許是南真傳「又曰」的錯文，也很可能是道學傳「又曰」的錯誤。

王　明　一九五九年二月

重印後記

這次重印太平經合校，只對書中少數幾個篇題、小注和一些標點符號，做了修訂。在前言裏，增修了個別辭句；在附録裏，增添了兩條參考資料。

太平經原缺卷五十六至六十四，合校本曾以太平經鈔丁部之五至十三補，鈔無題目。據敦煌出太平經目録（以下簡稱敦煌目，詳見拙撰太平經目録考，載一九六五年出版的文史第四輯），約略見於鈔文的，依次有與神約束決、曆術分別吉凶決、禁酒法、上下失治法、陰陽施法、觀物知道德決、書用丹青決、天子皇后政決、解天竃九人決、求壽除災決等篇目。此次重印，考慮到儘量不影響原來的版面；而且原版正文，至今並無增減；今若割截分篇，逐一加置題目，勢必擴增行數，影響整個版面；更由于鈔文簡略，有的一篇，只録寥寥幾句；有些文字，未盡與原來的篇題相符合，因此，就不加變動了。

又經原缺卷七十三至八十五，曾以鈔補。據敦煌目，可酌加善惡閒圖決、圖畫正根決、占中不中決、得道長存篇、經學本末決、入室存思圖決、自知得失決等篇目。然上下篇次第有錯亂不合者。根據前述理由，仍保持原來版面，不予改動。

又經卷一百二十至一百三十六，經文全佚，曾以鈔辛部略補，鈔不分卷，亦無篇題。據敦煌目，約略見於鈔文的，計有：不食長生法、占相乃不能救決、閉藏出用文決、三道集炁出文男女誦行決、人腹各有天子文歸赤漢決、圖畫多夷狄卻名神文決、九事親屬兄弟決、不効言成功、上士善言教人增筭決、隨俗接文決、象文行增筭決、陽盛兵刃消決、賜遺決、太平炁至大效決、選舉近曆文、官舍衣食千決、思人若響隨人決、門前後六辰生死決、力學反自然之炁決等篇。

又經卷一百三十七至一百五十三經文全缺，曾以鈔壬部略補，鈔無題目。據敦煌目，約略可見的，有閉姦不並責平氣象決、陰念爲善得善爲惡戒、効請雨止雨決、三統不宜有刑決、力學問得封不敢失三事決、委氣大神聖上明堂文書決、朝天謁見勑、羣僚正儀勑、明堂務平書上勿恐迷決、明古今文決、古者天券文未出文大炁甲子有徵決、治天爲三時念道德決、與天有人王相日不怒決、道人爲師天決、兩半成一決、恩及草木无用他邪法、守一長存決等篇目。

以上説的鈔辛部和壬部的文字，根據前述同樣的理由，也不另加篇題。這是需要説明的。

近承金生同志告知：經卷一百十九三者爲一家陽火數五訣云：「故火之精神，爲人心也。人心之爲神聖」（見本書六九六頁）。「人心之爲神聖」句，據湯用彤先生往日雜稿中讀太平經書所見第二十二注云：「人心之」三字下，疑脱「精神」二字，此用伏生尚書大傳「心之精神之謂聖」語（見卷五略説）。特志於此，並致謝忱。

此書在編校、標點和提供參考資料等方面，凡有錯誤之處，敬望讀者隨時指正。

王　明　一九七八年三月於中國社會科學院哲學研究所

太平經目録考

太平經為後漢道教原始的經典。原書一百七十卷，現存唯一的本子是明正統道藏本，僅殘存五十七卷。另有太平經鈔十卷，除第一卷甲部外，都是唐閭丘方遠依經節鈔的文字，可以略補太平經的缺佚。但是道藏本太平經和太平經鈔兩書都沒有總的目録，拙編太平經合校（中華書局一九六〇年出版）依據太平經殘存的篇目和太平經鈔裏可以鉤稽出來的篇名，從卷一至卷一百七十，編了一個總目。凡有篇即標目，不能確定題目的則書闕題。由於太平經鈔節録經文，不一定每篇必録，而所節録的文章，又不一定裸露經文的題旨，所以依據太平經鈔編目是有困難的，而且所編的部分目録也未必能夠完全符合太平經原有篇目的情況。這説明依仗太平經鈔補足太平經缺佚的篇目殆為不可能之事。

英國倫敦博物館藏敦煌經卷（即前為斯坦因所劫走的部分）裏有太平部卷第二（斯四二二六號）。其中有手抄太平經總目，並有前言（殘缺不全）和後記（「經曰」和「緯曰」云云）。總目包括甲、乙、丙、丁、戊、己、庚、辛、壬、癸十部，每部十七卷，共一百七十卷，三百六十六篇（其中脱漏五篇，實際上只有三百六十一篇）。大體説來，是現今所見相當完整的目録。它的功用，一則可以跟太平經殘存的篇目作比較，二則可以窺見太平經本文遺缺的篇目。可惜抄寫這個敦煌本太平經目録（以下簡稱敦煌目）的人並無什麽學問，加以草率從事，或者由於輾轉抄寫之故，所以錯字疊出，漏字也很多，甚至把整個篇目都遺漏了（下文校訂目録時將隨文指明）。這是一個嚴重的缺點。

敦煌目的優點在於它的完整性。太平經合校（以下簡稱合校）的總目，有經文則有篇目，無經文而有鈔文的也盡可能編列篇目，既缺經文又無相當的鈔文，當然没有目録了。太平經經文既然殘缺甚多，所以篇目也相應地缺佚很多。依照敦煌目，可能從太平經鈔裏找出若干不大顯明的篇目，但是不可能把相當的篇目全部找出來。

敦煌目貴在完整。正統道藏本太平經篇目雖則殘缺不全，但也可以部分地校正敦煌目文字上的脱漏和紕繆。二者相須為用，儘量恢復原來的真實面目。

現在依照甲、乙、丙、丁、戊、己、庚、辛、壬、癸十部，分别參訂敦煌目、正統道藏本太平經及太平經鈔可能找出的篇目(也即參訂合校本總目),並且加以必要的說明。如果沒有經和鈔的篇目可參訂,那麽錄存敦煌目。

甲部

太平經甲部十七卷全佚。明正統道藏本太平經鈔甲部是僞書,我曾在前歷史語言研究所集刊第十八本上發表拙撰論太平經鈔甲部之僞。這個論斷,現從敦煌目裏得到進一步的證實。太平經鈔甲部的內容,約略見於敦煌目的後記裏,它不是太平經的正文。太平經甲部十七卷正文的篇目,悉見於敦煌目,與太平經鈔甲部的內容絕不相涉,倒是跟太平經鈔最後一個部帙癸部相當,這是一個可注意的有趣現象。雲笈七籤卷六「四輔」引太平經甲部第一「書有三等,一曰神道書,二曰覈事文,三曰浮華記」云云,正見於太平經鈔癸部。可見鈔癸部相當於經甲部,可無疑問。現將敦煌目中太平經甲部與太平經鈔癸部可能找出的篇目做一比較:

敦煌目太平經甲部	太平經鈔癸部
太平經卷一　自古盛衰法第一	自占可行是與非法
太平經卷二　卻不祥法第二	以自防卻不祥法
太平經卷三　盛身卻災法第三	盛身卻災法
太平經卷四　思本正行法第四	分別形容邪自消清身行法
太平經卷五　道神度厄法第五	通神度世厄法
太平經卷六　賢不有自知法第六	賢不肖自知法
太平經卷七　利尊上延命法第七	夷狄自伏法
太平經卷八　循古文法第八	明按：本文疑與鈔癸部第八頁「是道修古文」至「雖災㞪亦可愈也」一節相當。
太平經卷九　王者無憂法第九	王者無憂法
太平經卷十　還神邪自消法第十	還神邪自消法
太平經卷十一　和合陰陽法第十一	和合陰陽法

續表

敦煌目太平經甲部	太平經鈔癸部
太平經卷十二令人壽法平法第十二	令人壽治平法
太平經卷十三七事解迷法第十三	七事解迷法
太平經卷十四救四海知優劣法第十四	救四知優劣法
太平經卷十五清身守一法第十五	
太平經卷十六時神効道法第十六	是神去留効道法
太平經卷十七救迷輔帝王法第十七	救迷轉帝王法

以上太平經甲部卷各一篇，太平經鈔癸部的篇目大體與之相當。大多數篇名彼此相同，如盛身卻災法、道神度厄法（鈔「道」作「通」，「度」下有「世」字）、賢不肖自知法（敦煌目「肖」訛作「有」）、王者無憂法、還神邪自消法、和合陰陽法、令人壽治平法（敦煌目「治」訛作「法」）、七事解迷法、救四海知優劣法（鈔奪「海」字）、救迷輔帝王法（鈔「輔」誤作「轉」）等。有些篇名，彼此只是文字繁簡不同，如敦煌目的卻不祥法，鈔作以自防卻不祥法。敦煌目的時神効道法，鈔作是神去留効道

法，多「去留」二字，「時」作「是」，這是異文。有些篇目彼此不同，如自古盛衰法、鈔作自占可行是與非法，疑「古」係「占」字之誤；思本正行法，鈔作分別形容邪自消清身行法。至於利尊上延命法，鈔只有夷狄自伏法好象是題目；但鈔的本文亦有「一曰延命，夷狄自伏法萬種」云云，可見「延命」和「夷狄自伏」都是構成這篇經文的主要内容。從表面上看來，好象這兩個篇題並無什麽聯繫，實際上説的是一回事。合校本没有循古文法篇，今按夷狄自伏法下文「是道修古文」云云，似即相當於循古文法，「修」亦作「脩」，「循」疑係「脩」字之僞。惟敦煌目的清身守一法篇，不見於太平經鈔，或者由於鈔不是每篇經文必定節録的緣故吧。

從此可見敦煌目的太平經甲部十七篇，大體上是跟太平經鈔癸部的篇目相同。那麽鈔癸部的内容相當於經文甲部，殆無疑義。

雲笈七籤卷四十九玄門大論三一訣云：「第六太平三一，意神、志神、念神，出第一卷自占盛衰法。」這篇自占盛衰法正見於敦煌目第一卷。從此可知雲笈七籤所引玄門大論三一訣，它正是採用了太平經甲部未佚以前的原來的篇目。

乙部

乙部經文全佚。敦煌目乙部二十三篇。合校本依據太平經鈔乙部文字分為十四篇。現將敦煌目與合校本可以對比的篇目列表如下，以資比較，並加必要的說明。

敦煌目太平經乙部	合校本乙部
太平經卷十八　順道還年法第十八	合陰陽順道法
太平經卷十九　錄身正神法第十九	令人自知法
太平經卷廿　師策文第廿	
太平經卷廿一　脩一卻邪第廿一	脩一卻邪法
太平經卷廿二　以樂卻災災法第廿二	闕題
太平經卷廿三　實核人情法第廿三	

續表

敦煌目太平經乙部	合校本乙部
太平經卷廿四　分別人善惡法第廿四	
太平經卷廿五　神真行寬乘法第廿五	
太平經卷廿六　聖真食神法第廿六	調神靈法
太平經卷廿七　守一明之法第廿七	守一明法
太平經卷廿八　習善行得福法第廿八	
太平經卷廿九　行道有優劣法第廿九	闕題
太平經卷卅　行神決書法第卅	名為神訣書
太平經卷卅一　和三五與帝王法第卅一	和三氣興帝王法
太平經卷卅二　安樂王者法第卅二	安樂王者法
太平經卷卅三　懸象神第卅三 數憶萬世道二出決第卅四	懸象還神法

續表

敦煌目太平經乙部	合校本乙部
太平經卷卅四　占上古流災法第卅五	
占中古流家法第卅六	
占下古流災第卅七	
救承負法第卅八	
造作經書法第卅九	
解承負法第卅	解承負訣

合校本的令人自知法篇目係割錄鈔文而定。現據敦煌目，應將上篇「錄身正神」句移置下篇為題目。細玩鈔文，所謂「錄身正神，令人自知法」，或係篇旨文字。因為在太平經許多篇章裏，往往既有題目又有篇旨，題目在本文之前，文字比較簡潔；篇旨在本文之後，文字比較冗長。篇旨也可以叫做章旨。

師策文的經文原佚，但見存於太平經鈔丙部第二十二頁和歷世真仙體道通鑑卷二十于吉傳。按照太平經鈔所載，師策文和解師策書同在丙部，前後銜接。解師策書訣既然在太平經卷三十九，那麽把師策文補在第三十八缺卷裏，似乎没有什麽問題。不知敦煌目何以將師策文列入乙部卷二十。按鈔乙部文字裏，毫無師策文的痕跡。這裏，不知敦煌目鈔寫是否有誤，或者是敦煌目所根據的本子和明正統道藏本太平經有所不同的緣故吧！

敦煌目的以樂卻災法（原文多衍一「災」字，今删）第廿二，合校本作闕題，並於注文中說：「以樂治身守形順念致思卻災」十二字疑係篇旨，當在篇後。依太平經通例，題目文字比篇旨文字簡約，所以這十二字的篇旨，在題目裏只有「以樂卻災法」五個字了。

敦煌目的行道有優劣法一篇似與太平經鈔乙部第五頁「行道優劣」以下一節文字相當。應從合校本守一明法分出，與下文闕題一段合併成篇。

敦煌目的和三五與帝王法，據鈔乙部第七頁文字校勘，「五」係「氣」字之誤；「與」係「興」字之訛。

合校本另有兩個闕題，與敦煌目無法對比，所以缺而不書。

丙部

太平經丙部卷三十五、三十六、三十七篇目與敦煌目全同。惟敦煌目有個別錯字，經卷三十五興善止惡法，敦煌目「止」誤作「心」。三十六卷守三實法，敦煌目誤作守別三寶法。三十七卷試文書大信法，敦煌目「試」僞作「誡」。又五事解承負法，敦煌目「五」僞作「立」。

卷三十八經文原缺，合校本據太平經鈔補師策文，適與次卷解師策書訣相連。按諸鈔文，先後亦相應。但敦煌目作守一法，未明所以。

經卷三十九篇目與敦煌目全同。

經卷四十共三篇。努力為善法，敦煌目誤「努」為「怒」，足見抄寫的人缺乏一般文化的修養。敦煌目更脱漏分解本末法第五十三一篇，而以次篇樂生得天心法移充第五十三，缺第五十四。

經卷四十一至卷五十一的十一篇篇目與敦煌目大體相同，惟稍有異文。如卷四十一件古文名書訣，敦煌目「件」作「救」；卷四十二九天消先王災法，敦煌目空「災」字；又驗道真僞訣，敦煌目脱「真」字；卷四十四案書明刑德法，敦煌目「刑」僞作「形」；卷四十六道無價卻夷狄法，敦煌目「狄」訛作「扶」，「法」誤作「治」；卷四十七服人以道不以威訣，敦煌目「威」誤作「成」；卷五十去邪文飛明古訣，據敦煌目「古」係「占」字之訛；丹明耀禦邪訣，敦煌目訛作丹明雖圖取；天文記訣，敦煌目「訣」誤作「訖」；灸刺訣，敦煌目「灸」誤作「刻」；諸樂古文是非訣，「樂古」二字敦煌目誤作「藥石」。

丁部

太平經丁部原缺第五十二卷，合校本據太平經鈔補，題曰胞胎陰陽規矩正行消惡圖。敦煌目爲胞胎陰陽圖決，文簡而意合。蓋前者原爲篇旨，後者才是題目。卷五十三分别四治法第七十九，依敦煌目應作第八十。卷五十四、五十五的篇目與敦煌目同。惟五十五卷知盛衰還年壽法，敦煌目缺「壽」字。

經丁部原缺第五十六卷至六十四卷，合校本據太平經鈔略補，皆爲闕題。現據敦煌目，迻録如下：

太平經卷五十六　與神約束決第八十四
忠孝益年決第八十五
思善改惡法第八十六
善人作神法第八十七

太平經卷五十七　曆術分別吉凶決第八十八
禁酒法第八十九

太平經卷五十八　上下失治法第九十

太平經卷五十九　陰陽施法第九十一

太平經卷六十　觀物知道德決第九十三
天地誡第九十二
書用丹青決第九十四

太平經卷六十一　天子皇后政決第九十五

太平經卷六十二　解天竃（?）九人決第九十六

太平經卷六十三　分別九人決第九十七

太平經卷六十四　求壽除災決第九十八

以上共計九卷十五篇。第九十三、九十二兩篇數字互訛。約略見於鈔文的，有與神約束決、曆術分別吉凶決、禁酒法、上下失治法、陰陽施法、觀物知道德決、書用丹青決、天子皇后政決、解天竈九人決、求壽除災決等。

經卷六十五至六十八的篇目與敦煌目同。惟卷六十八誡六子訣，敦煌目奪「子」字，就不好理解了。

戊　部

太平經戊部卷六十九、七十、七十一、七十二篇目釐然，與敦煌目大體相符合。惟文字略有出入。卷六十九天讖支幹相配法，敦煌目「讖」為「識」，「法」作「決」。卷七十學者得失訣，敦煌目作學者是非決。卷七十一真道九首得失文訣，敦煌目作九道得決，疑有奪文；又致善除邪令人受道戒文，敦煌目作度世明誡。

由此可知明正統道藏本太平經與敦煌出太平經目錄異本異文的概況。

經卷七十三至八十五卷全缺。合校本以太平經鈔略補，統曰闕題。敦煌出篇目俱在，迻録如下：

太平經卷七十三

入室證訣第一百十二

齋辭設五儀法第百十三

塗室成神仙法第百十四

太平經卷七十四

善惡間圖決第百十五

太平經卷七十五

圖畫正根決第百十六

太平經卷七十六

證上書徵驗決第百十七

太平經卷七十七

使四時神吏注法第百十八

太平經卷七十八

入室存思圖決第百十九

太平經卷七十九

神吏尊卑決第百廿

太平經卷八十

占中不中決第百廿一

太平經卷八十一

得道長存篇第百廿二

太平經卷八十二

自知得失決第百廿三

太平經卷八十三

經學本末決第百廿四

太平經卷八十四　　大人存思六甲圖第百廿五

太平經卷八十五　　師明經圖傳集第百廿六

以上十三卷十五篇，在鈔戊部裏，有些約略可見其形跡，如善惡間圖訣、圖畫正根訣、入室存思圖訣、占中不中訣、得道長存篇、自知得失訣。有些就連影兒都找不到了。

己部

經己部卷八十六、八十八、八十九、九十、九十一、九十二、九十三諸篇目與敦煌目同。惟敦煌目文字間有錯落，如第九十卷冤流災求奇方訣，敦煌目訛作冤流災花埼訣。第九十二卷萬二千國始火始氣訣，敦煌目少「始氣」二字；又洞極上平氣無蟲重複字訣，敦煌目「重複字」訛作「僮複家」。第九十三卷方菜厭固相治訣，敦煌目「方藥厭固」誤作「方樂廢同」；又國不可勝數訣，敦煌目誤添作効言不効行國不可勝數訣；而効言不効行致災訣，敦煌目反而遺落上五字，只剩下「致災訣」三字，不知所謂。又敬事神十五年太平訣，敦煌目脫「平」字。至於經文第八十七卷原缺，合校本據鈔略補，闕題，敦煌目則標為長存符圖，正好補充。九十四至九十五兩卷，經文原缺。合校本據鈔略補其文，闕題。而敦煌目在此竟有九篇之多，現錄如下：

太平經卷九十四

司行不司言決第百四十二

五壽以下被承賓災決第百四十三（明按：「賓」疑係「負」字之偽。）

壽命奇不望報陰祐人第百四十四

自受自奴決第百四十五

腸（？）決第百四十六

太平經卷九十五

各用單言孤辭決第百四十七

歎上禁三道文致亂決第百四十八

上書十歸之神真命所屬決第百四十九

善惡人受真人為賢工決第百五十

以上諸篇中，有的文字不大清晰，有的文意不可曉，恐有脫漏和訛繆。

太平經卷九十六至一百二諸篇篇目與敦煌目大體相同。惟經卷九十六六極六竟孝順忠訣，敦煌目「忠」誤作「思」。忍辱象天地至誠與神相應大戒，敦煌目奪「大」字。卷九十七妒道不傳處士助化訣，敦煌目「妒」誤作「知」，「化」作「他」。又事師如事父言當成法訣，敦煌目「事師如事父」訛作「事法如父」。卷九十八神司人守本陰祐訣，敦煌目「人」誤作「又」；核文壽長訣，敦煌目「核」誤作「依」；男女反形訣，敦煌目「反」訛作「及」。尤其令人詫異的，在九十八卷裏，敦煌目竟脱漏了兩個整整的篇目：包天裹地守氣不絕訣第一百六十和署置宫得失決第一百六十一。

經卷一百二位次傳文閉絕即病決第一百六十六，敦煌目誤作經文都數所位次傳文閉絕即病訣第百六十六；而第一百六十七篇經文部數所應訣，敦煌目漏了前五個字，只剩下「應訣」二字。這是敦煌目把後一篇題的「經文部數所」五個字錯加到前一篇題上去，又將「部」字訛作「都」，以致這兩個篇題長的不當這樣長、短的不當這樣短。

庚部

經庚部第一百三卷至一百十九卷篇目與敦煌目大體相同。惟卷一百三虚無無為自然圖道畢成誡，敦煌目「無無為」訛作「天天夕」，又末脱「誡」字。卷一百四興上除害複文，敦煌目「興」偽作「與」。卷一百八要訣十九條，敦煌目誤作要訣十八；瑞議訓訣，敦煌目「瑞議」訛作「部誡」。卷一百九四吉四凶訣，敦煌目「凶」上脱「四」字。卷一百十一有德人禄命訣，敦煌目「禄」誤作「保」；有知人思慕與大神相見訣，敦煌目誤作有知愈藥與大人相見；又有心之人積行補真訣第一百八十四，敦煌目前移至卷一百十第一百八十篇，又將「補」字誤作「輔」。卷一百十二貪財色災及胞中誡，敦煌目「胞」作「胎」；書寫不用徒自苦誡，敦煌目脱「用」字；有過死謫作河梁誡，敦煌目「謫」訛作「誦」，又奪「河」字。

經卷一百十四某訣，敦煌目作孝行神所敬訣。正統道藏本太平經某訣題目之後，正文之前，首行標揭「前文原缺」四字，即謂原來正文的一部分和題目一併佚去，於是編者姑置「某訣」二字。今據敦煌目，孝行神所敬決就是它原來的題目。又不孝不可久生誡，敦煌目「久」訛作「之」。不可不祠訣，敦煌目「祠」上脱「不」字。天報信成神訣，敦煌目。天」訛作「王」，「成」訛作「威」。不用書言命不全訣，敦煌目「全」訛作「令」。不承天書言病當解謫誡，敦煌目「解謫」二字誤作「謫」。

經原缺卷一百十五，合校本據太平經鈔補了兩個闕題。今按敦煌目，這兩個題目就是神書青下丹目決二百四和苦樂斷刑罰決二百五。卷一百十六某訣，相當於敦煌目的音聲儛曲吉凶二百六。這裏的某訣，跟卷一百十四某訣同樣的情況，也是後來編目的人所追加的。

經卷一百十七天咎四人辱道誡，敦煌目漏了這一篇題。又天樂得善人文付火君訣，敦煌目「得」誤作「淳」。卷一百十八天神考過拘校三合訣，敦煌目誤作天神過物授三合決。卷一百十九三者為一家陽火數五訣第二百一十二，敦煌目卷一百十八把它分作兩篇：三者為一家決第二百十一和陽火數五決第二百十二。又道祐三人訣，敦煌目誤作首宥亡人決。

辛部

太平經辛部十七卷全佚。合校本卷一百二十至一百三十六係據鈔略補，並無題目。現照敦煌目，迻錄如下：

太平經卷一百廿　不食長生法第二百十四
太平經卷一百廿一　占相乃不能救決二百十五
太平經卷一百廿二　閉藏出用文決二百十六
太平經卷一百廿三　三道集氣出文男女誦行決二百十七
太平經卷一百廿四　人腹各有天子文歸赤漢決二百十八
太平經卷一百廿五　圖畫多夷狄卻名神文決二百十九
太平經卷一百廿六　九事親屬兄弟決二百廿
太平經卷一百廿七　不効言成功二百廿一
　上士善言教人增筭決二百廿二
太平經卷一百廿八　易命增算符決二百廿三

太平經卷一百廿九

太平經卷一百卅

太平經卷一百卅一

生不盡力養父母戒二百廿四

隨俗接文決二百廿五

天多災變人過不政二百廿六(明按:「政」疑當作「改」。)

天地復命順事法二百廿七

弱形強神決二百廿八

同師行異決二百廿九

欺有善惡決二百卅

象文行增筭決二百卅一

強上斯兵詐害決二百卅二

化人所不能化決二百卅三

陽盛兵刃消決二百卅四

五圖止夜(?)命以長年決二百卅五

生言決二百卅六

劾成事不劾空言決二百卌七
近命符孤男孤女能調陰陽決二百卌八
見神誡二百卌九

太平經卷一百卌二

平等度世戒二百四十
乃明除邪害決二百四十一
立成仲到圖決二百四十二
厭服決二百四十三
行正二百四十四
賜貴決二百四十五（明按：依鈔辛部第十六頁文，「貴」字當係「遺」字之誤。）

太平經卷一百卌三

太平氣至大劾決二百四十六
選舉近曆文二百四十七
簡真偽文二百四十八
知之不行重罪決二百四十九

上書空半實決二百五十

太平經卷一百卌四

官舍衣食千決二百五十一

太平經卷一百卌五

思人若響隨人決二百五十二

鬥(?)前後六辰生死決二百五十三

不死祿厚見吾文二百五十四

畫作圖像決二百五十五

治陰奸食耳功之神二百五十六

力學反自然之氣決二百五七七

太平經卷一百卌六

時形中神精決二百五十八

子倍相治決二百五十九

得道留年化歲決二百六十

十賤傳文如鄄(?)平付詔書決二百六十一

以上各篇大旨，約略見於太平經鈔辛部的，計有：不食長生法、占相乃不能救決、閉藏出用文決、三道集氣出文男女誦行決、人腹各有天子文歸赤漢決、圖畫多夷狄卻名神文決、九事親屬兄弟決、不効言成功、上士善言教人增笇決、隨俗接文決、象文行增笇決、陰盛兵刃消決、賜遺決、太平氣至大効決、選舉近曆文、官舍衣食千決、思人若響隨人決、門前後六辰生死決、力學反自然之氣決等篇。此部篇題文字訛奪的恐復不少，因無文對勘，故從缺。

壬部

經壬部十七卷全佚。合校本卷一百三十七至一百五十三據太平經鈔和三洞珠囊略補，並無題目。現據敦煌目，迻錄如下：

太平經卷一百卅七

相容止凶法第二百六十二

閉奸不並責平氣象決二百六十三

雲人處空決二百六十四

真文除穢決二百六十五

太平經卷一百卅八

禁邪文戒決二百六十六

用文如射決二百六十七

太平經卷一百四十四

太平經卷一百四十五

太平經卷一百四十六

上繞不宜有刑決二百八十二

力學問得封不敢失三事決二百八十三

樂天憂人卷不記字決二百八十四

使夫妻同居決二百八十五

文字大急十事不得汙辱決二百八十六

賜善罰惡十五年平決二百八十七

八人能受三道服食決二百八十八

遊玄食振陰滅死無人之野決二百八十九

委氣大神聖上明堂文書決二百九十

天君教有仙相不須邪鬼誡難二百九十一

變易形容醮符九記上升敕二百九十二

朝天詣見敕二百九十三（明按：「詣」當作「謁」。）

摩僚正儀敕二百九十四（明按：「摩」疑係「群」字之誤。）

太平經卷一百四十七

太平經卷一百四十八

太平經卷一百四十九

太平經卷一百五十

有惡手人上其姓名敕二百九十五
明堂務平書上勿恐迷決二百九十六
明古今文決二百九十七
古者天卷文未出出文大氣甲子有徵決二百九十八（明按：「卷」當作「券」。）
治天為三時念道德決二百九十九
與天有人王相日不恐決三百（明按：「恐」當作「怒」。）
道人為師天決三百一
事關天上三萬六幹天戒決三百二
見天舒精藉寫書不敢擅空決三百三
兩生成一決三百四（明按：「生」疑係「半」字之訛。）
思道得惡意不邪下人決三百五

六百中法三百六

致王相神戒三百七

闢蒙闢明三百八

太平經卷一百五十一　恩及草木無用他邪法三百九

分身懷形不樂仕使三百十

又郤(?)荁方口正文決三百十一

廬宅宜正決三百十二

太平經卷一百五十二　策文訓決三百十三

學無棄畢決三百十四

太平經卷一百五十三　守一長存決三百十五

禽狩有一決三百十六

山木有知決三百十七

不窮星雲惡道決三百十八

壬部經文共五十七篇，是太平經中最大的部帙，可惜都散佚了。據敦煌目錄，約略見於太平經鈔的，有：卷一百三十七閉奸不並責平氣象決，卷一百三十九明師證文延帝命法，卷一百四十陰念為善得善為惡戒，卷一百四十三上繞（明按：「上繞」疑當作「三統」）不宜有刑決和力學問得封不敢失三事決，卷一百四十六委氣大神聖上明堂文書決、朝天詣見敕、摩（群）仃正儀勑和明堂務平書上勿恐迷決，卷一百四十七明古今文決和古者天卷文未出出文大氣甲子有徵決，卷一百四十八治天為三時念道德決、與天有人王相日不恐（怒）決和道人為師天決，卷一百五十兩生（半）成一決，卷一百五十一恩及草木無用他耶法，卷一百五十三守一長存決。此外，卷一百四十五八（？）人能受三道服食決見於唐王懸河三洞珠囊卷四絕粒品引。

癸部

經癸部十七卷全佚。合校本卷一百五十四至一百七十據鈔癸部略補，並酌加題目。但敦煌目癸部計四十八篇，與鈔癸部相較，不僅篇數懸殊，而且沒有一篇題目相符合的。上文已指出，太平經鈔癸部乃相當於太平經甲部之文，彼此篇題，歷歷可按。而太平經癸部空餘敦煌目錄，既沒有經文可考，也沒有相當的鈔文可以比較了。正因為這樣，敦煌目顯得分外可貴，現迻錄如下：

太平經卷一百五十四

禁犯土決第三百十九

壅防決三百廿

取土三尺決三百廿一

治土病人三百廿二

土不可復犯決三百廿三

太平經卷一百五十五

冒萬受千增竿決三百廿四

不冒不求為一分決三百廿五

稱天子決三百廿六

人君急記三百廿七

太平經卷一百五十六

冒(?)善復凶三百廿八

帝王恩流弱小決三百廿九

記事人數日月法三百卅

上車不實決三百卅一（明按：「車」疑當作「章」，又原缺第三百卅二篇。）
素官玄宮決三百三（明按：「百」下疑脫「卅」字。）
汙辱文六事決三百卅四
學知興衰決三百卅五
事佐治象道少食決三百卅六
鬥極明天受決三百卅七
食氣神來男女皆學決三百卅八
多言少決三百卅九
雲霧不絕災起決三百四十
不自責鬼所名決三百四十一
藥不能治禍出決三百四十二
見利不動長生決三百四十三
知報恩相諫決三百四十四

太平經卷一百五十七

太平經卷一百五十八

太平經卷一百五十九

太平經卷一百六十

太平經卷一百六十一

太平經卷一百六十二

太平經卷一百六十三

勿受私財風折水決三百四十五
眾官皆精光所生三百四十六
支幹度數星宿内外決三百四十七
天犯天地神靈決三百四十八
貧富行所致決三百四十九
中孝信順神生光輝得太上君腹心決三百五十
決三百五十一（明按：「決」字上疑有脫文。）
支幹數百廿竿為百廿歲決三百五十二
所欺非一禱祭無福決三百五十三
作惡日間薄書連決三百五十四
勿欺殆病自責決三百五十五
作善增壽通逋亡之氣決三百五十六
太平氣到凶害先甚悉消決三百五十七
道德決三百五十八

財色麴食神決三百五十九
洞極綱紀目(?)留(?)天使好
太平經卷一百六十四 (原來空缺)
太平經卷一百六十五 明堂為文府悔過不死決三百六十一
太平經卷一百六十六 祖曆三統六氣治決三百六十二
太平經卷一百六十七 通天極而有男三人助治決三百六十三
太平經卷一百六十八 十八字為行應不應法汗辱則病戒三百六十四
太平經卷一百六十九 師教即天教先受養身決三百六十五
太平經卷一百七十 煞邪精一日三明決三百六十六

以上癸部篇目裏文字訛謬和脫落的地方不少。如卷一百六十一天犯天地神靈決,首「天」字疑係「不」字之誤。又同卷中孝信順神生光輝得太上君腹心決,「中」疑係「忠」字之訛。其脫文尤多,如卷一百五十九多言少決,疑「少」下有奪文。卷一百六十一第三百五十一篇篇目只剩一個「決」字,究竟是什麽決呢? 顯然是抄寫脫漏了。第一百六十四卷篇目空白,而第一百六十三卷最後一篇洞極綱紀目似得整齊無缺。

留天使好，未著篇數次第，疑是三百六十，應移歸卷一百六十四。如此變換補充，

＊　＊　＊

總之，由以上所述，可得下列幾點綜括的結論：

一、敦煌出太平經目錄是現今所見相當完整的目録，但還存在着嚴重的文字訛謬和脱漏現象。而且有的太平經篇目，還不見於敦煌目，如道藏言字號金鎖流珠引卷十五注引太平經内品修真秘訣就是一個顯明的例子。

二、明正統道藏本太平經殘卷的篇目雖則不多，但是其中大多數篇目的文字可以校正敦煌目的訛謬和脱漏。説明敦煌目和道藏本太平經篇目可以相須為用。

三、據敦煌目，間能在太平經鈔裏找出若干有關的篇目，但無法找齊。

四、據敦煌目，更進一步地證實了太平經鈔甲部之僞的説法。

五、據敦煌目，可知太平經鈔癸部實際上就是太平經甲部的基本内容。今將太平經鈔癸部劃歸經文甲部以後，癸部經文早已全佚，空餘敦煌篇目，而什

麽內容的文字都看不見了。我從前考證太平經鈔甲部之僞時，總是記掛着甲部經文全無着落。現在甲部有了着落，轉而記掛癸部經文完全沒有着落了。這個記掛，盼望不久的將來，能夠發現新的材料來解決它。

（原載文史第四輯，一九六五年出版）

論太平經的成書時代和作者

前不久，我和一位外國的同行朋友談論學術問題。他說，在國外，研究太平經的人不少，可是有的學者對太平經的成書時代抱着疑惑的態度，有的甚至不敢引用這部古典著作。他徵求我有什麽意見。現在就針對這個問題，談談我個人的一些看法。

早在四十五年前，一九三五年三月，北京大學教授湯用彤先生曾在國學季刊第五卷第一號上發表了讀太平經書所見一篇論文，考定太平經爲漢代舊書。其根據大略有三：（一）依范曄後漢書李賢注及唐王懸河三洞珠囊所引，知明正統道藏中的太平經，唐代已有其書。（二）現存之經與後漢襄楷、晉葛洪及劉宋范曄所傳相符合。（三）太平經所載之事實與理論，似皆漢代所已有，而且關於五兵、刑德之説，若非漢人，似不能陳述如此之委悉。

關於太平經的成書時代問題，在這篇論文裏，我們認爲基本上已經解決了。從此以後，在我國學術界，無論搞哲學思想史的，道教史的，或搞社會史的，以及其它有關專題研究上，都把它作爲後漢時代的經典來引用。例如侯外廬等同志著的中國思想通史第三卷、馮友蘭同志著的中國哲學史新編第二册、任繼愈同志主編的中國哲學史第二册、陳國符同志著道藏源流考上册，以及最近出版的卿希泰同志著中國道教思想史綱第一卷，魏啟鵬同志寫的太平經與東漢醫學等，在這些專著和論文裏，都肯定太平經是東漢後期的著作。有些學術的爭論，也不屬於太平經成書的時代問題。所以，這個問題，似乎是不成問題的問題。

現在，我首先需要說明的：這裏有個蹊蹺的問題必得搞清楚，就是太平經鈔甲部之偽的問題。因為翻開影印正統道藏的太平經，首先接觸到的不是太平經甲部卷一至卷十七，而是太平經鈔甲部。事情不湊巧，偏偏在鈔甲部出了毛病。如果這個障礙不破除，太平經的成書時代便無法說清。

太平經原來一百七十卷，明正統道藏本殘缺甚多，只剩五十七卷。另有唐人閭丘方遠節錄太平經而成太平經鈔，分甲、乙、丙、丁、戊、已、庚、辛、壬、癸十部，每部一卷。太平經鈔一卷相當於經文一十七卷。

太平經甲部十七卷已經亡失了。但是現存太平經鈔甲部，不是從太平經經文節鈔來的，卻是後人竊取晚出的一些道書偽補而成，這是問題的癥結所在，是極堪注意的一點。鈔甲部的文字來源，以靈書紫文為主，上清後聖道君列記並為其採取的材料。

太平經鈔甲部所述的靈書紫文是一部道書總集，至少包括着皇天上清金闕帝君靈書紫文上經〔一〕、太微靈書紫文仙忌真記上經〔二〕和太微靈書紫文琅玕華丹神真上經〔三〕。以下簡稱「三經」。

原來太平經援引古經舊義，都不注明出處，只有太平經鈔甲部卻說「青童匍匐而前，請受靈書紫文口口傳訣在經者二十有四」。這二十四訣絕大部分見於上述「三經」，小部分見於梁陶弘景的真誥所引，皆云「在靈書紫文中」。

靈書紫文的成書時代，筆者在四十年代曾略考為東晉以後梁以前纂集的道書〔四〕。鈔甲部的主要內容既然竊自靈書紫文，它跟太平經和太平經鈔（鈔甲部除外）的時代不同，文體不同，所用術語不同，等等。不能把鈔甲部和太平經成書

〔一〕影印明正統道藏第三四二冊。〔二〕道藏第七七冊。〔三〕道藏第一一二〇冊。〔四〕見一九四七年國立中央研究院歷史語言研究所集刊第十八本拙撰論太平經鈔甲部之僞。梁陶弘景真靈位業圖載，五老上真仙都老公「撰靈書紫文」。

的時代相提並論，混為一談。一句話，不能把太平經鈔甲部的時代不予考察不加甄審地推斷為太平經成書的時代。

太平經鈔甲部和太平經的主要不同在哪兒呢？就文體而言，鈔甲部的文字整齊，句子往往駢偶，讀起來比較順口流暢。好象六朝人文字。如云：「今天地開闢，淳風稍遠，皇平氣隱，災厲横流。上皇之後，三五以來，兵疫水火，更互競興，皆由億兆，心邪形偽，破壞五德，爭任六情，肆凶逞暴，更相侵淩，尊卑長少，貴賤亂離。致二儀失序，七曜違經，三才變異，妖訛紛綸，神鬼交傷，人物凋喪，眚禍薦至，不悟不悛，萬毒恣行，不可勝數。」而太平經的文體，卻是迥然不同。如經卷三十五分別貧富法云：「萬二千物俱出，地養之不中傷，為地富；不而善養令小傷，為地小貧；大傷，為地大貧；善物畏見傷於地形而不生至，為下極貧；無珍寶物，萬物半傷，為大因（困）貧也；悉傷，為虛空貧家。此以天為父，以地為母，此父母貧極，則子愁貧矣。」這段太平經文，鈔丙部第一頁有所節錄，文詞鄙俚支蔓，字句蹇澀，可以被看做太平經典型的文體，這樣的文體，在太平經書殘卷裏，隨手翻檢，可以遇到。比之上引鈔甲部的文體，差異極遠。由此可見，鈔甲部不是從太平經節録而來，卻竊自靈書紫文，大概是東晉以後人的手筆。

此外，鈔甲部所用道釋二家的術語，亦與經及鈔的它部不相類似。道家的術語如「種民」和外丹説，釋氏的術語如「本起」、「十方」、「受記」等，都只見於鈔甲部，不是從太平經書節録來的。

或者有人要問，鈔甲部的文字不是太平經甲部的節録，除了上述理由外，還有其他積極的證據嗎？有。北宋張君房編纂的雲笈七籤卷四十九玄門大論三一訣引孟法師説「九經所明三一」云：「第六，太平三一，意神、志神、念神，出第一卷自占盛衰法。」按明正統道藏「太平部」首列太平經，卷一至卷十七原缺。幸得敦煌出的太平經目録，其卷一確存自古（占）盛衰法第一的篇目，不但卷一的篇目俱在，從卷一至卷十七的篇目都在。單從這些題目來看，已經約略窺見鈔甲部的内容與經甲部的内容絕不相侔。不曉什麽原因，現存的太平經鈔癸部就是從太平經甲部節鈔而來，經對勘，許多篇目，兩兩相符。可以説，真正的太平經鈔甲部已經找到了（不是抄襲靈書紫文的鈔甲部）。真正的太平經癸部另有敦煌出的目録可查。真正的太平經鈔甲部既經找到，將它和正統道藏本太平經鈔甲部兩相對照，很容易發現後者是竊取它書僞撰的。

考訂明正統道藏的太平經鈔甲部是後人僞撰，其重要意義在於避免發生這樣的錯誤：以鈔甲部的內容、術語等定太平經的時代。

太平經的成書時代，只能根據經的殘卷和除「甲部」以外的太平經鈔的內容來研究和考證。現在分四個方面論述如下：

一、從漢代語言上考察

從漢代常用的口語、名詞、詞彙等來考證太平經是漢代的作品，這是一種比較可靠的方法。例如：

（一）縣官　天子稱「縣官」，爲漢代盛行的口語，太平經亦常用這個稱謂。史記周勃世家云：「庸知其盜賣縣官器。」馬司貞索隱：「縣官，謂天子也。所以謂國家爲縣官者，夏官王畿內縣即國都也。王者官天下，故曰縣官也。」漢書武帝紀元狩四年：「縣官衣食振業用度不足。」又京房傳：「事縣官十餘年。」哀帝紀：「沒入縣官。」東平王宇傳：「今縣官年少。」張晏曰：「不敢指斥成帝，謂之縣官也。」後漢書明帝紀載「巡行汴渠銘」：「今兗豫之人，多被水患，乃云縣官不先人急，好興他役。」皆以縣官稱天子了。鹽鐵論也屢次用縣官一詞，如授時篇云：「縣官之于百姓，若慈父之於子也。」又水旱篇：「今縣官作鐵器多苦惡。」漢小學書急就篇云：「廩食縣官帶金銀。」漢時民間占卜用之書如黃帝龍首經占歲利道吉凶法：「在拘檢道縣官大凶。」又如黃帝金匱玉衡經云：「縣官有兵甲之憂。」杜林請徙張步降兵疏云：「小民負縣官，不過身死，負兵家，滅門殄世。」〔一〕王充論衡云：「縣官事務，莫大法令。」〔二〕「縣官之法，猶鬼神之制也。」〔三〕「史官記事，若今時縣官之書矣。」〔四〕應劭風俗通曰：「今縣官錄囚」，「里語曰，縣官漫漫，冤死者半」。所稱縣官，都指天子。清俞正燮云：「秦漢稱天子為縣官，後人文字承用之，所謂不古不今者也。」漢書兩龔傳云：「使者至縣請舍，欲令至廷拜授印綬。舍曰：王者以天下為家，何必縣官。遂于家受詔。」後漢書劉矩傳云：為雍邱令，告民曰，「忿恚可忍，縣官不可入」。縣官真縣官矣〔五〕。而太平經沿用「縣官」二字很多，文理

〔一〕續漢書五行志三注補引東觀書。　〔二〕程材篇。　〔三〕譏日篇。　〔四〕正說篇。　〔五〕癸巳存稿卷七。

分明。如經卷三十七五事解承負法云：「天下雲亂，家貧不足，老弱饑寒，縣官無收，倉庫更空。」經卷四十七上善臣子弟子為君父師得仙方訣：「眾仙人之第舍多少，比若縣官之室宅也。」又鈔乙部名為神訣書云：「故天地調則萬物安，縣官平則萬民治。」所有這些「縣官」詞兒，都指天子而言。太平經的作者，倘非漢人耳濡目染當代流行的語言，似乎不能用字這樣的頻繁和諳練。

（二）銖分　太平經中「不失銖分」的語句，屢見不鮮。如鈔乙部和三氣興帝王法云：「但大順天地，不失銖分，立致太平。」又經卷五十天文記訣：「天地有常法，不失銖分也。」鈔丁部第六頁：「春夏秋冬，各有分理，漏刻上下，水有遲快，參分新故，各令可知，不失分銖。」「銖分」或「分銖」疑亦係漢代流行的語言。淮南子天文訓：「十二粟而當一分，十二分而當一銖，十二銖而當半兩。」因此語言上有所謂「銖分」或「分銖」的詞彙，都是比喻微小的意思。史記大宛傳：「其人善市賈，爭分銖。」漢書食貨志：「耿壽昌習于商功分銖之事。」至於太平經所說「不失銖分」，論衡所謂「不失分銖」，其義一也。論衡量知篇云：「御史之遇文書，不失分銖。」又變動篇云：「以七尺之細形，感皇天之大氣，其無分銖之驗，必也。」周易參同契：「推度審分銖。」後漢書華陀傳：陀精于方藥，「心識分銖」。分喲，銖喲，都是漢代權衡上微小單位的名稱。漢人說「不失銖分」，猶如今人口語上所謂「不差毫釐」的意思。

（三）成事　「成事」一詞，亦係漢人通用的語言，屢見於王充論衡等書，太平經亦常用它。韓詩外傳卷五：「鄙語曰，不知為吏，視已成事。」史記秦始皇本紀：「丞相諸大臣皆受成事，倚辦於上。」論衡書虛篇：「成事：桀殺關龍逢，紂殺王子比干，無道之君，莫能用賢。」又道虛篇：「成事：老子行之，逾百度世，為真人矣。」問孔篇：「成事：康子患盜，孔子對曰，苟子之不欲，雖賞之不竊。」按「成事」，謂既成其事，或統下文而言。劉敞云：「漢時人言行事成事，皆謂已行已成事也。」王充書亦有之。」〔一〕太平經的用法，意義與論衡相符合。如鈔乙部名為神訣書云：「成事：□□不失銖分。」經卷四十六道無價卻夷狄法云：「成事：大□□吾為天談，不欺子也。」經卷七十一致善除邪令人受道戒：「成事：乘雲駕龍，周流八極矣。」經

〔一〕參王念孫讀書雜志漢書行事條。

卷九十二萬二千國始火始氣訣：「比若夏秋當力收，冬春當坐食成事。」太平經中這類的例子很多。看來王充論衡的撰作，與太平經的問世，前後年代，相距不遠，故各摭拾當時社會上流行的詞彙來寫作，就不足為奇了。

（四）何等　「何等」二字，是漢代流行的口語，太平經中經常用它。舉例如下：

經卷三十五分別貧富法：「今民間時相謂為富家何等也？」

經卷三十七試文書大信法：「乞問天師：上皇神人所問何等事也？」

經卷四十八三合相通訣：「真人所疑何等也？」

經卷五十一校文邪正法：「子復欲問何等哉？」

經卷九十冤流災求奇方訣：「當冤何等人哉？」

經卷九十二萬二千國始火始氣訣：「請問一絕訣說何等也？今不審知一者，何等也？」

其它例子，還有許多，不勝枚舉。「何等」一詞，王充論衡已常使用。如道虛篇云：「實黃帝者，何等也？」語增篇云：「今言男女倮，相逐其間，何等潔者？」刺孟篇：「名世者，謂何等也？」凡此「何等」二字，皆是漢代常用的語言。孟子公孫丑：「敢問夫子惡乎長？」趙岐注云：「丑問孟子才志所長何等？」呂氏春秋愛類篇：「其故何也？」高誘注云：「為何等故也？」趙岐、高誘，並是後漢人，桓靈之世，安世高譯陰持入經亦屢用「何等」二字，如云：「何等為三？一為五陰，二為六本，三為從所入。」其它如後漢書南匈奴傳載南單于、後漢紀四載光武帝、後漢紀二十一載桓帝以及東觀漢記九載景丹等人，都說過「何等」一詞。總的說來，自論衡、太平經、趙岐、高誘注解以及安世高翻譯佛典等，凡書「何等」一詞，猶如現今口語上的「什麼」。

以上從漢代語言上考察，略舉其顯著的，說明太平經是漢人的著作。

二、從地理名稱上考察

（一）雒、洛　太平經卷九十一拘校三古文法說：「請問天師之書，乃拘校天地開闢以來前後賢聖之文，河雒圖書神文之屬。」這裏河雒之「雒」，太平經鈔己部第十一頁作「洛」。經卷四十三大小諫正法：「河雒文出。」鈔丙部第二十七頁

「雒」亦作「洛」。經卷四十一作古文名書訣「河雒出文出圖」，雒仍作「雒」。按雍州洛水、豫州雒水，其字根本不同。後人寫豫州雒水作「洛」，這個錯誤，是從曹魏開始的。黄初元年詔，因漢係火行，火忌水，故「洛」去水而加「佳」。魏於行次為土，土，水之牡也，水得土而乃流，土得水而柔，故除佳加水，變「雒」為「洛」。此係曹丕改雒為洛，而又妄言漢變洛為雒，以掩己紛更之咎，且自詭於復古。自魏至今，皆受其欺。實則洛與雒，其字分別，自古不紊。周禮職方氏豫州，其川熒雒，雍州其浸渭洛。左傳凡「雒」字皆作「雒」。尚書有豫水，無雍水，而蔡邕石經殘碑多士作「雒」。鄭注周禮引召誥作「雒」。是今文古文尚書皆不作「洛」。自魏人書「雒」為「洛」，而人輒改魏以前書籍，故或致數行之内，雒洛錯出(一)。段玉裁此説很是精闢。可以知道魏黄初以前，伊雒河雒之「雒」，本作「雒」，未經變更。正統道藏本太平經中河雒圖書之「雒」仍作「雒」，而鈔文後出，才改「雒」為「洛」，於此可見經文尚有一部分保存魏黄初以前的真相。雖然，自從魏人書「雒」為「洛」，而人即改魏以前的書籍，如漢書的地理志、郊祀志亦多改「雒」為「洛」。至於太平經，自難幸免。如經卷四十七（第十一頁），卷四十八（第八頁），卷八十八（第一頁），卷一百二（第二頁，第三頁），卷一百十二（第四頁）等，舉凡河雒之「雒」，都改為「洛」字了。這裏值得注意的情況，就是經中「雒」字未改而鈔改為「洛」字，足以表明太平經成書於漢代了。

（三）十三州　太平經卷九十三國不可勝數訣言天下有八十一域，乃沿騶衍所謂「中國者，於天下乃八十一分居其一分耳」〔二〕。經中又言：「帝王有德，憂及十二州，大憂及十三州。」十二州十三州，都是漢代行政區域的制度。漢書武帝紀：元封元年，初置刺史部十三州。十三州的劃分是：司隸、并、荊、兗、豫、揚、冀、幽、青、徐、益、交、涼。後漢雖則併省縣道侯國，但亦十三州〔三〕。按漢之前，秦制四十郡。漢之後，晉分天下為十九州，南朝劉宋有二十二州，齊、梁各有二十三州。陳的國土，比梁縮小，但分四十二州。至於北朝，後魏管州一百一十有一，北周則有二百一十州之多。總而言之，一國十三州，只見於兩漢罷了。至於十二州，則制於王莽。漢書王莽傳云：「漢家地廣，二帝三王，凡十二州。州名及界，

〔一〕參清段玉裁說文解字注洛字和雒字條。〔二〕史記孟軻荀卿列傳。〔三〕參通典卷一百七十一州郡典、通志卷四十地理略。

多不應經。堯典十有二州，後定為九州。漢家廓地遼遠，州牧行部遠者三萬餘里，不可為九。謹以經義正十二州名分界，以應正始。」原來漢哀、平之際，包元太平經之說，風靡一時。哀帝以建平二年（前五年）改為太初元將元年，號曰陳聖劉太平皇帝。王莽蠱惑其說，並採取十二州。太平經也接着承襲他的地理區分，云：「帝王有德，憂及十二州。」從十三州、十二州的地理名稱上考察，可見太平經是漢代的作品。

三、從社會風尚方面考察

九等的區分，是漢代品評人倫的風尚。太平經卷四十二九天消先王災法說：「凡天理九人而陰陽得何乎哉？夫人者，乃理萬物之長也。其無形委氣之神人，職在理元氣；大神人職在理天；真人職在理地；仙人職在理四時；大道人職在理五行；聖人職在理陰陽；賢人職在理文書。皆授語：凡民職在理草木五穀；奴婢職在理財貨。」九人就是：一、無形委氣之神人；二、大神人；三、真人；四、仙人；五、大道人；六、聖人；七、賢人；八、凡民；九、奴婢。九等次第，賢人以上，屬於上層人（神）物；凡民以下，屬於下層社會。

太平經鈔丁部第十四頁云：「今神人、真人、仙人、道人、聖人、賢人、民入、奴婢，皆何象乎？」這裏問的是八等，上層六等，下層二等，沒有上舉「九人」中的「無形委氣之神人」。依太平經的理論，認為「真人學不止成大神人，大神人學不止成「委氣神人」。本來「真人」一個等級，加上「神人」一個等級就夠了。為什麼還要把「神人」分為「委氣神人」和「大神人」呢？這是作者根據當時社會上流行的九等法拼湊而成的。

太平經九等之分，蓋仿揚雄太玄與班固漢書古今人表。太玄玄數把天地人皆分為九。古今人表排列的次序是：上上、上中、上下；中上、中中、中下；下上、下中、下下。上上者為聖人，上中者為仁人，上下者為智人，下下者為愚人，而中上至下中五等人的名稱都空着。班固序「聖人」為上上，太平經則列「委氣神人」為第一。由此可見儒道之分方內方外的區別。太平經卷九十八神司人守本陰祐訣云：「夫神，乃無形象變化無窮極之物也。」這裏所謂「物」，猶如老子云「道之為物，惟恍惟惚」一般，可以表明「無形委氣之神人」的神秘性和極端詭變性。

「九」，本是表示多數的稱謂。九等的品評，漢代最盛。揚雄、班固始以之論人，其後應用的範圍逐漸擴大。太平經以之論神和人。荀悅著申鑒，以之論性。其雜言篇云：「性雖善，待教而成。性雖惡，待法而消。唯上智下愚不移。」「得施之九品，從教者半，畏刑者四分之三，其不移大數，九分之一也。一分之中，又有微移者矣。」用九品論性，與九品選士都是從班固九等論人法發展而來。到曹魏時，三國鼎立，士流播遷，四民錯雜，考核不得其方，於是尚書陳群建立九品官人之法。州郡自置中正，以定其選。這就是所謂九品中正選拔人才的辦法。

據正史記載，太平經始出現於後漢順帝之世，繼班固之後，受漢書古今人表的影響，分別高下，定人為九等，足以表明它是後漢時代成書的特徵之一。

四、從太平經的思想內容上考察

一般地說，從思想內容上探索經的時代性，比較困難。因為有些思想及其獨創的術語，雖僅見於太平經書，如有關因果報應的「承負」說，但在同時代的其它典籍裏，找不到同樣的詞兒，因而無法論證它產生的時代。比較能夠把握住的是一個時代流行的共同概念、範疇。以某個共同概念、範疇為基礎，在這個基礎上，有這家這派這樣去發揮，自成一個類型的思想；也有那家那派那樣去發揮，另成一個類型的思想，但都離不開這共同概念為基礎。從這裏，可以見到共同時代的特徵。

（一）元氣說

「元氣」一詞，在先秦的書籍裏，未曾見過。與「元氣」的意義相仿佛的，在楚辭天問裏有「馮翼」一詞，在莊子應帝王篇裏有「渾沌」一詞，原來的意義也不是指元氣說的。易傳裏的「太極」，原來沒有明確的意義，漢儒在易緯裏以及唐人對易傳的解釋才有「元氣」的說法。

「元氣」一詞，殆始見於董仲舒春秋繁露。淮南子天文訓說：「宇宙生氣。」〔一〕

〔一〕「宇宙生氣」句，太平御覽天部一作「宇宙生元氣」。我覺得淮南子這節文字的上下文頗難通解。上文「馮馮翼翼，洞洞灟灟」，已指元氣無形之貌。下文又來「虛廓生宇宙，宇宙生元氣」云云，文字漫衍，意義重疊。這個「元」字，疑是後人臆增的。

春秋繁露天地之行篇云，國君布恩施惠，「若元氣之流皮毛腠理也，百姓皆得其所」。王道篇又云：「王者，人之始也。王正則元氣和順。」這裏貫串着天人感應的思想。劉歆鐘律書遂用「太極元氣」之名，漢書律曆志云：「太極元氣，函三為一。」按「函三」的「三」，或謂天、地、人，或解說為太初、太始、太素，均通。至於緯書，大談元氣。如河圖括地象云：「元氣闓陽為天。」又云：「元氣無形，洶洶濛濛，偃者為地，伏者為天。」〔一〕春秋說題辭云：「元氣以為天，渾沌無形（體）。」〔二〕這些都說「天」從元氣而生。太平御覽一引禮統說：「天地者，元氣之所生，萬物之所自焉。」白虎通天地篇亦云：「天地者，元氣之所生，萬物之祖也。」這是闡明天地萬物都是元氣產生的。究竟元氣是什麼樣子？怎樣產生天地萬物呢？王充論衡談天篇引說易者云：「元氣未分，渾沌為一。」儒者又言：「溟涬濛澒，氣未分之類也。及其分離，清者為天，濁者為地。」這裏「溟涬濛澒」，就是指元氣。元氣的狀態是渾沌為一，及其分離，輕清的為天，重濁的為地。幸偶篇云：「俱稟元氣，或獨為人，或為禽獸。」無形篇：「人稟元氣於天。」論死篇：「人未生，在元氣之中，既死復歸元氣。」言毒篇又說：「萬物之生，皆稟元氣。」這些說明人和禽獸萬物都是從元氣產生的。

王充論衡之後，王符潛夫論本訓篇認為遠古的時候，「元氣窈冥，未有形兆，萬精合併，混而為一」。後來經過自然演化，分別清濁，「變形陰陽。陰陽有體，實生兩儀。天地壹鬱，萬物化淳，和氣生人」。就是說，從元氣分為陰陽，從而產生天地人萬物，這是樸素唯物主義的宇宙論。與潛夫論著作年代約略相當的太平經，它利用當代流行的元氣說的思想材料，從自己的理論系統出發，委細分析，反復闡明，成為原始道教獨特的宇宙生成論。

太平經鈔乙部和三氣興帝王法云：「元氣有三名：太陽、太陰、中和。形體有三名：天、地、人。」太陽、太陰、中和三者之氣，是從元氣派生得來的，各是元氣的一部分，合之稱為元氣。元氣溟濛，「乃包裹天地八方，莫不受其氣而生」〔三〕。分別來講，「一氣為天，一氣為地，一氣為人，餘氣散備萬物」〔四〕。又說：「元氣怳惚自然，共凝成一，名為天也；分而生陰而成地，名為二也；因為上天下地，陰陽相

〔一〕太平御覽一引。〔二〕文選思玄賦注引。〔三〕經卷四十分解本末法。〔四〕鈔癸部第八頁。

合施生人，名為三也。」〔一〕總之，「天地人本同一元氣，分為三體，各自有祖始」〔二〕。物類如草木，也是受命於元氣的。

太平經原來是以順天地、法陰陽為宗旨的。元氣呢，為陰陽之所從出，天地人之所自生成，一言以蔽之，它是宇宙萬物生成的本原。天道無窮無限，不若一元氣的力量大，「元氣無形，以制有形」〔三〕。比如人們的肉眼看到眾星億萬，不若一個太陽的光明。這樣說來，元氣巍然獨處於至高無上的地位。經卷六十七六罪十治訣言十治，第一治是元氣治，超然淩駕於自然、道、德、仁、義諸治之上。鈔乙部名為神訣書云：「元氣、自然，共為天地之性也。」依照以往道家的說法，「自然」是極高的境界。如老子第二十五章云：「王法地，地法王，天法道，道法自然」。「道」和天、地，都在「自然」之下。而太平經的理論，在「自然」之上，還有「元氣」。這就是原始道教經義所以跟道家學說不同的地方，也就是太平經在漢代元氣論籠罩和影響下表現出來的一個時代特徵。

（二）五行說：王、相、休、囚、廢

王、相、休、囚、廢，是根據五行相生而間相勝的原理而來，為漢代五行說的重要內容之一。太平經卷六十五興衰由人訣說：「今天乃自有四時之氣，地自有五行之位，其王、相、休、囚、廢自有時，今但人興用之也。安能乃使其生氣，而王相更相克賊乎？」本來「五行」，也可以說是「五氣」〔四〕。所以由五行生剋的作用來稱氣，則有王氣、相氣、休氣、囚氣、廢氣。這也可叫做五行休王論。經卷九十六忍辱象天地至誠與神相應大戒云：「受王、相氣多者為尊貴則壽，受休、廢、囚氣多者數病而早死。」可見王相氣主吉壽，休廢囚氣主凶死。經卷一百十六某訣云：「帝氣象天，樂生好施與；王氣象地，常養而好德；相氣微氣象人，人無常法而數變易；衰死囚亡之氣象萬物，數變亂而兇惡。」可見帝氣王氣相氣囚亡之氣分別象

〔一〕鈔戊部第十頁。　〔二〕經卷六十六三五優劣訣。　〔三〕鈔乙部守一明法。　〔四〕見漢劉熙釋名釋天。

天、象地、象人、象萬物，發揮着生、養、變、亂的作用。帝氣王氣合稱帝王之氣，王氣相氣合稱王相之氣，皆主吉主善。休氣亦名衰休之氣，囚氣廢氣合稱囚廢之氣，有時休、囚、廢總名休囚死氣，皆主凶主惡。

太平經中王相休囚廢五氣之説，是有漢代五行學説為依據的。董仲舒春秋繁露五行相生篇云：「五行者，五官也，比相生而間相勝也。」淮南子墬形篇云：「木勝土，土勝水，水勝火，火勝金，金勝木。」這叫做五行相勝。故説：「木壯，水老，火生，金囚，土死。火壯，木老，土生，水囚，金死。土壯，火老，金生，木囚，水死。」其它則有：「金壯，土老，水生，火囚，木死。水壯，金老，木生，土囚，火死。」這就是所謂五行迭次相生而間相勝，所謂「老」，相當太平經中王相休囚廢的「休」。所謂「死」，相當太平經中的「廢」。所以「廢氣」亦名「死氣」。至於老子第三十九章河上公注云：「言神當有王、相、囚、死、休、廢。」這裏把「死」和「廢」並列起來，不合通常的五行説。

至於漢代盛行的緯書裏，也有王、相、休、囚、死的説法。春秋運鬥樞云：「四時王者休，王所勝者死，相所勝者囚。假令春之三月，木王，水生木，水休，木勝土，土死，木王，火相，王所生者相，相所勝者囚。火勝金，春三月金囚。」故白虎通五行篇也說：「五行所以更王何？以其轉相生，故有始終也。木生火，火生土，土生金，金生水，水生木，是以木王，火相，土死，金囚，水休，王所勝者死。」這裏舉的只是春季為例。隋蕭吉五行大義續為之說曰：「五行休王者：春則木王，火相，水休，金囚，土死；夏則火王，土相，木休，水囚，金死；六月則土王，金相，火休，木囚，水死；秋則金王，水相，土休，火囚，木死；冬則水王，木相，金休，土囚，火死。」這樣，五行更王，配合四時和六月，成了完整的一套說法了。

王、相、休、囚、廢五氣的名稱，並見於黃帝龍首經。龍首經為漢代民間流行占卜之書，採五行說以附會吉凶善惡。太平經原來「以陰陽五行為家，而多巫覡雜語」，所以它也屢言王、相、休、囚、廢諸氣。

從西漢的春秋繁露、淮南鴻烈、讖緯圖書，以及東漢的白虎通義等相繼運用王、相、休、囚、廢的五行說，在這種神秘主義的思想籠罩下，太平經的撰者，也筆之於書，就覺得是自然的事了。

最後，讓我簡略地談談太平經的作者問題。

關於太平經的作者，據正史記載，後漢人襄楷的話算是最早的了。范曄後漢書襄楷傳載，桓帝延熹八年（一六六年），襄楷給皇帝的奏疏說，「臣前上琅邪宮崇受于吉神書，不合明聽」，又上書說：「前者宮崇所獻神書，專以奉天地，順五行為本，亦有興國廣嗣之術。其文易曉，參同經典。而順帝不行，故國胤不興。」這裏告訴我們，（甲）這部道經稱「于吉神書」（于吉作干吉），由于吉傳授給宮崇的（宮崇作宮嵩）。（乙）順帝時，由于吉弟子宮崇把它獻給朝廷，沒有被理睬。（丙）桓帝時，襄楷又把宮崇所傳授的于吉神書獻上。

據襄楷傳文記載，又可以明確下列幾個問題：（一）于吉與宮崇的關係是師徒傳授的關係。（二）神書有一百七十卷。（三）于吉在曲陽泉（約在今江蘇省東海縣境內）上得到這部神書。皆縹白素、朱介、青首、朱目，號太平清領書。（四）官吏奏宮崇所上的神書，妖妄不經，把它收藏起來。（五）後漢末，太平道的教主、黃巾起義軍的領袖張角擁有這部經書。這部道經，自漢至唐，歷代都有著錄[一]。到了唐代，後漢書襄楷傳章懷太子李賢注說：所謂神書，「即今道家太平經也。其經以甲、乙、丙、丁、戊、己、庚、辛、壬、癸為部，每部一十七卷」。這就是明正統道藏收存的太平經殘卷，直到於今。

總的說來，于吉神書就是太平清領書，也就是太平經。最早把這部「神書」傳給宮崇的是後漢于吉（這個于吉，是否就是三國時的于吉，是另外一個問題。至少可以知道，他是東漢順帝時已經出現的人）。于吉大概是最先撰經並傳經的人，宮崇是最早傳授這部經書並加以增演的一人，至於太平經複文序說，後聖太平聖君作太平複文，「先傳上相青童君，傳上宰西城王君，王君傳弟子帛和，帛和傳弟子于吉」，這種神秘傳授的系統，如同其它道書虛構什麽「天仙」或「太上老君」傳經一樣，都是不可輕信的。所謂「帛和傳弟子于吉」，疑是虛構臆造。今本葛洪神仙傳的帛和傳，根本沒有提帛和與于吉的關係，更沒有記載傳授太平經的事蹟。唐王懸河三洞珠囊卷一引神仙傳云：帛和以素書二卷授于吉，使成一百五十卷，不知此神仙傳即葛洪神仙傳否？如果是，何以同書歧出如此之大？我懷疑帛和傳經給于吉是一種無稽的傳說。因為後漢人襄楷上疏沒有提到，劉宋范曄後漢書也沒有說，今本葛洪神仙傳的帛和傳和宮崇傳都沒有記載，至於到底

〔一〕詳見拙編太平經合校附錄太平經著錄考。

帛和病，向于吉求醫，于吉傳授太平經呢？還是于吉病，向帛和求藥，並受太平經呢？後世道書的說法也是顛來倒去，莫衷一是：如雲笈七籤卷三十七老君說一百八十一戒敍載，于君（于吉）傳太平經一百七十卷，「後帛君篤病，從于君授道護病，病得除差」。這是說帛和病，從于吉求醫，于吉授經給帛和的。兩說相反，所以不能輕信「帛和傳弟子于吉」的說法。一百七十卷「神書」的形成是要有個過程的。一百七十卷的經典在漢代是異常罕見的大部頭的書籍。可能先有個秘傳的簡單的草本，所謂「太平本文」。這種秘傳的草本，很難斷定是誰寫的，以後逐漸增修，宫崇是個重要的編纂者。稱它是「于吉神書」，表明他是最早撰寫最早傳經的一人。實際上，它不是出於一時一人的手筆，可以說是一部集體編寫的道書。就現存太平經殘卷來看，大體上還保存着漢代著作的本來面目。經中許多常用的語言、詞彙、地名、社會風尚以及哲學概念等，都還保存着漢代的特徵。它大抵是公元二世紀前期的作品。

由於這部道書被封建朝廷說是「妖妄不經」而被收藏起來，成為禁書，所以長時期裹遭受厄運，沒有得到廣泛地傳播。雖然如此，唐以前有關太平經的記載，除前引後漢書外，還有不少著錄和傳述，如後漢牟子理感論，晉葛洪抱朴子内篇遐覽篇和神仙傳，晉虞喜志林，梁孟安排道教義樞等。還有太平經複文序稱，南朝陳宣帝時，「周智響善於太平經義，常自講習，時號太平法師」。從此可見，自東漢至南朝末年，雖則屢經離亂，可是太平經的流傳，始終未曾斷絕。入唐以後，種種記述紛繁，更不待言了。

（原載世界宗教研究一九八二年第一期）

中尊解衣皂緣
餘畫像人物山
色雲氣並宜取
宜裝飾